Helene Weigel 100

Das Brecht-Jahrbuch 25

Redaktion des Bandes
Judith Wilke

Geschäftsführender Herausgeber
Maarten van Dijk

Mitherausgeber
**Sigfrid Hoefert, Karen Leeder, Marc Silberman,
Antony Tatlow, Carl Weber**

Die Internationale Brecht-Gesellschaft
Vertrieb: University of Wisconsin Press

Helene Weigel 100

The Brecht Yearbook 25

Guest Editor
Judith Wilke

Managing Editor
Maarten van Dijk

Editorial Board
**Sigfrid Hoefert, Karen Leeder, Marc Silberman,
Antony Tatlow, Carl Weber**

The International Brecht Society
Distribution: University of Wisconsin Press

Produced at the University of Waterloo, Ontario, Canada. Distributed by
the University of Wisconsin Press, 114 N. Murray, Madison, WI 53715,
USA

ISSN 0734-8665
ISBN 0-9682722-2-3

Special thanks to
David W. Robinson and Theodor F. Rippey for translations,
and Margaret van Dijk

Printed in Canada

Officers of the International Brecht Society:

Siegfried Mews, President, Department of Germanic Languages, 438 Dey Hall, University of North Carolina, Chapel Hill, NC 27599-3160, USA

Michael Morley, Vice-President, School of Humanities, Flinders University, Bedford Park, South Australia 5042

David W. Robinson, Secretary/Treasurer, Department of Literature and Philosophy, Georgia Southern University, Statesboro, GA 30640, USA.

Gudrun Tabbert-Jones, Editor, *Communications*, Department of Modern Languages, Santa Clara University, Santa Clara, CA 95053, USA

* * *

Internet Website address: http://ployglot.lss.wisc.edu/german/brecht

* * *

Membership:

Members receive *The Brecht Yearbook* and the biannual journal *Communications of the International Brecht Society*. Dues should be sent in US$ to the Secretary/Treasurer or in DM to the Deutsche Bank Düsseldorf (BLZ 300 702 00, Konto-Nr. 76-74146):

Student Member (up to three years)	$20.00	DM 30,-
Regular Member,		
annual income under $30,000	$30.00	DM 45,-
annual income over $30,000	$40.00	DM 60,-
Sustaining Member	$50.00	DM 80,-
Institutional Member	$50.00	DM 80,-

* * *

Submissions:

Manuscripts submitted to *The Brecht Yearbook* should be typed and double spaced throughout, addressed to the Managing Editor:
Maarten van Dijk, 165 Glendale Avenue, Toronto, ON, Canada M6R 2T4
email: mvandijk@watarts.uwaterloo.ca

Submit manuscripts prepared on computer with a hard copy and diskette. Endnote format should be internally consistent, following *The Chicago Style Manual*.
Manuscripts may also be sent as email attachments.

Inquiries concerning book reviews and conference participation should be addressed to:
Marc Silberman, Department of German, 818 Van Hise Hall, University of Wisconsin, Madison, WI 53706, USA
email: mdsilber@facstaff.wisc.edu

The International Brecht Society

The International Brecht Society has been formed as a corresponding society on the model of Brecht's own unrealized plan for the Diderot Society. Through its publications and regular international symposia, the society encourages the discussion of any and all views on the relationship of the arts and the contemporary world. The society is open to new members in any field and in any country and welcomes suggestions and/or contributions in German, English, Spanish or French to future symposia and for the published volumes of its deliberations.

Die Internationale Brecht-Gesellschaft

Die Internationale Brecht-Gesellschaft ist nach dem Modell von Brechts nicht verwirklichtem Plan für die Diderot-Gesellschaft gegründet worden. Durch Veröffentlichungen und regelmäßige internationale Tagungen fördert die Gesellschaft freie und öffentliche Diskussionen über die Beziehungen aller Künste zur heutigen Welt. Die Gesellschaft steht neuen Mitgliedern in jedem Fachgebiet und Land offen und begrüßt Vorschläge für zukünftige Tagungen und Aufsätze in deutscher, englischer, spanischer oder französischer Sprache für *Das Brecht-Jahrbuch*.

La Société Internationale Brecht

La Société Internationale Brecht a été formée pour correspondre à la société rêvée par Brecht, "Diderot-Gesellschaft." Par ses publications et congrès internationaux à intervalles réguliers, la S.I.B. encourage la discussion libre des toutes les idées sur les rapports entre les arts et le monde contemporain. Bien entendu, les nouveaux membres dans toutes les disciplines et tous les pays sont accueillis avec plaisir, et la Société sera heureuse d'accepter des suggestions et des contributions en français, allemand, espagnol ou anglais pour les congrès futurs et les volumes des communications qui en résulteront.

La Sociedad Internacional Brecht

La Sociedad Internacional Brecht fué creada para servir como sociedad corresponsal. Dicha sociedad se basa en el modelo que el mismo autor nunca pudo realizar, el plan "Diderot-Gesellschaft." A través de sus publicaciones y los simposios internacionales que se llevan a cabo regularmente, la Sociedad estimula la discusión libre y abierta de cualquier punto de vista sobre la relación entre las artes y el mundo contemporáneo. La Sociedad desea, por supuesto, la participación de nuevos miembros de cualquier área, de cualquier país, y acepta sugerencias y colaboraciones en alemán, inglés, francés y español para los congresos futuros y para las publicaciones de sus discusiones.

Contents

ILLUSTRATIONS — BILDNACHWEIS

All pictures by kind permission of the Bertolt Brecht Archive, Akademie der Künste, Berlin, where noted

Editorial

Helene Weigel belongs unquestionably on any list of historically significant actresses, as important in every way as a Duse or a Siddons, in spite of a radically truncated career. In fact, Weigel's greatest successes began just when most actresses are thinking about retiring. Siddons' niece, Fanny Kemble, draws a picture of her aunt in retirement, obese, apathetic, and strangely dazed, as if she had exhausted her capacities for empathy and feeling in the emotionally demanding roles of her early Romantic repertoire and in her fame. Married to an unsuccessful actor who mismanaged her finances and infected her with venereal disease, Siddons was forced to go on performing long after she had lost the impetus. Weigel also had her serious domestic problems, but as this volume reveals she handled them with the tough-gentle resilience that distinguished her character. Forced into exile and an unscheduled early retirement (her daughter, Barbara, describes her own realization how young her mother really was — just thirty — when her highly successful career was broken off), she husbanded her skills as mother, wife, actress, and engaged social being. The latter was typically expressed, not by ideology, but by personally sending hundreds of CARE parcels. Eventually she made a comeback that might have been scripted by the Hollywood industry that rejected her — although it was a Cold-War script.

Unlike Siddons, Weigel got stronger with age: Thalbach notes how her girlish charm seemed to increase as she got older, Wekwerth comments on her youthful radiance (at 65) when seated by a faded Dietrich. And as Werner Hecht movingly describes, she died in the full possession of her powers very soon after one of her greatest triumphs. Siddons' huge income was hopelessly mismanaged by her husband in gambling, womanizing and bad theatrical enterprises. Weigel was wisely put in charge of her husband's affairs (in every sense), and made them thrive. One of the reasons for celebrating Weigel is her inspirational resistance to victimhood, in a profession that has always mystified such a status for women in show business.

How was this achieved? Judith Wilke has assembled a multi-faceted collection of articles and memoirs that shows how Weigel managed the difficult and strenuous balancing act of being at once the wife of a philandering genius, the managing director of a national showcase enterprise with an ideological agenda, an actress of major, physically demanding roles, an international cultural and political icon, the trustee of her husband's vast literary estate, and over and over again, to all sorts of people, a mother. The personal cost was often high, but personal gratification was not high on Weigel's agenda. What mattered to her was the carrying through of the three major projects of her life: the protection of Brecht's legacy, her artistic vocation as an actress, and caring for people — not as abstractions, but as living people with living needs. Like every great artist, she was a perfectionist, expressed by her through an equal-opportunity concern for crisp consonants, detailed physical characterization, careful selection of props, meticulous crochet work, and clean theatre toilets.

As an actress she herself left an important legacy, which ranged from being *the* embodiment of Brecht's theories when a proof of the pudding was badly needed (how significant her acting was in France to Brecht's reception, is shown by Varopoulou), to a teacher of all up-and-coming actors who wish to perfect their craft. Weigel is instructive because she continued to work on her technique, especially her voice and her mimicry, throughout her life. Even in exile, as Primavesi shows, they were manifested in a ghostly fashion in Brecht's work, when she was not able to act at all. Actors must inevitably drift into history — the great performances of today often look artificial and old-fashioned tomorrow. The filmed records of Weigel's famous roles have already, perhaps, something ponderous about them, and her eyes can melt too manipulatively. But more than most actors she is resistant to seeming dated, because of her sharp social observation, and her sense of humor. She was not a tragedienne, but a great character actress; Hecht shows this in his examination of her early performances, and it is quite clear in the photographs of this period and the very amusing publicity studies of her as "characters" with which she tried to start an American career. Her hilarious hamming as Frau Großmann in *Katzgraben* is rightly cited by Judith Wilke in her Tenschert interview as a corrective to the received specialization in tragic mother parts.

Dieter Wöhrle writes in detail about Weigel's special instrument, her voice, on which she worked so hard. Listening to a recording of her today — Brecht's "Der Soldat von La Ciotat," for example — it is immediately clear why she sounds so undated and compelling. She has an unpretentious narrative stance that is hypnotic, as if she were reading children a bedtime story, although there is no lulling and not a scrap of condescension. We want to know "how it turns out." There is no bardic chanting as is common in poetry readings of this period; the clean articulation is in itself pleasurable, and underneath the unforced contralto we sense great reserves of a power that is never unleashed, making us hang on every word.

Judith Wilke's experience, skill, and hard work have resulted in a fine, balanced tribute to Weigel. I would like to express my admiration to her, especially for making Frankfurt seem just around the corner instead of across the Atlantic. And as always we owe a tremendous debt of gratitude to Erdmut Wizisla and the staff of the Brecht Archive who have been unfailingly helpful and cooperative.

Volume 26 will be an open volume, concentrating on the theme of performance. The deadline for contributions is November 2000.

Maarten van Dijk, April 2000

VORWORT

Noch hartnäckiger als von Brecht halten sich Klischees von Helene Weigel. Sie ist die große Mutterfigur auf der Bühne und im Leben, die selbstlose Ehefrau und perfekte Organisatorin im Exil, nach der Rückkehr nach Berlin die geschickt agierende Theaterleiterin und das ideologische Gewissen an der Seite Brechts; Ikone des ostdeutschen Nachkriegstheaters, „Verkitschung im sackleinenen Gewand, bitterlich dogmatisch" aber „international bejubelt,"[1] sowie die geschäftstüchtige Sachwalterin des Brechtschen Erbes im kalten Krieg. In der DDR erhielt Helene Weigel seit Mitte der 50er Jahre bis zu ihrem Tod alle wichtigen staatlichen Auszeichnungen, was sie zumindest offiziell unangreifbar machte, da eine Kritik an ihr zugleich eine Kritik am sozialistischen Staat bedeutet hätte. Das interne Verhältnis zwischen den kulturpolitischen Vertretern dieses Staates und Brecht/Weigel als Repräsentanten des durch internationale Erfolge glänzenden Berliner Ensembles war gleichwohl geprägt von gegenseitigem Misstrauen, allenfalls strategischen Zugeständnissen und verdecktem Dissens bis hin zu dem Versuch der SED-Kulturabteilung, Helene Weigel aus der Leitung des Theaters herauszudrängen. Andererseits war aber auch die allgemeine Verehrung Helene Weigels in der DDR keineswegs bloß verordnet. Zahlreiche Volkseigene Betriebe und Brigaden gaben sich ihren Namen, und über die Nachgeborenen schrieb die Brecht-Schülerin Käthe Rülicke 1970 euphorisch: „Heute hängt die nächste Generation Weigel-Fotos ins Zimmer und hört Weigel-Platten — und noch ist unsere Ergriffenheit und Dankbarkeit lebendig wie vor zwanzig Jahren!"[2]

Auch im Westen trug der internationale Erfolg des Ensembles nach den Jahren des Brecht-Boykotts zur Bekanntheit der Weigel bei, besonders als Schauspielerin in den großen Rollen der Anna Fierling/Mutter Courage und der Pelagea Wlassowa. Als Interpretin von Brechts Klassiker *Mutter Courage und ihre Kinder* wurde sie zu bundesdeutschem Schulstoff, als ihr Theater bereits in Vergessenheit zu geraten begann, gleichzeitig aber den Stempel des ideologischen und Klassenkampf-Theaters aufgedrückt bekam. Die Festlegung der Weigel auf eine Art Markenzeichen des Brecht-Theaters prägt auch vieles, was bisher über sie geschrieben wurde. Abgesehen von der noch zu Lebzeiten Brechts erschienenen Diplomarbeit *Die Volksschauspielerin Helene Weigel*[3] gab es außer zwei Würdigungsbänden aus den Verlagen Suhrkamp und Henschel zum 70. Geburtstag und dem Fotoband von Vera Tenschert[4] kaum Einzelpublikationen zu Helene Weigel.[5] Die beiden Geburtstagsbände spiegeln eine Haltung wieder, der es im Osten wie im

Westen vorrangig um die Ehrung, Bestätigung und Durchsetzung der weltberühmten Brecht-Schauspielerin ging, weniger um neue Ansichten oder um eine kritische Hinterfragung. Gewürdigt wurde außerdem Weigels Leistung als arbeitslose Schauspielerin im amerikanischen Exil von James K. Lyon, da sie es schaffte, Brechts Arbeitsfähigkeit aufrecht zu erhalten.[6]

Im Zusammenhang der in den letzten Jahren geführten Debatte um die Mitarbeiterinnen und Geliebten Brechts blieb die Position der Weigel jedoch merkwürdig unterbelichtet. Als Schauspielerin war sie die Verkörperung der Brechtschen Theatertheorie und insofern für Brecht ohnehin unersetzbar; als Ehefrau, Mutter und Hausfrau war sie ebenfalls — trotz mancher Zurücksetzung — letzten Endes unangefochten, zumal sie zeitweise auch noch für Brechts andere Frauen und Kinder mit sorgte.[7] In John Fuegis Deutung ist Helene Weigel genauso wie Elisabeth Hauptmann, Margarete Steffin und Ruth Berlau zunächst und lange Zeit ein leidendes, aber williges Opfer Brechtscher Tyrannei, bis zum Zeitpunkt ihres eigenen Erfolgs nach der Rückkehr aus dem Exil: Als Intendantin wird sie in Berlin plötzlich zur Komplizin Brechts, mit dem zusammen sie „hinter der sozialistischen Fassade" ein „System von Privilegien" ausbaut.[8] Vor allem aber weil sie nach Brechts Tod ihre Position gegenüber den früheren Mitarbeiterinnen und Geliebten ausgenutzt und sich bei der Verteilung des Erbes über deren berechtigte Ansprüche hinweggesetzt hätte, teilt Fuegi ihr eine Sonderrolle zu: „Als seine rechtmäßige Ehefrau kannte sie den internationalen Geschäftskomplex, den Bertolt Brecht darstellte, und gehörte selbst dazu."[9] Darin aber, ihre Opferrolle während des Exils eher unproblematisch zu finden, ihren persönlichen und politischen Erfolg als Theaterleiterin aber zu beargwöhnen, ist Fuegis Darstellung symptomatisch. Starke öffentliche Anerkennung und Erfolg besonders einer Frau ist immer auch begleitet von Skepsis, Neid und Ablehnung. Im Fall der Weigel äußert sich diese Skepsis vor allem im Hinblick auf ihren selbstgegebenen Auftrag, das Werk Brechts durchzusetzen, so etwa in der Beobachtung, nach Brechts Tod hätte sich „der Affirmationstrend immer robuster" geltend gemacht,[10] oder polemisch zugespitzt in Wolf Biermanns Lied *Frau Brecht* von 1962, das sogar ihren Namen eliminiert: „(...) Im Brechtmuseum sitzt / Am Schiffbauerdamm / Brechts alte böse Frau / Läßt keinen an Brecht ran / Die Glucke sitzt über den Eiern / zu lang, zu lang, viel zu lang / die Eier werden faul, Paul! (...)."[11] Dem mehr oder weniger offen geäußerten Vorwurf einer falschen Brecht-Pflege steht die meist fraglose Anerkennung ihrer großen Leistung als Schauspielerin gegenüber und — in Fortschreibung von Brechts eigenen Darstellungen — mitunter ihre emphatische Stilisierung zum Vorbild. So liest sich etwa Thomas Braschs Gedicht *Die Haltung der Weigel* wie das klassische Gegenstück zu Biermanns Spottversen: „(...) / So sah sie die Rücken sich biegen. / Sah das Bücken, sah auf den Knien liegen / die einen, / die andern die Hälse verdrehn zu den Wolken. / Und richtet sich auf und lehrt uns zu verstehn / den neuen Sinn dieses Wortes: / Aufrechtgehn."[12]

Der 100. Geburtstag von Helene Weigel gibt Anlass und Gelegenheit, ihre Position als Künstlerin, als Privatperson und als Intendantin neu zu beleuchten. Das vorliegende Jahrbuch hat sich die Aufgabe gesetzt, einerseits in Gesprächen und Erinnerungen, andererseits in theaterhistorischen und -ästhetischen Beiträgen der produktiven Vielseitigkeit dieser Begabung ein Stück weit näher zu kommen. Dabei gibt die pragmatische Einteilung in Großkapitel (*person — actress — managing director and colleague*) nur eine ungefähre Richtung an. Die verschiedenen Funktionen, in denen die Weigel politisch, privat und künstlerisch agierte, überlagern einander, lassen sich kaum eindeutig voneinander trennen, gerade im Bezug auf die Person und das Werk Brechts. Das wird unter anderem deutlich an einigen der zahllosen Beileidsschreiben zu Brechts Tod an ihre Adresse. Beispielsweise im Brief von Mari Ohm geborene Hold, die als Haushälterin bereits seit 1923 in Brechts Augsburger Elternhaus tätig war und Brecht und Weigel bis ins dänische Exil begleitete, heißt es: „Liebe Helli, wenn es Ihnen etwas Trost geben kann, so können Sie sich mit ruhigem Gewissen sagen, dass Sie die beste und aufopferndste Frau für ihn waren."[13] Auch Lion Feuchtwanger, der aus Kalifornien schreibt, geht ausdrücklich auf Helene Weigel und ihre Bedeutung für Brecht ein, allerdings weniger als opferbereite Ehefrau, sondern als starke Künstlerpersönlichkeit: „Ein Theater ohne Helli war für Brecht undenkbar. Sein ganzes Theater stand auf Ihnen. Ein Leben, in dem Sie nicht für ihn mitdachten und -sorgten, konnte er sich nicht vorstellen. Das weiß ich aus kleinen gelegentlichen Äußerungen, die mehr verrieten als starke Erklärungen. Brecht war denkbar und ist denkbar immer nur zusammen mit Helli."[14] Demgegenüber adressiert das offizielle Beileidsschreiben des Ministerpräsidenten Walter Ulbricht, mit dem Weigel und Brecht in einem distanzierten Verhältnis taktischer Winkelzüge verkehrten, Helene Weigel bloß als die Gattin des „größten deutschen Dramatikers der Gegenwart":

> Sein Name ist mit goldenen Lettern in das Buch der Geschichte unseres Vaterlandes eingeschrieben. Er lebt mit seinem unvergänglichen Werk in unseren Herzen weiter (...). Im Namen der Regierung der Deutschen Demokratischen Republik und in meinem eigenen Namen spreche ich Ihnen und allen Angehörigen zu dem schweren Verlust, der Sie, das deutsche Volk und die ganze Menschheit betroffen hat, aufrichtige und tiefempfundene Teilnahme aus."[15]

Diese offizielle Phraseologie zielte darauf ab, Brecht zumindest posthum zu vereinnahmen und durch Überhöhung handhabbar zu machen, so wie Ulbricht in seinem Beileidsschreiben an Barbara

Brecht-Schall zum Tod von Helene Weigel 15 Jahre später auch sie selbst als Wegbereiterin „unserer sozialistischen Nationalkultur" vereinnahmt hat.[16] Einen ganz anderen, unpathetischen Umgang mit dem Erbe Brechts zeigte die Weigel im Moment des Abschieds. Dem Bericht Fritz Cremers zufolge steckte sie in seinen Sarg „noch ein paar Kugelschreiber hinein und so ein paar Sachen, die zu ihm gehörten" und setzte sich, nach einer aufwendigen Suche nach einem Brecht gemäßen Grabstein, für eine spezielle Typographie auf diesem Grabstein ein — die der *Versuche*-Hefte.[17] Auf der einen Seite die Überhöhung und zugleich Mortifizierung des Dichters in den imaginären, goldenen Lettern des Buchs der Geschichte — auf der anderen die dinghaft-konkrete Geste der Weigel, die dem Toten das Schreibwerkzeug mit auf den Weg gibt, das er im Leben brauchte. Ihr Sinn für das Praktische in jeder Lebenslage ist immer wieder betont und mit Beispielen illustriert worden. Im Gespräch, das Werner Hecht mit ihr 1969 führte, meinte sie, Humanismus sei nichts anderes, „als daß man Leuten hilft, und zwar nicht Menschen, sondern Leuten. Das nur theoretisch auszudrücken, finde ich langweilig und überflüssig. Ich möchte es, wo ich's eben kann, praktisch kriegen."[18] Helene Weigel war das organisatorische Zentrum des Berliner Ensembles, als das sie trotz widerstreitender Kräfte das Theater zusammenhielt und repräsentierte: „Unsere jüdische Mame. Das genaue und geschäftstüchtige jüdische Element."[19] Sie begleitete nicht nur die Proben aller Inszenierungen, sondern kümmerte sich auch ausnahmslos um organisatorische Belange des Theaters sowie um die Gastspiele, besorgte Wohnungen und Wohnungseinrichtungen für Theaterangehörige, setzte sich beispielsweise für die Produktion bequemerer Kinderschuhe in der DDR ein oder veranlasste jährlich zahllose Weihnachtspaket-Aktionen mit Wollstoffen, Lebkuchen und Theaterkarten für ihre vielen Patenschaften. Wie zahlreiche, im Helene-Weigel-Archiv liegende Gespräche über sie mit Zeitgenossen sowie Mitarbeiterinnen und Mitarbeitern aus den 80er Jahre zeigen,[20] bot sie neben dem unermüdlichen Sich-Kümmern um Leute und Dinge aber auch genügend Angriffsflächen — gerade als Leiterin des Theaters, die zwischen verschiedenen Interessen häufig vermitteln musste und dabei Rivalitätsbeziehungen zuweilen für ihre eigenen Ziele ausnutzte. „Sie ist gutartig, schroff, mutig und zuverlässig. Sie ist unbeliebt," schrieb Brecht 1929 über Helene Weigel (GBFA 21:712). Dieser Satz, so meinte sie selbst, treffe auch 40 Jahre später noch auf sie zu.[21]

Der Sinn für praktische Lösungen hat auch ihr Verständnis von Theater und ihre Haltung gegenüber dem Schauspielerberuf geprägt. Im Glauben an den politischen Auftrag des Theaters und an seine gesellschaftsverändernde Kraft war sie unbeirrbar. Die Weigel hatte, so Hans Bunge, „ein wirklich sehr klares politisches Bewußtsein, eine Vorstellung, was man mit Theater will oder wollte. Die Vorstellungen darüber waren damals viel präziser als heute [1979, *J.W.*] und teilweise ja auch ganz irreal, nur dass es damals niemandem auffiel. Der Brecht und wir alle damals im BE hatten so eine Vorstellung, dass man mit Theater die Welt verändern kann, oder wenigstens wesentlich eingreifen kann, damals. Das hatte die Weigel auch, diese Vorstellung."[22] Mit *sozialistischer* Schauspielkunst hätte diese Haltung allerdings nichts zu tun gehabt, meinte Bunge; Brecht und Weigel hätten im Westen genauso gearbeitet, wenn sie in der DDR kein eigenes Theater bekommen hätten. Die Schauspielerin Weigel stand für eine stark am Text orientierte, in Gestik, Mimik und Sprache hochbewusste und –kontrollierte Spielweise. Sie verkörpert mithin das Paradox einer „denkenden Schauspielerin," deren Schaffen, wie es der russische Regisseur Juri Ljubimow formuliert hat, eine der Quellen von Brechts Theorie des epischen Theaters gewesen sei.[23] Die darin und auch sonst immer wieder angedeutete, quasi organische Ergänzung von Weigel und Brecht, Schauspielerin und Stückeschreiber sollte jedoch nicht über das in dieser Beziehung enthaltene Konfliktpotenzial hinwegtäuschen. Glaubt man den Beobachtungen von Hans Bunge und Isot Kilian, so standen sich Weigels „praktische Ungeduld" und Brechts Interesse an intellektuellen und inszenatorischen Umwegen in den von ihm geleiteten Dramaturgiesitzungen oft störend im Wege, so dass sie nur selten daran teilnahm.[24] Dennoch räumte sie der dramaturgischen Arbeit auch nach Brechts Tod einen besonderen Stellenwert ein, während sie selbst darauf achtete, einem Schauspieler mit konkreten Details zu helfen, „wenn sie merkte, er wird durch die Regie intellektuell zu sehr belastet, und weiß jetzt nicht mehr, wie er mit seinen Gliedmaßen zurechtkommen sollte."[25]

Aus verschiedenen Perspektiven wird im vorliegenden Jahrbuch ein Licht geworfen auf die Entwicklung der Weigel als Schauspielerin: von der Autodidaktin und ihren erstaunlich vielen frühen Rollen, für die ihr immer wieder ein maßloses Temperament bescheinigt wurde, bis zur Zusammenarbeit mit Brecht und den großen, „klassischen" Rollen, die von einer deutlichen Disziplinierung und ‚Versprachlichung' ihrer schauspielerischen Mittel zeugen.[26] Auszuloten ist das Verhältnis zwischen dem hohen Anspruch an die dramaturgische Logik der Darstellung und die praktische Hervorbringung einer performativen und flüchtigen, sich dem intellektuellen Verständnis immer wieder entziehenden Präsenz als Stimme, Geste und Körper. Im Hinblick auf die Intendantin wird zu fragen sein nach Weigels Leitungsmethoden und Strategien, ihre Vorstellungen von Theater sowie ihre politischen Ansprüche im und mit dem Theater durchzusetzen. Die Annäherungen an die Person Helene Weigel werfen schließlich Licht auf eine Frau, die nur selten über sich selbst und ihr Leben Auskunft gegeben hat und deren Besonderheit und Stärke auch darin bestand, den Widerspruch zwischen öffentlichem und privatem Leben produktiv zu machen.

An dieser Stelle möchte ich allen Autorinnen und Autoren für ihre Bereitschaft danken, an diesem Band mitzuwirken, und ebenso all denen, die Fragen gestellt und beantwortet haben. Danken möchte ich auch Erdmut Wizisla für Gespräche und zuverlässige Unterstützung, ebenso den Mitarbeiterinnen des Bertolt-Brecht-Archivs und des Weigel-Archivs. Dem Suhrkamp Verlag danke ich für die freundliche Einwilligung, das aktualisierte Rollenverzeichnis von Helene Weigel aus dem damals noch in Vorbereitung befindlichen Weigel-Buch von Werner Hecht dem Jahrbuch zur Verfügung zu stellen, ebenso danke ich Werner Hecht selbst für zahlreiche Hinweise. Vera Tenschert gilt mein Dank für die großzügige Bereitstellung von Fotomaterial. Schließlich möchte ich Maarten van Dijk danken für die gute Zusammenarbeit, und Marc Silberman für eine Reihe ermutigender Gespräche.

Judith Wilke, März 2000

ANMERKUNGEN

[1] Sibylle Wirsing, „Eine proletarische Bühnenfrau. Helene Weigel und das Brechttheater," *Theaterfrauen. Fünfzehn Porträts*, hrsg. Ursula May, Frankfurt/M. 1998, 124.

[2] Werner Hecht / Joachim Tenschert (Hg.), *Helene Weigel zum 70. Geburtstag*, Berlin 1970, 60f.

[3] Ursula Pintzka-Birnbaum, „Die Volksschauspielerin Helene Weigel," *Theater der Zeit, Studien Nr. 1*, Berlin 1956, Heft 8. Siehe auch den Beitrag von Uta Birnbaum in diesem Band.

[4] Werner Hecht / Siegfried Unseld (Hg.), *Helene Weigel zu ehren*, Frankfurt/M. 1970; Hecht/Tenschert, *Helene Weigel* (Anm. 2); *Die Weigel, fotografiert von Vera Tenschert*, Berlin 1981. Zu erwähnen ist in diesem Zusammenhang noch das Fotobuch mit Rollenfotos von Gerda Goedhart, *Die Schauspielerin Helene Weigel*, hrsg. Wolfgang Pintzka, Berlin 1959.

[5] Vgl. allerdings die Darstellung des Lebens der Weigel von Werner Hecht in der Broschüre zum Brecht-Weigel-Haus in Buckow: *Die Kennerin der Wirklichkeit: Helene Weigel. Schauspielerin und Intendantin*, hrsg. Margret Brademann, Buckow 1995. Stark angelehnt an diese Publikation ist das Büchlein von Norbert Anzenberger, *Helene Weigel. Ein Künstlerleben im Schatten Brechts?*, Egelsbach u. a. 1998. — In diesem Jubiläumsjahr erscheinen: Werner Hecht, *Helene Weigel. Eine große Frau des 20. Jahrhunderts*, Frankfurt/M.: Suhrkamp; Christine Herold, *Freundliche, mit dem leichten Schritt. Helene Weigel, ein Lebensbild*, Frankfurt/M.: Suhrkamp; Sabine Kebir, *Abstieg in den Ruhm. Helene Weigel. Eine Biographie*, Berlin: Aufbau; Stefan Mahlke (Hg.), *Helene Wei-

gel — *Wir sind zu berühmt, um überall hinzugehen. Intendantin-Briefwechsel*, Berlin: Theater der Zeit; Carola Stern, *Männer lieben anders. Helene Weigel und Bertolt Brecht*, Berlin: Rowohlt; *Helene Weigel. In Fotografien von Vera Tenschert*, Berlin: Henschel; Erdmut Wizisla u.a. (Hg.), *Chausseestraße 125. Die Wohnungen von Bertolt Brecht und Helene Weigel in Berlin Mitte*, Berlin: Akademie der Künste.

[6] James K. Lyon, *Bertolt Brecht in Amerika*, Frankfurt/M. 1984, 309–13; vgl. auch zur Situation „erzwungener Selbstbescheidung" im Exil: Matthias Braun, „'Die beste Schul für Dialektik ist die Emigration.' Überlegungen zu den Erträgen eines 15jährigen Exils der Schauspielerin Helene Weigel," *Exiltheater und Exildramatik 1933–45*, hrsg. Frithjof Trapp, Frankfurt/M. 1991, 138–54.

[7] Vgl. Sabine Kebir, *Ein akzeptabler Mann? Streit um Bertolt Brechts Partnerbeziehungen*. Berlin 1987, 90–104.

[8] Vgl. John Fuegi, *Brecht & Co., Biographie. Autorisierte erweiterte und berichtigte deutsche Fassung von Sebastian Wohlfeil*, Hamburg 1997, 807. Für die Zeit vor 1949 gibt es bei Fuegi nur eine Situation, in der sich das eingeschworene Gespann Brecht/Weigel bereits unheilvoll betätigt (ansonsten bleibt sie in der Opferrolle), und zwar als Verhinderer des Erfolges von Elisabeth Hauptmann mit dem Stück *Happy End* (vgl. 325f.).

[9] Ebd., 841.

[10] Wirsing, „Eine proletarische Bühnenfrau" (Anm. 1), 124.

[11] Wolf Biermann, *Alle Lieder*, Köln 1991, 61.

[12] Thomas Brasch, *Drei Wünsche, sagte der Golem. Gedichte, Stücke, Prosa*, Leipzig 1990, 51.

[13] Beileidsschreiben von Mari Ohm an Helene Weigel, Helene-Weigel-Archiv (HWA) Ko 888/77.

[14] Beileidsschreiben von Lion Feuchtwanger an Helene Weigel, HWA Ko 887/76.

[15] Beileidsschreiben von Walter Ulbricht an Helene Weigel, HWA Ko 883/33–4.

[16] *Berliner Zeitung* vom 8. Mai 1971, 27. Jahrgang, Nr. 126.

[17] Vgl. Fritz Cremer im Gespräch mit Matthias Braun, 2. Juni 1981, 1981, HWA FH 20

[18] Hecht, *Helene Weigel* (Anm. 5), 58.

[19] Helmut Baierl im Gespräch mit Uta Reiche, 29. Juni 1985, HWA FH 79.

[20] Veröffentlicht sind: Käthe Rülicke-Weiler, „Auskünfte über Helene Weigel und Bertolt Brecht. Matthias Braun im Gespräch mit Käthe Rülicke-Weiler über die Arbeit am Berliner Ensemble," *Theater der Zeit*, Berlin 1982, Nr. 11, 60–

64, und Nr. 12, 10–14; Matthias Braun, Gespräch mit Ekkehard Schall über Helene Weigel, *Sinn und Form*, Heft 5, 36. Jahrgang 1984; Joachim Tenschert, „…auf dem Theater ist nur das da, was man sieht.' Joachim Tenschert und Matthias Braun im Gespräch über die Schauspielerin und Theaterleiterin Helene Weigel," *notate*, Berlin 1984, Nr. 5.

[21] Vgl. Hecht, *Helene Weigel* (Anm. 5), 54.

[22] Hans Bunge im Gespräch mit Matthias Braun, 1. Februar 1979, HWA FH 27.

[23] Hecht/Tenschert, *Helene Weigel* (Anm. 2), 108.

[24] Vgl. Bunge (Anm. 22) sowie Isot Kilian im Gespräch mit Matthias Braun, 15. Februar 1985, HWA FH 74.

[25] Gisela May im Gespräch mit Matthias Braun, 29. Mai 1980, HWA FH 23.

[26] Auf die Frage, was so vorbildlich an Helene Weigel gewesen sei, antwortete Ekkehard Schall (Anm. 20, 1039): „Das, was Brecht in dem Vers zusammenge-faßt hat: ‚Mir, der ich maßlos bin und mäßig lebe.' Bei ihr war es ein starkes elementares Talent, von dem man aber das eigentlich Elementare nur selten merkte, es war ungeheuer diszipliniert worden. Sie hatte sich halt in der Hand nach den Erfahrungen ihres Lebens."

1   Helene Weigel, around 1952

[Photos: Gerda Goedhart]

Chronology of Helene Weigel's Life

1900

Born 12 May under the name Helene Weigl. Father: Siegfried Weigl, purchasing agent and executive for textile firm (deported to Litzmannstadt in 1941, declared dead in 1945). Mother: Leopoldine Weigl, toy shop proprietor (died 24 March 1927). Both parents of Jewish faith. One older sister: Stella.

1907–1915

Attended public primary school (Volksschule).

1915–1918

Attended girls' high school (Lyzeum). Later transferred (because of anti-Semitic agitation) to the school of the well-known Jewish reform pedagogue Eugenia (Genia) Schwarzwald. Developed friendships with classmate Maria Lazar and Danish writer Karin Michaelis, 28 years Weigel's senior. No diploma granted.

1916/1917

Received lasting impression from public Bible readings by actress Lia Rosen. Auditioned several times for local theater figures, against her parents' wishes. Auditioned successfully 25 December 1917 for Arthur Rundt, director of the Vienna Volksbühne.

1918

Acting lessons with Vienna Burgtheater actors Arthur Holz and Rudolf Schildkraut. Appeared in small roles in the Moravian city of Bodenbach (now Decin).

1919–1921

Engaged by the Neues Theater in Frankfurt am Main (director: Arthur Hellmer).

1921–1922

Engaged by the Schauspielhaus in Frankfurt am Main (director: Richard Weichert).

1922

Moved to Berlin (address: Spichernstrasse 16). Engaged by the Staatliches Schauspielhaus in Berlin (artistic and general director: Leopold Jessner).

1923–1928

Various engagements at several Berlin theaters (Deutsches Theater, Renaissance-Theater, Junge Bühne Berlin, and others).

1923

Became acquainted with Bertolt Brecht.

1924

Son, Stefan, born 3 November.

1925

Moved with Stefan to Babelsberger Strasse 52. Brecht retained the atelier apartment on Spichernstrasse. In November, role work with Brecht (as Klara in Friedrich Hebbel's *Maria Magdalene*).

1928–1929

Engaged by Staatliches Schauspielhaus in Berlin. Further work with Brecht in December 1928 (as the maiden in Sophocles's *Oedipus*).

1929

Married Bertolt Brecht on 10 April.

1930

Daughter, Barbara, born 28 October.

1930–1932

No standing engagement. Worked at various Berlin theaters (Staatstheater, Schiller-Theater, Komödienhaus am Schiffbauerdamm, and others).

1932

Collaboration with Brecht — decisive for Weigel's development as an actress — as Pelagea Wlassowa in *The Mother* (opened 17 January).

In April, moved with the children to the Zehlendorf section of Berlin, then to Utting on the Ammersee (Bavaria). Established first shared residence with Brecht (in the Charlottenburg section of Berlin, beginning in October). Severe marital crisis resulting from Brecht's relationship with Margarete Steffin.

1933

Fled Germany with Brecht 28 October, first to Prague (where son Stefan joined them), then to Vienna. Moved in initially with Weigel's father on Berggasse, then with Stella and her husband in the Josefstadt section of Vienna. In mid-March, daughter Barbara was brought illegally across the German-Austrian border, then to Vienna with housekeeper Maria Hold. In early April the family relocated to Carona, Switzerland.

In July the family moved to Denmark, settled first on the island of Thurø with Karin Michaelis, then moved to Svendborg (address: Skovsbostrand No. 8).

Traveled to Moscow in the fall for a planned radio recitation. Performance cancelled because of illness and operation.

1934

Traveled to Switzerland and Vienna in November.

1935

Collaborated in September/October on the production of a Danish translation of *The Mother* at the RT (Revolutionary Theater), an amateur theater in Copenhagen (director: Ruth Berlau).

1937

Traveled to Paris 11 September for rehearsals of *Señora Carrar's Rifles* (opened 16 October). Traveled from Paris to Vienna, then Prague. Plans for a performance of *Carrar* in Prague fell through. Returned to Svendborg 17 November.

1938

Played Theresa Carrar in the Danish premiere of *Señora Carrar's Rifles* in Copenhagen (14 February).

In May, resided in Paris for rehearsals of *99%: Scenes from the Third Reich* (German-language premiere: 21 May).

1939

Relocated to Sweden 23 April. Moved in with sculptress Ninnan Santesson on the island of Lidingö/Stockholm.

1940

Instructor from January to April at the drama academy of Naima Wifstrand in Stockholm. For this purpose, Brecht wrote the first "Practice Pieces for Actors," among other pieces.

Fled to Finland 17–18 April, stopping first in Helsinki. Resided together with her family, Margarete Steffin, and Ruth Berlau July–October in Marlebäck, at the estate of Hella Wuolijoki. Returned to Helsinki in October.

1941

Traveled with her family, Margarete Steffin, and Ruth Berlau from 10 May–10 June to Vladivostok via Leningrad and Moscow. Steffin remained behind (and later died) in Moscow. Departed Vladivostok 13 June for Los Angeles via Manila. Arrived in California 21 July, moved to Santa Monica.

1941–1947

Exile in the USA. Aside from a non-speaking role in a film version of Anna Seghers's *The Seventh Cross* (director: Fred Zinnemann), Weigel received no offers for theater or film work.

1945-1947

Sent numerous CARE-packages to friends in Germany and Austria.

1947

Returned from exile, with daughter Barbara, to Switzerland via New York and Paris. Arrived in Zurich 19 November, moved to Feldmeilen (near Zurich).

1948

Performed on stage — for the first time in nearly 15 years — in *Antigone* in Chur, Switzerland (opened 15 February). Traveled in October to Salzburg, then Prague. Returned to Berlin 22 October.

1949

Stunning success in the role of Anna Fierling in *Mother Courage and Her Children* (German premiere 11 January at the Deutsches Theater, Berlin). Began work in February to establish the Berliner Ensemble. After a decision by the SED politburo, the group was provisionally named the "Helene-Weigel-Ensemble."

Moved with Brecht into a house in the Weissensee section of Berlin.

Inaugural season of the Berliner Ensemble began in September, first as a guest company housed in the Deutsches Theater. Weigel remained managing director (Intendantin) of the Ensemble from its first season to her death.

On 25 August, received the National Prize, Second Class for her performance in *Mother Courage* (together with Paul Bildt, Werner Hinz, Angelika Hurwicz, and Gerda Müller).

1949–1971

Performed in many important roles under the direction of Brecht and his colleagues. Among these: Anna Fierling in *Mother Courage* (1949,

1951), Pelagea Wlassowa in *The Mother* (1951, 1953, 1971), Theresa Carrar in *Señora Carrar's Rifles* (1952), Frau Grossmann in *Katzgraben* (1953), Natella Abaschwili in *The Caucasian Chalk Circle* (1954), Martha Flinz in *Mrs. Flinz* (1961), Volumnia in *Coriolan* (1965)

1950

Founding member of the German Academy of the Arts, Berlin (established 24 March).

1952

Lease and purchase contracts finalized in March for several pieces of real estate in Buckow (in the Brandenburg Marches), where Brecht and Weigel began regularly to spend weekends and vacations.

Berliner Ensemble's first major foreign tour, in December, to Cracow, Lodz, and Warsaw, Poland. With several Ensemble colleagues Weigel visited and placed a memorial wreath at Auschwitz concentration camp.

1953

Moved into her own apartment in May (address: Reinhardtstrasse 1), after disputes with Brecht during rehearsals for *Señora Carrar's Rifles* and *Katzgraben.*

Received National Prize, Second Class, for her portrayals of the mother characters in *The Mother* and the farm owner in *Katzgraben.* Moved in November to the Mitte section of Berlin, into the apartment above Brecht's at Chausseestrasse 125.

1954

Berliner Ensemble moved into its own facility, the Theater am Schiffbauerdamm (first performance 19 March: Moliere's *Don Juan*). Ran as non-party affiliate on the Socialist Unity Party (SED) list in the local elections for the western part of East Berlin.

1954–1971

Weigel and the Berliner Ensemble obtained worldwide stature through many successful international tours (playing, among other places, in London, Paris, Moscow, and Venice).

1955

Traveled to Moscow for Brecht's awarding of the Stalin Peace Prize on 25 May. Read publicly from *One Hundred Poems* in Moscow.

1956–1971

Brecht died 14 August 1956. Weigel became increasingly committed

to continuing the Ensemble's work along Brechtian lines, establishing a
Bertolt Brecht archive, and producing textually identical editions of
Brecht's works in East and West Germany.

1958–1971

Numerous state awards. Among these: German Peace Medal (1958),
Medal for Fighters against Fascism (1958); Silver Medal for Service to
the Fatherland (1959); received honorary title of Professor (1960), for
her work as the head of the Berliner Ensemble and the preservation of
Brecht's legacy; National Prize, First Class (1960), for her work as
leader of the Berliner Ensemble and the maintenance of Brecht's legacy
in the creation of a "socialist National Theatre"; Golden Badge of
Honor of the Democratic German Women's Federation (1962); Golden
Medal for Service to the Fatherland (1965); certified as Activist of Socialist Work (1971).

1962–1970

Recited at the Berliner Ensemble's "Brecht Evenings" and participated
in numerous other readings.

1968

First and only television appearance, in February, as Marie Soupeau in
The Visions of Simone Machard (directors: Manfred Karge and Matthias
Langhoff). "Brecht-Dialogue 1968," attended by numerous representatives of the international theater scene, also took place in February under Weigel's coordination.

1971

Made last stage appearance 3 April as Pelagea Wlassowa in *The
Mother*, during a Berliner Ensemble guest engagement at the Théâtre
des Amandiers in Nanterre (near Paris).

Died 6 May in Berlin. Buried next to Brecht in the Dorotheenstädtischer cemetery.

Compiled by Judith Wilke

(Translated by Theodor F. Rippey, University of Wisconsin-Madison)

Interview by Hans Bunge with Helene Weigel (5 August 1959)

Hans Bunge
(Edited by Gudrun Bunge)

Hans Bunge (b. 1919) joined the Berliner Ensemble in 1953, recruited by Ruth Berlau as a dramaturg and assistant director. After Brecht's death he managed the Bertolt Brecht Archive.

Bunge: What was your career like before you became acquainted with Brecht?

Weigel: I had what people call enormous good luck. I was rather young, with little training as an actress, really nothing but some entirely sensible speech lessons (which I took from an actor at the Burgtheater in Vienna). I was hired as a rank beginner by Arthur Hellmer[1] in Frankfurt. The pay was poor, but I immediately received truly wonderful roles. Which was a matter of tremendous courage on Hellmer's part.

Bunge: So your career began in Frankfurt?

Weigel: Yes. It was like a fairytale idea of a career. I played Marie in *Wozzeck* in a guest production by Albert Steinrück. The story of how I got the part is pure kitsch; in principle it could only happen in the movies, not in real life: the colleague who had been given the role didn't have the courage to go through with it, and she gave it to me. And I have never forgotten her name — it was Hilde Wall, and she later became the wife of a fine, well-known film director. And then I had a few other good roles — for instance, the *Weibsteufel*[2] — which people regarded at the time as really superb roles. But I had my heart set on the Stadttheater in Frankfurt, which was pure idiocy.

So I left Hellmer and went over to the Stadttheater. Zeiss was the director there, one of the best directors around, an extremely clever and skillful man.[3] But I did very little acting there. The one interesting role I remember was Meroe in *Penthesilea*. That and Amalie in *The Robbers*, which mustn't be forgotten — I was terrible in it.

When Zeiss died, there was a huge exodus from Frankfurt to Berlin. Jessner had heard of me through Steinrück and he urged me to come, too. I went directly from Frankfurt to Berlin, so I never had a period of barnstorming. It's still an open question whether that was good or bad. For example, I never acquired what they call a repertoire, such as you get by working in many tiny provincial theaters: lots of roles, every sort of role. I was rather one-sided.

Bunge: May I go back further, and ask some questions about your childhood in Vienna?

Weigel: I come from a petit bourgeois family, frugal but not really poor.

Bunge: What was your father?

Weigel: My father was a purchasing agent for a large textile mill.

Bunge: And what was your mother's background?

Weigel: My grandfather and my grandmother had a small factory. They made printed fabrics, polychrome prints, for aprons, for example. My mother had had nothing to do with that — daughters didn't do such things. What she did do as a young woman was operate a toy shop. I was very young then. When my father became a purchasing agent and then director (I think), he no longer regarded that as appropriate — a little shop. So they sold it. The shop was very pretty, but I actually have rather depressing associations with it, because I never got the dolls that I wanted. Just like the shoemaker's children who have no shoes, I had no toys — the usual thing.

Bunge: Were there brothers or sisters?

Weigel: Yes, I had an older sister.

Bunge And was the family connected to the stage in any way?

Weigel: Oh my, no! Not at all. Except that, oddly enough, my grandmother and mother used to go to the theater every week. I never forgave my mother for refusing to let me see *Weh' dem, der lügt* when I was thirteen or fourteen. It was the last opportunity to see Kainz.[4] I never did see Kainz. I never saw the inside of the Burgtheater.

Bunge: But you became an actress without any difficulty?

Weigel: What? No! You can't say that! It was absolutely forbidden. Of course my family said, "It's out of the question! The child certainly can't become an actress!"

Bunge: What did they have in mind for you?

Weigel: Marriage, of course! — Well, that wasn't entirely true. I have to say in my father's favor that he was very interested in providing both of his girls with a so-called "proper upbringing." This meant that we attended a dreadfully genteel school, which was very unpleasant because of the latent anti-Semitism that existed in Austria. Of course we began to notice this in a school for pampered upper-class daughters. But neither my father nor my mother had anything against me changing schools quite early when I decided suddenly that I wanted to become a doctor. I didn't get very far with that.

I hit upon the idea of a theatrical career relatively soon, not because of the theater, but because of a recitation. And because of the person doing the reciting: her name was Lia Rosen, and she made a tremendous impression on me. After listening to her I came to the conclusion that I wanted a career in theater. And then I tried twenty times — no, that's an exaggeration — eight times to pass the examination without my parent's knowledge.

Bunge: In Vienna?

Weigel: In Vienna. Unfortunately this always cost money. Coming up with it wasn't so simple. Mostly it was loose change from my father's trouser pockets, which I kept very close track of. But that was always a difficult way to scrape together ten crowns.

Bunge: And when did you leave home?

Weigel: I received help from a woman who had a great influence on my life during my school days and also later: Genia Schwarzwald.[5] At some point I convinced her that it would really be rather interesting if I became an actress, and after that she was truly a decisive help to me. I was nearly 18 when I left for the theater.

Bunge: Your parents were still alive?

Weigel: Yes.

Bunge: And had they reconciled themselves?

Weigel: Yes. My father did make one attempt to influence me by cutting off my support. He failed, however. He gave it up as he grew somewhat more vain. By the time I made it to the Staatstheater in Berlin, my career seemed entirely respectable to him. So he resumed giving me money.

Bunge: Who were the other actors in Frankfurt when you had your first engagement?

Weigel: There was old Alois Großmann (I believe he died in Auschwitz, but I don't know the details); Leontine Sagan, who disappeared somewhere in the emigration (I don't know whether she is still alive);[6] Gerda Müller; George; Carl Ebert; Jakob Feldhammer; Fritta Brod.[7] Those were very good people, a great company, and the two directors there as well, Hartung and Weichert.[8] Then they all left. But that's more than enough about my life. That's not very interesting.

Bunge: And then came Berlin — the Staatstheater, the Volksbühne...

Weigel: I made basically the same mistake in Berlin that I made in Frankfurt. I moved from the Staatstheater to the Deutsches Theater and ended up doing little acting. It wasn't very interesting for me. Soon I met Brecht and then Steff was born, and my career was pushed into the background somewhat, though I never gave up acting altogether.

Bunge: To what extent was it a mistake to move from the Staatstheater to the Deutsches Theater?

Weigel: The Deutsches Theater always snapped up whatever talent came its way, without in fact having anything for the people to do. I played more roles and more interesting ones at the Staatstheater than I ever did at the Deutsches Theater. I never even knew Reinhardt, for example.

Bunge: Not even casually?

Weigel: Only much later, in the emigration.

Bunge: That's amazing. That would never happen to an actor in your theater.

Weigel: That we wouldn't be acquainted? Not very often!

* * *

Bunge: What was your impression of Brecht's parents when you met around this time?

Weigel: His mother was already dead. I met his father officially when we married, not before.

Bunge: But hadn't you visited Augsburg?

Weigel: I was often in Augsburg. Above all I spent my summers in the vicinity of Augsburg. Until 1932 we were really never anywhere else in the summer. Brecht always came back to his attic apartment on Bleich-straße. That's where he did most of his work.

Bunge: And he reserved the apartment for himself?

Weigel: The apartment remained exclusively his. That was an iron law.

Bunge: And during these summer visits did you get to know his friends from earlier?

Weigel: Yes, Pfanzelt, Müllereisert, Hartmann[9] (whom you don't know); Neher, whom Brecht had recently lured from Munich to Berlin. Brecht never gave much explanation about people who would just suddenly show up. Getting to know his friends was a very tricky situation. They watched me with sharp eyes to see if I was right for Bidi or just another one of his mistakes...

Bunge: He was still married to Marianne Lingen at the time.

Weigel: Yes. Feuchtwanger was the first person I met.

Bunge: You mean in connection with Brecht?

Weigel: Yes.

Bunge: Did you have the cottage in Utting at this time?

Weigel: Oh, not a trace, no. At first it was Schondorf. The first year I sat around in Göggingen, and Brecht would come Saturdays, Sundays — it was terribly boring. And when I became pregnant with Steff, I was somewhere on the Bodensee. And again Brecht would come Saturdays, Sundays. The next summer — on the Ammersee for the first time, and after I had the child — I rented a little city apartment in Schondorf. Then I built a workroom for Brecht — out of a goat stall, I believe. That was the first of those long workrooms that he kept. We stayed in Schondorf all those years. After the success of the *Threepenny Opera*, when we had a little bit more money (basically during the last year), we bought Utting. It was very funny how meticulous Brecht was in buying it. He viewed the cottage in the morning and in the evening to see if it was right. It was very beautiful, a wonderful house. I believe that we don't even have a picture of ourselves there, because we never lived in it (except when Brecht was there for a month). I had to get back for rehearsals — and then came the emigration.

(*Translated by David W. Robinson, Georgia Southern University*)

NOTES

[1] Arthur Hellmer (1880-1961) founded the Neue Theater in Frankfurt am Main in 1910, which he led until 1935. Emigrated first to Austria where he was director of the Theater an der Wien from 1936–1938, then to England. He was Intendant at the Hamburg Schauspielhaus from 1946–1948.

[2] *Der Weibsteufel* (*The Devil is a Woman*), a play by Karl Schönherr (1867–1943). Weigel played the role of Johanna.

[3] Carl Zeiss (1871–1924) led the Frankfurt Schauspielhaus (called the "Stadt-theater" by Weigel) from 1917–1920, and from 1920 the Munich State Theatre.

[4] Josef Kainz (1858–1924) was the leading actor at the Vienna Burgtheatre. His final appearance was as Mark Antony in Shakespeare's *Julius Caesar*, on 12 May 1910 — Weigel's tenth birthday.

[5] See Sabine Kebir's article in this volume for more on Schwarzwald.

[6] The director and actor Alois Großmann and the actress Leontine Sagan were employed at the Neue Theater in Frankfurt.

[7] At the time of Weigel's engagement at the Frankfurt Schauspielhaus Gerda Müller and Fritta Brod were the leading actresses there; Carl Ebert and Jakob Feldhammer were the leading actors. The actor Heinrich George was engaged by the Frankfurt Schauspielhaus in 1919–1920 while Weigel was still at the Neue Theater.

[8] Gustav Hartung (1887–1946) was head director at the Frankfurt Schauspielhaus. After being Intendant at Darmstadt he emigrated to Switzerland in 1933 where he worked from 1945 as a director. Richard Weichert (1880–1961) was first head director, then Intendant at the Frankfurt Schauspielhaus from 1918–1932. After a short period at the Munich State Theatre, he worked until 1944 as a director at the Volksbühne and the State Theatre of Berlin and at the Vienna Burgtheater. From 1947–1956 he was again at the Frankfurt Schauspielhaus as director of acting and later as an honorary member.

[9] Brecht's Augsburg friends Georg Pfanzelt, Otto Müllereisert and Rudolf Hartmann.

Helene Weigel im Gespräch mit Hans Bunge (5. August 1959)

Hans Bunge
(Redigiert von Gudrun Bunge)

Hans Bunge, geboren 1919, kam über die Vermittlung von Ruth Berlau 1953 als Dramaturgie- und Regieassistent ans Berliner Ensemble. Nach Brechts Tod leitete er das Bertolt-Brecht-Archiv.

Bunge: Wie war Ihre Laufbahn, bevor Sie Brecht kennenlernten?

Weigel: Ich hatte, was man ein enormes Glück nennt. Ich bin ziemlich jung, ohne viel Schauspielschule, eigentlich nur mit einem ganz vernünftigen Sprechunterricht (den ich in Wien bei einem Schauspieler des Burgtheaters hatte) von Arthur Hellmer[1] als Anfängerin nach Frankfurt engagiert worden. Ich hatte zwar wenig Gage, habe aber sofort sehr schöne Rollen bekommen. Was eine enorme Mutangelegenheit von Hellmer war.

Bunge: Ihre Karriere fing also in Frankfurt an?

Weigel: Ja, das ist sogar die Märchenidee von einer Karriere: Bei einem Gastspiel von Albert Steinrück habe ich die Marie im *Wozzeck* gespielt. Die bekam ich auch nur unter Kitsch-Bedingungen (was im Grunde nur im Film vorkommen könnte, nicht in der Realität), weil eine Kollegin, die die Rolle bekam, keinen Mut dazu hatte und sie mir gab. Ich habe auch ihren Namen nie vergessen, sie hieß Hilde Wall und war später die Frau eines bekannten guten Filmregisseurs. Und dann hatte ich noch ein paar sehr gute Rollen — zum Beispiel den Weibsteufel — was man damals eben herrliche Rollen nannte. Ich wollte aber absolut an das Stadttheater in Frankfurt, was ein reiner Blödsinn von mir war.

Ich ging dann von Hellmer hinüber ans Stadttheater. Da war der Zeiss[2] Intendant, einer der besten Intendanten, die es gab, ein besonders gescheiter und geschickter Mann. Ich spielte dort aber sehr wenig. Das einzige Interessante, woran ich mich erinnere, war die Meroe in *Penthesilea* — und die Amalie in den *Räubern* nicht zu vergessen, wo ich fürchterlich war.

Als Zeiss starb, kam ein riesiger Auszug von Frankfurt nach Berlin. Jessner hatte über Steinrück von mir gehört und ließ mich auch nach Berlin kommen. Ich bin von Frankfurt direkt nach Berlin gegangen, habe also die Schmierenzeit überhaupt nicht erlebt. Es ist immer noch die Frage, ob so etwas günstig oder ungünstig ist — das ist verschieden. Ich habe zum Beispiel nicht gehabt, was man ein Repertoire nennt (wie man es hat, wenn man durch die vielen, kleinen Provinztheater geht: sehr viele Rollen, sehr verschiedene Rollen). Ich bin ziemlich einseitig gewesen.

Bunge: Darf ich noch etwas weiter zurück, nach Ihrer Kindheit in Wien, fragen?

Weigel: Ich komme aus einem kleinbürgerlichen, ziemlich sparsamen, aber nicht sehr armen Elternhaus.

Bunge: Was war Ihr Vater?

Weigel: Mein Vater war Prokurist in einer großen Fabrik, die Stoffe herstellte.

Bunge: Und Ihre Mutter, wo kam sie her?

Weigel: Mein Großvater und meine Großmutter hatten eine kleine Fabrik. Sie haben Druckstoffe hergestellt, Buntdrucke, für Schürzen zum Beispiel. Meine Mutter hat dort nichts gemacht — das taten Töchter nicht. Aber sie hat, als junge Frau dann, ein Spielwarengeschäft geführt, ziemlich weit in meine Kindheit hinein. Als mein Vater Prokurist und dann auch, glaube ich, Direktor wurde, hat er das nicht mehr für passend gehalten — ein Lädchen. Und es wurde aufgegeben. Das Lädchen war sehr hübsch, aber es verbindet sich für mich eigentlich nur mit etwas deprimierenden Eindrücken: weil ich die Puppen nie bekam, die ich wollte. So wie Schusters Kinder keine Schuhe haben, habe ich kein Spielzeug gehabt — das Gewöhnliche.

Bunge: Gab es Geschwister?

Weigel: Ja, ich hatte eine ältere Schwester.

Bunge: Und war irgendetwas Schauspielerisches in der Familie?

Weigel: Ach, gar nix, überhaupt nichts. Außer dass meine Großmutter seltsamerweise (meine Mutter übrigens auch) jede Woche einmal ins Theater ging. Was ich meiner Mutter nie verziehen habe, ist, dass sie mich nicht einmal (wie ich 13 oder 14 war) zu *Weh' dem, der lügt* ließ. Denn das war die letzte Gelegenheit, den Kainz zu sehen.[3] Ich habe Kainz nie gesehen. Ich habe überhaupt die große Garnitur des Burgtheaters nie gesehen.

Bunge: Aber Sie wurden ohne Schwierigkeiten Schauspielerin?

Weigel: Nein, wieso? Das können Sie nicht sagen! Ich habe absolut nicht gedurft. Natürlich sagte meine Familie: „Das ist doch unmöglich!

Das Kind kann doch nicht zum Theater gehen!"

Bunge: Wofür waren Sie denn „bestimmt"?

Weigel: Zum Heiraten natürlich! — Also ganz so war es nicht. Das muss ich zur Ehre meines Vaters sagen, er war sehr interessiert daran, dass wir beiden Mädchen eine sogenannte „gute Erziehung" bekamen. Wir gingen also in eine schrecklich feine Schule, was sehr unangenehm war, da es latenten Antisemitismus in Österreich gab. Den bekamen wir natürlich zu spüren in einer Höheren Töchterschule. Aber weder mein Vater noch meine Mutter hatten etwas dagegen, als ich sehr früh die Schule wechselte, weil ich plötzlich Medizinerin werden wollte. Ich bin nicht sehr weit gekommen damit. Ich bin verhältnismäßig früh auf den Gedanken gekommen, zum Theater gehen zu wollen, veranlasst nicht durch das Theater, sondern durch eine Rezitation. Und zwar gab es eine Rezitatorin, die mir einen enormen Eindruck gemacht hat, sie hieß Lia Rosen. Nachdem ich sie gehört hatte, fasste ich den Entschluss, zum Theater zu gehen. Und dann habe ich etwa zwanzig — nein, das wäre übertrieben, acht Versuche gemacht, die Prüfung abzulegen, ohne dass meine Eltern etwas davon wussten.

Bunge: In Wien?

Weigel: In Wien. Das kostete nur leider immer Geld. Das zu bekommen, war nicht so einfach. Meist war es das Kleingeld aus den Hosentaschen meines Vaters, die ich genau kontrollierte. Das war aber ein mühsamer Weg, bis man auf diese Weise 10 Kronen zusammen hatte.

Bunge: Und wann gingen Sie aus dem Elternhaus weg?

Weigel: Ich bekam die Hilfe von einer Frau, die sowohl in meiner Schulzeit als auch später einen großen Einfluss auf mein Leben hatte: Genia Schwarzwald.[4] Die ich an irgend einem Punkt überzeugt hatte, dass es doch von Interesse wäre, wenn ich Schauspielerin würde, und die mir dann wirklich entscheidend half. Ich war fast 18, als ich zum Theater ging.

Bunge: Ihre Eltern lebten noch?

Weigel: Ja.

Bunge: Und haben sich dann doch damit abgefunden?

Weigel: Ja. Mein Vater hat noch einen Versuch gemacht, mich durch Entzug von Unterstützung zu beeinflussen. Das ist ihm aber nicht gelungen. Er hat es auch aufgegeben, als er etwas eitler wurde. Und als ich am Staatstheater in Berlin war, schien ihm das dann doch ganz ehrenwert. Da hat er mir auch Geld geben.

Bunge: Als Sie Ihr erstes Engagement in Frankfurt hatten, wer war damals sonst noch am Theater?

Weigel: Der alte Alois Großmann (der ist, glaube ich, auch in Ausch-witz gestorben. Ich weiß es aber nicht genau.); Leontine Sagan, die auch irgendwo in die Emigration gegangen ist (ob sie noch lebt, weiß ich nicht)[5]; die Gerda Müller; der George; der Carl Ebert; Jakob Feld-hammer; Fritta Brod.[6] Das waren sehr gute Leute, eine große Garnitur, wie auch der Hartung und der Weichert, die beiden Regisseure dort.[7] Sie sind ja dann alle weggegangen. Aber das ist reichlich von meinem Leben. Das ist nicht so interessant.

Bunge: Und dann kam also Berlin, das Staatstheater, die Volksbühne...

Weigel: Ich habe im Grunde denselben Fehler, den ich in Frankfurt gemacht habe, auch in Berlin gemacht. Ich bin vom Staatstheater ans Deutsche Theater gegangen und habe nicht viel gespielt. Es war nicht sehr interessant für mich. Dann habe ich den Brecht bald kennenge-lernt und bekam den Steff, und die Karriere war dadurch etwas in den Hintergrund gedrückt, obwohl ich nie das Theaterspielen aufgegeben habe.

Bunge: Inwiefern war es ein Fehler, vom Staatstheater zum Deutschen Theater zu gehen?

Weigel: Das Deutsche Theater hat immer alles aufgeschnappt, was so an Talenten auftauchte, ohne dass im Grunde Platz für die Leute war. Ich habe am Staatstheater mehr und Interessanteres gespielt, als ich jemals dann am Deutschen Theater gespielt habe. Reinhardt zum Bei-spiel habe ich nie kennengelernt.

Bunge: Auch persönlich nicht?

Weigel: Viel später erst, in der Emigration.

Bunge: Das ist erstaunlich. Das wird ja keinem Schauspieler in Ihrem Theater so gehen.

Weigel: Dass er mich nicht kennenlernt? Selten!

* * *

Bunge: Was für einen Eindruck hatten Sie von Brechts Eltern, die sie dann ja kennenlernten?

Weigel: Die Mutter war schon tot. Den Vater habe ich offiziell ken-nengelernt, als wir heirateten, nicht vorher.

Bunge: Sie waren doch auch mal mit in Augsburg?

Weigel: Ich war oft in Augsburg, vor allen Dingen habe ich meine ganzen Sommer in der Nähe von, um und rundum Augsburg verbracht.

Bis '32 sind wir eigentlich nie woanders gewesen im Sommer. Brecht kam immer wieder nach Augsburg in seine Mansarde in der Bleichstraße zurück. Er hat eigentlich dort am meisten gearbeitet.

Bunge: Und die wurde ihm auch erhalten?

Weigel: Die blieb als seine Mansarde zurück, das war eisern.

Bunge: Und in den Sommeraufenthalten lernten Sie die ganzen Jugendfreunde kennen?

Weigel: Ja, den Pfanzelt, den Müllereisert, den Hartmann[8] (den Sie nicht kennen), den Neher, den Brecht ja dann von München nach Berlin gezogen hat. Der Brecht hat nie große Erläuterungen gegeben über Leute, die dann plötzlich auftauchten. Das ist eine sehr schwierige Situation gewesen, das Kennenlernen der Jugendfreunde — die mich mit scharfen Augen beobachteten, ob das überhaupt etwas wäre für den Bidi oder mal wieder einer seiner Irrtümer.

Bunge: Da war er noch verheiratet mit Marianne Lingen?

Weigel: Ja. Feuchtwanger habe ich als Ersten kennengelernt damals.

Bunge: Aber auch im Zusammenhang mit Brecht?

Weigel: Ja.

Bunge: Gab es zu dieser Zeit schon das Häuschen in Utting?

Weigel: Ach, keine Spur, nein. Schondorf war es erst. Das erste Jahr saß ich in Göggingen herum, und Brecht kam immer Samstag, Sonntag, es war furchtbar langweilig. Und als ich mit dem Steff schwanger ging, war ich am Bodensee irgendwo. Da kam Brecht auch Samstag, Sonntag. Nachdem ich das Kind bekommen hatte, mietete ich im nächsten Sommer — zum ersten Mal am Ammersee — eine kleine Stadtwohnung in Schondorf. Ich baute dann — aus einem Ziegenstall, glaube ich — dem Brecht einen Arbeitsraum. Das war der erste von diesen langen Arbeitsräumen, die er dann beibehielt. In Schondorf blieben wir all die Jahre. Nach dem Erfolg der *Dreigroschenoper*, als wir etwas mehr Geld hatten (im Grunde im letzten Jahr), haben wir Utting erstanden. Das war sehr lustig, Brecht hat das mit großer Sorgfalt gekauft. Er schaute sich das Häuschen am Morgen an und am Abend, ob es richtig wäre. Es war sehr schön, ein wunderbares Haus.

Ich glaube, es gibt nicht einmal ein Bild von uns, denn wir haben nie darin gewohnt (außer dass Brecht einen Monat mal dort war): Ich musste zurück, weil ich Proben hatte — und dann kam die Emigration.

ANMERKUNGEN

[1] Arthur Hellmer (1880–1961) gründete 1910 das Neue Theater Frankfurt/Main, das er bis 1935 leitete. Emigration zunächst nach Österreich, wo er 1936–38 Direktor des Theaters an der Wien war, dann nach England. Von 1946-48 war er Intendant am Schauspielhaus Hamburg.

[2] Carl Zeiss (1871–1924) war von 1917-1920 Leiter des Frankfurter Schauspielhauses (von Helene Weigel „Stadttheater" genannt), ab 1920 des Staatstheaters München.

[3] Josef Kainz (1858–1910) war von 1899–1910 Hofschauspieler am Wiener Burgtheater. Er trat zuletzt am 12. Mai 1910 — Helene Weigels zehntem Geburtstag — in der Rolle des Marc Anton in Shakespeares *Julius Cäsar* auf.

[4] Vgl. dazu in diesem Band den Beitrag von Sabine Kebir.

[5] Der Regisseur und Schauspieler Alois Großmann und die Schauspielerin Leontine Sagan waren am Neuen Theater Frankfurt engagiert.

[6] Zur Zeit des Engagements Helene Weigels am Frankfurter Schauspielhaus waren Gerda Müller und Fritta Brod dort die weiblichen Hauptdarstellerinnen, Carl Ebert und Jakob Feldhammer gehörten zu den männlichen Hauptdarstellern; der Schauspieler Heinrich George war in der Spielzeit 1919/20 (als Helene Weigel noch am Neuen Theater war) am Frankfurter Schauspielhaus engagiert.

[7] Gustav Hartung (1887–1946) war von 1914-1920 Oberspielleiter am Frankfurter Schauspielhaus. Nach einer Intendanz in Darmstadt emigrierte er 1933 in die Schweiz, wo er bis 1945 als Regisseur am Züricher Schauspielhaus arbeitete. Richard Weichert (1880–1961) war von 1918–1932 zunächst Oberspielleiter, dann Intendant am Frankfurter Schauspielhaus. Nach einer Zwischenstation am Staatstheater München arbeitete er bis 1944 als Regisseur an der Volksbühne, am Staatstheater Berlin und am Wiener Burgtheater, von 1947–1956 wieder als Schauspieldirektor am Frankfurter Schauspielhaus, wo er Ehrenmitglied wurde.

[8] Georg Pfanzelt, Otto Müllereisert und Rudolf Hartmann.

2   Helene Weigel als Frau Dworak in dem Stück *In Ewigkeit amen*
von Anton Wildgans, Neues Theater Frankfurt 1920

Interview with Barbara Brecht-Schall about Helene Weigel

Lyon discusses Helene Weigel with her daughter and son-in-law and later her granddaughter, from five aspects: her character as a person, as a grandmother and mother-in-law, as a wife, her Jewish background, her organizational abilities as the head of a large cultural institution, and in a final miscellaneous section various other anecdotes are recounted in English. Although she thought of herself as not having a sense of humor, Weigel often came up with wry witticisms, such as: "Your father was a very faithful man — unfortunately to too many people." Her daughter remembers her as a wonderful mother, whose motherliness extended to many other children — often the recipients of articles of clothing she had crocheted herself. Weigel nevertheless scrupulously avoided interfering with her children's family life. She did not join the Communist party because she wanted to be free and independent, especially when it came to the publication of Brecht's work, and her Jewish background played no part in her life. Weigel's prodigious energy as an organizer are discussed: from coordinating and even sewing costumes for the Los Angeles *Galileo*, to running the Berliner Ensemble, family occasions such a Christmas, and founding the Brecht Archive (with Brecht's own money).

Interview mit Barbara Brecht-Schall über Helene Weigel

James K. Lyon

Ebenfalls anwesend: Jenny Brecht-Schall, anfangs Ekkehard Schall

I CHARAKTERZÜGE

Lyon: Sie sagten einmal, „Helli was a lady all her life." Können Sie das erläutern? Zu den Wörtern, die einem zu der Weigel einfallen, steht das Wort „lady" nicht gerade an erster Stelle.

Brecht-Schall: Das kommt auf Ihre Definition an. Meine Definition einer Dame ist eine, die sich bemüht um andere Leute, die eigentlich nur Gutes tut, schwer arbeitet. Sie war — ein scheußliches deutsches Wort — herzensgut. Das war Helli. Auch ihre Haltung zu anderen Leuten, auch ihre Haltung zu Brecht. Sie war, wenn Sie so wollen, eine „Grande Dame."

Lyon: Welche anderen Wörter fallen Ihnen zur Beschreibung Ihrer Mutter ein?

Brecht-Schall: Enorm fleißig. Und auch viel witziger als sie selber wusste. Sie war immer der Meinung, alle um sie herum seien witziger als sie.

Lyon: Immer?

Brecht-Schall: Ja, immer. Sie war immer der Meinung, es fehlte ihr leider an Humor. Das stimmte nicht. Einige der Sachen, die ich noch immer in Erinnerung habe, waren Bemerkungen, die sie so fallen ließ. Zum Beispiel den Satz: „Dein Vater war ein sehr treuer Mann — leider zu zu vielen." Oder was sie dem Ekke [Ekkehard Schall] sagte, als er zu ihr kam und sagte: „Sehr geehrte Professor Weigel, ich würde sie gerne um die Hand ihrer Tochter bitten." Sie hat ihn angeguckt und gesagt: „Aber Buberl, den Rest hast du doch schon so lange. Nimm die Hand, nimm die Hand."

Lyon: Herrlich!

Brecht-Schall: Und sie war eine wunderbare Köchin. Zu einer Zeit, in der es kaum etwas gab, hat sie es geschafft, dass man immer schönes Essen hatte und Gäste gerne blieben. Ich meine, es ist ja kein Zufall,

Helene Weigel 100
Maarten van Dijk et al., eds., *The Brecht Yearbook / Das Brecht-Jahrbuch*
Volume 25 (Waterloo, Canada: The International Brecht Society, 2000)

dass Laughton, der mit Papa damals am Galilei arbeitete, immer noch so rumwurschtelte, so zum Abendbrot. Nun war das arme Schwein immer auf Diät. Und sicher zu Recht.

Lyon: Zum Abendbrot ist er dann geblieben?

Brecht-Schall: Ja. Der hat die Arbeit ausgedehnt und then tried to „scrounge his dinner." But as I said, he sang for his supper. Der hat wirklich für sein Essen gesungen. Wenn Papa sich hinlegte hinterher, hat er uns dann immer ein wunderbares Gedicht oder eine Szene vorgetragen von diesen herrlichen Schallplatten, die er damals machte.

Lyon: Die Entstehungsgeschichte der Welt aus der Perspektive verschiedener Klassen?

Brecht-Schall: Ja, ja. Und was war die Weigel noch? Immens begabt, immens begabt. Riesentalent. Und eine sehr emotionale Frau. Sie hatte strenge Kontrolle, aber sie war sehr emotional. Sicher hat es ihr sehr weh getan, was Papa über die Jahre gemacht hat. Insbesondere als er ihr gesagt hat, was er offensichtlich gesagt hat, als sie ins Exil gingen — sie wollte ja in Zürich bleiben, weil sie da hätte spielen und auch die Kinder durchbringen können. Er hat ihr geschworen, dass nichts ist: Die Steffin kommt nicht mit, die Hauptmann auch nicht, mit der war er sowieso verkracht. Nichts kommt nach, und sie muss halt mit ihm reisen. Dann ist sie mit nach Dänemark gereist, und dann kam die Steffin nach.

Lyon: Um auf das Wort „lady," oder „Grande Dame" zurückzukommen: Zu Ihrer Definition gehörte, dass sie sich sehr um andere kümmerte.

Brecht-Schall: Ja, das hat sie immer gemacht, ob sie selber was hatte oder nicht. Sie hat in Amerika dann ja auch enorme Mengen Care-Pakete organisiert und gepackt und auch einzelnen Leuten geholfen. Das ist ungeheuer. Lesen Sie mal Brechts Beschreibung, wie sie das Theater zusammengekriegt hat.

Lyon: Großzügig war sie, nicht wahr?

Brecht-Schall: Ja. Sie hat ja Unmengen von Weihnachtsgeschenken gemacht. Direkt Geschenke, nicht nur Geld verschenkt. Leider habe ich sie nicht gekriegt, aber es gibt Dutzende von Karten von ihr, worauf sie geschrieben hat: „Schöne Weihnachten, Ihre Helene Weigel." Und es gibt auch etliche Karten wo draufsteht: „Schöne Weigel, Ihre Helene Weihnachten." Schwabe hat eine gekriegt und hat mir immer versprochen, ich krieg's, aber bis jetzt habe ich sie nicht.

Lyon: Würden Sie sie als Feministin beschreiben?

Brecht-Schall: Feministin ja, aber auf ihre Art halt.

Lyon: Und was war diese Art?

Brecht-Schall: Nun müssen Sie verstehen, dass es auch ganz schwer ist mit der Form des Feminismus, die wir jetzt haben. In unserer Gesellschaft, damals in der DDR, war es sowieso eine andere Sache. Den Gesetzen nach waren alle Frauen sowieso gleichberechtigt. Dass man das nicht durchsetzen konnte bei den Herren Paschas ist eine andere Frage. Und finanziell war es auch anders. Weil es keine Arbeitslosigkeit gab, gab es auch das Problem nicht. Helli war sehr für Frauen. Sie war nie der Meinung, dass sie minderwertig seien. Jeder hat seine Sache zu machen, die Frau sowie der Mann.

Lyon: Hat sie sich besonders für Frauenfragen eingesetzt?

Brecht-Schall: Nein, nicht besonders.

Lyon: War das, weil die DDR viel frauenfreundlicher war?

Brecht-Schall: Ja, so ist es. Auch Papas Haltung, als er die Intendanz mit übernehmen sollte: „Das macht die Weigel, das kann sie." Sie war anerkannt für ihre Fähigkeiten.

Lyon: Als ich 6½ Monate vor ihrem Tod zwei Gespräche mit ihr führte, war es ihr nicht anzusehen, dass sie an Krebs litt. Hat sie in den letzten Monaten ihres Lebens viel darüber gesprochen? Und wie war es möglich, dass sie einen Monat vor ihrem Tod noch in der Rolle der Pelegea Wlassowa in Paris auftreten konnte?

Brecht-Schall: Sie hat nicht gewusst, dass sie Krebs hatte.

Lyon: Entweder Sie oder jemand anders hat mir gesagt, dass sie es ab Anfang 1971 schon wusste.

Brecht-Schall: Nein, ich hab's gewusst! Aber ich hab's ihr nicht gesagt.

Lyon: Die Helli hat es nicht gewusst?

Brecht-Schall: Sie hatte keine Ahnung. Der Arzt hat mich hingerufen und gesagt, also sie hat unheilbaren Krebs, er hofft, er kriegt sie noch ein bis zwei Jahre durch, soll er es ihr sagen? Ich hab' gesagt: „Nein, das hilft doch niemandem."

Lyon: Sie haben es ihr also nicht gesagt?

Brecht-Schall: Ich hab's ihr nicht gesagt. Sie hätte das doch nicht durchgestanden in Paris. Sie hatte noch einen Riesenerfolg Mitte April 1971 in Paris, einen immensen Erfolg, und ist dann zurückgekommen, ist am 1. Mai ins Krankenhaus gegangen und am 6. gestorben.

Lyon: Aber sie muss doch eine Ahnung gehabt haben.

Brecht-Schall: Nein. Leute wollen so 'was nicht wissen. Sie war nur verärgert, dass der Kürzinger [ihr Arzt] diesen idiotischen Husten nicht wegkriegte.

Ekkehard Schall: Am letzten oder vorletzten Tag war ich bei ihr im Krankenhaus, und ich beugte mich zu ihr und wollte sie küssen zum Abschied, und dann machte sie so [wendet sich weg]. Sie wollte nicht, offensichtlich weil sie Angst hatte, sie steckt mich an mit einer Tbc oder mit einem Husten oder so.

Jenny Brecht-Schall: Hat sie sich nicht in dieser Zeit auch die Rippen gebrochen?

Brecht-Schall: Ja, in Paris. Und da habe ich der Dolmetscherin Pumi Moreil erzählt, dass sie ja dann zum Röntgen gehen müsste, und das war ganz klar, dass man das dann sieht. Der Pumi habe ich gesagt, dass sie dem Arzt klarmacht, sie hat zwei gebrochene Rippen und sonst nichts! Und die Pumi, die eine wunderbare Frau ist, hat das mitgemacht.

Lyon: Das beantwortet meine Frage, warum sie einen Monat vor ihrem Tod noch in der Rolle der Pelegea Wlassowa in Paris aufgetreten ist.

Brecht-Schall: Ja, so ist es.

Lyon: Erstaunlich, was Sie gerade sagten, Herr Schall. Wenn sie gewusst hätte, dass sie Krebs hatte...

Ekkehard Schall:...hätte sie das nicht gemacht. Es hatte irgendwas mit ihrer Lunge oder mit Husten oder was zu tun, dass sie mich nicht küsste. Das hat sie vorher nie gemacht. Wir hatten ein sehr herzliches Verhältnis.

Brecht-Schall: Per Sie, aber herzlich — wie es hier steht: Schwiegermutter.

II Mutter, Großmutter, Schwiegermutter

Lyon: Was haben Sie für eine Mutter gehabt?

Brecht-Schall: Eine wunderbare. Was man in Amerika eine „jiddische Mama" nennt. Eine absolut erstklassige Mutter, wie gesagt. Es gibt heute noch Leute, die so kleine Mützchen oder Kindersachen von ihr haben, die sie gehäkelt hat. Irgendwo liegt auch bei mir noch oben so ein Rock, den sie mir gehäkelt hat.

Lyon: In Amerika? Dänemark? Oder hier?

Brecht-Schall: Hier. Sie hatte sehr schwache Gelenke, und man hat ihr gesagt, wegen Arthritis sollte sie sie viel bewegen.

Lyon: Und wie war sie als Mutter eines (entschuldigen Sie) etwas aufmüpfigen Teenagers?

Brecht-Schall: Sie hatte wenig Zeit als ich aufmüpfig wurde. Da war sie schon hier [in Berlin]. Erst da müpfte ich sozusagen auf. Da gab es viel Krach. Und ich fühlte mich oft missverstanden.

Lyon: Man erinnert sich oft an Redewendungen, die man als Kind zu Hause gehört hat. Was für häufig vorkommende Worte oder Redewendungen von Helli sind Ihnen noch im Gedächtnis?

Brecht-Schall: Keine Ahnung. Nichts Spezifisches.

Jenny Brecht-Schall: Das kann man gar nicht sagen, weil bei Dir war es zum Beispiel so, du drehtest immer Sprichwörter um. Und machtest uns alle wahnsinnig, weil du völligen Stumpfsinn redetest. Wir verstehen dich aber, weil wir dich so lange kennen. Oma hat bestimmt auch irgend so 'was gehabt.

Brecht-Schall: Ja, aber ich habe keine Ahnung.

Jenny Brecht-Schall: Woher hast du das? Hast du es nicht von ihr?

Brecht-Schall: Nein.

Jenny Brecht-Schall: Wie sagtest du einmal: „Radfahren ist auch 'ne schöne Landschaft," oder irgend so 'was. Merkwürdige Dinge sagtest du immer. Wir verstehen das. Oder hat sie alle Namen durcheinander gebracht wie du?

Brecht-Schall: Nein. *(Pause)* Ernie Alzheimer?

(Gelächter)

Ekkehard Schall: Als Schauspieler war Helli berühmt für ihre Versprecher. Sie war so in der Rolle, in der jeweiligen Haltung, dass sie das nicht bemerkte. Nehmen wir mal einen Satz wie in der *Courage*, wo sie gefragt wird vom Koch, wie es ihr geht. Und dann sagt sie: „Ah ja, ja. Früh komme ich halt schlecht in die Schuh." Das ist der Satz vom Brecht. Und ich habe immer wieder gehört wie sie den sagte: „Früh komme ich halt schlecht in die Füß'."

Brecht-Schall: Oder ein anderer Satz von ihr aus *Courage*: „Evangelische Suppen schmecken auch gut." Da hat sie einfach gesagt: „Evangelische Hosen schmecken auch gut." Das war ihr Versprecher.

Ekkehard Schall: Das hat sie gar nicht gemerkt. Der Müller hat dann später daraus Witze gemacht. Am Schluss, in der *Mutter*, musste sie doch im „Lob der Dialektik" sagen: „So wie es ist, bleibt es nicht." Was daraus manchmal wurde, war: „So wie es bleibt, war es nie...ist es nie geworden," oder so. Und keiner hat gelacht, weil sie hat das so innig gesagt und mit Verständnis, dass man dachte: wie Recht sie doch hat.

Lyon: Sie sagten, Sie hätten erst nach der *Courage*-Aufführung im Januar 1949 verstanden, dass Ihre Mutter eine begabte bzw. berühmte Schauspielerin wäre. Sprach sie nicht im amerikanischen Exil über ihre Wünsche, wieder auf die Bühne zu kommen? Kein Wort der Frustration, dass sie nicht spielen konnte?

Brecht-Schall: Nein, eigentlich nicht. Ich war damals nur zehn oder elf. Sicher Frustration. She was up for a part in *For Whom the Bell Tolls*, was die Katharina Paxinou gekriegt hat. Da war sie frustriert, dass sie die nicht gekriegt hat. — Ja, so 'was habe ich noch in Erinnerung. Oder ihre kleine Rolle, sie hatte eine winzige Rolle in diesem „Siebenten Kreuz." Aber sonst, nein. In Amerika verlor sie den Blinddarm. Das ist auch eine schöne Redewendung.

Lyon: Wie lange war sie im Krankenhaus? Damals blieb man gewöhnlich viel länger als das heute der Fall ist.

Brecht-Schall: Ja, ich habe keine Ahnung. Ich glaube, sie war zwei Wochen dort. Ab dann machten wir selber das Frühstück. Es war immer ein bisschen Kaffee für mich übrig, und ich machte mir dazu Milch warm, und der Papa kam dann rein in die Küche und sagte: „Ist hier irgendwo ein Tee?" Das kriegte er, da machte ich ihm seinen Tee. Sonst hatte sie das immer gemacht.

Lyon: Ihnen und dem Vater fehlte sie sehr, ja?

Brecht-Schall: Immer, aber das ist eine andere Frage. Einen Tee konnte ich schon kochen. Und in der Zeit, in der sie im Krankenhaus war, hat diese — wie hieß sie noch? — Mrs. Connie Heard immer für uns gekocht. Da haben wir Gumbo kennengelernt.

Lyon: Sie war eine Schwarze, nicht?

Brecht-Schall: Eine Schwarze.

Lyon: Gumbo ist eine feine Sache.

Brecht-Schall: Ist 'ne sehr feine Sache, and hashbrowns. Wonderful hashbrowns: Bratkartoffeln.

Lyon: Bratkartoffeln, aber auf eine ganz besondere Art.

Brecht-Schall: Das hat Connie wunderbar gemacht. Und dann, an irgend einem Silvester oder so, kam die Connie mit ihrem Mann oder Freund. Ein traumhaft schöner Schwarzer. Und der hieß Mr. Ivory. Und Helli hat ihn, wirklich aus einer rein freudischen Haltung heraus, immer „Mr. Ebony" genannt. Also, nicht absichtlich. Er hat das auch ganz freundlich genommen.

Lyon: Wie war ihre Gesundheit im allgemeinen? Sie machte immer den Eindruck einer sehr vitalen Frau. Hatte sie keine Gebrechen oder Leiden?

Brecht-Schall: Ihre Gesundheit, soweit ich mich erinnere, war immer erstklassig. Sie hatte zwischendrin diese schreckliche Sache, diese Raucherbeine. Weil sie ja rauchte wie ein Schlot, bis der Arzt ihr sagte: „Sie können weiterrauchen, aber Sie müssen sich halt im klaren sein, dass Sie es im Rollstuhl machen." Da hat sie aufgehört. Sie musste dafür in eine Kur gehen.

Lyon: Sie sagten, Sie hätten wie jede Familie abends zusammen gegessen und über dies und jenes gesprochen. Hat sich Ihre Mutter an diesen Gesprächen beteiligt, oder war Ihr Vater der dominierende Sprecher?

Brecht-Schall: Nee, das waren Familiengespräche. Manchmal habe ich mehr geplappert, manchmal hat Steff erzählt, Helli oder Brecht. Wenn Gäste da waren, war es oft der Gast.

(Ekkehard Schall verlässt den Tisch.)

Lyon: In Santa Monica hat sie Ihnen Kleider genäht, das Haar gemacht usw. Hat sie je versucht, Ihnen das Kochen, das Nähen, das Strümpfestopfen und dergleichen beizubringen?

Brecht-Schall: Sie hat nie versucht, mir das Kochen, das Nähen, das Strümpfestopfen und dergleichen beizubringen. *(Jenny Brecht-Schall lacht.)* Ich bin bekannt dafür, dass ich eine unglaublich schlechte Näherin bin. Also richtig dafür berühmt, möchte ich sagen, berüchtigt. Ich musste mal Ekke einen Knopf an der Hose annähen, und dann kam er nicht mehr rein in die Hose, weil ich das Bein mit angenäht hatte. Darum lacht sie. Sie ist nämlich eine gelernte Näherin.

Lyon: Inwiefern haben Sie empfunden, dass Ihre Mutter anders war als die Mütter Ihrer Klassenkameradinnen? Lag das nur an der Sprache?

Brecht-Schall: Ich kannte wenig von den anderen Müttern meiner Klassenkameradinnen. Aber es war ganz klar, dass wir Ausländer und Fremde waren. Habe mich ja auch geweigert, Deutsch zu sprechen.

Lyon: Sie sagten einmal, die Weigel hätte den jungen Ekkehard Schall sehr geschätzt, aber gegen eine Heirat geraten. Was war ihre Meinung in den Jahren nach der Ehe?

Brecht-Schall: Nee, nicht gegen den jungen Ekkehard Schall. Sie hat ihn als Schauspieler immer mehr geschätzt, aber sie hielt ihn damals einfach für dumm. Sie war nicht gegen die Heirat, sie war gegen das Zusammenleben. Was ganz etwas anderes ist. Wir lebten ja zusammen, endlos, bevor wir geheiratet haben. Und sie dachte einfach, dass ich mit einem dummen Menschen nicht zurechtkomme. Später hat sie dann, als wir familiärere Bande knüpften, mitgekriegt, dass er ein hochintelligenter Mensch ist.

Lyon: Was für eine Großmutter war sie angesichts der vielen Anforderungen, die an sie als Intendantin gestellt waren?

Brecht-Schall: Sie war eine sehr gute Oma, würde ich sagen. *(Zu Jenny Brecht-Schall)* Ihr habt sie noch immer im Kopf. Du warst winzig zu der Zeit, zum Beispiel zu Weihnachten, was wir ja dann bei mir feierten. Da sind sie immer mittags zur Helli gegangen, haben eine Hühnersuppe gekriegt, und durften bei ihr ins Bett und schlafen. Und dann kamen sie alle 'rüber wenn der Baum fertig war.

Lyon: Haben Sie das noch in Erinnerung?

Jenny Brecht-Schall: Das ist die Erinnerung die ich habe. Und sie muss ständig angerufen haben: „Bringt mir die Kleine 'rüber." Ich war ständig bei ihr im Büro und muss da rumgekrabbelt sein.

Lyon: Wie verhielt sie sich zu den Problemen in Ihrer Ehe? Hat sie sich rausgehalten?

Brecht-Schall: Absolut!

Lyon: Sie mischte sich nicht ein?

Brecht-Schall: Im Gegenteil! Als Papa starb, da war gegenüber von mir auf dem Treppenabsatz in der Friedrichstraße eine Wohnung frei geworden. Und ich sagte: „Helli, möchtest du nicht dahin ziehen, dann bist du für dich, aber kannst 'rüberkommen, essen und wir sind zusammen." Sie sagte: „Es ist mir zu nah an Euch. Ich weiß, ihr habt Probleme. Ich möchte die Möglichkeit besitzen, den Ekke weiter zu schätzen." Sehr gescheit. Und sie sagte: „Außerdem gehören die Generationen nicht zusammen."

Lyon: In dem Buch von Hans-Dieter Schütt von 1995 sagt Manfred Wekwerth im Interview, dass sein Weggang vom BE 1968, den man als Ergebnis einer misslungenen Palastrevolution gesehen hat, „unanständig, unflätig, ungehörig von mir war (...) Ich hätte mich vielleicht reifer benehmen müssen." Diese ungewöhnliche Aussage machte er im Zusammenhang mit dem Bekenntnis, „die Weigel war (...) fast immer wie eine Mutter zu mir gewesen." Hatte sie in ihrer Rolle als Intendantin nicht Mutter gespielt für viele Mitarbeiterinnen des Ensembles?

Brecht-Schall: Es war ein Dummer, der Wekwerth. Hat sich unglaublich benommen.

Lyon: Aber er sagte, sie wäre fast immer wie eine Mutter zu ihm gewesen.

Brecht-Schall: Ja, war sie zu den meisten. Unter den damaligen Bühnenarbeitern des Hauses hieß sie ja immer die „Mütter von den Ganzen." Wenn jemand Sorgen hatte, wenn jemand etwas brauchte, wenn jemand Hilfe brauchte, irgendwo, war sie sofort da. Es ist ja bezeichnend für sie, dass die Tür zu ihrer Intendanz immer offen war.

Lyon: Noch ein Beispiel ihrer Sorge um andere Menschen ist ihre Aktion 1945-46 in Santa Monica, als sie Essen und Kleider gesammelt und viele Pakete in das kriegsverwüstete Europa geschickt hat. Waren Sie daran beteiligt? Wissen Sie, an wen sie diese Pakete geschickt hat?

Brecht-Schall: Keine Ahnung. Ich musste mitpacken helfen, aber keine Ahnung, an wen sie waren. Ich nehme an, an ehemalige Bekannte und Freunde, und was weiß ich. Ich habe irgendwann mal eine Zahl gehört, dass sie in der Zeit so etwas wie 900 Pakete gepackt hat.

Lyon: Vielleicht von der Ricki Riker?

Brecht-Schall: Ja, Pecker damals.

Lyon: Ricki Pecker sagte mir, das wären nicht ein paar Päckchen, sondern eine großangelegte Aktion, die in die Hunderte ging.

Brecht-Schall: Ja, also ich bin der Meinung an die 900. Habe ich irgendwo im Kopf.

III Die Ehefrau

Lyon: Hat Ihnen Ihre Mutter erzählt, wie sie Brecht kennengelernt hat?

Brecht-Schall: Das Einzige, was ich mal gehört hatte — sie hat merkwürdig wenig über Familienangelegenheiten gesprochen — war, dass der Brecht mal erschienen ist mit seiner Klampfe und einer Decke unterm Arm und fragte, ob er übernachten könne. Nun ja, dann hat er ihr das Lied: „An einem Tag im blauen..." [„Erinnerung an die Marie A."] vorgesungen. Und das war es halt.

Lyon: Das hat sie mir nämlich auch erzählt.

Brecht-Schall: Ach so, gut.

Lyon: In meinen Gesprächen mit der Weigel 1970 redete sie ständig von ihrem Mann nur als „Brecht," statt von „meinem Mann" oder "Bidi." War das bei Ihnen zu Hause üblich, oder hat sie sich diese Redeweise erst nach seinem Tod angeeignet?

Brecht-Schall: Nein, er hat ja auch von ihr immer gesprochen als „Weigel" oder „der Weigel."

Lyon: Von Zeit zu Zeit als „Bidi" wohl, aber meistens als „Brecht."

Brecht-Schall: Ja, so ist es. Ich glaube es war aus den 20er oder 30er Jahren, wo man so 'was machte.

Lyon: Hat es mit der Intimität (oder mangelnder Intimität) zu tun?

Brecht-Schall: Nein, überhaupt nicht. Wir sprachen ja auch nicht von

„Mama" und „Papa," sondern von "Helli" und „Bidi."

Lyon: Im Exil haben Sie in der Familie wenig Geld gehabt. Hat Geldknappheit zu Spannungen geführt? Erinnern Sie sich an Krach über Geld?

Brecht-Schall: Im Exil haben wir wenig, sehr wenig Geld gehabt, im Gegensatz zu dem, was Herr Fuegi behauptet. Und es ging auch viel Geld an die alte Schnapsdrossel da in New York. Die Berlau hat ihn nicht ernährt, sondern er sie.

Lyon: Die Berlau als Schnapsdrossel... hmmm.

Brecht-Schall: Das ist ein Berliner Ausdruck.

Lyon: Hat das zu Spannungen geführt?

Brecht-Schall: Ich nehme an, aber die haben uns ja ferngehalten von so was allem.

Lyon: In einem Interview mit Matthias Braun weisen Sie darauf hin, dass die Helli kurz vor der Emigration, also vermutlich Ende 1932, und wieder in den ersten Monaten im dänischen Exil, sich von Brecht wegen seiner vielen Frauenaffären trennen wollte. Mittenzwei behauptet sogar, sie hätte sich tatsächlich von ihm getrennt. Hat sie Ihnen davon erzählt? Und warum blieb sie bei Brecht? Hätte sie sich nicht in der Schweiz oder anderswo in Europa selbständig machen können?

Brecht-Schall: Na, sie wollte sich trennen in der Schweiz und sie hat es ihm, glaube ich, bis zum Schluss etwas übelgenommen, dass er versprochen hat, dass die Steffin nicht nachkommt.

Lyon: Warum hat die Weigel überhaupt die vielen Affären von Brecht geduldet?

Brecht-Schall: Sie sagte mir irgendwann mal: „Zürich wäre meine Chance gewesen, mich selbständig zu machen und meine Kinder noch mit durchzubringen. Aber dann war ich [in Dänemark] abhängig von deinem Vater. Auch für Euch, schon finanziell. Wie sollte ich was verdienen, der Sprache nicht mächtig?"

Lyon: Heißt es nicht in *Courage*: „Drei Kinder um den Hals, und bei dem Brotpreis"?

Brecht-Schall: Genau. Ganz genau.

Lyon: Gleich nach meinem Gespräch mit der Weigel 1970, als meine Frau und ich mit Ihnen draußen vor ihrem Büro standen, stellte ich dieselbe Frage. Damals haben Sie mir etwa Folgendes geantwortet: „Mit zwei Kindern um den Hals, was sollte man machen?" Weiter: „Wenn eine Frau eine normale Ehe haben möchte, heiratet sie einen

3   Helene Weigel mit Stefan und Barbara, Skovsbostrand, August
1935

[Foto: Privataufnahme der Familie Brecht]

normalen Menschen. Wenn sie ein Genie heiratet, muss sie bereit sein, vieles in Kauf zu nehmen." Damals hatte ich den Eindruck, dass Sie die Weigel zitierten. Haben Sie die Verstimmungen wegen der Berlau und Steffin wahrgenommen? Was ist Ihnen dabei in Erinnerung geblieben?

Brecht-Schall: Die Helli hat es, und in gewissem Sinne auch der Brecht, geschafft, dass in dieser Wahnsinnszeit, von Feinden umgeben sozusagen, ich und auch zum großen Teil Steff durch die Welt gingen und die Vorstellung hatten, dass sie ein sicherer, freundlicher Ort sei. Und ich habe ja diesen Wahnsinns —, diesen Idioteneindruck heute noch. Das hat sie, beide haben's geschafft, dass die, unsere Welt zumindest, sicher war.

Lyon: Das ist ihr hoch anzurechnen.

Brecht-Schall: Wem sagen Sie das? Mir ist vor einigen Monaten erst klargeworden, dass sie 30, Papa 33 war, als sie ins Exil gingen. Das übersieht man ja immer. Das waren junge Leute, die gerade einen Riesenerfolg hatten — Hellis Karriere zum Beispiel — und sie gingen ins Exil. Und plötzlich war's aus.

Lyon: Im allgemeinen hat man die Vorstellung von der Weigel als einer Frau, die sich immer in der Hand hatte. Sie erzählten aber von einem Auftritt in Finnland — es ging um Vorwürfe von Brecht, dass sie keine Wurst für die Familie auftreiben konnte, während die Berlau Wurst für alle irgendwo gekauft hat — bei dem die Weigel aus Verzweiflung geheult hat. Sie sagten, Sie hätten das vorher nie erlebt. Haben Sie in den Jahren in Dänemark wirklich keinen Ehekrach mitbekommen?

Brecht-Schall: Die Berlau war ja wirklich eine Alkoholikerin, geistig gestört. Und sie war eine pathologische Lügnerin. Sie hatte ja Geld, in diesen Ländern jedenfalls noch, und hat dann Papa Wurscht zum Abendbrot hingestellt und ihm erzählt: „Ja, das hat ja nur soundsoviel gekostet, man muss halt viel rumlaufen." Und da hat Papa der Helli gesagt: „Warum schaffst du das nicht?" Da hat die Helli, die bemüht war, etwas auf den Tisch zu bringen — die Finnen haben alles hochgeschoben an die Grenze, wo die Nazis standen — einfach vor Verzweiflung geheult. Das war das erste Mal, dass ich das erlebte.

Lyon: Ich finde es erstaunlich, dass Sie als Kind in dieser Sicherheit lebten und von den Ehespannungen mehr oder weniger verschont geblieben sind.

Brecht-Schall: Ich hab' gesagt, sie war eine wunderbare Mama. Jetzt glauben sie es mir, ja?

Lyon: Was haben Sie von der Berlau und der Steffin noch in Erinnerung?

Brecht-Schall: Berlau und Steffin habe ich nicht wahrgenommen. Später habe ich dann mitgekriegt, dass die Weiber doch immer dem Brecht zeigen wollten, was sie für gute Mütter wären. Bei der Steffin raste Helli natürlich — sie hatte offene Tbc. Möchten Sie eine Frau mit offener TBc an Ihre Kinder 'ranlassen? — Ich hatte ja dann auch Tbc.

Lyon: Im Interview mit Matthias Braun sagten Sie, die Weigel wäre mit der Steffin (und auch der Hauptmann) befreundet gewesen. Ist „Freundschaft" hier das richtige Wort? Gab es da nicht auch Konflikte?

Brecht-Schall: Entschuldigung, die waren zuerst Hellis Freundinnen, und wie viele Herren hat der Papa es auf die Freundinnen der Frau abgesehen.

Lyon: Sprach sie später über die Steffin?

Brecht-Schall: Später sagte sie nur: „Barbara, ich konnte es doch nicht zulassen, dass du da angesteckt wirst."

Lyon: Sie erzählten mir einmal von einem anderen Ehekrach, als die Berlau 1946 ein Kleid nach Diors "New Look" bekam, das ihr Brecht bezahlt hatte.

Brecht-Schall: Da gab es keinen Ehekrach, sondern der Brecht, der ja lange Kleider liebte, kam nach Hause und erzählte — Männer sind da sowieso dämlich — „Stell dir vor, die Berlau hat jetzt ein ‚New Look'-Kleid, und zwar hat sie nur den Saum runtergelassen." Dann musst du dir vorstellen, dass die Röcke damals kurz waren, und die hatten einen solchen Saum *(zeigt 4 Zentimeter)*. Also, Papa war nicht immer so intelligent wie man denkt. Und da gab es keinen Ehekrach, sondern die Helli hat Tränen gelacht. Das war am Abendbrottisch. Sie hat ihn nur angeguckt, fassungslos, und gesagt, sie hätte noch nie einen Saum gesehen, der so lang ist wie der ganze Rock. Und hat angefangen ungeheuer zu lachen. Vor allen Dingen der Gedanke, dass die Berlau mit ihren zittrigen Händen den Saum auftrennte in der Länge.

Lyon: Jemand hat behauptet, die Helli hätte sich 1936 in Dänemark eine zeitlang von Brecht getrennt. Das scheint mir unwahrscheinlich.

Brecht-Schall: Nein, das wäre mir aufgefallen, auch damals.

Lyon: Einmal behaupteten Sie: „Ich fand es immer einen Fehler von ihr, die zu große Bescheidenheit," womit Sie auf Hellis ungeheuren Opfersinn anspielten. Aber was blieb ihr übrig? Meinen Sie nicht, sie nahm die Rolle der Friedensstifterin bewusst und freiwillig auf sich?

Brecht-Schall: Nicht Opfersinn, das würde ich nicht sagen. Opfersinn geht zu weit. Aber sie hat sicher die Rolle der Friedensstifterin bewusst aufgenommen. Ob freiwillig, weiß ich nicht.

Lyon: Sie sprachen auch mal von ihrer „dusseligen Treue." Warum?

Lyon: Sie sprachen auch mal von ihrer „dusseligen Treue." Warum? Denn sonst war sie keineswegs „dusselig."

Brecht-Schall: Das ist nach wie vor meine Meinung. Helli sprach von ihrer dusseligen Treue.

Lyon: Ihrem Mann gegenüber?

Brecht-Schall: Ja.

Lyon: Im Gespräch mit Matthias Braun sagten Sie, Brecht wäre auf sie wahnsinnig eifersüchtig gewesen, obwohl sie ihm keinen Anlass dazu gab, weil sie nie einen anderen Freund gehabt hat. Hat sich Ihres Wissens wirklich keiner für sie interessiert, oder sie sich für keinen?

Brecht-Schall: Ja, so 'was gibt's. Sie hat sich für keinen interessiert, oder auf jeden Fall niemanden an sich 'rangelassen. Aber ich weiß noch, wie sie mir irgendwann später in Berlin erzählte — sie wohnte oben, Brecht wohnte ja unten — dass der Benno [Besson] mal zu ihr hochkam, und drei Minuten später erschien der Brecht.

Lyon: Aber der war doch bekannt als eifersüchtiger Mann.

Brecht-Schall: Ja.

Lyon: Sie meinten, in Amerika hätte sie einen langen Flirt mit Charles Laughton gehabt, und dass sie sich beide sehr gemocht hätten, dass es aber mehr eine „Seelenverwandtschaft" gewesen sei, weil Laughton bekanntlich homosexuell war. Hat Brecht eifersüchtig auf diese Freundschaft reagiert?

Brecht-Schall: Nein. Er war eifersüchtig, aber nicht bescheuert.

Lyon: Im September 1944 musste die Berlau wegen eines Tumors operiert werden, wobei sie Brechts Kind verlor. In unserem Gespräch 1996 behaupteten Sie, Sie wüssten nichts davon, weil Ihre Mutter Sie vor dieser und allen anderen Frauengeschichten Brechts abgeschirmt hätte. Was sagte Ihre Mutter dazu, als sie später mit Ihnen darüber sprach?

Brecht-Schall: Wir haben nie darüber gesprochen. Und Gott sei Dank ist das Kind nicht geboren geworden. Wenn ich daran denke — die Berlau, Kind einer Alkoholikerin.

Lyon: In Brechts letzten Jahren hat Ihre Mutter die Berlau finanziell unterstützt. Warum?

Brecht-Schall: Der Papa hat doch fast den ganzen Friedenspreis, oder wie das damals hieß...

Lyon: Den Stalin-Friedenpreis...

Brecht-Schall: ...hat er der Berlau gegeben, hat ein Haus in Dänemark, ein Mietshaus für sie gekauft. Erstens, damit sie endlich wegzieht, und zweitens, damit sie etwas hat. Und sie hat das natürlich innerhalb von ein paar Jahren versoffen. Obwohl bei der Übergabe drinstand, dass sie uns das hinterlassen sollte.

Lyon: So?

Brecht-Schall: Oh ja! Und dann kam sie zurück, und Helli ist viel zu anständig gewesen, als dass sie sie nicht weiter unterstützt hätte.

Lyon: Das Wort „anständig" scheint mir ein wichtiges Beschreibungswort für die Weigel zu sein. Aber wo hat sie das Geld hergenommen?

Brecht-Schall: Das Geld hat sie aus ihrer Tasche genommen. Sie hat auch dafür gesorgt, dass die Hauptmann auf die Akademie kam. Damals kriegtest du ja Geld für [die Mitgliedschaft in der] Akademie. Sie hat auch dafür gesorgt, dass die Hauptmann eine größere Rente kriegte. Und als die Hauptmann nicht mehr tragbar war vom Berliner Ensemble, hat sie ihr aus ihrer Tasche bezahlt, als Herausgeberin oder so 'was.

Lyon: Bekanntlich hat sich die Weigel in den frühen 50er Jahren in Berlin wieder von Brecht getrennt und eine eigene Wohnung in der Reinhardtstraße bezogen — wieder wegen dessen Frauengeschichten. Können Sie ungefähr sagen, wann das war?

Brecht-Schall: Das muss so um 1952–53 herum gewesen sein.

Lyon: Ich glaube, es ist 1952 gewesen. Sie soll ihm bei dieser Trennung den Ehering zurückgegeben haben. Hatte sie bis dahin einen Ehering von Brecht getragen?

Brecht-Schall: Ja.

Lyon: Hat denn der Brecht überhaupt einen Ehering getragen?

Brecht-Schall: Er nicht. Sie.

Lyon: Und den gab sie zurück?

Brecht-Schall: Den gab sie zurück. Und etliche Jahre später hat er ihr einen neuen gegeben. Das kam so: Am 23. oder 24. Dezember hat er mich immer angeheuert und gefragt: „Zu Weihnachten müssten wir eigentlich etwas für die Weigel kaufen. Hast Du eine Idee?" Und dann sind wir in ein Juweliergeschäft gegangen, und da habe ich ihm gesagt: „Sag mal, ihr seid doch jetzt wieder zusammen, möchtest du ihr nicht wieder einen Ring schenken?" Und da hat er ihr einen sehr hübschen kleinen Gliederring aus Platin und Diamanten gekauft. Und sie zu Tränen gerührt darüber.

Lyon: 1952 hatte die Weigel die Titelrolle in der BE-Aufführung von Brechts *Die Gewehre der Frau Carrar*. Käthe Rülicke schreibt dazu: „Ich erinnere mich an den Streit — das ist milde gesagt — um die Bluse der Carrar. Weigel wollte eine dunkle mit weißen Mustern, Brecht verlangte eine graue. Sie trug diese in den Hauptproben, kam aber zur Premiere, als nichts mehr zu ändern war, in ihrer gemusterten Bluse auf die Bühne. Brecht verließ sofort das Theater und hat wochenlang nicht mehr mit der Weigel gesprochen. Solche Verstimmungen wirkten sich dann aufs ganze Ensemble aus." Hing dieser Vorfall vielleicht mit der Trennung zusammen, oder lässt sich die Trennung an diesem Fall datieren?

Brecht-Schall: Das ist völliger Unsinn. Ich weiß nicht, was die Rülicke dort gesehen haben will. Die Helli war in ihrer Privatkleidung auf der Probe und hatte eine große Brosche an. Und der Papa hat wie ein Idiot rumgebrüllt, dass er es sich verbietet, dass sie mit so einer Brosche auf die Bühne kommt, in der Rolle. Die Sache von Rülicke habe ich dagegen nie erlebt. Helli hätte so 'was nie gemacht — gegen seine Regieanweisung etwas anzuziehen.

Lyon: Sie kam dann doch zu Brecht zurück und blieb bis zu seinem Lebensende bei ihm. Nach wie langer Zeit? Ging die Versöhnung von ihr aus oder von Brecht?

Brecht-Schall: Die Versöhnung ging von Papa aus. Ich war zum Mittagessen bei der Helli in der Reinhardtstraße als es klingelte, und Papa kam rein. Nach ungefähr sechs Monaten, glaube ich, war das. Ich war schon längst weggezogen, ich wohnte in der Marienstraße. Und Papa kam rein und zog aus seiner Hosentasche ein völlig zerkrumpeltes Bouquetchen von Veilchen, die sie ja besonders liebte. Und da war ich schon schlau genug, dass ich sagte: „Ja, Helli, ich muss schnell weg." Und ein paar Wochen später zog sie dann wieder zu ihm.

Lyon: Wie reagierte sie auf Brechts Tod?

Brecht-Schall: Sie war völlig erledigt. Sie hatte es nicht erwartet, und sie war also fix und fertig. Als sie zum Begräbnis kam, sagte sie mir: „Barbara, ich möchte wirklich nicht darüber nachdenken, geh raus, kauf mir einen schwarzen Mantel, kauf mir schwarze Strümpfe, mach alles, was nötig ist."

Lyon: Und die anderen Frauen kamen dann?

Brecht-Schall: Ja. Es klingelte, und Helli war in Schwarz gekleidet, inklusiv Strümpfe, und dann stand zuerst die Isot Kilian da und sagte: „Ach, Weigel, hast du noch so'n Paar?" Dann kam die Elisabeth Hauptmann: „Ach, Weigel, hast du noch so'n Paar?" Und nach der Hauptmann setzten wir uns auf die Treppe und haben nur noch gelacht.

IV DIE SOZIALISTIN

Lyon: Sie haben berichtet, dass in den Weimarer Jahren die Weigel Mitglied der Kommunistischen Partei gewesen sei, dass man sie dann aber aus der Partei ausgeschlossen habe. Wann soll das gewesen sein, und warum?

Brecht-Schall: Ich habe keine Ahnung, warum. Also vor dem Exil ist sie aus der Partei ausgeschlossen worden.

Lyon: Wo haben Sie das her?

Brecht-Schall: Von Mama.

Lyon: Andere bezweifeln das.

Brecht-Schall: Das ist so. Sie hat's mir erzählt. Als sie Intendantin des BE wurde, gab es Schwierigkeiten, weil sie Nicht-Genossin war. Und ich sagte: „Warum gehst Du nicht einfach in die Partei?" Sie sagte: „Nein, ich war mal drinnen, und man hat mich ausgeschlossen." Bevor wir aus Deutschland wegfuhren, da war irgendwas. Und sie ist nie wieder reingegangen.

Lyon: Mittenzwei schreibt: „Wenn es jemand gegeben hat, der über Jahrzehnte hinweg einen nachhaltigen weltanschaulich-politischen Einfluss auf Brecht ausgeübt hat, dann die Weigel." Können Sie Beispiele nennen, wonach sie ihn ideologisch beeinflusst hat?

Brecht-Schall: Nein, natürlich habe ich keine Beispiele, es war ihre allgemeine Haltung. Und zwar kam es bei ihr wirklich aus dem allgemeinen menschlichen Anstand, dass man sich um andere Leute zu kümmern hatte.

Lyon: Das kam also aus tiefster Überzeugung?

Brecht-Schall: Entschuldigen Sie bitte, was auch sonst war in der DDR — und bei Gott, wir können auch darüber reden, was sonst war —, aber in der Präambel zu unserer — was heißt das: „constitution"?

Jenny Brecht-Schall: Verfassung —

Brecht-Schall: ...Verfassung, stand drinnen: Jeder Mensch hat einen Anspruch auf eine Bleibe und auf eine Arbeit. Anspruch! Und ich weiß noch als damals diese DDR Volks —

Jenny Brecht-Schall: Kammer.

Brecht-Schall: — Kammer war, gleich nach dem Fall der Mauer, da hat irgend ein Genosse gesagt: Diese Präambel müsste man übernehmen. Und das Gelächter! Das böse Gelächter.

Lyon: Sie haben behauptet, dass die Weigel nie Mitglied der SED geworden ist. Sind Sie sicher?

Brecht-Schall: Ja, ich bin sicher.

Lyon: Warum ist Sie der Partei nie beigetreten? Sie war doch über-zeugte Sozialistin.

Brecht-Schall: Weil sie frei sein wollte in ihren Möglichkeiten. Sie war auch der Meinung, sie müsste frei sein, um Papa veröffentlichen zu können.

Lyon: Am 5. Dezember 1954 stand ihr Name auf einem Wahlzettel in Westberlin. Dort hieß es: „Sie kämpft als Parteilose, als Künstlerin mit der SED." Hat Brecht sie vielleicht dazu ermutigt? Und sprach sie überhaupt über diese Kandidatur?

Brecht-Schall: Keine Ahnung. Was da los war, wusste ich überhaupt nicht.

Lyon: In seinem 1991 erschienenen Buch *Spuren des Lebens* behaup-tet Walter Janka, dass auf Grund von Chruschtschows Enthüllungen 1956 auf dem XX. Parteitag in Moskau die Weigel (auf Brechts Wunsch) aus der SED ausgetreten sei. Weiter sagt er: „Für Helli war das ein formaler Schritt. In der Praxis blieb sie Genossin." Wekwerth meint, dass der Janka sich irrt, weil die Weigel nie in der SED war. Was mei-nen Sie dazu?

Brecht-Schall: Völliger Blödsinn von Janka. Wekwerth hat Recht.

Lyon: Von Brechts Reaktion auf Chruschtschows Rede wissen wir einiges aus Berichten von Freunden und aus seinen um diese Zeit ent-standenen Stalin-Gedichten. Von Weigels Reaktion wissen wir fast nichts. Haben Sie mit ihr darüber gesprochen?

Brecht-Schall: Nein. No idea. Sie dürfen nicht vergessen, zu der Zeit lebte ich schon allein bzw. mit Ekke und war raus aus dem Innenkreis.

Lyon: Aus heutiger Sicht scheint Weigels politische Überzeugung in den Berliner Jahren eindeutig zu sein. Soweit ich sehe, war und blieb sie der SED verbunden und verhielt sich in der Praxis wie eine Genos-sin, obwohl sie mit der Kulturpolitik des Staates nicht immer einver-standen war. Aber seitens der Partei meldeten sich Zweifel, denn man betrachtete sie als Widerspenstige. Spielten hauptsächlich ideologische Differenzen eine Rolle?

Brecht-Schall: Viele Differenzen. Ich weiß noch, da gab's einmal eine Sache, das hieß Ochsenkopf oder so. Es ging um die Antennen. Und da hat Helli eine Versammlung im Theater einberufen, auf der das be-sprochen werden sollte. Alle Antennen sollten nur nach dem Osten gerichtet werden. Und da ist sie aufgestanden und hat gesagt: abgese-hen davon, dass sie es sowieso besser findet, wenn Leute informiert

4   Demonstration zum 1. Mai 1960. Helene Weigel mit Barbara und
Enkelin Johanna

[Foto: Fotogruppe VEB Minol, Wilhelm Mecklenburg, Berlin]

sind, würde sie auch sagen: eine Sache zu propagieren, die man nicht durchführen kann, ist völliger Schwachsinn.

Lyon: Sie war realistisch.

Brecht-Schall: Sie war sehr realistisch. Sie sagte, man kann doch den Leuten nicht verbieten, Westen zu sehen. Es geht nicht. Es ist nicht zu machen.

Lyon: Im *Spiegel* wurde berichtet, dass Wilhelm Girnus damals (also 1970/71) mutmaßte, die Weigel wünschte sich zu dieser Zeit die Veröffentlichung von Brechts *Arbeitsjournal* besonders wegen „zahlreicher Invektiven gegen Stalin," die darin enthalten seien. War dieser Vorwurf nicht typisch für die vielen Versuche, die Weigel anzuschwärzen und sie, wie es im Protokoll der SED-Bezirksleitung Berlin wörtlich hieß, vom BE „wegzuekeln"?

Brecht-Schall: Nicht wegen Invektiven gegen Stalin, was ja gar nicht drinnen ist in den *Arbeitsjournalen*. Sie wollte sie herausbringen lassen, weil es ein interessantes Dokument ist. Nach Hellis Tod habe ich den Herren dann gesagt, dass wir sie veröffentlichen müssen, weil meine Geschwister darauf bestehen würden. Ich wurde dann auch zum Herrn Hager bestellt, und er sagte, nur über seine Leiche würden sie bei uns herauskommen.

Lyon: Warum?

Brecht-Schall: Weil gewisse Sachen drinstanden, dass z.B. die russischen Soldaten Uhren und Fahrräder geklaut hatten. Was ja stimmte, was aber auch sehr so beschrieben war als: „Na, und?" Also, es stand ganz klar da. Was erwartet man denn sonst, nach dem, was wir alles bei denen geklaut haben?

Lyon: Aber warum war der [Wilhelm] Girnus gegen die Veröffentlichung? Nur wegen dieser Passage?

Brecht-Schall: Nein, allgemein. Man war doch gegen Brecht. Das darf man nie vergessen. Diese Idee im Westen jetzt, dass er der Lieblingssohn der Partei war, das ist schwachsinnig. Im Gegenteil, was er und Helli immer großartig fanden, ist, dass sie zwar gegen ihn waren, aber ihm trotzdem ein Theater gegeben haben.

Lyon: Waren solche Vorwürfe nicht typisch für die vielen Versuche, die beiden anzuschwärzen?

Brecht-Schall: Ja, sicher. Es gab auch eine Zeit in der DDR — das ist teilweise auch Hager gewesen, unsere Falken sozusagen — als es plötzlich absolut war, dass die Leiterin/der Leiter einer Fabrik oder eines Theaters Genosse sein müsste. Da haben wir sehr viele gute Leute verloren, weil sie keine Parteimitglieder waren. Und da wollten sie

Helli auch loswerden, und da haben sie ja dem Wekwerth den Stachel gesetzt, dass er das übernehmen müsste mit großer Unterstützung von Herrn Hager und anderen.

Lyon: Wie hat die Helli darauf reagiert?

Brecht-Schall: Sie hat nicht klein beigegeben, und es gab ja auch andere Leute, die sie sehr unterstützten. Die wussten, was sie an ihr hatten.

V DIE JÜDIN

Lyon: Als Brecht 1953 in New York ankam, um dort an der Inszenierung der *Mutter* mitzuwirken, teilte er der Weigel seine ersten Eindrücke brieflich mit. Unter anderem erwähnt er etwas, das sonst in seinen Briefen fast nie zur Sprache kommt. In bezug auf New York schreibt er: „Deine jüdische Abkunft rentiert sich [hier] sehr." War bei Ihnen zu Hause während Ihrer Kindheit und Jugend von der jüdischen Abstammung Ihrer Mutter die Rede?

Brecht-Schall: Keine Ahnung. Zu der Weigel als Jüdin kann ich Ihnen ganz wenig sagen, weil das nicht Teil des Gespräches war.

Lyon: In den dreißiger Jahren wusste man schon, was Hitler mit den Juden in Deutschland machte. Während des Zweiten Weltkriegs drangen auch Nachrichten von der Judenvernichtung nach den USA. Da es viele Juden in Los Angeles gab, muss man annehmen, dass viel darüber gesprochen wurde. Was haben Ihre Eltern zu diesem Thema gesagt?

Brecht-Schall: Keine Ahnung. Es war jedenfalls nicht in Bezug auf die Helli, sondern allgemein fanden sie's empörend.

Lyon: Hat sie nach dem Krieg versucht, Verbindung mit ihren Eltern in Wien aufzunehmen? Hat sie zum Beispiel versucht, Pakete an sie zu schicken?

Brecht-Schall: Sie wusste ja, dass die Eltern nicht mehr da waren.

Lyon: Woher hat sie das gewusst?

Brecht-Schall: Nachrichten kamen durch. Ich habe mal eine Verwandte von Helli getroffen. Soweit ich weiß, sind von ihr ungefähr 57 Verwandte in Auschwitz geendet.

Lyon: Wie haben Sie das erfahren?

Brecht-Schall: Von ihr. Irgendwann, beiläufig gesagt, ja? Und ich weiß, sie hat mal erzählt, dass sie immer versucht hat, ihren Vater — ich glaube, ihre Mutter war schon tot — aus Österreich zu holen. Er hat ihr mal einen Brief geschrieben nach Dänemark, dass sie sich keine sorgen um ihr Erbteil machen sollte. Zwar wird ihm ja nichts passieren, denn er ist ja ein guter alter Österreicher, aber ihr Teil der Erbschaft liegt in der Schweiz auf den Banken. Haben wir nie wiedergekriegt. Den Brief hat sie natürlich liegen lassen. Und dann trafen wir diese eine Verwandte. Helli spielte in der *Mutter*, ich kam in die Garderobe, da saß ein Ebenbild von Helli. Nur mit Dauerwelle, geschminkt, mit Füßchen in kleinen Stöckelschühchen, die sie wippte. Das habe ich noch sehr im Kopf, wie sie mit den Füßchen wippte.

Lyon: Wo war das?

Brecht-Schall: Das war in Wien, nach dem Krieg. Und sie hat erzählt, sie hatte einen Nazi-Gauleiter geheiratet und ist so durchgekommen. Unglaublich. War ein Dämchen, ein Wiener Dämchen.

Lyon: Empfanden Sie als Kind einer jüdischen Mutter irgendwelche Schwierigkeiten — in Dänemark, Schweden, Finnland, den USA oder im Nachkriegsdeutschland?

Brecht-Schall: In Dänemark, Schweden, Finnland oder Nachkriegsdeutschland habe ich nie Probleme gehabt als Kind einer jüdischen Mutter, sondern allgemein als Fremdling.

Lyon: Das Jüdische spielte also keine Rolle?

Brecht-Schall: Nicht, dass ich es bemerkt hätte.

VI DIE ORGANISATORIN

Lyon: Im Exil soll sie ihren Kindern großartige Geburtstags- und Weihnachtsfeiern organisiert haben. Was für Erinnerungen haben Sie daran?

Brecht-Schall: Ein Weihnachten in Santa Monica habe ich einen blauen Cord-Morgenrock gekriegt und endlich ein richtiges Kissen. Als Kinder hatten wir immer flat horsehair pillows. Und als Helli in Amerika mal mitkriegte, dass ich mein Pferdehaarkissen, was ja sehr gesund ist für den Rücken, immer in vier Teile gefaltet habe, um höher zu liegen, habe ich dann zu diesem Weihnachten ein richtiges, eigenes Kissen gekriegt und — ich erinnere mich — eine Nachttischlampe und ein Radio.

Lyon: Und das kam alles von ihr, nicht vom Vater.

Brecht-Schall: So ist es. Also, ich lag da auf meinem Kissen mit der Nachttischlampe, so dass ich endlich richtig lesen konnte, nicht mehr mit der Taschenlampe unter der Decke, und dann machte ich alles aus und hörte mir mein Radio an. Und ich weiß noch, es spielte Gilbert und Sullivan, was mir ganz merkwürdig vorkam. Die habe ich dann zum ersten Mal gehört. An so 'was erinnere ich mich.

Lyon: Im Gespräch mit Matthias Braun sagten Sie, die Helli hätte Amerika weniger verstanden als Brecht, sie hätte sich weniger assimilieren

5   Konzentrationslager Auschwitz, 2. Dezember 1952. Besuch und
Kranzniederlegung durch Mitglieder des Berliner Ensembles. Bildmitte:
Helene Weigel und Barbara, dahinter Erwin Geschonneck

[Foto: unbekannt]

43

lassen, ihr Englisch sei nicht so gut gewesen wie seines. Aber in vielem scheint sie besser zurechtgekommen zu sein als Brecht. Die amerikanischen Nachbarn, mit denen ich gesprochen habe, hielten sie für besser assimiliert als ihren Mann. Wie ist das zu erklären?

Brecht-Schall: Das wusste ich nicht, dass die Nachbarn sie so betrachtet haben. Ich weiß es nicht. Ihr Englisch war schlechter als seins. Aber sie war eine Hausfrau.

Lyon: Wahrscheinlich haben die Nachbarn sie deshalb für besser assimiliert gehalten, weil sie sie besser kannten. Eine Nachbarin — eine Frau Jones — erzählte mir, wie sie und andere Kochrezepte mit der Weigel ausgetauscht haben. Die Weigel hat, wie Mittenzwei sagt, Brechts Exil „organisiert." Hat sie auch die Finanzen für Brecht gemacht? Rechnungen bezahlt, Möbel gekauft, Bahn- oder Flugkarten für seine Reisen nach New York usw.?

Brecht-Schall: Das weiß ich nicht. Ich weiß, sie hat unser Haus in Amerika möbliert. Das hatte sie aus diesen Heilsarmee- und „Goodwill"-Läden. Und von dort kam auch das „Ironstone"-Porzellan, das später so berühmt geworden ist. My brother has it now. Mittlerweile ist es sehr teuer geworden. Und die Möbel hat sie zum großen Teil von der Heilsarmee finanziert und selber abgestrippt.

Lyon: Aber wie war das mit den Finanzen? Hat sie alles gemacht?

Brecht-Schall: Ich habe nicht die blasseste Ahnung. Ich nehme es an.

Lyon: Wusste sie, dass Brecht die Berlau für längere Zeit in den USA finanziell unterstützt hat? Und wusste sie, wie viel er ihr zukommen ließ?

Brecht-Schall: Ja, natürlich wusste sie, dass er sie unterstützt hat. Ich habe keine Ahnung, was er ihr zukommen ließ.

Lyon: Brecht notierte im Tagebuch, dass er für den Verkauf von *Simone Machard* 20.000 Dollar bekommen hat. Aber laut Vertrag sollte er 50 Prozent des Verkaufspreises von 50.000 Dollar bekommen haben. Ist es möglich, dass er der Berlau den Restbetrag zugewendet hat? Ähnliches gilt für das Geld, das er an *Hangmen also Die* verdiente. Kam die Weigel je darauf, dass Brecht ihr vielleicht Geld vorenthalten hat bzw. ihr über die wahre finanzielle Lage keinen reinen Wein eingeschenkt hat?

Brecht-Schall: Keine Ahnung.

Lyon: An der Hollywood Aufführung des *Galilei* hat sie einiges hinter den Szenen gemacht, wie Requisiten gekauft, Kostüme genäht usw. Waren Sie dabei? Erinnern Sie sich an ihre Tätigkeit dort?

Brecht-Schall: Mama hat sehr geackert. Hat die ganzen Kostüme organisiert und auch zum Teil mitgenäht. Und sie hat einen wunderbaren Stoff gekriegt für Laughtons großen Mantel. So einen weichen, weißen. Und da war noch ein Rest übrig, davon habe ich ein sehr hübsches Kostümchen gekriegt: New Look. Langer Rock und ein Bolero-Jäckchen.

Lyon: Im Gespräch mit Matthias Braun sprachen Sie einmal von der Helli als „Sauberkeitsfanatiker" und von Brecht als „Ferkel." Andere berichten, wie die Weigel als Intendantin im BE die Schlamperei vehement bekämpfte. Wie wurde sie mit der Schlamperei Brechts fertig, der weder sein persönliches noch sein literarisches Leben ordentlich zu organisieren wusste? Und hat sie in den USA auch mitgeholfen, seine literarische Produktion zu organisieren?

Brecht-Schall: Papa war auch im persönlichen Leben ein Ferkel. Später hat er sich dann mindestens einmal die Woche gewaschen, aber war einfach dreckert. Er hat sich nicht gerne gewaschen! Ein guter deutscher Junge — der hat sich nicht gern gewaschen. Und sie hat dann immer seine langen Unterhosen rausgeholt und sie waschen lassen. Der hat ja sein Leben lang, also bis in die ganz heißen Sommertage hinein, lange Unterhosen getragen, wo man meistens sah, dass sie unter der Hose vorguckten. Und er war lange vor Don Johnson drei Tage unrasiert.

Lyon: Und irgendwie kam die Weigel damit zurecht. Aber sie hat doch versucht, etwas Ordnung in sein Leben zu bringen.

Brecht-Schall: Sie hat absolut versucht, Ordnung zu machen, soweit es ging.

Lyon: Gingen nicht die Impulse für die Gründung des Brecht-Archivs von ihr aus?

Brecht-Schall: Ja, die Impulse gingen von ihr aus.

Lyon: Wann war das?

Brecht-Schall: Keine Ahnung. Nach seinem Tode.

Lyon: Hat sie es nicht veranlasst, dass der Nachlass von der Harvard University und auch von hier fotokopiert wurde?

Brecht-Schall: Ja, natürlich. Wir haben Kopien überall 'rumgeschickt. Unglücklicherweise auch in die UDSSR, und die haben es dann gleich kopiert und veröffentlicht. Ohne was zu zahlen. Ich kämpfe noch darüber, schon seit Jahren.

Lyon: Was für Schwierigkeiten oder Widerstände gab es bei der Gründung des Archivs?

Brecht-Schall: Sie hat das meiste bezahlt. Von Brechts Einkommen.

Lyon: Und die Räume, wo die Sachen untergekommen sind?

Brecht-Schall: Das waren ja seine. Die wurden dann umgebaut. Nach Papas Tod hat sich die Helli dann da unten dieses Zimmer eingerichtet und den Wintergarten. Oben hat sie noch eine Etage zugemietet mit Hilfe der Akademie. Und ich weiß noch, ich fand sie dann mal auf dem Bett sitzend. So halb zwischen Lachen und Heulen. Und ich sagte: „Was ist nun?" Da sagte sie: „Ja, also es gibt so einen alten Wiener Witz, wenn einer von uns zuerst stirbt, ziehe ich in die untere Etage."

Lyon: War sie es, die Elisabeth Hauptmann beauftragt hat, die 20-bändige Ausgabe von Brechts Werken herauszugeben, die 1967 bei Suhrkamp erschienen ist?

Brecht-Schall: Natürlich. Bis sie endlich damit fertig war, hat es ja auch endlos gedauert.

Lyon: Warum wollte sie Brechts Werke bei Suhrkamp in Westdeutschland herausbringen, statt in der DDR? Hat man Brecht in der DDR nicht veröffentlichen wollen?

Brecht-Schall: Es wurde doch an beiden Stellen dann veröffentlicht.

Lyon: Aber erst später — Ende der 80er Jahre.

Brecht-Schall: Das war es, worauf ich am stolzesten war, dass ich es geschafft habe, gegen immensen Widerstand, dass eine neue Ausgabe 'A' gemacht wird [die Berliner und Frankfurter Ausgabe]. Und dass beide daran arbeiten. Und dann war's für nichts, als die Mauer fiel.

Lyon: Aber Sie haben die Impulse dafür gegeben?

Brecht-Schall: Impulse ist vornehm ausgedrückt, ich habe getreten nach allen Seiten, damit das endlich wird.

Lyon: In unserem letzten Interview sagten Sie, dass die Hauptmann bei der Herausgabe der Werkausgabe 1967 vieles ausgelassen hätte: „Sie war schon 150% Partei und hat viel 'rausgeschleudert,' also mehr Zensur als Editor." Als Ihre Mutter etwas später eine Ausgabe von den Gesamtwerken anstrebte, war es da ihr Wunsch, Sachen herauszubringen, die die Hauptmann ausgelassen hat?

Brecht-Schall: Weiß ich nicht.

Lyon: Und wie ging es weiter mit dem Nachlass?

Brecht-Schall: Zwischen Hellis Tod und ihrem Begräbnis haben sie mich in das ZK bestellt und haben gesagt, dies ist „Lex Brecht" — alles machen wir, und Sie dürfen die Gelder behalten. Und Sie müssen jetzt die Schlüssel 'rausgeben zu den Originalen. Und ich sagte: „Nein."

Dann ging der Kampf acht Jahre, und ich wurde von der Akademie angebrüllt, und die haben getobt. Es ging ja so weit, dass ich zu Hager bestellt wurde als die *Arbeitsjournale* herauskamen, und er mir sagte: „Wenn Du unbedingt willst, kannst Du auch mal ein Lager von innen sehen."

Lyon: Hat er das direkt gesagt?

Brecht-Schall: Das hat er wörtlich gesagt. Es war massiv. Mir ging das Herz in die Hose. Und dann kam Papas 80. Geburtstag, und sie mussten sich mit mir arrangieren. Und da habe ich mich durchsetzen können in dem Vertrag mit der Akademie, dass die Originale nicht unser Besitz, sondern unser Eigentum sind. Ich habe mich durchsetzen können, dass das Archiv für jeden zugänglich war. Die wollten es als Exklusivsache, was mich absolut kalt ließ, denn da braucht man kein Archiv, wenn niemand rein darf, außer ein paar Ausgewählten. Also, eine ganze Menge habe ich da durchsetzen können, inbegriffen, dass es auch ein Weigel-Archiv gibt.

Lyon: Wie war es mit der Veröffentlichung von Brechts *Tagebüchern* im Jahre 1973? Wollten Sie sie nicht schon früher herausbringen? Was hat Sie davon abgehalten?

Brecht-Schall: Schneller geht's nun mal nicht.

Lyon: Man liest viel von dem Streit um Brechts Testament. Können Sie die Rolle der Weigel darin beschreiben, und können Sie noch etwas über Ihre eigene Rolle sagen?

Brecht-Schall: Da gab es gar keinen großen Streit um Brechts Testament, sondern es waren zwei Testamente da, die dieser Krimi-Leser Brecht schwachsinnigerweise getippt hatte und nur unterschrieben, und keine Zeugen dazu. Die Helli hat die uns vorgelegt, und wir haben gesagt: „Tut uns leid, da ist nichts zu machen." Und dann hat Helli durchgesetzt, sehr gegen den Widerstand der Kinder, muss ich sagen, dass das meiste, was drinnen stand, dann ausgeführt wurde.

Lyon: Warum waren Sie dagegen?

Brecht-Schall: Weil wir keinen Grund sahen, dass diese Damen noch mehr Geld bekamen. Wir hatten die Damen nicht so gern, und wir waren auch nicht so anständig wie die Helli, die das als ihre Pflicht ansah.

Lyon: Weil er der Damen darin gedacht hatte?

Brecht-Schall: Die Reichel hat das Haus gekriegt, das wollten wir sowieso alle nicht, das ist hier um die Ecke, Kleine Mückenburg. Und für die Isot Kilian war ein winziger Teil, die DDR-Einnahmen für die Gedichte, 5 Pfennig pro Jahr, würde ich sagen, für ihre Kinder. Und Helli hat dann einfach gleich — ich weiß nicht wie viel, 10.000 oder 20.000 Mark — auf ein Konto überwiesen für ihre Kinder.

Lyon: Ist das bekannt?

Brecht-Schall: Das weiß ich, und das weiß die Isot, die aber dauernd sich beschwert hat, dass sie Anspruch hätte auf alle Gelder, für alles. Und die Hauptmann auch, die hat auch eine größere Summe gekriegt.

Lyon: Mit anderen Worten war Helli wieder sehr großzügig und anständig.

Brecht-Schall: Was man von den Damen nicht behaupten kann.

Lyon: Waren die Auseinandersetzungen mit dem Kultusministerium und dem ZK in den späten 60er Jahren auf Hellis Arbeit als Intendantin des BE zurückzuführen, oder entstanden sie eher aus ihrer Verwaltung des Brechtschen Erbes?

Brecht-Schall: Ich nehme an, es hing mit dem BE zusammen. Beim Einmarsch in die CSSR hatten wir gerade, glaube ich, ein Brecht-Stück vorgenommen, und die wollten, dass es nicht kommt, oder dass es geändert wird. Helli hat gesagt: „Kommt nicht in Frage. Brecht wird beim Berliner Ensemble gespielt so lange ich Intendantin bin." Und sie war nicht Genossin, und wie ich Ihnen sagte, damals kriegten sie doch richtig einen Fimmel im Kopf über Genossen.

VIII   MISZELLEN

Lyon: In einem Interview Ende 1970 erzählte mir die Weigel, Brecht hätte einmal zu ihr gesagt: „Wenn man mich hier in der DDR nach meinem Tod richtig ehren möchte, würde man den Kindern an meinem Geburtstag sagen, dass sie sich nicht zu waschen brauchen." Haben Sie das gehört?

Brecht-Schall: Ich war dabei. Und man hat „haha" gemacht.

Lyon: Als ich 1970 einmal bei ihr war, sprach sie von Frauen in der amerikanischen Geschichte. Sie sagte, sie schätzte sehr die Rolle der amerikanischen Frauen an der „frontier," d.h. in den Grenzgebieten, die noch nicht richtig besiedelt waren. Nach ihrem Wissen waren die Frauen dort die eigentlichen Kulturträger. Ich war überrascht, das von ihr zu hören. Die meisten Amerikaner verstehen das nicht. Und sie sprach auch darüber, wie die Frauen damals bei „quilting bees" und ähnlichen Zusammenkünften jemanden aus der Bibel oder aus Literaturwerken vorlesen ließen, was auch stimmt. Sie muss das entweder gelesen oder von Freunden gehört haben.

Brecht-Schall: Ja sicher, gelesen nehme ich an.

Lyon (zu Jenny Brecht-Schall): How old were you when your grandmother died?

Jenny Brecht-Schall: Five.

Lyon: Do you have any memories of her?

Jenny Brecht-Schall: Just a little. This Christmas memory I have. I always remember a smell, which we can't identify.

Brecht-Schall: It could be „Elizabeth Arden."

Lyon: A perfume?

Jenny Brecht-Schall: Yes, it was. When I was there she had this kind of old-fashioned bathtub.

Brecht-Schall: A very small one.

Jenny Brecht-Schall: A standing one. It was not insulated, and it was standing in the middle of the room. She always poured some perfume in it — the smell is still in my nose. This is one memory of grandma. I always wanted to know her better. That's why I'm sitting here, because I like hearing about her, because I didn't know her so much. I always wished I would have known her better. This strange thing is that people, whether they liked her or disliked her, always respected her. And I think she must have been a great personality, or whatever you call it, that even people who disliked her talked of her with respect. She was something. If she said something...

Lyon: Before we began this interview, both of you claimed that Brecht would not have been the writer he was, if it hadn't been for her.

Brecht-Schall: He wouldn't have had the time, or even the place to write. Did I tell you about when I saw his rooms in Berlin after that period of time when he and Helli were separated? You couldn't walk in those rooms. They were full of horrible stuff. I mean, not everything old is antique. Berlau got him pompous, ridiculous chairs.

Lyon: Oh, Berlau furnished that apartment?

Brecht-Schall: Partly Berlau, partly Hauptmann.

Lyon: Did they know how to take care of him?

Brecht-Schall: They didn't know how, though Berlau was a very good cook. I still remember, because he was living in a Pension in Zurich when he came back to pick me up. They were living there, and she cooked a really good meal on one little burner. That's the only good thing I can say about her.

Lyon: Do you have any idea how tall your mother was?

Brecht-Schall: About my size. 5 feet 2 inches, I think. Helli got smaller as everybody gets when we get older. Therese Giehse once said: „Und Weigel, wenn du 90 bist, dann werde ich dich in eine Streichholzschachtel stecken und mit mir 'rumtragen."

Lyon: 5 feet 2 inches — how tall would that be in meters?

Jenny Brecht-Schall: 1,55 Meters.

Lyon: I'll tell you why I asked. When I visited Helli in 1970, I made some notes after our interview. My wife was with me, and we met her on two different days. When we first walked into the room, your mother was sitting there behind the desk. I've never had an experience like it. In size, in physical presence, she wasn't big. In fact, she was relatively small. But her presence filled that room.

Jenny Brecht-Schall: That's what I mean. When somebody describes my grandma to me, it always sounds like that. She must have been huge just being there.

Lyon: She was huge in that room — she just filled it, though physically she was no bigger than you. I asked myself later, what gave me that impression. Part of it, of course, was that she was such an extraordinary actress. She had what we call „stage presence." I don't know what you say in German.

Jenny Brecht-Schall: Ausstrahlung.

Brecht-Schall: And don't forget that she was immensely intelligent. That's what people overlook, oddly enough.

Jenny Brecht-Schall: Sie hatte eine Größe, glaube ich, so nennt man das.

Brecht-Schall: Ja.

Jenny Brecht-Schall: Worüber wir letztes Mal geredet haben: wie große Menschen in Schwierigkeiten kommen und dann plötzlich so kleinkariert und doof werden. Sie hatte, glaube ich, immer eine Größe, selbst in den schwierigsten Zeiten. Einfach eine Größe, sie musste sich nicht verstecken.

Brecht-Schall: One more thing. I told you the story about how Elisabeth Hauptmann came out of Brecht's bedroom and, when she saw Helli, used the line from the joke: "Wann geht die nächste Straßenbahn?" Any woman who was a bit small-minded would, after that, have cut off Elisabeth Hauptmann at once.

Lyon: She was remarkably generous.

Brecht-Schall: One story more about Helli. We were sitting together, sometime at the end of the 60s or in 1970. I told her some slightly dirty story, and she laughed and said: "You know Barbara, you're the only person who is still calling me 'Helli' instead of 'Frau Professor'. And you're the only person who still tells me dirty jokes. It's wonderful."

Lyon: So your dirty jokes and calling her "Helli" were signs of intimacy?

Brecht-Schall: And accepting her as a person.

Lyon: She probably didn't have many close friends any more because of her reputation. I knew about that reputation when I visited her, but I was not expecting the incredible friendliness with which she received me. I knew she was busy directing the most important theater in Berlin, East or West, but she acted as though she had plenty of time for me. Then she made an offer: "You asked me some questions today. If you have others, could you write them down and leave them with me? Then we'll meet tomorrow, and I'll have written down the answers for you." She not only did that, but her answers were intelligent. She was a very bright woman.

Brecht-Schall: Absolutely. Many actors are — was ist der deutsche Ausdruck? — Fachidioten. And some of them are stupid as hell.

* * *

Jenny Brecht-Schall: Did grandma dance?

Brecht-Schall: Yes, only the tango, because that's the only dance your grandfather ever knew.

Lyon: That's all he ever knew?

Brecht-Schall: He was very good at the tango. „Armer Gigolo, kleiner Gigolo, denkst du nochmals an die Zeiten?"

Jenny Brecht-Schall: Did they dance the tango together?

Brecht-Schall: Yes. That's a picture you haven't had of Brecht yet, have you? He was a good tango dancer, with dip and everything.

(Aufgezeichnet am 22. Mai 1999 in Buckow)

A Radio Program on Helene Weigel: 15 Years After

From 1977 to 1992 Matthias Braun was in charge of the Helene Weigel Archive in East Berlin. On the occasion of Weigel's eighty-fifth birthday in 1985, he produced this broadcast program for the Berlin Radio of the GDR, printed here for the first time, with an additional commentary from a recent perspective. Original recordings and eye-witness accounts trace the development of the actress Helene Weigel, and praise her work as the managing director of a socialist theatre ensemble. During her lifetime, Weigel was highly honoured in the GDR and distinguished with every conceivable national award. After her death the tone and attitude of East German public discourse remained unchanged, and even in the West Weigel petrified into legendary status. Since the collapse of the GDR and the Communist power bloc, Weigel's social commitment and the interpretation of her many roles can now be re-examined. On the basis of newly accessible documents concerning the cultural politics of the GDR and the development of the the Berliner Ensemble, the profile of Weigel's personality (formerly blurred by "nationalistic interpretations"), can now be more sharply drawn — with all its contradictions — in her roles as a managing director during the Cold War, as a twentieth-century actress, as a trustee of the Brecht estate, and as a Jewish intellectual in the GDR.

Ein Radio-Feature zu Helene Weigel
15 Jahre später

Matthias Braun

1985 jährte sich zum 85. Mal der Geburtstag Helene Weigels. So nutzte ich Anfang des Jahres die Gunst der Stunde und ging zu Dieter Kranz, damals leitender Theaterkritiker beim Berliner Rundfunk, um mit ihm über die Idee eines Features über Helene Weigel zu sprechen. Mein damaliger Arbeitgeber, die Akademie der Künste der DDR, begrüßte das Projekt, und mit dem Berliner Rundfunk wurde ich schnell handelseinig. Zum ersten Mal bot sich mir nun auch im Rundfunk die Gelegenheit, die Früchte einer siebenjährigen Forschungs- und Sammlungstätigkeit vorzustellen. Aufgrund früherer Publikationserfahrungen in den DDR-Printmedien gelang es mir, möglichen redaktionellen Eingriffen vorzugreifen bzw. sie zu umgehen. Weit schwerer fiel es mir, aus dem umfangreichen "archivischen" Tonmaterial — Proben-, Aufführungs- und Veranstaltungsmitschnitte, historische Schallplatten, Gespräche mit der Weigel und eigene Interviews mit Zeitzeugen Bertolt Brechts und Helene Weigels — für eine knapp einstündige Sendung eine inhaltlich als auch dramaturgisch stimmige Auswahl zu treffen.

Helene Weigel war bereits zu Lebzeiten in der DDR hochgelobt und mit allen nur erdenklichen staatlichen Auszeichnungen bedacht worden. Auch nach ihrem Tod im Mai 1971 veränderte sich weder die Tonlage noch der Blickwinkel der ostdeutschen Publizistik und Theatergeschichtsschreibung. Die Schauspielerin, Theaterleiterin und Lebensgefährtin Bertolt Brechts war aber nicht nur im Osten, sondern auch im Westen längst zu einer Legende geworden.

In diesem Umfeld, orientiert am heimischen Forschungsstandard, schrieb ich im Frühjahr 1985 das Sendemanuskript. Das Konzept bestand darin, mit weitgehend noch unbekannten Originaltondokumenten der Weigel und Ausschnitten zahlreicher Zeitzeugeninterviews die Entwicklung der Schauspielerin und Theaterleiterin nachzuzeichnen. Dabei war mir erstens wichtig, Helene Weigels Weg von einer hoffnungsvollen Nachwuchsschauspielerin der zwanziger und dreißiger Jahre zu einer Protagonistin epischer Schauspielkunst der Nachkriegszeit zu belegen. Zweitens wollte ich die Weigel als eine unkonventionelle Leiterin eines sozialistischen Theaterensembles von europäischem Rang präsentieren.

Helene Weigel 100
Maarten van Dijk et al., eds., *The Brecht Yearbook / Das Brecht-Jahrbuch*
Volume 25 (Waterloo, Canada: The International Brecht Society, 2000)

Im Großen und Ganzen strahlte der Berliner Rundfunk am frühen Nachmittag des 12. Mai 1985 eine Erfolgsstory aus. Im Feature wurde, wie übrigens auch in Werner Hechts Dokumentarfilm über Helene Weigel, ihr letzter Auftritt als Pelagea Wlassowa (Frühjahr 1971 in Paris) nicht nur als biographischer Schlusspunkt verwandt, sondern zugleich als eine Art ästhetisch-weltanschauliches Vermächtnis der Künstlerin in Szene gesetzt. Nun legt der weltweite Untergang des Sozialismus/Kommunismus und die damit einhergehende Offenlegung des kommunistischen Herrschaftsmechanismus nahe, das gesellschaftliche Engagement und auch manche Rolleninterpretation Helene Weigels als obsolet anzusehen oder zumindest in Frage zu stellen. Schließlich hat sich die Erfüllung der klassenkämpferischen Vision der Kommunistin Pelagea Wlassowa, "die Besiegten von heute sind die Sieger von morgen," als eine der großen Tragödien des 20. Jahrhunderts herausgestellt.

Bedeutet der epochale Zusammenbruch des kommunistischen Herrschaftsimperiums nun auch eine so abrupte Verschiebung des zeithistorischen Bezugsrahmens, dass sich aus ihm die Notwendigkeit zur Umschreibung der Geschichte innerhalb ein- und derselben Wissenschaftlergeneration ableiten lässt? In der Metaphorik der Historikersprache jedenfalls scheint diese Entscheidung bereits getroffen zu sein; bildliche Wendungen von DDR-Forschern aus West wie Ost, in denen die frühere „Blindheit" beklagt, eine Neuentwicklung von „Realitätssinn" notiert und die Korrektur eines „schiefen" DDR-Bildes angemahnt werden, stehen — auch meiner Meinung nach — zu Recht in Konjunktur. Das kann nun aber nicht bedeuten, die DDR-Geschichte von ihrem Endpunkt aus zu betrachten, wie es das Metier des Pathologen ist. Für eine solide zeithistorische Forschung ist dieser Ansatz unbrauchbar. Aufgabe des Theaterhistorikers sollte es vielmehr sein, herauszufinden, wie das Leben und Handeln der Theaterleute damals „wirklich" war. Dazu muss er gewissermaßen das Leben und Handeln der zu untersuchenden Personen und Ereignisse aus ihren eigenen Bedingungen heraus beschreiben. Dementsprechend steht meiner Ansicht nach die heutige Forschung zur deutschen Theatergeschichte nicht nur im Falle Helene Weigels, sondern generell bei der Erforschung und Einordnung von Künstlerbiographien des 20. Jahrhunderts vor der Aufgabe, die seit Jahrzehnten gesicherten Fakten in einen Zusammenhang mit den neusten Erkenntnissen zur gesellschafts- und kulturpolitischen Entwicklung in Deutschland, hier besonders nach 1945, zu bringen.

Zunächst gilt es, die erst jetzt zugänglichen Quellen dieses Zeitraums nüchtern zur Kenntnis zu nehmen. Im Falle der Intendantin Helene Weigel, aber auch der Schauspielerin und Sachwalterin Weigel, sind besonders die umfangreichen Aktenfunde zur Kulturpolitik der DDR und der Entwicklung des Berliner Ensembles auszuwerten. Aus dieser veränderten Ausgangslage ergibt sich ein erheblich erweitertes Analysespektrum. Beispielsweise gehört es zum Standard moderner Forschung, zur umfassenderen Einordnung und Bewertung von Leben und Werk einer Person der DDR-Zeitgeschichte die neuesten wissenschaftlichen Erkenntnisse zum Machtgefüge und zur Struktur dieser Gesellschaft zu berücksichtigen. Demgemäss muss sich auch die Theaterarbeit des Berliner Ensembles, von den Theatermachern als eine Spielart des "eingreifenden Denkens" verstanden, in erster Linie aus ihrem gesellschaftspolitischen Umfeld heraus messen lassen. Hierbei stoßen wir auf eine generelle Fragestellung: Welche Möglichkeiten bzw. Grenzen hatte Theaterarbeit — hier konkret die des Berliner Ensembles von 1949–1971 — unter den Bedingungen einer "durchherrschten Gesellschaft" (Jürgen Kocka)?

Darüber hinaus dürften sich auf der Basis der erweiterten Quellenlage auch die Blickachsen der theaterhistorischen Forschung verändert haben und somit die Chancen für die Erarbeitung eines differenzierteren Persönlichkeitsbildes Helene Weigels vor dem Hintergrund des „Kalten Krieges" gestiegen sein. Beispielsweise ist eine Studie zur Sachwalterin des Brechtschen Erbes denkbar, die unbelastet von einstigen „Deutungshoheiten," auf der Basis solide recherchierter „hardfacts," ihre Ergebnisse der interessierten Öffentlichkeit präsentiert. In gleicher Weise könnte ein Essay Hermann Budzislawskis These von der Weigel als „Sendbotin der Republik" kritisch hinterfragen und damit sowohl zu einem facettenreicheren Persönlichkeitsbild beitragen als auch neue Einsichten zur Wahrnehmung und Wirkung der Künstlerin im In- und Ausland liefern. Schließlich bietet es sich geradezu an, Helene Weigels Biographie in das lange Zeit tabuisierte Thema „Jüdische Intellektuelle in der DDR" einzubinden.

Meines Erachtens muss Helene Weigels Biographie, was ihre Lebenszeit in der DDR betrifft, an der Schwelle des neuen Jahrtausends nicht grundsätzlich neu geschrieben, zumindest aber neu justiert und im ganzen noch stärker konturiert werden. Dies trifft nicht zuletzt auf alle ästhetischen Aspekte der Weigelschen Schauspielkunst zu. Hier seien wenigstens drei mögliche Fragestellungen genannt. Welchen Einfluss hatten ihre Rollengestaltungen (vornehmlich Mütterrollen in Brechtstücken) auf die Entwicklung der deutschen und europäischen Schauspielkunst des 20. Jahrhunderts? Welcher Stellenwert kommt der Schauspielerin Helene Weigel im Ensemble der weiblichen Protagonisten des deutschen Nachkriegstheaters zu? War die Weigel eine Brechtschauspielerin oder eine Schauspielerin die vornehmlich mit Brechtrollen künstlerisch erfolgreich war?

Ich könnte mir vorstellen, dass die „scientific community" dem Erscheinungsbild der Weigel am nächsten käme, wenn sie frei nach Brechts „Teppichwebern von Kujan Bulak" versuchte, ein Porträt von ihr zu weben, welches uns nützt, indem wir sie ehren und sie ehren, indem wir uns nützen.

Von Büchners Marie zu Brechts Courage oder: „Interviews sind das, was ich nicht gebe!"

Feature zum 85. Geburtstag von Helene Weigel, gesendet am 12. Mai 1985 im Berliner Rundfunk der DDR.

(Musik: Lied der Courage „Ihr Hauptleut, lasst die Trommel ruhen...")

Helene Weigel war bekannt dafür, ausgesprochen ungern Interviews zu geben. Einer ausländischen Zeitung schrieb sie auf eine derartige Anfrage sogar einmal: „Interviews sind das, was ich nicht gebe!" Um so erstaunlicher ist es, dass im Sommer 1959 dem Brecht-Schüler Hans-Joachim Bunge das fast Unmögliche gelang. Er konnte mit Helene Weigel zwei Tonbandgespräche führen.[*] Zehn Jahre später war sie noch einmal dazu bereit, als ihr Mitarbeiter Werner Hecht sie darum bat. Um die zu Lebzeiten viel zu selten praktizierte Möglichkeit einer lebendigen Geschichtsschreibung fortzusetzen, führte Matthias Braun im Verlauf mehrerer Jahre viele Arbeitsgespräche über Leben und Werk Helene Weigels und Bertolt Brechts mit Schauspielern, Regisseuren, Freunden und Bekannten dieser beiden Künstler. Unabhängig davon, dass Helene Weigel ihre Selbstaussagen einmal als „viel Gewäsch und wenig Wolle" charakterisierte, gab sie Bunge und Hecht bereitwillig Auskunft.

Helene Weigel: Das war die Märchenidee von einer Karriere. Beim Gastspiel vom Albert Steinrück habe ich die Marie im *Woyzeck* gespielt. Auch nur unter Kitschbedingungen, d.h. was im Grunde nur im Film vorkommen könnte, nicht in der Realität. Weil eine Kollegin, die die Rolle bekam, keinen Mut dazu hatte und sie mir gab. Ich habe auch ihren Namen nie vergessen, die hieß Hilde Wall.

Die Presse schrieb über Helene Weigels Debüt unter anderem: „Ein Abend, den man behält. Steinrück gab sein Letztes. Ein junges Talent, Helene Weigel, ließ aufhorchen. Sie gab die Frau mit prachtvollem Anlauf." Oder in der *Frankfurter Zeitung* war zu lesen:

Der Tambourmajor des neuen Herrn Weber hatte äußerlich Riesenformat, aber ohne die Animalität, die Wozzecks heißes Weib zur Sünde bringt, Helene Weigel spielte sie; ein neuer Name für Frankfurt, auf den wir Hoffnung setzen. Ohne die volle Sicherheit der Fertigen strömt

---

[*] Die im folgenden zitierten Passagen aus dem Gespräch zwischen Helene Weigel und Hans Bunge weichen im einzelnen von dem in diesem Band abgedruckten Ausschnitt ab, da eine andere Transkription zugrunde lag [Anm. d. Hg.].

sie Gefühl aus und Wärme, erregt sich zur Wildheit und vergaß sich. Ein wahres Temperament, dem wir Glauben entgegenbringen.

Helene Weigel: Ich bin im Grunde von Frankfurt nach Berlin gekommen. Das war alles, das waren alle Theater. Ich habe also die Schmierenzeit überhaupt nicht erlebt. Ich habe nicht gehabt, was man ein Repertoire nennt. Was man hat, wenn man durch viele kleine Provinztheater geht. Sehr viele Rollen, sehr verschiedene Rollen. Ich bin also ziemlich einseitig gewesen.

Ab 1922 spielte sie bei Leopold Jessner im Staatlichen Schauspielhaus in Berlin. Dem Kritiker Herbert Jhering fiel diese neue Schauspielerin bereits zu Beginn der Spielzeit 1922/23 in einem belanglosen Stück *Die Hochzeit Adrian Brouwers* auf. Jhering schrieb:

Fräulein Weigel mit starkem, in den Ausdruck vorstoßendem Temperament. Wie weit sich dieses Temperament variieren kann, wie weit es sich auch jenseits des Grellen behauptet, war nicht zu erkennen. Aber es tat wohl, die allgemeine Würde durch schauspielerische Besessenheit durchbrochen zu sehen. Fräulein Weigel hatte auch persönliche Tonfälle.

Der junge Brecht, Anfang der zwanziger Jahre nur zeitweilig in Berlin, interessierte sich zunächst nicht sonderlich für die talentierte Schauspielerin.

Helene Weigel: Bei irgend einem zufälligen Aufenthalt Brechts in Berlin kam er dann eines Abends an unter der Angabe, er hätte kein Nachtquartier. Und da blieb er dann auch. (*lacht*) — Aber er brachte eine Decke mit.

In der Mitte der zwanziger Jahre schrieb der Theaterkritiker Julius Bab über neue Berliner Talente, darunter auch über Helene Weigel:

In noch ganz anderen Erdtiefen wurzelt ein wirkliches Elementartalent Helene Weigel, eine von unseren Theaterleitern noch längst nicht voll entwickelte, geschweige denn ausgenutzte Kraft... Sie spielte einmal das Fräulein Bernick, die arme, verlassene und verkümmerte alte Jungfer in den *Stützen der Gesellschaft*. Der Augenblick, wo sie dem Geliebten nachsieht, dem sie eben selbst mit einem jungen Mädchen zur Flucht verholfen hat — sie steht am Vorhang und die aufgehobene Hand sinkt plötzlich langsam nieder, man sieht nur ihren Rücken, und durch den geht ein ganz leises Zucken — dieser Augenblick blieb der erschütterndste, der eigentlich unvergessliche des ganzen Abends, obwohl Albert Bassermann in den vielfältigsten Wirkungsmöglichkeiten auf der Bühne stand.

Mit der Klara in Hebbels *Maria Magdalene* hatte Helene Weigel im

Dezember 1925 unter der Regie von Theodor Tagger, der später unter dem Pseudonym Ferdinand Bruckner bekannt wurde, ihren ersten großen Erfolg in Berlin. In der *BZ am Mittag* wurde neben der Bestätigung des Talents eine andere wichtige Frage für diese Schauspielerin aufgeworfen. Dort hieß es: „Noch unsicher schwankend und einer Regisseurfaust dringend bedürftig — aber ein Talent! Viel zu viel machend, die Rolle zerdehnend, zerspielend." Zwei Jahre später arbeitet der Autor und Regisseur Brecht das erste Mal intensiv mit Helene Weigel während der Proben von *Mann ist Mann* an der Berliner Volksbühne.

Hans Bunge: Hat Brecht damals viel in die Regie eingegriffen?

Helene Weigel: Naja, das war eigentlich verschieden, je nachdem wie er mit dem betreffenden Regisseur bekannt war. Also in der Volksbühne hat er auch etwas eingegriffen. Da hat Engel Regie geführt?

Bunge: Ja.

Weigel: Im Staatstheater ist die Inszenierung weitgehend seine gewesen, obwohl er — glaube ich — nicht gezeichnet hat. Er hat sehr viel mit mir gearbeitet. Wieweit er eingegriffen hat bei anderen Leuten, weiß ich nicht.

Die Schauspielerin Steffie Spira war an dieser Aufführung beteiligt. Sie berichtet über die Probenarbeit:

Steffie Spira: Es gab Krach. Vor allen Dingen zwischen dem Alexander Granach und der Helli gab es Krach. Helli hatte diesen kleinen Vorspruch, der durch einen Trompeter begleitet wurde. Sie sollte so zwischen Singen und Sprechen sagen: „Herr Bertolt Brecht behauptet: Mann ist Mann. Und das ist etwas, was jeder behaupten kann. Aber Herr Bertolt Brecht beweist auch dann, dass man mit Menschen beliebig viel machen kann...." Die Helli ist nicht gerade eine der Musikalischsten gewesen, hatte große Schwierigkeiten, auch später mit dem Singen. Aber natürlich bekommt jede Schauspielerin und jeder Schauspieler das fertig, gerade diese Form des Sprechgesangs, wenn der Rhythmus stimmt, dann kommt nämlich die Stimme hinzu, das ist durchaus machbar. Natürlich nicht mehr für die *Dreigroschenoper*, wo wirklich eine Singstimme erforderlich ist. Zu der damaligen Zeit, es war ja noch ziemlich neu und frisch, so etwas zu machen. Also der Granach behauptete, er möchte das machen, das müsste überhaupt ein Mann machen und das sei ja lächerlich, wenn eine Frau das mache und so. Also, es gab immerfort Krach.

1929 heirateten Helene Weigel und Bertolt Brecht. Im gleichen Jahr spielte Helene Weigel am Preußischen Staatstheater in Berlin unter der Regie seines Generalintendanten Leopold Jessner die Magd in *Ödipus* von Sophokles und die Constance in *König Jo-*

hann von Shakespeare. Beide Rollen hatte Brecht intensiv mit ihr erarbeitet.

Helene Weigel arbeitete in der Gewerkschaft, nahm an Agitationsveranstaltungen teil, spielte 1930 in Brechts Stück *Die Maßnahme* einen Agitator und erteilte unter anderem auch jungen Genossen Sprechunterricht in der Marxistischen Arbeiterschule in Berlin. Durch die Vermittlung von Brechts Mitarbeiterin Margarete Steffin kam auch der damals 22jährige Richard Müller aus Berlin zu diesem Sprechunterricht. Er berichtet:

Richard Müller: Es war natürlich auch Grete Steffin, die seit geraumer Zeit in großen Veranstaltungen rezitierte und die natürlich als erste merkte, dass das nicht ging, so zu sprechen, wie uns der Schnabel gewachsen war. Vor allen Dingen die deutliche Aussprache, denn man musste ja bis hinten hin gehört werden und auch der Text, alles was wir brachten, war ja revolutionär und musste natürlich entsprechend dargeboten werden. Und da vermittelte sie uns zur marxistischen Arbeiterschule an der Jannowitzbrücke. Da hat die Weigel schon Sprechkurse durchgeführt. Da waren auch welche von den großen Agitproptruppen da, zum Beispiel „Die roten Raketen," die ja sogar Schallplatten herausgegeben haben. Wir kamen dann dazu und wurden in besserer Aussprache und Betonung usw. unterrichtet. Ich kann mich noch entsinnen an solche Dinge wie „abra hara santa clara," natürlich nicht das „r" rollen, das hat sie uns sofort verboten, oder „droben steht das Nonnenkloster." Alles so 'ne Sprüche. Fanden wir alle ein bisschen ulkig, aber wir merkten dann doch, wir haben ja immer gesprochen, wie uns der Schnabel gewachsen war. Aber wenn wir dann auf der Bühne gestanden haben, dann haben wir uns der Sache erinnert und da kamen wir dann ganz gut an nachher.

Am 12. Januar 1932 fand die erste geschlossene Aufführung der *Mutter* nach Gorkis gleichnamigem Roman durch die Gruppe Junger Schauspieler im Wallner-Theater statt. Regie führte Emil Burri, das Bühnenbild entwarf Caspar Neher. Die Inszenierung ging auf äußerste Vereinfachung, Konzentration und Knappheit aus. Große Teile der Presse führten unmittelbar nach der Premiere einen erbitterten Kampf gegen das Stück und die Aufführung. Die Weimarer Republik fand fadenscheinige Begründungen zu wiederholtem Verbot. Meist wurden Stück und Aufführung als eine simple Angelegenheit, als eine Art dramatisierter Neuruppiner Bilderbogen betrachtet. Welche Wechselbeziehungen zwischen „antimetaphysischer, materialistischer, nicht aristotelischer Dramatik," wie Brecht sein Stück selbst bezeichnete, und der szenischen Realisierung mittels einer „neuen Schauspielkunst" bestand, die wiederum im Spiel der Weigel am stärksten ablesbar gewesen sein muss, wurde von der damaligen Theaterkritik kaum beachtet und beschrieben.

Bunge: Erinnern Sie sich noch an die Zeit der *Mutter*?

Weigel: Oh ja, das ist nicht so weit zurück.

Bunge: Da hat Brecht ja auch nicht als Regisseur gezeichnet.

Weigel: Nein, aber er hat es mitgearbeitet. So wie im Grunde genommen dann auch in späteren Zeiten.

Bunge: Die Uraufführung war ja, glaube ich, im Wallner-Theater.

Weigel: Nein, ich glaube im Komödienhaus. Es gab am Schiffbauerdamm ein paar Theater und ich glaube, es war im Komödienhaus. Wir zogen dann in verschiedene Theater.

Bunge: Da war doch eine Geschichte, dass *Die Mutter* polizeilich verboten wurde und sie es dann gelesen haben.

Weigel: Das war die letzte Aufführung, die wir zustande brachten. Das war in einem Saal. Ich weiß aber nicht mehr, wo. Ich glaube irgendwo im Norden oder Osten Berlins.

Bunge: Ich glaube in einem Brauerei-Saal in Moabit.

Weigel: Ich habe keine Ahnung, dass weiß ich wirklich nicht mehr. — Die Idee der Inszenierung war darauf gestellt, dass wir überall, in jedem Theatersaal, spielen konnten. Die Dekoration war auf verschiebbaren Röhren, so dass die Wände dran gehängt wurden. Das ganze Zeugs ging im Grunde auf einen ganz kleinen Lastwagen, was wir zur Inszenierung brauchten, mit Kostüm und allem.

In den späten zwanziger Jahren hatte Brecht begonnen, das neue Medium Rundfunk für sich zu benutzen. Er schrieb in den Erläuterungen zu seinem Hörspiel *Ozeanflug* unter anderem: „Dem gegenwärtigen Rundfunk soll der ‚Ozeanflug' nicht zum Gebrauch dienen, sondern er soll ihn verändern." *Die heilige Johanna der Schlachthöfe*, eigentlich als Theateraufführung geplant, wurde 1932 in einer Funkfassung — Regie führte Alfred Braun — gesendet. Es ist die älteste erhaltene Rundfunkaufnahme mit der Weigel. Neben ihr als Frau Luckerniddle sprachen Carola Neher als Johanna Dark und Paul Bildt als Sprecher.

(Ausschnitt der 4. Szene Die heilige Johanna der Schlachthöfe)

Sprecher: Dort sitzt eine Frau vor dem Fabriktor. Gib acht, was sie sagt.

Frau Luckerniddle: Ihr da drinnen, was macht ihr mit meinem Mann?
    Vor vier Tagen ging er zur Arbeit, er sagte:
    Stell mir die Suppe warm am Abend! Und ist bis
    heute nicht gekommen! Was habt ihr mit ihm gemacht

ihr Metzger! Seit vier Tagen stehe ich hier in der
Kälte, auch nachts, und warte, aber es wird mir nichts
gesagt, und mein Mann kommt nicht heraus! Aber ich sage
euch, ich werde hier stehen, bis ich ihn
zu sehen bekomme und wehe! wenn ihr ihm etwas getan habt!
(...)

Einen Tag nach dem Reichstagsbrand verließ Helene Weigel mit
ihrer Familie Deutschland. „Öfter als die Schuhe die Länder wech-
selnd / Durch die Kriege der Klassen," ging sie mit Bertolt Brecht in
eine 15-jährige Exilzeit. Zunächst für sechs Jahre nach Dänemark.

Helene Weigel: Man konnte von Dänemark überall hin. Die Möglichkeiten: erstens, dass Leute kamen. Noch von Deutschland Leute kamen. Brecht noch wo hinkonnte, und dass das Leben so bescheiden zu
führen war, dass immer noch für einen die Möglichkeit war, zu verrei-
sen, wenn es nötig wurde. Das hat sehr viel dazu beigetragen, dass wir
uns festgesetzt haben in Dänemark.

Von Dänemark aus fuhr Helene Weigel 1937 und 1938 nach Paris.
Dort ergab sich für sie während der gesamten Exilzeit eine der wenigen Arbeitsmöglichkeiten. Zusammen mit anderen deutschen
Emigranten spielte sie 1937 in *Die Gewehre der Frau Carrar* die Titelrolle und ein Jahr später in einigen Szenen aus *99%*, später unter
dem Titel *Furcht und Elend des dritten Reiches* bekannt.

Bunge: Wie kam es zu diesen Aufführungen in Paris? Soweit ich weiß,
war das ja vom Schutzverband Deutscher Schriftsteller organisiert.
Zumindest *Furcht und Elend.*

Weigel: Organisiert — diese Organisationen sind so eine Frage, wissen
Sie. Da gab es soundsoviel emigrierte Schauspieler. Da haben wir halt
Lust gehabt, wir wollen es machen oder wir hielten es für wichtig zu
machen. Und dann hat sich das so unter ungeheuren Schwierigkeiten
entwickelt, denn Geld war doch keins vorhanden. Arbeiten mussten
die Leute alle, um leben zu können. Die Steffie Spira und ihr Mann
[Günther Ruschin], den kennen Sie auch, der ist jetzt Intendant stellvertretend an der Volksbühne. Die waren in Paris und er hat Krawatten
verkauft. Natürlich schwarz, denn Arbeitsgenehmigungen gab es doch
nicht in Frankreich. Das war doch die tolle Situation der Emigration,
dass man nicht arbeiten konnte. Da haben wir abends dann in einem
Cafehaus, hinten im Hinterzimmer dieser kleinen Restaurants oder
Cafehäuser in Paris, haben wir probiert. Das war immer eine sehr komische Situation. Die Franzosen, die etwas hergaben für den Schwarzen, es kostete nichts oder es kostete ein paar Francs und man genoss
etwas, das war alles sehr bescheiden, d.h. man trank nur einen Schwarzen. Und dann gingen immer die Herren, die im vorderen Lokal saßen,
gingen immer durch, denn die Toilette war doch auch da hinten, die

ten, die dann immer erstaunt sich noch den letzten Knopf zuknöpften, wieder durch. Das waren ganz seltsame Sachen.

> Steffie Spira spielte auch in der Aufführung der *Gewehre der Frau Carrar* mit.

Steffie Spira: Wir konnten ja die Rollen alle gar nicht besetzen, und wir mussten Laien dazunehmen, und das war ja für Schauspieler gewiss auch etwas ungewöhnliches, sich nicht so penetrant abzusetzen, zu zeigen, das bin ich, weil ich eine Schauspielerin bin, und das ist die, die kann ja gar nichts. Im Gegenteil, der Dudow hat das sehr schön gemacht, der konnte ja wirklich — in *Kuhle Wampe* hat er das ja bewiesen, natürlich mit Menschen, die ein bisschen Interesse an der Sache hatten, die mit Interesse da etwas mithelfen und mit auf die Beine bringen wollten — mit denen konnte er sehr gut arbeiten.

> Im Mai 1939 siedelte die Familie wegen der wachsenden Kriegsgefahr nach Schweden über. Dort lernte sie der tschechische Schauspieler Valtr Taub kennen.

Matthias Braun: Sie haben die Familie gewissermaßen in ihrer häuslichen Umgebung kennengelernt. Welche Rolle spielte in dieser Umgebung Helene Weigel?

Valtr Taub: Um der Wahrheit treu zu bleiben, kann ich nicht sagen, dass ich sie als irgendwie sehr aktive Gesprächsteilnehmerin im Gedächtnis hatte, sondern erstens als eine hervorragende Kaffeeköchin und zweitens als ganz hervorragende Zuhörerin. Aber ich kann mich nicht daran erinnern, dass sie irgendwie einen Impuls zu Gesprächen gegeben hat. Das war wahrscheinlich ihre Brecht gegenüber gewöhnlich angewandte Selbstbescheidung. Sie hielt sich so sehr im Hintergrund und überließ die Führung der Gespräche immer dem Brecht. Diesen Eindruck hatten meine Frau und ich. Wenn wir uns so an die Zeit erinnerten, so haben wir immer die Helli im Hintergrund gesehen. Immer mit sehr guten wienerisch-ironischen Bemerkungen sich zu erkennen gebend, aber niemals irgendwie als einen Motor der Gespräche.

Braun: Welchen Inhalt hatten diese Gespräche?

Taub: Hauptsächlich Politik.

> Nach dem Einmarsch der Hitlertruppen in Dänemark und Norwegen im Frühjahr 1940 floh die Familie nach Finnland. Bereits im Mai 1941 reiste man, mit Zwischenaufenthalt in Leningrad und Moskau, nach Wladiwostock weiter, um von dort mit dem Schiff nach Los Angeles zu kommen. Brecht setzte in den USA die Arbeit an seinen Stückprojekten fort und versuchte gleichzeitig mit wenig Erfolg, in Hollywoods Filmindustrie Fuß zu fassen. Helene Weigels

Arbeitsmöglichkeiten blieben schlecht.

Helene Weigel: Das war schad', dass das nie geklappt hat in Amerika. Das wäre soviel einfacher gewesen, das Leben. — Na Gott, mein Englisch war sicher fürchterlich. Und eine Schönheit nach Hollywoods Filmbegriffen bin ich im Leben nie gewesen. Das bedarf eines besonderen Einsatzes, um jemanden, der so fremd ist, da hereinzukriegen, das ist ein Glücksfall. Entweder muss sich ein Agent die Hacksen ausreißen für einen. Oder einer von den Leuten, die mich von früher kannten, hätte mich einsetzen müssen. Da das schwierig ist, da sie selber Emigranten waren und ich eine Frau war, die solch einen dicken Akzent hatte, konnte das ja nur in ganz bestimmten Rollen möglich sein. Das ist ja sehr richtig und gescheit — ich konnte doch keine Amerikanerin spielen. Ich konnte also nur eine Ausländerin spielen.

Im Herbst 1947 kehrte Helene Weigel gemeinsam mit ihrer Tochter Barbara nach Europa zurück. Fast im Verborgenen probierte sie mit Brecht in der Nähe von Zürich aus, ob sie ihren Beruf noch ausüben konnte. Brecht schrieb für sie eine Bearbeitung der *Antigone* des Sophokles. Im Herbst 1948 kehrte sie dann gemeinsam mit Brecht nach Berlin zurück. Unter neuen gesellschaftlichen Bedingungen konnten beide jetzt ihre Theaterarbeit fortsetzen und so ihren Beitrag zur Überwindung der „Mühen der Ebenen" leisten.

(Lied der Courage: „Das Frühjahr kommt. Wach auf, du Christ! / Der Schnee schmilzt weg. Die Toten ruhn. / Und was noch nicht gestorben ist / Das macht sich auf die Socken nun.")

Mit der Rolle der Mutter Courage begann im Januar 1949 Helene Weigels Weg zum Welterfolg. Brecht schrieb zur Premiere: „Die Courage-figur Hellis jetzt herrlich, von großer Kühnheit." Joachim Tenschert, 1949 Student der Germanistik und Theaterwissenschaft in Jena, erinnert sich an diese Aufführung:

Joachim Tenschert: Das war ein totales Betroffensein, das einem den Atem genommen hat. Da war eine ungeheure, eine einmalige Schauspielerin, da spürte man eine ungeheure Kraft, eine ungeheure Phantasie und Disziplin, eine andere Art auch, mit Emotionen umzugehen, Gefühle zu organisieren, übersichtlich und durchschaubar zu machen.

Die Anna Fierling der Weigel, später nur noch als Mutter Courage bekannt, ging in die Theatergeschichte ein. Es entbrannte eine wahre „Kritikerschlacht" um die Aufführung und das Spiel der Weigel. Noch heute gilt diese Darstellung als ein herausragendes Beispiel für eine episch-dialektische Schauspielkunst. Benno Besson sagte einmal: „Ich verstand, als ich ihre Darstellung der Mutter Courage sah, was Brecht gemeint hatte, als er von seinen Plänen für ein neues Theater sprach."

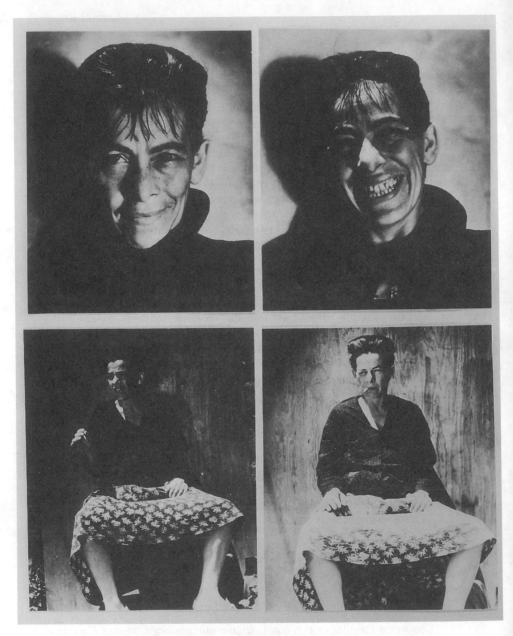

6   Maskenfotos, mit deren Hilfe Helene Weigel während der
     Emigration in den USA ein Engagement zu finden suchte

[Fotos: unbekannt]

Mit Beginn der Spielzeit 1958 kam Joachim Tenschert als Chefdramaturg ans Berliner Ensemble. Seit dieser Zeit hat er das Spiel der Weigel regelrecht studiert. Bald vom Zuschauerraum aus, bald vom Inspizientenpult.

Joachim Tenschert: Da kam man ihr genau auf die Technik, wie sie das machte. Die Weigel hatte ein ganzes Repertoire von Mitteln parat, überlegt und begründet ausgesucht, und in jeder Situation, jeder Phase der Courage-Biographie differenziert und präzise zum Einsatz gebracht. Welche Technik, welche Kunstfertigkeit zum Beispiel, das Alter zu spielen! Hier riss sie bestimmte Mittel, die sie in der Aufstiegsphase der Figur etabliert hatte, um deren physische und psychische Vitalität zu zeigen, gleichsam herum. Veränderung der Stimme, der Stimmlage, der Sprechweise nach dem Tod der Tochter: Die Figur bekommt etwas Infantiles, Weibisches, was abstößt, und zugleich etwas bislang an ihr nicht beobachtetes Hilfloses, Verlassenes, was anrührt. Eben durch das Spielen dieses Widerspruchs hält die Weigel die Courage-Figur poetisch selbst im Zustand der Verlumpung und des Elends. Veränderung im Rhythmus und im Tempo der Bewegungen: Verlangsamungen, Verschleppungen, Kraftminderungen — und wiederum das Spielen des Widerspruchs: Sie will es nicht wahrhaben, sie versucht, dagegen anzugehen, sie ist ganz die Alte. — Veränderung in der Statur, in der Kontur der Figur: Sie wird schmaler, etwas schief auf der einen, ich glaube ihrer rechten Seite, sie zieht sich in sich zusammen, wirkt schmächtiger, dünner, kleiner auch, erst trägt sie das Kostüm — es war eines der Zeichen für Courage und Feminität — jetzt hängt es, aber über welchem Körper...

(Ausschnitt aus der Schlussszene Mutter Courage: *die Courage nimmt Abschied von ihrer toten Tochter Kattrin und spannt sich selbst vor ihren Wagen, um wieder ins Geschäft zu kommen.)*

Mit der Übernahme der Intendanz des Berliner Ensembles im Jahre 1949, leistete Helene Weigel eine Arbeit, die für zwei Leben ausgereicht hätte. Werner Hecht kam in seinem Gespräch mit der Weigel auch auf die Anfänge des BE zu sprechen:

Hecht: Warum hat Ihnen Brecht 1949 die Theaterleitung übertragen? Sie hätten doch jetzt erst mal als Schauspielerin genügend zu tun gehabt. Aber Sie sind gleich eingesetzt worden als Intendantin.

Weigel: Naja, also erstens, weil er's nicht wollte. Er hat sich auch dabei etwas gedrückt vor einer bestimmten Arbeit. Durch diese vielen Jahre — wir haben ja wirklich sehr lange zusammengelebt — musste er ja gesehen haben, dass ich ein wirkliches Organisationstalent hab. Denn auch aus diesen läppischen Bemühungen noch in Finnland und dann weiter in Amerika — und da war ja wirklich also Minimales an Geld vorhanden, um immer noch ein Bestimmtes aufrechtzuerhalten:

Nämlich Platz für Brecht, in dem er arbeiten konnte ohne Störung, und es so zu führen, ohne Beunruhigung der Kinder. Das waren so Punkte. Und das ist schon gelungen. Das war nicht immer einfach, aber es ist doch gelungen. Dann hat mir Brecht eines Tages gesagt: „Das kannst du." „Na," hab ich gesagt: „Na schön!"

Hecht: Am Anfang ging es ja auch erst einmal darum, ein paar Leute zusammenzubekommen. Das wird Ihnen sicherlich Spaß gemacht haben.

Weigel: Ja, am Anfang war es natürlich das Zusammensuchen von Leuten. Aber wissen Sie, sagen Sie das nicht. Es war doch im Jahre 1948 ein ziemliches Problem, hier mal so etwas wie ein Büro zu kriegen. Also das war zum Beispiel eine wirklich große Arbeit, das zu organisieren. Erst waren wir doch in einem Zimmerchen oben über den Kammerspielen. Später bekamen wir „Die Möwe." Da habe ich die ausgebaut, die „Möwe." Das waren doch nichts als Dachkammern im Grunde. Und dann habe ich noch zwei Gastzimmer dort eingerichtet. Der Viertel und die Theres' haben doch da oben gewohnt. Wo sollten wir die denn unterbringen? Wohnungen in dem Berlin gab's doch nicht.

> Innerhalb eines längeren Gesprächs kam Matthias Braun mit Helene Weigels Tochter, Frau Barbara Brecht-Schall, auch auf die großen organisatorischen Leistungen ihrer Mutter in den Anfangsjahren des Ensembles zu sprechen.

Barbara Brecht-Schall: Darum ist ja meine Behauptung, und die bleibt eisern, dass Helli einen irrsinnigen Anteil an seiner Arbeit hatte, weil ohne sie hätte er diese ganze... Ich meine, verstehen Sie mich richtig, natürlich sind die großen Namen gesprungen auf Brecht, aber die Verträge, dass die Wohnungen bekamen, dass überhaupt das Theater da war, das Geld dafür, dass ein Bühnenmeister und ein Beleuchtungsmeister und Bühnenarbeiter da waren, und dass die alle Verträge hatten, und das ganze Technische. Aufgebaut auf seinen Namen, sicher, aber das hat die Helli gemacht. Also auf deutsch gesagt, sie hat ihm den Spielraum und das Spielzeug geschaffen, um seine Arbeit zu machen, denn er musste ja endlich seine Sachen ausprobieren. Er kam ja nie dazu. Das vergessen die Leute immer.

> 1951 inszenierte Brecht *Die Mutter*, gegenüber der Uraufführung von 1932 in einer veränderten Konzeption. Er historisierte die Stückvorgänge und wollte mit dieser Neueinstudierung wie er schrieb „unsere Werktätigen, unserm Kleinbürgertum und unseren Intellektuellen die Sowjetunion liebenswert machen." Im 3. Bild versucht Pelagea Wlassowa Flugblätter, die zum Streik aufrufen, in eine Fabrik zu schmuggeln. Sie kommt mit einem großen Korb voller Esswaren, in dem auch die Flugblätter sind, zum Fabriktor.

(*Ausschnitt aus dem 3. Bild* Die Mutter)

Nach Bertolt Brechts Tod im August 1956 setzte Helene Weigel mit seinen alten Freunden und seinen Schülern die Arbeit fort. Zu ihren großen Aufgaben als Schauspielerin und Intendantin kam nun auch noch die der Sachwalterin des künstlerisch-literarischen Nachlasses ihres Mannes. Bereits im Herbst 1956 wurde das Bertolt-Brecht-Archiv gegründet. Joachim Tenschert erinnert sich an diese Zeit.

Joachim Tenschert: Dieser Theaterbetrieb in all seinen künstlerischen, technischen, administrativen Verflechtungen und die Leitung dieses Betriebes — das funktionierte hier. Ich habe auch andere Theater kennengelernt, davor und danach — hier funktionierte das. Im Vergleich nachgerade unauffällig und unaufwendig. Die Weigel machte ja im Grunde nichts anderes, als was sie unter Brecht auch gemacht hatte: die ihr von Brecht aufgegebene Intendanz des Berliner Ensembles, aber sie machte es auf ihre Weise. Das hatte sein Gutes in guten, in friedlichen Zeiten zwischen ihr und ihren Mitarbeitern — und sein Bedenkliches, Erschwerendes in schlechten, unfreundlichen Zeiten.

Sie hatte zur Verfügung, das weiß man, Talent, ein spezifisches Talent, das ist biographisch verbürgt. Dieses Sichkümmern, dieses Organisieren, dieses Haushalten, dieses mit Leuten umgehen können, dieses sich gern in Gesprächen bewegen, manchmal sogar verlieren, alles das und mehr — das hatte sie. Sie hatte außerdem Autorität aufgrund ihrer Persönlichkeit. Die war abgedeckt durch eine bestimmte Strecke durchgestandenen Lebens mit einer künstlerischen, politischen Haltung, für die unter anderem auch das Exil stand, eine ausgeprägte anti-faschistische Haltung. Und dieser Persönlichkeitsanspruch war überdies abgedeckt durch eine künstlerische Leistung. Selbst wenn man nur die künstlerischen Leistungen nahm, die sie vorweisen konnte seit der *Courage* von 1949, reicht das für eine Theaterleitung zu, verglichen mit Theaterleitungen, die man heute um sich herum sieht.

Braun: Da habe ich eine Zwischenfrage. Gab es eine Distanz zwischen der in ihrem olympischen Zenit stehenden Person und...

Tenschert: Nein, das war es nicht. Das war eine selbstverständliche Autorität ohne Drücker und ohne Druck. Sie war gar nicht olympisch. Sie war keine Frau der einsamen Entschlüsse. Dies alles und ganz frei von Ressentiments gesagt, in ihren guten, ihren freundlichen Zeiten.

Neben ihrer ohnehin umfangreichen täglichen Arbeit war Helene Weigel auch noch in gesellschaftlichen Organisationen tätig, zum Beispiel beim Weltfriedensrat. Als Mitglied dieses Rates reiste sie 1952 zum Völkerkongress für den Frieden in ihre Geburtsstadt Wien und verlas dort Brechts Botschaft an diesen Kongress.

(Einspielung: Auf dem Völkerkongress für den Frieden verliest Helene Weigel mit großem Engagement und persönlicher Anteilnahme die Botschaft.)

Das Gedächtnis der Menschheit für erduldete Leiden ist erstaunlich kurz. Ihre Vorstellungsgabe für kommende Leiden ist fast noch geringer. Die Beschreibung, die der New Yorker von den Greueln der Atombombe erhielt, schreckten ihn anscheinend nur wenig. Der Hamburger ist noch umringt von Ruinen, und doch zögert er, die Hand gegen einen neuen Krieg zu erheben. Die weltweiten Schrecken der vierziger Jahre scheinen vergessen. Der Regen von gestern macht uns nicht nass, sagen viele. Diese Abgestumpftheit ist es, die wir zu bekämpfen haben, ihr äußerster Grad ist der Tod. Allzu viele kommen uns schon heute vor wie Tote, wie Leute, die schon hinter sich haben, was sie vor sich haben, so wenig tun sie dagegen.

Und doch wird nichts mich davon überzeugen, dass es aussichtslos ist, der Vernunft gegen ihre Feinde beizustehen. Lasst uns das tausendmal Gesagte immer wieder sagen, damit es nicht einmal zu wenig gesagt wurde! Lasst uns die Warnungen erneuern, und wenn sie schon wie Asche in unserem Mund sind! Denn der Menschheit drohen Kriege, gegen welche die vergangenen wie armselige Versuche sind, und sie werden kommen ohne jeden Zweifel, wenn denen, die sie in aller Öffentlichkeit vorbereiten, nicht die Hände zerschlagen werden. *(Beifall)*

Den Dramatiker Helmut Baierl hatte die Weigel mit der Bemerkung engagiert: „Schreibst mir a Rolln." 1960 setzte sie dann mit der Frau Flinz in der gleichnamigen Komödie von Helmut Baierl die Gestaltung ihrer großen Mütterrollen fort.

(Ausschnitt aus dem 3. Bild Frau Flinz: *Bei einer Razzia der Polizei nach Arbeitskräften, geführt von dem Genossen Kalusa, versucht die Flinz, ihre fünf Söhne vor der Enttrümmerungsarbeit in Leuna zu bewahren.)*

Manfred Wekwerth, der gemeinsam mit Peter Palitzsch dieses Stück inszeniert hatte, schrieb der Weigel unter anderem zur 50. Vorstellung dieser Inszenierung:

Ich finde Deine Figur (50 Vorstellungen!) frisch und lebendig wie bei der Premiere. Der Spaß ist erhalten, eher gewachsen. Die Tendenz zum Skurrilen ist im Normalen der Frau Flinz aufgegangen, nicht ganz verschwunden. Es wird wenig oder gar nicht geböhmakelt: eine Frau Flinz wie sie sich jeder, auch ich, vorstellt.

In wenigen, allerdings ins Auge stechenden Punkten, platzen ein wenig die Nähte. Es sind Stellen, wo der gestische Ernst und überhaupt die Situation zugunsten von Äußerlichkeiten verlassen wird. Auffallend im 3. Bild: hier war es die Überzeugungskraft der Logik, die den Kalusa scheitern ließ. Argumente, ohne besonderen Nachdruck, eher ruhig und leicht vorgebracht, verbrauchten das Denkvermögen Kalusas. Jetzt ist es zu sehr Taschenspielkunst geworden, nicht mehr überprüfbar. Das liegt an einer — nach meiner Meinung — zu großen körperlichen Beweglichkeit, an zu vielen Tonfällen und an Ablenkungen, die zu sehr in den Vordergrund gerückt sind.

Der Ruf des Berliner Ensembles wäre ohne sein glänzend eingespieltes Team der Technik undenkbar. Walter Braunroth, seit vielen Jahren technischer Direktor des Theaters, erhielt im Rahmen der Vorbereitungen zu Brechts 65. Geburtstag von seiner Intendantin folgenden Brief:

Lieber Braunroth!
Bitte, werden Sie mir helfen, dass ab Sonnabend für Sonntagmorgen die Straße um das Haus rum ganz sauber ist, dass alles vorbereitet ist, um den Schmuck, nämlich Premierenfahne und zwei Fahnen mit Picasso-Sträußen vorn am Haus anzubringen? Und drittens bitte ich Sie, die Musiker erst zu fragen, ob die Stühle, die uns so gut gefallen haben, ihnen zum Spielen auch passen. Sonst bestellen wir sie und sie wollen gar nicht drauf sitzen.

Walter Braunroth: Und zu den Stühlen ist immer zu sagen, wenn sie irgendwelche Sitzgelegenheiten angefertigt haben wollte, wurde immer ein Muster angefertigt und für die sogenannte Sitzprobe natürlich hingestellt. Dann wurden die Bedenken oder Nichtbedenken angemeldet, um solch einen Stuhl dann sitzgemäß oder freundlich bzw. unfreundlich anzufertigen und auch die jeweilige Position des darauf Sitzenden festzulegen oder wenn es sein musste, auch ins Spiel einzubringen.

Braun: Sie haben diese Forderungen der Weigel damals nicht als ungewöhnlich empfunden?

Braunroth: Ich glaube nicht, dass diese Forderungen ungewöhnlich waren. Diese Haltung hatte sich eigentlich bereits mit der Gründung des Ensembles gefestigt. Ich bin der Meinung, dass das damals viele Kollegen nicht verstanden haben, ich auch nicht....Aber wenn man die Arbeitsweise der Regisseure, Bühnenbildner und verschiedener anderer Kollegen berücksichtigt, hat man Verständnis dafür. Wir haben manches zwei, drei und vier Mal angefertigt, um dann den endgültigen Stuhl auf die Bühne zu bringen, und dann zeigte sich, wie notwenig es war, solche Gespräche zu führen.

Mit der Rolle der Volumnia in Brechts Bearbeitung des Shakespearschen *Coriolan* war die Weigel 1964 in einer klassischen Rolle zu sehen.

(Ausschnitt aus Coriolan, *5. Akt, 4. Szene: Volumnias letzter vergeblicher Versuch, ihren Sohn Coriolan, der von den Volkstribunen aus*

Rom verbannt worden ist und jetzt an der Spitze der feindlichen
Volsker gegen seine eigene Stadt ziehen will, zur Umkehr zu bewegen.)

Volumnia: Wisse, dass du auf ein sehr andres Rom marschierst
Als du verließest. Der Rauch, den du da steigen siehst, ist nicht
Der langerwartete der Unterwerfung.
Der Rauch, den du hier steigen siehst, steigt aus den Essen,
die jetzt Schwerter wider dich schmieden.
Unersetzlich bist du nicht mehr, nur noch die tödliche
Gefahr für alle, der dem eignen Volk den
Fuß auf den Nacken setzen will und dafür
Sich seinem Feinde unterwirft. Wir aber
Der Glanz und Adel Roms
Sollen jetzt die Rettung vor den Volskern
unserem Pöbel danken oder deinen Volskern
Die Rettung vor dem Pöbel! Kommt, lasst uns gehn
und sterben.
Der Mann hat eine Volskerin zur Mutter
Sein Weib ist in Corioli, dies Kind
Gleicht ihm durch Zufall.

Der Coriolan-Darsteller Ekkehard Schall beschreibt das Spiel der
Weigel in dieser Szene.

Ekkehard Schall: Noch in der Schlussszene ließ sie alle Mittel spielen,
gekonnt und gezielt, obgleich unter dem Druck der schwersten Prüfung für eine Mutter, um den Jungen zur Umkehr und damit zur Selbstzerstörung zu überreden und um Rom zu retten, das sie nun verachte-
te, weil das Volk mithandelte. Sie zeigte noch den großen Abgang
nach ihrer Verdammung des Sohnes, nach der Lösung der Mutter-Sohn-
Beziehung, kalt, stolz und herzlos, und deutete erst ganz, ganz am
Schluss durch ein leichtes Einknicken der Kniekehlen eine eventuelle
Ohnmacht kurz an, die sofort durch die begleitenden Frauen aufgefan-
gen wurde, und die Siegerin verließ das Schlachtfeld. So zeigte die
Weigel das einzig untaktische Benehmen Volumnias erst nach dem
äußersten Einsatz im patriotischen Auftrag, der wichtiger geworden war
als ihr Sohn Coriolan.

Normalerweise spielt ein Schauspieler viel mehr auf einen Dreh-
punkt oder auf einen Wirkungspunkt hin und lässt sich durch ihn
schon vorher mehr oder weniger stark anheizen, so dass seine Mittel
sich entweder vergröbern und verallgemeinern oder verinnerlichen
und persönlich werden. Weigels Konzeptionen und auch Spielweisen
bestachen mich auch immer durch die Konsequenz, mit der sie durchgehalten wurden.

Die „Mutter" des Ensembles, wie die Weigel auch oft genannt

wurde, setzte sich unermüdlich für dieses Theater ein. Joachim Tenschert berichtet über den Tagesablauf der Weigel:

Joachim Tenschert: Selbst bei einem Welttheater, dem sie vorstand, nahm die Leitung niemals den ganzen Arbeitstag in Anspruch. Später erfuhr ich ganz genau, wie das abläuft, da habe ich es ja praktisch mit ihr gemacht: Helli war um halb zehn spätestens im Theater, meist war sie um viertel zehn im Theater. Dann holte sie sich bestimmte engere Mitarbeiter. Dann ließ sie sich von ihrer Sekretärin Post und andere Informationen geben, und dann griff sie sofort zum Telefon und holte sich die Mitarbeiter ran, mit denen sie die auf dem Tisch liegenden Sachen ganz praktisch und sofort, fast unorganisiert, wegarbeitet. Helli nahm sich einen Brief raus, und der wurde sofort beantwortet, derweil wurden die anderen Briefe liegengelassen. Man könnte denken, es wäre besser, man liest sich erst alles durch, macht Vermerke, sortiert aus und organisiert sich das nach Wichtigkeit und Dringlichkeit usw. Nein, es wurde ganz spontan, ganz persönlich, ganz individuell verfahren, als wäre der Brief nicht ein Brief, sondern die Person, die gerade sprechend das Zimmer betreten hat.

Und dann war ja die Helli jemand, die sich gerne mit Leuten unterhielt, vor allem mit solchen, die sie mochte, auf deren Rat sie baute, auf deren Sachkundigkeit sie setzte. Die ließ sie sich dann einfach kommen, oft ohne einen konkreten Anlass. Wie oft habe ich bei ihr manchmal Vormittage versessen in Gesprächen. Das Gespräch, da konnten welche zustoßen und wieder gehen — zwischendurch sicherlich wieder mal eine Probe, viele Anrufe, konkrete Sachen. Dieses direkte, spontane Erledigen von Dingen, die per Post, per Telefon, per Anfrage, per Besuch an sie herangetragen worden sind — es war ein ganz unorthodoxer Leitungsstil. Für Fremde, für Außenstehende geradezu exotisch. Exotisch in der Faszination wie exotisch in der Beunruhigung oder Bedrohlichkeit. Und es hatte ja wirklich etwas von beidem. Und es kostete eine Menge Zeit und Erfahrung, sich darin nicht zu verlieren, seine Position — auch als eine Gegenposition — zu behaupten und in dieser unorthodoxen Arbeitsweise Strukturen, Systeme, Regeln zu erkennen.

Die Weigel arbeitete im Grunde am liebsten vor Ort. Die Weigel hat mit Lokalterminen vor Ort gearbeitet, so lange es ging, so lange sie konnte. Später hat sie es wegen der Einschränkung ihrer Gehfähigkeit nicht mehr machen können. Dann holte sie sich die Lokaltermine direkt ins Zimmer. Sie ließ sich auch gern unterbrechen, sie ließ sich gern stören, sie ließ sich gern rausreißen aus Arbeiten. Das war nicht der Fall, wenn sie neben der Intendantentätigkeit noch in den Probenprozess verwickelt war. Da musste sie sich mit den Jahren mehr und mehr ökonomisieren.

Auf Helene Weigels Privatleben angesprochen, erzählt Joachim

Tenschert in ihrer Wohnung Chausseestraße 125:

Joachim Tenschert: Zwischen 14 und 15 Uhr verließ sie das Theater. Wir wollen jetzt nicht von den Tagen reden, an denen sie abends wieder spielen musste. Dann fuhr sie hier her. Da war hier ihre Haushälterin Brigitte und die Küche usw. usw. Dann war es doch erst einmal, auch in den Zeiten, in denen sie gesundheitlich mehr in Takt war als am Schluss, war es doch ein großes Entspannen, ein großes Genießen dieser sehr ausgesuchten und begrenzten Umgebung. Das breite Bett mit dem Blick in den kleinen Garten usw., bis sie dann um die fünfte Stunde herum mit etwas Tee und etwas Gebäck, im Bett genommen, wieder anfing, zum Telefon zu greifen und Rat, Kontakte, Gespräche aufzunehmen. — Lesen gehörte zu ihrem Privatleben. Nicht bloß die bestimmte Sorte von Kriminalliteratur, von der man weiß, dass sie Brecht und Weigel gern goutierten und zur Entspannung nahmen. Kochen gehörte sicherlich sehr zu ihrem Privatleben. Es kam dann diese merkwürdige Mischung von Privatleben und Arbeit, also Dienstbesprechungen, wenn sie uns hier, Palitzsch, Wekwerth, andere und mich, hier einlud, um Spielpläne zu machen oder Theaterleitungsprobleme zu besprechen und uns mit gastronomischen Köstlichkeiten so voll machte, dass uns das Denken schwer fiel. Es durchdrang sich die private Sphäre mit der der arbeitsmäßigen sehr, glaube ich. Aber ich würde natürlich behaupten, die Weigel hat ein Privatleben gehabt. Erstaunlicherweise gehörte der Theaterbesuch nicht zu ihrem Privatleben.

Die Weigel gastierte mit ihrem Ensemble überaus erfolgreich in ganz Europa. Der langjährige Freund Hermann Budzislawski sprach einmal von ihr als „der Sendbotin der Republik, für den jungen Staat werbender als olympisches Gold." So wurde Helene Weigel zum Beispiel mit ihrem Ensemble während eines London-Gastspiels im Jahre 1965 von ihrem Gastgeber Lord Chandos zu einem Empfang geladen. (Der folgende Dialog ist im Original Englisch.)

Lord Chandos: I am sorry that you had to bring your own revolving stage with you. (*Laughter*) But I can confidently say that within the period of time, which may be too long for a man of my age, we should be able to welcome you in a second or a third visit here to a modern theatre.

Weigel: Thank you. May we take it for an invitation? (*Laughter*)

Lord Chandos: Ladies and Gentlemen, art has no frontiers. You have to have no passport to cross its frontiers, and there are no customs laid on the travelers. (*Laughter*) All you require is a warm interest and sympathy with that very enigmatic creature man. You must have sympathy with him with satire when he is absurd and cruel. You must occasionally acknowledge that he has its elevations as well as its degradations. Well, Ladies and Gentlemen, this passport, which I have referred to is yours. I would like to express our admiration and our gratitude for the wonderful performance that you have given us tonight. I would like everybody here to drink the health of the Berliner Ensemble and signify their appreciation and admiration by clapping our hands. (*Applause*)...

Weigel: Excuse my very bad English but I want to tell you in the name of my children — Kindergarten — (*Laughter*) our heartfelt thanks. We are very happy to be here and we love the theatre. We are used to an old fashioned theatre, we have one at home too. (*Laughter*)

Lord Chandos: And I hope to the very old fashioned man as well. (*Laughter*)

Weigel: An old fashioned woman there is also enough. (*Laughter*) Thank you very much indeed. (*Applause*)

> Mit großer Energie betrieb Helene Weigel im Winter 1970 die Vorbereitungen für eine Paris-Tournee zum 100. Jahrestag der Pariser Commune. Sie arbeitete für diese Tournee noch einmal die Rolle der Pelagea Wlassowa. Am 3. April 1971 trat Helene Weigel zum letzten Mal mit ihrem Theater als eine Verfechterin einer neuen Welt vor den Enkeln der Pariser Commune auf. Hier konnte sie mit ihrer schon zu Lebzeiten legendären Darstellung der Pelagea Wlassowa „Spuren im Leben der Zuschauer" hinterlassen. Am 6. Mai 1971 starb Helene Weigel in Berlin. Hören wir sie noch einmal in der Schlussszene der *Mutter* in einer Aufnahme aus ihrem letzten Lebensjahr.

(Ausschnitt aus der Schlussszene Die Mutter*)*

Pelagea Wlassowa: Wer noch lebt, sage nicht: niemals!
   Das Sichere ist nicht sicher
   So, wie es ist, bleibt es nicht.
   Wenn die Herrschenden gesprochen haben
   Werden die Beherrschten sprechen
   Wer wagt zu sagen: niemals!
   An wem liegt es, wenn die Unterdrückung bleibt? An uns.
   An wem liegt es, wenn sie zerbrochen wird. Ebenfalls an uns.
   Wer niedergeschlagen wird, der erhebe sich!
   Wer verloren ist, kämpfe!
   Wer seine Lage erkannt hat, wie soll der aufzuhalten sein?
   Denn die Besiegten von heute sind die Sieger von morgen
   Und aus niemals wird: heute noch!

Helene Weigel und Anna Seghers:
Zwei unkonventionelle konventionelle Frauen

Dieses Essay geht nicht von dem in der jüngeren Brecht-Forschung häufigen Dreiecksmodell aus (Brecht zwischen seiner Ehefrau und seinen "anderen Frauen"), sondern untersucht stattdessen Weigels Leben und Werk aus der Perspektive ihres Arbeitsverhältnisses zu ihrer lebenslangen politischen Gefährtin und Freundin, der Schriftstellerin Anna Seghers. Beide Frauen wurden im Jahr 1900 geboren und kamen aus jüdischen Familien der oberen Mittelschicht, machten in der Weimarer Republik erfolgreich Karriere, während sie gleichzeitig verheiratet waren, für einen Haushalt sorgten und zwei Kinder großzogen. Anschließend verbrachten sie 15 Jahre im politischen Exil und wurden nach dieser Zeit beide zu Witwen. Nach dem Krieg kehrten beide nach Deutschland zurück, wo sie als wichtige Personen des kulturellen Lebens zu erheblicher Bedeutung und zu Einfluß gelangten und als Künstlerinnen in ihrem jeweiligen Gebiet gefeiert wurden. Die Lebensgeschichten und Vermächtnisse dieser beiden Frauen strafen die Konventionen des deutschen bürgerlichen Dramas Lügen, nach dem Frauen, Mütter und Witwen zu vernachlässigen sind und selten über den dritten Akt hinaus überleben.

Helene Weigel and Anna Seghers:
Two Unconventional Conventional Women

Helen Fehervary

> I've learned a few things about people in the meantime, and I now play
> The Mother a bit softer but also more obstinately than I did [in 1932].
>
> *Helene Weigel, 1956*[1]

Married women, mothers, and widows are not particularly welcome subjects in the familial tradition of German drama and
the institutions of theatre that mediate it. Either they are ab-
sented altogether as in Lessing's dramatization of patriarchal tolerance
in *Nathan the Wise*, are figured by way of reference as is Gretchen's
mother in Goethe's dramatization of petty-bourgeois domestic tragedy
in *Faust I*, or appear vulgar and comical as in the same play Gretchen's
neighbor Frau Marthe. Quite often they make a brief and quite unre-
markable initial appearance, as in Schiller's *Intrigue and Love* or Hebbel's *Maria Magdalene*, only to succumb to an ailment related to hysteria in the second or third act, allowing the triangle of events involving
patriarch, idealistic or malevolent suitor, and heroine to proceed toward its lofty and tragic conclusion.

Brechtian theatre of course takes issue with this tradition of bourgeois drama, and in Brecht's own plays clever and assertive women,
many of them mothers, some of them widows, take center stage. The
woman who both inspired this aspect of Brechtian theatre and enabled
it to succeed was Helene Weigel, Brecht's own wife of thirty years,
mother of the theatre critic Stefan Brecht and the actress Barbara
Brecht-Schall, and grandmother of the currently successful theatre actress and director Johanna Brecht-Schall and costume designer Eugenie
Brecht-Schall.[2]

Helene Weigel was one of the great actresses of the twentieth century. The roles she interpreted in the twenties on the stages of Berlin's
major theatres received rave reviews. She gave legendary performances
in productions of Toller's *Hinkemann*, Büchner's *Woyzek*, Ibsen's
Pillars of Society, Pirandello's *The Life I gave You*, Hebbel's *Maria
Magdalene* and *Herodes and Mariamne*, Fleisser's *Purgatory in Ingolstadt*, and Sophocles's *Oedipus Rex*.[3] For three more decades she was
Brecht's own muse, inspired many of his most profound female charac-
terizations, and gave them their first or most enduring interpretations
onstage — among them the Widow Begbick, the Mother, Señora

Helene Weigel 100
Maarten van Dijk et al., eds., *The Brecht Yearbook / Das Brecht-Jahrbuch*
Volume 25 (Waterloo, Canada: The International Brecht Society, 2000)

Carrar, the Jewish Wife, Antigone, Mother Courage, Volumnia, and Natella Abashvili. Her portrayal of the rich Kulak's upwardly class-conscious wife in the 1954 Berliner Ensemble production of Erwin Strittmatter's *Katzgraben* is an exquisite example of epic acting bordering on, but never succumbing to parody. Her brief but stunning rendering of a concerned Nazi janitress who dutifully reports to the Gestapo a tenant harboring a concentration camp escapee in the 1944 Fred Zinnemann film version of Anna Seghers's novel *The Seventh Cross* is hardly outdone by the film's major players, Spencer Tracy, Hume Cronin, Jessica Tandy and Signe Hasso.[4] Her mute appearance of only a few seconds was incidentally Weigel's only film role in the seven years she spent in Hollywood. Except for occasional readings in Denmark and brief appearances in Paris in 1937 (as Señora Carrar) and 1938 (as two working-class women and The Jewish Wife in scenes from *Fear and Misery of the Third Reich*), she was absent from the professional stage during the fifteen years she spent in exile from 1933 to the end of 1947. Seen in this light, her extraordinary comeback after the war, notably as Antigone in Chur/Zurich and Mother Courage in Berlin, appears all the more remarkable.

Without the model of Weigel's acting, the model quality of Brecht's productions, and our own understanding of them, would be significantly lessened. Moreover, it was largely due to Weigel's work for twenty-two years as *Intendantin* or Director of the Berliner Ensemble, from 1949 till her death in 1971, that Brechtian theatre as we know it was able to establish itself in Germany after the war and thereupon achieve international renown. Not insignificantly, Brecht's postwar success in Germany was made possible by the 1948/49 Berlin production of *Mother Courage*, a play whose staging succeeds or fails on the talents of the lead actress. It was this same production with Weigel in the title role that took first place at the international theatre festival in Paris in 1954 and thus brought the BE its first international triumph.

Clearly Brecht was a man who relished more than his wife's legendary culinary skills and virtues as a wife and mother. After the deprivations suffered by Weigel as an actress during their fifteen years in exile, it was she who came into the limelight and was able to put her acting talents to full use. The theatre ensemble she and Brecht created together in 1949 was first known as the Helene-Weigel-Ensemble.[5] Weigel was not only the ensemble's leading actress, but took administrative responsibility for its operation; she was in charge as *Intendantin*, while Brecht had the position of artistic director. In anticipation of his death in 1956 Brecht bequeathed his estate and legacy to her.[6] If there were breaches in sexual fidelity on Brecht's part, as there were toward all "his women," his affection, admiration, and respect for Weigel, and his enduring trust in her, never came into question. Of this we have more than ample proof in his poetry, his plays, his theatre work, and the collected documents of his public and private life. Brecht was evidently a man who valued the very kind of unconventional conventional woman that Weigel was, a woman who combined extraordinary talent, political conviction, and a good amount of ambition with the compassion, endurance, and ingenuity that have often been associated with the world's oldest unpaid profession.

The same deference cannot be ascribed to all the younger directors, writers, and critics who hastened to follow in Brecht's artistic and intellectual footsteps. After his death Weigel was an aging actress who happened to be "the widow," and what is more, claimed authority in matters pertaining to the master Brecht. Indeed, Weigel had always run the Berliner Ensemble as a rather tight ship, and after Brecht's death she allowed a modicum of experimentation, ensuring that the work of epic theatre continue in the spirit of the *Modellbücher*. She had an equally firm grip on Brecht's literary estate, initiated the extraordinary work accomplished in the Brecht archives, oversaw the first editions of his collected works, and kept a tight rein on both German and foreign-language production rights. The so-called Brecht industry was in many respects her own brain-child, and after her death in 1971 its management passed to her children, most directly her daughter Barbara Brecht-Schall in Berlin.

The political-proletarian aspects of Brechtian theatre were increasingly challenged in the 1970s when literature and theatre in both Germanies grappled with more traditional familial issues and questions of the "new subjectivity." Whereas Brecht himself showed little interest in the Oedipal problematic that underlies the drama of the Storm and Stress and Expressionism, most of his successors in the theatre did — partly of course in an effort to come to terms with the legacy of the *Stückeschreiber* himself. Whereas under Weigel's direction the BE retained the small stage format of the Brechtian model within the architecturally quite traditional theatre space on the Schiffbauerdamm, at the Volksbühne on Rosa-Luxemburg-Platz Brecht's former directorial assistant Benno Besson experimented with new approaches to epic theater in the style of commedia dell'arte, colorful costuming, and provocative stage sets. Meanwhile the Schaubühne am Halleschen Ufer in West Berlin undertook a new interpretation of *The Mother* and staged its visually riveting acrobatic-epic production of Ibsen's *Peer Gynt* in the industrial exhibition space of the *Funkhalle*, heralding the delapidated factory-space and coliseum-ruin productions that were raised throughout Europe in subsequent years. Compared to the ever more post-industrial/post-modernist assaults on traditional theatre, which by the mid-seventies in many sectors also included assaults on Brecht, the understated formal-realistic acting style epitomized by Weigel became associated with the ideological consciousness and working-class politics of a previous era that faded from an ever younger collective memory.

And there was Shakespeare. Brecht himself preferred the dialectical delicacies of a play like *Measure for Measure* and had only passing interest in the monumental figures residing in the bard's tragic history plays. Those of his successors who were most repelled by the crimes of Hitler and Stalin opted instead for adaptations and productions that fed on the decidedly more grim subject matter offered by *Richard III*, *Macbeth*, and *Hamlet*. And of course in *Hamlet*, "the widow" is blamed, at least in the eyes of the young prince, as being responsible for just about everything.

Small wonder that the theatre legacy of Brecht's own widow was so beleaguered and in many sectors forgotten. This was no less the case in Brecht scholarship than in the active production of theatre. When in the seventies and eighties Brecht criticism began to address the "women's issue" as it pertained not only to the plays but to Brecht's own life, interest in Brecht's female collaborators soared. There was no lack of conference panels and publications on the contributions of Hauptmann, Fleisser, Steffin, and Berlau, no lack of attention to the emotional suffering they and other women with whom Brecht had affairs experienced in their relations with him. But Weigel received only scant attention in such efforts to afford justice to the victims. She was by no means the "other woman," is not known to have attempted suicide or to have been institutionalized; nor to have fled in despair into the arms of "lesser" men only to return, or not be able to return, to the master; nor to have suffered from a terminal illness; nor to have succumbed to the depressions and fits of hysteria associated with alcoholism. Weigel was in this respect not very "theatrical," and although she was several times on the verge of leaving Brecht permanently, her preparations in this regard were private and not at all "dramatic." Her personal life with Brecht, neither eventfully tragic nor routinely oppressive in a melodramatic way, was the more or less conventional life of a mature and enlightened wife, mother, and finally, widow. Despite all, Weigel survived quite well. This may have been her greatest moment in the face of bourgeois drama and the institutions that mediate it, for married women and mothers, let alone widows, are not expected to survive beyond the third act.

Weigel's life and legacy might best be compared to that of her lifelong political ally and friend, the writer Anna Seghers. Like Weigel, Seghers was born in 1900; like Weigel, she came from an upper middle-class Jewish background (Weigel from Vienna, Seghers from Mainz); like Weigel, she moved to Berlin where she became successful in her own right in her twenties; like Weigel, she entered into a lifelong marital, working, and political partnership with a brilliant man for whom she also fulfilled the rather traditional obligations of a wife and mother (Seghers's husband of fifty-three years was the Hungarian philosopher and political exile László Radványi, the youngest member of the Budapest Sunday Circle around Georg Lukács, Béla Balázs, and Karl Mannheim); like Weigel, she bore two children at this time (her son Peter was born in 1926, her daughter Ruth in 1928, the same year she was awarded the prestigious Kleist Prize for literature); like Weigel, she was throughout her life a convinced socialist and active participant in the international working-class movement; like Weigel, she was forced into political exile in 1933; like Weigel, she lost a parent, in her case both parents, in the holocaust (Weigel's mother Leopoldine Weigl had already died in 1927, her father Siegfried Weigl was deported to Litzmannstadt in 1941; Seghers's father Isidor Reiling, owner of a renowned art and antiquities firm, lived in one of Mainz's *Judenhäuser* when he died in 1940; her mother Hedwig Fuld Reiling, a founding member of the Mainz branch of the Jewish Women's League, was deported to Piaski near Lublin in March 1942); like Weigel, Seghers returned to Germany after the war in order to "stamp out [...] the Barbarossa who had established himself in the Kyffhäuser, and with him the goblins that had settled in all possible brain cells," as she said in her farewell address as President of the Heine Club in Mexico;[7] like Weigel, she held one of the most important cultural posts in the GDR and over the years had enormous influence on younger generations (while Weigel was *Intendantin* of the BE from 1949 to 1971, Seghers was President of the Writers Union from 1952 to 1978); like Weigel, Seghers reached an advanced age; she died in 1983, twelve years after Weigel, at once an artist and cultural legend of international renown.

Their friendship, which also led to Seghers's acquaintance and later working relationship with Brecht, began in the early thirties with their involvement in left-wing cultural and educational projects such as the League of Proletarian-Revolutionary Writers and Artists and the Berlin Marxist Workers School, popularly known as the MASCH. Weigel taught acting classes at the MASCH; Seghers taught creative writing; Brecht, as is well-known, regularly attended MASCH lectures by Karl Korsch and others; and Seghers's husband László Radványi, alias Johann-Lorenz Schmidt, was Director of the Berlin MASCH, a venture so successful that it inspired similar schools throughout Germany as well as in Amsterdam, Zurich, and Vienna.[8] Seghers and her husband are mentioned in the uncertainty of Brecht's first letters in exile as he searched for a place of residence for himself and his family. "I'd like to know how it is on Lake Zurich," he wrote in the spring of 1933 from Lugano, Switzerland to Weigel in Vienna, where she and the children were staying with her family. "Döblin and Seghers are there and besides it's a German city. Still, I think Lugano is cheaper than a few days in Zurich with a family and no flat, and later on we'd be able to take a trip there with this as a base. [...] Seghers would like to have you in Zurich. If only they at least would come here. Schmidt is no Marx, but even so..."[9]

Seghers, in every respect Brecht's intellectual peer, was a successful avantgarde writer who commanded Brecht's respect and admiration from the start and whom he never treated as a more or less advanced student or secretary, as was the case with his female collaborators/lovers from Elisabeth Hauptmann to Isot Kilian. Her prose oeuvre is comparable in aesthetic intent and significance to Brecht's largely dramatic and lyrical work, in many ways complements it developmentally, at times anticipates it. The political stands she took as an antifascist writer in exile and later in the GDR coincide almost exactly with those of Brecht. As John Willett observed in regard to their common project of writing in the interest of the working class within the larger framework of international socialism: "If there was a sister around, it was Anna Seghers."[10] Seghers and Brecht cooperated in a variety of ways both in exile and in the GDR. Their best-known collaboration was the 1952 theatre adaptation of her 1937 radio play *The Trial of Jeanne d'Arc in Rouen, 1431,* which she had written in the spirit of a "counter trial" at the time of the political show trials in Germany and in Moscow. The adaptation for the Berliner Ensemble was premiered on November 23, 1952 during the very week of the Slansky show trial in Prague and at the height of international protests against the death sentence pronounced at the end of the trial of Ethel and Julius Rosenberg in the United States.[11]

Seghers wrote two essays on Brechtian theatre, the first in the thirties, the second in the early fifties. Both essays focus less on the play or production per say than on the model quality of Weigel's acting. "Helene Weigel Onstage in Paris" is an enthusiastic review of Weigel's performance in the Paris production of *The Rifles of Señora Carrar.* Seghers herself was partly responsible for the October 1937 production by the German-language cabaret "Die Laterne" run by her close friend Steffi Spira and her husband Günther Ruschin, for which Weigel was brought in to play the lead. Although we lack documented evidence, since Seghers's correspondence from this time was mostly destroyed or lost, we can assume that she and Weigel remained in contact throughout their years in exile. According to a letter from Brecht to Walter Benjamin in the spring of 1937, Weigel was planning to stay (and perhaps did in fact stay) with Seghers in the Paris suburb Bellevue during her two-month sojourn in Paris that fall.[12]

Seghers's essay compares Weigel to another Viennese-Jewish actress in exile. Famous for her piquant roles, Elisabeth Bergner had reached the height of her career as the lead in Max Reinhardt's Berlin production of *St. Joan* in 1924. That the luminary George Bernard Shaw had been enamored of her ever since helped the exiled Bergner in no small way to make a successful career in England, where the shift from her native German to English, and from stage to screen, made her rely all the more on her already atmospheric acting style. Meanwhile Weigel, who had last appeared before packed houses in the politically daring 1932 production of *The Mother*, was out of work as a professional actress and political fugitive, and almost entirely reliant on the exiled community which was itself struggling to survive. With this in mind Seghers contrasted to Bergner's ever more amorphous roles the precision and integrity of Weigel's acting, describing it as "a singularly sharp, incorruptible contour that has nothing of the blurred, indistinct contours of bad photographs touched up with paint, whereby they resemble even more those spiritist photos with which one makes magic."[13] Referring to the antifascist struggle in the Spanish Civil War, Seghers called attention to the political potential that resonated in Weigel's famous voice, "a voice that could have the same value as editions of newspapers or reams of political pamphlets or several railroad carloads of munitions. For this voice can arouse the apathetic and rattle the enemy and strengthen our own. People here talk about her voice because they've heard it once again after so long. There are many of them — but not enough to let us waste this valuable property rather than looking after it."[14]

That Seghers focused the title and content of her review on Weigel's talents as an actress suggests her particular efforts on behalf of a woman friend, like herself a thirty-seven year old disenfranchised Jewish artist in exile who as a fugitive also managed a household with a husband and two school-age children. Indeed between the lines of her political plea that one not "waste" but "look after" this "valuable property" one can detect a more personal plea. As Brecht scholarship has shown, Weigel was undergoing not only the political and professional hardships of exile at this time, but was seriously considering divorce because of the two women, Margarete Steffin and Ruth Berlau, Brecht had brought into the intimate sphere of his personal and working life. After a two-month stay in Paris till the end of October Weigel traveled on to Vienna and Prague, threatening not to return to Denmark until Christmas. Meanwhile Brecht, who had briefly attended the rehearsals of the *Señora Carrar* production in Paris, remained more or less alone in Svendborg with their two children who were attending school, and in the company of Margarete Steffin. (Ruth Berlau was in Spain at the time.) As Werner Hecht has noted, Brecht used a variety of means to lure Weigel back to Svendborg, among them the "small gift" of his poem "The Actress in Exile" which he sent to her and also published in the *Pariser Tageszeitung* on November 14. Surely not only for this reason Weigel returned to Svendborg earlier than threatened, on November 17.[15]

Seghers's postwar essay, "Weigel's Speech," focuses once again on the power of Weigel's voice, no longer as a vehicle of agitation on behalf of the Spanish Republic, but now as a renewal of the German language after the devastations wrought by fascism, and on behalf of women and peace:

> As *Mother Courage* she pulls her cart across the desolate plain. She is not only acting; she is completely alone. The audience is gripped by the horror of war, as if experiencing it for the first time. As Vlassova ("The Mother") she at first appears unknowing and faint-hearted, and many women listen to her and understand full well what she is afraid of. [...] And when her son dies we hear the poem about the "Third Way," as if all mothers had spoken it to comfort her, and not this one mother, Weigel, for all other mothers. [104–5]

The essay ends with a tribute to Weigel as director of the BE: "Now she heads the troupe 'Berliner Ensemble.' She is loved the way one loves a person who is able to recognize and develop one's best talents. Whenever this troupe now plays, its spoken German is at once a source and an echo. Every one of the players makes his mark on the audience, and in so doing they forge a solid unit."[16]

Seghers's second essay on Weigel was written following the 1951 BE production of *The Mother*, that is to say, at the very time Weigel was once again considering divorce, now because of Brecht's affair with the twenty-five year old BE actress Käthe Reichel. It was in fact Weigel who first made Brecht aware of Reichel's talents when she saw her in 1951 in the Rostock production of *Herr Puntila and his Man Matti*, whereupon Brecht brought her to Berlin and cast her as the servant girl in scene 13 of *The Mother*. In that scene Reichel played directly opposite Weigel, just as Margarete Steffin had played the same part opposite Weigel twenty years earlier.[17]

The BE production of *The Rifles of Señora Carrar*, with Weigel in the lead, was premiered in November of 1952. The one-act play was regularly performed together with the BE theatre adaptation of Seghers's 1937 radio play *The Trial of Jeanne d'Arc in Rouen, 1431*, for which Brecht had cast Käthe Reichel in the title role. As is well known, the tension between Weigel and Brecht was so acute that autumn that rehearsals became explosive.[18] A reminiscence by the writer Erwin Strittmatter recalls one of those autumn afternoons in Weigel's and Brecht's house in Berlin-Weissensee where a conversation with Seghers, who was visiting, revolved around the productions of *The Rifles of Señora Carrar* and *The Trial of Jeanne d'Arc in Rouen, 1431*. After joining the conversation, Strittmatter proceeded to tell stories while cracking nuts open with a knife, an art Brecht tried unsuccessfully to imitate. Thereupon, according to Strittmatter, Seghers turned to Brecht and quipped: "Now you can see what you're asking of Helli onstage. Not only does she have to mend fishnets, while she's doing it she's even got to babble your lines."[19] Following Seghers's departure, and surely aware of her grasp of matters personal as well as political and artistic, Brecht is said by Strittmatter to have observed: "With Anna you have to know that when you think she's talking to you she's knitting away at the novel she's got tucked away, and way in back in that place where nobody thinks anything's going on, she's working out something theoretical, that's Anna."[20]

Thanks to the records of the FBI whose agents in the forties kept careful tabs on antifascist writers exiled in Mexico and California, we are aware of Seghers's and Brecht's correspondence during this time, if not Seghers's and Weigel's.[21] We do know, however, that on October 23, 1947, having returned to Germany six months earlier, Seghers wrote a letter to Weigel thanking her for a food parcel she had sent from the States, and complained of how intellectually isolated she felt in Berlin. "The longer I'm here," she wrote, "the more often I've wished that you [i.e. Weigel and Brecht, H.F.] were both here. [...] It is very difficult to find people with whom one can — not only work, I'm not even talking about that — but with whom one can speak normally about work."[22] One week later, the day after his hearing in Washington before the House Committee on Un-American Activities, Brecht flew to Paris and extended his stay for several days so as to be able to meet with Seghers, who was arriving from Berlin, and to consult with her about the political situation in Germany (just as he was eager to talk with her in Zurich when he first went into exile in 1933). Following their meeting, Brecht sent Seghers's Paris address to Weigel, who was still in the States. At the same time he wrote to Ruth Berlau in New York that Seghers, who herself shuttled between Berlin and Paris, recommended that "definitely, one must have a place to live outside Germany," and that it was important to "build up a strong group. It's impossible to exist there alone or practically alone."[23]

That Seghers, Brecht, and Weigel also maintained "a strong group" in the GDR is suggested by evidence of their mutually supportive friendship and working relationship over the years.[24] Indeed in 1950, while waiting for a vacant apartment in Berlin-Adlershof for herself and her husband, who was still in Mexico, Seghers lived for almost half a year with Brecht and Weigel in Berlin-Weissensee.[25] Whereas Brecht's journals and other sources give us insight into his and Seghers's political solidarity and working relationship, the available evidence of Seghers's and Weigel's correspondence in the GDR is mostly of a private nature. It includes notes accompanying gifts regularly exchanged on birthdays and at Christmas, letters of congratulation, as on Weigel's receipt of the National Prize in 1953, her success on international tours with the Berliner Ensemble, etc. Their more meaningful exchanges certainly occurred in person, given that letters written even by these staunch supporters of East German socialism, if not some of the state's policies, were penned with an eye to the censors. This, however, did not prevent Seghers from alluding in a letter of January 15, 1970 to

Stasi activities on the part of the Stalinist die-hard Fritz Erpenbeck. Known as neither intellectually sophisticated nor subtle, the theatre practitioner and functionary Erbenbeck had evidently approached Weigel in the effort to have her pass on to him any suspicious information about Seghers. It appears that Weigel quickly alerted Seghers, since Seghers's letter refers to the contact with no little sarcasm and wit:

> Have I already thanked you for the Guerlain [perfume] you sent in 1969? You're welcome to sniff around my person just about any day. A commission might be sent to Erpenbeck of the firm, and I can be portrayed as chief witness. But don't tell him that, otherwise he'll make sure of it.[26]

The communication between Weigel and Seghers following Brecht's unexpected death in the night of August 14, 1956 is noteworthy. The next morning Weigel sent a telegram to Seghers in Berlin-Adlershof: "Bert died yesterday Helli."[27] Seghers was in Prague at the time and apparently learned the news only later. On August 19 she sent a hand-written note to Weigel:

> Dear Helli, last night I got hold of a German newspaper. — I can't understand it and I can't write you about it either. This is a deep gash right across our language, through all our work. I think of everything I still would have wanted to ask him, all the things, too, that I still would have wanted to tell him. Dear Helli, tell me, whatever it is, that can help you, so that I can do it for you. I imagine that many are writing to you[,] love you and know what to do. Don't forget that Netty will be there for you. I embrace you[,] Netty.[28]

On the occasion of Seghers's sixtieth birthday on November 19, 1960 Weigel wrote, having already turned sixty on May 12 of the same year:

> Dearest Anna! We did agree that turning sixty is no achievement; but I wouldn't want to do without our having loved each other for 30 years, and maintaining a friendship that is long and good deserves merit. It requires talent, friendliness and wisdom. And the best "Anna" in the world has all this. Your faithful ever loving Helli.[29]

Even as trivial a topic as that of hairpins — despite changing fashions over the decades both women wore their long hair pulled back in a bun — reveals the bond of affection that persisted until Weigel's death in 1971. Plagued by her own illnesses, Seghers wrote in a long letter to Weigel on September 10, 1969:

> Of all your good qualities that I've counted up, I now think that the best and most splendid quality about you is the one that moved you to send me the hairpins. I imagine that without the kind of loyal, watchful, gentle memory that is yours one can hardly portray a human being [onstage,

H.F.]. For it was surely several years and a day since I told you I was looking for these very hairpins. Isn't it true, in these last two years I've been
sick and exhausted and didn't ever stop by and visit you at home. Are you
still at home in bed at noon? Forced to receive visitors in your nightshirt?
I'll be in Berlin again at the beginning of October and will inquire. In the
meantime I embrace you, Your (Anna) Netty.[30]

Weigel's last letter is dated November 19, 1970, Seghers's seventieth
birthday:

Beloved Netti! I don't want to let the opportunity go by of wishing happi-
ness to you and to us. Since I'm doing a guest performance in Wuppertal
[West Germany], I can't "poissenally" ["bersehnlich"] present you with
twenty pounds of BB. Beloved Netti, let it be for a good many more, Your
[Helli].[31]

During the years they exchanged their personal notes and letters
Seghers and Weigel were two of the GDR's most distinguished and
internationally renowned artists in their respective fields — Weigel as
an actress, Seghers as a writer. At the same time they were two of the
most powerful and highly visible public figures within the institutional
framework of GDR culture — Seghers as President of the Writers Union, Weigel as *Intendantin* of the Berliner Ensemble. As women, their
position and influence within the arts, whether in East or West Germany, was unparalleled. Notwithstanding obvious cultural and institutional differences, the public stature they attained as women is comparable in the West to that of a Simone de Beauvoir or Hannah Arendt,
albeit Seghers and Weigel were also popular public figures in a society
where concepts of popular and high culture were not dichotomized as
in the West. As regards the notion of the modern intellectual as ideo-
logue, or even mandarin, the comparison with de Beauvoir and Arendt
is especially relevant for Seghers who as a writer was more inclined to
theoretical abstraction and unlike Weigel had the benefit of a formal
education, having studied art history, philosophy, and sinology at the
University of Heidelberg where she earned her doctorate in 1924 with
a dissertation on "Jews and Judaism in the Works of Rembrandt."[32]

Within the current mainstream of political discourse, attacks on the
history and legacy of the GDR often rely on pejorative allusions to East
Germany as the Federal Republic's not only economically much poorer
sibling, but also as being inherently "lesser" and "weaker," and not
only by implication, by its very nature somehow more "female." Notwithstanding the malicious intent behind such formulations, the perception of the "female" or "feminine" aspect is in fact borne out by
statistics which show that women on the whole fared much better in
any number of ways in the GDR than in the FRG. That is to say, the
strength of women characterized by Seghers, Brecht and other writers,
and portrayed by Weigel and many more actresses in theatre and film,

to a large extent coincided with and in the course of time further influenced the ideology and reality within the social fabric itself.

Both quantitatively and qualitatively, the achievements of GDR women in the cultural sphere are legend. The state encouraged women to work, and artists, writers, and theatre practitioners, who as a rule were salaried employees with health benefits and the like, were among the millions of women who entered the labor force in greater numbers than ever before. That there was a strong matriarchal, one can even say matrilineal, aspect in the arts is not only indicated by the power and influence represented by Seghers and Weigel and by the many younger women they mentored in their respective spheres. They were also succeeded at the highest level by equally exceptional women — Weigel as *Intendantin* of the Berliner Ensemble by the theatre director Ruth Berghaus, who collaborated with the GDR's leading playwright Heiner Müller and later became renowned for her innovative opera productions both in the GDR and abroad; Seghers as the leading prose writer by Christa Wolf, whose novels of the sixties and seventies represented a new era of postwar German prose and were largely responsible for putting the younger generation of GDR authors on the international map. Seghers in fact did much to promote a wide spectrum of younger women writers and was especially close to and supportive of Wolf whom she wanted as her successor as President of the Writers Union, a position Seghers had held for twenty-five years when she resigned in 1978.[33]

The status attained by Weigel and Seghers of course had its drawbacks as well as its advantages. On the one hand they had weathered the political storms of the late forties and early fifties, a time in which the avantgarde modernism of Brechtian theatre and Seghers's prose represented the two salient attempts at reviving notions of avantgarde art and politics within postwar German culture. In the fifties only Brecht (together with Weigel) and Seghers, the GDR's leading writers of international renown, had been able to exert the political leverage that allowed avantgarde projects to develop to the extent they did during that time. But after 1956 Brecht was dead. As the playwright Heiner Müller often noted in his own lifetime, in August of 1956 Brecht had "died in time." That is to say, he did not live to see, or have to address in his life and work, the suppression of the Hungarian Revolution of 1956 and subsequent developments in Soviet-style socialism, e.g., the erection of the Berlin Wall in 1961 or the Warsaw Pact invasion of Czechoslovakia in 1968 which thwarted the last hopes in Eastern Europe for communist reforms in the spirit of the "Prague Spring."

In terms of political, ideological, and to some extent even symbolic power, as tentative as it had been in his own lifetime, the place left vacant by the innovator Brecht was henceforth seen as being occupied — for what to some appeared as an interminable period — by two

aging women. Clearly Weigel and Seghers had not "died in time."
Instead they survived the GDR state's subsequent efforts to adapt the
arts to the needs of its "really existing socialism," with the result that
they were forced to compromise some of their initial positions while
struggling to salvage what they could. Thus as political intellectuals
responsible for their already fragile cultural spheres, they more often
than not refrained from articulating publicly their more radical views,
and as creative artists found themselves again and again in the contradictory position of on the one hand criticizing, on the other hand le-
gitimizing the state.[34]

Their respective situations were further complicated by their advo-
cacy and support of avantgarde writers of a younger generation who
lacked the greater, if always tentative, political security and privileges
enjoyed by Seghers and Weigel, and in times of political crisis and
ensuing personal troubles were largely reliant on their theoretical as
well as practical advice and help. As is well known, in the sixties numerous artists and writers, among them notably Christa Wolf, had to
endure severe rebuke, censure, and outright humiliation at the hands of
petty self-righteous and sometimes sadistically inclined Party leaders in
the cultural sphere, most of them frustrated and artistically quite me-
diocre theatre practitioners and writers who had long ago given up any
radical ideals in favor of the "administration" of the arts. That Seghers
and Weigel were maternal woman in their sixties — who when
pressed, could assume a mask of ladylike charm — did not always sit
well with young *Stürmer* and *Dränger* such as Wolf Biermann, Heiner
Müller, or Thomas Brasch who each in his own way was forced to seek
their protection after having run head-on into the concrete wall of the
more punitive male "establishment."

A case in point is that of the playwright Heiner Müller. Müller's
autobiography of 1992 discusses the SED's campaign against him in
the fall of 1961, leading to his censure and expulsion from the Writers
Union. When his cause appeared all but lost, the composer and Brecht
collaborator Hanns Eisler advised him:

"Take your hat and go to see Weigel. If you don't have a hat, there are a
few hanging outside, take one of them along." I didn't go to see Weigel.
Two days later Weigel called me up. This was the effort to save me. She
said Anna Seghers had spoken with her, also Siegfried Wagner, chief of
the cultural division, and she, Weigel, was now my angel. I had to write a
self-criticism, and she would help me do it, because she knew how these
things were done. I was given the tower room. "Brecht always sat there,
too," she said, and: "You'll not explain anything, and not excuse anything.
It's your fault, otherwise there's no point in it." So I wrote the self-criticism
in the tower room, and turned every half a page over to Weigel, who corrected it. And corrected, and wrote more. It took days. Once she invited
me out for cabbage rolls (1.80 Mark). In order to prop me up while we ate
she told me she once gave Brecht a mechanical donkey which when

cranked up would nod its head and say Yes. She even tried to install me at the Berliner Ensemble to remove me from the line of fire. But that was prevented by [Walter] Ulbricht's secretary Otto Gotsche who was also a member of the Academy [of the Arts]. I eventually presented my self-criticism in the Club of Cultural Workers before an assembled company of political dignitaries and writers. A great scene. There I stood at the top of the stairs and they all filed past rather shyly. The first one to shake my hand was Gustav von Wangenheim. He said: "So you haven't been arrested. I'm glad it's not true." [...] I stepped to the podium and delivered my self-criticism, which was later rejected as being insufficient, although Weigel had rehearsed it with me. Even in this case I was still high-flown enough to want to formulate everything well.[35]

Müller's acknowledgement of Seghers's activities on his behalf is also framed in personal terms: "After Siegfried Wagner's speech Anna Seghers stood up and came over to Inge and me; she offered both of us her hand and then left. That was her contribution."[36] Seghers was in fact a central figure in the effort to prevent Müller's demise, as indicated among other things by the tape recording of her clever and forcefully delivered speech in defense of Müller before a closed meeting of the Writers Union Drama Section on October 17, 1961,[37] and by Stasi reports of her activities on November 28, 1961, the day of Müller's expulsion from the Writers Union. On that day Seghers spoke out against the expulsion in the Party caucus and refused to make a public statement supporting the majority decision. As President of the Writers Union she also openly boycotted the plenary session where as predetermined, the vote for the expulsion was unanimous. A dutiful Stasi informer described her activities during that time:

During the plenary session Anna Seghers went to see Helene Weigel in order to talk to her about Müller. Weigel assured her that if Müller so wants, she will give him any and all the support she can and will take him into the Ensemble. Anna Seghers returned to the Writers Union while the plenary meeting was in session, had the Secretary, Comrade Schulz, called out of the meeting, and entreated him once again, as she already had done before the meeting, to prevent M.(üller)'s expulsion. She made a point of her compassion and her affection. Among other things she also said that this poor man Müller is sitting at home and writing a declaration and torturing himself, while things are proceeding so harshly against him. When told that M.(üller) was not even in Berlin, she became ponderous.[38]

The report concludes with the informant's pious suggestion that "leading writers like Anna Seghers" should "overcome" their attitudes instead of "keeping themselves apart, and in the case of Müller, even taking the wrong side."[39]

Within modern German literature Seghers's influence on Müller, whose plays often rely on the formal and thematic models she created in her prose, was second only to Brecht's.[40] As Müller noted in his autobiography, he "never considered leaving" the GDR because "the evidence of the superiority of the system was its better literature: Brecht, Seghers, Sholochov, Mayakovsky."[41] If the *Stückeschreiber* was in large part his *Übervater*, the novelist and storyteller Seghers was no less his *Übermutter*. "To use Brecht without criticizing him is betrayal," Müller said at the end of his speech before the International Brecht Congress at the University of Maryland in 1979.[42] The phrase reveals his filial perspective on a literary tradition he experienced as coming to an end ten years later with the fall of European Communism. His poem "Epitaph," written in 1990, has a mythical Seghers (who in fact died seven years earlier) embody the utopian goal if not the agency of that tradition, albeit here, too, not without the perpetually haunting irritant of "betrayal":

> ...Now you are dead, Anna Seghers
> Whatever that may mean
> Your place, where Penelope sleeps
> In the arm of relentless suitors
> But the dead girls hang on the line on Ithaca
> Blackened by sky, beaks in their eyes
> While Odysseus plows the surf
> At the bow of Atlantis.[43]

As is well-known, Müller experienced the end of the GDR and German unification as a defeat. In a gesture both cynical and elegiac he timed the premiere of his more than six-hour-long production of Shakespeare's *Hamlet*, including his own *Hamletmachine*, to coincide with the overwhelming electoral victory of Helmut Kohl's conservative CDU Party in March 1990. The symbolism of the political-theatrical convergence marked the official end of the left-wing socialist alternative within Germany which the GDR, *mutatis mutandis*, had incorporated since the war. The motif of familial gloom is foregrounded once again in Müller's last play *Germania III*, written in premonition of his own death which occurred on December 30, 1995. The play is a montage of quotations from Brecht plays and documents revolving around the ghosts of Hitler and Stalin and the events of Brecht's death in 1956. Foremost among the chorus of chattering "widows" dressed in tragic black and hovering around the famous steel coffin is of course Helene Weigel.

A less conflicted response to the maternal aspect is found in the testimonies of the playwright, poet, and filmmaker Thomas Brasch, one of the most talented writers of the generation that followed Müller's. The son of exiled Jewish Communists, Brasch was born in England in 1945 and soon moved to East Berlin where his father became a high-ranking functionary. In the sixties Brasch was expelled from both the University of Leipzig and the Institute for Film and Television in Babelsberg for his political activities, among them the distribution of leaflets protesting the Warsaw Pact invasion of Czechoslovakia in 1968. Sentenced to twenty-seven months in prison, he was released on probation in 1969 to work in a Berlin factory until 1971. On the intervention of Helene Weigel, who encouraged him as a playwright, he found employment in the Brecht Archive where he was commissioned to write a book on Brecht and film. His poem "Weigel's Bearing" was published in the weekly newspaper *Sonntag* soon after Weigel's death in May 1971:

> The back of the slave bows low
> under the hand of his master
> under the weight of a load.
> His face almost touches
> the earth, from where he came not,
> to where he goes not, which he
> tears open and understands not.
>
> The back of the master crooks hollow.
> His bony hand is raised stiff.
> His eyes turn toward heaven,
> from where he came not,
> to where he goes not,
> which he stares at and
> understands not.
>
> Thus she saw the backs bend.
> Saw them cringe, saw some
> on their knees,
> others twisting their necks toward the clouds.
> And stands erect and lets us understand
> the new meaning of this word:
> Walking upright.[44]

Only months after Weigel's death Brasch's contract at the Brecht Archive was terminated. Despite an extraordinary output of plays, poetry, and prose (his first prose collection entitled "The Sons Die Before the Fathers"), only a slim volume of poetry appeared in the GDR, and his plays were withdrawn from production either before or following their premiere. In December of 1976, after adding his name to the list of signatories protesting the expatriation of Wolf Biermann, he moved to West Berlin. Brasch hardly surrendered his radical politics in the West and in the 1980s published several manifestos against the military installation of Pershing and Cruise missiles carried out under the Reagan and Kohl regimes. It was in this larger context that he wrote his essay "She Left Scars Behind: A Tribute to One Who Stayed, from One Who Left" following Anna Seghers's death in East Berlin in June 1983. The essay revolves around his relationship to her as a writer, but its general tenor might apply just as well to Helene Weigel's legacy:

When she was 60 I was 15. Her books were required reading in school where our teachers explained to us that in our country the struggles she described had long been decided. [...] So I read her books the way one reads reports from a by-gone world whose heroes fight against monsters now extinct or die of illnesses for which cures have been found. [...] To be sure, I admired the formal beauty and austerity of her language and the artful style of her novels, but at the same time she became a living monument for a literature that didn't deal with my problems and thus left me cold. I saw her picture in the newspapers and read her speeches on behalf of peace.[...] I thought to myself, it's easy for her to talk now that she's reached her desired goal after being hunted, after the terrible years of exile, after the difficulties of beginning anew after the war; but I wasn't at the goal, only at the beginning of my own desires which she and the literature of her generation had awakened in me. [...] So I put her books aside and took up those of her contemporaries who seemed better suited to my situation, Joyce and Kafka. [...] Now I am 38 and she is dead. [...] She wrote about hope, and today I still don't know where she got it. In the face of this possibly next and final war I wish I could ask her about that. But I cannot do that anymore."[45]

NOTES

I am grateful to Erdmut Wizisla for permission to quote from the Weigel-Seghers correspondence in the Brecht and Weigel Archives, and to Seghers's daughter Ruth Radvanyi for permission to quote from correspondence in the Anna Seghers Archive in Berlin. I owe a special note of thanks to Jennifer William who made some last-minute inquiries on my behalf at the Brecht-Weigel Archives in July 1999.

[1] Quoted in Werner Hecht, *Brecht Chronik 1898–1956* (Frankfurt/Main: Suhrkamp Verlag, 1997), 945. My translation. Unless otherwise indicated, all translations from the German in this essay are my own.

[2] See James K. Lyon, "Interview mit Barbara Brecht-Schall (am 7. Mai 1996)," *The Brecht Yearbook*, 22 (1997): 60–61.

[3] See Hecht, *Brecht Chronik*, 181–260.

[4] See Alexander Stephan, *Anna Seghers, Das siebte Kreuz: Welt und Wirkung eines Romans* (Berlin: Aufbau Verlag, 1997), 208–55.

[5] See Hecht, *Brecht Chronik*, 866.

[6] See Hecht, *Brecht Chronik*, 1252.

[7] Anna Seghers, "Abschied vom Heinrich-Heine-Club" (1946), in A.S., *über Kunstwerk und Wirklichkeit*, vol. 1: *Die Tendenz in der reinen Kunst*, ed. Sigrid Bock (Berlin: Akademie-Verlag, 1970), 207.

[8] See Gabriele Gerhard-Sonnenberg, *Marxistische Arbeiterbildung in der Weimarer Zeit (MASCH)* (Cologne: Pahl-Rugenstein Verlag, 1976).

[9] Bertolt Brecht, *Letters 1913–1956*, ed. John Willett, trans. Ralph Manheim (London: Methuen, 1990), 133–34. Brecht's comment about Radványi/Schmidt evidently meant that "Schmidt is no Korsch," which indeed he was not.

[10] John Willett, *Brecht in Context* (London and New York: Methuen, 1984), 205.

[11] See Helen Fehervary, "Brecht, Seghers, and *The Trial of Jeanne d'Arc*, with a Previously Unpublished Letter of 1952 from Seghers to Brecht," *The Brecht Yearbook* 21 (1996): 21–47.

[12] See Brecht, Letters 1913–1956, 254.

[13] Seghers, "Helene Weigel spielt in Paris," in A.S., *Über Kunstwerk und Wirklichkeit*, vol. 2: *Erlebnis und Gestaltung*, ed. Sigrid Bock (Berlin: Akademie-Verlag, 1971), 52. The essay was first published in the April 1938 issue of the exile journal *Internationale Literatur*, 126–27.

[14] Seghers, "Helene Weigel spielt in Paris," 53.

[15] See Hecht, *Brecht Chronik*, 525–27.

[16] Seghers, "Die Sprache der Weigel," in A.S., *Über Kunstwerk und Wirklichkeit*, vol. 2, 105. First published in *Theaterarbeit: 6 Aufführungen des Berliner Ensembles* (Dresden, 1952), 333–34.

[17] See Hecht, *Brecht Chronik*, 317, 908, 937.

[18] See James K. Lyon, "Interview mit Barbara Brecht-Schall," 52.

[19] Erwin Strittmatter, "Anna und ich," *über Anna Seghers: Ein Almanach zu ihrem 75. Geburtstag*, ed. Kurt Batt (Berlin: Aufbau Verlag, 1975), 257.

[20] Strittmatter, "Anna und ich," 257.

[21] See Hecht, *Brecht Chronik*, 733–34, 750.

[22] Akademie der Künste-Berlin, Anna-Seghers-Archiv, Briefe, Signatur 1670.

[23] Brecht, *Letters 1913–1956*, 439–40. Brecht's impression of his meeting with Seghers in Paris is found in his journal entry of November 4, 1947, in Brecht, *Journals, 1934–1955*, ed. John Willett, trans. Hugh Rorrison (New York: Routledge, 1993), 373.

[24] It was Seghers who together with Aragon and Konstantin Fedin nominated Brecht for the Stalin Peace Prize in the spring of 1955. [See Werner Mittenzwei, *Das Leben des Bertolt Brecht oder der Umgang mit den Welträtseln*,

vol. 2 (Frankfurt/Main: Suhrkamp Verlag, 1987), 629.] Seghers had already received the Peace Prize, as well as the GDR *Nationalpreis*, in 1951. She was particularly active in the World Peace Council and a member of its executive board. On the particulars of Brecht's relationship to Seghers and her work, see Fehervary, "Brecht, Seghers, and *The Trial of Jeanne d'Arc.*"

[25] The room Seghers occupied in the house in Weissensee was even later referred to as her room. [Hecht, *Brecht Chronik*, 943.] Seghers's husband did not return until 1952 from Mexico where he held a professorial position in sociology at the National University; he also taught at the Workers University and was a member of its board of directors. For more biographical information, see *Anna Seghers: Eine Biographie in Bildern*, ed. Frank Wagner, Ursula Emmerich, Ruth Radvanyi (Berlin: Aufbau Verlag, 1994).

[26] Akademie der Künste–Berlin, Bertolt Brecht and Helene Weigel Archives, KO 2360.

[27] Brecht-Weigel Archives, HWA z576 Z20/284, 85–92.

[28] Brecht-Weigel Archives, 893/05–07. Née Netti Reiling, later known as Netty, Seghers adopted her pen name in the late twenties. After this only her closest friends referred to her as Netty.

[29] Brecht-Weigel Archives, KO 449.

[30] Brecht-Weigel Archives, KO 8001 +

[31] Brecht-Weigel Archives, KO 346.

[32] First published, with a foreword by Christa Wolf, in Netty Reiling (Anna Seghers), *Jude und Judentum im Werke Rembrandts* (Leipzig: Reclam Verlag, 1981).

[33] After participating in the protest against Biermann's expatriation at the end of 1976 Wolf was censured by the Party and no longer considered a candidate for the position. Some of Wolf's most beautifully crafted and compelling essays are devoted to Seghers. Eight of them, as well as interviews with Seghers, are found in Christa Wolf, *Die Dimension des Autors*, vol. 1 (Berlin and Weimar: Aufbau Verlag, 1986), 255–377.

[34] On this aspect in GDR literature and culture, see David Bathrick, *The Powers of Speech: The Politics of Culture in the GDR* (Lincoln and London: University of Nebraska Press, 1995).

[35] Heiner Müller, *Krieg ohne Schlacht: Leben in zwei Diktaturen* (Köln: Kiepenheuer & Witsch, 1994), 178–79.

[36] Müller, *Krieg ohne Schlacht*, 175.

[37] Akademie der Künste-Berlin, Anna-Seghers-Archiv, Signatur 15. Parts of Seghers's speech are quoted in Fehervary, "'Die gotische Linie': Altdeutsche Landschaften und Physiognomien bei Seghers und Müller," in Jost Hermand

and Helen Fehervary, *Mit den Toten reden: Fragen an Heiner Müller* (Cologne, Weimar, Vienna: Böhlau Verlag, 1999), 115–17.

[38] "Dokument 52," in Matthias Braun, *Drama um eine Komödie* (Berlin: Ch. Links Verlag, 1995), 162. The tone of Braun's book is generally pejorative, and no less misogynistic than the Stasi documents, where it describes Seghers's and Weigel's efforts on Müller's behalf.

[39] "Dokument 52," in Braun, *Drama um eine Komödie*, 163.

[40] See the extended discussion of Seghers's influence in Fehervary, "Landscapes of an 'Auftrag,'" *New German Critique: Special Issue on Heiner Müller*, ed. David Bathrick and Helen Fehervary 73 (Winter 1998): 115–32. German translation in Hermand and Fehervary, *Mit den Toten reden: Fragen an Heiner Müller*, 160–75.

[41] Müller, *Krieg ohne Schlacht*, 112.

[42] Müller, "To Use Brecht Without Criticizing Him Is To Betray Him," trans. Marc Silberman, *Theater* (Spring 1986), 172.

[43] Müller, "Epitaph," *Argonautenschiff: Jahrbuch der Anna-Seghers-Gesell-schaft*, 1 (Berlin: Aufbau Verlag, 1992): 6. The "dead girls" pertaining to the Odysseus/Penelope myth also refer here to Seghers's autobiographical narrative "The Excursion of the Dead Girls," which she wrote in response to her mother's deportation to Piaski near Lublin in 1942.

[44] Thomas Brasch, "Die Haltung der Weigel," *Arbeitsbuch Thomas Brasch*, ed. Margarete Hässel and Richard Weber (Frankfurt/Main: Suhrkamp Verlag, 1987), 73.

[45] Brasch, "Sie hat Narben hinterlassen," *Arbeitsbuch Thomas Brasch*, 237–39. On Brasch's early prose, see Fehervary, "Thomas Brasch: A Storyteller After Kafka," *New German Critique* 12 (Fall 1977): 125–32. For an excellent overview of his work, see Margrit Frölich, *Between Affluence and Rebellion: The Work of Thomas Brasch in the Interface between East and West* (New York: Peter Lang, 1996).

7   Helene Weigel with her friend and translator, Poumy Moreuil,
Paris, 1971
(See p. 116)

[Foto: Vera Tenschert]

A Discussion with Vera Tenschert about Helene Weigel

Vera Tenschert was a house photographer at the Berliner Ensemble from 1954 to 1989. In 1981 Henschel Verlag, Berlin (GDR), published her photographic study, *Weigel*. A fully revised version of this book, *Helene Weigel as Photographed by Vera Tenschert* was published in Berlin by Henschel Verlag in March 2000, together with a CD Rom containing rare films and interviews. Here Vera Tenschert discusses her start at the Berliner Ensemble: the process of taking up to 600 photographs during a live performance (in a sound-proof chamber inside the "royal" box); Weigel's reserve during rehearsals, and her careful preparation of roles; her fascinating girlish yet majestic gait (which seemed to sum up an essential aspect of her personality), and which Tenschert loved to photograph; Weigel's close relationship with her husband, Joachim Tenschert; her characteristic of combining domestic activities such as crocheting or cleaning wild mushroom with business discussions with "the boys"; her characteristic of knowing the whole company by name, even the cleaning staff, and the particulars of their families, which made her approachable at all time for advice; her lack of interest in television and movies; her ability to fit in with any company because of never putting on airs. Tenschert sums up her character by pointing out that she combined motherliness with a tough persistence and practicality.

Vera Tenschert im Gespräch über Helene Weigel

Judith Wilke

Vera Tenschert arbeitete von 1954 bis 1989 als Fotografin am Berliner Ensemble. 1981 erschien von ihr der Fotoband Die Weigel *im Henschel Verlag, Berlin/DDR. Unter dem Titel* Helene Weigel. In Fotografien von Vera Tenschert *wird dieser Band in einer völlig überarbeiteten Ausgabe und zusammen mit einer CD-Rom (mit seltenem Filmmaterial) und Interviews) im März 2000 im Henschel Verlag, Berlin, neu aufgelegt.*

Wilke: Ihre Ausbildung als Fotografin haben Sie im Lette-haus in Berlin gemacht, einer renommierten Foto-Fachschule. Unmittelbar nach dem Abschluss, Anfang 1954, kamen Sie — mit 18 Jahren — an die Fotoabteilung des Berliner Ensembles. Wie kam das Engagement zustande?

Tenschert: Ich hatte nach meiner Ausbildung die Absicht, in die Modefotografie zu gehen. Ich sollte eine Assistentenstelle kriegen in München, bei einer Fotografin für ein Jahr, und die war noch nicht frei. Eines Tages sah ich in der „BZ am Abend" eine riesige Annonce, dass das Berliner Ensemble eine Laborantin bzw. Theaterfotografin mit Laborarbeit sucht. Und da ich kurz vorher im Theater war und die *Courage* gesehen hatte und die mich sehr beeindruckt hat, dachte ich: Das wäre doch etwas, da bewirbst du dich für das halbe Jahr. Ich bin also hingegangen — das Berliner Ensemble war damals ja noch in der „Möwe" in der ehemaligen Luisenstraße — und habe mich bei Percy Paukschta, dem Fotografen, der schon da war, vorgestellt. Nach einem kurzen Gespräch mit ihm und Peter Palitzsch, dem damaligen Chefdramaturgen, war ich ab dem 1. Februar engagiert.

Wilke: Was waren Ihre Aufgaben?

Tenschert: Das war überhaupt noch nicht klar. Ich dachte, ich mache das sowieso nur für ein halbes Jahr, um Geld zu verdienen.

Wilke: Welche Situation fanden Sie in der Fotoabteilung vor?

Tenschert: Das Labor war im Grunde so primitiv, dass man denken konnte, ein Amateurlabor sei besser ausgestattet. Percy Paukschta war ein älterer Kollege, mit dem ich bis zu seinem Tode 1989 zusammengearbeitet habe. Wir haben uns sehr gut verstanden, wir waren auch sehr verschieden. Er war sehr korrekt, hatte aber keine große Lust, spontan zu fotografieren. Er machte vor allem Modellbücher, führte Bücher und Listen, was ideal war: Alles das, was ich nicht hatte, hatte er, und umgekehrt. Er machte damals auch keine künstlerischen Sachen, weil die Leiterin der Fotoabteilung eigentlich Ruth Berlau war, die aber zu der Zeit immer nur sporadisch da war.

Wilke: Haben Sie mit Ruth Berlau zu tun gehabt?

Tenschert: Ja, oft. Wenn sie da war, war es manchmal — je nach ihrem Gemütszustand — sehr anstrengend, aber sie mochte mich.

Wilke: Haben Sie mit ihr auch über Fotos und über Ihre Arbeit gesprochen?

Tenschert: Eigentlich kaum. Das ergab sich eher dadurch, dass ich frisch von der Schule kam, und in diesem Theater wurde zum Beispiel mit Kleinbild gearbeitet, was beim Lette-haus verpönt war. 6 x 6 war schon was ganz Schlimmes, wir fingen nämlich mit 13 x 18, 18 x 24 Glasplatten an, mit großer Plattenkamera, wo man Retusche und alles lernte, mit Kontakter. Ich möchte das heute nicht missen, es war eine große Erfahrung, war aber natürlich im täglichen Leben und auf Proben nicht machbar, weil die Objektive viel lichtschwächer waren usw. Es wurde also mit Kleinbild gearbeitet. Und weil die Berlau schon aus der Emigration eine Leica hatte, mit der ja die ersten Modellbücher — *Galilei* mit Charles Laughton und dann *Antigone* — entstanden waren, galt die Leica in diesem Theater als *die* Kamera. Wir besaßen zwei, womit die Modellbücher, immer abwechselnd im Team, fotografiert wurden. Brecht wollte *immer*, dass eine Inszenierung Bild für Bild festgehalten wurde. Von einem fixierten Standpunkt aus haben wir also den Ablauf fotografiert, meist aus der Regierungsloge bzw. einem zentralen Punkt des Theaters, so dass man die gesamte Bühne übersehen konnte. In der Regierungsloge hatten wir einen kleinen Kasten, der gepolstert war, weil die beiden Kameras sehr laut waren, und das Publikum sonst aufgrund der Akustik bei jedem Klicken zusammenzuckte. Um das zu vermeiden, wurde dieser gepolsterte Kasten jedes Mal vorher aufgebaut. Da drinnen war eine Wahnsinnshitze, es gab einen Seeschlitz wie eine Schießscharte.

Wilke: Sind die Modellbücher also immer während der Aufführung fotografiert worden?

Tenschert: Ja. Es gab in diesem Haus keine gestellten Aufnahmen, nie. Sobald die Aufführung nach 10 oder 15, manchmal auch 20 Vorstellungen so weit war, dass der Regisseur, damals meist Brecht, sagte: das ist es, wurde sie praktisch fest gehalten. Das waren durchschnittlich 350 bis 400 Aufnahmen, bei großen Stücken 500 bis 600. Während der Aufführung war dann alles komplett, was zur Generalprobe meist nicht der Fall war.

Wilke: Ihre ersten Aufnahmen haben Sie während der Proben zum *Kreidekreis* gemacht. Wie lief das ab?

Tenschert: Wir machten Probenarrangements, die sich der Brecht manchmal vor der Probe zeigen ließ. Das war für mich sehr aufregend. Meine erste Begegnung mit Brecht fand eines morgens im Theater statt, als es hieß, Brecht möchte die Probenfotos vom Vortag sehen. Es waren Aufnahmen aus der Hochzeitsszene, in der irrsinnig viele Leute drin waren. Ihm war da irgendwas unklar, er wollte das jedenfalls sehen. Ich habe mich wahnsinnig erschreckt, weil die Fotos alle noch im Wasser schwammen. Man hatte ja einen gewissen Respekt vor der Person. Ich habe die Fotos also abgequetscht mit einer Trockenquetsche und bin todesmutig hin und habe mich entschuldigt. Er sagte, das mache doch gar nichts, ließ sich die Fotos zeigen und war begeistert, weil ich das, frisch von der Schule kommend, nach meinem System entwickelt hatte, mit grobem Korn. Das fand er phantastisch. In fünf Minuten war ich in ein richtiges Arbeitsgespräch verwickelt: „Hier, dieses Foto raus, das möchte ich behalten, und hier, gucken Sie mal, der Schauspieler schläft, und das da, so will ich das Arrangement haben" usw. Er hat die Fotos als Arbeitsmaterial benutzt, um dann mit den Schauspielern zu sprechen. Das war seine Kontrolle. Wenn die Szene etwas nicht hergab, konnten sie das auch nicht fotografieren, dann musste weiter gearbeitet werden. Denn die Fotografie lügt nicht.

Wilke: Wie entstand das Porträt der Weigel als Natella Abaschwili, wenn Sie normalerweise immer aus der Loge fotografierten?

Tenschert: Während der *Kreidekreis*-Proben bat Brecht mich über eine Assistentin, für die mit ihm befreundete Fotografin Gerda Goedhart ein Teleobjektiv zu kaufen, für ihre Leica, er bezahle das. Die beiden kannten sich aus der Emigration, sie lebte in Holland, und aus irgendwelchen Gründen kam sie nach Berlin. Ich fuhr also nach Westberlin zum Ku'damm und kaufte dieses Teleobjektiv. Meine Neugier war natürlich schrecklich groß, weil so ein Teleobjektiv für die Leica mein Traum gewesen wäre. Und natürlich habe ich dieses Objektiv erst einmal ausprobiert; ich musste es ihr ja auch erklären, weil sie von Technik nun eigentlich gar keine Ahnung hatte. Das war bei der ersten Masken- und Kostümprobe im Durchlauf von *Kreidekreis*, und so entstand das Porträt der Weigel in der Maske der Natella Abaschwili. Die Weigel hat mich in dieser Rolle so fasziniert — ihr Gang, dann dieses Kostüm und diese Maske, und schließlich ihre Haltung —, dass ich todesmutig mit diesem mir nicht gehörenden Teleobjektiv von der Loge aus diese Aufnahmen gemacht habe.

Wilke: In Ihrem Buch schreiben Sie, Sie hätten auf diesen Proben die

8   Als Gouverneursfrau Natella Abaschwili in *Der Kaukasische Kreidekreis*, Berliner Ensemble 1955

[Foto: Vera Tenschert]

„Kunst der Beobachtung" gelernt. Können Sie das erläutern?

Tenschert: Auf der Probe und durch die Gespräche zwischen Regie und Schauspieler hat man sehr viel darüber gelernt, wie eine Szene in Gang kommt. Von daher wusste man später, als man eigenständig fotografiert hat, um die sogenannten dramaturgischen Punkte. Im Grunde musste man fünf, sechs Fotos haben, die die Punkte der Inszenierung rausbringen mussten. Und das war Ihnen überlassen. Da musste man schon ein bisschen mitdenken. Brecht war ein Regisseur, der nicht immer alles von unten laut sagte. Er ging dann los, rauf, und sprach leise mit den Schauspielern, oder er schrieb ihnen nachher Briefe. Das Berliner Ensemble war ja, wie es im Jargon hieß, ein Postamt-Theater.

Wilke: Hat er auch der Weigel nach der Probe Briefe geschrieben?

Tenschert: Ja, sicher, die kriegte jeder. Die Weigel hat das nachher auch immer gemacht. Wenn morgens schon so ein Brief da war, dachte ich: „Um Himmels Willen, was ist denn jetzt schon wieder passiert?"

Wilke: Im *Kreidekreis* spielte die Weigel ja die Rolle Mütterchen Grusinien, und dann kam kurzfristig noch die Abaschwili dazu, weil Käthe Reichel ausfiel. Ich möchte Ihnen eine Beschreibung von Hans Bunge vorlesen darüber, wie sie sich diese Rolle angeeignet hat: „Die ganze Inszenierung stand auf sehr viel Bewegung. Abaschwili beherrschte die Szene durch Gänge, mit der Peitsche schlug sie um sich. Und die Weigel übernahm die Rolle und drehte sie total um, und das geschah in einer Weise, die war faszinierend. Sie machte genau das Gegenteil, zeigte die Gouverneursfrau scheußlich wie die Reichel sie gezeigt hatte, aber machte fast alles aus dem Stand, also sehr hoheitsmäßig. (...) Sie hatte eine Dienerin, die ihr auf dem Fuß folgen musste, eine Kleindarstellerin war das, die sich dann auf der Mitte hinkniete als Sitzbank, und Weigel setzte sich auf ihren Rücken und beherrschte die Szene sitzend von hinten aus. Mit einer Eisigkeit, die unter die Haut ging... "

Tenschert: So war es.

Wilke: „... Und auch nicht wie die Reichel ging sie zu der Dienerin hin, um sie zu schlagen, sondern zitierte sie mit ihrer Peitsche zu sich, dann musste die vor ihr hinknien und kriegte ihre Dresche. Ausgerechnet diese Dienerin war ihre Tochter Barbara. Das war sehr lustig und wurde von allen mit großem Vergnügen registriert. Barbara sagt, sie habe diese Sitzbank erfunden, was möglich ist." Wie haben Sie die Weigel auf der Probe erlebt?

Tenschert: Ich glaube, sie war sehr zurückhaltend auf der Probe. Sie war nie eine Schauspielerin, die ihre eigene Person in den Vordergrund gespielt hat, was sie sich aufgrund ihrer Situation hätte leisten können. Sondern sie war eine *ganz* disziplinierte Arbeiterin, die auf der Bühne deutlich gemacht hat: Hier bin ich Schauspielerin. Sie hat schon bestimmte Sachen mitgebracht, die sie sich ausgedacht hatte, wie jeder Schauspieler, wenn er eine Rolle übernimmt, und dann wird gearbeitet. Ich glaube, dass die Weigel sich diese Figur der Abaschwili schon so ausgedacht hatte. Diese Abscheulichkeit, diese Boshaftigkeit dieser Frau, kam mit so wenigen Mitteln aus, eben mit dieser Peitsche, die sie ja nur in der Hand hält, und dieser großen Haltung.

Wilke: Hatte sie diese Figur wirklich schon von Anfang an gefunden?

Tenschert: Vielleicht, das ist jetzt eine Spekulation, dass sie sich irgendwann mal eine Probe angeguckt hat, oder aber sie hat gelesen und hatte sofort eine Vorstellung von dieser Figur. Da das so schnell gehen musste, hat sie sich sicherlich klar gesagt: So spiele ich das, und dann wurden Kleinigkeiten verändert. Aber die Sache mit der niederknienden Dienerin kriegte wirklich eine solche Brutalität, die sie so selbstverständlich spielte, als säße sie immer auf diesen niederen Leuten. Gleichzeitig hatte sie einen so hoheitsmäßigen Gang, der mich immer wieder fasziniert hat. Den hatte sie später im Übrigen auch in *Coriolan*, aber auch privat. Sie sehen, dass ich viele Fotos von ihr von hinten gemacht habe, zum Beispiel wie sie in Buckow über diesen Steg geht. Das war sehr mädchenhaft und doch sehr stark, das ist ganz schwer zu beschreiben. Dieser Gang war so faszinierend, dass man es bis heute noch weiß.

Wilke: In dem Zusammenhang fällt mir *Katzgraben* ein und ihre Rolle als Großbäuerin. Es ist ziemlich komisch, wie sie in dieser Rolle durch die Aufführung schlurft, vielleicht auch deswegen, weil dieser Typ so völlig konträr zu den Rollen steht, die sie sonst meist gespielt hat und die ihr persönlich näher lagen.

Tenschert: Ja, aber das ist die Kunst der Beobachtung, die bei Brecht wichtig war. So ein Typ, den gibt es ja. Vielleicht hat sie sich irgendwoher einzelne Sachen gemerkt, wie eine Bäuerin sich bewegt, vielleicht auch aus Büchern oder von Fotos — so wie sie den stummen Schrei über das Foto von der japanischen Frau in der *Kriegsfibel* gefunden hat —, Kleinigkeiten, die aneinandergereiht dann so eine Figur ergeben. Das ist es, was einen so fasziniert hat, was auch der Brecht erwartet hat, dass man sich mit Leuten, die man spielt, beschäftigt. Wie die Weigel diese absolute Boshaftigkeit der Abaschwili — der Königin und Herrscherin — gespielt hat, das war auch Lebenserfahrung.

Wilke: Gab es da denn noch Zwischentöne, oder war das vor allem die Haltung des Herrschens und der Machtdemonstration?

Tenschert: Sie hatte sich so eine Stimme — einen Tonfall — zugelegt, der schon sehr herrschsüchtig war und mit dem sie die Dienerin herzitierte, einen keifenden, schreienden Ton. Und diese Stimme zog sich durch.

Wilke: Hat sie sich für jede Rolle eine spezielle Stimme erarbeitet, genauso wie sie für jede Rolle eine bestimmte Haltung oder bestimmte Requisiten hatte?

Tenschert: Ja, so hatte sie hier diesen scharfen Ton, den hat sie sich erarbeitet.

Wilke: Wie war Ihr Verhältnis zur Weigel, bevor Sie sie dann kennenlernten?

Tenschert: Ich kannte sie zunächst als Courage und privat von ein oder zwei Fotos. Ich glaube, am Anfang dachte ich: Ach du lieber Gott. Sie wirkte auf mich ungeheuer streng und ich hätte mir überhaupt nicht gedacht, dass diese Frau mal lachen kann. Der Eindruck von ihr war also eher negativ. Sie trug ja den Knoten und ganz einfache Kleidung — also sie wirkte ungeheuer streng.

Wilke: Wie war Ihre erste Begegnung?

Tenschert: Das war auf der Treppe vor ihrem Büro in der Luisenstraße. Sie stand mir gegenüber — und sie hatte natürlich einen indirekten Blick, so von oben nach unten. Das kann man sich auch vorstellen, wenn man jemanden engagiert, der erste Eindruck ist mehr oder weniger entscheidend. Und da kommt so ein junges Ding an, da musste sie sich ja auch ein bisschen informieren, was da reinkommt. Da war schon so ein indirekter Blick, dass man dachte, oh Gott, sind jetzt die Schuhe geputzt, ist alles korrekt? Wobei das, glaube ich, gar nicht mal so wichtig war.

Wilke: Sie mussten sich also zuerst bei der Weigel vorstellen?

Tenschert: Nein, mein Vertrag war schon unterschrieben, als ich ihr vorgestellt wurde.

Wilke: Aber hat sie normalerweise nicht die Engagements gemacht?

Tenschert: Bei Schauspielern schon, die mussten ja vorsprechen, aber dies war ja eine kleine Funktion. Natürlich sagte sie, die Position muss besetzt werden, und sie wollte ihre Mitarbeiter kennen lernen. Aber in punkto Fotoabteilung oder auch Buchhaltung hat sie sich nicht so eingemischt, weil sie natürlich gesagt hat, die Leute, die mit der arbeiten müssen, müssen erst einmal fachlich zustimmen. Erst dann wurde ihr die Person vorgestellt. Sie kannte jeden ihrer Mitarbeiter mit Namen, bis zur Putzfrau, mit der sie genauso geredet hat. Sie wusste von deren Problemen mit ihrer Tochter, wie viele Kinder und Enkelkinder die hatte usw. Bei der ersten Begegnung war sie dann sehr freundlich, so dass ich dachte, das kann ja gar nicht die Frau sein, die du dir immer vorgestellt hast, die ist ja richtig nett, und ganz normal. Sie sagte: „So Kindchen, und wenn Sie Probleme haben, dann kommen Sie zu mir." Irgendwo hat man da gleich Vertrauen gehabt.

Wilke: Hatten Sie mit ihr zu tun in der ersten Zeit?

Tenschert: Am Anfang gar nicht so. Sie spielte ja, sie hatte Proben und sie hatte zu organisieren. Damals fuhr sie auch noch umher, Schauspieler zu besorgen, und Leute. Wir haben ja mit nichts angefangen und sie hat alles ranorganisiert, da hatte sie schon wenig Zeit. Ihr Büro war in so einem Vorzimmer untergebracht, wo sie nur unregelmäßig da war, das war nicht so wie nachher im Theater am Schiffbauerdamm, wo ihr Intendanzbüro fest war. Dazu kam, dass wir immer von der „Möwe" in die Probebühne und von der Probebühne ins Deutsche Theater mussten. Wir waren also immer viel unterwegs, während wir das ganze Inszenierungsmaterial anzuschaffen hatten, zum Beispiel für Programmhefte, die ja damals fotografiert sein mussten, als es eigentlich noch gar keine Inszenierung gab. Weil das manchmal einen Vorlauf von 8 bis 10 Wochen hatte. Und auch eben Material zu der Inszenierung, das mussten wir alles machen: Vorbereitung für die Kostüme, Kostümentwürfe, Skizzen, die dann in den Werkstätten gemacht wurden. Es gab Inszenierungen, für die wir jedes einzelne Kostüm von vorne, von der Seite und von hinten fotografieren mussten, damit sie sich hinterher nicht streiten, ob die Schleife da war oder nicht, es war fürchterlich manchmal.

Zu den Kostümproben, bei denen der Schauspieler auf der Riesenbühne stand und 20 Leute — Regie, Kostümbildner, Schauspieler usw. — das Kostüm „erfanden," wurde auch Helli runtergebeten, weil sie eine große Erfahrung hatte und sie das auch wollte. Sie hatte Sinn für Material, man hat sich auf ihren Rat und ihre Lebenserfahrung verlassen. Wie beispielsweise auch in *Katzgraben*. Was sie sich da für eine Schürze rausgesucht hat, gibt's gar nicht. Dafür hatte sie ein großes Gespür. Die Weigel konnte da auch sehr hartnäckig sein, wenn sie was erfunden hat, dann wollte sie das auch so.

Wilke: Hat sie, ähnlich wie Brecht, auch mit Fotos gearbeitet?

Tenschert: Nein, das hat sie den Assistenten überlassen. Sie fand das wichtig und hat dafür gesorgt, dass die Modellbücher gemacht wurden. Dann kriegte man morgens einen Brief: Sind die Modellbücher schon geholt, geklebt, wer ist der Assistent... Die Helli hat sich das schon angeguckt, aber sie hat das dann natürlich der Regie überlassen. Weil sie gesagt hat, das ist nicht mehr meine Sache. Sie war keine Regisseurin. Sie war interessiert, und das musste auch alles funktionieren, aber eben nicht in der Form wie bei Brecht, der ja nun Regisseur war. Dadurch war ihre Art eine andere.

Wilke: 1958 kam Joachim Tenschert, Ihr späterer Mann, vom Deutschen Theater ans Berliner Ensemble, wo er Peter Palitzsch als Chefdramaturg ablöste. In Ihrem Buch schreiben Sie, dass Sie ab 1961 die Weigel dann näher kennen lernten. Wie kam es dazu?

Tenschert: Da sie meinen Mann sehr schätzte, ergab es sich, dass ich langsam auch mal am Gespräch mit teilnahm; zuvor hatte ich mich immer sehr zurückgehalten. Irgendwann haben wir dann geheiratet, und sie merkte, dass das was Ernstes war. Nachdem wir erst einmal ein leicht ironisches Telegramm von ihr bekommen hatten, weil wir ihr nichts gesagt hatten, fragte sie mich dann: „Was wünschst du dir denn zur Hochzeit...," das werde ich nie vergessen.

Wilke: Haben Sie sich zu dem Zeitpunkt schon geduzt?

Tenschert: Nein, ich nie. Sie hat mich geduzt, natürlich, ich hätte ihre Enkeltochter sein können.

Wilke: Und zwischen ihr und Ihrem Mann?

Tenschert: Am Anfang haben sie sich gesiezt und sie hat das „Du" als eine sehr große Sache angesehen. Und bei einem ganz offiziellen Anlass, bei dem sie sich bedankt hat, hat sie meinem Mann vor allen Kollegen in der Kantine das „Du" angeboten. Das war also das Allerhöchste — ein großer Schritt. Ich hätte es komischerweise auch nie fertig gebracht — Helli mit Du, das hätte nie funktioniert. Wir haben ein sehr enges Verhältnis gehabt, aber diese Sache — ich habe mich auch mit meinem Kollegen, mit dem ich 20 Jahre in einem Zimmer war, nicht geduzt. Wir haben uns beide mit Vornamen angesprochen und „Sie" gesagt.

Wilke: Aber hat sie nicht „Du" zu Genossen gesagt? Zum Beispiel schrieb sie Lilly Salm, die erste Kaderleiterin am Berliner Ensemble, in Briefen mit „Du" an.

Tenschert: Ja, das hat sie dann getrennt, das kann sein. Lilly Salm war auch ihre Altersgruppe und sie kannten sich so ein bisschen von früher; sie hat sie geduzt, aber das war immer so ein Grenzfall, irgendwie. Es ist ganz schwer, das zu beschreiben. Sie hat „Du" gesagt, aber sie hat das im vollen Sinne als „Du" gar nicht gemeint.

Wilke: War das eine Formel zwischen Genossen?

Tenschert: Ich glaube, das war's nicht einmal. Parteizugehörigkeit hat sie als eine persönliche Angelegenheit von jedem angesehen, manchmal wusste sie gar nicht, ob einer in der Partei war oder nicht. Sie hat das akzeptiert, dass es Leute gibt, die in der Partei sind, aber sie hat ihre Meinung und ihre Haltung nicht davon abhängig gemacht. Das war ja das Ungeheure. Man konnte jeden politischen Standpunkt äußern, musste ihn aber überzeugend begründen können. Wenn es dann

9 Mit Joachim Tenschert in Buckow. Besprechung der Schallplattenproduktion von Brechts *Das Manifest*, Herbst 1967

10 Mit Helmut Baierl, Manfred Wekwerth und Joachim Tenschert in Buckow, Mai 1967

[Fotos: Vera Tenschert]

unter fadenscheinigen Vorwänden hieß, dass bestimmte Dinge nicht gehen würden oder die Vorgänge ihr zu bürokratisch wurden, nahm sie den Hörer auf und sagte: Den rufe ich jetzt an, das lasse ich mir nicht gefallen, oder das brauche ich oder das will ich. Das war ja das, was ich an dieser Frau immer bewundert habe, dieses absolute — Durchgehen, ohne zu treten. Sie hatte ihre Methoden und sie konnte einen damit auch manchmal schaffen. Zum Beispiel wenn sie Dinge durchsetzen wollte und morgens wieder so ein freundlicher Brief dalag: „Schatzerl...," oder „Liebe Fotoabteilung, ich habe doch gebeten...," während ich gedacht hatte, vielleicht vergisst sie's, wird sich erledigen. Bei Helli passierte das aber nie. Vier Wochen passierte gar nichts. Und dann plötzlich kam das wie ein Hammerschlag. Und dann hat die so lange gedrängt, dass man fast mit Wut diesen „Scheiß" gemacht hat. Dann kam sie an und sagte: „Gell, du dachtest schon, ich hab's vergessen."

Wilke: War das schon in der Zeit, als Sie sie näher kannten?

Tenschert: Ja.

Wilke: Sie sind dann ja auch öfter nach Buckow gefahren an Wochenenden und zum Urlaub. Es gibt dieses Foto von Ihnen von 1967, das die Weigel und Ihren Mann am Tisch zeigt: Sie putzt Pilze und er hat Bücher vor sich. Können Sie die Situation beschreiben?

Tenschert: Es sollte die Schallplatte zu *Das Manifest* entstehen für „Amiga," und sie sollte den Text sprechen. Und da das ein umfangreiches Projekt war, musste gekürzt werden. Der Text sollte ja auch nicht nur runtergelesen, sondern mit ihren Mitteln umgesetzt werden. Und das Foto zeigt dieses Arbeitsgespräch. Helli war vorher in den Pilzen und die Pilze sollten zum Essen gemacht werden. Und da die Zeit drängte, machte sie die Pilze während des Gesprächs. Man wollte auch in dieser Umgebung darüber reden, das waren halt Arbeit und Vergnügen zusammen. Man sieht auf diesem Foto, dass sie sehr gut eine Arbeit machen und zugleich sehr konzentriert folgen konnte. Sie machte die Pilze, aber eigentlich war das mechanisch, denn sie war völlig bei dem Gespräch. Sie beharrte auf den Gedanken, stritt, machte Gegenvorschläge usw. Das Foto ist nicht nur ein Erinnerungsfoto, es zeigt auch, was Buckow ausmachte: Arbeit und Vergnügen.

Wilke: Kochte sie dann selbst oder ließ sie die Haushälterin kochen?

Tenschert: Sie kochte oder sie besprach mit der Hausgehilfin, Brigitte, was es zu essen geben sollte. Die machte das dann nach ihren Rezepten, und Helli schmeckte ab. Diese Pilzsuppe konnte niemand auf der Welt so machen, oder den Rinderschmorbraten. Das lief da mit, aber das Theater war immer vorhanden. Sie war eine Frühaufsteherin und hat in bzw. an ihrem Bett gefrühstückt. Sehr frühzeitig, das war das einzige Privileg, dass Brigitte ihr Tee oder Kaffee ans Bett brachte, wobei sie dann schon die ersten Zettel schrieb. Sie hatte immer einen Tisch neben ihrem Bett, wo Zettel lagen, auf denen sie ihre Ideen ganz spontan aufgeschrieben hat, oder sie dachte sich etwas aus und ging dann über's Telefon, oder aber, du kriegtest einen Brief.

Sie konnte auch entspannen, beim Pilzesuchen oder beim Kreuzworträtsel. Aber eigentlich war das Theater die Hauptsache — dass alles funktioniert. Später kamen ja noch die Schwierigkeiten dazu, Brecht herauszugeben, wo sie sich Fachleute suchte, weil sie immer gesagt hat: „Ich kann das lesen, aber ich bin kein Literaturwissenschaftler." Aber sie hatte eine Haltung zu der Sache. Natürlich hat sie die Texte vorher gelesen, wollte aber nicht als Herausgeberin irgendwelche Dinge schreiben. Das lag ihr fern. Aber das durchzusetzen, das zu machen, die Stärke hat sie ja beweisen müssen in vielen Dingen. Dazu kamen organisatorische Probleme, Tourneen, Schwierigkeiten bei Transporten, wo sie die Verantwortung behalten und nicht delegiert hat. Das war immer irgendwie im Kopf da.

Wilke: Ein anderes Foto von 1967 zeigt die Weigel strickend vor der Eisernen Villa, und neben ihr sitzen Helmut Baierl, Wekwerth und Ihr Mann: Die drei „denken" und die Weigel strickt. Ist das Foto gestellt?

Tenschert: Nein, überhaupt nicht. Es war so: Der Baierl hatte ein Stück, *Johanna von Döbeln*, vorbereitet. Es sollte am BE aufgeführt werden, und das Schreiben und die Produktion waren mit Schwierigkeiten verbunden, wo die genau lagen, kann ich nicht mehr sagen. Wir waren in Buckow, wie immer am Wochenende. Und dann rief Wekwerth an und sagte: „Helli, wir müssen darüber reden, das Stück ist so und so weit, wir haben da aber eine Schwierigkeit." Er war der Regisseur und Helmut Baierl war der Autor. „Wir haben also große Schwierigkeiten und wir müssen auch noch mal mit Jochen sprechen," der Chefdramaturg war. Und da hat sie gesagt: „Ja gut, dann kommt's doch raus nach Buckow. Jochen ist eh hier." Und dann kamen Helmut und Manfred Wekwerth raus und dann wurde gegessen, Kaffee getrunken, und dann hieß es: „So, wo ist das Problem?"

Wilke: Und das wurde hier besprochen, sie hat gestrickt und die haben geredet?

Tenschert: Sie hat gehäkelt. Sie war ja früher starke Raucherin, und das Häkeln hat den Griff nach der Zigarette ersetzt; sie hat gehäkelt, um sich zu beschäftigen, und damit konzentrierte sie sich. Wenn sie beim Häkeln mal zählen musste, konnte es aber auch passieren, dass sie mittendrin gesagt hat: „Einen Moment mal bitte — eins, zwei, drei, vier... " Das passierte aber eigentlich nur bei uns, das wäre hier in so einem Gespräch nicht passiert. Hier hat sie einen Schlips gehäkelt für meinen Mann, den er Gott sei Dank nie umgebunden hat. Er ist mit

Nadel 1 gehäkelt, das ist so, wie wenn Sie mit einer Nähnadel häkeln, und Seide. Das ist ein Schwachsinn, weil, da kommt man nicht mit der Nadel rein, dann spaltet sich der Faden usw. Aber bei ihr saß Masche für Masche — das war auch wieder Helli, Masche für Masche, das sah aus wie gekauft. Eine schlechte Handarbeit hätte sie nicht abgeliefert. Hier jedenfalls hat sie diesen Schlips gehäkelt und gleichzeitig zugehört. Sie hat die erst einmal erzählen lassen und sich dann eingeschaltet, und wenn es etwas massiver wurde, das Häkelzeug weggelegt.

Wilke: Auf mich wirken diese drei Männer wie Erwachsene, die in ihr Elternhaus zurückkommen und aus Rücksicht gegenüber den Eltern ihre Meinung zurückhalten.

Tenschert: Nein, diese Leute sind zu ihr gegangen, um ihren Rat einzuholen. Wie man halt zu einer Mutter geht. Du hast ein Problem, du hast auch eine Vielleicht-Lösung, und jetzt gehst du hin und holst bei deiner Mutter einen Rat, in dem Falle einen mütterlichen künstlerischen Intendantenrat. Es war wirklich die Haltung, man ging zu dieser Autorität, um sich den Rat zu holen. Man konnte auch streiten, aber im Großen und Ganzen ging man da wirklich hin, um die Lösung des Problems zu bekommen.

Wilke: 1968/69 fing es dann allerdings an mit den sehr heftigen Machtkämpfen, die dazu führten, dass Wekwerth und später auch Ihr Mann das Berliner Ensemble verließen.

Tenschert: Ja, das fing in der Zeit an. Es begannen nachher große Schwierigkeiten, die auch vorhanden waren, aber das ist kompliziert; es war sehr schwierig, diese Situation zu verstehen, so dass ich mich jetzt dazu auch nicht äußern möchte.

Wilke: Aber Sie sind trotzdem geblieben, nachdem Ihr Mann ausgeschieden ist. Wann ist er weggegangen?

Tenschert: Wekwerth ist 1969 und mein Mann ist 1970 gegangen. Zuvor hatte es entscheidende Dinge zwischen den beiden gegeben, auch Gespräche, an denen ich nicht teilgenommen habe, auch nicht teilnehmen wollte. Es kam eine Situation, die dann ausschlaggebend war, warum mein Mann gegangen ist. Dabei ging es vor allem um die Frage der Nachfolge und der Weiterführung des Berliner Ensembles. Später, d.h. noch 1970, wurde ja dann Ruth Berghaus Stellvertretende Intendantin. Als mein Mann die endgültige Konsequenz gezogen hatte und sagte, er verlässt dieses Theater, hat es noch ein Vier-Augen-Gespräch zwischen ihm und ihr gegeben, ein sehr tränenreiches Gespräch, das glaube ich auch für ihn sehr berührend war. Aber er war immer ein Mensch, der zu keinen Kompromissen bereit war. Das wusste sie, und sie wusste, die Endkonsequenz war nicht aufzuhalten. Als er das Haus verlassen hat, war sie nicht fähig, sich von ihm zu verabschieden. Sie hatten ein sehr starkes Mutter-Sohn-Verhältnis und es war wirklich eine endgültige Abnabelung, die für sie sehr schlimm war. Ich war bei vielen Gesprächen dabei, bin aber oft auch rausgegangen. Das war so eine Grenze, da habe ich gesagt, das geht mich nichts an. Und das hat sie auch sehr akzeptiert. Sie hätte mich nie gebeten rauszugehen, weil sie wusste, dass ich darüber nie gesprochen hätte. Das war auch, glaube ich, unser großes Verhältnis: Sie wusste, dass ich diese persönliche Beziehung nie ausgenutzt habe. Ich hätte mich auch nie in irgendwelche künstlerischen Dinge da im Gespräch eingemischt.

Sie hat mir irgendwann gesagt: Die Situation zwischen uns beiden verändert sich nicht, wir wollen das so belassen. Und damit war das Thema abgeschlossen. Deshalb bin ich auch noch zu ihr, als wir von der letzten Tournee aus Paris zurückkamen, sie sehr krank zu Hause im Bett lag und schon gar nicht mehr ins Theater kam. Mein Mann inszenierte damals mit Wekwerth schon in London zusammen *Coriolan*, aber ich hatte das Gefühl, dass ich sie einfach besuchen muss, eben weil sie krank war. Dann bin ich mit meinem Kind hingegangen, das sie ewig nicht gesehen hatte.

Wilke: War das die letzte Begegnung?

Tenschert: Ja. Und komischerweise ist mein Sohn, der sie kannte, so wie man eben eine Oma kennt, zum ersten Mal zu ihr auf dieses Bett geklettert, was für ihn sehr eigentümlich war. Sie hat mit ihm gespielt, obwohl sie so krank war. Das war sehr rührend. Sie hat mich dann, wie schon einmal in Moskau, ganz stark gebeten, ihr die Fotos von ihr zu machen, sie meinte, ich würde sicher mal ein Buch machen. Sie *wusste* ja um ihre Krankheit. Mit meinem Mann hat sie darüber geredet, das weiß ich. Und da hat sie mich *innigst* darum gebeten, ihr alle Fotos zu machen. Dazu ist es dann nicht mehr gekommen. Die vielen Fotos hätten ja sortiert und vergrößert werden müssen; ich wollte das gut machen und hätte ihr natürlich keine Rohabzüge gegeben.

Wilke: Was wollte sie mit den Fotos machen?

Tenschert: Sie wollte die wahrscheinlich sehen, für sich haben oder sie sammeln, damit sie nicht verloren gehen. Das sollte ja alles geregelt sein.

Wilke: Fühlte sie sich durch das Fotografieren manchmal gestört? Beispielsweise auf dem Foto im Studio der Defa? Sie hört da offenbar gerade Text ab.

Tenschert: Das war im Zusammenhang des Fernsehspiels von *Die Gesichte der Simone Machard*, das Karge/Langhoff gemacht haben. Links neben ihr ist die Souffleuse, rechts ihre Garderobiere Gisela Völz und in der Mitte die Maskenbildnerin Helga Hoyer, die also auch sehr vertraut waren. In der Garderobe ist das halt so, sieht sich sehr persön-

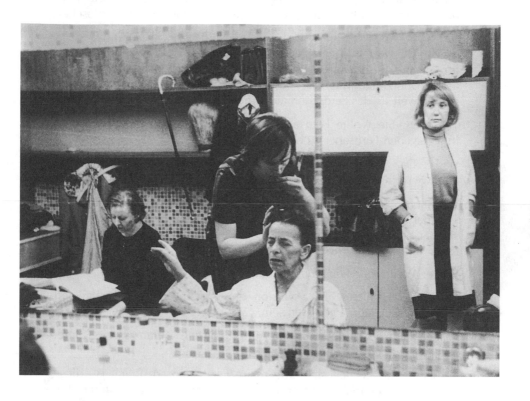

11 Vorbereitungen für den Auftritt als Madame Soupeau in *Die Gesichte der
Simone Machard*, Produktion des Fernsehens der DDR zum 70.
Geburtstag von Brecht. Mit der Souffleuse Gertraude Mierzwiak, der
Maskenbildnerin Helga Hoyer und der Ankleiderin Gisela Völz,
Februar 1968

[Foto: Vera Tenschert]

lich da und es wird auch viel geregelt. Ich sollte irgendwie ein paar Fotos machen, Karge hatte mich gebeten, und die Helli hat gesagt, komm' mal vorbei, ich bin im Fernsehstudio, und mach' mir auch ein paar Maskenfotos für mich, und ich wollte mal gucken, weil Fernsehen ja einfach etwas war, was sie eigentlich nie gemacht hat.

Wilke: Das war ihre einzige Fernsehproduktion. Obwohl das eine so prominente Besetzung war, mit Rudolf Forster u.a., war wohl eine große Überzeugungsarbeit nötig, damit sie überhaupt im Fernsehen auftrat, weil sie das Fernsehen nicht mochte.

Tenschert: Sie wollte Fernsehen nicht. Sie war ja auch fast unfähig, ihren eigenen Fernseher zu bedienen.

Wilke: Den hatte sie allerdings gleich gegenüber dem Bett stehen. — Und wieso mochte sie das nicht?

Tenschert: Das ist ihr alles zu technisch gewesen. Sie war auch ein Typ, der nicht ins Kino ging. Ein Schauspieler geht ja ins Kino, aber für sie war Kino nichts. Ich glaube, das hatte auch was mit Hollywood zu tun.

Wilke: Weil sie da keinen Erfolg hatte?

Tenschert: Sie hatte eine Aversion ein bisschen, dieses Hollywood muss wie ein Trauma gewesen sein.

Wilke: Hat sie sich denn für den Auftritt vor der Kamera anders vorbereitet als auf den Bühnenauftritt?

Tenschert: Ja, sie ließ sich, wie es im Fernsehen so üblich ist, diese Sachen noch einmal abspielen usw. Ich glaube, das hat sie immer besonders kritisch verfolgt, weil es ja immer aus dem Zusammenhang gerissene Einzelausschnitte waren, und das war schon nichts für sie. Ich glaube, das ist auch für einen Theaterschauspieler sehr schwer, weil der seine Rolle ja auf den Ablauf hin anlegt.

Wilke: Hat sie vor der Kamera auch anders gespielt, mehr zurückgehalten?

Tenschert: Ich glaube, sie hat immer im Hinterkopf gehabt, dass da jetzt irgendeine Kamera läuft. Sie hat ihre Rolle dann durchgespielt aber immer irgendwie das Gefühl gehabt, das hat sie nicht im Griff. Also es ist nicht ihre Sache, sie wird technisch gebremst. Auf der Bühne weißt du: Ich muss bis dahin, und dann kommt der dir entgegen. Und im Fernsehstudio werden Gänge über gelbe und blaue Punkte geregelt. Und schon das war etwas, was sie in ihrem Sein in der Rolle gebremst hat.

Wilke: Wie hat sie Text abgehört, hat sie gesprochen oder hat sie sich vorlesen lassen?

Tenschert: Sie hatte den Text auswendig gelernt; mit Souffleuse zu arbeiten war für sie ganz schwer. Es gibt ja Schauspieler, die leben nur von der Souffleuse. Das wäre bei ihr gar nicht drin gewesen, dazu war sie viel zu präzise. Und nun musste sie sich hier sowohl den technischen Ablauf als auch den Text vergegenwärtigen. Sie musste sich sehr konzentrieren. Sie hat ihren Text gesprochen, und die Souffleuse hat mitgelesen und immer gesagt, wo es falsch war. Dann hat sie gesagt: Moment, noch mal. Und die Geste heißt eben: Moment, wie heißt das? Sie kneift die Augen zu, weil sie den Text optisch vor sich hat. Helli hat, glaube ich, zeilenmäßig gelernt, wie es im Buch steht.

Wilke: Stimmt es, dass sie kein Lampenfieber hatte?

Tenschert: Ja, die Rolle war so drin, dass sie ohne Lampenfieber rausging. Ich habe nur eine einzige Situation erlebt, in der sie *wahnsinnig* nervös war. Wir haben in Köln gastiert mit der *Mutter*, und morgens früh wurde sie heiser und zwar so heiser, dass sie fast kein Wort rauskriegte. Ein Arzt musste kommen und ihr eine Spritze geben, sie war aber nicht gewillt, diese Vorstellung abzusagen. Das Haus war ausverkauft, Leute kamen mit Bussen angereist, und es war ja auch noch ein politisches Faktum, dass das Berliner Ensemble — ich glaube für die IG-Metall — in Köln auftrat. Da wollte sie also nicht absagen, war sich aber bewusst, dass sie kein Wort herausbrachte. Es war zum allerersten und einzigen Mal, dass ich erlebt habe, dass eine Tür geknallt hat und sie eigentlich alle rausgeschmissen hat. Sie war *so* nervös, weil sie wusste, sie muss jetzt mit diesem körperlichen Handicap auf die Bühne und eine volle Leistung vor einem Publikum bringen. Sie wollte einfach nicht nein sagen, sie wollte aber auch nicht schlecht sein. Es lief dann phantastisch. Zur Sicherheit wurde ihr ein Mikrophon gegeben, das war die einzige Lösung. Denn das war ein riesiges Theater.

Wilke: Hat sie das Mikrophon benutzt?

Tenschert: Ich glaube, sie hat es benutzt, es wurde dann aber wieder abgeschaltet, weil diese Technik sie wahnsinnig gemacht hat. Jetzt kriegte man auch noch jeden Luftholer, und da hat sie das Mikro weggeschmissen. Das war für sie nichts, wenn dann wieder die Technik schrie: „Laut! Leise!," all diese Bedingungen. *Das* war so etwas, diese Technik: *Dass sie sich da abhängig machen muss* von solchen Dingen, dass nicht ihre Disziplin, ihre Haltung zählte. Das war das einzige Mal, als ich Lampenfieber bei ihr erlebt habe.

Wilke: Auch sonst auf Tourneen nicht?

Tenschert: Nichts, gar nichts. Sie stand zu ihrer Haltung. Sie mochte nur nicht gerne Reden halten, das hat sie nicht geliebt. Entweder sie hat ihre berühmten Reden so gehalten, wie Helli halt war...

Wilke: ...erst mal gesagt: ich kann's eigentlich gar nicht...

Tenschert: ...ich kann's eigentlich gar nicht, und dann stand sie ein bisschen bescheiden vor der Tür, und alles lächelte. Aber sie hat das dann immer irgendwo in die Reihe gekriegt. Oder sie hat sich drei, vier Zettelchen geschrieben, aber ganz selten, denn sie mochte auch nicht mit Zettel stehen und lesen. Dann hat sie mit ihrem Wiener Charme irgendetwas gesagt: Essen sie halt ein Brötchen oder so was. Und es klappte immer. Wenn es bestimmte Diskussionen gab, wenn es wieder ein Fakt war, war's was anderes. Aber nur für eine Rede aufzutreten, das war nichts für sie. Die hätten sie nie für eine Festrede haben können, das hätte sie abgelehnt.

Wilke: Sie hat ja auch, abgesehen von ihren Briefen, wenig geschrieben.

Tenschert: Sie hat halt gedacht, ich stehe durch meine Arbeit.

Wilke: Ein ähnlicher schauspielerischer Kampfgeist wie in Köln muss auch bei dem allerletzten Gastspiel der *Mutter* in den Pariser Vorstädten durchgekommen sein. Sie war sehr krank, ihr wurden während einer Vorstellung außerdem zwei Rippen gebrochen, sie hatte große Schmerzen und war tagsüber unleidlich und launisch — aber auf der Bühne war nichts mehr davon zu merken, sie war völlig da, und ihre letzte Vorstellung wurde ein Riesenerfolg.

Tenschert: Das war das, was diese Frau ausgemacht hat, warum sie viele Situationen ihres Lebens so gemeistert hat, wo ein anderer entweder hingeschmissen oder Konsequenzen gezogen hätte. Da gab es viele Situationen, in denen sie trotz Widerständen gesagt hat: Nein, das ist mein Ziel, und das erreiche ich. Das hat sie in gewisser Hinsicht auch von allen verlangt. Ich weiß, dass sie die relativ klaren persönlichen Verhältnisse, in denen ich gelebt habe, geschätzt hat, und ich habe sie einmal auf bestimmte Situationen in ihrem Leben — Brechts Untreue und ihre Treue — angesprochen und gesagt, dass ich das nie verstanden hätte. Da hat sie gesagt, man müsse eben seine eigene Haltung finden. Weiter hat sie sich nicht dazu geäußert. Wenn sie ein Ziel hatte, ließ sie sich von nichts davon abbringen. Darum konnte sie auch dieses Theater so leiten, auf ihre Weise. Denn sie war eine ganz eigene Theaterleiterin. Man konnte zu ihr hinkommen, mittendrin, und sagen: „Ich brauche noch 200 Gramm Wolle, ich kriege die nirgends," dann wurde das Büro organisiert, weil sie wusste, das Problem war jetzt. Das konnte sie aber ebenso fallen lassen, wenn es eng war. Aber man konnte mit allem zu ihr kommen.

Wilke: Wie hat sie die Rolle als Schauspielerin und die Rolle als Intendantin vermittelt, ging das ineinander über?

Tenschert: Ja, weil sie gesagt hat, ich bin nicht nur Schauspielerin, sondern ich vertrete auch das Theater, und vor allen Dingen das Theater Brechts. Das war ja ihr großes Anliegen, und da ließ sie *nichts* davon ab. Sie hat das ungeheuer organisiert. Wenn sie abends spielte, dann wusste sie, um 2 verlasse ich dieses Theater. Sie musste ruhen und sie machte Text — sie war ja ungeheuer diszipliniert. Und da war eben um 2 Uhr mittags die Intendantin fertig und es begann die Schauspielerin. Ganz selten ist sie nach der Vorstellung noch in die Kantine gekommen, manchmal hat sie auch noch eine Viertelstunde gesessen, aber sie ging dann nach Hause, weil sie wusste: Morgen früh muss ich wieder Intendantin sein. Da waren dann wieder Probleme, die sie, nachdem die Vorstellung vorbei war, mit nach Hause nahm, wo sie sich dann schon wieder auf den frühen Morgen als Intendantin vorbereitete.

Wilke: Wie war das auf Tourneen? Da ist sie ja sowohl als Intendantin als auch als Schauspielerin unterwegs gewesen.

Tenschert: Ideal war zum Beispiel Venedig, wo wir 1966 im Teatro La Fenice gastierten. Sie hatte ein Hotel, in dem auch ein großer Teil der Mitarbeiter wohnte, und in unmittelbarer Nähe war das Theater, die Technik und zwei Restaurants. Sie hatte ein Zimmer, machte in dieser engen Straße ein Fenster auf, und ich weiß noch, wie mein Mann zu ihr rüberrief: „Helli, das wäre dein Traum!" — Das Theater und alle Mitarbeiter in Blick- und Rufweite vom Fenster aus, und ein Restaurant, zu dem man nicht weit laufen musste, denn sie ist später wegen ihrer Krankheit nicht gerne weite Wege gelaufen. Insofern war Venedig ideal für sie.

Wilke: Die Schauspielerin Felicitas Ritsch hat mal geäußert, die Weigel sei zuletzt einsam und misstrauisch gewesen. Würden Sie das bestätigen?

Tenschert: Ich glaube, und das klingt von meiner Seite vielleicht etwas anmaßend, ein ganz großer Punkt war das Ausscheiden meines Mannes. Das ist ein Fakt. Und ab da fand sie niemanden mehr. Während des letzten Gastspiels in Paris wusste ich, dass sie krank war und sich nicht wohl fühlte. Dazu kam die angespannte Situation zwischen uns, weil ich spürte, in dem Moment, wo ich auftrat, wurde ihr der Verlust ihres „Sohnes" bewusst. Das war auch für mich keine einfache Situation ihr gegenüber, denn Persönliches musste nun plötzlich ausgeklammert werden. Mehr oder weniger. Es gab nichts, was zwischen diesen beiden nicht besprochen worden war. Das ist ein Fakt. Es war so eng dieses Verhältnis, wirklich so ein Mutter-Sohn-Verhältnis, manchmal sogar mit einem gewissen kleinen Charme, wo er im Scherz immer gesagt hat: „Helli, Helli, wenn du noch 30 Jahre jünger wärst... " Denn sie konnte sehr sehr charmant sein. Und da war so viel Vertrauen, und sie wusste in ihrem tiefsten Inneren, warum er gegangen ist. Sie wollte es sich nicht eingestehen.

Wilke: Hat sie denn sonst in der letzten Zeit keine Freundschaften mehr gehabt?

Tenschert: Sie hatte in Paris ihre alte Freundin Poumy Moreuil wieder getroffen, die auch öfter hier in Berlin war, die war für sie immer eine sehr enge Freundin. Wenn sie über Paris reiste, ging sie dorthin. Ich glaube, sie hat da auch manchmal gewohnt, wenn sie nicht im Hotel war; meist hat sie im Hotel gewohnt, sie wollte immer unabhängig sein. Mit der hatte sie also doch noch ein Verhältnis. Das ergab sich aber auch durch die Tourneen. Aber sonst war es eigentlich...

Wilke: Anna Seghers?

Tenschert: Ach, das glaube ich nicht. Die hat halt mal angerufen, die kannten sich über die Akademie und aus der Emigration. Aber das war nie eine Freundschaft, dass die sich zum Kaffee getroffen haben. Da waren damals noch Budzislawskis, aber sie *war* eigentlich nicht so, dass sie Freunde oder Freundinnen hatte, die immer kamen. Es waren ihre Tochter und die Enkelkinder, die wirklich jederzeit da waren und selbstverständlich kommen konnten, und — ich muss es so sagen — so eng eigentlich nur wir.

Wilke: Können Sie sagen, ob sie eher zu Frauen oder zu Männern Nähe herstellen konnte?

Tenschert: Das könnte ich gar nicht sagen. Das hing von der Person ab und von deren Art. Ihr wurde ja oft ein Bezug auf weibliche Personen unterstellt. Das 100prozentige Gegenteil war der Fall. Sie konnte *so* charmant sein. Sie hatte einen mädchenhaften Charme. Das sieht man zum Beispiel auf dem Foto, auf dem sie — ganz leicht beschwipst, auf einer Geburtstagsfeier bei Barbara — das Lied *Schöner Gigolo, armer Gigolo* singt, das Brecht sehr mochte.

Wilke: Dieser Charme kommt auf andere Weise auch auf dem Foto von 1961 mit der Defa-Frauenbrigade zum Ausdruck. Sie wirkt ganz gelöst zwischen diesen Frauen.

Tenschert: Aber das war sie eigentlich. Um das kurz zu sagen: Die Defa hatte eine Kopierwerk-Abteilung. Und die Frauenbrigade dieser Abteilung schwärmte für den Schauspieler Willi Schwabe, der jeden Montag die „Rumpelkammer" moderierte, die meine Großmutter und viele gesehen haben. Das waren ihre Zeit, ihre Filme, die alten UFA-Filme. Und diese Brigade hatte sich für ihre Brigadefeier einen Kaffeenachmittag mit Willi Schwabe im Berliner Ensemble gewünscht und gefragt, ob Helene Weigel nicht auch kommen könne. Sie kam auch,

12 Mit einer Frauenbrigade des DEFA-Kopierwerks Berlin und dem
Schauspieler Willi Schwabe, Dezember 1961

[Foto: Vera Tenschert]

das war im Nebenraum der Kantine, und dann hieß es: „Könnten wir nicht ein Foto haben mit Helene Weigel und Willi Schwabe?" Ich wurde also heranzitiert, und die stellten sich richtig zum Gruppenfoto auf, Helli in der Mitte. Das Schöne für mich war, dass sie auch eine von ihnen hätte sein können. Sie hatte nichts Schauspielerisches, nichts Intendantenhaftes, sondern die sieht doch so aus, wie eine von denen. Und sie hat sich *nicht* anders verhalten, denn sie hat immer gesagt: Das ist mein Publikum, das sind meine Leute.

Wilke: Es gab also keine persönlichen Kontakte, aber es gab eine gemeinsame Ebene, auf der man sich verständigt hat?

Tenschert: Ja, da war sie ganz praktisch die Frau von nebenan. Sie könnte eigentlich auch dazugehören. Eine der Frauen hat sie gefragt, ob sie Kinder hätte, was die machen usw. Und selbst Willi, der eigentlich der Hauptgrund war, guckt wieder auf Helli, weil auch er sie sehr verehrt hat.

Wilke: Zu Ehrungen, die ihr ja massenhaft zuteil wurden, hat die Weigel ja offenbar ein ganz bodenständiges Verhältnis gehabt.

Tenschert: Ja. Zum Beispiel auf den großen Demonstrationen am 1. Mai, wo sie — das war ihre Haltung — mit auf die Straße ging, hatte sie ganz normale Gespräche mit dem Publikum. Häufig kam das über die Kinder zustande, wie es in diesem Gedicht von Brecht heißt: Und sie zeigten den Kindern die Weigel. Das war wirklich der Punkt. Sie ist auch oft mit dem Auto gefahren, weil ihr dieses viele Stehen und Laufen damals schon schwer gefallen ist. Nicht aber mit ihrem Wartburg, weil der geschlossen war, und sie ja den Kontakt mit Leuten wollte, sondern mit einem offenen Wagen, den sie sich von Ekke oder Wekwerth geliehen hat. Anders als anfangs zu den „Ernst-Busch-Zeiten," als sie mit auf dem Lastwagen des Berliner Ensembles fuhr, mit Schildern und Musik, hat sie es so organisiert, dass sie nicht den ganzen Tag auf der Straße war. Sie fuhr dann halt vorbei, und die Leute kamen und freuten sich, dass Helene Weigel mit ihnen geredet hatte, und die sagten: „Guck mal, die ist ja ganz so wie wir," und das war sie immer irgendwo.

Wilke: Was glauben Sie, mit welchem Bild Helene Weigel gerne in Erinnerung geblieben wäre?

Tenschert: Das kann ich ganz schwer sagen. Ich glaube, dass es vielmehr schauspielerische Leistungen waren als Privates: ihre Arbeit auf dem Theater, die Rolle. Die Courage war schon eine Rolle, die ihr sehr nahe lag und die sie stark mit geprägt hat. Die Weigel und die Courage — das ist es eigentlich. *Mutter Courage*, auch der Titel, das ist die Haltung des Theaters, das ist ihre Haltung, es ist die schauspielerische Haltung, es ist ihre menschliche Haltung gegen Krieg usw. Die Mutter:

beschützen, loslassen, kämpfen, da ist alles drin. Ich glaube, dass die Courage nicht nur auf dem Theater eine revolutionierende Wirkung hatte, nach all dem, was da vorher war, es war sie. Das hat Brecht gesehen. Was die Weigel ausgemacht hat, war das Mütterliche, und gleichzeitig diese wirklich kämpferische Haltung, ohne zu treten, sondern mit Leistung: machen, tun, aktiv sein. Wie zärtlich und zugleich wie praktisch sie dann wieder mit einem kleinen Kind umgehen konnte, habe ich gemerkt, als ich das erste Mal mit meinem Kind in Buckow war und der Strom ausfiel. Sie hat mit allen Mitteln versucht, die Flasche warm zu bekommen. Auch diese Situation musste gemeistert werden, das war harmlos, so war aber alles. Und das war ihre Stärke. Auch Brecht beim Arbeiten abzuschirmen, ihm einen Tisch zu bauen, selber irgendwelche Hefte zu binden, weil sie schönes Papier mochte. Aber das war sie: aus nichts was zu machen. Sie hätte gesagt: aus Scheiße Gold zu machen.

(Aufgezeichnet am 25. Oktober 1999 in Berlin)

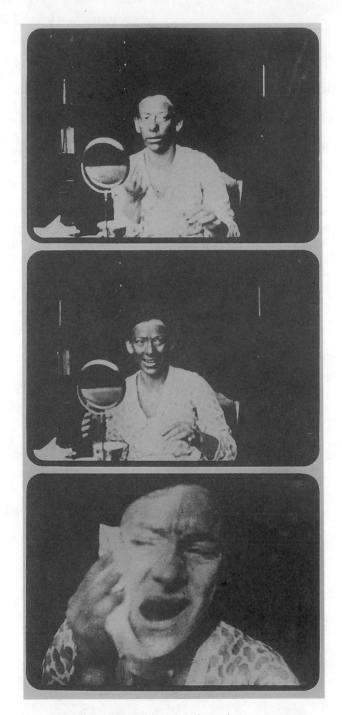

13 Helene Weigel beim Schminken, um 1929.

[Reproduktion aus: *Bertolt Brecht, Sein Leben in Bildern und Texten*, hrsg. Werner Hecht, Frankfurt am Main: Suhrkamp 1978]

Rollenverzeichnis von Helene Weigel

Werner Hecht

Das Verzeichnis hat der Suhrkamp Verlag zur Verfügung gestellt. Es ist der gekürzte Auszug aus dem Buch von Werner Hecht *Helene Weigel. Eine große Frau des 20. Jahrhunderts*, das im März 2000 erscheint. In dem Verzeichnis sind die Mitspieler ausgelassen, ebenso die zahlreichen zeitgenössischen Rezensionen. Redaktionsschluss: 1.12.1999.

1919
15. September 1919 (Neues Theater Frankfurt)
Marie in *Wozzek* von Georg Büchner. Regie: Arthur Hellmer.

1. November 1919 (Neues Theater Frankfurt, Neuinszenierung)
Johanna in *Der Weibsteufel* von Karl Schönherr. Regie: Alois Großmann (der auch die Rolle des Mannes spielt).

1920
Anfang 1920 (Neues Theater Frankfurt)
Frau Dworak in dem Stück *In Ewigkeit Amen* von Anton Wildgans (Übernahme der am 28.3.1918 herausgekommenen Neuinszenierung). Regie: Hans Schwartze.

6. März 1920 (Neues Theater Frankfurt)
Pauline Piperkarcka in *Die Ratten* von Gerhart Hauptmann. Regie: Alois Großmann.

10. Juli 1920 (Neues Theater Frankfurt)
Frau Dörmann in *Flachsmann als Erzieher* von Otto Ernst. Regie: Alois Großmann.

25. September 1920 (Neues Theater Frankfurt)
Abel in *Kameraden* von August Strindberg. Regie: Arnold Neuweiler.

13. November 1920 (Neues Theater Frankfurt)
Greisin in *Gas. Zweiter Teil* von Georg Kaiser. Regie: Arthur Hellmer.

1. Dezember 1920 (Neues Theater Frankfurt, Eröffnung der Kammerspiele)
Trossmädchen in *Leidenschaft* von Herbert Eulenberg. Regie: Bernhard Reich (als Gast).

1921

6. Januar 1921 (Neues Theater Frankfurt)
Mopsa in *Ein Wintermärchen* von William Shakespeare. Regie: Robin Robert.

11. Januar 1921 (Neues Theater Frankfurt, Kammerspiele)
Berta Launhart in *Hidalla oder Die Moral der Schönheit* von Frank Wedekind. Regie: Arthur Hellmer.

23. Januar 1921 (Neues Theater Frankfurt, Kammerspiele)
Anna Leiser in *Der König* von Hanns Johst. Regie: Rudolf Frank.

5. März 1921 (Neues Theater Frankfurt, Kammerspiele)
Lampito in *Lysistrata* von Aristophanes. Regie: Robin Robert.

7. April 1921 (Neues Theater Frankfurt, Uraufführung)
Zwei Frauen in *Ehezauber* von Carl Mathern. Regie: Rudolf Frank, Otto Wallburg.

17. September 1921 (Frankfurter Schauspielhaus)
Meroe in *Penthesilea* von Heinrich von Kleist. Regie: Richard Weichert.

13. Oktober 1921 (Frankfurter Schauspielhaus)
Erstes Weib in Dantons Tod von Georg Büchner. Regie: Berthold Viertel.

3. November 1921 (Frankfurter Schauspielhaus)
Armgard in *Wilhelm Tell* von Friedrich Schiller. Regie: Walther Brügmann.

10. November 1921 (Frankfurter Schauspielhaus)
Amalia in *Die Räuber* von Friedrich Schiller. Regie: Walther Brügmann.

10. Dezember 1921 (Frankfurter Schauspielhaus, Uraufführung)
Eulalia in *Die lustigen Vagabunden* von Toni Impekoven und Carl Mathern. Regie: Richard Weichert.

15. Dezember 1921 (Frankfurter Schauspielhaus, Übernahme)
Marion in *Dantons Tod* von Georg Büchner. Regie: Berthold Viertel.

1922

20. Februar 1922 (Frankfurter Schauspielhaus, Uraufführung)
Magd in *Tamar* von Friedrich Wolf. Regie: Richard Weichert.

7. April 1922 (Frankfurter Schauspielhaus)
Ingrid in *Peer Gynt* von Henrik Ibsen. Regie: Walther Brügmann.

22. April 1922 (Frankfurter Schauspielhaus, Uraufführung)

Junge Polin in *Vatermord* von Arnolt Bronnen. Regie: Wolfgang Harnisch.

3. Juni 1922 (Frankfurter Schauspielhaus)
Äbtissin in *Nach Damaskus I. Teil* von August Strindberg. Regie: Martin Kerb.

9. Juni 1922 (Frankfurter Schauspielhaus, Übernahme)
Skirina in *Turandot, Prinzessin von China* von Friedrich Schiller (nach Gozzi). Regie: Walther Brügmann.

22. August 1922 (Staatstheater Berlin)
Adeline in *Napoleon oder die hundert Tage* von Christian Dietrich Grabbe. Regie: Leopold Jessner.

22. September 1922 (Staatstheater Berlin)
Janneije in *Die Hochzeit Adrian Brouwers* von Eduard Stucken. Regie: Ernst Legal.

25. Oktober 1922 (Staatstheater Berlin)
Claudine in *George Dandin oder Der gefoppte Ehemann* und **Lucinde** in *Der Arzt wider Willen* von Molière. Regie beider Stücke: Jürgen Fehling.

10. November 1922 (Staatstheater Berlin)
Zweite Hexe in *Macbeth* von William Shakespeare. Regie: Leopold Jessner.

8. Dezember 1922 (Staatstheater Berlin)
Berta Launhart in *Hidalla oder die Moral der Schönheit* von Frank Wedekind. Regie: Karlheinz Martin.

18. Dezember 1922 (Staatstheater Berlin)
Hedwig in *Hanneles Himmelfahrt* von Gerhart Hauptmann. Regie: Jürgen Fehling.

20. Dezember 1922 (Deutsches Theater)
Kleine Rollen (nicht identifiztiert) in *Trommeln in der Nacht* von Bertolt Brecht. Regie: Otto Falckenberg.

1923
13. April 1923 (Staatstheater Berlin)
Lieschen in *Faust, I. Teil* von Johann Wolfgang Goethe. Regie: Leopold Jessner.

9. November 1923 (Schauspielertheater Berlin)
Latkina in *Sonkin und der Haupttreffer* von Semjon Juschkewitsch und **Gänsemagd** in *Titus und der Talisman* von Johann Nepomuk Nestroy. Regie beider Stücke: Karl Etlinger.

1924

16. Februar 1924 (Übernahme der Aufführung an das Deutsche Theater)
Latkina in *Sonkin und der Haupttreffer* von Semjon Juschkewitsch. Regie: Karl Etlinger.

1925

23. Januar 1925 (Komödie, Berlin)
Toinette, Dienstmädchen, in *Dardamelle, der Betrogene* von Émile Mazaud. Regie: Max Pallenberg.

9. Februar 1925 (Deutsches Theater Berlin)
Martha Bernick in *Die Stützen der Gesellschaft* von Henrik Ibsen. Regie: Richard Gerner.

19. Mai 1925 (Deutsches Theater Berlin)
Frau Caramelle in *Dr. Knock oder Der Triumph der Medizin* von Jules Romains. Regie: Erich Engel.

16. Juni 1925 (Gastspiel in den Kammerspielen München)
Marie in *Woyzeck* von Georg Büchner. Regie: Hans Schweikart.

3. November 1925 (Renaissance-Theater, Berlin)
Amme Elisabeth in *Das Leben, das ich dir gab* von Luigi Pirandello. Regie: Theodor Tagger.

8. Dezember 1925 (Renaissance-Theater, Berlin)
Klara in *Maria Magdalene* von Friedrich Hebbel. Regie: Theodor Tagger.

22. Dezember 1925 (Central-theater Berlin)
Stasia in *Der Fremde* von Jerome K. Jerome. Regie: Fritz Wendhausen.

1926

14. Februar 1926 (Matinee der Jungen Bühne im Deutschen Theater Berlin)
Portiersfrau und **Lupu** in *Lebenslauf des Mannes Baal*, dramatische Biographie von Bertolt Brecht. Regie: Bertolt Brecht.

26. März 1926 (Staatstheater Berlin)
Salome in *Herodes und Mariamne* von Friedrich Hebbel. Regie: Leopold Jessner.

25. April 1926 (Junge Bühne Berlin, Matineevorstellung im Deutschen Theater)
Clementine, jüngere Schwester in *Fegefeuer in Ingolstadt* von Marieluise Fleißer. Regie: Paul Bildt.

25. September 1926 (Deutsches Künstlertheater Berlin)

Die Mutter in *Veronika* von Hans Müller. Regie: Reinhard Bruck.

1927

9. Januar 1927 (Renaissance-Theater, Berlin)
Amme Guinness in *Haus Herzenstod* von George Bernard Shaw.
Regie: Theodor Tagger.

10. Januar 1927 (Stummfilm, UFA-Palast am Zoo)
Arbeiterin in dem Ufa-Film *Metropolis*. Regie: Fritz Lang.

18. März 1927 (Sendespielfassung für die Funk-Stunde Berlin)
Leokadja Begbick in *Mann ist Mann* von Bertolt Brecht. Regie: Alfred
Braun.

1. September 1927 (Theater am Schiffbauerdamm)
Claudine in *George Dandin* von Molière. Regie: Ilja Motylew.

14. Oktober 1927 (Funk-Stunde Berlin)
Lady Macbeth in *Macbeth* von Shakespeare (Bearbeitung von Bertolt
Brecht und Alfred Braun). Regie: Alfred Braun.

25. November 1927 (Volksbühne Berlin)
Grete Hinkemann in *Hinkemann* von Ernst Toller. Regie: Ernst Toller,
Ernst Lönner.

1928

4. Januar 1928 (Volksbühne Berlin)
Leokadja Begbick in *Mann ist Mann* von Bertolt Brecht. Regie: Erich
Engel.

*Oktober 1928 (Renaissance-Theater; Übernahme der Rolle nach
der Premiere vom 20. September 1928)*
Isidors Mutter in *Ton in des Töpfers Hand* von Theodor Dreiser. Regie:
Gustav Hartung.

November 1928 (Kabarett der Komiker)
Frieda Kniefall in *Himmelfahrt der Galgentoni* von Egon Erwin Kisch.
Regie: Jürgen Fehling.

31. Dezember 1928 (Volksbühne Berlin)
Madame Storch in *Das Mädel aus der Vorstadt* von Johann Nepomuk
Nestroy. Regie: Jürgen Fehling.

1929

4. Januar 1929 (Staatstheater Berlin)
Magd in *Oedipus* (Bearbeitung von *Oedipus* und *Oedipus auf Kolonos*
von Sophokles). Regie: Leopold Jesser.

3. Mai 1929 (Staatstheater Berlin)

Konstanze in *König Johann* von William Shakespeare. Regie: Leopold Jessner.

2. September 1929 (Theater am Schiffbauerdamm)
Dame in Grau („Die Fliege") in *Happy End* von Dorothy Lane. Regie: Erich Engel, Bertolt Brecht.

1930
13./14. Dezember 1930 (Haus der Berliner Philharmonie)
Agitatorin in *Die Maßnahme* von Bertolt Brecht und Hanns Eisler. Dirigent: Karl Rankl, Regie: Slatan Dudow.

1931
6. Februar 1931 (Staatstheater Berlin, Neufassung des Stücks)
Leokadja Begbick in *Mann ist Mann* von Bertolt Brecht. Regie ist auf dem Programmzettel nicht genannt; die Proben leitete am Anfang Ernst Legal, dann übernahm sie Brecht.

7. März 1931 (Schiller-Theater Berlin)
Frau Ferdys in *Die Bekehrung des Ferdys Pištora* von František Langer. Regie: Leopold Jessner.

18. November 1931 (Junge Volksbühne im Bachsaal Berlin)
Mitwirkung in der „roten Revue" *Wir sind ja sooo zufrieden* mit Texten von Bertolt Brecht u.a.

1932
17. Januar 1932 (Komödienhaus am Schiffbauerdamm Berlin, Ur-aufführung)
Pelagea Wlassowa in *Die Mutter* von Bertolt Brecht. Regie: Emil Burri.

26. Januar 1932 (1. Kongreß der „Roten Fahne" im Sportpalast Berlin)
Mitwirkung am künstlerischen Beiprogramm einer Wahlveranstaltung.

11. April 1932 (Ausschnitte aus sieben Szenen für die Funk-Stunde Berlin)
Frau Luckerniddle in *Die heilige Johanna der Schlachthöfe* von Bertolt Brecht. Regie: Alfred Braun.

30. Mai 1932 (Praesens-Film)
Gesang (Off) des Liedes „Das Frühjahr" im Film *Kuhle Wampe oder Wem gehört die Welt?* von Bertolt Brecht und Ernst Ottwalt, Musik: Hanns Eisler. Regie: Slatan Dudow.

1933
4. September 1933 (Veranstaltung für neuimmatrikulierte Student-

en der Universität Kopenhagen)
Mitwirkung mit den *Wiegenliedern* von Bertolt Brecht.

1937

16. Oktober 1937 (Salle Adyar, Paris, unter dem Protektorat des Schutzverbandes Deutscher Schriftsteller, Uraufführung in deutscher Sprache)
Theresa Carrar in *Die Gewehre der Frau Carrar* von Bertolt Brecht.
Künstlerische Gesamtleitung: Slatan Dudow.

1938

14. Februar 1938 (Borups Højskole, Kopenhagen, Wohltätigkeitsveranstaltung für die Deutschschüler, deutschsprachige Premiere des Stückes in Dänemark)
Theresa Carrar in *Die Gewehre der Frau Carrar* von Bertolt Brecht.
Regie: Ruth Berlau, unter Mitarbeit Brechts.

21. Mai 1938 (Salle d'lena, Paris, acht Szenen mit dem Titel „99%. Bilder aus dem Dritten Reich," unter dem Protektorat des Schutzverbandes Deutscher Schriftsteller, Uraufführung in deutscher Sprache)
Die alte Frau in der Szene *Winterhilfe,*
Die Frau (Judith Keith) in der Szene *Die jüdische Frau* und
Die Frau in der Szene *Arbeitsbeschaffung* aus der Szenenfolge *Furcht und Elend des Dritten Reiches* von Bertolt Brecht. Regie: Slatan Dudow.

1939

4. Juli 1939 (Folkets Hus, Stockholm, Feier)
Mitwirkung bei der Veranstaltung zum 70. Geburtstag von Martin Andersen Nexö.

1943

6. März 1943 (Wilshire Ebell Theatre, Los Angeles)
Mitwirkung bei der Veranstaltung zum 65. Geburtstag von Leopold Jessner.

1944

Eine Frau (stumme Rolle) im Film *The Seventh Cross,* Drehbuch nach dem *Roman Das siebte Kreuz* von Anna Seghers: Helene Deutsch.
Regie: Fred Zinnemann.

1948

15. Februar 1948 (Stadttheater Chur/Schweiz, Uraufführung der Bearbeitung)

Antigone in *Die Antigone des Sophokles* von Bertolt Brecht. Regie:
Caspar Neher, Bertolt Brecht.

1949
11. Januar 1949 (Deutsches Theater Berlin)
Anna Fierling in *Mutter Courage und ihre Kinder* von Bertolt Brecht.
Regie: Bertolt Brecht.

1951
12. Januar 1951 (Berliner Ensemble)
Pelagea Wlassowa in *Die Mutter* von Bertolt Brecht. Regie: Bertolt
Brecht.

11. September 1951 (Berliner Ensemble, Neuinszenierung)
Anna Fierling in *Mutter Courage und ihre Kinder* von Bertolt Brecht.
Regie: Bertolt Brecht.

1952
16. November 1952 (Berliner Ensemble)
Theresa Carrar in *Die Gewehre der Frau Carrar* von Bertolt Brecht.
Regie: Egon Monk.

1953
23. Mai 1953 (Berliner Ensemble, Uraufführung)
Frau Großmann in *Katzgraben* von Erwin Strittmatter. Regie: Bertolt
Brecht.

11. September 1953 (Deutscher Fernsehfunk)
Theresa Carrar in *Die Gewehre der Frau Carrar* von Bertolt Brecht.
Fernsehregie: Egon Monk unter Mitarbeit von Jens-Peter Proll.

31. Oktober 1953 (Neues Theater in der Scala Wien)
Pelagea Wlassowa in *Die Mutter* von Bertolt Brecht.
Künstlerische Leitung: Bertolt Brecht, Regie: Manfred Wekwerth.

1954
7. Oktober 1954 (Berliner Ensemble)
Natella Abaschwili und **Mütterchen Grusinien** in *Der kaukasische
Kreidekreis* von Bertolt Brecht. Regie: Bertolt Brecht.

1955
12. Dezember 1955 (Berliner Ensemble)
Wassilissa in *Die Ziehtochter oder Wohltaten tun weh* von Alexander
Ostrowski. Regie: Angelika Hurwicz.

1957
15. Februar 1957 (Berliner Ensemble)
Die Frau (Judith Keith) in „Die jüdische Frau." Regie: Lothar Bellag
und **Die Frau** in „Volksbefragung," Regie: Peter Palitzsch, sowie
Sprecherin in der Szenenfolge *Furcht und Elend des Dritten Reiches*
(ausgewählte 10 Szenen) von Bertolt Brecht.

*20. Oktober 1957 (Deutscher Fernschfunk, Filmdokumentation der
Neuinszenierung der Komödie von 1954)*
Frau Großmann in *Katzgraben* von Erwin Strittmatter. Regie: Bertolt
Brecht, Manfred Wekwerth, Fernsehregie: Max Jaap.

1958
*9. November 1958 (Colloseum Berlin, DEFA-Filmdokumentation
der Neuinszenierung)*
Pelagea Wlassowa (Filmdokumentation) in *Die Mutter* von Bertolt
Brecht. Regie: Bertolt Brecht, Manfred Wekwerth, Fernsehregie: Max
Jaap.

1959
*27. September 1959 (Städtische Bühnen Frankfurt/M., Kleines
Haus)*
Matinee für Peter Suhrkamp
Gedenkfeier des (am 31.3. verstorbenen) Brecht-Verlegers Peter
Suhrkamp. Helene Weigel liest Texte Suhrkamps (aus: *Tagebuch des
Zuschauers, Die nordfriesische Insel, Brief an einen Heimkehrer,
Verleger und Leserschaft, Über das Lesen*).

1961
*10. Februar 1961 (DEFA-Spielfilm nach der Inszenierung des Ber-
liner Ensembles von Bertolt Brecht und Erich Engel)*
Anna Fierling in *Mutter Courage und ihre Kinder* von Bertolt Brecht.
Drehbuch und Filmregie: Peter Palitzsch, Manfred Wekwerth.

8. Mai 1961 (Berliner Ensemble, Uraufführung)
Martha Flinz in *Frau Flinz* von Helmut Baierl. Regie: Manfred
Wekwerth, Peter Palitzsch.

1962
26. April 1962 (Berliner Ensemble)
Mitwirkung in *Brecht-Abend Nr. 1: Lieder und Gedichte 1914–1956*.
Künstlerische Leitung: Manfred Karge, Isot Kilian, Matthias Langhoff,
Manfred Wekwerth.

1963

10. Februar 1963 (Berliner Ensemble)
Mitwirkung im Brecht-Abend Nr. 2: *Über die großen Städte / Das kleine Mahagonny.* Regie: Manfred Karge, Matthias Langhoff.

12. Oktober 1963 (Berliner Ensemble)
Mitwirkung im *Brecht-Abend Nr. 3: Der Messingkauf.* Regie: Werner Hecht, Manfred Karge, Matthias Langhoff sowie Kurt Veth, Hans-Georg Simmgen, Ute Birnbaum.

1964

12. Februar 1964 (Berliner Ensemble, Matinee)
Mitwirkung an dem Programm *Brecht, Lieder und Gedichte für Kinder,* Regie: Kollektiv.

1965

Ab 11. Mai 1965 (Berliner Ensemble, Übernahme)
Volumnia in *Coriolan* von William Shakespeare, bearbeitet von Bertolt Brecht. Regie: Manfred Wekwerth, Joachim Tenschert.

19. November 1965 (Akademie der Künste, Berlin. Erstsendung dieser Lesung durch den Deutschen Fernsehfunk am 20. November 1966)
Mitwirkung an einer Lesung des szenischen Oratoriums *Die Ermittlung* von Peter Weiss. Regie: Karl von Appen, Lothar Bellag, Erich Engel, Manfred Wekwerth, Konrad Wolf.

1966

13. Februar 1966 (Berliner Ensemble, Matinee zum 68. Geburtstag von Bertolt Brecht)
Mitwirkung an dem Programm „Die Literatur wird durchforscht werden".

8. Mai 1966 (Berliner Ensemble, Matinee zum 8. Jahrestag des Vietnam-Kriegsbeginns)
Mitwirkung an dem Programm „...endigt ihre Schlächtereien".

17. Mai 1966 (Theater Junge Garde, Halle, Erstaufführung einer Soiree aus der Reihe „Filme des Berliner Ensembles")
Mitwirkung an der Film-Soiree *Die Mutter.* Zusammenstellung und Leitung: Werner Hecht.

14. Oktober 1966 (Ciné Bellevue, Zürich)
Kommentar-Sprecherin im Film *Ursula oder das unwerte Leben,* Téléproduction 1958/66, Gestaltung: Reni Mertens, Walter Marti.

26. Dezember 1966 (DDR Rundfunk, Berlin)

Fischweib in der Hörspielproduktion *Das Verhör des Lukullus* von Bertolt Brecht. Regie: Kurt Veth.

1968

4. Februar 1968 (Deutscher Fernsehfunk, Erstsendung)
Marie Soupeau in *Die Gesichte der Simone Machard* von Bertolt Brecht. Regie: Manfred Karge, Matthias Langhoff.

12. Juni 1968 (Berliner Ensemble)
Frau Luckerniddle in *Die heilige Johanna der Schlachthöfe* von Bertolt Brecht. Regie: Manfred Wekwerth, Joachim Tenschert.

1. Oktober 1969 (Berliner Ensemble)
Mitwirkung im *Brecht-Abend Nr. 5: Das Manifest.* Regie: Klaus Erforth, Alexander Stillmark.

1970

15. Januar 1970 (DEFA, Babelsberg, erster Teil des Episodenfilms „Aus unserer Zeit," Premiere)
Kommentar-Sprecherin im Film *Die zwei Söhne* nach der gleichnamigen Geschichte von Bertolt Brecht, Buch und Regie: Helmut Nitzschke.

22. April 1970 (Berliner Ensemble)
Mitwirkung am Programm *Zeitgenosse Lenin.* Regie: Hartwig Albiro, Ruth Berghaus, Thomas Vallentin, literarische Mitarbeit: Karl Mickel, Heiner Müller.

5. September 1970 (zur Herbstmesse im Haus „Leipzig-Information," veranstaltet von der Konzert- und Gastspieldirektion; mehrfache Wiederholung des Abends, zuletzt im März an der Sorbonne in Paris.)
Mitwirkung in einem neuen *Bertolt-Brecht-Abend.*

1971

28. Februar 1971 (Berliner Ensemble, Neuinszenierung)
Pelagea Wlassowa in *Die Mutter* von Bertolt Brecht. Neuinszenierung auf der Basis des Brecht-Modells von 1951: Wolfgang Pintzka. In dieser Inszenierung tritt Helene Weigel bei einem Gastspiel in Nanterre bei Paris am 3.April 1971 zum letzten Mal auf.

"Amid the harmony, a discordant note":
Helene Weigel at the Frankfurt Schauspielhaus 1921–1922

After her premiere engagement in 1919 at the Neues Theater Frank-furt, Helene Weigel switched to the Frankfurt Schauspielhaus in the 1921/22 season. From September 1921 until June 1922 she acted in ten roles, some of them in productions that were listed on the repertory for many months. This surprisingly varied theatrical activity is detailed here for the first time. Under Richard Weichert, the new artistic director, Weigel began her season with an initial success as Meroe in *Penthesilea*. However, she drew hostile criticism in her second and bigger role as Amalia in Schiller's *The Robbers*; Bernhard Diebold went so far as to speak of "total miscasting." Reaction to the successful burlesque *Die lustigen Vagabunden* likewise showed how little Weigel's temperament harmonized with the ensemble's traditional acting style: the critics accused her of excessiveness. Whereas Arthur Hellmer of the Neues Theater had been better able to exploit Weigel's talent and was open to experiment, Weichert subsequently cast her only in minor roles. She never emerged as a challenge to the company's star performers, Gerda Müller and Fritta Brod. Thus the third Frankfurt year, though filled with daily theatrical work, was a professional setback, leading to her summer 1922 departure for the Berlin Staatstheater.

„Schriller Mißton in der Harmonie"
Helene Weigel am Frankfurter Schauspielhaus
1921–1922

Werner Hecht

D er Nutzer des Helene Weigel-Archivs (Berliner Akademie der Künste) erhält leider nur fragmentarische Kenntnisse über den künstlerischen Werdegang von Helene Weigel, besonders in deren Anfangszeit. Die mit der Vorbereitung eines solchen Archivs Beschäftigte (Christa Neubert-Herwig) wie der dann 15 Jahre mit dem Aufbau Beauftragte (Matthias Braun) haben das bereits vorhandene Material oder die in der Zeit ihrer Tätigkeit zugelieferten Fakten nicht sachkundig ausgewertet und eingeordnet. Noch weniger sind sie den Hinweisen von Helene Weigel selbst oder deren Bekannten (etwa Arnolt Bronnen, Marta Feuchtwanger, Bernhard Reich) nachgegangen. Dadurch klafft u.a. eine Lücke über die Tätigkeit der jungen Schauspielerin in der Spielzeit 1921–1922 am Schauspielhaus in Frankfurt am Main. Dabei hätte zur Aufklärung schon das Gespräch Hans Bunges mit Helene Weigel (am 4.8.1959 in Buckow) anregen können. Sie klärte damals ihren Gesprächspartner darüber auf, dass sie am Frankfurter Schauspielhaus keineswegs nur die Meroe in Kleists *Penthesilea* gespielt habe, sondern auch andere Rollen, z.B. die Amalia in den *Räubern*.

Eine Durchsicht der Frankfurter Tageszeitungen der elf Monate dieser Spielzeit sowie der nahezu vollständig erhaltenen täglichen Theaterzettel des Schauspielhauses (in der Universitätsbibliothek in Frankfurt a.M.) ergibt eine überraschend vielfältige schauspielerische Tätigkeit der jungen Schauspielerin an diesem Theater. Vom September 1921 bis zum Juni 1922 spielte sie immerhin elf Rollen in Aufführungen, die teilweise über viele Monate auf dem Spielplan standen.

Bekannt war bisher ihr sehr erfolgreicher Start am Frankfurter Neuen Theater. Sie hatte mit Direktor Arthur Hellmer 1919 Vertrag geschlossen und war eine Zeitlang mit ihrer Wiener Freundin Sadie Livingstone (der späteren Frau Otto Müllereiserts)[1] an dem experimentierfreudigen jungen Theater engagiert. Sadie war bald liiert mit einem Regisseur des Schauspielhauses. Möglicherweise hat Helene Weigel dadurch ebenfalls Kontakt mit dem Direktor des angesehenen größeren Frankfurter Theaters bekommen. Ihrer mütterlichen Freundin, der dänischen Dichterin Karin Michaelis, schreibt sie am 19.10.1919 (kurz nach Antritt ihres Engagements am Neuen Theater), selbst überrascht von ihrem enormen schauspielerischen Anfangserfolg: die „Leute hupfen schrecklich auf meinen Erfolg hinein"[2]. Gleichzeitig teilt sie ihr mit, dass Carl Zeiss, der damalige Direktor des Frankfurter Schauspielhauses nach ihrem ersten Auftreten „so viel" von ihr gehalten habe. In einem weiteren Brief vom 18.9.1919 verrät sie Karin Michaelis, dass sie mit Zeiss auf drei Jahre am Schauspielhaus abgeschlossen habe. Da sie aber noch unter Vertrag mit dem Neuen Theater stand, konnte der Übergang an das Schauspielhaus erst 1921 beginnen. Zu der Zeit war Zeiss (den die Weigel in ihrem schon genannten Brief als „das wirklich Beste" bezeichnet, „das in Deutschland ist") längst aus Frankfurt weggegangen und hatte die Münchener Staatstheater übernommen.

Arthur Hellmer und seine Regisseure betrauten die junge Weigel in den zwei Spielzeiten 1919-1921 am Neuen Theater mit großen Aufgaben, die ihr Talent in vielfältiger Weise herausforderten. Die Pressekritik setzte große Hoffnung auf die Gestaltungskraft der Debütantin.

Als sie ihr Engagement im Herbst 1921 im Schauspielhaus antrat, war Carl Zeiss bereits ein Jahr in München; sein Nachfolger in Frankfurt war Richard Weichert, nicht Gustav Hartung, Sadie Livingstones Freund, der sich diesen Posten gewünscht hatte und nun — enttäuscht — nach Darmstadt gegangen war. Die erste Arbeit Weicherts im zweiten Jahr seiner Intendanz[3] war Kleists *Penthesilea*, in der er die Weigel als Meroe besetzte. Die Inszenierung war ein durchschlagender Erfolg und stand während der ganzen Spielzeit auf dem Spielplan. Einen Eindruck von der minutiös vorbereiteten und gearbeiteten Regiekonzeption liefert das nachgelassene Regiebuch Weicherts[4]: Für jede Seite des Textbuches, des auseinandergeschnittenen Reklamheftes, ist auf einem DIN-A-4-Blatt an zahlreichen markierten Stellen der Gestus, die Betonung und die Körperbewegung der Figuren exakt beschrieben. Die Hauptrollen waren besetzt mit den beiden jungen weiblichen Stars des Ensembles: Gerda Müller (Penthesilea) und Fritta Brod (Prothoe). Wie immer wurden sie ohne Abstriche von der Kritik gefeiert. Dennoch gelang Helene Weigel ein erstaunliches Debüt im Schauspielhaus. Ihre Meroe wurde vom *Generalanzeiger* als „bemerkenswerte Leistung" beurteilt; sie habe den „berühmten Bericht" mit einer „geradezu plastischen Kraft" vorgetragen. Der Rezensent der *Volksstimme* war sowohl von ihrer „prächtigen, modulationsfähigen Altstimme" beeindruckt wie auch von der Tatsache, dass ihr die Darstellung des Mordes besonders gelungen sei, weil ihr „selber dabei die Tränen in die Augen traten." Auch der Kritiker der *Offenbacher Zeitung* zeigte sich tief beeindruckt, und in der *Frankfurter Zeitung* wurde gar behauptet, die „dröhnende Stimme und schwere Gedanklichkeit" von Helene Weigel habe „das Haus erbeben" gemacht.[5]

Man muss sich fragen, ob im Botenbericht der Meroe von 1921 nicht schon ein Vorläufer des von Brecht acht Jahre später beschriebenen und hoch gerühmten Berichts der Magd in Jessners *Ödipus* am

Amtlicher Theaterzettel

Frankfurter Schauspielhaus.

Sonntag,   **abends 6½ Uhr**   **Außer**
den 4. Juni 1922   Ende 10½ Uhr   **Abonnement**

Die Räuber

Ein Schauspiel in 5 Akten (12 Bildern) von Friedrich Schiller.

Spielleitung: Walther Brügmann.

Bühnenbilder nach Entwürfen von Ludwig Sievert.

Maximilian, regierender Graf von Moor . . . . . . Arthur Bauer	Schufterle,	Theodor Veith
Karl, ⎫ seine Söhne . . . . {Carl Ebert	Roller, ⎫ Libertiner, nachher {Friedrich Ettel	
Franz, ⎭ {Jakob Feldhammer	Kosinsky, ⎬ Banditen Hans König	
Amalia von Edelreich . . . . Helene Weigel	Schwarz, ⎭ Hans Nerking	
Spiegelberg, ⎫ Robert Taube	Hermann, Bastard von einem Edelmann . . . . Kurt Böhme	
Schweizer, ⎬ Libertiner, nachher Alexander Engels	Daniel, Hausknecht des Graf von Moor . . . . Ben Spanier	
Grimm, ⎪ Banditen Arthur Simon		
Razmann, ⎭ Karl Luley	Ein Pater . . . . Walther Brügmann	

Der Ort der Geschichte ist Deutschland. Die Zeit ohngefähr zwei Jahre.

Die zur Handlung gehörige Musik ist von Willy Salomon.

Die Dekorationen sind gemalt von Carl Müller-Ruzika.

Techn. Einrichtung: Georg Schiro. — Beleuchtung: Otto Landsberg.

Pause nach dem 5. Bild (Böhmische Wälder).

Bücher sind an den Tageskassen, im Kassenflur und bei den Türschließern zu haben.

Kartenverkauf: Der Vorverkauf findet täglich von 11—1 Uhr statt. Beginn des **Abendverkaufs** ¾ Stunden vor Anfang der Vorstellung. Außerdem können in der Zeit, in der die Kassen geschlossen sind, Eintrittskarten in nachstehenden Verkaufsstellen bezogen werden: Lina Schott, Theaterplatz 10; Tel.: Hansa 299; J. Schottenfeld & Co., Beßmannstr. 59, Tel.: Hansa 3385; Uhrtürmchen, Große Bockenheimerstraße, Tel.: Hansa 2246; Olga von Hagen, Goethestr. 37, Tel.: Hansa 3623; Wilhelm Fuchs, Zeil 82, Tel.: Hansa 182; Philipp Rumbler, Darmstädter Landstraße 66, Tel.: Hansa 4010; Königs Hofbuchhandlung, Hanau am Main, Marktplatz; Hugo Harz, Höchst am Main, Königsteinerstraße 3 c, Tel.: Nr. 365.

Preise ~ (Mk. 12.— bis Mk. 80.—).

Die Bühnenleitung behält sich das Recht vor, in notwendigen Fällen Rollen-Umbesetzungen vorzunehmen, ohne daß der Besucher aus diesem Grunde eine Zurücknahme des Billetts und Rückzahlung des gezahlten Eintrittspreises verlangen kann. — Eine Zurücknahme von Karten findet nur bei Abänderung einer Vorstellung statt.

Schauspielhaus   Opernhaus

Montag, den 5. Juni, abends 7 Uhr: **Montag, den 5. Juni, abends 6½ Uhr:**

Ein Sommernachtstraum   **Die Afrikanerin**

Schauspiel in 5 Aufzügen von Shakespeare.   Große Oper mit Tanz in 5 Akten von G. Meyerbeer.
Musik von Mendelssohn.

Außer Abonnement.   Preise C.   Außer Abonnement.   Preise B.

═══ Schauspielhaus. ═══

Sonntag, den 11. Juni, abends 7½ Uhr:

Theaterzettel des Frankfurter Schauspielhauses zu der für Helene
Weigel letzten Vorstellung der *Räuber* am 4. Juni 1922.
(Premiere am 10. November 1921)

Berliner Staatstheater[6] zu sehen ist.

Nach einem Auftritt als Armgard in Schillers *Wilhelm Tell*, den die Presse nicht weiter zur Kenntnis nahm, kam ein erster Einbruch. Walther Brügmann, Regisseur zahlreicher Klassiker-Inszenierungen, der selbst häufig in komischen Rollen auf der Bühne stand, besetzte sie als Amalia in den *Räubern*. Allein schon die Vorstellung, sich die stimmgewaltige lautstarke junge Schauspielerin als treu ergebenes, wartendes Liebchen vorzustellen, mag absurd erscheinen, es sei denn, der Regisseur verfolge damit eine andere Sicht auf eine neue Amalia — was bei Brügmann in der Tat nicht zu erwarten war. Gedanken dieser Art mussten wohl Bernhard Diebold bewegt haben. Er schrieb, nicht ohne Sarkasmus: „Es ist anzunehmen, daß die Direktion wie der Referent weiß (sic), daß das explosive Frl. Weigel das ‚schmelzende Mädchen' Schillers zersprengen mußte. Sollte hier bloß die pädagogische Absicht, die junge Künstlerin an einer sentimentalen Rolle die leiseren Töne lernen zu lassen, den Ausschlag gegeben haben?"[7] Mit gutem Grund bezeichnete Diebold die Weigel in dieser Rolle als „völlige Fehlbesetzung." Das vernichtende Urteil veranlasst die Direktion freilich zu keiner Umbesetzung der Rolle: sie musste die Amalia die ganze Saison über weiterspielen.

Noch vor Weihnachten kam die Posse *Die lustigen Vagabunden* von ihren Schauspielerkollegen Toni Impekoven und Carl Mathern heraus, eine Fortsetzung des Erfolgsstücks *Robert und Bertram*. Helene Weigel hatte hier den „Hausdrachen" Eulalia zu spielen, auf die der Vierzeiler gesungen wurde: „Eulalie, Eulalie, / was bist du ne Kanaille, / Xanthippe selbst war gegen dir / ein sanftes Lamm nur, gloob es mir." Es ist leicht vorstellbar, dass hier die Weigel „eine ungemein deftige Type hinlegte."[8] Während Hermann Linden im *Mannheimer Stadtanzeiger* „Helene Weigel, eine schauerliche Megäre," noch zu den „amüsantesten" Schauspielern zählte, sah Max Geisenheyner vom Frankfurter *Mittagsblatt*, dass auch dies keine Rolle für die Weigel gewesen sei: „dazu fehlt ihr der Humor." Im *Generalanzeiger* wurde die ausgezeichnete Regie Weicherts gelobt; er habe das Genre der Posse anderen Dramenformen gegenüber gleichberechtigt behandelt und auch dieses Stück auf ein bestimmtes künstlerisches Niveau gehoben. Die Darstellung der Posse sei dadurch „geadelt durch ein menschliches Gefühl." Dem hätten sich alle Schauspieler untergeordnet, „unter Ausnahme von Helene Weigel, der bei aller Wertschätzung ihrer natürlichen Gaben eine größere Mäßigung angeraten werden muß."

Die Tatsache, dass Helene Weigel offensichtlich nicht in die traditionellen Formen der Spielweise dieses Ensemble passte, drückte Willy Werner Göttig im *Offenbacher Abendblatt* (am 19.12.1921) eindeutig aus: „Einzig und allein Helene Weigel brachte einen schrillen Mißton in die Harmonie: ihre Eulalia war von einer solch widerwärtigen, fast ordinären Derbheit, daß man es überhaupt nicht begreifen kann, wie

Theaterzettel des Frankfurter Schauspielhauses zur Silvestervorstellung der Posse *Die lustigen Vagabunden* von Toni Impekoven und Carl Mathern. (Uraufführung am 10. Dezember 1921)

137

man diese Künstlerin ans Schauspielhaus verpflichten konnte."

Trotz allem: die Aufführung wurde der Renner der Spielzeit, und Helene Weigel musste trotz der vernichtenden Urteile alle Vorstellungen spielen.

Indessen war die Direktion von nun an viel vorsichtiger, die skandalumwitterte junge Schauspielerin in großen Rollen einzusetzen. Entschieden war jedenfalls, dass sie — trotz ihrer gelungenen Meroe — an den Spitzenpositionen von Gerda Müller und Fritta Brod nicht rütteln konnte. Sie wurde nunmehr nur noch mit kleinen Aufgaben betraut: mit Übernahmen für scheidende oder zeitweilig nicht verfügbare Kolleginnen (Marion in *Dantons Tod* und Skirina in *Turandot*). In Ibsens *Peer Gynt* bekam sie die Rolle der Tochter des Hægstadtbauern Ingrid, in Strindbergs *Nach Damaskus, 1. Teil* die der Äbtissin, alles Rollen, die ihr wenig Entfaltung ihres Talents boten. In zwei Uraufführungen (*Tamar* von Friedrich Wolf am 10.2.1922 und *Vatermord* von Arnolt Bronnen) spielte sie Randfiguren. Im nachhinein fand Arnolt Bronnen ihre Gestaltung der Episoden-Figur in seinem Stück wenigstens „interessant," aber die Presse empfand die Rolle durchgängig als völlig überflüssig. Die *Offenbacher Zeitung* meinte, „Die Junge" von Helene Weigel sei „mit Liebe und Andacht vor dem Dichter" gespielt worden. In *Tamar* von Wolf habe sie die Rolle der Magd „zur vollen Wirkung ihrer vorgeschriebenen Situation" kommen lassen, meinte Bernhard Diebold. Das ist gewiss das abgekühlteste Urteil über die Frankfurter Weigel aus der Feder dieses Kritikers. Aus allen Rezensionen über die Rollen im Neuen Theater liest man das anhaltende Interesse Diebolds an dem Naturtalent der jungen Schauspielerin. Mit der Amalia scheint seine Neugier auf die Weiterentwicklung von Helene Weigel erloschen zu sein. Allerdings hatte er seinerzeit sogar bei der Fehlbesetzung der Amalia „die große Talentanlage im stummen Spiel und Schrei" noch gespürt und eine Feststellung angeschlossen: „Doch zwischen dem Unhörbaren und dem Fortissimo hat Helene Weigel noch den Übergang zu suchen. Erst im Entwickeln der Leidenschaften entsteht große Kunst."[9]

Ohne Zweifel hatte Hellmer die Fähigkeiten und das Talent von Helene Weigel besser erkennen und nutzen können als Weichert. Eine Besetzung der blutjungen Schauspielerin als Greisin in *Gas. Zweiter Teil* von Kaiser[10] war eben ein kühner Entschluss und eine Herausforderung für die Weigel, auch in einer kleinsten Rolle ihr Talent zu zeigen. Zu solchen Experimenten war Weichert, der auf seine bewährten Stars setzte, kaum in der Lage. Es war sicher für ihn betrüblich, dass diese zu einem großen Teil — wie auch (vorzeitig) Helene Weigel — das Frankfurter Schauspielhaus mit Ende der Spielzeit 1921–1922 verließen und in Berlin einen neuen Anfang suchten.

Für Helene Weigel war das dritte Frankfurter Jahr nach dem Erfolg bei Hellmer sehr angefüllt mit täglichen schauspielerischen Aufgaben, für ihre Fortentwicklung war es eher ein herber Rückschlag. Sie sah ihre Zukunft in Berlin. Bei der an den zahlreichen Berliner Bühnen noch viel härteren Konkurrenz dauerte es allerdings mehrere Jahre, ehe Helene Weigel schließlich 1925 als Klara in Hebbels *Maria Magdalene* von Hebbel im Renaissance-Theater ihren künstlerischen Durchbruch erzielen konnte.

ANMERKUNGEN

[1] Darüber hat Klaus Völker vor kurzem im Berliner Transit Verlag den schönen und lesenswerten Band *„Ich verreise auf einige Zeit." Sadie Leviton — Schauspielerin, Emigrantin, Freundin von Helene Weigel und Bertolt Brecht* geschrieben, Berlin 1999.

[2] Königliche Bibliothek Kopenhagen. Vgl. Werner Hecht, „Die Geburt des dramatischen Genies. Helene Weigels erstes Engagement 1919–1921 in Frankfurt," in: *notate*, 13.2 (Berlin 1990): 2–5.

[3] Vgl. dazu auch die Dissertation von Dieter Wedel: *Das Frankfurter Schauspielhaus in den Jahren 1912 bis 1929*, Freie Universität Berlin, 1965.

[4] Nachlass Weichert in der Theatersammlung, Universitätsbibliothek Frankfurt/M.

[5] Alle Rezensionen am 19.9.1921.

[6] *Dialog über Schauspielkunst*, in: GBFA 21:279–82.

[7] *Frankfurter Zeitung*, 11.11.1921.

[8] *Frankfurter Zeitung*, 12.12.1921. Auch alle weiteren Zeitungszitate, wenn nicht anders angegeben, von diesem Datum.

[9] *Frankfurter Zeitung*, 11.11.1921.

[10] Am 13.11.1920 im Neuen Theater.

„Erschreckend explosiv." Die junge Weigel

Helene Weigels Interesse an der Schauspielkunst wurde durch Theaterleidenschaft der Mutter geweckt, aber nicht gefördert. Ihre Schuldirektorin, die Reformpädagogin Eugenia Schwarzwald, und die Schriftstellerin Karin Michaelis arrangierten das erste Vorsprechen beim Direktor der Wiener Volksbühne. Erste Engagements folgten. Ab 1919 wurde die Weigel von der Frankfurter Presse als außerordentlich wandlungsfähiges Jungtalent wahrgenommen, dessen expressive Fähigkeit sich vor allem durch „Wildheit" ausdrückte. Gelobt wurde ihre „Kunst der Instrumentation der Rede," die „Biegsamkeit der Stimme." Nachdem sie 1922 ans Berliner Staatstheater gewechselt war, blieb sie noch lange „die lärmendste Schauspielerin Berlins," die vielen kleinen Rollen von Mägden, Ammen, und leidenden Müttern ungewöhnlichen Glanz verlieh. In der 1925 einsetzenden Zusammenarbeit mit Brecht entwickelte sie dann ihre Fähigkeiten des leisen und des epischen Spiels. Die von Kritikern auch weiterhin wahrnehmbare „Einfühlung" blieb als unterirdische, zweite Ebene erhalten. Erst bei der Arbeit an der *Mutter* erkannte Brecht die gemeinsame Chance, ihre bislang erfolgreich gespielten Rollen der Subalternen in Hauptrollen zu verwandeln.

"Shockingly explosive"
The Young Weigel

Sabine Kebir

Helene Weigel was born in 1900 into a Viennese Jewish family that was emancipated in various senses of the word. Her father was a buyer for a textile firm. Her mother owned and operated a toy store and frequently attended the theatre with her own mother. The two daughters, however, enjoyed no direct benefit from either the toy store or this passion for the theatre. Helene was excluded from this during her childhood years. She never forgave her mother for not taking her to see the last appearance of the great Josef Kainz as Marc Antony. The date was 12 May 1910, her tenth birthday.

The secondary school Weigel attended, one of the remarkably progressive private schools founded by Eugenie Schwarzwald, was important to her development. The Schwarzwald schools were open to both Jewish and non-Jewish children. In the lower grades, boys were also accepted. Despite this openness, Jewish girls constituted a majority. The curriculum aimed at preparing the pupils for careers and, in particular, for college study. More than half of the graduating girls went on to study the natural sciences or medicine. At the same time, traditional womanly accomplishments such as cooking and handicrafts were also cultivated. The Swiss-trained Frau Dr. Schwarzwald herself would crochet in public, as would Weigel, too, in later years.

Two things in particular made a lasting impression on Helene Weigel: the social engagement Schwarzwald demonstrated during and after the World War by founding soup kitchens and homeless shelters on a large scale, and her salon, which was among the most important in Vienna at the time. It was frequented not only by Austrian artists, but also by others from across Europe: Karl Krauss, Käthe Kollwitz, Rainer Maria Rilke. Schwarzwald aided the destitute Oskar Kokoschka by hiring him as a drawing teacher. Arnold Schönberg held composition seminars for her. And after the First World War, Georg Lukàcs and Hanns Eisler lived for a time in Schwarzwald's "Gritzinger Barracks" for homeless intellectuals. Helene Weigel knew all of these men from this period.

It was no accident that the male and female graduates of the Schwarzwald schools included future students of Sigmund Freud who would attempt to extend his teachings into the field of social reform. The *Schwarzwaldschüler* Siegfried Bernfeld, a member of the Psycho-Analytical Association and later a proponent of a Marxist extension of Freud's views,

Helene Weigel 100
Maarten van Dijk et al., eds., *The Brecht Yearbook / Das Brecht-Jahrbuch*
Volume 25 (Waterloo, Canada: The International Brecht Society, 2000)

Freud's views, married Weigel's classmate Elisabeth Neumann, later the second wife of Berthold Viertel. Another *Schwarzwaldschülerin*, Weigel's intimate friend Maria Lazar, was painted by Kokoschka in 1915. Later, in her apartment in Copenhagen, the journalist and writer Lazar put up only one wall decoration: a gigantic photo of Freud. Although Weigel's family lived near Freud after 1913, in the Berggasse, their progressive sexual convictions had less to do with his influence on fellow students than with the earlier, long-active influence of the Danish writer Karin Michaelis. Since 1910 Michaelis had been the closest friend of Eugenie Schwarz-wald, spending several months of each year with her. She became Weigel's and Lazar's mentor and remained a motherly friend to both throughout her life. In her German and Austrian bestseller, *The Dangerous Age* (1910), Michaelis used a number of case histories to represent actual female genitality as polygamous and to argue for the non-congruence of the sexual with the social.[1] These views may explain the tolerance and readiness to embrace alternative lifestyles that Schwarzwald already em-bodied: she lived in a *ménage à trois* with her friend, the secretary and manager of the schools, Maria Stiasny, who was Hermann Schwarzwald's lover.[2]

Until the rediscovery of Karin Michaelis's book (which is also mean-ingful in connection with Brecht) and the research in recent years into the Schwarzwald schools, it was practically impossible to reconstruct the influences that shaped Weigel's youthful personality.[3] Only now is it be-coming clear what kind of socialization "conditioned" Weigel for her life-long partnership with Brecht. The elements of her education were more or less an inventory of what the Nazis sought to eliminate as "Jewish cultural Bolshevism," though it was in fact neither Jewish nor Bolshevist. The "Jew-ish" Austrian Eugenie Schwarzwald and the "Aryan" Dane, Karin Micha-elis, belonged to the radical-democratic-oriented bourgeoisie. Fascism largely destroyed this tradition as well.

While still in high school, Weigel witnessed a Bible recitation by the dwarfish actress Lia Rosen, and was thereafter fixed in her desire to follow this profession herself. Rosen and other actors were willing to take on children as students only with their parents' consent, and Weigel's were firmly opposed. "I exhibited cramps that horrified my parents, were very stressful for me, and for which several well-known doctors could offer no diagnosis." She stole the money needed for a secret audition, but her father found her out. He explained to the Burgtheater actor Albert Heine (for whom she had successfully auditioned) that his daughter "sometimes wasn't right in the head."[4]

Eugenie Schwarzwald, who generally supported her students' career plans and could easily imagine Weigel's classmate Elisabeth Neumann as an actress, had a harder time with Helene, who seemed outwardly very unsuited.[5] Apparently the girl was already falling ill when Schwarzwald,

14 Helene Weigel with Maria Lazar on Thurø, August 1933

[Photo: Mogens Voltelen]

hoping to bring her around to a different way of thinking, arranged a sort of audition in the director's office. The older sister of Maria Lazar, Auguste, who was employed as a teacher at the time, describes the occasion:

> I had knocked discreetly and rather too softly on Genia Schwarzwald's doors. There was a very loud and vehement conversation going on inside the director's office. I seem to remember hearing the words, "Because I am your king!" I must have imaged that, but is *was* Schiller, spoken by a powerful voice. A few other voices could be heard at intervals. I knocked again and thought I heard Genia Schwarzwald say "Come in." I opened the door a crack, and that's when it happened. A powerful, rather stocky girl bumped into me roughly. She pushed by visibly agitated, her round, childish cheeks dark red. Like a whirlwind she swept through the other door into the corridor. The doors to the director's office opened again and the architect Adolf Loos emerged in his hat and overcoat. The secretary, Yella Freund, asked, "How did it go? The girl made a frightful racket." "That she did!" answered Loos laughing, "but she has talent, that's for sure." "Who is she?" I asked. "Weigel. Helene Weigel." None of us suspected how this name would one day resonate.[6]

Schwarzwald now turned to Karin Michaelis, who was able to arrange an audition for her pupil with Arthur Rundt, the director of the Vienna Volksbühne, in December 1917. Michaelis described this event in a remarkable article. The aspiring actress showed up half an hour early, and

> sits gracelessly on the extreme edge of her chair [...] her handshake is limp and clammy. [...] The Semitic eyes would have been more beautiful if they had had any sparkle, but they are as dead as her dark, indifferent hair. Her movements are reminiscent of a young hippopotamus on land. Her handkerchief is dirty [...]. Not unlike one's image of a young, half-abnormal, half-shameless child murderer, failing to comprehend the enormity of her crime. If only it were already over, so that she could scream out her disappointment to the four winds and then become something: masseuse, dentist, gardener, or the like! Or she could bring children into the world [...], devote herself to domesticity, she must be able to scour and scrub! [...] The girl actually believes that she can play comedy. She will take her own life if she isn't allowed to audition.
>
> Finally Rundt comes into the room. He, too, explains that the realm of art is not accessible to everyone and the path to it is filled with thorns. She should say something, for God's sake. It seemed to her that the people present sank into the earth. The prominent forehead trembled nervously, like a skin forming on milk. The pupils expanded, shooting long cold rays. The lips were stretched like a bow ready to let fly poisoned arrows. The sagging body righted itself, acquired bearing, acquired majesty. A voice — a soul resolved into sound — began weakly, almost whispering: "Your sword is so red with blood! Edward! Edward!"[7]
>
> The power of Niagara's roaring water drives dynamos, the sun's rays are channelled into telephone wires. Why not form a new metal out of the human voice, nobler than gold, and fashion a gem of lasting beauty for beauty-starved humanity? Sarah Bernhardt's instrument is gnawed by time's tooth, Eleonore Duse's broken by sorrow. But the throat of this ugly, awkward nine-

teen-year-old girl [in reality seventeen] contains the whole enchantment of the knowledge of good and evil, the sobbing and complaint of every bird, the murmur of every brook, all the colors of the rainbow, organ notes and death rattles, the shrieks of women in childbirth, the ecstasy of every love cry [...]. The expert, the theatre director, shields his eyes with his hand, as though the light he sees is too brilliant, too blinding. The ballad was halfway done when he gave her the signal to stop. Immediately ashamed, he stammered, "That will do! That will do!"

But Helly does not hear him. Edward and his mother carry the reckoning of their disgrace to its conclusion. When she finally stood silent, Edward's curse had fallen not just on the guilty woman; all of us were chilled to the core [...]. The girl was still clutching her crumpled handkerchief. [...] The director said — and he sounded abashed — "I would not discourage you from pursuing the stage." And he added: "You require no training." [...] Later in the day he announced "One of the greatest dramatic geniuses ever born."[8]

Her parents now allowed Helene to go to the theatre under the guardianship of Karin Michaelis, who acted as a kind of godmother or guarantor to their underaged daughter. In 1918, after a few lessons in speaking and acting from Burgtheater actors Arthur Holz and Rudolf Schildkraut, Weigel was already performing minor roles in Bodenbach in Moravia. In 1919, Arthur Hellmer arranged an engagement with the highly experimental New Theatre in Frankfurt am Main. Through the departure of another actress she immediately landed the role of Marie in Büchner's *Woyzeck*. Her partner (in real life, for a time, as well as on the stage) was Albert Steinrück, her elder by 28 years. Therese Giehse auditioned with him at about the same time.[9]

Helene Weigel's older sister, Stella, clipped reviews from the newspapers until 1932 and assembled them into two notebooks. These are now held by the Helene Weigel Archive and, supplemented by other sources, they allow an excellent reconstruction of the critics' astonished impression of the young actress. Signs of her contribution to the artistic symbiosis with Brecht and their common achievement can also be discerned. The *Frankfurter Nachrichten* stated: "The talented young Helene Weigel made us sit up and pay attention. She played the Woman magnificently."[10] The *Frankfurter Zeitung* wrote that "a name new to Frankfurt" had emerged, "on which we set our hopes. Lacking the complete assurance of a more polished performer, she exuded feeling and warmth, drove herself to wildness and forgot herself. A true spirit who compels our belief."[11] And the *General Anzeiger* noted that "the starkly naturalistic rendering of Marie by Helene *Weigel* deserves note as a theatrical triumph carried off with confident idiosyncrasy expressed in superb mimicry and rigorously maintained harshness of speech."[12]

She also received praise for her next role, as the *Weib* in Karl Schönherr's *Weibsteufel*: "Agile and serpentine, she masters every situation [...] assisting her in this role are a sure command of dialect and a spirit that scintillates like flame. Sometimes her passion rises so high that a sentence is mangled."[13] Weigel played her first old woman at the age of 20, in Georg Kaiser's play *Gas II*. It was "the last role after 21 blue and yellow and other characters that the playbill bothered to list. One saw that no role was small or trivial enough to hide a real talent that could move an audience with a dozen words."[14] And: "[...] with her sonorous organ, conveying deep sensitivity," she created effects "far exceeding the mannered solemnity of other contemporary actresses. She possesses in high measure the art of instrumentalized speech and commands a degree of vocal suppleness that lets her carry off even so far-fetched a role as this crone."[15]

Since Helene Weigel did not fit the cliché of the youthful star and had obviously seen the danger of being shunted aside into minor roles, she thrust herself quite blatantly into the foreground. She drew unreservedly on her spirit and her vocal skills — which at that time tended toward loudness. As the shepherdess Mopsa in Shakespeare's *A Winter's Tale*, her manner seemed exaggerated: "The lushness of the sheep-shearing festival calls for a level of moderation that Fräulein Weigel and Heicke in particular approached all too ponderously."[16] She had a glittering success in March 1921 as the Polish peasant girl Piperkarcha in Gerhard Hauptmann's *The Rats*. "In this stupid and wretched Pole the red blood gushed out in rays. Her despair, her instinctual desire, the blind, Fury-like combativeness of a mother animal communicated a primeval violence. She was the crude woman that Hauptmann intended, yet also ingratiating, feline, and maternal."[17] And:

> With burning vitality Helene Weigel pushed herself to the fore of the action. Her roaring, wailing, and sobbing were subterranean: a little volcano began to erupt. Words, indeed whole sentences were flung out with such vehemence that often their sense was lost. Much, too, was drowned in accomplished sobbing. But these are marks of youthful richness. This is a true artist who, guided by the right hands, could grow amazingly.[18]

Those who saw Weigel on stage in her later years always sensed this same boiling talent under the surface of her gentle, utterly calm acting style — one level out of many that were held in reserve. It would always manifest itself — to Brecht's irritation — as "empathy" with the roles, and indeed in the form of real tears. This was first attested of her portrayal of Meroe in Kleist's *Penthesilea*, where she "narrated the horrifying death of Achilles so movingly in her splendid, modulated contralto that she brought tears to her own eyes."[19] In Brecht's eyes this would scarcely have qualified as mastery of the epic stance in acting. In their collaborative work on the maid in *Oedipus* she would be twisted into her precise opposite.

Brecht probably saw her for the first time as the Galician refugee girl in Bronnen's play *Vatermord*, which premiered that March in the Frankfurt Schauspielhaus. No lasting impression was made as yet. The first personal contact came with rehearsals for *Trommeln in der Nacht* in Berlin at the end of 1922. And it would be about nine more months before the liaison began. "At the beginning, when we first became acquainted, I failed to make any great impression on Brecht as an actress. I interested him mainly as a woman. I never held that against him."[20] The lack of suitable roles in Brecht's dramatic productions was doubtlessly another impediment to early collaboration. Weigel's acting "specialization" was diametrically opposed to the de-individualized characters that Brecht was attempting to create at the time.

In 1922 Weigel succeeded in making the leap to Berlin, the German cultural metropolis. Impressed by her new position at the Staatstheater, her parents resumed their financial support. In any event, the young woman now had the means to lease a studio at Spichernstraße 16 and remodel it according to her own taste. Little is known about her life at this time. Assertions that she had affairs with Alexander Granach and Friedrich Gnass cannot be corroborated. But there is no doubt at all that she became politically radicalized. In a short autobiography dating from the GDR years, she mentions that her interest in the workers' movement was awakened by her experience with a production of Erich Mühsam's play *Judas*.[21] She played the student Flora Severin, the leader of a revolutionary cell. The 1921 production by the Mannheim Volkstheater was conceived as a protest against Mühsam's imprisonment.[22] The play was performed in front of 5000 workers without curtain or intermission.

The curse of minor roles persisted at the Berlin Staatstheater, and here it was harder than in Frankfurt to attract notice from the press in such roles. She was as good as invisible as Adeline in *Napoleon, or One Hundred Days* by Christian Dietrich Grabbe, Claudine in Molière's *Georges Dandin*, and as a witch in *Macbeth*. Her gooseherd in Nestroy's *Titus and the Talisman* drew attention in 1923: "Helene Weigel's dialect is authentically coarse, if also very loud, like everything this shockingly explosive actress does."[23] In the second play performed that same evening, *Sonkin and the First Prize Winner* by Semjon Juschkievicz, she played the role of Latkina with "succulent, original comic talent. [...] In this play, as well, Helene *Weigel* was striking in her extremely idiosyncratic portrayal of a demented petitioner willing to stop at nothing."[24]

The young talent was absent from the stage for several months in 1924 — because of an extramarital pregnancy. She kept many of her colleagues in the dark about the identity of the father, but gave the impression of being extraordinarily happy. She received a complete set of baby supplies from her friend Elisabeth Bergner. The November 3 birth of Stefan was kept secret not only from Brecht's wife (the opera singer Marianne Zoff, engaged at the time in Wiesbaden), but also from Weigel's father. When he visited his daughter in Berlin, a young colleague played the role of the mother. In 1925 Helene Weigel resumed working, and in no less a venue than Max Reinhardt's Deutsches Theater, where, nonetheless, she continued to be under-utilized. She was noticed in Ibsen's *Pillars*

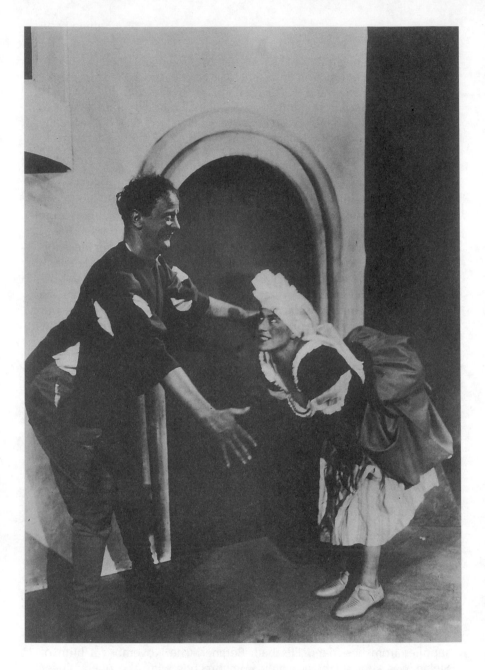

15 Armin Schweizer as Lubin and Helene Weigel as Claudine in
Georges Dandin by Molière, Theater am Schiffbauerdamm, Berlin
1927

[Photo: Photo-Schmidt, Berlin]

of Society as Martha, "the personification of self-denial, suggestive in her crestfallen, extinguished humanity, while overplaying the emotions, as always."[25] And in connection with her role as the country doctor's wife in *Dr. Knock, or, The Triumph of Medicine*, the familiar refrain: "Helene Weigel was [...] as always, a delicious character, one who must soon be cast in more substantial roles."[26]

The artistic breakthrough in Berlin came at the end of 1925 with two guest roles at the Renaissance Theater. In Pirandello's play *The Life that I Gave You*, she played a mute nursemaid, "a humble, bent midwife whose humanity shines out of her quiet deeds."[27] And: "Most impressive of all is the midwife Elisabeth, played by Helene Weigel. How her poor servant's soul exudes tears of unworldly feeling. How struggles in agony — there are moments when this is so terrifyingly great (there is no other expression for it) that we will not easily forget it."[28] The *Berliner Tageblatt* wrote: "Her appearance, her muteness are compellingly eloquent, her speech barely comprehensible."[29] The first critique by Herbert Ihering — already at this time a backer of Brecht — tends in the same direction. He praises Weigel's "excellent mute appearances" in a play that he otherwise dislikes.

The discovery that not only her loud signature style but also her soft-spoken or even mute acting could create extraordinary effects is one that Brecht may already have made for himself. Concurrently with Pirandello's midwife, Weigel had auditioned for the role of Klara in Hebbel's *Maria Magdalene*. She had been in rehearsal not only with the director, Theodor Tagger, but prior to that with Brecht. Some sample critical reactions: Walther Steinthal complained that the "discovery of the actress Helene *Weigel*" happened only by a sort of accident, because the Deutsches Theater, having no comprehensive estimate of the talent it employed, offered the truly gifted no opportunity to develop. She had "with one stroke established herself in the first rank." She "tempered Hebbel's stiffness until it became the deepest burning experience, transformed the stilted language into movement, a human figure, a human cry. All the rhetorical burden of the play's dated topicality fell and scattered at the feet of this actress."[30]

This time Weigel was so sure of her effect that she no longer felt she had to drive the other performers against the wall. Throughout her life, colleagues both professional and amateur would praise her readiness and ability as an ensemble performer. The *Börsen-Courier* wrote: "Helene *Weigel* dominates, but without exploding the ensemble. She moves beyond the theme of honor and embodies the younger generation's collision with the rigidities of its elders, using accents of the body and of speech that owe less to Hebbel than to contemporary drama."[31] And Manfred Georg wrote in the *8 Uhr Blatt*:

> Her breakthrough on the Berlin stage comes strangely late — at the last moment, so to speak. She was drawn into the role of Hebbel's Klara, burrowing into it with the same ardor she had already exhibited in smaller matters,

bringing to it such power and sorrow that there seemed suddenly to be bright blood flowing through the glass arteries of this problematic character, coloring her with life [...] She is most vivid pictorially when she approximates a Barlach figure, her body heavily bent in an irrefutable proof of misery, appearing to experience her outer burden and inner yearning as one central pain.[32]

Later critics would often note this modernization of content, or rather, actualization of the represented figure. Of equal importance is the suggestion of a pictorial kinship between Weigel's acting *gestus* and the sculptures of Ernst Barlach, to say nothing of the undeniable relation to the drawings and sculptures of Käthe Kollwitz. It is also apparent from Georg's remarks that Weigel had already developed her famous "stoop" from the hips as a means of conveying womanly pain so extreme that it has no word or cry. In 969 she said of Courage's "stooped over" appearance: "A woman feels pain much worse in her belly. A shock too."[33] The role of Klara had brought her the best reviews to date, but it also polarized theatre journalists as never before. In the *Berliner Tageblatt* one could read: "*Helene Weigel*, very gifted, incorrectly plays Klara [...] as a *major aria.*"[34] And an "E.H." writes: "The actress given the role of Klara, Helene *Weigel*, doubtless has a remarkable gift. But as Master Anton's daughter she was totally unconvincing; she lacks the artlessness needed for this cabinet-maker's daughter, her introspection was forced and unnatural."[35]

The foundation for her artistic collaboration with Brecht was laid only in the third year of their relationship. It resulted immediately in a new level of success for Weigel and provided an important — though not yet decisive — influence on her later profile: soft-spoken and gestural acting become visible. The turnabout was in no way radical, however; until the end of the 1920s Weigel was determined to be known as the "noisiest actress in Berlin."[36] In December 1925, in a production of Jerome K. Jerome's *Der Fremde*, she exhibited "the suggestive certainty of a very strong talent in her mirroring of a ragged servant girl's soul."[37] Julius Bab gave the highest praise of all:

> Weigel — so powerful in her unruly physicality, so tender when portraying stubborn and secretive souls, always working the strongest effects with the simplest means — is simply a *very great actress*! In our current very rich generation of young talents, she is perhaps not the grandest or most charming, but she is probably the most original and richest dramatic force that we have![38]

In 1926 she turned her back on the Deutsches Theater and resumed her engagement with the Staatstheater. Leopold Jessner entrusted her, controversially, with the role of Salome in his production of Hebbel's *Herodes und Mariamne*, even though she scarcely fit the usual expectations for this role. Nevertheless, one could read in the *Nachtausgabe*: "Despite any frightfulness in outward appearance, her Salome has rousing gestures and tones, even when she borrows momentarily from Bergner."[39]

And Emil Faktor wrote in the *Börsen-Courier*: "Remarkably believable in spite of flawed appearance, the Salome of Helene *Weigel*. The protrayal had blood and steam in it."[40] The *Weltbühne* pronounced her "electrifying and colorful."[41] Franz Servaes discerned a "Mongol slyness."[42] Kurt Pinthus especially praised the portrayal's quiet moments: "The gifts of Helene *Weigel*, as Salome, stood out amid this rather atmospheric ensemble. This supporting role became a solitary tragedy of martyred humanity, despite or perhaps because of her wordless acting, with its unusual physical and facial expressiveness."[43] Alfred Kerr wrote his first words of recognition in the *Berliner Tageblatt* on the occasion of *Herodes und Mariamne*: "Next the sister/widow Salome: a modern-day hysteric. Helene Weigel: as though made of rubber, or like a mollusc, filled with poison and pain. Jessner turns each of these people into a drama. (Weigel perhaps to an excessive degree.)"[44] The powerful Brecht-opponent Kerr never stinted in acknowledging and even admiring Weigel, not even in 1932, in his otherwise crushing assessment of the premiere of Brecht/Gorki's *Die Mutter*.

A month later Weigel played Clementine in Marieluise Fleißer's *Fegefeuer in Ingolstadt* at the Junge Bühne Berlin, where politically engaged young actors often performed without pay. Alfred Kerr criticized Brecht's (correctly suspected) influence, but praised Fleißer's tremendous talent and also Weigel's: "Weigel once again, recently causing excitement with Hebbel/Jessner, is plucky as a family trouble-maker and deserves credit."[45] Monty Jacobs praised her more forthrightly: "Strongest of all: *Helene Weigel*'s adolescent, who, with the squint-eyed gaze at the great, with the denunciatory smile, with the zeal of youth, may presently learn to bewail her own pain."[46] And that which Herbert Falk regarded as off-putting and problematic is clearly recognizable as the influence of Brecht on Weigel's acting style: "Helene *Weigel* injects too much of her intellect and drives the character from Life into Literature."[47] There is obviously something epic, a degree of narrational playing, coexisting here with empathy for the role of the unhappy younger sister — Weigel stood at once inside and outside her role and interpreted it.

Though appearing only infrequently in so-called leading roles, Weigel had been among the most noted actresses in the German cultural metropolis since 1925. In what follows I will limit myself to the really outstanding points of her career. In March 1927 her impressive speaking role as Widow Begbick in Brecht's radio adaptation of *Mann ist Mann* drew wide notice. Walter Steinthal: "If only all actors had the violent verbal expressiveness of Helene *Weigel*."[48] And Walter Israel wrote: "This cardboard character, half barmaid and half philosophizing creature, is made believable by her voice. Radio should keep an eye on her."[49] The remark about a "philosophizing essence" shows once again that "epic" was the language being spoken.

When the play was produced for the stage in January 1928, starring Heinrich George and under the direction of Erich Engels at the Volks-

Zu der Aufführung „Mann ist Mann", Volksbühne Berlin
Die Hauptdarsteller Heinrich George und Helene Weigel mit dem Dichter Bert Brecht

16 *Mann ist Mann* at the Volksbühne, with Heinrich George, Helene Weigel and Bertolt Brecht, Berlin 1927

[Photo: Transeuropa]

bühne — eight months before the premiere of *Dreigroschenoper* — Brecht experienced, according to Ihering, his "first breakthrough mass success." The still quite young Steffie Spira, who had received a minor role, recalled Brecht's work with Weigel, who had a hard time of it:

> Brecht had worked with Helli a great deal; in the rehearsals, too, he inter-
> vened more with her than with the others, and he wasn't nice. Despite that I
> never saw her cry. I've known several directors who treat their wives very
> badly. It wasn't easy for Helli, because even when they were in agreement
> about the basic approach, Brecht still wasn't satisfied.

A curious dispute arose during rehearsals between Weigel and Alexander Granach, both of whom wanted to deliver the prologue, which was
to be half-sung, half-spoken, with trumpets sounding at intervals. Granach
asserted that the prologue could not be presented by a woman, and that
Weigel was not a good enough singer. "Helli kept the upper hand,
though."[50]

According to the critics, Weigel was once again "verbally outstanding
as the sutler, clear and dangerous (including in a few excessively loud and
exaggerated places)."[51] Alfred Kerr complained about the "abstruse tedi-
ousness and loud, gloomy hollowness" of the play, which "wore on one's
nerves." But "Frau Weigel, as sutler, distinguished herself: through an
unrelenting shriek, intense screaming; lashing tone; thigh profile; bounc-
ing, springing. Valiantly done."[52] Monty Jacobs:

> The role of the canteen server, which went almost unnoticed in Darmstadt,
> takes on the function of a chorus in *Helene Weigel's* hands. This artist easily
> runs the risk of overdoing it. But never before were her lines so definite, their
> deployment so precise, their tone so steel-hard. Brecht wants his comedy to
> show that life on earth is dangerous. [...] But when he says it through Helene
> Weigel's mouth, each theatregoer believes it instantly, with a shudder.[53]

The *Lokal Anzeiger* likewise recognized in Weigel the ideal Brecht
actress: "Helene *Weigel* achieved a glittering performance whose pacing
and expression corresponded perfectly to the author's intentions."[54] Felix
Hollaender lauded her in the *8 Uhr Abendblatt*: "*Helene Weigel*, crashing
like a fanfare, bright and resonant with the expressive range of a young
Durieux."[55] The *Volkszeitung* praised Weigel as the "chanteuse of
Brechtian song, which rings clear and sharp from her mouth."[56] And the
12 Uhr Zeitung: "Finally, Helene *Weigel*: clear, bright, luminous, pulling
everything together, belting out the songs, with lasting effect. Engel and
Brecht were called on stage several times."[57]

A new phase of collaboration began in January 1929 with the role of
the servant woman in *König Ödipus*, Hugo von Hofmannsthal's adaptation of Sophocles' play, which was directed by Jessner at the Staatstheater.
Weigel had undertaken this role with Brecht's support. He saw an opportunity for her to apply for the first time a new acting style — the epic style
— on a large scale. Admittedly, his own theoretical position was still in its

infancy. In his Socratically constructed *Dialog on Dramatic Art*, which also articulated the "normal" position on the subject, Brecht for the first time wrote about Weigel as an actress of a "new type." The critical departure point was that, due to the complete identification of the actor with his role, the public, too, had no choice but to identify with the represented person, and was hindered in gaining a deeper understanding of the action. This theatre of empathy "lacks the shock necessary for insight." For deeper insight to be possible at all, the play should not be performed in the way expected by a theatregoer accustomed to empathy. The action must be distanced [*verfremdet*], played, for example, as narration, not played for empathy:

> When an actress of this new type played the maid in *Oedipus*, she reported the death of her mistress by crying "dead, dead" in a completely emotionless, piercing voice, her "Iocasta is dead" bore no sign of grief, but was so resolute and inexorable that the naked fact of her death exercised a greater effect in this moment than any display of personal suffering. She relied not on her voice to convey the horror, but on her face; for by means of her white makeup she indicated the effect that the death has on those present. [...] With amazement, in clear language, she described the frenzy and apparent unreason of the dying woman, and in the unequivocal tone of her "And how she ended, we do not know," she refuses any further comment about this death — a meager but impartial tribute. But while descending the few stairs, this diminutive figure took strides long enough to abolish the mighty distance between the empty scene of horror and the people downstage.
>
> (GBFA 21:279–82)

Brecht's use of white face paint to represent fear and anger, a displacement of the usual performative means, goes back to Karl Valentin and to Brecht's 1924 staging of *Das Leben Eduards des Zweiten von England*. The desired effect is a more nuanced sensitivity, not the dulling of response to the action that is often thought to be the aim of epic theatre.

It is no accident that the epic style of acting — destined to be increasingly underpinned by intensive study of Asiatic theatrical forms — was tried out in an ancient play and could also find acceptance among some of the critics: "Helene *Weigel's* shrieking, possessed maid" was recognized as a "brilliant creation fashioned out of the spirit of Greek tragedy."[58] For ancient drama — like Asiatic drama and the stagecraft of Brecht's revered Karl Valentin — was essentially epic and thus suited to Brecht's demonstrations. This was before Brecht had begun writing any of the great plays that would exhibit an antique, though updated, style. In 1929 he was immersed in experimentation with learning plays, casting lay actors with no training in "empathy." As a result, the epic element came to the fore more or less naturally, which Brecht of course quite deliberately encouraged and exploited.

Since epic theatre has all but disappeared from the western stage, it is necessary to recall the cultural-historical circumstances in which Brecht's "reversal" should be situated. It did not represent some passing whim of a

Brecht anxious to distance himself from existing theatrical practice. In Brecht's view, the most exalted goal the prevailing practice could lay claim to was the use of performers to induce "a trance in one's self and in the audience through the power of suggestion," and thus to put people into a state that facilitated the manipulation of individuals, audiences, and ultimately masses of people (GBFA 21:280). In Germany at the time it was above all the fascists, foremost among them Hitler and Goebbels, who were using related methods to politically manipulate the masses. Thus epic theatre was part of a cultural struggle. Weigel was at the time its most advanced practitioner. Yet even Brecht and Weigel themselves should not be imagined as engaged in a one-sided radicalization of their methods, for even someone like Alfred Kerr could time and again praise Weigel's quality of "empathy" right alongside notice of her obvious, clear, visible innovations of technique. In May 1929 — fourteen days after her marriage to Brecht — he praised her performance as Constance in Shakespeare's *King John*:

> Strongest of all here is Helene Weigel. Through power of speech and power of gesture as though transported to an enchanted isle. Her tongue proved itself playing Hebbel's woman of sorrows. Forging together speech and feeling. Technique and inner strength. Now everything is intensified in this mother with her dark, painful world view. A stunned animal facing avoidable horror. Her gait, her slack gaze, the withering of her being, the foreshadowing of madness [...] great art."[59]

Brecht's later opponent Fritz Erpenbeck practiced a restraint quite similar to Kerr's with respect to Weigel.

Her second pregnancy in 1930 and her increasing artistic engagement with the working-class culture movement resulted in Weigel's withdrawal from Berlin's official theatrical life. Brecht had not originally considered her at all for the lead role in Gorki's *The Mother*:

> The way I looked and the way I started out meant that I was classified as a character actor. And to move from character actor to mother actor is almost impossible in the theatre. When rehearsals for *The Mother* began in 1932, Brecht initially had developed a different opinion of me as an actress: the humor, the warmth, the geniality, those were all discoveries we made through the role of Vlassova. This was also surprising for Brecht.[60]

For both of them, the scales must have fallen from their eyes with this discovery, not just because of the prospects that were opened up for Weigel's talent, but also in view of the dramaturgical implications. Weigel's countless minor roles — so successful until now — as subalterns and marginal characters, the maids, midwives and unhappy mothers, had to be traded for leading roles! Partly for this reason, the learning play period came to an end. In the future, Brecht would write plays with towering heroines.

(Translated by David W. Robinson, Georgia Southern University)

NOTES

[1] There is a copy in Brecht's library of the 1928 edition which gives a total printing of 187,000 copies.

[2] The information about Eugenia Schwarzwald can be found in Robert Streibel, ed., *Eugenie Schwarzwald und ihr Kreis (Vienna, 1996)*; see also Hans Deichmann, *Leben mit provisorischer Genehmigung. Leben, Werk und Exil von Dr. Eugenia Schwarzwald (1872-1940)* (Berlin and elsewhere, 1988).

[3] For important research on this subject see: Beverly Driver Eddy, "Bertolt Brecht's and Karin Michaelis' ,Streitigkeiten.' Reflexions on Old Age and Literature," *The Germanic Review*, 59.1 (Winter 1994): 2–5; and by the same author, "Brecht in Dialogue with Karen Michaelis," *Brecht Unbound*. Presented at the International Bertolt Brecht Symposium. Held at the University Delaware, February 1992 (Delaware/London, 1995), 241–51. For the relationship between Michaelis, Weigel and Brecht see also Birgit S. Nielsen, "Die Freundschaft Bertolt Brechts und Helene Weigel mit Karin Michaelis. Eine literarisch-menschliche Beziehung im Exil," *Die Künste und die Wissenschaften im Exil 1933-1945*, ed. Edith Böhme and Wolfgang Motzkau-Valeton (Gerlingen, 1992), 71–96; the correspondence between Karin Michaelis and Helene Weigel is published in the same volume.

[4] Weigel provided this information to Ursula Pintzka-Birnbaum for her thesis, written at the start of the 1950s, *Die Volksschauspielerin Helene Weigel*, in the Helene-Weigel-Archiv (HWA) 297.

[5] Elisabeth Neumann-Viertel performed successfully in the New York production of scenes from *Fear and Misery of the Third Reich*. In 1949 she accompanied Berthold Viertel to Berlin for his production of *Wassa Shelesnowa*, although Weigel did not offer her the part of Anna as she had hoped.

[6] Auguste Wieghart-Lazar to Helene Weigel, 8 March1969. HWA KO 333/2/1.

[7] Helene Weigel performed the poem "Edward," from *Die Stimmen der Völker in Liedern* by Herder.

[8] Karin Michaelis, "Die Geburt des Genies," in *Vossische Zeitung, 25 December 1917*. The article has been reprinted many times, e.g. in *Der Neue Tag*, 1919, HWA 29; and on the occasion of Weigel's 60th birthday, in *Sonntag 24/1960*, and in *Österreichische Volksstimme*, 28 June 1960. It is amazing how clearly Michaelis foresaw Weigel's later roles at this early stage.

[9] To her declaration, "I know I'm too plump, but I don't want to play Gretchen anyway," he reacted matter-of-factly, "Yes, you are plump but much less plump than gifted." See Therese Giehse, *„Ich hab nichts zum Sagen." Gespräche mit Monika Sperr* (Reinbeck bei Hamburg,1980), 22.

[10] *Frankfurter Nachrichten* und *Intelligenzblatt*, 17 September 1919, HWA 29 II, 85.

[11] Perhaps Bernhard Diebold, in the *Frankfurter Zeitung*, 7 September 1919, HWA 29 II, 86.

[12] *General Anzeiger,* 17 September 1919, HWA 29 II, 85.

[13] "W.U.,"name of newspaper not given, n.d., HWA 29 II, 90.

[14] Bernhard Diebold in the*Frankfurter Zeitung,* 3 November 1920.

[15] No author, no newspaper name given, 3 November 1920, HWA 29 II, 91.

[16] "-ck," January 1921. Quoted in Werner Hecht, "Die Rollen der Weigel im Spiegel der Kritik," *Helene Weigel zu ehren* (Frankfurt/Main, 1970), 102.

[17] "-ck" in *Frankfurter Zeitung,* 8 March 1920, HWA 29 II, 97.

[18] Max Geisenheyner in: *Mittagsblatt,* 8 March 1920, HWA 29 II, 96.

[19] "a.t." in *Volksstimme* 19 September 1921, HWA 29 II, 102.

[20] Franco Fabiani, "Erinnerungen an H.W.," *Theater der Zeit* 8 (1971): 11.

[21] HWA 296. In the GDR it was considered a provocation to admit having come across the workers' movement through anarchism. She was apparently a friend of Mühsam. She certainly made an effort on behalf of his wife, Zenzl, to return her from the Soviet Union, where she had been imprisoned. There is further evidence in the HWA about her material support of and friendship with Zenzl Mühsam at a time when Mühsam was a non-person in the GDR.

[22] Pintzka-Birnbaum, 6 (*n.* 4).

[23] Norbert Falk in *BZ am Mittag,* 17 November 1923. HWA 29 I, 82.

[24] No author given, *Hallische Nachrichten,* 10 November 1923, HWA 29 I, 87.

[25] Monty Jacobs in *Vossische Zeitung,* n.d., quoted in Hecht, 103, *n.*16.

[26] Kurt Pinthus in *8 Uhr Abendblatt,* n.d., Hecht.

[27] "E.M." in *BZ am Mittwoch,* n.d., HWA 29 I, 2.

[28] No author given, in *Volkszeitung,* n.d., HWA 29 I, 10.

[29] Fritz Engel in *Berliner Tageblatt,* n.d., HWA 29 I, 3.

[30] Walter Steinthal in *12 Uhr Blatt,* n.d. HWA 29 I, 14.

[31] "F.Jo." in *Börsen-Courier,* n.d., HWA 19 I, 13.

[32] Manfred Georg in *8 Uhr Blatt,* n.d., HWA 29 I, 14.

[33] Helene Weigel interviewed by Werner Hecht, "Das Stichwort heißt praktisch," ... *gelebt für alle Zeiten* (Berlin, 1978), 401.

[34] "F.E." in *Berliner Tageblatt,* n.d., HWA 29 I, 16.

[35] "E.K.," no newspaper given, n.d., HWA 29 I, 17.

[36] Norbert Falk in *BZ am Montag*, n.d., on her performance as the Witwe Begbick in *Mann ist Mann*.

[37] "H.S." in *BZ am Montag*, n.d., HWA 29 I, 21.

[38] Julius Bab in *Volkszeitung*, n.d., HWA 29 I, 23.

[39] "L.R." in *Nachtausgabe*, 27 March 1926, HWA 29 I, 33.

[40] Emil Faktor in *Börsen-Courier*, 27 March 1926, HWA 29 I, 29.

[41] Siegfried Jacobsohn in *Die Weltbühne*, 1926, quoted in Günther Rühle, ed., *Theater für die Republik 1917–1933*, 2 (Berlin, 1988): 697.

[42] Franz Servaes in *Lokal Anzeiger*, 27 March 1926, HWA 29 I, 34.

[43] In *8 Uhr Abendblatt*, 27 March 1926, HWA 29 I, 39.

[44] In *Berliner Tageblatt*, 27 March 1926, quoted in Rühle 700, *n*.41.

[45] Alfred Kerr in *Berliner Tageblatt*, 26 April 1926, HWA 29 I, 56.,

[46] Monty Jacobs in *Vossische Zeitung*, 27 April 1926. HWA 29 I, 45.

[47] Norbert Falk in *BZ*, 27 April 1926. HWA 29 I, 43.

[48] Walter Steinthal; newspaper not given, n.d., HWA 29 I, 68.

[49] Walter Israel in *Rundfunk-Rundschau*, 27 March 1929, HWA 29 I, 71.

[50] Steffie Spira, *Trab der Schaukelpferde* (Berlin/Weimar, 1987), 37–39.

[51] Herbert Ihering in *Börsen-Courier*, 5 January 1928. Quoted in Rühle (n.41), 1071.

[52] Alfred Kerr in *Berliner Tageblatt*, 5 January 1928. Quoted Rühle, 1068f.

[53] Monty Jacobs in *Vossische Zeitung*, n.d., HWA 29 II, 29.

[54] "A.A." in *Lokal-Anzeiger*, n.d., HWA 29 II, 42.

[55] Felix Hollaender in *8 Uhr Abendblatt*, 6 January 1928, HWA 29 II, 42.

[56] Manfred Georg in *Volkszeitung*, 5 January 1928, HWA 29 II, 33.

[57] Rolf Nürnberg in *12 Uhr Zeitung*, n.d., HWA 29 II, 37.

[58] Max Hochdorf in *Vorwärts*, 6 January 1929, quoted in GBFA 21:712.

[59] Alfred Kerr in *Berliner Tageblatt*, 4 May 1929, quoted in Rühle (n.41), 943.

[60] Helene Weigel, "Erinnerungen an die erste Aufführung der Mutter" (Interview with Werner Hecht), in Bertolt Brecht, *Die Mutter. Materialien*, (Berlin 1970), 35.

17 Helene Weigel as Pelagea Vlassova in *The Mother* (Scene 2).
Staged by the Gruppe Junge Schauspieler, Komödienhaus am
Schiffbauerdamm, Berlin 1932

[Photo: L. Hartung, Berlin Halensee]

Weigel's Voice

The central importance of voice in Helene Weigel's acting is not just documented in Karin Michaelis's account of her 1919 audition for the director of the Vienna Volksbühne; it was the defining mark of her stage appearances in the Weimar Republic, featuring prominently in virtually every theatrical review. It is thus worthwhile to define these vocal characteristics more precisely, perhaps leading to an understanding of that immediate fascination one feels today when listening to Helene Weigel on tape or CD, or seeing her on film. In spite of the usual dilemma attending efforts to render voice using the written word — the struggle to make expressive sentences convey the impression of a sound — a few ingredients of the distinctive Weigel sound can be identified: the lightly rolled "r" that betrays her Viennese roots; her prolongation of long vowels, exhibited in her fondness for long verse lines; her style of recitation, always bearing in itself the "after-hearing" of her own recited words; and finally her numerous and impressive demonstrations of "gestural speech."

Die Stimme der Weigel

Dieter Wöhrle

I

Nach einem Bonmot unter Musikern gilt, über Musik zu schreiben, sei, wie über Architektur zu tanzen. Nicht weniger Schwierigkeiten bereitet es, mit Buchstaben Stimmen wiederzugeben, seien es jene des Sprechens, seien es die des Gesangs. Für letzteres bietet sich immerhin das System der Noten an, das es ermöglicht, Rhythmus, Lautstärke und Tonhöhe exakt festzuhalten. Doch auch diese und andere Zeichen erlauben es nicht, das Charakteristische beim Singen oder beim Reden in Worte zu fassen: den spezifischen Klang einer Stimme, ihr eigenartiges Timbre, die unterschiedlichen Ausdrucks- und Darstellungsformen. Von daher ist es auch ein Dilemma, über die Stimme Helene Weigels zu schreiben, statt ihr zu lauschen und sich ihrer Faszination in den verschiedenen medialen Überlieferungsformen hinzugeben. Bekannt und oft benutzt sind die verschiedenen Metaphern, etwa „flüssiges Gold," „samtene Zunge" oder gar „funkelnder Diamant," mit denen man mitunter versucht hat, die Spezifik einer Stimme zu charakterisieren. Doch alle diese expressiven Metaphern ändern nichts daran, dass selbst ausdrucksstarke Sätze keinen Klang im Ohr hinterlassen, vergleichbar dem einer noch so miserablen Tonaufnahme. Schließlich bleibt auch der brillante Wortschwall, der sich zuweilen in Musik- und Theaterkritiken niederschlägt, weit hinter dem unmittelbaren Eindruck zurück, den noch jeder Zuhörer im Theater oder Konzertsaal persönlich erfahren kann.

Dem einfachen stimmlichen Ausdruck der Künstler stehen letztlich die vielfältigsten Eindrücke beim Publikum gegenüber. Dieses Verhältnis korrespondiert mit der vermeintlich banalen Tatsache, dass in der Stimme stets auch die Persönlichkeit zum Ausdruck kommt. So legt es die Etymologie des Wortes nahe, wonach sich „Person" aus dem lateinischen *personare* herleitet und dieses nichts anderes als „durchklingen" bedeutet. Aus den Schwierigkeiten, den Klang einer Sängerin oder einer Schauspielerin festzuhalten oder zu konservieren, lässt sich gleichfalls erklären, weshalb deren Würdigungen oftmals sich weniger in Tondokumenten niederschlagen als in opulenten Bildbänden. Helene Weigel macht hier keine Ausnahme, wobei es anscheinend stets eines runden Geburts- oder Todestages bedarf, um in Buchform ihre Schauspielkunst zu würdigen. Ein Blick in den 1970 erschienenen Band

Helene Weigel 100
Maarten van Dijk et al., eds., *The Brecht Yearbook / Das Brecht-Jahrbuch*
Volume 25 (Waterloo, Canada: The International Brecht Society, 2000)

Helene Weigel zu ehren,[1] sowie in das 1981 publizierte Fotobuch *Die Weigel*[2] macht deutlich, welche Materialfülle an Fotos von der Privatperson über die Schauspielerin bis zur Theaterintendantin zur Verfügung stehen, um deren Leben und ihre Bühnenfiguren ins rechte Licht zu rücken. Dabei fällt jedoch rasch auf, wie schwierig das Unterfangen bleibt, das Interesse allein auf die Person Helene Weigel und deren Theaterkunst zu lenken. Mehr oder weniger deutlich bestimmen die Kommentare Brechts über seine Frau die Perspektive, weswegen sie kaum aus dessen Schatten und dessen Œuvre zu treten vermag. Auch wenn eine neuere Publikation über Helene Weigel diese Metaphorik aufgreift und im Untertitel fragt „Ein Künstlerleben im Schatten Brechts?"[3], gelingt es dem Autor nicht, eine Antwort zu finden, geschweige denn Fragen zu stellen, worin sich die Besonderheit der Künstlerin Helene Weigel manifestieren könnte. Denn der Autor selbst tritt an keiner Stelle aus dem Windschatten Werner Hechts und dessen biographischer Skizze „Die Kennerin der Wirklichkeit"[4] heraus. Letztlich bleibt ihr Porträt auch innerhalb des Reigens von Frauen um Brecht merkwürdig fahl, was bei einer Frau um so mehr verwundert, mit der Brecht mehr als mit jeder anderen sein Leben verbrachte, letztlich von 1923 bis zu seinem Tode, darunter 27 Ehejahre. Liegt dies vielleicht daran, dass sie zwar den verschiedensten Frauenrollen auf der Bühne ihre Stimme lieh, später auch Brechts Lyrik und Prosa vortrug, die eigenen Befindlichkeiten, Erfahrungen und Erlebnisse, oder die Reflexionen über Rollen oder Regiekonzepte jedoch meist für sich selbst behielt und keineswegs schriftlich der Nachwelt überliefern wollte? Wie wenig von ihr selbst über all diese Themen zu lesen ist, macht neben den bereits erwähnten Bildbänden, vor allem ein Porträt deutlich, das sich explizit ihrer Rolle als einer „Theaterfrau" widmet; darin kommen fast ausschließlich fremde Stimmen zu Wort[5], weshalb es an der Zeit ist, den Blick auf ihre eigene Stimme zu lenken und dies im wahrsten Sinne des Wortes.

II

Im folgenden soll nicht die medizinische, sondern die ästhetische Perspektive auf die menschliche Stimme interessieren. Daher bleiben die messbaren Daten über ihre Eigenarten unberücksichtigt: Klang, Resonanz, Stimmeinsatz und -absatz, Umfang, Modulationsbreite, Lippenspannung, Registerübergänge, Atemgeräusche, Kieferöffnungsweite, das Volumen beim Ein- und Ausatmen sowie die einzelnen Stimmbandschwingungen. Hingegen sind hier von Bedeutung alle Formen und Inhalte, in denen die Stimme bewusst eingesetzt wird, um künstlerische Wirkungen zu erzeugen.[6]

Es mag zunächst verwundern, dass eines der im wahrsten Sinne des Wortes „ohrfälligsten" Merkmale der Stimme Helene Weigels mitunter unberücksichtigt blieb oder gar missdeutet wurde, und dies von Personen, die sie nicht selten persönlich hörten: ihr Wiener Tonfall. Im preußischen Berlin musste diese Art der Betonung als durchaus eigenartig empfunden werden; in der Differenz zur nördlichen Ausdrucksweise wurde das Idiom der Weigel kurzerhand einer bekannten süddeutschen Region zugeordnet, etwa wenn Wolf Biermann sich auf seiner Brecht-CD daran erinnert, er habe das „Lob des Kommunismus" nur in der Stimme Helene Weigels hören können, die diesen Text „mit ihrem edlen Bühnen-Bayrisch zelebriert habe."[7] Dieses Bühnenidiom ist zwar keineswegs selten, denn eine bekannte Brecht-Interpretin spricht diese Dialektvariante ebenfalls: sie heißt jedoch nicht Helene Weigel, sondern Therese Giehse. Überhaupt scheint die süddeutsche Intonation seiner Texte für den Stückeschreiber und Regisseur, was die Auswahl seiner bevorzugten Schauspielerinnen und engsten Freundinnen betrifft — außer in den Berliner Nachkriegsjahren —, von zentraler Bedeutung gewesen zu sein. Abgesehen von der Westfälin Elisabeth Hauptmann, der Dänin Ruth Berlau und der Großberlinerin Margarete Steffin stammen alle anderen wichtigen Frauen für Brechts Privat- oder Theaterleben aus Bayern oder aus der österreichischen Hauptstadt: Carola Neher, Therese Giehse aus München, Paula Banholzer, Marie Rose Aman aus Brechts Geburtsstadt Augsburg, Marieluise Fleißer aus Ingolstadt sowie Helene Weigel aus Wien und Marianne Zoff aus Heimfeld bei Wien. Schließlich wuchs dort auch jene Frau auf, deren „Hassliebe"[8] zum Ehepaar Brecht-Weigel wie ihre Sticheleien auf die Nachlassverwalterin und Künstlerwitwe in Ostberlin kein Geheimnis waren: Karoline Wilhelmine Charlotte Blamauer, besser bekannt als Lotte Lenya und Ehefrau Kurt Weills. Auch sie behielt ihren leicht wienerischen Tonfall stets bei, lernte allerdings nach 1933 sehr schnell Englisch, so dass sie während des Exils und danach vieles auf Schallplatte aufnehmen konnte. Auf diese Weise entstand ein umfangreiches Gesamtwerk[9], hinter dem jenes von Helene Weigel geradezu schmal erscheinen muss. Gleichwohl stellen allein diese auf Schallplatte, CD oder auf Video überlieferten Aufnahmen das Material dar, um heute überhaupt die Eigenarten der Stimme Helene Weigels bestimmen zu können und um nachzuvollziehen, warum der Hinweis auf den außerordentlichen Tonfall der Schauspielerin viele Kritiken durchzieht.[10]

Bereits ihr Vorsprechen beim Direktor der Wiener Volksbühne, einer ihrer ersten Auftritte überhaupt, der durch die zufällig anwesende Schriftstellerin Karin Michaelis der Nachwelt überliefert ist, ließ deutlich erkennen, wie sehr die Stimme Helene Weigels für ihre Bühnenerfolge entscheidend werden sollte.[11] So war in der *Vossischen Zeitung* am 26. 5. 1919 der Bericht über „Die Geburt des Genies" zu lesen:

> Eine Stimme — eine in Töne aufgelöste Seele — begann schwach, beinahe flüsternd: „Dein Schwert, wie ist's von Blut so rot! Edward! Edward!" Die Kraft der brüllenden Wasser des Niagara treibt Dynamos, Sonnenstrahlen werden als Telefondrähte verwendet. Warum nicht aus einer mensch-

lichen Stimme ein neues Metall bilden, edler als Gold, und es zu dauernden Kleinodien für die große, schönheitsdurstende Menschheit umwandeln? Sarah Bernhardts Instrument ist vom Zahn der Zeit angenagt, Eleonore Duses vom Leid zerbrochen. Aber in der Kehle dieses häßlichen, unbeholfenen, neunzehnjährigen Mädchens ist der ganze Bann der Erkenntnis des Guten und Bösen erhalten, das Schluchzen und Klagen aller Vögel, das Rieseln aller Wasser, die Farben aller Regenbogen, Orgeltöne und Todesröcheln, die Schreie gebärender Frauen, der Jubel alle Liebes-Ekstase — das alles und noch mehr ist darin enthalten. Eine solche Stimme macht wilde Tiere fromm und friedlich wie Lämmer, bringt erfrorene Pflanzen wieder zum Blühen, macht Steine erbeben.

Auch wenn wir die Probe aufs Exempel bezüglich der beschriebenen Wirkungen eher im Bereich der Phantasie belassen als in der Realität die stimmlichen Qualitäten „eines der größten dramatischen Genies, die jemals geboren wurden" — so Arthur Rundt, der Direktor zum Abschluss des Vortrags — zu überprüfen, scheint Helene Weigel bereits bei diesem Auftritt jene markante Betonung, jenen harten Sprachton, jene außerordentliche Stimmgewalt zum Einsatz gebracht zu haben, die im weiteren Verlauf ihrer Schauspielerkarriere zu ihrem Markenzeichen wurden.[12]

Es ist zwar nicht genau überliefert, was Helene Weigel letztlich bewog, zum einen gegen den Willen der Eltern Schauspielerin werden zu wollen und zum anderen gerade Johann Gottfried Herders Ballade *Edward* für ihr Debüt auszuwählen, doch im Rückblick ist beides nur konsequent. Mit einer solchen Stimme lag die Wahl einer Bühnenlaufbahn geradezu auf der Hand. Daneben bot Herders Dichtung mit einer fulminanten Ansammlung von stimmhaften Anaphern und Vokalen — allein zwanzigmal ist ein einfaches „O" zu hören — beste Voraussetzungen, um genau ihre spezifischen stimmlichen Qualitäten hörbar zu machen: das ausgedehnte Verweilen bei Vokalen, deren Dehnen bis hin zu dem Punkt, an dem die Zuhörer bemerken, welcher Klang sich in dieser Stimme findet.

Es dauerte nicht lange, bis sich die professionellen Theaterkritiker dem Urteil der dänischen Schriftstellerin anschließen konnten. So ließ Bernhard Diebold die Leser der „Frankfurter Zeitung" am 5.11.1920 wissen, warum in der Uraufführung von Georg Kaisers Stück *Gas II* insbesondere die Nebenrollen von größter Bedeutung seien:

> Und doch: einmal wirkte etwas. Ein Menschliches sprach aus dem Skelett — das war die Stimme der Schauspielerin Helene Weigel, die eine wenig bedeutende Greisin sprach: die letzte Rolle, die der Theaterzettel nach einundzwanzig Blau- und Gelb- und anderen Figuren gerade noch verzeichnen mochte. Da erlebte man denn, daß eine Rolle nicht klein und wesenlos genug sein kann, um ein wahres Talent verbergen zu können, das mit einem Dutzend Worten schon erschüttert und in das Kaisersche Gefüge einen Menschen stellt.[13]

Die Reihe der zahllosen Kritiken, in denen die kraftvolle Stimme Helene Weigels hervorgehoben wurde, ließe sich problemlos fortsetzen, weshalb hier nur die wichtigsten zitiert werden. Auch über ihre erste Rolle in einem Brecht-Stück im März 1927, — in einer Rundfunkfassung von *Mann ist Mann* in der Regie Alfred Brauns — hielt der Rundfunkkritiker fest: „Hervorgehoben muss aber Helene Weigel werden, die die nicht leichte Rolle der Witwe Begbick wundervoll gestaltete. Ihre Stimme machte diese plakathafte Figur, die eine Kreuzung zwischen Schankweib und philosophierendem Wesen ist, glaubhaft. Das Radio sollte auf sie achten." Der Hinweis blieb allerdings weitgehend unbeachtet und Helene Weigel wurde nicht der gefeierte Rundfunkstar der Weimarer Republik. Gegenüber ihrer Bühnenpräsenz in diesen Jahren fielen ihre Radioauftritte nur spärlich aus.

Angesichts des vielen Lobs konnte die Kritik an ihrer Stimme nicht lange ausbleiben. Just bei der Berliner Theaterpremiere von *Mann ist Mann* am 4. Januar 1928 war es soweit, dass Alfred Kerr monierte: „Frau Weigel, Marketenderin tut sich hervor: durch einen festen Dauerschrei; straffes Gegell, Peitschenton; Schenkelprofil; Prallsprung. Wacker." Und auch Norbert Falk wollte sich mit Ratschlägen und Superlativen keineswegs zurückhalten: „Aber dem begabten Fräulein Weigel, das Wert darauf legt, die lärmendste Schauspielerin Berlins zu sein, sollte das grässliche Schreien schnellstens gelegt werden. Das ist ja zum Davonrennen." Hingegen schrieb Felix Hollaender zur gleichen Aufführung, Helene Weigel stehe neben Heinrich George „schmetternd wie eine Fanfare, hell und klingend mit den Ausdrucksmitteln einer jungen Durieux." Ein solches Lob ihres Sprachausdrucks hätte er vermutlich auch ihrem Auftritt in der *Dreigroschenoper* gespendet, doch da Helene Weigel kurz vor der Premiere erkrankte, blieb ihr die erneute Anerkennung ihrer außergewöhnlichen Stimme ebenso wie der ganz große Publikumserfolg mit einem Brecht-Stück versagt. Denn der Nachzügler *Happy End* wurde nach nur wenigen Aufführungen abgesetzt. Dem Erfolg einzelner Songs, letztlich dem Bekanntheitsgrad der Interpretinnen, tat dies allerdings keinen Abbruch. Hingegen trugen Auftritte in zwei Jessner-Inszenierungen 1929 wesentlich zu Helene Weigels Renommee einer stimmgewaltigen Mimin bei. Die kritischen Töne schien Alfred Kerr vergessen zu haben, als er am 4. Mai 1929 im *Berliner Tageblatt* zu einer wahren Lobeshymne ihrer Darstellung im Shakespeare-Stück *König Johann* anhob:

> Am stärksten ist hier Helene Weigel. Durch Sprechkraft und Bildkraft wie auf ein besonderes Eiland gehoben. — Ihre Zunge hat sich bei Hebbel in einer Schmerzensfrau bewährt. Im Zusammenguß von Redenkönnen und Gefühl. Von Technik und Innenmacht. Jetzt ist alles gesteigert: in einer die Welt schwärzlich-schmerzlich sehenden Mutter. Erliegendes Wild vor unabwendbarem Grauen. — Im Gang, im erschlaffenden Blick, im Absterben der Wesenheit, im vorschattenden Wahnsinn...: große Kunst.

Neben ihrem ebenfalls besonders hervorgehobenen Auftritt in Brechts *Maßnahme* im Dezember 1930 — „die Sprechrollen waren unterschiedlich, am klarsten und schärfsten Helene Weigel" (Heinrich Strobel) — war es anschließend die Rolle der Pelagea Wlassowa im Stück *Die Mutter*, die zum weiteren Ruhm ihrer Stimme beitrug. Denn auch wer weder die Uraufführung am 17. Januar 1932 noch eine der knapp 40 anschließenden Vorstellungen gesehen hatte, erfuhr durch Alfred Polgars beredte Kritik in der *Weltbühne* vom 26. Januar 1932 welchen stimmlichen Eindruck man verpasste:

> Helene Weigel ist die Mutter. Anfangs nur Stimme, ganz sachliche, nüchterne, aufsagende Stimme, an der ein Mindestmaß von Individuum hängt. Nicht Pelagea Wlassowa redet, es redet durch sie, aus ihr. Später nimmt sie die phonetische Maske ab, Sprache und Spiel werden lockerer, der Mensch fällt aus der Rolle des Automaten in seine natürliche Gangart, produziert Geist, Schlauheit, auch eine Art trockener Leidenschaft. In der ausgezeichneten Szene mit den Weibern, die Kupfernes zur Erzeugung von Munition abliefern, zeigt sich Frau Weigel als überlegene Dialektikerin; da hat ihre Kunst Luft bekommen, bessere als die Preßluft des epischen Theaters, und atmet frei, vom Stil erlöst. Merkwürdig, daß Mutter Weigel, je weiter das Spiel fortschreitet, also je mehr sie altert, desto jünger wird (Verjüngung durch Idee?). Bis fast an die Grenze des Neckischen kommt sie da.

Man mag heute trefflich darüber streiten, ob die beeindruckende Darstellung Helene Weigels trotz oder vielmehr gerade wegen der epischen Schauspielkunst zustande kam, doch die Antwort ist müßig, sie lässt sich kaum mehr entscheiden. Dagegen dürfte unzweifelhaft feststehen, wenigstens berichtet es die Schauspielerin selbst so, dass diese Theateraufführung Brechts Wertschätzung entschieden veränderte: „Brecht hat im Grunde erst, als 1932 die Proben zur 'Mutter' gemacht wurden, eine andere Meinung von mir als Schauspielerin bekommen: der Humor, die Wärme, die Freundlichkeit, das sind alles erst Entdeckungen, die wir bei der Rolle der Wlassowa machten."[14] Zugleich scheint Helene Weigel sich einen der Lieblingssätze Brechts „The proof of the pudding is in the eating" mehr als andere Darsteller und Personen aus Brechts Kollektiv zu eigen gemacht zu haben. Denn es fehlen von ihr weitgehend veröffentlichte Kommentare zu ihren Rollen, zu Regiekonzepten berühmter Aufführungen, oder zur Schauspielkunst generell sowie zur Funktion des Theaters innerhalb der Gesellschaft. Sie glaubte, mit ihrer Darstellung auf der Bühne bereits alles gesagt und letztlich gezeigt zu haben. Statt über die Arbeit eines Schauspielers im allgemeinen und über die verschiedenen Formen der stimmlichen Präsentation im konkreten zu dozieren oder zu schreiben, gab sie lieber selbst praktischen Stimmunterricht — auch im Exil, als sie beinahe keine Auftrittsmöglichkeit mehr hatte. Insofern finden wir in ihrer Erklärung zur Entstehung des V-Effekts weniger die Antwort darauf, was das Theater Brechts von bisherigen Darstellungsformen unterscheiden sollte, als vielmehr die Pragmatikerin des Theaters und die Frau der klaren, einfachen Worte. Wenn sich ihrer Meinung nach der Verfremdungseffekt letztlich den Anstrengungen Brechts verdanke, „to deal with difficult actors"[15], so heißt dies indirekt auch, dass dieses Darstellungsprinzip für sie und viele andere Schauspieler keine so große Rolle spielte, da sie zum einen unproblematisch bei der Probenarbeit seien und zum anderen auch nicht stets nach einem ihnen eigenen Stil suchten. Helene Weigel ließ rückblickend keinen Zweifel daran, dass sie in keine Schublade zu stecken sei, und dass man ihre Darstellung auch nicht durch nur einen Stil charakterisieren könne: „Ich befolge keinen speziellen Stil. Zuerst sammle ich, was mir für die eine Figur einfällt, dann treffe ich aber eine Auswahl. Man muss eliminieren, was zuviel ist; es dürfen nur große Punkte kommen. Durch eine Häufung von Einzelheiten kann man eine Figur kaputtschlagen."[16]

Dieses Prinzip lässt sich eindrucksvoll an allen von Brecht geschriebenen Rollen erkennen, die sie auf der Bühne, im Radio oder im Film spielte: Von Frau Luckerniddle in der Funkfassung von *Die heilige Johanna der Schlachthöfe* (1932) bis hin zu Marie Soupeau als ihrer letzten großen Brecht-Figur in *Die Gesichte der Simone Machard* (1968). Ihr Pragmatismus und ihr Konzept, sich bei der Darstellung vor allem auf Details zu konzentrieren, war aber keineswegs nur in Stücken oder Stückbearbeitungen Brechts zu sehen, sondern kam auch bei anderen Auftritten im Theater am Schiffbauerdamm zur Geltung. Dort, im Hause des Berliner Ensembles, dessen Intendantin sie vom 1. September 1949 bis zu ihrem Tode war, überzeugte sie als Frau Großmann 1953 in Erwin Strittmatters *Katzgraben*, 1955 als Wassilissa in Alexander Ostrowskis *Die Ziehtochter oder Wohltaten tun weh* und schließlich 1961 als Martha Flinz in Helmut Baierls Stück *Frau Flinz*. Zu ihrer Darstellung bemerkt sie später in einem Gespräch lapidar:

> Ich betrachte meine Figuren ganz praktisch: Eine Frau lebt davon, daß sie etwas zusammenhalten muß, zum Beispiel ihre Familie. Es gibt sogar große Ähnlichkeiten zwischen so verschiedenen Figuren wie der Flinz und Volumnia. Sie sind sich in einem gleich: Erhaltung der Familie, auf Biegen und Brechen, und wenn ein Kind ausbrechen will, wird's geduckt. Die Volumnia bricht ihrem Sohn zweimal das Genick. Und wenn der Flinz die Burschen nicht ausreißen würden, hätte sie ihnen auch das Genick gebrochen. Wenn Sie so wollen, ist das auch eine Abneigung gegenüber bestimmten Formen der Mütterlichkeit.[17]

Es gehört nicht viel Phantasie dazu, um zu bemerken, dass manches in dieser Beschreibung sich auch in anderen Rollen ihrer Bühnenkarriere wiederfindet. Denn sucht man nach der charakteristischen Rolle ihrer Theaterlaufbahn, so dürfte es zweifellos die Figur der „Mutter" sein, genauer gesagt und vor allem auf ihre Darstellungen in Brecht-Stücken bezogen, die bewusste Proletarierin. Neben diesem

Inhalt ihrer Darstellung war es stets ihre tiefe und unverwechselbare Stimme, mit der sie den Figuren auf der Bühne jene Form zu geben wusste, die Brecht im Exil zur paradoxen Bestimmung „Abstieg der Weigel in den Ruhm" (GBFA 22:796ff.) führte.

III

Wenn von der Stimme Helene Weigels die Rede ist, werden gerne Anna Seghers Ausführungen über „Die Sprache der Weigel" aus dem immer noch faszinierenden Band *Theaterarbeit. 6 Aufführungen des Berliner Ensembles* zitiert.[18] In Seghers Beitrag geht es aber weniger um das Besondere ihrer Sprache als vielmehr um die allgemeinen Inhalte dessen, was die Schauspielerin Helene Weigel auf der Bühne zeigt. Zugleich führt der Ausdruck einer „Sprache" eher auf die Ebene der Textproduzenten hin, letztlich zu den Autoren und weg von den Sprechern, die der individuellen Sprache der Dramatiker, Lyriker oder Romanciers zum Ausdruck verhelfen. Problematisch ist es zugleich, Helene Weigels „Sprache" im Singular zu beschreiben, denn sie verfügte stets über verschiedene Sprechweisen, in deren Nuancen und Unterschieden gegenüber Schauspielerkolleginnen am Ende auch die Faszination ihrer Darstellungen liegen. Nicht zuletzt wegen des merkwürdigen und heute schwer erträglichen Pathos' sowie der zahlreichen Gemeinplätze hilft dieser Beitrag kaum mehr zur Charakterisierung der Stimme Helene Weigels.[19] Insofern führt allein der Blick auf die stimmlichen Ausdrucksmöglichkeiten zurück zu den Schauspielern und deren Kunst, Texte auf der Bühne oder in anderen Medien darzustellen. Helene Weigels Stimme ist zwar oft in den Kontext der Sprache Bertolt Brechts eingebunden, doch diese Verbindung ist keineswegs entscheidend für die Besonderheit ihres Sprechorgans.

Um diese selbstbewusste Stimme genauer zu charakterisieren, scheint es mir sinnvoll, von einem besonderen Weigel-Ton zu sprechen. Auch er zeigt sich vor allem in der Stimme, doch zugleich umfasst dieses Konzept mehr: neben der Geschwindigkeit des Sprechens etwa die Länge der Pausen, die Kunst der Betonung oder die Wahl eines Stimmtypus', abhängig von der Rolle, von der Spielweise sowie vom allgemeinen Regiekonzept. Auf der Bühne trug die Schauspielerin mit ihrer Kunst dazu bei, dass der Gestus einer Situation verstehbar werden konnte. Dies gilt gleichfalls für die Rezitation, und dabei lassen sich die Eigenarten Helene Weigels am besten hören. Karl Kraus formulierte einmal, man müsse „damit anfangen, sich sprechen zu hören, darüber nachdenken und alles Verlorene wird sich finden." Mit seiner Forderung, „bewusst zu sprechen," dem Rhythmus der Sprache zu folgen und andererseits dort zu schweigen, wo die Sprache versagt, ist ein wichtiges Grundprinzip Helene Weigels bestens beschrieben. Denn sie macht stets mit ihrer Ausdrucksweise deutlich, dass sie zunächst einmal sich selbst bzw. dem gesprochenen Text zuhört, und dieser kurze Augenblick macht es anderen Zuhörern möglich, ihrer Stimme ein wenig nachzuhören und auf einfache Weise ein Phänomen wahrzunehmen, das der Dramatiker Brecht später oft als „gestisches Prinzip" beschrieben hat.[20] Zugleich ist aber auch ihr „Schweigen" beredt. Zum einen ist es durch die Situation im Exil bedingt, die Helene Weigel als deutsch sprechender Schauspielerin in den Vereinigten Staaten kaum Arbeitsmöglichkeiten bot. Einzig stumme Rollen waren eine Möglichkeit, überhaupt spielen zu können, etwa im Film *The Seventh Cross* nach Anna Seghers' Roman *Das siebte Kreuz*. Der Stückeschreiber Brecht musste sich ebenfalls mit den fehlenden Auftrittsmöglichkeiten für seine Frau abfinden, und schrieb daher 1940 für ihren Schauspielunterricht „Übungsstücke für Schauspieler" (GBFA 22,830ff.) sowie für sie selbst die Rolle der stummen Kattrin im Stück *Mutter Courage und ihre Kinder*. Zum anderen blieb Helene Weigels Schweigen aber nicht allein auf die Jahre des Exils beschränkt, denn auch später hielt sie sich oft zurück, etwa wenn es darum ging, Erinnerungen an ihren Mann zum Besten zu geben. Wer auch immer glaubte, sich an Bertolt Brecht erinnern zu können, hielt dies auf die eine oder andere Weise fest, merkwürdigerweise nur nicht seine Frau.[21]

Notate, Anmerkungen und Kommentare in gedruckter oder für die Überlieferung bestimmter Form mussten ihr abgefordert werden, weshalb es nur konsequent scheint, dass sie für ihre Brecht-Lesungen oft auf die „Legende von der Entstehung des Buches Taoteking auf dem Weg des Laotse in die Emigration" (GBFA 12,32ff.) zurückgriff. Diese Wahl dürfte neben inhaltlichen Motiven auch durch die besonderen Ausdrucksmöglichkeiten in diesem Gedicht bestimmt gewesen sein. Fast lehrbuchmäßig kann Helene Weigel hier sowohl ihrer Neigung folgen, Vokale zu dehnen — man höre nur die Aussprache „des Buches Taoteking auf dem Weg des Laotse" — als auch ihre geliebten Diphthonge sprechen: „Denn man muss dem Weisen seine Weisheit erst entreißen." Augenzwinkernd und geradezu lustvoll betont sie die Endreime der einzelnen Strophen, inszeniert das Gedicht mitunter als kleinen Dialog und genießt es regelrecht, den Verben des sprachlichen Ausdrucks einen etwas modifizierten Tonfall folgen zu lassen. Dadurch entstehen jene Variationen der Betonungen, einschließlich der Kunst des leisen Sprechens, die charakteristisch für die Bühnenschauspielerin Helene Weigel sind. Denn mit ihrer Stimme versucht sie eher auf die Rede anderer zu reagieren, als eine Welt der Innerlichkeit aufzubauen.

Aus dem Wort „Schauspieler" geht hervor, daß man etwas zur Schau stellt. Da nützt mir das Seelenleben ganz wenig, wenn ich es nicht ausstellen kann. Es kommt auf eines an: Was wird sichtbar, und was übernimmt der Zuschauer? Das muss man mit einer Auswahl machen, denn der Zuschauer kann aus vielen Handlungen etwas ganz anderes zusammensetzen als man meint. Ich suche nach äußeren Kennzeichen. Nach sichtbarem Ausdruck. Es kann nur das kommen, meine ich.[22]

Ersetzt man den angesprochenen Zuschauer durch einen potentiellen Zuhörer, so soll auch für ihn stets alles zu verstehen sein, hörbar gemacht werden im Sinne eines unmittelbaren Textverständnisses. Die Stimme wird gleichsam als Mittel benutzt, um die Bedingungen deutlich zu machen, unter denen gesprochen wird und vor allem, auf welche Weise Sprache als Kommunikationsmittel zu wirken vermag. Dadurch wirkt sie als jenes Instrument, das es zu spielen gilt, um am Ende die einzelnen Höhen und Tiefen zu erreichen, die von einer lapidaren Beiläufigkeit, über einen unvermuteten Wechsel der Lautstärke und klar strukturierten Satzbögen bis hin zum faszinierenden Stimmausbruch reichen. Bezogen auf ihre Lesung der „Legende" lässt sich leicht festhalten, was der Schauspielerin für ihre Darstellung vorschwebte. „Für eine Figur suche ich Äußerlichkeiten — Gänge, Körperhaltungen." Dementsprechend ist anfangs etwa die Haltung des gebückten Oberkörpers vorzustellen, die alles Nötige für eine lange Reise zusammensucht, und am Schluss schließlich die Geste der Zufriedenheit.

Als ein weiteres Kennzeichen der Stimme Helene Weigels, das stets im Ohr bleibt, kann ihr leicht rollendes „r" gelten; dies hängt mit ihrer Wiener Herkunft zusammen. Neunzehnjährig verlässt sie die österreichische Metropole, um zunächst in Frankfurt am Main und ab 1922 in Berlin auf verschiedenen Bühnen zu stehen. Weder die Jahre in Hessen noch die Berliner Zeit zeigen Spuren im Tonfall der Weigel, der stets geprägt bleibt von jenem eigenartigen österreichischen Bühnendeutsch. Darin ist das originäre Wienerische zwar weitgehend verschwunden, kann aber mitunter noch in Ansätzen vernommen werden. Eindrucksvoll ist dieses betonte „r" bei ihrem Vortrag „Gleichnis des Buddha vom brennenden Haus" (GBFA22:36f.) zu hören, wenn es heißt:

Aber auch wir, nicht mehr beschäftigt mit der Kunst des Duldens
Eher beschäftigt mit der Kunst des Nichtduldens und vielerlei
    Vorschläge
Irdischer Art vorbringend und die Menschen lehrend
Ihre menschlichen Peiniger abzuschütteln, meinen, daß wir denen, die
Angesichts der heraufkommenden Bombenflugzeuggeschwader des
    Kapitals noch allzulang fragen
Wie wir uns dies dächten, wie wir uns das vorstellten
Und was aus ihren Sparbüchsen und Sonntagshosen werden soll nach einer Umwälzung
Nicht viel zu sagen haben.

Hört man dieses wie auch andere Gedichte aus Brechts Sammlung der *Svendborger Gedichte*, etwa die Chronik „Inbesitznahme der großen Metro durch die Moskauer Arbeiterschaft am 27. April 1935," so wird deutlich, wie intensiv Helene Weigel an ihrer Vortragskunst gearbeitet hat, um einzelne Betonungen, Zäsuren oder Modulationen, kurz: den Rhythmus des Textes hörbar zu machen. Sie war keineswegs ein Naturtalent, das Gedichte einfach so vom Blatt lesen konnte. Nicht umsonst beschreibt sie 1952 ihre „Bühnenerfahrungen" als einen Lernprozess, insbesondere beim Vortrag von Versen:

> Eine große Schwierigkeit habe ich, nämlich das Versesprechen. Das ist schon in meiner Generation sehr vernachlässigt worden, und jetzt ist der Vers bei uns völlig verkommen. Man hat den Vers völlig aufgelöst, ihn auf Prosa zurückzuführen versucht, um den Wortsinn herauszuarbeiten; aber den rückläufigen Prozeß, den Vers wieder mitzuarbeiten, sobald die sinngemäßen Betonungen gefunden sind, hat man nicht beachtet. Deshalb ist Versesprechen jetzt allgemein weiter nichts als ein abgehacktes Sprechen von Prosa.[23]

Wie wichtig sie die Sprechtechnik im allgemeinen für den Schauspielerberuf erachtete, belegt ihre Antwort auf die Frage, ob man immer sprechen könne, wenn man es einmal richtig gelernt habe:

> Ich möchte sagen, daß man nicht aufhören darf, an der Sprache zu arbeiten. Solange ich Theater spiele, habe ich kaum einen Tag vergehen lassen, ohne Sprechübungen zu machen. Dafür ergibt sich immer etwas Zeit; ich habe zum Beispiel oft das Waschen dazu benutzt. Die Sprache ist eine handwerkliche Voraussetzung, die absolut notwendig ist, sonst kann man nicht spielen. Man muß mit der Sprache umgehen können. Dann kann man die Sprache erweitern. Bei der Courage habe ich zum Beispiel für das erste Lied glatt einen halben Ton zugebaut.[24]

Von daher ist es nur folgerichtig, dass Helene Weigel für ihre Tonaufnahmen und Lesungen, den sogenannten Brecht-Abenden in den Jahren 1962 bis 1969, neben der Lyrik auch auf die Prosa der *Kalendergeschichten* sowie ihren Auftritt in Brechts Bearbeitung der *Antigone* zurückgriff. Die Gründe für diese Auswahl müssen offen bleiben, doch scheint der Autor Brecht selbst Interesse an Lesungen seiner Arbeiten „Der Mantel des Ketzers," „Der Soldat von La Ciotat" und seinem „Monolog der Antigone" gehabt zu haben, denn er selbst führte Regie, was er sonst nur bei einem Gedicht tat — „An meine Landsleute."[25]

Im direkten Vergleich mit der zweiten berühmten Darstellerin sowohl der *Mutter Courage* als auch der *Mutter* fällt auf, dass sich Helene Weigel gegenüber Therese Giehse bei ihren Programmen vor allem an Brechts Lyrik im Exil hält. Gedichte aus den Sammlungen *Svendborger Gedichte* und *Lieder, Gedichte, Chöre* scheinen Helene Weigel eher entsprochen zu haben als jene der frühen *Hauspostille* oder gar der späten Sammlung *Buckower Elegien*. Neben der Auswahl bezogen auf die Entstehungszeit unterscheidet die beiden Interpretinnen vor allem die eindeutige Präferenz Helene Weigels für lange Gedichte.[26] Keines der von ihr auf Tonträgern vorgetragenen Gedichte[27] ist kürzer als 85 Sekunden, während elf der insgesamt 15 Lyriklesungen länger als drei Minuten dauern.[28] Es dürfte nicht schwer fallen, auch darin ein Spezifikum ihrer stimmlichen Verfassung zu sehen: denn umfangreiche Gedichte, mit langen Verszeilen lassen den Rhythmus als Element der

Strukturierung wichtiger erscheinen. Zugleich kann die stimmgewaltige Sprecherin sich abwechselnd dem Fluss der Zeilen hingeben, oder aber sich diesem in Form markanter Zäsuren entgegenstellen. Die Form der Langzeile kam Helene Weigels Stimme auch hinsichtlich ihres Spiels zwischen Norm und Abweichung entgegen, ebenso wie ihrem variantenreichen Vortrag, der zwischen Mechanischem und Spielerischem wechselte. Da sich Helene Weigel bei allen Gedichtvorträgen mehr als Darstellerin und Schauspielerin erweist denn als Rezitatorin oder gar als Lyrik-Interpretin, liegt ihr jene Poesie besonders nahe, in der detailliert Ereignisse berichtet werden. Manfred Karge erinnert sich daran, wie sehr sich Helene Weigel gerade mit dieser Darstellungsweise von Ekkehard Schall unterschied, denn „die Helli hat ja z.B. immer darauf bestanden, dass solche Texte gelesen werden müssen, also sie war z.B. gegen das Auswendigsprechen, daß sie sozusagen immer deutlich zeigen wollte, dass da so eine Folie des Dichters dazwischen steht, zwischen ihr und dem Publikum."[29] Exemplarisch hierfür kann das Gedicht „Verschollener Ruhm der Riesenstadt New York" (GBFA 11:242) gelten, in dem Helene Weigel sich an der Vielzahl der Adjektive, endloser Partizipien schadlos hält und dem Hörer verstehbar macht, was es heißt, die Haltung des Berichterstatters einzunehmen. Umgekehrt liegen ihr jene Verse eher fern, die sich auf einfache Bilder beschränken, Nomen aneinander reihen und ihre Schlichtheit keineswegs zu verbergen suchen, wie etwa „Der Rauch" (GBFA 12:308) oder „Tannen," ein Gedicht mit nur 21 Worten: „In der Frühe / Sind die Tannen kupfern. / So sah ich sie / Vor einem halben Jahrhundert / Vor zwei Weltkriegen / Mit jungen Augen." (GBFA 12:313) Für eine Kunst der „biegsamen Stimme" bietet sich darin keine Reibungsfläche — so schien Helene Weigel wohl zu denken, und ließ daher die epigrammatische Kurzlyrik der „Buckower Elegien" in ihren Lesungen aus. Statt dessen unterzog sie sich lieber dem Marathon einer Lesung des „Lehrgedichts von der Natur der Menschen," zusammen mit ihrem Schwiegersohn Ekkehard Schall. Gerade im direkten Vergleich und in der direkten Gegenüberstellung von männlicher und weiblicher Stimme wird die Modulationsfähigkeit Helene Weigels besonders deutlich erkennbar. Ihre Stimme changiert, variiert von Zeile zu Zeile, markiert die Vokale, erfreut sich an Doppelkonsonanten ebenso wie an Diphthongen — „Alles begreife und billige alles und bleibe der gleiche / Allseits begriffene, allseits gebilligte — nein, dieses Schildern / Werde als müßig erkannt, ja schädlich, enthüllt es auch Wahrheit!" (GBFA 14:451) Und müsste man sich der Sisyphusarbeit stellen, aus dem Sprachschatz der Weigel jene Wortgruppen zu bestimmen, die sie nicht nur gerne sprach, sondern an der sich gleichsam in Miniatur die Spezifik ihrer Stimme erkennen ließe, so wird man hier ebenfalls fündig. „Kampf" und seine abgeleiteten Formen sowie die Adjektive alt/neu gehören zweifellos zu ihren Lieblingsvokabeln auf der Bühne:

18 Helene Weigel als Anna Fierling in *Mutter Courage
und ihre Kinder*, Szene 3:
Stummer Schrei, Berliner Ensemble 1951

[Foto: Hainer Hill]

> Nur im Kampf mit andern Bildern, nicht mehr so nutzbaren
> Aber einstmals auch nützlichen, bringen sie Nutzen.
> Kämpfend nämlich mit neuen Lagen, niemals erfahrenen
> Kämpfen die Menschen zugleich mit den alten Bildern und machen
> Neue Bilder, das nunmehr möglich Gewordene
> Auszuzeichnen, das Unhaltbare verschwunden
> schon beseitigt zu zeigen.   (GBFA 14:284 f.)

Gegenüber der markanten Stimme Helene Weigels langweilt der monotone Sprachfluss, fast ist man versucht zu sagen, eintönige Duktus Ekkehard Schalls, der die Poesie Brechts mitunter vorträgt als handele es sich dabei um den revidierten Förderungsantrag einer LPG.[30]

IV

Die Ausführungen zur Stimme Helene Weigels können abschlie-ßend nicht umhin, auch einige kritische Fragen zu stellen. Diese beziehen sich vor allem auf die Auswahl der gelesenen Stücke, sowohl was den Autor und Gatten Bertolt Brecht betrifft als auch die Fehlan-zeige bei Lesungen anderer Schriftsteller. Zweifellos wollte sie, mehr denn je nach Brechts Tod im Jahre 1956, die Gedanken des Lebensge-fährten in den verschiedensten Formen verkörpern, sein Werk auf die Bühnen dieser Welt bringen. Ohne Zweifel kosteten sie diese Rollen, als Nachlassverwalterin und Begründerin eines Bertolt-Brecht-Archivs, als Prinzipalin des Berliner Ensembles und schließlich als Schauspiele-rin viel Kraft. Und doch wünschte man sich, sie hätte ihre Stimme ei-nem Projekt zur Verfügung gestellt, das Ernst gemacht hätte mit Brechts Charakteristik seiner Gedichte *Aus dem Lesebuch für Städtebewohner* als „Texte für Schallplatten." Dies muss um so mehr verwundern, da sie innerhalb des Brecht-Abends Nr. 2 *Über die großen Städte* zweifellos die Möglichkeit gehabt hätte, wenn schon nicht den ganzen Zyklus der zehn Gedichte, so wenigstens eines oder zwei vorzutragen. Darüber hinaus hätte diese Art „Schallplattenlyrik"[31] ihrer Vorliebe für Poesie, die verschiedene Formen des Sprechens, Redens und Referierens expli-zit thematisiert, eher entsprochen als der zuweilen spröde Tonfall der *Svendborger Gedichte*. Daneben wäre eine Lesung ähnlich jener „Invi-tation To German Poetry" Lotte Lenyas, nicht zuletzt wegen der sicher-lich anders getroffenen Auswahl aus dem deutschen Lyrikschatz der Jahrhunderte, sehr interessant gewesen. Gleiches dürfte zweifellos für Aufnahmen eines ihrer Lieblingsautoren neben Brecht gelten — Lenya wählte hierzu Kafka aus. Und zuletzt hätte man gerne auch von ihr einige der *Buckower Elegien* gehört, denn es gab wohl niemanden außer dem Autor selbst, der die Buckower Existenz im wahrsten Sinne des Wortes so hautnah erlebte wie Helene Weigel. Dieses Schweigen spricht heute gleichwohl, ebenso wie jenes zum Thema Brecht. Ver-ständlich ist, dass sie keineswegs die Memoirenliteratur à la „Mein Leben mit..." um ein weiteres Werk bereichern wollte. Weniger ver-

ständlich erscheint die Tatsache, dass sie nicht nach anderen Möglichkeiten suchte, von ihrem Leben als Schauspielerin des 20. Jahrhunderts
zu berichten. Gänzlich unverständlich bleibt aber ihr Schweigen darüber, abgesehen von ihrem Auftritt bei der Stanislawski-Konferenz
1953 (GBFA 23,234ff.; 536ff.), was ihre Erfahrungen als Schauspielerin
des epischen Theaters oder eines „dialektischen Theaters" betrifft, oder
worin die Bedeutung Brechts für ein Theater der Zukunft liegt. Daran
vermag weder der Hinweis auf eine Vielzahl von Aufzeichnungen und
Notaten im Nachlass etwas ändern, noch das Argument, das druckreife
Schreiben sei nicht ihre Sache gewesen. Denn was immer sich heute
noch in den Schubladen der Archive finden lässt, es war mit Absicht
nicht für die Öffentlichkeit bestimmt und diente vielmehr vor allem der
Selbstverständigung. So ist es vielleicht am Ende überhaupt das Kennzeichen ihrer Stimme, dass sie lieber die Worte anderer sprach und
weniger ihre eigenen, und damit dem Begriff der Schauspielerin voll
und ganz zu entsprechen suchte.

ANMERKUNGEN

[1] *Helene Weigel zu ehren.* Zum 70. Geburtstag von Helene Weigel am 12. Mai 1970, hrsg. Werner Hecht und Siegfried Unseld, Frankfurt/M. 1970. Der bereits 1959 von Wolfgang Pintzka herausgegebene Band *Die Schauspielerin Helene Weigel*, Berlin/DDR, „ein Fotobuch" — so der Untertitel —, kann als passendes Geschenk zum 60. Geburtstag gelten.

[2] Die Weigel fotografiert von Vera Tenschert, Berlin/DDR 1981.

[3] Norbert Anzenberger, *Helene Weigel. Ein Künstlerleben im Schatten Brechts?* Egelsbach 1998.

[4] Werner Hecht, *Die Kennerin der Wirklichkeit — Helene Weigel. Schauspielerin und Intendantin*, Buckow, 1995. Es verwundert nicht, dass in Werner Hechts eindrucksvoller *Brecht-Chronik*, Frankfurt/M. 1997, Helene Weigel die mit Abstand am häufigsten erwähnte Person ist.

[5] Sybille Wirsing, „Eine proletarische Bühnenfrau. Helene Weigel und das Brechttheater," in: *Theaterfrauen. Fünfzehn Porträts*, hrsg. Ursula May, Frankfurt/M. 1998, 109-126. Vgl. auch das Potpourri fremder Stimmen bei Sabine Kebir, *Ein akzeptabler Mann? Brecht und die Frauen*, Köln 1989, 90-104.

[6] Vgl. zur Historizität der menschlichen Stimme, vor allem ihre Veränderungen im Zeitalter technischer Medien, die materialreiche Studie von Karl-Heinz Göttert, *Geschichte der Stimme*, München 1998.

[7] Wolf Biermann, *Brecht. Deine Nachgeborenen*, Altona 1999.

[8] Vgl. *Sprich Leise wenn Du Liebe sagst*. Der Briefwechsel Kurt Weill/Lotte Lenya, hrsg. und übersetzt v. Lys Symonette und Kim Kowalke, Köln 1998.

[9] Vgl. die 1998 von der Hambergener Firma „Bear Family Records" anlässlich ihres 100. Geburtstages editierte Kassette, die neben einem opulenten Bildband elf CDs mit Aufnahmen Lotte Lenyas enthält.

[10] Da eine vollständige Diskographie Helene Weigels immer noch ein Desiderat bleibt, seien hier die wichtigsten veröffentlichten Tonträger genannt: Auf Vinyl, alle bei *Litera*, liegen vor: *Helene Weigel liest Brecht 1*, *Helene Weigel liest Brecht 2*; daneben finden sich Brecht-Gedichte von ihr gelesen auf der LP *Brecht-Abend Nr. 2, „Über die großen Städte."* Auf CD zu hören ist Helene Weigel innerhalb der Edition *Bertolt Brecht: Werke* neben den erwähnten Lesungen *Helene Weigel liest Brecht* (CD 15/16) in jener des *Lehrgedichts von der Natur der Menschen* (CD 14) sowie in Aufnahmen der Bühnenwerke *Die Gewehre der Frau Carrar* (CD 3), *Mutter Courage und ihre Kinder* (CD 7/8), *Der kaukasische Kreidekreis* (CD 9). Und auf Video ist Helene Weigel zu sehen in: *Mutter Courage und ihre Kinder*, Regie: Peter Palitzsch/Manfred Wekwerth, Berlin/DDR 1960; *Die Gewehre der Frau Carrar*, Regie: Egon Monk, Berlin/DDR 1953; sowie *Die Mutter*, Regie: Bertolt Brecht/Manfred Wekwerth, Berlin/DDR 1958. Vgl. hierzu sowie zu anderen Fernsehauftritten und Fernsehsendungen über Helene Weigel den Band *alles was Brecht ist...Fakten–Kommentare–Meinungen–Bilder,"* hrsg. Werner Hecht, Frankfurt/M. 1998, 267ff.

[11] Helene Weigel selbst betonte später in einem Gespräch mit Hans Bunge die Bedeutung der Stimme für ihre Berufswahl: „Ich bin verhältnismäßig früh auf den Gedanken gekommen, zum Theater gehen zu wollen, veranlasst nicht durch das Theater, sondern durch eine Rezitation. Und zwar gab es eine Rezitatorin, die mir einen enormen Eindruck gemacht hat, sie hieß Lia Rosen. Nachdem ich sie gehört hatte, faßte ich den Entschluß, zum Theater zu gehen. Und dann habe ich etwa zwanzig — nein, das wäre übertrieben, acht Versuche gemacht, die Prüfung abzulegen, ohne daß meine Eltern etwas davon wußten." (Vgl. in diesem Band S. 15 Bunge Interview)

[12] Vgl. Werner Hecht, (Anm. 4). In dem bereits erwähnten Gespräch mit Hans Bunge (Anm. 11) erklärte Helene Weigel: „Ich hatte, was man enormes Glück nennt. Ich bin ziemlich jung, ohne viel Schauspielschule, eigentlich nur mit einem ganz vernünftigen Sprechunterricht (den ich in Wien bei einem Schauspieler des Burgtheaters hatte) von Arthur Hellmer als Anfängerin nach Frankfurt engagiert worden."

[13] Vgl. *Helene Weigel zu ehren* (Anm. 1), 102; vgl. darin ebenfalls die im folgenden zitierten Pressestimmen.

[14] *Bertolt Brecht und Helene Weigel in Buckow*, hrsg. Brecht-Zentrum der DDR, Berlin 1977, 42.

[15] Margaret Eddershaw, „Actors on Brecht," in: *The Cambridge Companion to Brecht*, ed. Peter Thomson and Glendyr Sacks, Cambridge 1994, 254–72, hier 261.

[16] *Bertolt Brecht und Helene Weigel in Buckow* (Anm. 14), 43.

[17] Ebd.

[18] *Theaterarbeit. 6 Aufführungen des Berliner Ensembles*, Dresden, 1952, 266f. Die verschiedenen Autoren sowie das Impressum dieses Bandes machen deutlich, dass es sich hierbei um eine echte Kollektivarbeit handelte, denn die Redaktion lag bei Ruth Berlau, Bertolt Brecht, Claus Hubalek, Peter Palitzsch und Käthe Rülicke, während als Herausgeber das Berliner Ensemble und Helene Weigel fungierten.

[19] Aufschlussreicher ist Anna Seghers' Kritik der Pariser Uraufführung des Stücks *Die Gewehre der Frau Carrar* 1938 in der Zeitschrift *Internationale Literatur*, denn dort beschreibt sie — gleichfalls emphatisch — vor allem die Stimme Helene Weigels: „Was aber macht die Stimme der Weigel jetzt? Eine Stimme, die soviel Wert sein könnte wie Zeitungsauflagen oder viele Packen Flugblätter oder ein paar Waggon Munition. Kann man mit dieser Stimme doch Stumpfe erregen und Feinde unsicher machen und die Unsrigen stärken. Man spricht hier von ihrer Stimme, weil man sie nach langer Zeit wiedergehört hat."

[20] Vgl. zur Bedeutung dieses Prinzips für das *Sprechen auf der Bühne* die gleichnamige Studie von Hans Martin Ritter, Berlin 1999.

[21] Vgl. *Erinnerungen an Brecht*, zusammengestellt von Hubert Witt, Leipzig 1964, in denen Aufzeichnungen von Helene Weigel fehlen.

[22] Helene Weigel, „Über Schauspielkunst," in: *Theater der Zeit* 28.2 (1973): 19.

[23] Helene Weigel, „Bühnenerfahrungen," in: *Theaterarbeit*, (zit. Anm. 18), 353. Vergleicht man diese Ausführungen mit denen Therese Giehses, die sich direkt anschließen, so erweist sich Helene Weigel einmal mehr als die Pragmatikerin und weniger als eine Theoretikerin der Stimmbildung. Denn Therese Giehse ordnet ihre Stimme in den Kontext der Entwicklung verschiedener Schulen ein: „Mir scheint, jetzt ist das ganz individuell. Früher, so vor 15 bis 20 Jahren, hat man die Wienersche Krastel-Schule (Burgtheater) genau gekannt. Das war ein schöner, intelligenter Aufbau des Monologs. Das klang schön, das war das, was Kainz machte. Von der Schule komme ich übrigens auch. Ich habe Krastel nicht mehr gekannt, aber das war seine Schule."

[24] Ebd.

[25] Vgl. das Cover der Doppel-LP *Helene Weigel liest Brecht*. Ein Unterschied im Vortrag gegenüber ihren anderen Lesungen konnte nicht ausgemacht machen, der sich vermutlich auch eher aus den Gattungsdifferenzen erklären dürfte.

[26] Zugleich sollte Helene Weigels Vorliebe für den Dialog besonders betont werden, weshalb sie auch ein Programm *Der Messingkauf* zusammenstellte.

[27] Vgl. zu den angegebenen Tonträgern Anm. 10.

[28] Es muss an dieser Stelle ausdrücklich darauf hingewiesen werden, dass sich Helene Weigel bei keiner ihrer Lesungen strikt an die Textgestalt gehalten hat, wie sie in der *Großen kommentierten Berliner und Frankfurter Ausgabe*, hrsg. Werner Hecht u.a., Frankfurt/M., Berlin 1988ff. (GBFA) vorliegt und nach der hier zitiert wird.

[29] Vgl. Manfred Karge im Gespräch mit Matthias Braun, in: Helene-Weigel-Archiv, FH 85+.

[30] Vgl. hierzu auch Ekkehard Schalls Charakteristik seiner und Helene Weigels Darstellungen in: Matthias Braun, „Gespräch mit Ekkehard Schall über Helene Weigel," in: *Sinn und Form* 39.4 (1984): 1039–51, hier 1040.

[31] Vgl. Dieter Wöhrle, *Bertolt Brechts medienästhetische Versuche*, Köln 1988, 61ff.

19 Bei einer privaten Geburtstagsfeier. Helene Weigel singt
„Schöner Gigolo, armer Gigolo," Berlin 1968
(s.S. 51 und 116)

[Foto: Vera Tenschert]

Brecht und Weigel und *Die Gewehre der Frau Carrar*

D ie Frauen um Brecht und ihre Beiträge zu Brechts Werk sind bereits untersucht worden. Die Beiträge Helene Weigels jedoch stellen nach wie vor eine Lücke in der Brecht-Forschung dar. Weigels Beiträge als Köchin und Managerin sind zwar schon berücksichtigt worden, Tätigkeiten, die Brecht von familiären Pflichten befreiten und ihm so Zeit zum Arbeiten verschafften. Als sie im Exil an den *Gewehren der Frau Carrar* arbeiteten, scheint Weigel mehr als bloße Zuschauerin gewesen zu sein, und nicht bloß deshalb, weil sie die Hauptrolle spielte. Dieses Stück stellt einen Ausgangspunkt dar, von dem aus sich Brechts und Weigels Zusammenarbeit betrachten lässt.

Brecht and Weigel
and *Die Gewehre der Frau Carrar*

Paula Hanssen

Also, solche — Einflüsse von mir, die können Sie überall haben.
Das ist Quatsch, die sind nie sehr laut geworden, wie das einfach unpassend gewesen wäre.[1]

The claim that Helene Weigel, star of some of Brecht's most famous plays and his companion from 1922 until his death, had no influence on Brecht's plays, rings false. She had multiple opportunities to discuss plays, theory, and acting with Brecht and his circle of friends and collaborators. Moreover, as the embodiment of Brecht's epic style, she received rave reviews. Of her 1932 performance as the mother, Pelagea Wlassova, in Brecht's *Die Mutter* Herbert Jhering wrote: "Empfindung ging eine geistige Melodie ein. Dialektik wurde geistig gelöst. Das war nicht nur meisterhaft, es zeigt auch, dass gewisse schauspielerische Begabungen in diesem Stil erst frei werden."[2] Weigel was the messenger portraying the message "in diesem Stil" — in this case a melding of epic technique with more traditional acting - and had to be part of the process to understand Brecht's theater. And didn't Brecht thrive on collaboration, taking ideas from texts, colleagues, lovers, their collaboration acknowledged and unacknowledged? Brecht's collaborators all contributed text and translations, edited texts and suggested changes. Elisabeth Hauptmann worked on practically all of Brecht's plays before 1933, Margarete Steffin edited and contributed to Brecht's works from 1932 until her death in 1941, and Ruth Berlau served as discussion partner and photographer of rehearsals for the "Modellbücher" from 1934 until after their move to Berlin in 1947. Though their work has been analyzed in secondary literature, Helene Weigel has been relegated to the role of wife, mother, and actress, but her influence and contributions have been left unexplored. Weigel insisted that her role was secondary in Brecht's works, but all of the collaborators were publicly insistent that their role was secondary, that Brecht was "primus inter pares," making it sometimes impossible to document their contributions. Weigel finally admitted to the possibility that she had had some influence in some Brecht productions:

Na, da ist es selbstverständlich, auch bei denen ich nicht gespielt habe,

müssten Sie einfach — könnte man, wenn es überhaupt von Interesse wäre, was aber wirklich... nicht ist — aus den Notaten, soweit sie also befolgt
wurden dann, sehen wo die Einflüsse sind, aber das ist doch...Wissen Sie,
das wäre eine etwas kindische Form, wenn ich anfangen wollte, meine
Einflüsse auf Brecht nachzuweisen.[3]

Weigel was a capable collaborator on style and presentation. She was,
after all, a professional actress who had already begun her career when
she met Brecht in 1922 during the rehearsal of *Trommeln in der Nacht*.
Before they left Germany in 1933, she played major roles in Brecht
plays, such as Leokadja Begbick *in Mann ist Mann* at the Volksbühne in
1927 and "Die Fliege" in the Hauptmann/Brecht production *Happy End*
at the Theater am Schiffbauerdamm in 1929. Her influence has been
assumed to have been political, and familial, as Werner Mittenzwei
wrote in his Brecht biography: Weigel was a constant influence in her
support of the communist party in prewar Berlin, and that she relieved
him of familial duties, even moving into another apartment, so that he
could write.[4] When they went into exile, however, they lived together
and Weigel was often there when Brecht and his friends were discussing theory and works in progress, friends including Walter Benjamin
and Hanns Eisler, the writer/collaborators Margarete Steffin and Ruth
Berlau, In this paper I would like to explore Weigel's work in exile,
especially her work with Brecht in *Die Gewehre der Frau Carrar* in
Paris, Denmark, Sweden and at the Berliner Ensemble when they returned to Germany.

Weigel left Germany with Brecht after the Reichstag burned in
1933, driving to Prague and then Vienna to visit her family. Through
contact with the Danish writer and socialist, Karin Michaelis, she found
a home in Denmark, where Brecht could have his own room. She ran
the household and the budget, of course, but even then found time to
be a discussion partner for Brecht. Brecht wrote every day, but in the
late afternoon and evening Weigel recalled working with him on his
ideas: "dann kamen Gespräche, Gespräche kamen eigentlich mehr
gegen Abend, späterer Nachmittag und Abend."[5] A frequent visitor to
the Brecht/Weigel household in Denmark, the Danish journalist Fredrik
Marten (a.k.a. Kurt Rasmussen a.k.a. Crassus), claims that Weigel listened to Brecht's ideas and plans and offered her own ideas: "Alles,
was er schrieb, hat er ihr gezeigt. Er hat auch auf sie gehört."[6]

She was, of course, often preoccupied with running the household,
caring for the children, and preparing meals for the frequent guests,
often including the other women collaborators. She also helped care
for Steffin when she was ill and living separate from the family, by preparing meals for her that Brecht would deliver. Weigel later claimed
that she had no doubts about the time spent as housekeeper and care-
taker:

Ach, doch, es ist eine ziemliche Arbeit gewesen, ja, das schon — aber alle

Versuche, mich da zu einer Heroin herauszustempeln, werden nicht gelingen. Ich habe es bis jetzt abgelehnt, ich tue es weiter. Es war enorm wichtig, daß die Kinder ohne Störung aufwuchsen, und daß Brecht ruhig gearbeitet hat, und ich habe keine inneren Seelenkämpfe dabei gehabt.[7]

The "Seelenkämpfe" that she denied, however, pushed her to seek work outside of Denmark, without Brecht and the children, several times, once in 1935 in Moscow, later in 1937 in Prague. She wrote to Piscator in 1937: "Meine idiotische Existenz hängt mir sehr zum Hals 'raus. Ich war und bin eine brauchbare Person, und der Winterschlaf dauert zu lange."[8] She even took a typing course so that she would be able to do some typing for Brecht.[9]

Weigel became more involved in the creative process when Slatan Dudow, exiled director of Brecht's film *Kuhle Wampe*, wrote to Brecht from Paris about his plans for producing antifascist plays with German émigrés, and encouraged Brecht to write a play about the Spanish Republican cause. In April and May of 1937 Brecht and Margarete Steffin worked on a text based on an idea from Synge, *Riders to the Sea*, which they titled *Generäle über Bilbao*. Besides being cast in the main role, Weigel worked with Steffin and Brecht editing the text. Steffin typed the manuscript as well as separate "sides" or role-books for the actors. Weigel wrote copious changes into her book. Nearly every page has words or lines added, omitted, or replaced.[10] Margarete Steffin wrote in these changes as well into her script[11], so that it is nearly impossible to tell whether Weigel or Steffin, or Brecht suggested the changes. The use of two Austrian expressions in the scene of the card game between Carrar and her brother, Pedro, indicate Weigel's involvement: the word "Plache" is used for tarp or heavy cloth, and the word for the ace as trump card is spelled "Trumpfaß," the Austrian spelling for "Trumpf-As" (GBFA 4:519).

On 12 September 1937 Brecht and Weigel arrived in Paris and Weigel began rehearsing. Brecht went to the south of France, and on 9 October Brecht traveled to Paris to help with the last rehearsals. On 16 October Weigel appeared in the premiere of *Die Gewehre der Frau Carrar* at the Salle Adyar with Slatan Dudow's Ensemble, "Die Laterne." The performance was a great success, the reviews were glowing. Anna Seghers was there and wrote about the depth and strength of Weigel's voice: "Kann man mit dieser Stimme doch Stumpfe erregen und Feinde unsicher machen und die Unsrigen stärken." (GBFA 4:515) The success of the piece depended on Weigel's understanding and performance, and she was at her best. Maximilian Scheer wrote in *Die neue Weltbühne*[12], that Weigel presented Carrar "in ihrer Verschlossenheit beunruhigt, in Unbelehrbarkeit aufbegehrend, in Angst lauernd, in ihrer tragischen Entscheidung schlicht und groß." A photograph from the Paris production shows Weigel as she sees her son's dead body, sur-

20 Helene Weigel as Teresa Carrar, during rehearsals for the first performance
of Brecht's *Señora Carrar's Rifles*, Paris, Salle Adyar,
16 October 1937

[Photo: Breitenbach, Paris]

rounded by neighbors but oblivious to their presence, repressing any emotion.

Brecht knew what he could expect from her performance, which in turn influenced his style, as Mittenzwei wrote:

> Fast immer war die Weigel durch ihre Schauspielkunst daran mittelbar oder unmittelbar beteiligt. Ihr Spiel, ihre ganz persönliche Art, Menschlichkeit und Freundlichkeit in schwierigen Situationen auszudrücken, prägte Brechts Diktion, die emotionale Eigenheit seiner Sprache.[13]

According to Brecht, Weigel had succeeded in combining an epic style of presentation with aristotelian theater. Brecht had called the piece "aristotelische (Einfühlungs-)Dramatik," not pure epic but played in an epic style. Brecht wrote to Karl Korsch about the performance:

> Helli war besser als je, sie hat nichts eingebüßt durch die Pause [im Exil] und war froh drüber. Ihr Spiel war das Beste und Reinste, was bisher an epischem Theater irgendwo gesehen werden konnte. Sie spielte eine andalusische Fischerfrau, und es war interessant, wie der sonstige Gegensatz zwischen realistischer und kultivierter Spielweise ganz aufgehoben werden konnte.[14]

Weigel performed again in February 1938 at the Johan Borup College in Copenhagen under the direction of Ruth Berlau, using the same technique.

By the time she was asked to perform as Theresa Carrar again in November 16, 1952 at the Theater am Schiffbauerdamm, she changed her technique for presenting Carrar's gradual conversion to the Republican cause. Instead of gradually giving in with every urging by family and friends to the call for action, she played as if she were resisting and becoming more stiff, and only let herself give in at the end: "Die Weigel hatte [1938] die Carrar sichtlich jedem der Stöße nachgeben und sie beim heftigsten zusammenbrechen lassen. Statt dessen mußte sie spielen, wie die Carrar sich nach jedem Stoß, der sie erschüttert, mehr verhärtet und nach dem letzten plötzlich zusammenbricht."[15] Ekkehard Schall described the corset she wore to help show this resistance:

> Um die Verhärtung zu stärken, hatte sie sich, das habe ich dann später, natürlich abgewandelt, öfter nachgemacht, ein großes hohes, von der Hüfte bis über die Brust reichendes Korsett anfertigen lassen, um die Starrheit, um die sich immer mehr steigernde Erstarrung der Figur nicht nur konzentriert selbst spielen zu müssen, sondern daß die da war. (...) sie bereicherte doch ihre Absicht, und sie mußte sich nicht noch damit herumschlagen, extra daran zu denken: "Ich muß mich besonders aufrecht halten, ich muß mich besonders zusammenhalten." Dieses Korsett war hinderlich, und indem es hinderlich war, gab es allen Details Merkwürdiges in der richtigen Weise.[16]

Two photos of Weigel as Carrar with the weapons from the 1952 production show Weigel very slightly bending, standing tall in comparison to the photo from 1938, in which she was kneeling.

In February 1953 the film of this performance by Egon Monk aired in the GDR.

Besides working directly on the text or presentation, there were many opportunities for Weigel later to influence Brecht performances by working behind the scenes with the actors. As Gisela May remembered in an interview with Matthias Braun, Weigel was known for her influence with the actors. She based her suggestions not on a particular theory but on her own experience with Brecht's plays:

> Absolut von der Situation ausgehend, sich nicht ablenken lassend durch irgendwelche großen konzeptionellen Zusammenhänge, sondern genau praktisch. Sie war ja eine ungeheure praktische Frau. So ist sie ganz praktisch von der Situation ausgegangen, in der jetzt gerade die Figur agieren muß. Da hat sie gesagt: „Es ist doch gar nicht denkbar, daß in dem Moment, wo das und das passiert ist, kannst du doch gar nicht so handeln, da mußt du doch so handeln"...[17]

Weigel's suggestions came from her experience on stage and her "Menschenkenntnisse." This practical engagement with the characters probably helped her when they were editing the text for the premiere of *Die Gewehre der Frau Carrar* in 1952. Lines for all the characters were changed, for Theresa Carrar, as well as the younger son, Juan, and for Carrar's brother, Pedro. One example: in the original script, Pedro comes to visit Carrar and asks for the guns she is hiding. They added lines to make his visit more personal, so that Pedro asks about the sons' ages (GBFA 4:310; 18–22). That question suggests to Carrar what she expects, that Pedro wants her older son to join the Republican cause, and detracts from the secondary but most important reason for Pedro's visit, the weapons that she is hiding.

Weigel's contributions to *Die Gewehre der Frau Carrar* helped create a more complete text and a depth of character that made it one of Brecht's most successful plays. She strove for an epic, objective, nontraditional presentation, and at the same time she let her audience sympathize with the character. After seeing her performance, Brecht wrote his defence of the more traditional form he used for the play:

> Wie soll Kunst die Menschen bewegen, wenn sie selbst nicht von den Schicksalen der Menschen bewegt wird? Wenn ich selbst mich verhärte gegen die Leiden der Menschen, wie soll ihnen das Herz aufgehen über meinem Schreiben? Und wenn ich mich nicht bemühe, einen Weg für sie zu finden aus ihren Leiden, wie sollen sie den Weg zu meinem Schreiben finden? Das kleine Stück, von dem wir sprechen, handelt von dem Kampf einer andalusischen Fischersfrau gegen die Generäle. Ich versuche zu zeigen, wie schwer sie sich zu diesem Kampf entschließt, wie sie nur in der äußersten Not zum Gewehr greift. Es ist ein Appell an die Unterdrückten, aufzustehen gegen ihre Unterdrücker, im Namen der Mensch-

21 Señora *Carrar's Rifles* with Weigel in the title role, and German emigrants in the cast. Special performance in Borups Højskole, Tysk Studio, Copenhagen 1938

[Photo: B. Schleifer, Copenhagen]

lichkeit.[18]

Of course, it was Weigel who presented this "Appell" to the public, confident in her knowledge of epic theory from discussions and experience, and from her knowledge of the original play and its revised form with her and Steffin's contributions.

NOTES

[1] Helene Weigel with Hans Bunge. Helene-Weigel-Archiv (HWA), FH 83/16.

[2] Herbert Jhering in: *Berliner Börsen-Courier* v. 18.1.1932, zit. nach: Werner Hecht, *Die Kennerin der Wirklichkeit: Helene Weigel, Schauspielerin und Intendantin*, Buckow, 1995.

[3] Helene Weigel with Hans Bunge. HWA, FH 83/17.

[4] Werner Mittenzwei, *Das Leben des Bertolt Brecht*, Berlin 1986, 1:307f.

[5] Helene Weigel with Hans Bunge. HWA, FH 83/19.

[6] Fredrik Marten with Matthias Braun. HWA, FH 14+.

[7] Helene Weigel with Hans Bunge. HWA, FH 83/20.

[8] Werner Hecht, *Brecht Chronik 1898-1956*, Frankfurt/M. 1997, 497.

[9] Mittenzwei (Anm. 4), 515.

[10] Bertolt-Brecht-Archiv (BBA), 319.

[11] BBA 411.

[12] Maximilian Scheer in: *Die neue Weltbühne*, no. 43, Prag/Paris 1937.

[13] Mittenzwei (Anm. 4), 587.

[14] Werner Hecht, *Alles was Brecht ist... 1898-1998*, Frankfurt/M. 1997, 73.

[15] Jan Knopf, *Brecht Handbuch: Theater*, Stuttgart 1986, 157.

[16] Matthias Braun, "Gespräch mit Ekkehard Schall über Helene Weigel." In: *Sinn und Form*, 5 (Sept./Oct. 1984): 1041.

[17] Gisela May with Matthias Braun. HWA, FH 76/20.

[18] Hecht (Anm. 14), 72.

22 Helene Weigel as Teresa Carrar, Berliner Ensemble 1952

[Photo: Hainer Hill © VG Bild-Kunst, Bonn 2000]

Weigel's Figuration and Defiguration in Brecht's Texts

In Brecht's work Helene Weigel already appears in the light of a post-humous fame, flickering between the person and her roles. Brecht's remarks on Sophocles' *Oedipus* and on his own adaptation of *Antigone* show to what an extent his theatrical concepts derive from Weigel's work on tragic parts. Inspired by her playing, he repeatedly reflected the ceremonial potential of the theatre, which should also produce a new art of viewing. The tension between the figuration and defigura-tion is particularly important in the creation of the "shock," "which is necessary for recognition." Brecht's discussion of the performance of *Mother Courage* demonstrates that the changed style of playing also had to reflect its own failure. With regards to Weigel's appearance on stage, Brecht describes ceremonies of defiguration, where the distantia-tion of the role may lead to a destruction of the figure "beyond recogni-tion." This tendency is also significant in his poems on Weigel, which outline an emblematic poetics of remembrance, transferring the act of performing to the reader. Thus Brecht's writings have their own theatri-cal and utopian quality, when they inscribe the figure with a movement of defiguration.

Gestalt und Entstaltung der Weigel in Brechts Texten

Patrick Primavesi

In den Schriften und Gedichten von Bertolt Brecht begegnet Helene Weigel als *die* Schauspielerin eines neuen, mit ihr erst sich entwickelnden Theaters. Zu beobachten sind aber nicht bloß Schilderungen der Darstellerin und ihrer Leistungen, sondern Entwürfe einer Gestalt zwischen den Rollen, Schattenrisse einer *persona* zwischen der Darstellung und dem Dargestellten. Die Schreibweisen, in denen der Autor die Schauspielerin und zugleich seine Arbeit als Regisseur zum historischen Ereignis gemacht hat, sind schon berechnet auf eine Perspektive des Nachruhms, in der ohnehin alles Menschliche phantomhafte Züge annimmt. So hat das historisierende, auf Zeigen und Verweisen aufbauende Spiel der Weigel, das mit dem Zeichenvorrat ihrer Requisiten, Masken und Gesten bereits als eine szenische Form der Verschriftlichung aufgefasst werden kann, in Brechts „Dokumenten" ein paradoxes Stadium des Fortlebens erreicht. Die Verbindung von Lob, Deutung und Verteidigung treibt die epische Spielweise mitunter ins Gespenstische, indem sie die individuellen Züge der Schauspielerin und ihrer Rollengestaltungen auflöst, einer Gegenbewegung der *Entstaltung* aussetzt. Und gerade die Weigel ist in Brechts Texten nicht selten mit „zutiefst menschlichen," tierhaften und auch asozialen Zügen ausgestattet, die sie in die Nähe eines ihrem Selbstverständnis entgegengesetzten Theaters der Grausamkeit rücken. Solchen Widersprüchen werden die folgenden Anmerkungen nachgehen, eine (gewiss unvollständige) Reihe von Rollenportraits und Charaktermasken skizzierend. Für Brecht scheint mit seiner Darstellung der Weigel jedenfalls mehr auf dem Spiel gestanden zu haben als eine Würdigung der treuen Arbeits- und Lebensgefährtin — ihre Wiederkehr in seinen Texten erweist sich als ebenso notwendiges wie unmögliches, utopisches Supplement der gemeinsamen Theaterarbeit.

Das Theater arbeitet mit dem Tod, indem die „Gegenwart" des Schauspielers den Zuschauern eine Verschränkung von Abwesenheit und Präsenz erfahrbar macht. Im Spiel mit einer zeichenhaften Darstellung, die ebenso viel verbirgt wie sie zeigt, behält das Theater etwas von der Faszinationskraft, die von Bräuchen und Zeremonien ausgeht — auch wenn es sich als deren Kritik oder Überwindung versteht. Eine dementsprechende Zwiespältigkeit, die viele moderne Theaterkonzep-

Helene Weigel 100
Maarten van Dijk et al., eds., *The Brecht Yearbook / Das Brecht-Jahrbuch*
Volume 25 (Waterloo, Canada: The International Brecht Society, 2000)

tionen in ihrer Haltung gegenüber Kulten und Ritualen prägt, findet sich gerade bei Brecht. Oft genug hat er die Lehrstücke und das epische Theater im Zeitalter von Wissenschaft und Technik als Säkularisierung religiöser Institutionen bezeichnet und von daher alle Arten von Magie, Illusion und Bann als Inventar des bürgerlichen Kunsttheaters verworfen. Gleichwohl gibt es Spuren nicht nur des asiatischen Theaters, sondern auch der antiken Tragödie in Brechts Werk, die das Programm einer Austreibung des Kultes oder einer restlosen „Durchrationalisierung" mythischer Relikte durchkreuzen, wenn nicht blockieren. Diese Spuren der Tragödie bei Brecht überschneiden sich insbesondere mit Auftritten der Weigel, der Protagonistin des epischen und vermeintlich völlig *untragischen* Theaters. Fast könnte es scheinen, als sei ihre Arbeit für Brecht maßgeblich verknüpft mit dem Prozess des antiken Theaters, das ja auch als ein Schritt über den Mythos hinaus und als eine Infragestellung kultischer Praxis gelten kann. Jedenfalls stammen zwei für Brecht besonders wichtige Rollen der Weigel aus Tragödien, aus Sophokles' Stücken über Ödipus und Antigone. An beiden Produktionen hat Brecht Momente von Aufklärung reflektiert, dabei angefangen, dass Erfahrungen von Ohnmacht und Schmerz durch die theatrale Vorführung nicht einfach beglaubigt, sondern im Gegenteil zur Diskussion gestellt werden. Darüber hinaus geht es um den erst durch neue Inszenierungs- und Spielweisen freizusetzenden „Materialwert" der Tragödien, ihren realistischen Kern und das in ihnen angelegte Potential von Gesten und rituellen Handlungen oder Verhaltensweisen. Wie zunächst die Kommentare zu diesen Aufführungen zeigen, dokumentiert das Erscheinen der Weigel in Brechts Texten seine Auseinandersetzung mit zeremoniellen Strukturen des Theaters.

In den beiden Anfang 1929 entstandenen Aufsätzen *Letzte Etappe: Ödipus* und *Dialog über die Schauspielkunst* reagierte Brecht auf Leopold Jessners Inszenierung von *König Ödipus* und *Ödipus auf Kolonos* in einer Fassung von Heinz Lipmann am Berliner Schauspielhaus (Fritz Kortner spielte den Ödipus, Helene Weigel die Magd der Jokaste, Lotte Lenya die Ismene). Beide Texte wurden noch im Februar 1929 im Berliner *Börsen-Courier* veröffentlicht, der erste mit der redaktionellen Vorbemerkung, dass Brecht hier „aus Jessners ‚Ödipus'-Inszenierung die Folgerungen für ein episches Drama der Zukunft" ziehen würde.[1] Tatsächlich beschreibt Brecht diese *Ödipus*-Arbeit als letzte Etappe einer rapiden Umwälzung von Drama und Theater. Zu folgern sei vor allem, dass die neuen Stoffe der Zeit eine neue Form von Theater verlangen: "die bisherige große Form, die dramatische, ist für die jetzigen Stoffe nicht geeignet. Platt gesagt, für Fachleute: die heutigen Stoffe lassen sich in der alten ‚großen' Form nicht ausdrücken" (22:279). An der Notwendigkeit einer *großen Form* hält Brecht fest, sie müsse aber episch sein, die Einfühlung überwinden. Ebenso wie sein Text mit dem Hinweis auf Philosophie beginnt („Die Zukunft des Theaters ist eine

23 Brecht mit der Porträtplastik der Weigel von Ninnan Santesson,
Lidingö 1939

[Foto: Ruth Berlau]

philosophische"), endet er im Blick auf die Technik des zweiten Teils von Jessners Inszenierung, *Ödipus auf Kolonos*, mit der Feststellung, dass das „Erlebnis" wenn überhaupt dann aus dem philosophischen Bezirk komme. So ist das politische Interesse des Textes — Brecht geht es ja auch darum, Stoffe von der „Ungeheuerlichkeit" einer Weizenbörse darstellen zu können — eingeschlossen in ein philosophisches. Das weist voraus auf die Funktion, die in den Texten zum *Messingkauf* dem Philosophen zukommen wird: das Theater umzufunktionieren, aus einer Anstalt der bloßen Einfühlung einen Ort lustvollen Denkens zu machen (auch in diesem Kontext wird die Gestalt der Weigel eine wichtige Rolle spielen. In dem als Fortsetzung des Textes zur großen Form erschienenen *Dialog über die Schauspielkunst* hat Brecht Spielweisen entworfen, die dem Publikum ein neues Wissen um menschliche Beziehungen, Haltungen und Kräfte vermitteln würden. Statt Suggestion und Trance, in die die Schauspieler sich selbst und die Zuschauer zu versetzen gewohnt seien, sollten Zeigen und Erkennen die Darstellung begleiten, der Vorgang des Spiels sollte von Distanzierung geprägt sein:

> Spirituell. Zeremoniell. Rituell. Nicht nahekommen sollten sich Zuschauer und Schauspieler, sondern entfernen sollten sie sich voneinander. Jeder sollte sich von sich selber entfernen. Sonst fällt der Schrecken weg, der zum Erkennen nötig ist. (22:280)

Diese kursorische Antwort auf die Frage nach der neuen Art theatraler Vorgänge verdeutlicht, dass Brecht der gewohnten Praxis der Einfühlung durchaus auch mit spirituellen, zeremoniellen und rituellen Momenten begegnen wollte, die allerdings in Ablösung von jedem Schicksalsglauben zu denken sind.[2]

Kein Erkennen ohne Schrecken — darin lässt sich der bereits in der *Orestie* des Aischylos formulierte Grundsatz des *Lernens durch Leiden* wiederfinden. Und die für den Schrecken nötige *Entfernung von sich selbst* entspricht einer fürs antike Theater grundlegenden Technik der Distanzierung: Masken, stilisierte Rede, wirkungsvolle Gesten. Was Brecht als neue Technik skizziert, liegt jedenfalls dem antiken Theater näher als dem auf Einfühlung und Psychologie fixierten bürgerlichen Schauspiel. Nicht der Mensch selbst wäre verständlich zu machen, sondern die Vorgänge, wozu die Erfahrung der „ganzen Fremdheit und Unverständlichkeit" von Handlungen und Charakteren erforderlich sei. Diese neue Technik, die den Schauspieler auch aus der Abhängigkeit vom Publikumsgeschmack befreien sollte, könne aber nicht *allmählich* eingeführt werden, da sie auf eine „völlig andere Zwecksetzung" des Theaters hinauslaufe. So hätte das Spiel der Weigel die letzte Etappe der großen Form bereits als erste Etappe des neuen Theaters erwiesen, episch verdichtet in Brechts Bericht:

24 Helene Weigel mit dem Entwurf ihrer Gesichtsmaske
von Ninnan Santesson, um 1939

[Foto: unbekannt]

Als eine Schauspielerin dieser neuen Art die Magd im *Ödipus* spielte, rief sie, den Tod ihrer Herrin berichtend, ihr „tot, tot" mit ganz gefühlloser, durchdringender Stimme, ihr „Jokaste ist gestorben" ohne jede Klage, aber so bestimmt und unaufhaltsam, daß die nackte Tatsache ihres Todes gerade in diesem Augenblick mehr Wirkung ausübte, als jeder eigene Schmerz zustande gebracht hätte. Sie überließ also dem Entsetzen nicht ihre Stimme, wohl aber ihr Gesicht; denn durch weiße Schminke zeigte sie die Wirkung an, die der Tod auf den Dabeiseienden ausübt. Ihre Meldung, die Selbstmörderin sei wie unter einem Treiber zusammengestürzt, enthielt weniger Mitleid mit dieser Gestürzten als den Triumph des Treibers, so daß selbst dem gefühlsseligsten Zuschauer klarwerden mußte, daß hier eine Entscheidung erfolgt sei, die sein Einverständnis verlangte. Mit Staunen beschrieb sie in einem klaren Satz das Rasen und die scheinbare Unvernunft der Sterbenden, und in dem unmißverständlichen Ton ihres „Und wie sie endete, wir wissen's nicht" lehnte sie, eine kärgliche, aber unbeeinflußbare Ehrung, jede weitere Mitteilung über diesen Tod ab. Aber herabschreitend die wenigen Stufen, waren ihre Schritte so weit, daß diese kleine Gestalt eine gewaltige Entfernung vom leeren Ort der Greuel zu den Menschen der Unterbühne zurückzulegen schien. Und während sie die Arme mechanisch klagend hochhielt, bat sie gleichsam um Mitleid mit ihr selbst, die das Unglück gesehen hatte, und durch ihr lautes *„jetzt klaget"* bestritt sie wohl die Berechtigung jedes früheren und unbegründeteren Jammers.

(22:281f.)

So weit der erste große Auftritt der Weigel in Brechts Texten, als „kleine Gestalt" in einem Bericht, der das Berichten selbst als Formprinzip unterstreicht. Die Leistung der Darstellerin wird historisiert als ein epochemachendes Ereignis: das Staunen der Magd über die rasende Herrin vorzuführen und den Tod mit einer von Gefühl ganz freien Stimme zu berichten, andererseits aber dem Entsetzen soweit Raum zu geben (mit Gesicht, Schminke und Haltungen), dass der Tod als „nackte Tatsache" triumphieren und dem Einverständnis des Zuschauers überantwortet werden konnte. Die Bedeutung der Szene wäre gewesen, auf eine ganz bestimmte, Einverständnis hervorrufende Weise die Wirkung anzuzeigen, „die der Tod auf den Dabeiseienden ausübt." Das Anzeigen geht aber auf Kosten einer traditionellen Ästhetik der Gestalt — die weiße Schminke und die gefühllose Stimme können als Entstaltung der Person gedeutet werden, entsprechend Brechts Vorstellung einer Neutralisierung oder auch Auslöschung des Individuellen. Mit dieser besonders den Lehrstücken verwandten Tendenz folgt der Text dem Abstieg der Weigel vom leeren Ort der Gräueltaten zu den Menschen der Unterbühne, zum Volk. Allerdings scheint kaum jemand den Moment registriert zu haben außer Brecht, der ja mit der Weigel an diesem Auftritt gearbeitet hatte. Zur Geltung kommt das Neue erst in seinem Kommentar, der die Größe ebenso wie die Wirkungslosigkeit des Augenblicks festschreibt:

Was für einen Erfolg hatte sie? / Bescheidenen; außer bei den Kennern.

> Vertieft in das Sicheinfühlen in die Gefühle der dramatischen Personen, hatte beinahe niemand an den geistigen Entscheidungen der Handlung teilgenommen, und es blieb jene ungeheuerliche Entscheidung, die sie gebracht hatte, fast ohne Wirkung auf diejenigen, die sie nur als Gelegenheit zu neuen Gefühlen betrachteten. (22:282)

Die neue Spielweise bleibt angewiesen auf eine noch unerreichte Kunst des Zuschauens. Immerhin wäre durch Weigels Bericht vom Tod der Jokaste die Einfühlung erschwert worden, so dass „selbst dem gefühlsseligsten Zuschauer klarwerden mußte, daß hier eine Entscheidung erfolgt sei, die sein Einverständnis verlangte" (22:282). Die Entscheidung, um die es Brecht mit der Darstellung des Todes im *Ödipus* geht, auf der letzten Etappe der alten großen Form, ist zugleich die für ein neues Theater und für eine neue Haltung des Zuschauers, der seinen Anteil an der ihm berichteten Gewalt zu reflektieren hätte.

Die Manuskriptfassungen der Texte zeigen, dass Brecht mit seinen Überlegungen zur neuen großen Form des Theaters bereits das Beispiel der Weigel im Blick hatte und dass er wohl ohne sie auch die Bedeutung von Jessners Inszenierung kaum in diesem Maße hervorgehoben hätte. Eine zunächst skizzierte Erweiterung des ersten Textes beschreibt die „kleine Gestalt" der Weigel noch ausführlicher:

> Sie ist von kleinem Wuchs, ebenmäßig und kräftig. Ihr Kopf ist groß und wohlgeformt. Ihr Gesicht schmal, weich, mit hoher, etwas gebogener Stirn und kräftigen Lippen. Ihre Stimme ist voll und dunkel und auch in der Schärfe und im Schrei angenehm. Ihre Bewegungen sind bestimmt und weich. / Wie ist ihr Charakter? / Sie ist gutartig, schroff, mutig und zuverlässig. Sie ist unbeliebt. (22:711f.)

Dieser von einem Imperativ („Beschreibe sie!") als eine Art Szene eröffnete Abschnitt hält die Mitte zwischen der Rolle und der Person, lässt das eine im anderen durchscheinen. So modelliert Brecht ein Portrait der Weigel, das zwischen der Rolle der Todesbotin, ihrer Bühnenerscheinung als Darstellerin und ihrem realen Dasein changiert — die Schreibweise vollzieht, was die szenische Darstellung hätte leisten sollen. Nicht ohne Ironie spielt die Begutachtung „auch in der Schärfe und im Schrei angenehm" darauf an, dass die Weigel schon früh durch ihre ebenso modulationsfähige wie durchdringende Stimme auffiel.[3] Das abschließende „Sie ist unbeliebt" lässt die Schauspielerin über jede Anbiederung beim Publikum erhaben erscheinen, deutet aber als Nachsatz zu den Eigenschaften „gutartig, schroff, mutig und zuverlässig" vor allem auf die Person, wie sie hinter den Kulissen, im Alltag begegnen konnte. Indem Brecht der Schilderung eine realistische Wendung gibt, stilisiert er sich als Schöpfer dieser Weigel-Gestalt. So entwirft die nüchterne Charakterisierung, was Brechts Erwähnungen der Weigel insgesamt prägt — eine Spannung zwischen Zeigen und Gezeigtwerden, Gestalt und Entstaltung, gerade wenn es und Entstaltung, gerade wenn es um den Erfolg, den Schrecken und das Lernen geht.

Die individuelle Physiognomie wird so weit durchkreuzt, dass die Weigel als Projektionsfläche für die Selbstdarstellung des Autors erscheinen kann,[4] zugleich aber als Schauplatz eines neuen Theaters. Diese Tendenz fällt auch an den Texten auf, die im Zusammenhang mit Weigels Auftritt in Brechts *Antigonemodell* entstanden sind.

Mit der *Antigone*-Produktion von 1948 im Schweizerischen Chur versuchte Brecht, aus dem Exil kommend, der damals oft noch als „glänzend" bewunderten „Technik der Göringtheater" und dem Verfall sowohl von Darstellungs- als auch Zuschaukunst etwas entgegenzusetzen (25:73). Durch seine Dialektik von Vorgabe und Veränderbarkeit zeigt das *Antigonemodell*, dass das Theater sich der Stoffe und Texte seiner Tradition nur auf Probe, im Moment der Bearbeitung versichern kann, nicht jedoch im Griff nach dem vermeintlich zeitlos Gültigen. Die vielen Eingriffe in den Text der Hölderlinschen Übertragung konzentrieren die Handlung der Tragödie auf einen Diskurs über die Unzulänglichkeit tyrannisch missbrauchter Macht. Allerdings lässt sich der dem „Freudengott" huldigende Chor der Alten kaum im Sinne einer Widerstandsbewegung deuten, und Antigone ist mitschuldig, weil sie zu lange die Knechtschaft unter Kreon erduldet hat und durch ihre verzweifelte Tat nur dem Feind hilft, das eigene Volk dem Untergang ausliefert. So ist der Text nicht einfach „durchrationalisiert" oder „entgötzt". Bei der grundsätzlichen Frage, ob die Schauspieler im Zirkel der „barbarischen Götzenpfähle mit den Pferdekopfskeletten" spielen sollten, oder außerhalb davon, waren sich Brecht und sein Bühnenbauer Caspar Neher einig: „Wir entschieden uns, das Spiel zwischen den Pfählen zu arrangieren, haben wir doch immer noch den vergötzten Staat der Klassenkämpfe!" (27:261). Noch deutlicher wird eine weitere Eintragung im *Arbeitsjournal*, deren Kritik an klassizistischer Verharmlosung auch auf die eigene Fassung führt: „Die ganze Antigone gehört auf die barbarische Pferdeschädelstätte. Das Stück ist ja keineswegs durchrationalisiert; nur" (27:265) — so bricht der Text ab, das vielleicht erreichte Ausmaß der Rationalisierung bleibt offen. Der barbarische Ort des alten Gedichts kann jedenfalls nicht einfach verlassen werden, und diese Entscheidung der Uraufführung ist gerade insofern exemplarisch, als sie zugleich die Unlösbarkeit und die Produktivität eines Konflikts von Theater, Mythos und Aufklärung manifestiert.

Wenn Brecht die zunächst geplante Rationalisierung des Stoffes anhand der praktischen Erfahrungen relativieren musste, so betrifft das auch die Spielweise. Dafür war wiederum die Weigel das Modell. Die ganze Unternehmung einschließlich der Textfassung kam ja zustande, weil Brecht nach der langen Spielpause während des Exils ihren Neuanfang in Berlin vorbereiten wollte: „Habe zwischen 30. 11. und 12. 12. eine ‚Antigone'-*Bearbeitung* fertiggestellt, da ich mit *Weigel* und *Cas* die ‚Courage' für Berlin vorstudieren möchte, dies in Chur, wo Curjel sitzt, tun kann, dafür aber eine zweite Rolle für die *Weigel*

25 Helene Weigel als Antigone, Stadttheater Chur 1948

[Foto: Ruth Berlau]

brauche" (27:255). Aufschlussreich für Fragen der Spielweise ist zunächst eine in den Tagen der Probenarbeit notierte Kritik an dem „hausbacken moralische(n) Ton" einer deutschen Stanislawski-Ausgabe, wogegen Brecht den Spaß und das Asoziale als notwendige Elemente der Schauspielkunst hervorhebt: „wenn der Schauspieler zu brav wird, wie soll er dann die dunklen Vorräte an Vitalität (noch nicht sozialisierter Lebenskraft) heben, die im Asozialen liegen?" (27:261). Damit ist eine Grenze markiert, die Brecht wohl auch als Regisseur der Schauspielerin Weigel zu überschreiten versucht hat, gerade mit einer Infragestellung und Überprüfung epischer Spielweisen.[5] Die Konstruktion einer Bühnengestalt hätte ab einem gewissen Punkt wieder in deren Auflösung umzuschlagen, um die Spannungen der Figur produktiv zu machen (ohne sie in einer Individualität des Charakters oder irgendeiner einer positiven Lehre aufgehen zu lassen). Inwieweit das in der Arbeit am *Antigonemodell* möglich war, lässt sich aus Brechts eigenen Kommentaren und aus Kritiken annähernd rekonstruieren. Allem Anschein nach ist es trotz eher provisorischer Arbeitsbedingungen gelungen, aus vermeintlichen Fehlern Wirkungen zu erzielen — etwa bei der Besetzung, in der sich die für Antigone eigentlich zu alte Weigel und der für Kreon eigentlich zu junge Hans Gaugler gegenüberstanden. Die bei der Probenarbeit auftretenden Schwierigkeiten hingen aber wohl damit zusammen, dass das Inszenierungskonzept, bei dem Hans Curjel zufolge „die Weigel für den Gestus der Schauspieler das Vorbild abgab"[6], keineswegs von allen Beteiligten verstanden wurde und selbst bei der Weigel nicht durchgängig funktionierte. Das hat Brecht selbst im Brief an Curjel vom 7. 2. 1948 betont:

> Mit der Weigel geht es wie mit Laughton; die epische Spielweise kann sich gegen eine umgebende dramatische nur verteidigen, nicht zum Angriff übergehen; auch existiert da nichts Mittleres, auf das solch ein Schauspieler zurückgreifen könnte — eine Gedankenlosigkeit, und die Kurve verbiegt sich, unreparierbar für den Abend und ohne neue Probe.
>
> (29:444)

In der Konfrontation verschiedener Spielweisen war die epische isoliert. Wie Brecht im Vorwort zum *Antigonemodell* schreibt, sei darin „viel Ungewolltes und Vorläufiges" enthalten, weil sich die Schauspieler mit Ausnahme der Weigel gerade im Bezirk des Mimischen „sozusagen selbst forthelfen." Die Arbeit sei noch von einer Zeit des Ausverkaufs geprägt gewesen, in der die Schauspieler jeweils „zu ganz verschiedenen Zwecken" spielten (25:80). Der Hinweis auf mögliche Fehler auch der Weigel legt nahe, dass Brecht die intendierte Gesamtwirkung kaum für erreicht halten konnte, solange das Spiel nur von außen zu „reparieren" war. So lässt die Angewiesenheit auf eine neue Probe und womöglich einen Leiter, der die "Kurve" wieder zu rekonstruieren hätte, weitere Unzulänglichkeiten des epischen Spiels absehen — dass es „Fehler" machen musste, um wirken zu können, dass aber auch seine Wirkung verfehlt sein konnte und der Auslegung durch den Autor und Regisseur Brecht weiterhin bedurfte.

Die Parallelen zu Brechts Kommentaren anlässlich Jessners *Ödipus*-Produktion sind offenkundig. Was die *Antigone*-Inszenierung an Neuerungen bringen sollte „sowohl für Theaterleute als für solche, die Zuschauer werden wollen" (29:444), ist wiederum vor allem an Brechts Äußerungen zum Spiel der Weigel abzulesen. Das Modellbuch verweist darauf, dass der Gestus des Zeigens und der Veränderbarkeit im Umgang mit der Tragödie nur von der Weigel mit der nötigen Freiheit ausgeübt werden konnte. Vom Publikum aber wurde die Technik, das eigene Spiel als exemplarisch zur Schau zu stellen, auch in diesem Fall übersehen, wie gerade die eher wohlwollenden Kritiken zeigen: „Sie hat vollendet entsprechend den Intentionen des Gestalters und Regisseurs diese heldenhafte Frau gegeben, wobei das Heldentum in der stillen Größe und dem schlichten Beharren ihrer erkannten Pflicht beruhte,"[7] oder ähnlich klischeehaft: „Schlicht, menschlich, mit fast trockener Diktion machte sie die Antigone zu einer leidvollen, doch auch zu einer heroischen und würdevollen Frau. Ein Charakter inmitten vieler Charakterschufte."[8] Immerhin wurde „das Maskenhafte der Antigone-Darstellerin" konstatiert,[9] ansonsten konnten sich die Neuerungen ihrer Spielweise wohl kaum vermitteln.[10] Noch während der Arbeit kam Brecht, Missverständnisse von Kritikern gewohnt, im Hinblick auf seine Stücke zu der skeptischen Ansicht, dass der Autor sich nur dadurch retten könne, „daß er die Substanz aufgibt oder (und) einen Leitartikel anhängt" (*Arbeitsjournal*, 7. 1. 1948, 27:263). Schuld daran sei gerade die Fähigkeit des bürgerlichen Darstellungsstils, sich alles Fremde („alles aus Altertum, asiatischem Bereich, Mittelalter") einzuverleiben — eine antibürgerliche und auch antimoralische Auseinandersetzung mit der Tradition musste demnach missverständlich bleiben.[11] Das gilt um so mehr für eine Spielweise, die in einer anscheinend auf Aktualisierung ausgerichteten Neufassung der Tragödie auf den Eindruck von *Unmittelbarkeit* verzichtete. Wie Brecht in den Dialogen des Modellbuchs erläutert, hätte Weigels Spiel vor allem Distanz zu sich selbst erzeugt: „Wie alles übrige spielte die Weigel den Todesgang der Antigone, als sei er etwas Berühmtes, sowohl als historischer Vorgang als auch als eine Bühnengestaltung, ja, sie spielte beinahe, als sei ihr eigenes Spiel in dieser Szene berühmt" (25:132). Mit der zeitlichen Perspektive des Ruhms als einer zukünftigen Vergangenheit ist Weigels Darstellung der Antigone ähnlich wie ihr Auftritt als Magd in der *Ödipus*-Inszenierung in Brechts Schreibprozess aufgehoben. Dabei geht es nicht bloß um die Vorwegnahme eines noch ausbleibenden Erfolgs, sondern um ein Spiel mit Abwesenheiten: Der Text legt nahe, dass das Zentrum, um das die Zeremonie kreist, eigentlich leer ist, und dass die Spaltung zwischen Person und Rolle auch insofern als Entstaltung gedeutet werden kann, als sie die Annäherung an den Tod symbolisch vollzieht, auf Abbildung verzichtend. Im sichtbaren Heraustreten aus dem Spielfeld der Pferdeschädelstätte ereignete sich das Sterben als szenischer Prozess und als Aufhebung der Rollenfiktion. Mehr noch als beim Bericht vom Tod der Jokaste im *Ödipus*, der zu den „Menschen der Unterbühne" führte, erscheint der „Todesgang der Antigone" als ein „Zu den Vielen gehen," *ad plures ire*. Wieder legt Brechts Schreibweise vor allem Weigels Umgang mit dem zeremoniellen Potential der Tragödie aus: Anstatt sich wie im bürgerlichen Verständnis von tragischem Spiel im Pathos der Szene zu erschöpfen, soll der Schrecken des Erkennens auch den Rahmen der Darstellung betreffen, in einer „analytischen" Form von Einfühlung die Zuschauer angehen.

Schon der Hinweis auf die spirituelle, zeremonielle und rituelle Qualität der neuen Spielweise mit dem beabsichtigten Effekt („Jeder sollte sich von sich selber entfernen") umschreibt nichts anderes als das Sterbenkönnen. So erweisen auch Brechts Reflexionen zu Weigels Antigone-Darstellung das Theaterspielen als eine Vorwegnahme des Todes im Sinne eines Verlusts aller Gestalthaftigkeit. Ausgehend vom Text über die große Form als letzte (noch keineswegs überwundene) „Etappe" steht das Spiel der Weigel weiterhin für die zeremonielle Funktion eines neuen Theaters, das Spannungsverhältnis zwischen Gestaltwerdung und Entstaltung vorzuführen. Das zeigt sich auch am Übergang von dem als „tryout" und „preview" gedachten Tragödienspiel zur Berliner Aufführung von *Mutter Courage und ihre Kinder*. Dieser Übergang ist an zwei Gedichten abzulesen, in denen der Akt des Zeigens.die Gestalt in der Schwebe hält:

Komm aus dem Dämmer und geh
Vor uns her eine Zeit
Freundliche, mit dem leichten Schritt
Der ganz Bestimmten, schrecklich
Den Schrecklichen.

Abgewandte, ich weiß
Wie du den Tod gefürchtet hast, aber
Mehr noch fürchtetest du
Unwürdig Leben.

Und ließest den Mächtigen
Nichts durch, und glichst dich
Mit den Verwirrern nicht aus, noch je
Vergaßest du Schimpf und über der Untat wuchs
Ihnen kein Gras.Salut!   (15:191)

Das Gedicht entstand noch in Chur, erschien erstmals im Programmheft zur Premiere des *Antigonemodells* am 15. 2. 1948. Es trägt den Titel *Antigone* und enthält Anspielungen auf den Inhalt des Stückes, die sich aber auch auf das „Schicksal der Weigel im Exil" beziehen lassen.[12] Die erste Strophe eröffnet diese wiederum zwischen Rolle und Person

changierende Perspektive mit der Szene des Auftritts selbst, den der
Autor als Regisseur und stellvertretend für das Publikum von der Schauspielerin fordert — für einen kurzen Augenblick vor dem Tod, für eine
begrenzte Zeit des Spiels. Das Heraustreten aus dem Dämmer wäre der
Moment, in dem die Gestalten einander überlagern. Fast scheint es, als
werde die Haltung der Brechtschauspielerin Weigel zum Modell für die
der Antigone und nicht etwa umgekehrt. Die dritte Strophe geht so
weit, die im Text der Neufassung angedeutete Verwicklung der Antigone in das Unrecht der Macht auszublenden, die Konsequenz der Un-
beugsamkeit mit einer Art letztem Gruß in der Form militärischer Ehr-
bezeugung zu feiern. Wenn das Gedicht den Ablauf des Stückes andeu-
tet, so zielt es im Ton des Nachrufes für eine tragische Heldin doch vor
allem auf die Wiedereinführung der Schauspielerin. Fortgesetzt wird
dieser Gestus mit dem in vieler Hinsicht verwandten Gedicht, das ausgerechnet die Darstellung der Mutter Courage zum Anlass nimmt, die
Schauspielerin „das Richtige" und ihr „gutes Gesicht" zeigen zu lassen:

Und jetzt trete in der leichten Weise
Auf der Trümmerstadt alte Bühne
Voll der Geduld und auch unerbittlich
Das Richtige zeigend.

Das Törichte mit Weisheit
Den Haß mit Freundlichkeit
Am gestürzten Haus
Die falsche Bauformel.

Aber den Unbelehrbaren zeige
Mit kleiner Hoffnung
Dein gutes Gesicht.   (15:203)

Auch dieses Gedicht, zur Premiere von *Mutter Courage und ihre Kinder* am 11. 1. 1949 Helene Weigel gewidmet, lässt die Schauspielerin
als solche auftreten. Wieder erweist sich die Aufforderung des Au-
tors/Regisseurs als Modus der Vergegenwärtigung — *jetzt* will er seine
Gestalt vor sich und dem Publikum sehen, auf der Bühne der Trümmerstadt, unerbittlich freundlich. Die Aufgabe, den Unbelehrbaren das
„gute Gesicht" zu zeigen, entspricht dem Klischee der immer Gutmüti-
gen, das Brecht häufig variiert hat. So steht die Schauspielerin für die
„kleine Hoffnung," das Spiel könne etwas verändern. Die Komplemen-
tarität von gutem und bösem Gesicht, wie sie etwa auch im Stück über
den Menschen von Sezuan formuliert ist, führt hier jedoch kaum weiter. Wo es um die Schauspielerin als solche geht, ist die Frage eher die
nach einer Kehrseite der Maske, einem Nicht-Gesicht, das vom wirklichen Menschen ebenso weit entfernt bleibt wie von der runden Gestalt
einer dramatischen Figur.

Was die explizit der Weigel und ihren Rollen gewidmeten Gedichte vielfach gerade mit ihrer programmatischen Ausrichtung verschlei-

ern, begegnet in Brechts Kommentaren zu seinen Stücken weitaus offener, auch sich selbst gegenüber fast schonungslos. Am Beispiel einiger weiterer Texte zur Courage wird das besonders deutlich, die Perspektive erfährt im Prozess der Fortschreibung eine weitgehende Korrektur. Die Erhebung der Weigel zur Ikone nicht nur für ein Theater des neuen Zeitalters, sondern zugleich für einen dem Frieden verpflichteten Arbeiterstaat hat ihren Ort bekanntlich im Gedicht:

> Das Theater des neuen Zeitalters
> Ward eröffnet, als auf die Bühne
> Des zerstörten Berlin
> Der Planwagen der Courage rollte.
> Ein und ein halbes Jahr später
> Im Demonstrationszug des 1. Mai
> Zeigten die Mütter ihren Kindern
> Die Weigel und
> Lobten den Frieden.   (15:226)

Ausgangspunkt dieses Gedichts war das Erlebnis der Feiern zum 1. Mai 1950 in Berlin. Wie Brecht zunächst im *Arbeitsjournal* notierte, konnte er an dem „strahlenden Tag" von einer Tribüne im Lustgarten aus die Demonstration beobachten, an der auch „erstaunlich viele Bezirke aus Westberlin" teilgenommen hätten. „Das Berliner Ensemble fährt auf seinem Lastwagen, Barbara sitzt auf dem Couragewagen und schwenkt eine rote Fahne. Helli wird durch alle Straßen hindurch begrüßt, Frauen halten tatsächlich die Kinder hoch: 'Die Mutter Courage'!" (27:311f.). Die Freude über den Erfolg der Weigel scheint bruchlos in das Lob des Friedens überzugehen, als hätte der Wagen der Courage auch schon dazu beigetragen, den Frieden des neuen Zeitalters zu sichern. Eine andere Einschätzung gibt der 1953 (anlässlich einer Neuinszenierung in Kopenhagen) entstandene Rückblick *Die Courage lernt nichts*, der bereits einige Missverständnisse reflektiert. In der Zeit seiner Entstehung zu Beginn des 2. Weltkriegs sei das Stück auch in Skandinavien zu spät gekommen, und als es auf der Berliner Bühne ankam, hätte es nur das „Unglück" des verlorenen Krieges bestätigt, ohne es wirklich in Frage stellen zu können:

> Als der Wagen der Courage 1949 auf die deutsche Bühne rollte, erklärte das Stück die immensen Verwüstungen, die der Hitlerkrieg angerichtet hatte. Die zerlumpten Kleider auf der Bühne glichen den zerlumpten Kleidern im Zuschauerraum. [...] Die Weigel spielte die Courage hart und zornig; d. h. nicht ihre Courage war zornig, sondern sie, die Darstellerin. Sie zeigte eine Händlerin, kräftig und verschlagen, die eins ums andre ihrer Kinder an den Krieg verliert und doch immer weiter an den Gewinn aus dem Krieg glaubt. [...] Der Erfolg des Stücks, d. h. der Eindruck, den das Stück machte, war zweifellos groß. Leute zeigten auf der Straße auf die Weigel und sagten: Die Courage! Aber ich glaube nicht und glaubte damals nicht, daß Berlin — und alle andern Städte, die das Stück sahen — das Stück begriffen. Sie waren alle überzeugt, sie hätten gelernt aus dem

Krieg; sie verstanden nicht, daß die Courage aus ihrem Krieg nichts gelernt haben sollte, nach der Meinung des Stückschreibers. Sie sahen nicht, was der Stückschreiber meinte: daß die Menschen aus dem Krieg nichts lernen. (24:272f.)

Der Stückschreiber sieht seine Prophezeiungen bestätigt: „Der Krieg würde ihnen nicht nur Leiden bringen, sondern auch die Unfähigkeit, daraus zu lernen." In fast wörtlicher Wiederaufnahme einiger Verse des Gedichts wird erneut die Begeisterung der Leute auf der Straße für die Weigel erwähnt, nun jedoch im Zweifel an irgendeinem Lernprozess. Auch das Publikum lernt nichts — das wäre die bittere Erkenntnis, gegen die Brecht dann im (postum erschienenen) Modellbuch zu dieser Produktion nichts anderes halten kann als die wiederholte Forderung einer neuen Spielweise: „damit die Zuschauer etwas lernen, müssen die Theater eine Spielweise erarbeiten, welche nicht auf die Identifizierung der Zuschauer mit der Hauptfigur (Heldin) ausgeht" (25:241). Zu lernen war aber grerade das „Nichts-Lernen." Die veränderte Spielweise hätte bereits ihr eigenes Scheitern zu reflektieren, ans Publikum zurückzugeben — so wäre der Zorn der Weigel zu deuten: „nicht ihre Courage war zornig, sondern sie, die Darstellerin." Wie es im Modellbuch heißt, sollte die Distanzierung von der Rolle auch deren eigene Dialektik vorführen. So hätte das Gesicht der Weigel noch für die Schlechtigkeit der Courage „einen Schein von Weisheit und sogar Adel" gezeigt, um ihre Haltung als Resultat der Verhältnisse zu erweisen: „sie selbst erhebt sich wenigstens dadurch darüber ein wenig, daß sie Einsicht in diese Schwäche, ja Zorn darüber zeigt" (25:206). Noch diese etwas abgemilderte Deutung des Zorns suggeriert, dass die eigentliche Problematik des Stückes erst in einer Zersetzung der Gestalt, mit Hilfe des ausgestellten Widerspruchs zwischen Einfühlung und Zeigen hervortreten kann. Schließlich musste sich Brecht die Gefahr der Identifikation bei einem allzu erfolgreichen Spiel eingestehen: „Das Publikum wird nur eigene Neigungen zu Resignationen und Kapitulationen stärken — und außerdem und dazu noch sich den Genuß verschaffen, über sich selbst zu stehen" (25:207). Diese bequeme Selbstbestätigung war nicht wirklich zu verhindern, allenfalls zu irritieren mit einer Preisgabe der Figur, als einer konkreten szenischen Manifestation jenes Zorns:

DIE VERLEUGNUNG

Die Courage sitzt, neben ihr steht ihre Tochter, deren Hand sie hält. Wenn die Kriegsleute mit dem Toten hereinkommen und sie aufgefordert wird, ihn anzuschauen, steht sie auf, geht hin, schaut ihn an, schüttelt den Kopf und geht zurück, sich zu setzen. Während des Ganzen hat sie einen verbissenen Ausdruck; die Unterlippe ist vorgeschoben. Die Kühnheit der Weigel bei der Preisgabe der Figur erreichte hier den Höhepunkt. (Der Darsteller des Feldwebels kann das Erstaunen des Zuschauers anführen, indem er erstaunt über solche Härte sich zu seinen Leuten umblickt.)

(25:203)

Wo es im Stück um die Verleugnung des toten Sohnes geht, schreibt Brecht der Weigel eine Preisgabe ihrer Figur zu. Diese doppelte „Verleugnung" spielt sich auf dem Gesicht ab, dessen Ausdruck als buchstäblich verbissen geschildert wird. Die Maske der Courage wäre demnach durch die Anspannung der Darstellerin entstellt worden, und gerade das Erstaunen über diese technische „Kühnheit" sei wichtig. So lässt der Text die Spielweise der Weigel als ein Zeremoniell der Entstaltung erscheinen — das Leiden an der dargestellten Situation wird dekonstruiert, mitunter in einen *Abbau* der Rolle überführt.

Aufschlussreich ist auch in diesem Kontext Brechts Versuch, sein Stück mit der Tradition des tragischen Theaters zu vergleichen. Wenn er die zahlreichen Deutungen des Stückes als einer modernen „Niobetragödie" ablehnte, so fällt doch auf, dass er frühe Notizen zu dem Stoff selbst mit *Finnische Niobe* überschrieben hatte (24:258). Im Unterschied aber zu der Mutter, deren Kinder eine eifersüchtige Göttin tötet, soll die Courage den Tod ihrer Kinder in Kauf nehmen, im hartnäckigen Glauben an die Ökonomie des Krieges. So lässt die Figur weit eher als an Niobe an Medea denken, die ihre Kinder tötet, in einem Akt von Hass, Rache und Selbstzerstörung zugleich. Gegen eine Heroisierung der Figur zielte schon 1939 der Hinweis, dass die Courage „keine Antigone" sei. Ähnlich galt es in der Nachkriegszeit, das Klischee einer die ungerechten Schicksalsschläge überstehenden Mutterfigur abzubauen. Und dennoch: In dem 1951 entstandenen Abschnitt *Mutter Courage, in zweifacher Art dargestellt*[13] setzte Brecht dem beliebten „Triumph über die Unzerstörbarkeit einer lebenskräftigen, durch die Unbilden des Krieges heimgesuchten Person" die Technik der Weigel entgegen, die eine restlose Einfühlung verhindert hätte gerade indem sie die Tragik der Gestalt vorführte.

> Der Handel war auch hier eine selbstverständliche Erwerbsquelle, aber doch eine verschmutzte, aus der die Courage Tod trank. Die Händlerin-Mutter wurde ein großer lebender Widerspruch, und er war es, der sie verunstaltete und deformierte bis zur Unkenntlichkeit. [...] Die dem Publikum tief fühlbare Tragik der Courage und ihres Lebens bestand darin, daß hier ein entsetzlicher Widerspruch bestand, der einen Menschen vernichtete, ein Widerspruch, der gelöst werden konnte, aber nur von der Gesellschaft selbst und in langen, schrecklichen Kämpfen. (23:409f.)

Die Ausstellung des Widerspruchs lässt keine vereinheitlichende Gestaltung (etwa die einer leidenden Mutter *oder* einer habgierigen Händlerin) mehr zu — die von Brecht hier als „tief fühlbare Tragik" bezeichnete Spannung führt im Gegenteil auf die Zerstörung der Getalt, eine Verunstaltung und Deformation „bis zu Unkenntlichkeit." Darin findet das Lernen des Nichts-Lernens seine widersprüchliche, durchaus unmenschliche Realisierung. Mindestens so wichtig wie der Hinweis auf das Tragische als Entstaltung der Figur ist die Beobachtung der tierhaften Züge der Weigel, dass sie in der Szene auf dem Schlachtfeld "wirklich die Hyäne" war und dass sie den Soldaten mit dem Mantel fluchend ansprang „wie eine Tigerin" (23:409). Oder eines der merkwürdigsten Details aus dem Modellbuch: „Wieder losziehend, warf die Weigel in einer der späteren Vorstellungen den Kopf hoch und schüttelte ihn, wie ein müder Schlachtengaul beim Losziehen. Die Geste ist kaum nachahmbar" (25:228). *Beinahe* unnachahmlich wird die Nachahmung des Tieres durch die Geste, mit der abermals das Unmenschliche in einer Preisgabe der Figur, durch eine Entstaltung der Gestalt gezeigt wird. Ähnlich hat Brecht die anderen Rollen der Weigel nachträglich gedeutet, im Sinne einer Technik, die gerade in ihrer intimen Beziehung zum Tod über die Beherrschung einer epischen, distanzierenden Spielweise hinauszugehen hätte. So lassen sich diese Kommentare als kritische Reflexion seiner früheren Entwürfe eines epischen Theaters und eines Theaters der Lehrstücke auffassen. Entscheidend ist, dass Brechts Theaterarbeit bei allem Interesse an Säkularisierung auf „nicht sozialisierte Triebkräfte" und auf eine tragische Logik des gespaltenen Subjekts angewiesen blieb. Angelegt in den für die Weigel maßgeblichen Stücken ist bereits eine Dynamik der Verausgabung, mit der die zahlreichen Mutterrollen zweideutig und widersprüchlich bleiben, neben der Courage auch Pelagea Wlassowa in *Die Mutter* und die Fischersfrau in *Die Gewehre der Frau Carrar*. Vor allem aber da, wo Brecht Weigels Darstellung der grausamen Szenen dieser Gestalten beschrieben hat, wird die Übergangsfunktion der alten großen Form als Matrix jeder neuen ersichtlich — was an die Stelle einer idealistischen Opferlogik und der damit verknüpften Ästhetik der Gestalt zu treten hätte, wäre der Prozess einer Entstaltung, die mit der Rolle auch die Erscheinung der Schauspielerin betrifft. Brechts Kommentare werden zum Schauplatz dieses Prozesses, indem sie die Vorläufigkeit aller theatralen Lösungen reflektieren.

Dass die Festlegung auf Brechts Stücke das Spiel der Weigel nicht nur gefördert, sondern auch vor einer Karriere im traditionellen Theaterbetrieb bewahrt hat, ist wohl kaum zu bezweifeln. Im *Messingkauf* hat Brecht diese Entwicklung wiederum durch historisierende Darstellung verdichtet, ausgehend von der magischen Macht der Weigel, die Zuschauer sogar „weinen zu machen, wenn sie lachte, und lachen zu machen, wenn sie weinte." An diesem Punkt setzt die eigentliche Leistung ein, der „Abstieg der Weigel in den Ruhm": „Als sie nämlich ihre Kunst beherrschte und sie vor dem größten Auditorium, dem Volk, an die größten Gegenstände, die das Volk angehenden, wenden wollte, verlor sie durch diesen Schritt ihre ganze Stellung, und es begann ihr Abstieg" (22:796). So erscheint auch der Einbruch in der Karriere als Durchquerung eines symbolischen Todes. Wieder hätte der Abstieg — wie schon das Herabsteigen der Magd im *Ödipus* oder der Todesgang der Antigone — zu den Menschen der Unterbühne geführt, zum Volk. Dabei fand jedoch, wie Brecht betont, ihre Darstellungskunst kaum

Beachtung: „Die Arbeiter, die in Massen kamen, begrüßten sie herzlich und fanden sie ausgezeichnet, machten aber, mehr mit den Gegenständen beschäftigt, wenig Wesens daraus." Im Verzicht auf die Illusion, sie *sei* die Mutter aus dem Volk, anstatt sie bloß zu spielen, hätte sie auf Kosten ihres Ruhms als Schauspielerin das Spielen zum geschichtlichen Augenblick gemacht und damit zugleich die politische Sache vorgeführt. Dementsprechend episiert Brecht seine Beschreibung der Darstellerin im Blick auf die Zeit des aufkommenden Faschismus, in der die Weigel nur noch unter äußersten Risiken aufgetreten sei („Nach den Aufführungen fand sie sich nunmehr oft in Polizeizellen") und fast kein Publikum mehr gehabt hätte:

> Sie vervollkommnete ihre Kunst immer mehr, sie nahm die immer bedeutendere Kunst in die immer tieferen Tiefen hinunter. So, als sie ihren einstigen Ruhm ganz aufgegeben und verloren hatte, begann ihr zweiter Ruhm, der unten, bestehend im Gedenken weniger und verfolgter Menschen, zu einer Zeit, da sehr viele verfolgt wurden. Sie war ganz wohlgemut: von den Unteren gerühmt zu werden, war ihr Ziel, von möglichst vielen, aber auch von nur diesen wenigen, wenn nicht anders möglich. (22:798)

Die auf die politische Ausstrahlung der Weigel gerichtete Beschreibung lässt den Abstieg als notwendigen Prozess erscheinen, die zunehmende Bedeutung ihrer Kunst wird mit dem Widerstand gegen das totalitäre Regime verknüpft. Diese Begründung der zugleich höchsten und tiefsten Vervollkommnung, Wirkung und Wirkungslosigkeit, lässt die Vorstellung eines größeren Ruhmes kaum mehr zu — als hätte der internationale Erfolg der Weigel in der Nachkriegszeit auch nicht vollkommner und „bedeutender" werden können, als er bei den „Unteren" schon war. Die paradoxe Logik dieses anderen, mit ihren Rollen eng verknüpften, aber nicht ihrer Kunst geltenden Ruhmes, kann als Voraussetzung all jener Texte gelten, die Brecht zur Wiedereinführung der Weigel als Schauspielerin auf den Bühnen der Trümmerstädte verfasste. Dabei hat sich allerdings die Perspektive von der Person auf die theatrale Praxis zurückverlagert, die ihr eigenes Gedenken fordert.

Unter dem Titel *Die Requisiten der Weigel* hat Brecht zwei verschiedene Schreibweisen für ein zukünftiges Andenken der Schauspielerin entworfen. In der späteren, 1952 entstandenen, Version fehlt die (schon zum Mythos des sozialistischen Staates geronnene) Mahnung an Widerstand und Exil. Dafür ist die Reihe der gespielten Rollen und benutzten Gegenstände nicht nur auf den neuesten Stand gebracht, sondern durch die sinnliche Konkretheit einzelner Momente als Erinnerung an Theatereindrücke kenntlich gemacht. Das frühere Gedicht (um 1940) führte mit deiktischem und musealem Gestus („Seht hier") durch einen erstarrten Fundus: „Den Schminkstift seht, den winzigen Farbentiegel / Und hier das Netz, das sie als Fischweib netzte! // Doch seht auch, aus der Zeit der Flucht, nun das gelochte / Fünförstück und den abgelaufnen Schuh" (15:11). Abschließend fällt diese auch durch

Kreuzreim und Strophenform eher konventionelle Fassung in den Ton einer Hymne, mit beinahe komischem Pathos: „O große Kostbarkeit, die sich nicht zierte! / Schauspielerin und Flüchtling, Magd und Frau!" Das wäre das Lob auf die unverwechselbare Gestalt, die sich in allen Rollen der Bühne und des wirklichen Lebens bewährt hat. Demgegenüber bringt das spätere, zum *Messingkauf* gehörende Gedicht tatsächlich die „Requisiten der Weigel" zur Geltung. Nun erst kommen die Dinge „selbst" zu Wort, der belehrende Ton tritt (weitgehend) zurück. Damit steht der moritatenhaften Tendenz des ersten Gedichts eine materialistische und emblematische Poetik des Gedenkens gegenüber, in der auf eine emphatische Darstellung der Gestalt fast völlig verzichtet wird. Was vom Menschen bleibt, sind nur die Dinge, zeichenhaft testamentarisch:

Wie der Hirsepflanzer für sein Versuchsfeld
Die schwersten Körner auswählt und fürs Gedicht
Der Dichter die treffenden Wörter, so
Sucht sie die Dinge aus, die ihre Gestalten
Über die Bühne begleiten. Den Zinnlöffel
Den die Courage ins Knopfloch
Der mongolischen Jacke steckt, das Parteibuch
Der freundlichen Wlassowa und das Fischnetz
Der anderen, der spanischen Mutter oder das Erzbecken
Der staubsammelnden Antigone. Unverwechselbar
Die schon rissige Handtasche der Arbeiterin
Für die Flugblätter des Sohns und die Geldtasche
Der hitzigen Marketenderin! Jedwedes Stück
Ihrer Waren ist ausgesucht, Schnalle und Riemen
Zinnbüchse und Kugelsack, und ausgesucht ist
Der Kapaun und der Stecken, den am Ende
Die Greisin in den Zugstrick zwirlt
Das Brett der Baskin, auf dem sie das Brot bäckt
Und der Griechin Schandbrett, das auf dem Rücken getragene
Mit den Löchern, in denen die Hände steckten, der Schmalztopf
Der Russin, winzig in der Polizistenhand, alles
Ausgesucht nach Alter, Zweck und Schönheit
Mit den Augen der Wissenden
Und den Händen der brotbackenden, netzestrickenden
Suppenkochenden Kennerin
Der Wirklichkeit.   (22:869)

Auch dieser Schluss ist bis zur Komik pathetisch, behält aber einen Rest von Ironie. Schon der Anfang verdeutlicht die ironische Distanz des Dichters, der sich zwischen den mit schwerer Hirse experimentierenden Pflanzer[14] und die mit ausgesuchten Dingen arbeitende Schauspielerin einordnet. Seine vermittelnde und zugleich „zeugende" Position versteckt sich hinter den scheinbar für sich selbst sprechenden Requisiten. Das sind aber nicht nur die kleinen Dinge, die es zum Schauspielen halt braucht, sondern Entscheidungen, die den Prozess der Theaterarbeit dokumentieren. Beschrieben sind die Dinge, die „ihre Gestalten über die Bühne begleiten" sollten, wie eine überlebenswichtige Ausrüstung bei gefährlichen Expeditionen oder wie unerlässliche Totenbeigaben. Als wäre es die größte Leistung der Weigel gewesen, bei den für die Szene ausgesuchten Gegenständen ihre Kenntnisse der Wirklichkeit anzuwenden. Dass für dieses handwerkliche Wissen erst das Alter zählt und danach Zweck und Schönheit, unterstreicht das Interesse an einem Gedächtnis der Dinge gerade für das Theater. Weniger ihr originales Aussehen als die an den Gegenständen haftende körperliche Erfahrung macht sie zu brauchbaren Requisiten. So lässt das Gedicht, indem es mit der Qualität der Gegenstände die Besonderheit der jeweiligen Rollen markiert, die Schauspielerin in die Dingwelt einwandern — ein Phantombild der Gestalten, die von den Requisiten über die Bühne begleitet wurden und insofern deren, der Dinge, eigener Schatten. Zurück bleibt mit der „suppenkochenden Kennerin der Wirklichkeit" die groteske Formel einer praktischen Weisheit, wodurch die Lebenskunst der Weigel erneut mit ihrer Spielweise verknüpft ist und letztlich beide auf einen poetischen Gestus des Aussuchens zurückgeführt werden („Wie [...] Der Dichter die treffenden Wörter"). Die schauspielerische Arbeit wäre im doppelten Sinne aufgehoben, nicht nur dem Andenken bewahrt, sondern dekonstruiert und fortgeschrieben. Wo sie das Modell in Bewegung setzen, ohne es zu fixieren, wo sie der Gestalt die Bewegung einer Entstaltung einschreiben, haben Brechts Schreibweisen ihre eigene theatrale und zugleich utopische Qualität. Das markiert gerade im Abbrechen jener um 1938 entstandene *Brief des Dialektikers an die Schauspielerin Weigel, eine Änderung ihrer Spielweise betreffend* (14:389), der zum Weiterdenken anhält, zur Entfernung von sich selbst:

> Durch mehr als ein Jahrzehnt
> In unermüdlicher Arbeit
> Begabt, Menschen darzustellen
> Stark zu empfinden und die Empfindungen
> Deutlich zu machen, auch selber zu erregen
> In denen, die dir zuschauen
> Hast du dir einen Namen gemacht. Jetzt
> Fordere ich dich auf [...]

ANMERKUNGEN

Patrick Primavesi

ANMERKUNGEN

¹ Vgl. Bertolt Brecht, *Werke. Große Kommentierte Berliner und Frankfurter Ausgabe*, hrsg. Werner Hecht, Jan Knopf, Werner Mittenzwei, Klaus-Detlef Müller, Berlin und Weimar: Aufbau, Frankfurt/Main: Suhrkamp, 1988-99, im folgenden zitiert mit Bandnummer und Seitenzahl. Hier: 22:710.

² In diese Richtung weist auch Wolfgang Pasche, der im Hinblick auf Brechts Lehrstücktheorie zu der Formel einer "Liquidation des Kultischen" gerade durch eine rituelle Spielweise gelangt. Damit werden aber die im einzelnen bestehenden und vielfach auch besonders produktiven Widersprüche im Sinne einer übergreifenden Konzeption ausgeblendet, auf die Brecht in diesem Zusammenhang wohl nicht zufällig verzichtet hat. Vgl. Pasche, „Die Funktion des Rituellen in Brechts Lehrstücken *Der Jasager* und *Der Neinsager*," in: *Acta Germanica* 13 (1980): 137–50.

³ Vgl. die Kritiken in dem Band *Helene Weigel zu ehren. Zum 70. Geburtstag von Helene Weigel am 12. Mai 1970*, herausgegeben von Werner Hecht und Siegfried Unseld (Frankfurt/M. 1970), 101ff.

⁴ Brechts Tendenz, sich in Schauspielerinnen „körperlich" zu spiegeln, hat Marieluise Fleißer in ihrer biographisch gefärbten Erzählung *Avantgarde* geschildert: „Schauspielerin mußte man sein, daß er sich unmittelbar durch die Frau ausdrücken konnte. Das war die wahre Ergänzung für so einen Mann, das brauchte er wesentlich. Damit fing er wirklich was an, und das brachte ihn fort, denn dann konnte er sich körperlich sehn. [...] Wenn eine bloß schrieb, die war bald abgefieselt, das war kein ewiges Werk. Das machte er sich allein." (*Gesammelte Werke* 3 [Frankfurt/M. 1983]: 136f.) Diese Unterscheidung bleibt aufschlussreich, auch wenn sie die Bedeutung von Brechts Frauenbeziehungen für sein Werk verschleiert. Im Falle der Weigel ist davon auszugehen, dass die Möglichkeit zu einem Ausdruck „durch die Frau" nicht nur die von Brecht für sie geschriebenen Rollen geprägt hat, sondern auch seine Texte über sie und über ihr Spiel (wobei ihr darin antizipierter Ruhm als Schauspielerin dem Ruhm von Brechts keineswegs *allein* gemachtem „ewigen Werk" zugute kommen sollte).

⁵ Zu dem eher von der Praxis als von einer vorgefassten Konzeption ausgehenden Spannungsverhältnis zwischen epischen und identifikatorischen Spielweisen in Brechts Theaterarbeit vgl. auch John Rouse, "Brecht and the Contradictory Actor," in: *Acting (Re)Considered*, hrsg. Phillip B. Zarrilli, (London 1995), 228–41.

⁶ Hans Curjel, „Brechts Antigone-Inszenierung in Chur 1948", wiederabgedruckt in: *Brechts Antigone des Sophokles*, hrsg. Werner Hecht (Frankfurt/M. 1988), 189.

⁷ Andreas Brügger, „Gelungene Aufführung der 'Antigone,'" *Bündner Tagblatt*, Chur, 18. und 19. Februar 1948, in: *Brechts Antigone des Sophokles*, a.a.O., 201.

⁸ C. S., „Eine 'Antigone' Bert Brechts (Zur Uraufführung im Stadttheater Chur)," *Tagesanzeiger*, Zürich, 19. Februar 1948, in: *Brechts Antigone des Sophokles*, a.a.O., 205.

[9] Be., „Antigone, ein Trauerspiel von Sophokles. Uraufgeführt zu Athen im Jahre 442 v. Chr.", *Neue Bündner Zeitung*, 18. Februar 1948, in: *Brechts Antigone des Sophokles*, a.a.O., 195.

[10] Vgl. dazu auch Weigels eigene Einschätzung der Aufführung als einer Vorbereitung für Berlin: „Es war, was mich betrifft, ein Experiment, und Brecht hat es auch zu diesem Zweck gemacht. [...] Das Experiment ging für mich gut aus. Wir entdeckten, daß es auf der Bühne noch geht. So etwas ist ja nach einer Pause nicht selbstverständlich! Aber Chur war natürlich nicht der richtige Ort für einen Publikumserfolg." Aus einem Gespräch mit Werner Hecht im November 1969, in: *Brechts Antigone des Sophokles*, a.a.O., 182.

[11] Vgl. den Eintrag in Brechts *Arbeitsjournal* vom 10. April 1948: „Alles in mir wehrt sich dagegen, wenn ich in Diskussionen die Neufassung der 'Antigone' als ein moralisches Stück angesehen finde. [...] Es ist gefährlich, der Kunst eine sittliche Mission auferlegen zu wollen, es sei denn, man wäre imstande, die für einen gewissen Zeitabschnitt praktischen Sitten in ihrer Relativität zu sehen – und wer könnte das?" (27:267).

[12] Vgl. den Hinweis im editorischen Kommentar zu diesem Gedicht (15:426).

[13] Aus der Sammlung *Die Dialektik auf dem Theater*, die zuerst 1956 als der 37. *Versuch* erschienen ist. Schon in einer Vorbemerkung zur Anwendung materialistischer Dialektik wird darauf verwiesen, dass der Begriff *episches Theater* „immer mehr einer solchen inhaltlichen Ausarbeitung bedürftig" sei (23:603).

[14] Vgl. dazu das Gedicht *Tschaganak Bersijew oder Die Erziehung der Hirse*, besonders die 13. Strophe: „Tags griff er vom Feld die frühsten Ähren / Und saß grübelnd über ihnen nachts zuhaus. / Sonderte der frühsten Ähren schwerste Körner / Und sie säte er im nächsten Jahre aus." (15:230).

26 Helene Weigel im Kostüm der Anna Fierling aus *Mutter Courage und ihre Kinder*, Berlin 1949

[Foto: Abraham Pisarek]

Antigone 1948: Helene Weigel's Journey back to the Stage.

Helene Weigel's historic return to the stage after fifteen years of exile came with *Antigonemodell 1948.* Conversations with the actresses Valeria Steinmann and Olga Gloor and with director and actor Ettore Cella — all participants in the Chur, Switzerland, *Antigone* project — turn on the question of why the conservative city of Chur was chosen for the launching of this "new type of theater," and not the Brecht-tested Schauspielhaus Zürich. This article reconstructs the concrete circumstances of this "preview for Berlin" (as Brecht called the experiment), and describes the working methods of Brecht, Neher, and Weigel, along with Weigel's style of acting and the engaged collaboration of the young ensemble. This team was seen as the best chance for Brecht (as director) and Weigel (as a performer again at last) to evaluate and restore to life "the best and purest" (Brecht) of the new developments in epic theater that the infrequent exile-period productions had yielded.

Antigone 1948
Helene Weigels Weg zurück auf die Bühne

Christa Neubert-Herwig

D as als *Antigonemodell 1948* in die Theatergeschichte einge-
gangene Theaterprojekt, von Brecht und Neher in Chur in der
Nähe von Zürich produziert, war die erste Bühnenarbeit der
Weigel nach langem Exil. Zuletzt hatte sie im Herbst 1937 in Slatan
Dudows Pariser Inszenierung mit einer Emigranten-Truppe und im
Frühjahr 1938 in Ruth Berlaus Kopenhagener Arbeit mit Laien als Carrar auf der Bühne gestanden. Aus dem amerikanischen Exil in Zürich
angekommen, hatte Brecht für ihren gemeinsamen Neubeginn *Mutter
Courage und ihre Kinder* im Gepäck. Er hatte Peter Suhrkamp mitgeteilt, dass er die Rolle allein für die Weigel geschrieben habe, die „in
einigen Exilsaufführungen einen ganz speziellen Stil dafür entwickelt
hat. Das Theater, das an der Aufführung interessiert wäre, müßte also
ein Gastspiel der Weigel ermöglichen" (GBFA 29:372). Des experimentellen Charakters seiner Stücke wegen bestand er außerdem auf Mitwirkung in der Regie, Bestimmung der Zeitpunkte der Aufführungen
und der vorgesehenen Besetzung. Nach zehnjähriger Spielpause musste
die Schauspielerin Helene Weigel eine Chance haben, auf die Bühne
zurückzukehren. Das in wenigen Rollen der Berliner Zeit vor dem
Krieg ausgeprägte Handwerk sollte überprüft und die wenigen Versuche der Exilzeit zielgerichtet fortgeführt werden. Brecht hatte auf allen
Stationen des Exils versucht, Projekte zu arrangieren, die auch Aufgaben für die Weigel enthielten. Es blieben verschwindend wenige. Die
Sprachbarriere schien unüberwindlich. Immer wieder hatte er ihr geraten, doch Englisch zu lernen. Über die Pariser Carrar der Weigel hatte
er im November 1937 an Karl Korsch geschrieben:

> Helli war besser als je, sie hat nichts eingebüßt durch die Pause und war
> froh drüber. Ihr Spiel war das Beste und Reinste, was bisher an epischem
> Theater irgendwo gesehen werden konnte. Sie spielte eine andalusische
> Fischerfrau und es war interessant, wie der sonstige Gegensatz zwischen
> realistischer und kultivierter Spielweise ganz aufgehoben werden konte.
> (GBFA 29:57)

Wie sehr Brecht die Weigel als Protagonistin und Propagandistin seiner
Arbeit schätzte, förderte und brauchte, beweist auch seine Ermunterung
an sie, in Prag um ihr Projekt, *Die Gewehre der Frau Carrar*, zu kämpfen: „...Prag ist das zweite Zentrum der Emigration, und Deine Arbeit

Helene Weigel 100
Maarten van Dijk et al., eds., *The Brecht Yearbook / Das Brecht-Jahrbuch*
Volume 25 (Waterloo, Canada: The International Brecht Society, 2000)

ist zu gut, um versteckt zu werden. Sie ist das einzige, was eine Weiterentwicklung im Exil zeigt" (GBFA 29:54f.).

Nachdem sich in Europa und dann auch in Amerika beinahe alle Projekte zerschlagen hatten, auch für die Weigel Arbeit zu finden, und sei es in stummen Rollen, suchte Brecht in Zürich sofort Trainingsmöglichkeiten. Die Uraufführungen seiner großen Stücke *Mutter Courage und ihre Kinder* (19. April 1941), *Der gute Mensch von Sezuan* (4. Februar 1943) und *Leben des Galilei* (9. September 1943) am Schauspielhaus Zürich waren Geschichte und galten ihm selbst als Beispiele traditionellen Theaters. Wie sie im experimentellen Theater aussehen würden, wollte er selbst zeigen. Der Ort hierfür war jedoch nicht Zürich. Das hatte er schnell herausgefunden. Zürich konnte nur eine Zwischenstation sein, von der aus er seine Rückkehr in das deutschsprachige Theater vorbereiten wollte. Als ihm Hans Curjel anbot, die *Antigone* an seinem Churer Theater zu realisieren, begann Brecht noch Ende November die *Antigone* des Sophokles in der Hölderlinschen „ziemlich getreuen Übertragung" zu bearbeiten. Im Dezember schrieb er dazu an seinen Sohn Stefan: „Ich schicke Dir eine 'Antigone'-*Bearbeitung*, die ich für Helli gemacht habe. Wir werden in Chur, zwei Stunden von Zürich, eine Art preview für Berlin machen" (GBFA 29:440). Nach diesen wenigen Wochen wusste er: Sein Platz sollte wieder Berlin sein.

Das Team — Brecht, Neher, Weigel — beginnt am 13. Januar 1948 im Volkshaus Zürich mit der Arbeit an der *Antigone*. Am 16. Januar reisen die drei nach Chur, wo sie am 17. mit den Proben beginnen. Der Start wird erschwert, weil die Besetzung der Rollen des Kreon und Hämon noch offen ist und sich erst nach Tagen klären lässt. Andere Hindernisse — wie Terminschwierigkeiten wegen Parallelproduktionen am Churer Theater — führen fast zum Abbruch des Projektes. Die Werkstatt-Atmosphäre, die Brecht sich erstreitet und verteidigt, treibt andererseits die Arbeit voran. Ruth Berlau, aus Amerika zurückgekehrt, stößt zum Team und beginnt die entstehende Aufführung zu fotografieren. Seit dem *Galilei*-Modell mit Charles Laughton ist für Brecht die fotografische Dokumentation wichtiger Anhaltspunkt für die Exaktheit und Stimmigkeit einer Arbeit. Aber vor allem kämpft er für die Chance der Weigel, endlich wieder auf der Bühne zu stehen. An Hans Curjel schreibt er am 7. Februar 1948, eine Woche vor der Premiere:

> Mit der Weigel geht es wie mit Laughton; die epische Spielweise kann sich gegen eine umgebende drrramatische nur verteidigen, nicht zum Angriff übergehen; auch existiert da nichts Mittleres, auf das solch ein Schauspieler zurückgreifen könnte — eine Gedankenlosigkeit, und die Kurve verbiegt sich, unreparierbar für den Abend und ohne neue Probe. Gaugler ist eine Entdeckung, zunächst hauptsächlich im Pantomimischen. (GBFA 29:444)

Dieses Fazit belegt den Wert dieser Arbeit, ihren Stand und Experiment-Charakter. Auch die engagierte Mitarbeit junger Schauspieler aus dem

Churer Ensemble wie Hans Gaugler und Valeria Steinmann ermuntert die Fortsetzung des Projektes. Im Nachhinein nennt Brecht die Leistung der Weigel „außerordentlich." Und wäre die Arbeit des Ensembles nicht insgesamt respektvoll ausgefallen und als vorzeigbares Beispiel experimentellen Theaters von einigen Hellsichtigen gerühmt worden, wäre das auf Ruth Berlaus Fotos und Caspar Nehers Arrangementskizzen basierende *Antigonemodell 1948* wohl nicht entstanden.

Die Öffentlichkeitswirkung der Inszenierung, die am 15. Februar 1948 herauskam, war allerdings enttäuschend. Die Nachfrage des Publikums ermöglichte nur vier Aufführungen in Chur und eine Matinee-Vorstellung im Schauspielhaus Zürich (am 14. März). Das Echo der Kritik war in Chur und Zürich gering. Gegenstand der Besprechungen waren überwiegend Fassungsvergleiche. Abwartende Distanz und Zustimmung für das Projekt hielten sich die Waage. Die inszenatorischen und schauspielerischen Leistungen wurden eher summarisch benannt als wirklich beschrieben. Selbst hinter wohlwollenderen Bewertungen des Projektes, scheinen die Muster des herkömmlichen Theaters als eigentlicher Maßstab auf, auch dort noch, wo die neuen ungewohnten Mittel gelobt werden. Bemerkt wurde von einigen Kritikern der „epische Vorsprung" der Weigel, wie in den *Zürcher Nachrichten* vom 16. März 1948:

> Unheimlich stark vermochte die Gattin des Dichters, Helene Weigel, als Antigone, die epische These zu vertreten, diese Aneinanderreihung von Zuständen, die dem Spieler in jeder Szene neue Aufgaben stellt. Von ihr ging die geistige Spannung aus, die als conditio sine qua non für diese Stilform gilt. Großen Eindruck hinterließ auch Hans Gauglers Kreon, der sich seiner schweren Aufgabe mit vollem Einsatz hingab und zum erfolgreichen Träger der Aufführung wuchs, während den anderen Darstellern, auch den vier Chorsprechern, unter der äußerst straffen Regieführung wenig Gelegenheit zu eigener schöpferischer Gestaltung geboten war. Entgegen allen literarischen Bedenken verließen wir das Theater tief beeindruckt mit dem Dank an das Stadttheater Chur, dessen mutiger Initiative wir dieses außergewöhnlich interessante Theatererlebnis verdanken.

Im *Tages-Anzeiger Zürich* hieß es mit Rekurs auf die Vorkriegszeit:

> In der epischen Stilisierung darf die Churer Inszenierung jedenfalls als wegweisend gelten. Seinen [Brechts] Intentionen am ehesten entsprach Helene Weigel als Antigone (im Privatleben Brechts Frau). Sie hat sich schon am Berliner Schiffbauerdamm-Theater tief in einige Brechtfiguren eingelebt. Schlicht, menschlich, mit fast trockener Diktion machte sie die Antigone zu einer leidvollen, doch auch zu einer heroischen und würdevollen Frau. (19.2.1948)

Aber die Frage, ob die Schauspielerin nicht zu alt sei, um gerade diese Rolle zu spielen, dominierte die Diskussion. Für Brecht galt: eine Rolle spielt immer der, der es kann. Alter und Schönheit waren Kriterien, die er vom Schauspieler produzieren ließ, kein Attribut der Person selbst.

Zur Premiere nach Chur waren Hans Albers, Leonard Steckel, Kurt Goetz und weitere Freunde und Bekannte aus der großen Berliner Zeit gekommen und feierten die Leistung des Teams. Die jungen Leute vom Churer Lehrerseminar, die treuesten Verbündeten des jungen Churer Ensembles um Hans Curjel, kamen mehrfach in die Aufführung. Bis heute findet man Zeitzeugen, die die Churer *Antigone* von 1948 als *das* ihr Leben prägendes Kunst-Erlebnis rühmen. Sie spürten, in der Geburtsstunde eines atemberaubend neuen Theaters dabei gewesen zu sein.

Die triumphale Wiederkehr der Weigel als Mutter Courage auf der Bühne des Deutschen Theaters Berlin am 11. Januar 1949 wäre nicht möglich gewesen ohne diesen „preview" mit der Churer *Antigone*. Die wenigen Berichte und Kritiken sowie die vergeblichen Versuche des Theaters, Besucher für die Vorstellung zu werben, provozierten Fragen nach dem Arbeitsklima im Team und der gesellschaftlichen Befindlichkeit künstlerischer Avantgarde in der Nachkriegs-Schweiz. Meine Spurensuche führte zu Mitstreitern. In Gesprächen versuchten wir herauszufinden, wie diese Arbeit funktionierte, welchen Stellenwert sie damals besaß und bis heute behalten hat. Woher sie den Mut, die Geduld und das Vertrauen bezogen, die nötig waren, das Projekt in dieser kleinen Stadt Chur durchzusetzen. Keiner, nicht einmal Brecht, nahm an, dass diese Arbeit in die Theatergeschichte eingehen würde.

* * *

GESPRÄCH ÜBER DAS *ANTIGONE*-PROJEKT MIT VALERIA STEINMANN, ETTORE CELLA UND OLGA GLOOR

Valeria Steinmann, geb. 1921, war nach einer Schauspielausbildung am Deutschen Theater Berlin (Hilpert-Schule) an mehreren deutschen Theatern engagiert. Von 1945 bis 1948 war sie Schauspielerin am Stadttheater Chur. In der Antigone *spielte sie die Rolle der Botin. Die Schauspielerin und Journalistin Olga Gloor, geb. 1913, wirkte als Magd in der* Antigone *mit. Ettore Cella, geb. 1913, war von 1935 bis 1953 Externist am Schauspielhaus Zürich. Nach dem Krieg arbeitete er mit Caspar Neher an der Mailänder Scala und als Regisseur und Schauspieler in Baden-Baden und Berlin.*

Christa Neubert-Herwig: Wie kam Brecht zu dem Team, mit dem er die *Antigone* produziert hat? Einerseits hat er Rollen für bestimmte Schauspieler konzipiert und auf konkreten Besetzungen bestanden. Andererseits arbeitete er unvoreingenommen mit den Mitarbeitern, die zur Verfügung standen, und führte sie zu unerwarteten Leistungen.

27 *Die Antigone* des Sophokles, nach der Hölderlinschen
Übertragung für die Bühne bearbeitet von Bertolt Brecht.
Stadttheater Chur 1948. Letzter Auftritt der Antigone, gefolgt von
dem Wächter (Arthur Stärkle) und drei Mägden: Marita Glenck
und, neben Helene Weigel, Olga Gloor und Valeria Steinmann

[Foto: Ruth Berlau]

Valeria Steinmann: Da die Aussichten für die jungen Schweizer Schauspieler außerordentlich gering waren, in dem großen Gedränge des übervollen Zürcher Schauspielhauses spielen zu können, schlug der Regieassistent und Schauspieler Fritz Fueter vor, wir sollten doch etwas in Chur machen. Hans Curjel, der dort Direktor geworden war, wolle einige Erfahrene wie ihn und mich, später auch Hans Gaugler, und einige junge Leute übernehmen. Wir sollten die Möglichkeit haben, in einem neuen Stil zu arbeiten. Denn so herrlich die im Schauspielhaus gespielt haben, es war doch noch der Stil, der bis zum Reinhardt zurückreichte. Sehr sehr gutes Theater. Aber wir wollten Neues.

Wir haben auch gleich Kontakt zum Lehrer-Seminar gesucht, also zu anderen geistig Interessierten in der Stadt. Das Churer Theater war zur Zeit der Senges-Faust-Direktion (d.h. vor der Direktion von Hans Curjel) ein Boulevard-Theater gewesen, sehr provinziell. Und wir kamen nun mit einem ganz anderen Programm. Da wurden wir misstrauisch beobachtet. Wir hatten sehr gute Bühnenbildner wie Teo Otto und den Max Röthlisberger.

Neubert-Herwig: Wann und für wie lange fand sich dieses Team in Chur zusammen?

Steinmann: 1945 bis 1948. Diese drei Jahre. Wir spielten interessante Stücke wie Strawinskys *Geschichte vom Soldaten*. Dazu hatten wir das Tonhalle-Orchester aus Zürich. Weil ich auch Tanz studiert hatte, durfte ich die Choreographie machen, ganz modern. Da war neben dem traditionell Russischen auch Ragtime drin und manches andere. Vorher stand *Salome* auf dem Plan. Und dann kam Brecht. Brecht hätte natürlich viel lieber im Schauspielhaus gespielt mit der Weigel. Aber das Schauspielhaus war voll. Und eine *Antigone*, die spielte dort die Maria Becker. Die Weigel war viel zu alt. Und das Schauspielhaus war wirklich darauf angewiesen, jeden Abend mit gut gefüllter Kasse zu spielen. Die konnten sich keine Experimente mit ungewissem Ausgang leisten. Sie waren froh, wenn sie in ihren kurzen Probenzeiten fertig wurden mit den Stücken.

Brecht hat sein Projekt dann mit Hans Curjel für Chur geplant. Sie kannten sich seit den zwanziger Jahren aus Berlin. Curjel war einer der wenigen, der nicht nur den Wert der Sache erkannte, sondern auch geschaut hat, wie er diese *Antigone* in Chur durchsetzt. Das war eine Leistung. Die Churer waren Klassik gewöhnt. Brecht war teuer. Er ließ sich in Dollar bezahlen, wurde erzählt. Das Theater wurde vom Kino Rätushof beherbergt. Im Winter spielte man Theater. Im Sommer Filme. Da kam der Brecht sozusagen in die Theaterprovinz und fürchtete auf das zu treffen, was er mit Recht gehasst hat: Routine. Aber er traf auf ein junges Ensemble, das in diesem dritten Jahr zwar schwächer war als in den voraufgegangenen, aber absolut nicht provinziell und routiniert. Der Brecht hat die Bühne und die Leute einfach benützt, um sich auszuprobieren — ohne Rücksicht auf Verluste. Er verwendete zum Beispiel statt des Bühnenlichts Straßenscheinwerfer. Deren grelles Licht verursachte uns Bindehautentzündung.... Er wusste genau, was er *nicht* wollte. Aber das Wie und Was, das Umsetzen hat er einfach ausprobiert.

Am einfachsten zu verstehen war eigentlich der Neher. Was aus der Arbeit wird, hat man zuerst und am deutlichsten an ihm gesehen. Er hat sozusagen ein Leitbild abgegeben.

Neubert-Herwig: Neher ist der eigentliche Chronist des Projektes, weil er durch seinen Bühnenbau und die berühmten Arrangementskizzen die Umrisse der Arbeit geschaffen und festgehalten hat. Wie sah die konkrete Zusammenarbeit von Brecht und Neher im Probenprozess aus?

Steinmann: Sie haben alles miteinander besprochen. Sie haben einfach zu dritt — Brecht, Neher, die Weigel — miteinander gearbeitet. Der Neher hat in seiner Stille, Sicherheit und Reife alles zusammengehalten. Er hat dafür gesorgt, dass die Sache nicht zerredet wird und zerfließt. Wenn man zweifelte, ob es gut würde, brauchte man nur an Neher zu denken und war überzeugt: das muss gut werden. Wir, die Schauspieler, waren zunächst ganz ausgeschlossen. Es wurde mit uns gearbeitet, aber wie mit Schachfiguren auf dem Brett.

Neubert-Herwig: Hans Curjel verglich Brechts Arbeit an und mit dem Schauspieler mit der Arbeit eines Bildhauers. Dieser Eindruck, dass die Schauspieler wie Schachfiguren auf dem Brett funktionieren mussten, mag schockierend gewesen sein, weil sie sich in dieser Arbeit nicht wie gewohnt als Persönlichkeiten produzieren konnten, mit Charme,Verve, Intelligenz. Ich vermute, das kann nur in der Anfangsphase der Arbeit so gewesen sein?

Steinmann: Wir saßen zunächst in dem Halbrund auf der Bühne, warteten auf unsere Proben, verfolgten die immer neuen Anläufe des Teams. Wir waren noch nicht dran. Das Verfolgen und Verarbeiten der Änderungen war mühsam und anstrengend, andererseits auch spannend und interessant. Diese konzentrierte Arbeit zu dritt ging auch an den Abenden im „Sternen" weiter, weil es einfach interessant war für sie. In den ersten Tagen warteten sie auf Walter Richter, der den Kreon spielen sollte. Da sein Kommen nicht absehbar war, telegrafierte man schließlich dem Gaugler. Er kam, sprang ein und wurde akzeptiert. Außerhalb der Proben war das Unnahbare weg. Auch wir anderen konnten dann mit ihnen diskutieren. Da war der Brecht geistreich und umwerfend menschlich. Er sang uns aus der *Dreigroschenoper* vor.

Da Proben zu parallelen Produktionen wie Ettore Cellas *Eingebildetem Kranken* stattfanden und laufende Vorstellungen gespielt werden mussten, konnte ich nicht immer auf den Proben anwesend sein. Eines

Tages, ich war noch längst nicht dran als Botin auf der Probe, rief man mich nach Zürich. Ich sollte für eine erkrankte Kollegin einspringen. Als Brecht mein Fehlen bemerkte, war er bitterböse. Es hat ihn geärgert, dass plötzlich etwas wichtiger war, als seine Sache. Das verzeihe ich Ihnen nie, sagte er, als ich zurück war. Ich spürte seinen Ärger durch die Wand. Mein Zimmer lag neben seinem....

Aber die Rolle der Botin erwies sich als enorme Chance. Weil ich ursprünglich die Ismene spielen sollte, war ich über diese kleinere Rolle enttäuscht. Aber Brecht sagte, es liege ihm viel speziell an der Botin. Er war keiner, der einem Schauspieler schmeichelte.

Neubert-Herwig: Rollen dieses Zuschnitts besaßen für ihn schon früh besonderes Gewicht. Die Botin in Jessners *Ödipus* von 1929 war die erste Rolle der Weigel, die ihn außerordentlich beeindruckt und die er mit ihr erarbeitet hatte. Mit „kleinen" Rollen dieser Art erzählt Brecht mehr als andere Regisseure mit ganzen Stücken.

Steinmann: Diese Arbeit war für mich einmalig. In meinem ganzen Leben habe ich nie wieder eine solch intensive und konkrete Probe gehabt wie mit dem Brecht. Als Botin durfte ich jung sein, eben jünger. Ich hatte keine äußerlichen Möglichkeiten das zu zeigen, als mit der Stimme. Aber ich durfte etwas „Drrramatisches" erzählen. Heute würde man sagen, wie einer von der *Bild*-Zeitung. Mit einem Stolz darauf, dass man es gesehen hat! Das war schon interessant, Kontrastierendes zu zeigen: Manchmal das Misstrauen gegen den Herren und dann wieder das Mitgefühl mit dem jungen Brautpaar. Denn, das war wie im Märchen, dass eine junge Braut zerstört wird. Und dann wieder die Wichtigtuerei von dem, der es zuerst gesehen hat. Ich hatte keinerlei Hemmungen. Es faszinierte mich, immer wieder neue Vorschläge auszuprobieren. Es hat mich auch nicht verletzt, wenn ihm ein Angebot nicht gefiel. Ich weiß nicht, wie lange wir probierten. Die Zeit verging. Wir waren einfach im Einverständnis. Es gab nur diese eine Probe für die Botin. Das Ergebnis war so, wie er es wollte. Ich hatte den Eindruck, dass er daraus eine ganz bestimmte Sicherheit bezog, weil er jemandem aus dem üblichen, alltäglichen Theaterleben verständlich machen konnte, worauf es ihm mit seinem neuen Theater ankam.

Es hatte viel vom japanischen Theater, wie er es gemacht hat. Ich wurde an meine Zeit an der Schauspielschule erinnert, wo wir einige Wochen japanisches Theater studiert hatten.

Neubert-Herwig: Ihre Beobachtung, dass die *Antigone* viel vom japanischen Theater hatte, trifft einen wichtigen Punkt in Brechts Theaterpraxis. Noch in Amerika entwarf er im Dezember 1946 das Bild erster praktischer Theaterversuche in Deutschland: „...solch ein Stück (gemeint war *Mutter Courage*) muß man in der edelsten asiatischen Form aufführen, dünn und wie auf Goldplatten graviert" (GBFA 29:406). Adressat dieser Botschaft war Caspar Neher. Alle Vorbereitungen zur

Antigone hatte Brecht im engsten Kontakt mit Neher absolviert. Wie sah Nehers Churer *Antigone*-Bühne aus?

Ettore Cella: Neher, der es gewohnt war, aus dem Vollen zu schöpfen, wurde in Chur wahrscheinlich aus Notwendigkeit fast spartanisch. Am liebsten hätte er einen großen weißen Rundhorizont gehabt. Die dazu notwendigen Stoffmeter waren von Curjel nicht zahlbar. So holte Neher aus dem Fundus alte Wände, die er umstreichen ließ und grenzte damit den Hintergrund der Bühne ab. Davor stellte er Bänke, damit die Schauspieler, die aus dem Orchestergraben auftreten sollten, sich nach und vor ihren Auftritten hinsetzen konnten. Für das Vorspiel gab es eine Wand vor dem Hintergrund, einen Tisch, einen Stuhl, eine offene Tür, einen Sack. Auf einer Tafel stand: „Berlin 1945 — Tagesanbruch."

Einen Vorhang gab es nicht. Dem Publikum sollte sofort klar werden, worum es bei der Interpretation dieses Sophokleisch-Hölderlinschen Textes in seiner Bearbeitung ging. Kein hehrer Klassiker erwartete es, sondern eine Diskussion um ein aktuelles Thema. Nach dem Vorspiel wurde die Tafel hochgezogen. Bühnenarbeiter trugen die Möbel sichtbar hinaus, so dass keine Illusion entstehen konnte. Nun sah man die *Antigone*-Dekoration. Keine griechischen Säulen. Vier Pfosten, an denen Pferdeköpfeknochen hingen, ein großes Gongblech und Maskenhalter, nach denen die Schauspieler während des Stückes griffen, um sich hinter den Masken zu verbergen. All diese Elemente hatten wir noch nie in dieser krassen Form auf der Bühne erlebt.

Auch was Brecht von den Schauspielern verlangte, war neu. Nicht nach der als modern geltenden Stanislawski-Methode in die Rollen einsteigen, sondern das Wort nach dessen innerem Wert vermitteln, nicht so tun, als würden sie spielen, sondern als erzählten sie das Geschehen. Interpretation und Schlussfolgerung musste das Publikum vollziehen.

Neubert-Herwig: Wie hat das Ensemble auf die Weigel als Antigone reagiert? Es war ihre erste Rolle seit sie im Herbst 1937 in Paris bei Slatan Dudow und im Frühjahr 1938 in Kopenhagen bei Ruth Berlau die Carrar gespielt hatte. Brecht betrachtete diese Arbeit als „preview für Berlin," also als unabdingbare Vorstudie für *Mutter Courage.* Wussten Sie um ihre Bekanntheit im Berliner Theater der zwanziger und dreißiger Jahre? Hans Curjel sprach im Hinblick auf die Churer Antigone der Weigel von ihrem Vorsprung im Epischen.

Steinmann: Die meisten von uns kannten weder den Brecht noch die Weigel. Ich wusste von der *Dreigroschenoper* und hatte von der Zürcher Uraufführung seiner Stücke aus Briefen meiner Schwester erfahren. Sie konnten am Beginn dieser Arbeit auf nichts aufbauen. So gesehen, begannen sie wie von vorn, ganz neu. Natürlich war sie keine junge Braut. Das Alter der Weigel spielte dann auf den Proben aber keine Rolle mehr. Es war durch Kostüme und Masken ohnehin wegverkleidet. Die Weigel erschien mir unheimlich selbstlos. Sie war so sehr mit dem Kopf dabei, dass sie gar nicht an sich gedacht hat, an ihre Person. Genau das wollte der Brecht, dass man nicht in die Gefühle einsteigt, das Publikum nicht zum Mitleid bewegt. Es sollte über den Kopf und den Text gehen, nicht von Herz zu Herz. Sie war als Antigone das geschundene Geschöpf. Das war sie großartig. Man fand es interessant und imponierend. Aber es berührte nicht, ließ kalt. Da die Antigone auf das Brett gefesselt wird, konnte sie wenig in der Bewegung realisieren. Sie musste alles über die Sprache transportieren.

Diese Gefolgschaft, die die Weigel für den Regisseur Brecht hatte, kann man sich einfach nur wünschen. Ein Schauspieler soll nicht übereitel sein. Aber ein uneitler Schauspieler, der sich ganz vergisst, hat keinen Wind in den Segeln. Also ein bisschen von dem Selbstbewusstsein: ich bringe es, ich übermittle es, das muss man haben. Mir schien, er hätte ihr die Luft genommen. Also wenn man mich gefragt hätte, ob die Weigel eine gute Schauspielerin sei, dann hätte ich gesagt: schon möglich, ich weiß es nicht. Dennoch war es außerordentlich, wie sie die Figur umgesetzt hat. Sie hat sie auch genau getroffen. Ich hatte den Eindruck, dass sie für Brecht, für das Stück, für seinen Stil gearbeitet hat. Sich Freispielen, da sie so lange nicht auf der Bühne gestanden hatte, das konnte sie nicht. Sie folgte den Bedingungen des Projekts. Und er hat alles so akzeptiert, wie sie es sprach, vorgab.

Neubert-Herwig: Der Fortgang des Projektes wurde durch Besetzungsschwierigkeiten behindert. Walter Richter stand als Kreon nicht rechtzeitig zur Verfügung. Brecht wollte das Projekt schon abbrechen. Da erinnerte sich Neher an Hans Gaugler. Er sollte eigentlich die Rolle nur markieren. Aber das Team muss sein Eintreffen als Glücksfall begriffen haben. Damit stand der „alten" Antigone der Weigel der „junge" Kreon Hans Gauglers gegenüber. Wie funktionierte das Zusammenspiel?

Steinmann: Gaugler hat sich nie darum gekümmert, wie andere etwas gemacht haben. Er ist den Kollegen auf die Nerven gegangen, weil er so persönlich, skurril, eben eigen war. Das konnte ich schon während unserer gemeinsamen Zeit in Eisenach beobachten. Als Kreon hatte er den Wahnsinn des Mächtigen. Die Kraft eines Irren. Das Dämonische und Skurrile, was er mitbrachte, war schon die Plattform für die Verfremdung der Figur. Da stand nicht ein mächtiger Großer, sondern ein kleiner Zäher, der in der Art, sich zu bewegen, unheimlich war.

Neubert-Herwig: Eine Kritik sagte zu seiner Leistung: „Den Tyrannen Kreon gestaltete als Gast Hans Gaugler. Auch er hatte die Intentionen des Regisseurs voll erfasst. Sein Spiel kennzeichnete ohne äußere Effekte den selbstbewussten Herrscher. Abgemessen, durchdacht jede Bewegung, jeder Blick. Schade einzig, dass sich seine zu Anfang sehr gute Diktion gegen Schluss hin etwas übereilte und nicht mehr restlos verständlich war." Auch Gaugler berichtete in einem Zeitungsgespräch anlässlich der Neuinszenierung der *Antigone* in Chur 1989, dass er sich während der Proben im Einverständnis mit Brecht gewusst habe: „Dass ich von Natur aus offensichtlich so war, wie Brecht mich sehen wollte." Als Beispiel für die intuitive Verständigung mit Brecht nannte er Brechts Vorschlag an Kreon bei seiner großen Ansprache an das Volk: „Gaugler, ich hätte das gern abgerissen." Da war Gaugler klar, dass Brecht Hitlers Duktus für diese Rede haben wollte.

Es wird allgemein beklagt, dass die Resonanz auf die Aufführung gering war. In Zürich gab es vier Wochen nach der Churer Premiere nur eine Matinee-Vorstellung. Woher kamen die Abstinenz und Distanz?

Cella: Diese eine Zürcher Matinee kam mit Müh' und Not zustande und wurde von der Presse kaum beachtet. Das Zürcher Schauspielhaus-Publikum hatte keine Ahnung vom sozialen kämpferischen Wollen eines marxistischen Brecht. Die, die ihn verstanden, applaudierten, die anderen blieben fern und bekämpften ihn. Die katholische Fraktion war stark im Schauspielhaus.

Steinmann: Jede Aufführung hat ihr Schicksal. Die Vorstellung in Zürich stand unter keinem guten Stern. Es war sehr föhnig. Die Vorstellung fand am Tag statt. Fast alle waren maßlos aufgeregt. Auch die Weigel. Es wurde zu leise gesprochen. Es war, als vollzöge sich die Aufführung wie unter einem Schleier. Das Echo war nicht kräftig. Das Projekt wurde auch von niemandem protegiert. Es kommt hinzu: Damals war das künstlerische Angebot in Zürich riesig. Alle, die glaubten von früher einen Namen zu haben, kamen, um etwas zu machen. Da gab es viel Fragwürdiges. Die Bergner las die Bibel vor! Wenn man vom Bellevue zum Schauspielhaus lief, traf man auf dieser kurzen Wegstrecke mindestens fünf Prominente. Manche waren auch neidisch. Da kommt einer und macht etwas Neues! Das war so eine Taktik vom Schauspielhaus Zürich, wegzuschauen, wenn etwas gut war. Wenn man es nicht gesehen hat, muss man nicht sagen, dass es gut war. Zürich war eigentlich in Chur auf der Premiere: Hans Albers, Leonard Steckel, Teo Otto, Curt Goetz. Da fühlten wir uns ganz und gar nicht verlassen.

Neubert-Herwig: Caspar Neher notierte zur Zürcher Vorstellung: „Merkwürdig gute Aufführung. Die Diskussion danach dumm." Das trifft sich mit dem von Ihnen beschriebenen Zürcher „Klima."

Steinmann: In Chur hatten wir eine gute Resonanz bei bestimmten Publikumskreisen, bei den Seminaristen vom Lehrerseminar, mit denen wir uns am Beginn unserer Arbeit in Chur zusammengetan hatten. Mit der *Antigone* war alles etwas anders. Sonst hat man gearbeitet, und das Endziel war das Publikum. Bei *Antigone* ging es auch auf ein Endziel, zu dem man stehen wollte und musste: Und das Publikum durfte es dann auch sehen! Wir waren beteiligt an etwas völlig Neuem, ahnten aber nicht, dass und inwieweit es in die Zukunft reichen würde. Die ersten Churer Vorstellungen waren lebendig. Unlängst schrieb mir wieder eine Seminaristin von damals wie sehr sie von dieser Vorstellung berührt war. Diese Seminaristen waren wirklich interessiert. Aus diesen Jahrgängen sind mehrere Prominente für das Schweizer Kulturleben hervorgegangen wie der Dirigent Max Tschupp und der Bühnenautor Hans Gmür. Sie besuchten die Vorstellung mehrmals. Wir diskutierten mit ihnen. Sonst schotten sich die Schauspieler ja eher ab. Für uns war das Spielen kein Selbstzweck. Wir versuchten, dieser Stadt ihr ganz persönliches Theater zu geben.

Neubert-Herwig: Ich habe gelesen, dass Hans Curjel einige Tage vor der Premiere — es muss an Brechts 50. Geburtstag gewesen sein — einen Einführungsabend im Ratssaal für die *Antigone* veranstaltete.

Steinmann: Professor Karl Meuli und Hans Curjel sprachen über die verschiedenen Fassungen des Stücks. Dem Publikum wurde der Text des Boten in Leseproben vorgestellt. Als Fachmann für Griechisch las Meuli die Sophokles-Fassung, der Schauspieler Schultz las die Hölderlin-Übersetzung und ich den Text von Brecht.

Neubert-Herwig: Wahrscheinlich ist es normal, dass in einer kleinen Stadt wie Chur Interessenten für ein Experiment dieser Art selten sind? Das Klima der Stadt wird als konservativ beschrieben. Ettore Cella berichtete mir, dass in der Stadt Gerüchte über den Kommunisten Brecht herumschwirrten, die es Hans Curjel nicht leicht machten, das Projekt überhaupt zu platzieren.

Steinmann: Das Churer Publikum war auf Klassik eingestellt. Brechts *Antigone* war ein neues Stück. Es war ein gewisser Hochmut von Brecht, das Stück einfach zu benutzen. Als ich es jetzt wieder anschaute, fand ich es teilweise genial und andererseits auch plump. Die Parallele des Vorspiels war zu deutlich, Schreibtisch-Erfahrung, weit weg. Für die meisten Leute war der Krieg damals noch zu nah. Ich selbst musste an meine Erlebnisse im zerstörten Leipzig denken, wo man einfach über die toten Menschen hinwegsteigen musste.

Neubert-Herwig: Für Brecht war diese Art, etwas zu benutzen, ein legitimes Verfahren. An Ferdinand Reyher schrieb er im April 1948: „Mit Helli machte ich eine Neubearbeitung der ‚Antigone' in Chur, ein Versuch in der Richtung, von der wir sprachen: zu untersuchen, was wir tun können für die alten Stücke, und: was sie für uns tun können. Helli war außerordentlich und ich hatte wieder Caspar Neher für das Bühnenbild" (GBFA 29:448). Eigentlich sollte die *Antigone* nach der Abreise von Brecht und Weigel weitergespielt werden.

Olga Gloor: Antigone war von Hans Curjel für Chur geplant. Ich sollte ursprünglich die Antigone spielen. Eines Tages erklärte Curjel, Brecht habe die *Antigone* für Helene Weigel bearbeitet. Die Weigel würde die Rolle auf jeden Fall spielen, ich würde dafür als Ismene besetzt. Als Brecht mich sah, sagte er, diese Ismene sei unmöglich, weil ich viel zu groß sei und eine dunkle Stimme wie die Weigel hätte. Aber er wollte mich unbedingt im Projekt haben. Da er bei Beginn der Arbeit Auskünfte zu den Schauspielern brauchte, fungierte ich als eine Art Assistentin. Nach einigen Tagen bat Brecht, ich solle eine der Mägde übernehmen. Brecht hat uns auf der Probe anbieten lassen. Ganz anders als ein Regisseur in Zürich, der vorgab, wie er es wollte. Bei Brecht erfuhr man, dieser Blick war gut. Behalten sie den, obwohl man dann oft nicht wusste, wie man ihn in der Situation produziert hatte. Man hatte das Gefühl, man wird ernstgenommen als Mitarbeiter. So hat er mit allen gearbeitet. Anbieten lassen, konkret, dialektisch. Zu dieser konkreten Arbeit gehörte auch, wie die Weigel ihre Mitspieler beobachtete. Sie schlug mir vor: Du müsstest noch etwas machen, nicht nur Text sprechen. Die Weigel bereitete mich auch außerhalb der Proben auf die Antigone vor. Den Text hatte ich während der Proben fast nebenbei mitgelernt. Ich sollte die Rolle spielen, wenn sie nicht mehr zur Verfügung stünde. Diese Vorstellungen fanden mangels Nachfrage allerdings nicht mehr statt.

Die konzentrierte Arbeit der Proben wurde durch die entspannte Atmosphäre am Abend ergänzt und nutzte dem Fortgang der Proben. Es ist für mich bis heute beeindruckend, wie praktisch und effizient Brecht auch in den Kleinigkeiten der Arbeit war. Er schrieb uns Brückenverse, weil er hoffte, uns damit in die Haltung von Erzählern zu bringen. Brecht brachte diese Verse früh am Morgen ins Theater. Er hatte auch Klebstoff und Schere dabei, damit sie noch rechtzeitig vor der Probe in die Bücher geklebt werden konnten.

Neubert-Herwig: Brecht hat Probenunterbrechungen beklagt, die sich aus dem laufenden Betrieb des Stadttheaters Chur ergaben. Haben Brecht und die Weigel neben ihrer eigenen konzentrierten Arbeit die Produktionen ihres Umfeldes wahrgenommen?

Cella: Zur gleichen Zeit inszenierte ich, als nächste Premiere, *Der eingebildete Kranke* von Molière. Immer wieder strich man mir Proben, oder ich musste einzelne Schauspieler freigeben, weil Brecht fast Tag und Nacht probieren wollte. Er schaute sich Szenen (der Antigone) an und am anderen Tag kam er mit Textänderungen und Vorschlägen, wie man das auch anders machen könnte, die er ausprobieren wollte, und das fast bis zum letzten Tag vor der Premiere. Curjel musste ihn zwingen, das Stück endlich einmal durchlaufen zu lassen, damit auch die Schauspieler zu einer gewissen Sicherheit gelangen könnten...

Das Vorspiel, das ich für den Arlecchino geschrieben hatte, fand noch Gnade bei der Weigel. Aber sonst verdammte sie meine Inszenierung. Sie meinte, das sei Gebrauchstheater wie vor dem Krieg. Sie sagte: du darfst dir das nicht mehr gefallen lassen. Du musst viel mehr Proben verlangen, den Text bearbeiten, die Schauspieler nicht so spielen lassen, als ob sie sie (selbst) wären. Sie sollen dem Publikum ihre Aussagen machen, es zum Denken zwingen! Sie verlangte „Episches Theater," das sie sich während der langen Emigrationszeit mit Brecht geistig erarbeitet hatte. Und von mir verlangte sie all das in Chur, bei dreiwöchiger Probenzeit!

Steinmann: Ich spielte die Toinette in Ettores *Eingebildetem Kranken*. Er hatte das sehr italienisch angelegt, eben Commedia dell'Arte. Brecht hatte einer Probe zugeschaut und erklärte dann das Spiel zwischen dem Arzt und dem eingebildeten Kranken, wie er es sah: das Klappern der Instrumente auf der Glasplatte, die Riesenangst vor den Spritzen. Das war hinreißend und faszinierend. Auch für die Arbeit von Curt Goetz, dessen *Haus von Montevideo* wir spielten, war er voller Bewunderung. Goetz verfolgte, was Brecht mit der *Antigone* vorhatte und kam zum Einführungsabend, wo er unfreiwillig ins Podium der Veranstaltung geriet.

Während der *Antigone*-Arbeit hatte ich den Eindruck, dass der Brecht darauf wartete, wer ihn zuerst nach Berlin holen würde. Berlin war sein Ziel. Anfang März 1949 traf ich ihn in Basel wieder. Wir spielten die Uraufführung des irischen Stückes *As Happy as Larry*. Das war ein witziges, freches Stück mit viel Musik, das Ernst Ginsberg inszeniert hatte. Brecht hatte sich die Uraufführung angesehen, weil er im Auftrag der Weigel nach geeigneten Mitarbeitern für das Berliner Ensemble Ausschau hielt. Er bot auch mir ein Engagement an. Da ich gerade bei Kurt Horwitz abgeschlossen hatte, konnte ich seinem Angebot nach Berlin (leider) nicht folgen. Nach der Premiere waren wir von dem Galeristen und Antiquar Sebass ins Erasmushaus eingeladen. Von dort aus gingen wir um vier Uhr früh zum Morgenstreich auf die Fastnacht. Die Basler Fastnacht ist etwas Besonderes. Sie hat überhaupt nichts mit Fasching zu tun. Die Basler haben Witz, eine gewisse Frechheit und einen Sinn für „Eckiges." Brecht war beeindruckt und begeistert von der Dämonie dieser Masken.

Cella: Auch wir blieben über Chur hinaus über Jahre in Kontakt. Als die Weigel die Leitung des Berliner Ensembles übernommen hatte, war ich ihr und Brecht mehrfach behilflich, sie mit italienischen Stücken zu versorgen und Probleme um Gastspiele des Berliner Ensembles in Italien aus dem Weg zu räumen. Selbst ein Filmprojekt betrieben wir (*Celestina*). Brecht hatte sich bereits Ende 1949 für das Antikriegsstück *Millionärin Neapel* von Eduardo de Filippo interessiert. Ich besorgte es und schlug es für Helene Weigel vor. Im Frühjahr 1950 konnte ich mehrere Wochen lang Brechts *Hofmeister*-Proben mit Gaugler verfolgen. Brecht hatte das Stück von de Filippo inzwischen gelesen und erklärte, dass ein antimilitaristisches Stück wie dieses im Moment in der DDR nicht gefragt sei. Warum er das traurig und grässlich fand, wagte ich damals nicht zu fragen.

Bei einer späteren Einladung im November 1953 lehnte die Weigel das Stück *Philomena Marturano* von de Filippo ab, um das sich Brecht seit Januar 1950 und die Weigel seit Januar 1952 für Therese Giehse bemüht hatten. Sie konnte den Schluss als Sieg des bürgerlichen Mannes über diese sich ihrer Ansprüche bewusst werdende Frau nicht akzeptieren. (Therese Giehse spielte die Titelrolle dann am 27.6.1952 in der deutschsprachigen Uraufführung an den Münchner Kammerspielen.)

(Aufgezeichnet am 6. und 7. 10. 1999 in Zürich)

Reformulations of the political Ethos
of Helene Weigel and Therese Giehse

The article attempts to account for the power and continuing fascination of the two actresses Weigel and Giehse. The thesis is that they represent two different embodiments of a political ethos that is in danger of being unjustly forgotten.

Umformulierungen des politischen Ethos
Helene Weigel und Therese Giehse

Susanne Winnacker

Die Weigel ist ein lautes, insistierendes Wunder, die Giehse ein eigenwilliges, sperriges, zurückgezogenes. Beide waren, glaubt man den Zeitgenossen, als Figuren phänomenal, von unbezwingbarer Präsenz auf der Bühne und auf listige Weise zu Hause in ihren jeweils sehr schwierigen Leben. Sie gelten als Personifikationen gelebten Denkens, als Verkörperungen denkenden Gefühls, als zwei Frauen, die sich das, was sie im Leben nicht vorfanden, auf ihren Bühnen erfunden haben.

In der Kunstform Theater, so wie Weigel und Giehse sie vorfanden, war der Mittelpunkt der menschliche Körper, der, als solcher nicht thematisiert, zum Signifikantendienst bestimmt, zur Thematisierung von Text eher bestellt war als zur Verkörperung im Sinne der Ansteckung. Er lauerte geradezu auf Erneuerung oder besser: Modifizierung. Und Schauspielkunst war und ist oft so eingeschränkt, weder klar unterschieden vom Handwerk noch von Dilettantismus oder der groben Kunst der Massenverführung. Eines der besonderen Probleme bei der nachträglichen Beschreibung der Wirkung großer Schauspieler ist es demzufolge auch, dass diese Wirkung eine kaum ohne den Verlust der Aura, der Präsenz dessen, was man so gern umschreibend Charisma nennt, zu beschreibende Mischung aus allen diesen Ingredienzen ausmacht. Deshalb entgeht die Beschreibung großer Schauspieler oft auch allem, außer einer sie immer wieder huldigenden Beschwörung, die aber irgendwann an Kraft verliert, vor allem in der zweiten oder dritten Generation der Nachgeborenen.

Weigel und Giehse auf dem Videoschirm lassen einen Schauspielstil sehen, der alt geworden wäre, gäbe es nicht die unausrottbare Lebendigkeit, Direktheit und Zumutung, die selbst über ein so mittelbares Medium aus den Augen und vor allem den Körpern beider einem entgegenspringt. Der Schauspieler als solcher wurde zu allen Zeiten beschrieben als der Überhebliche oder der Mutige — je nach Temperament —, auf jeden Fall als der, der aus einem anderen Raum in ein freilich ebenso fiktives „Jetzt" hineinspricht, welcher aber imstande ist, Unbehagen, Grusel und Angst in einer Art körperlichem Gedächtnis mit dem Eros des Zuschauers zu verbinden, der nötig ist, um sich fesseln zu lassen von etwas, das immer Mangel bleiben wird, Erfüllung

Helene Weigel 100
Maarten van Dijk et al., eds., *The Brecht Yearbook / Das Brecht-Jahrbuch*
Volume 25 (Waterloo, Canada: The International Brecht Society, 2000)

höchstens im Symbolischen, im Aufschub finden kann. Schauspieler sind also per se die Ausnahmegestalten, die „sichtbaren" Figuren, die Ausgesetzten, die zum Abschuss Freigegebenen, die für alle Projektionen des jeweils eigenen unsichtbaren Lebens herhalten müssen, sollen und können, und das sowohl aus der direkten Perspektive der jeweiligen Zuschauer als auch aus der Nachwelt. Diese Kluft zu erzeugen, die sich nur in und zwischen Körpern auftut, ist aber genau die Kraft, die beiden Schauspielerinnen auf je verschiedene Weise eigen war. Und die Utopie, die in der Flüchtigkeit solcher Verkörperung liegt, ist die erotische Manifestation alles Politischen. Eine bestimmte Art, den Lauf des Textes mit dem Körper zu durchlöchern, ihn zu unterbrechen, ohne ihn unsinnig zu machen, eine unsagbare, intime, kaum aushaltbare Sehnsucht nach einem anderen, besseren Leben momentweise aufleuchten zu lassen, die als Spur und Hunger bei dem bleibt, der wieder nach Hause gehen muss, das ist es, was von Weigel und Giehse auch heute noch bleibt.

Der „private" Körper der Weigel scheint ein nahezu vollständig öffentlicher; man weiß über ihre erste furiose Zeit an den Schauspielhäusern Frankfurt und Berlin genauso wie über die lange Zeit, in der sie Hausfrau war, Gastgeberin und Mutter, Hüterin vieler Exile, aus denen sie so unvorstellbar gereift hervorgegangen ist als Künstlerin und als Leiterin des Berliner Ensembles. Giehses Strategie, wenn man davon in diesem Zusammenhang überhaupt sprechen kann, scheint eine gänzlich andere. Ihre Schüchternheit und Sprödigkeit sind genauso Legion wie ihr „privater" Körper ein Geheimnis geblieben ist. Die physische Realität der „Schauspielerkörper" Weigel und Giehse ist nie „nur" Zeichenmaterial, d.h. als physische Realität beiläufig. Sie ist vielmehr Teil des Geheimnisses, nämlich dem, dass Weigel und Giehse eben das Zeigen des Zeigens nicht „nur" in der Repräsentation belassen, sondern eher im vollen Brechtschen Sinne gestisch, d.h. genauso archaisch wie unbewusst und energetisch angeschlossen an die Zuschauer auf eine Art praktiziert haben, die weit über ihre Zeit hinaus als experimentell bezeichnet werden kann.

Der Körper der Weigel wirkt wie ein Körper im Ausnahmezustand, er ist auf eigenartige Weise und längst nicht nur auf der Bühne selbst thematisch. (Es sind Körper, die auf Bühnen stehen, und Körper, die ins Exil gehen — von der Psychologie bleibt die Physiologie übrig.) Der politische Ethos als körperliche Geste, als Ethos des Anderen, als unwillkürliche Erregung, scheint in den Körper eingewandert als Ansteckung, wie diffundiert als Emotion von der Ursprungsschrift, die ein Text von Brecht sein mag und/oder das Leben selbst.

Auf einer Ebene scheint Weigel eine reale Erfahrung, die sie gemacht hat — mit der Erarbeitung des Stückes, nicht ausschließlich mit den Problemen der Figur —, direkt an die Zuschauer weiterzugeben, das heißt, man sieht immer auch Weigel als „private" und als arbeiten-

28   Helene Weigel und Therese Giehse, München 1968.

[Foto: Felicitas Timpe, München]

de Figur, sie repräsentiert nicht, sie lässt die anderen ihr bei der Arbeit zugucken. Das macht einen großen Teil ihrer Direktheit aus, denn wenn jemand einem bei der Arbeit zuschaut, ist nichts dazwischen. Weigels Fähigkeit, Diskursives in sich einwandern zu lassen und als Emotion wieder auszuspeien, darin unmittelbar und gleichzeitig diszipliniert, diese Fähigkeit, Einverleibtem aus der Ursprungsschrift — einem Text — mit Klarheit und Anmut wieder und wieder zu begegnen (Zeigen des Zeigens), scheint nicht zu altern; vielleicht deshalb, weil das Zeigen nicht in erster Linie auf den Intellekt zielt, sondern auf das Begehren, weil sie es schafft, auf der Bühne einen Text wie eine Figur begehren zu machen, was in sich selbst eine sublimierte Form des Umgangs mit der Lust bedeutet.

Betrachtet man das Spiel der Giehse, findet man hingegen eher so etwas wie die Kollision des Textes mit seiner Verkörperung. Blitzende Sinnlichkeit, ein sich Vollaufenlassen, um eine Leere zu erzeugen, ein Aussetzen des Verstehens, wie bei einem traurigen und endlosen — Witz. Es sind verschiedene Weisen, sich einen Text einzuverleiben. Die der Giehse ist im Gegensatz zu jener der Weigel vielleicht eine sozusagen musikalische, die den politischen Ethos als Körperausdruck umformuliert, dabei die selbe ursprüngliche Nachträglichkeit wahrt, wie auch ein Stückeschreiber das notgedrungen tut. Etwas Aufschreiben heißt, einer Sache Identität zu verleihen, sie in gewissem Sinne zu verdoppeln. Giehse als Schauspielerin hatte die Fähigkeit, diesen Weg auf ihre Weise jeweils noch einmal neu zu beschreiten, wobei der Schritt den Weg macht, um mit Müller zu sprechen. Begriffe bildet man nur, wenn man von der Bühne nicht schon in Begriffen angesprochen wird. Eine bestimmte Fähigkeit zur Sprachlosigkeit, zu schauspielerischer Blindheit, die der Giehse ohne Zweifel eigen war, wird so zur Möglichkeit, der Abstraktion, die durch die „dramatische" Konzentration auf „geistige" Konflikte (im klassischen Drama) entsteht, zu entgehen, und innerhalb der Fessel der Fabel die Ansteckung, Hinwendung und Durchdringung zu ermöglichen, die zum Beispiel Brecht Zeit seines Lebens angeblich so gehasst hat. (Was wiederum nur einmal mehr die Vermutung nahe legt, dass sowohl Weigel als auch Giehse in mehr als nur einer Hinsicht der Subversion gewisser seiner Vorstellungen nicht unkundig waren.)

Beide Schauspielerinnen scheinen außerdem auf seltsame Weise in ihrem Bühnenspiel vom Film inspiriert. Während, verkürzt gesagt, im Theater der Schauspieler traditionellerweise die Situation erschafft, ist es im Film die Situation, die den Schauspieler „macht." Wenn man dieses Phänomen umdreht und auf das Theater zurückwendet, hat man zumindest diese wandelnden schauspielerischen Widersprüche im Blick, diese gespaltenen Subjekte, die sowohl die Beständigkeit des „Ich" als auch ihren Sturz so zu genießen scheinen.

So bruchstückhaft und in gewisser Weise sicher auch willkürlich diese Aspekte sein mögen, wenn man sich fragt, ob es da heute etwas zu lernen gibt, andernfalls solche posthumen Versuche der Beschreibung ja doch sentimental wären, so könnten das Durchschlagen des Prozesses der Arbeit im Produkt der Aufführung und die Verkörperlichung politischer Erfahrung als „erregendes Moment" zumindest etwas sein, das man sich als Möglichkeit ganz dringend wieder wünscht.

"It Was a Matriarchy There."
An Interview with Katharina Thalbach

Katharina Thalbach was born on 19 January 1954, the daughter of the actress Sabine Thalbach and director Benno Besson. After the early death of her mother, she became, at the age of 13, a student of Helene Weigel's at the Berliner Ensemble, where she made her debut in Brecht's *Dreigroschenoper*. Other engagements followed at the BE and in film. In 1976 she emigrated with the writer Thomas Brasch to West Berlin. She performed at the Schillertheater and in numerous films, among them the adaptation of Günter Grass's *Die Blechtrommel*, in which she played Maria. She has worked as a director in recent years at the Thalia Theater in Hamburg, the Maxim Gorki Theater in Berlin, and also in Basel and Zürich. In this interview, Katharina Thalbach talks about her meeting with Helene Weigel and about the role of the Berliner Ensemble yesterday and today.

„Es war das Matriarchat dort"
Ein Gespräch mit Katharina Thalbach

Susanne Winnacker

Katharina Thalbach, geboren am 19. Januar 1954 als Tochter der Schauspielerin Sabine Thalbach und des Regisseurs Benno Besson, wurde nach dem frühen Tod ihrer Mutter mit 13 Jahren Schauspielschülerin von Helene Weigel am Berliner Ensemble, wo sie in Brechts Dreigroschenoper *debütierte. Es folgten Engagements am BE, an der* Volksbühne *und beim Film. 1976 übersiedelte sie zusammen mit dem Schriftsteller Thomas Brasch nach Westberlin, spielte am Schillertheater und in zahlreichen Kinofilmen, u.a. die Maria in der Verfilmung von Günter Grass'* Die Blechtrommel. *Als Regisseurin arbeitete sie in den letzten Jahren vor allem am Thalia Theater Hamburg und am Maxim Gorki Theater in Berlin sowie in Basel und Zürich.*

Winnacker: Frau Thalbach, der Ruf Helene Weigels als Figur ist legendär, alle Zeitgenossen und die gesamte Nachwelt sind sich darüber einig, dass sie eine wundervolle Frau gewesen ist...

Thalbach: Das war sie auch, natürlich, aber sie konnte auch furchtbar sein. Wenn sie auf die Tränendrüse gedrückt, sich selbst als Opfer stilisiert hat, und das hat sie oft getan, vor allem im privaten Leben, dann war sie ein Tyrann und hat so lange nicht locker gelassen, bis sie ihren Willen durchgesetzt hatte.

Diese Fähigkeit hat sie allerdings oft und meistens für gute Zwecke eingesetzt. Wie oft sie sie bei ihren Gängen zu den Parteibüros eingesetzt hat, um Menschen zu helfen, die ihr nahe waren und in Schwierigkeiten, ist gar nicht zu zählen. Wie sehr sie die Zeit, in der sie auf einmal ausschließlich Hausfrau und Mutter war, geprägt hat, das können wir heute gar nicht erfassen. Sie hatte eine große Fähigkeit, Verantwortung zu übernehmen, was ihre Art, das Berliner Ensemble zu leiten, genauso betroffen hat wie ihre Art des privaten Umgangs, aber außerhalb der Arbeit hatte ich ja mit ihr gar nicht so viel zu tun. Gerettet hat sie mich einmal, als ich mit 14 ein halbes Jahr bei ihr in Buckow war. Sie war eine ausgezeichnete Schwimmerin und ich wurde auf dem See vor ihrem Haus von drei Jungens in einem Boot attackiert. Plötzlich hörte ich sie hinter mir sich mit starken Schlägen nähern, sie

Helene Weigel 100
Maarten van Dijk et al., eds., *The Brecht Yearbook / Das Brecht-Jahrbuch*
Volume 25 (Waterloo, Canada: The International Brecht Society, 2000)

befahl mir, sofort zurückzuschwimmen, und wie hat sie auf die drei Jungen eingewütet, vermutlich hat sie mir so meine Jungfernschaft gerettet, würd' ich mal sagen.

Winnacker: Und als Schauspielerin? Was haben Sie von ihr gelernt?

Thalbach: Als meine Mutter mit 34 Jahren starb, da war ich zwölf und die Weigel war am BE eine künstlerische Institution, sie hat da als Frau gewaltet, es war das Matriarchat dort. Ich hatte schon am Deutschen Theater Statisterie gemacht und hab' halt vorgesprochen, den Kerker-monolog des Gretchen, und ich erinnere mich, wie die Weigel ge-schmunzelt hat, aber sie hat mich genommen und mit 13 hatte ich einen Elevinnen-Vertrag am BE und durfte kleine Rollen spielen, zum Beispiel die Kinderhure in der *Dreigroschenoper*. Ich hatte Sprech-unterricht und Bewegungsunterricht dort, bei Doris Thalmer und Hele-ne Weigel, und ich war Meisterschülerin von Helene Weigel und ich bin stolz darauf, heute noch, dass ich das sagen kann. Es hat mir die Schauspielschule erspart. Und sie hat einen ins Wasser geworfen. Un-sentimental musste man sein und hart mit sich. Viel Disziplin hat sie verlangt, von sich selbst und von den anderen, gelobt hat sie selten, Anerkennung gab es kaum. Mal ein Schulterklopfen oder eine kleine Andeutung, deren Wirkung dann natürlich immens gewesen ist und sofort wieder ihr: „Pupperl, jetzt nur nicht übertreiben, bloß nicht ü-bermütig werden!" Ihre Strenge bestand wohl in erster Linie darin, dass sie mitleidslos war, auch mit sich selbst. Der Schauspielunterricht be-stand eigentlich aus Szenenstudium und daraus, dass sie einen dann hinterher fix und fertig gemacht hat. Mit 15 habe ich die Polly aus der *Dreigroschenoper* von ihr übertragen bekommen, das war dann mein Debüt.

Winnacker: Wie haben Sie selbst sie als Schauspielerin erlebt?

Thalbach: Ich glaube, sie war auf der Bühne viel ehrlicher als im Le-ben. Was habe ich denn gesehen, *Flinz*, *Die Mutter*, *Coriolan* und *Carrar*. Sie war als Figur und im Leben von so einer großen Präsenz, man konnte einfach seinen Blick nicht von ihr lassen, sie konnte die Aufmerksamkeit ihrer Zuschauer konzentrieren. Sie war eine sehr eroti-sche Frau und wurde im Alter schöner und immer mehr Mädchen. Und wenn wir schon von Vorbildern sprechen, sie hätte noch zehn Jahre mehr gebraucht, ich hätte dann besser gewusst, wie ich das alles ma-chen soll. Ihr extremer Umgang mit Sprache war faszinierend, sie hat sich immer für die Sprache interessiert und selbst und mit anderen hart daran gearbeitet. Und das habe ich auch von ihr gelernt, von der Ana-lyse kommt die Eingebung und nicht umgekehrt.

Es gab einen Moment, der mich geprägt hat, an den ich mich im-mer wieder erinnere, das war 1959, *Mutter Courage* sollte wieder auf-genommen werden. Ich saß mit Helli allein im Zuschauerraum des BE

29 Am 65. Geburtstag, Berlin 1965.
„...und wurde im Alter schöner und immer mehr Mädchen."

[Foto: Vera Tenschert]

und jemand spielte eine Platte, auf der Brecht das Gedicht *An die Nachgeborenen* las. Man hörte Brechts Stimme und als ich mich zu Helli umdrehte, sah ich, dass sie weinte. Helli weinte, mich hat das so sehr berührt.

Die Weigel war vielleicht keine geborene Komikerin und sie war auch außerordentlich unmusikalisch, aber sie hatte einen sehr speziellen Humor, sonst hätte sie keine so große Tragödin sein können. Sie konnte einfach die Menschen rühren und berühren und das hatte sicher auch damit zu tun, dass sie die Dinge, die sie nicht perfekt beherrscht hat, lächelnd umgreifen konnte. Und Brecht war so bekämpft und so gefährlich, so enorm jung in seinem Denken und frisch, dagegen sind die Jungen heute erschreckend blöd. Und nicht fleißig. Brecht war so fleißig. Man kann schnell ein Stern werden und genauso schnell wieder abgeschossen sein. Und sicher gab es bei Weigel eine unbewusste Strategie, dieses ganze Epische zu unterlaufen, Brecht selbst hat das ja doch auch getan. Die Theater heute haben das Ausprobieren aberzogen und damit auch, das Publikum zu erziehen.

Winnacker: Sind Sie eher eine Schauspielerin oder mehr die Regisseurin?

Thalbach: Ich spiele lieber, aber Theater überhaupt ist für mich eine Form des Überlebens. Natürlich, Regie führen bedeutet, auf der Bühne durch Kunst eine andere Natur zu schaffen, die dadurch auf der Bühne auf einmal natürlich wirkt. Man kann eine Welt erfinden, entwerfen, mit Utopien, Vorgängen, Leuten spielen und Geschichten erzählen, aber Gott zu spielen ist auch mühselig.

Die schönste Zeit dabei ist die Vorbereitungszeit, man ist Forscher und Analytiker, dann die Frage, wie soll denn diese Welt aussehen, das Bühnenbild. Und das Schwierigste darin sind dann die Menschen — Fische wären nicht so verführbar. Wenn die Menschen kommen, wird der Regisseur mit ihnen zusammen aus dem Paradies wieder vertrieben. Es ist so, zuerst katapultiert man sich auf einen Regenbogen, durch Denken, Forschen, Analysieren, und wenn die Menschen die Bühne betreten, rutscht man mit ihnen wieder herunter und muss ganz zu Fuß wieder diesen Regenbogen hinaufsteigen.

Als Schauspielerin kreiere ich auch eine Welt, aber das ist anders, das ist ein Innen-Leben. Eine andere Art Gegenpol zu dem Leben da draußen. Es hat sicher auch etwas mit Flucht zu tun, dass man im Schauspiel eine Form von Leben hat, in anderen Figuren, die es einem leichter machen zu träumen oder Sachen für sich im Kopf deutlicher zu machen und auf eine Art und Weise mit Leuten zu kommunizieren, die oft im Privatleben oder in der Welt viel schwieriger ist. Es hat für mich was mit Sicherheit zu tun. Ich bewege mich sicher auf diesen Brettern oder vor einer Kamera, sicherer als auf dem normalen Pflaster dieser Welt.

Susanne Winnacker und Katharina Thalbach

Winnacker: Was ist für Sie politisches Theater?

Thalbach: Jedes Theater ist für mich irgendwie politisch. Politisch ist zum Beispiel das Vergnügen, plötzlich Zusammenhänge zu verstehen und auf dem Theater nachzudenken über die Zusammenhänge der Welt in den kleinsten Vorgängen. Shakespeare und Sophokles sind extrem politisch, auch noch heute, Strindberg, bei dem die Politik im Schlafzimmer stattfindet. Ich darf da in die Maschine Welt gucken und es wird für mich etwas leichter, die Dinge auszuhalten. Man kann im Theater nicht die Welt verändern, aber man kann dort zeigen und darüber reden, dass sie es immer noch wert ist. Ich selbst bin mehr dem Alten verbunden, den Formen und dem Handwerk, das Handwerk aber ist heute oft nicht mehr das Entscheidende. Es gibt heute einen anderen Zeitbegriff im Theater. Es entsteht etwas Neues jetzt, eine andere Bewegung nach der ganzen 68er-Schiene, die voller Selbstherrlichkeit und Unneugierigkeit war hier im Westen, wo die Schauspieler immer wieder die Frage stellen mussten, wie sie selbst darin vorkommen und ich immer dachte: na, als Figur natürlich, das reicht doch. Oder im Osten, wo es dieses totale Darüberstehen gab, also die totale Verdrängung. Man kann noch nicht sagen, was das ist, was da entsteht, auf jeden Fall ist aber Schluss mit diesem ganzen Verinnerlichen und, gelobt sei, was ein Geheimnis ist, und das ist schon mal gut.

Und was da wirklich war, im BE, das ist wirklich mit Helli gestorben. Auch Müller und Berghaus haben da keine Spuren hinterlassen. Man muss es heute wieder umbenennen, es sollte wieder Theater am Schiffbauerdamm heißen, das wäre richtig. Diese ganzen Museen müssen einfach weg.

(Aufgezeichnet am 22. November 1999 in Basel)

Helene Weigel in Paris

Helene Weigel's importance to Brecht's reception in France came from her own acting, which opened up a completely new way of appreciating the political and aesthetic substance of Brecht's theatre. Her art of acting *was* the art of the Brechtian theatre. For many French artists and intellectuals, the guest performances of the Berliner Ensemble were real eye-openers and inaugurated a Brechtian "way," even a Brechtian orthodoxy. Helene Weigel was also someone on whom certain French theatre people could project their political and aesthetic hopes and ideals. The artistically precise Brecht style estranged the "normal," psychologizing bourgeois theatre, and led back to the classical traditions of stylization, which had played a much larger role in the French theatre than in the German one. Brecht's theatre and Weigel's acting were seen as a return to the great classical models, which were connected to Asian theatre and the theatre of Greek antiquity. It was not Weigel's voice so much that was found significant in France, but her concrete and precise gesture and mimicry, as well as the paradoxical alternation between empathy and distantiation in her playing.

Helene Weigel in Paris

Helene Varopoulou

An Helene Weigel ist ein Paradox der Schauspielerin zu erleben: Während sie spielend die Aufbauprozesse zeigt, durch die in einer Art von Montage die Rollenfigur aus Haltungen und Gesten zusammengesetzt wird, erscheint sie zugleich als eine „Performerin," bei der alles auf den gegenwärtigen Augenblick des Theaters ankommt. Bei ihren Gastspielen in Paris wurde diese Qualität von den Kritikern immer wieder betont. 1965 konnte Bernard Dort Weigels Volumnia in Brechts *Coriolan* in der folgenden Weise beschreiben:

> Les contradictions du rôle s'inscrivent au crédit du personnage: elles ne le détruisent plus mais permettent, au contraire, de le construire dans toute sa complexité. Hélène Weigel-Volumnie apparaît successivement comme une parfaite maîtresse de maison, une belle-mère abusive, une redoutable patricienne, et une femme, une Romaine qui prend conscience da la situation sans issue dans laquelle son fils Coriolan l'a enfermée, elle et tous les patriciens. Pour cela, il lui suffit de jouer à fond et séparément chacun des différents temps de son rôle: la quiétude domestique, l'exaltation guerrière, la tension tragique de son entrevue finale avec Coriolan.[1]

Helene Weigel stellt für Dort die vollendetste Verkörperung eines Spiels dar, das beim Zuschauer ein Vergnügen hervorruft durch die Fähigkeit, zwischen Einfühlung und kritischer Distanz zur Person hin und her zu wechseln und dies mit solcher Kunst, dass die dargestellte Gestalt mit großer Klarheit hervortreten kann, jedoch die Intensität der Gefühle keineswegs ausgeschlossen wird. Dort hebt an den Brecht-Schauspielern hervor, dass sie die Fähigkeit besaßen, die Figuren in beiden Registern zu spielen. Sie „indiquent incisivement les temps forts et savent s'en désolidariser lorsque le pathos menace, font alterner l'adhésion et le refus."[2]

Die Erfahrung des Spiels von Helene Weigel wurde mir in besonderer Weise gegenwärtig, als sie 1971 im Pariser Théâtre des Amandiers — im Rahmen der Tournee des Berliner Ensembles zum hundertjährigen Gedenken an die Pariser Commune von 1871 — die „Mutter" Pelagea Wlassowa spielte. Die Schauspielerin hatte sich Rippenbrüche zugezogen. Dennoch spielte sie weiter, und es sollten die letzten Vorstellungen vor ihrem Tod sein. Was geschah, war nun, dass es ihr gelang, ihre persönliche Verfassung — die Erschöpfung, die Müdigkeit, die Anstrengung und eine Art von Trauer — so mit ihrem Rollenspiel zu

30 *Coriolan* von William Shakespeare, bearbeitet von Bertolt Brecht, Berliner Ensemble 1965. Helene Weigel als Volumnia, u.a. mit Ekkehard Schall und Hilmar Thate

[Foto: Vera Tenschert]

verbinden, dass man zugleich ihre Person erblickte, die körperliche Realität ihres Zustands und darin doch wieder die Gebrechlichkeit der dargestellten Figur, der alten Wlassowa. Ihre Schwäche ließ Zärtlichkeit erkennen, verbunden mit Leiden. Die hochkomplexe und widerspruchsvolle Montage der Züge in Weigels Spiel faszinierte die französischen Beobachter:

> Die dialektische Wahrheit wird nicht durch Behauptungen sichtbar. Man zeigt sie mit den Fingern, und dann greift alles ineinander bis zur siegreichen Parade (*sic*) von 1917. Weder Deutelei noch Pathos (...) Im Gegenteil: eine gewisse Fröhlichkeit, wie über eine gelungene List. Wenn es Pelagea gelingt zu überzeugen, gleicht sie weniger der klugen Mutter als einem kleinen Mädchen, das einen gelungenen Schabernack begangen hat. Helene Weigel ist unvergleichlich, wenn sie unter der Maske des Schmerzens oder der kalten Begeisterung diese Nuance der Zerrissenheit aufleuchten läßt, die Brecht so teuer und für seine Beweisführung so wesentlich war.[3]

Die Weigel war zu dieser Zeit mit ihrem schauspielerischen Können auf der Höhe ihres eigenen Mythos. Die Modellbücher, die Texte Brechts, die Kommentare, ihre unangefochtene Stellung im Berliner Ensemble und die Legende, die um sie kultiviert worden war durch alle, die sich für politisches Theater engagierten — dies alles erzeugte etwas, das ich als „Rollen-Ikone" bezeichnen möchte. So schrieb Bernard Dort 1960, als er die besondere Präzision und den Erfindungsreichtum der Schauspieler des Berliner Ensembles beim Umgang mit Bühnenobjekten schilderte: „Unmöglich nunmehr, sich die Mutter Courage vorzustellen ohne die besondere Art und Weise, in der Helene Weigel mit den Sachen auf ihrem Wagen umgeht, ohne ihre Art, Geld in Empfang zu nehmen oder auszugeben...."[4] Man erkennt, wie sehr Helene Weigel und ihr Stil bereits mit dem Brechttheater insgesamt identifiziert wurde. Die Kunst der Weigel *war* die Kunst des Brechttheaters: die Eleganz ihres Spiels, ihre Intelligenz, die klassische Gelassenheit, die Konkretheit und Präzision ihrer Erscheinung. Man kann sogar umgekehrt zuspitzen: Die besondere Aura dieser Spielerin, ihre eigenartig zurückgenommene und gerade dadurch intensive Präsenz führten dazu, dass man in Frankreich sozusagen durch sie das Brechttheater erkannte und daran glauben konnte.

Als ein Beispiel der zahlreichen Elogen, die der Künstlerin in Frankreich zuteil wurden, hören wir Gabriel Garran, Leiter des Theaters von Aubervilliers und eine der bekanntesten Regie-Persönlichkeiten der damaligen Bewegung der „Théâtres de décentralisation":

> Die Mutter: une œuvre d'une étonnante exemplarité. Est-ce la prodigieuse représentation de Vlassova par Hélène Weigel, la puissance de son rayonnement? Est-ce la particularité qu'elle a d'investir pleinement les situations qu'elle assume tout en nous rendant témoins extérieurs? Est-ce l'épuration de tout ce qui n'est pas essentiel, le refus de tout effet superficiel,

31 Als Pelagea Wlassowa in *Die Mutter* von Bertolt Brecht, Berliner
Ensemble 1957

[Foto: Gerda Goedhart]

l'économie dans les parcours, dans les mouvements, dans les gestes?[5]

Interessant ist hier, dass diese Bemerkungen auf den zweiten Blick ganz ebenso einem hervorragenden klassizistischen Schauspieler gelten könnten. Offensichtlich weist die artistische Genauigkeit des Brecht-Stils eine mindestens untergründige Verwandtschaft mit klassischen Traditionen der Stilisierung auf, die im französischen Theater eine viel größere Rolle spielen als im deutschen. Beide lehnen den vordergründigen Psychologismus ab. In der französischen Rezeption des Brecht-theaters fällt auch auf, dass immer wieder die Beziehung zum asiatischen Theater (oder auch zur griechischen Antike) hergestellt wird. Man sah am Brechttheater also vor allem den Rückgriff auf große klassische Modelle des Theaters. Bei einer großen Gesprächsrunde (Théâtre populaire, Juli/August 1954) von Kritikern und Intellektuellen, die im Juli 1954 unter dem Titel „Propos sur Mutter Courage" eine illustre Runde zusammenführte — Bernard Dort, Jean Paris, Guy Dumur, Clara Malraux, Robert Voisin, Jean Divignaud —, wurde von verschiedenen Seiten immer wieder auf das japanische Theater hingewiesen. Für Jean Paris entsteht zum Beispiel durch die große Harmonie der Farben und Gesten „ein kleines japanisches Theater," Dumur fühlt sich durch die „propreté méticuleuse" der Brechtbühne an das japanische Theater erinnert, Clara Malraux denkt beim Schmerz der Marketenderin an das stilisierte namenlose Pathos der Bunraku-Puppen.

Das Brechttheater wurde für viele französische Künstler und Intellektuelle zu einem wirklichen Schock. Roland Barthes hat später festgestellt, dass ihm die Begegnung mit dem Brechttheater schlagartig den Geschmack an allem „normalen" Theater genommen hatte. Nach dem überragenden artistischen Niveau, der Intelligenz und der stilistischen Qualität dieses Theaters wurde ihm die übliche Theatralität des bürgerlichen Theaters unerträglich. Die Bedeutung Helene Weigels für die französische Brecht-Rezeption besteht darin, dass es nicht zuletzt ihr persönliches Spiel war, das als eine Art Zentrum des Berliner Ensembles dem dortigen Publikum einen ganz neuen Zugang zur politischen Substanz des Brechttheaters eröffnete. Es waren die Gastspiele des Berliner Ensembles, die in Frankreich eine Brecht-Linie inauguriert haben. Sogar eine französische Brechtorthodoxie trat ins Leben. Dass diese Linie eine der produktivsten Faktoren des Theaters in Frankreich wurde, bleibt wahr, auch wenn die Polemik der „Brechtianer" gegen andere Theatertendenzen auch eine einengende Wirkung gehabt hat.

Von heute gesehen ist es interessanter, an der damaligen Diskussion weniger die politischen als die theaterästhetischen Aspekte einer Relektüre zu unterziehen. Im Zeichen der Faszination steht die gesamte Rezeption des Berliner Ensembles. Diese Faszination galt einerseits dem, was Dort die „Materialität der Aufführung" nannte, sie galt einem von Grund auf neuen Diskurs des Theaters, aber immer wieder war es besonders die Ausstrahlung der Schauspielerin Helene Weigel, an der sich die Faszination festmachte: Zumal die scharf umrissene Gestalt, die markanten Gesichtszüge ließen sie förmlich als Fleisch und Körper gewordene Idee der Präzision des Brechttheaters erscheinen. Interessant, dass auch bei den Schilderungen ihrer Gestalt und ihres Gesichts der Gedanke an außereuropäische Züge immer wieder auftaucht. So liest man: „Helene Weigel: Ein Gesicht, das mit der Zeit asiatische Züge annimmt. Mit dieser Rolle (der Mutter) erreicht sie den absoluten Höhepunkt (liefert sie die Blume, wie die japanischen Meister sagen)..." Oder: „Dieses eigenartige Gesicht einer alten Indianerin, hart, verschlossen, dann ein Lächeln oder ein Blick plötzlich schuldig, tragisch, bereitwillig, unbeugsam...." Oder: „...diese Frau mit dem asiatischen tausendjährigen Gesicht...." Schon 1938 hatte Anna Seghers über die deutschsprachige Aufführung von *Die Gewehre der Frau Carrar* in Paris geschrieben:

> Man kann sagen, daß die Kontur ihrer Darstellung sich vollständig mit der Kontur ihrer Person deckte, die es darzustellen galt. Das ergab dann eine einzige scharfe unbestechliche Kontur, die nichts von den verschwommenen, unscharfen Konturen schlechter Photographien an sich hatte, die man malerisch retouchiert, wodurch sie noch mehr jenen Photos der Spiritisten gleichen, mit denen man Zauber treiben kann.[6]

Bemerkenswert bleibt, dass ein Zug der Schauspielerin, der wohl für jeden deutschen Theaterbesucher von ganz besonderer Prägnanz war, in den französischen Kommentaren und Theaterkritiken fast gar nicht zur Sprache kommt: ihre Stimme. Gewiss blieb die besondere Aura ihrer Stimme auch in Frankreich nicht unbemerkt — durch die Songs und zahlreiche Film- und Tonaufnahmen ist sie weltberühmt geworden. Wenn so wenig davon die Rede ist, hat das wohl den Grund, dass die optische Erscheinung der Brechtbühne die Aufmerksamkeit der Beobachter fast vollständig gefangen nahm: die Körpergestik, die besondere Rolle der Objekte und Requisiten, die reduzierte Farbigkeit, die leere Bühne, der Rundhorizont, der Brechtvorhang. Für deutsche Ohren ist die nachdrückliche Diktion Helene Weigels, ihre besondere Musikalität, das manchmal kindlich-schlicht Dozierende (wie eine Lehrerin), dann wieder die durch ihre Zurückhaltung wirkungsvollen emotionalen Tonlagen und immer wieder die beinahe sinnlich, schon im Rhythmus, fühlbare Klugheit der Sprechenden ein besonderes Erlebnis. Dem französischen Zuschauer dürfte diese Qualität weniger auffallend geworden sein als ihre gestischen und mimischen Entsprechungen. In jedem Fall war Helene Weigel in Paris eine exemplarische Projektionsfläche für verschiedene — politische ebenso wie ästhetische — Hoffnungen, Ideale und Erwartungen der französischen Theaterwelt. Ihr war es wesentlich zu verdanken, dass Roland Barthes vielen aus der Seele sprach, als er 1954 im Überschwang der Begeisterung notierte:

32 Als Anna Fierling in *Mutter Courage und ihre Kinder*, Berliner
Ensemble 1954

[Foto: Gerda Goedhart]

Il faut (...) réaffirmer la singularité de notre bouleversement devant la *Mutter Courage* du Berliner Ensemble: comme toute grande œuvre, celle de Brecht est une critique radicale du mal qui la précède: nous sommes donc de toutes manières profondément *enseignés* par *Mutter Courage*: ce spectacle nous a fait peut-être gagner des années de réflexion. Mais cet enseignement se double d'un bonheur: nous avons vu que cette critique profonde édifiait du même coup ce théâtre desaliéné que nous postulions idéalement, et qui s'est trouvé devant nous en un jour dans sa forme adulte et déjà parfaite.[7]

ANMERKUNGEN

[1] Bernard Dort, „La pratique du Berliner Ensemble", in: *Théâtre Public. Essais de critique* (Paris: Seuil, 1967), 222.

[2] Ebd.

[3] *Le Monde*, 24. März 1971, deutsche Übersetzung des Berliner Ensembles.

[4] Bernard Dort, "La pratique," (Übersetzung der Verf.), 213.

[5] Gabriel Garran, *Travail théâtral*, Printemps 1971, 100.

[6] Anna Seghers, „Helene Weigel spielt in Paris", in: *Internationale Literatur*, 4 (Moskau, Januar 1938).

[7] Roland Barthes in: *Théâtre populaire*, Juli/August 1954, 97.

liebe Helli,

Dank für ein
gutes Jahr, so den dir
das nächste macht.

b

1949

345 Verleihung des National-
preises an Helene Weigel,
Oktober 1949
Es werden Nationalpreise
verteilt, unglücklicherweise
erste, zweite und ich glaube
auch dritte. Man hat offiziell
Kandidaten dafür ernannt
und keinen von ihnen
gefragt, ob sie kandidieren
wollen. Ich höre, man hat nur
zwei erste Preise für
Literatur und beabsichtigt,
Heinrich Mann und
Johannes R. Becher diese zu
geben und, unglücklicher-
weise, mir einen zweiten für
die ›Courage‹. So richtet Helli
dort aus, man möge doch
von mir absehen, da ich eine
solche Klassifizierung
als schädigend betrachten
würde und den Preis wohl
zurückweisen müßte. Derlei
Dinge muß man ganz
unpersönlich betrachten und
scharf auf Nutzen und Schaden
achten und den geringeren dem
geringen vorziehen. Warum
sollen Leute entwerten, was
sie haben, indem sie der Sache
einen geringen Wert

Helene Weigel and her Role as Managing Director between 1949 and 1954

The Berliner Ensemble (BE) was no sooner founded in February 1949 than Helene Weigel became its leader and architect. Her situation was especially difficult: until 1954, the BE had no theatre of its own, having to make do instead with guest productions at the Deutsches Theater (DT) and the Kammerspiele. This arrangement suited neither party. Little has been known until now about this collaboration between the BE and the DT, but this article evaluates, for the first time, the contemporary correspondence between Helene Weigel and Wolfgang Langhoff, the artistic director of the DT. We learn much from these letters about everyday theatrical life and about the relationship between the two directors, both of whom were actors. Above all, Weigel's letters and notes provide eloquent witness to her style of work. Next to her complaints about negligent co-workers at the DT, we learn details of Langhoff's boycott of *Urfaust* and of the premature destruction of the *Hofmeister* set. Some of the Weigel letters, as well as the memorandum concerning *Urfaust*, are published here for the first time in an appendix. Brecht frequently attempted to mediate between the two theatres during this tense period. Several letters of praise and gratitude from Brecht to the co-workers at the DT are also published here for the first time.

Helene Weigel und ihre Rolle als Intendantin zwischen 1949 und 1954

Petra Stuber

I DIE GRÜNDUNG DES BERLINER ENSEMBLES

Nach wochenlangem Tauziehen fiel am 16. Februar 1949 — das war einen Monat nach der legendären Premiere von *Mutter Courage und ihre Kinder* — endlich jene Entscheidung, bei der es für mehrere Jahre bleiben sollte. An diesem Tag trafen sich Kurt Bork von der Berliner Stadtverwaltung, Anton Ackermann und Stefan Heymann vom Zentralkomitee (ZK) der Sozialistischen Einheitspartei (SED), Bertolt Brecht, Helene Weigel und Walter Kohls, der Verwaltungsdirektor des Deutschen Theaters. Zwischen ihnen wurde nicht nur besprochen, dass „zur Realisierung des Projektes 'B'" ein eigenes Ensemble gegründet werden sollte, sondern auch, dass dieses Ensemble „dem Deutschen Theater angeschlossen wird."[1] Außerdem wurde vereinbart, dass jenes Ensemble am Deutschen Theater (DT) wirtschaftliche Selbständigkeit besitzen und Helene Weigel als Leiterin haben werde. Das Ensemble solle ab 1.9.1949 arbeitsfähig sein und in der Spielzeit 1949/50 insgesamt drei Inszenierungen am DT und an den Kammerspielen herausbringen. Bis zu diesem Tag Mitte Februar stand es in den Sternen, ob das „Projekt 'B'" überhaupt realisiert würde. Der Grund für diese Unklarheit lag in der Frage nach dem Theatergebäude, in dem Brecht und das Ensemble arbeiten sollten. Ein eigenes Haus bekam er vorerst nicht und deshalb wurde wochenlang hin und her überlegt, an welchem der Theater in Ost-Berlin und bei welchem Intendanten das „Projekt 'B'" untergebracht werden könnte. Brecht wollte eigentlich an das Theater am Schiffbauerdamm und wurde darin auch anfangs von der Stadtverwaltung und der SED-Führung unterstützt.[2] Dort war aber bereits Fritz Wisten Intendant und der lehnte eine Zusammenarbeit mit Brecht strikt ab.[3] Brecht kann dem Vorschlag, am DT und dessen Kammerspielen zu arbeiten, nur widerwillig zugestimmt haben; später wird er notieren, dass er es „zögernd" getan habe.[4] Noch Anfang Januar 1949 hatte er auf einer Sitzung beim Berliner Oberbürgermeister die Kammerspiele als völlig ungeeignet für sein Vorhaben zurückgewiesen.[5] Dieser unter Max Reinhardt kurz nach der Jahrhundertwende eingerichtete Theaterraum war Brecht zu intim und zu romantisch. Mitte Februar war bei den Verhandlungen um ein passendes Theater für Brecht offenbar „Matthäi am Letzten" — ein Ausdruck, den Helene

Helene Weigel 100
Maarten van Dijk et al., eds., *The Brecht Yearbook / Das Brecht-Jahrbuch*
Volume 25 (Waterloo, Canada: The International Brecht Society, 2000)

Weigel gern benutzte. Die Verantwortlichen von Magistrat und SED sahen definitiv keinen anderen Ausweg als das DT und Brecht musste sich entscheiden: Entweder stimmte er diesem Kompromiss zu, oder sein Projekt war gestorben. Brecht gab sich geschlagen und fügte sich, gemeinsam mit Helene Weigel und Wolfgang Langhoff, dem Intendanten des DT, in die von ihnen allen ungeliebte Entscheidung. Vielleicht war aber alles auch ganz anders und Brecht war recht froh, kein eigenes Theater bekommen zu haben. Mit einem eigenen Theater in Ost-Berlin hätte er von den zuständigen Behörden in Österreich keinesfalls die österreichische Staatsbürgerschaft erhalten.

Wie dem auch gewesen sein mag, seit jener Besprechung am 16.2.1949 — und darum soll es im folgenden hauptsächlich gehen — übernahm Helene Weigel den Aufbau des Ensembles. Brecht seinerseits reiste gleich nach der Entscheidung für das DT in die Schweiz und nach Österreich. Dort bemühte er sich darum, Caspar Neher, Teo Otto, Berthold Viertel, Therese Giehse und Leonard Steckel für die Mitarbeit am Berliner Projekt zu gewinnen und kümmerte sich um seinen österreichischen Pass.[6] Erst ein Vierteljahr später, Ende Mai 1949, kehrte er nach Berlin zurück. Da hatte Helene Weigel bereits die schwierigen Verhandlungen um die Finanzierung des Ensembles hinter sich. Sie hatte erfolgreich um Büroräume im Künstlerklub „Möwe" verhandelt, einigen ihrer Mitarbeiter Wohnungen besorgt und das Haus in Berlin-Weißensee, das ihr während Brechts Abwesenheit zugewiesen worden war, eingerichtet.[7] Dass niemand anderes als sie den Aufbau des Ensembles betrieb, gehörte nicht nur zu den internen Verabredungen zwischen ihr und Brecht. Es gehörte ebenfalls zu den offiziellen Vereinbarungen, die in der Februar-Besprechung getroffen worden waren und war nicht etwa Brechts Abwesenheit geschuldet: „Helene Weigel bildet ein eigenes Ensemble im Rahmen des Deutschen Theaters," hatte Stefan Heymann nach der gemeinsamen Besprechung notiert.[8] Danach galt Helene Weigel allen zuständigen Ämtern als Verhandlungspartnerin und in den folgenden Wochen war nicht mehr vom „Projekt ‚B'" die Rede, sondern vom „Helene-Weigel-Ensemble."[9] In den diffizilen Rechtsverhältnissen der sowjetischen Besatzungszone erwies sich die Finanzierung des Ensembles noch einmal als ein Stolperstein, der auf der höchsten Ebene — zwischen dem Oberbürgermeister, der SED-Führung, der Sowjetischen Militäradministration, dem Chef der Deutschen Wirtschaftskommission und der Deutschen Verwaltung für Volksbildung (DVV) — hin und her geschoben wurde.[10] Erst nachdem Helene Weigel verlauten ließ, dass sie bereits Arbeitsverträge abgeschlossen habe, wurden die ihr zugesagten eineinhalb Millionen Ost-Mark bewilligt und angewiesen. Das Ensemble wurde der DVV und später deren Nachfolgeeinrichtung, dem Ministerium für Volksbildung der DDR, unterstellt. Diese Zuordnung brachte im Laufe der nächsten Jahre einige juristische Schwierigkeiten mit sich, denn das DT war im

Unterschied dazu dem Berliner Magistrat unterstellt. Ob Helene Weigels Auskunft, sie habe zu diesem Zeitpunkt schon Verträge mit zukünftigen Mitarbeitern abgeschlossen, nur ein Bluff zur Forcierung der Finanzierungsangelegenheiten war, lässt sich nicht feststellen. Tatsache ist, dass sie ab Juni 1949 Verträge mit Caspar Neher, Therese Giehse, Egon Monk, Isot Kilian u.a. abschloss[11] und das Berliner Ensemble (BE), wie es nun hieß, am 1.9.1949 mit den Proben zu *Herr Puntila und sein Knecht Matti* begann und am 12. November auf der Bühne des DT seine Eröffnungsvorstellung gab. Noch einmal führte hier, wie schon bei der Inszenierung von *Mutter Courage und ihre Kinder*, die lange vor der BE-Gründung Premiere gehabt hatte, Erich Engel Regie. Helene Weigel war als Schauspielerin in den folgenden eineinhalb Jahren nur in ihrer Rolle als Mutter Courage zu sehen. Ihre nächste Bühnenrolle spielte sie erst wieder in der *Mutter* als Pelagea Wlassowa Anfang 1951. Dazwischen, bei *Herr Puntila und sein Knecht Matti*, *Wassa Schelesnowa* und *Der Hofmeister*, war sie nicht besetzt. Während dieser Zeit widmete sie sich ganz ihrer Rolle als Intendantin.

II   ZWEI THEATER IN EINEM HAUS

Erst nachdem die Aufbauarbeit längst erledigt war und die Proben zu *Puntila* schon begonnen hatten, erhielt Helene Weigel einen gültigen Vertrag mit der DVV. Mehr oder weniger rückwirkend wurde sie darin zum Aufbau und zur Leitung „eines Theaterensembles" verpflichtet, „dessen Aufgabe die Pflege und Förderung einer fortschrittlichen Theaterkultur sein soll."[12] Zuvörderst waren hier Etat- und Finanzierungsfragen geregelt und Helene Weigel verpflichtete sich, mit den bereitgestellten Mitteln „sparsamst zu verfahren." Auch ihre Gage wurde festgelegt; sie betrug 2000 Mark zuzüglich 500 Mark Aufwandsentschädigung.[13] Der Vertrag schrieb die früher schon verabredeten Inszenierungen von Brecht-Stücken fest, die das BE erarbeiten sollte: Zwei auf der Bühne des DT — *Herr Puntila und sein Knecht Matti* und *Wassa Schelesnowa* — und eine in den Kammerspielen — damals war noch *Die Tage der Kommune* geplant, die dann aber nicht inszeniert wurden. In genauer Abstimmung mit dem Spielplan des DT waren für diese drei Inszenierungen und die notwendigen Proben vertraglich die Monate November, Dezember, Februar, März und April geplant, in den verbleibenden Monaten der Spielzeit sollte das BE auf Gastspielreisen gehen. Dieser Vertrag hatte nur ein Jahr Gültigkeit. Das bedeutete für Helene Weigel eine missliche Situation, denn sie konnte keine über diesen Zeitraum hinausreichenden Verträge abschließen. Zuletzt wurde sie ermächtigt, nun ihrerseits ein Abkommen mit Wolfgang Langhoff vom DT zu treffen.[14] Weder die Weigel noch Langhoff werden damals, trotz aller Theatererfahrung, eine Vor-stellung von dem gehabt haben, was mit dem BE am DT auf sie zukommen sollte. Zumal beide zu diesem Zeitpunkt keine Ahnung davon hatten, dass das BE ganze vier

Jahre am DT bleiben sollte. Dennoch sind in dem Vertrag zwischen Helene Weigel und Wolfgang Langhoff vorausschauend schon jene Punkte fixiert, die in den kommenden Jahren immer wieder zu kleinen Ärgernissen und größeren Katastrophen führen sollten. Das DT stellte dem BE für dessen Aufführungen „das spielfertige Haus" zur Verfügung, „einschließlich Friseur-, Garderoben- und technischem Personal" und übernahm „die Anfertigung der Dekorationen und Kostüme." Das BE war dagegen für das „darstellende Personal und die Einstudierung der vorgesehenen Stücke" verantwortlich. Die Honorierung der Regisseure und Bühnenbildner der BE-Inszenierungen erfolgte wiederum durch das DT. Auf den ersten Blick waren das paradiesische Arbeitsbedingungen für das BE. Es konnte sich ins gemachte Nest setzen und hatte dafür nur seine Einnahmen an das DT abzuliefern. Liest man jedoch den dicken Stapel überlieferter Briefe und Notizen, so finden sich viele Beschwerden der Weigel über solchen „Scheißkram" wie schmutzige Kostüme, kaltes Essen, ungenießbare Getränke und impertinente Bühnenarbeiter. In einem Brief an Langhoff schrieb sie Ende März 1952 beispielsweise:

> ...Sonntag und gestern aber kam ich während des vorletzten Bildes auf die Bühne und musste sehen, dass die Requisite während vorn eine leise Szene spielte, ständig laufend eines der Bilder ausräumte. Es ist auch wieder der Zustand halblauter Gespräche unter den Bühnenarbeitern eingerissen und wenn ich durchgehend das rüge und „pst" mache, wird mir mit empörten Blicken geantwortet. Ich weiß wirklich nicht, wie man dem abhelfen soll. Es sind natürlich viele junge bühnenfremde Leute da, aber irgendwie müssen sie es ja lernen, dass während der Vorstellung keine Gespräche stattfinden dürfen. Ich will keine Namen nennen, aber da die älteren Kollegen auch diese Ungezogenheit haben, können sie es von ihnen nicht lernen. Ich halte es für richtig, Dir das zu sagen und ich glaube, dass nur Du diesem Zustand ein Ende machen kannst...[15]

Bei diesen Ärgernissen kam der Pferdefuß in den Vereinbarungen zwischen DT und BE deutlich zum Vorschein. Urteilt man nach den archivierten Papieren, so ging der größte Teil der Beschwerden — meistens von Helene Weigel selbst verfasst — vom BE an das DT. In umgekehrter Richtung, vom DT an das BE, sind nur wenige Monita überliefert. Walter Kohls beispielsweise beschwerte sich einmal darüber, dass viele BE-Schauspieler — namentlich Erwin Geschonneck und Gerhard Bienert — erst kurz vor Vorstellungsbeginn das Haus beträten und daher kein Maskenbildner ordentliche Arbeit leisten könne.[16] Es scheint, als habe Brecht über all diese Schwierigkeiten des Theateralltags hinweg freundlich vermitteln wollen. Im Gegensatz zur Weigel, die sich später auch augenzwinkernd als „Meckerziege" bezeichnete, teilte er mehrfach Lob an die Mitarbeiter des DT aus. So wurden die Beleuchter von Brecht für ihre Arbeit in der *Mutter*, die Bühnenarbeiter für ihre schnellen Umbauten beim *Hofmeister* und der Bühnenmaler für seinen Hintergrundvorhang beim *Urfaust* bedankt. Kurt Palm wurde für seine „exemplarischen" Kostüme gelobt und Karl Ruppert, der Bühnenmeister des DT, zu dem Brecht und die Weigel ein sehr herzliches Verhältnis hatten, erfuhr eine ganz besondere Würdigung seiner Arbeit.[17]

Was so bequem anmutet wie die Tatsache, dass das DT die Anfertigung der Dekorationen und Kostüme für die BE-Inszenierungen übernahm, führte zumindest einmal — beim *Hofmeister* — zur Katastrophe. Mitte 1952 trug sich das BE mit dem Gedanken, die *Hofmeister*-Inszenierung wieder in den Spielplan aufzunehmen. Zu ihrem größten Ärger musste Helene Weigel jedoch zur Kenntnis nehmen, dass die *Hofmeister*-Dekorationen nicht mehr existierten. Sie waren vom DT — dem sie ja laut Vertrag gehörten — vollständig zerlegt und weiterverarbeitet worden. Sofort schrieb die Weigel an Verwaltungsdirektor Kohls:

> Ich höre zu meinem Entsetzen von Ruppert, dass die „H o f m e i s t e r"-Dekorationen vollkommen verarbeitet worden sind. Wir sind leider vorher nicht gefragt worden, wollen aber das Stück wieder aufnehmen und ich bitte deshalb, dass die Arbeiten dazu sofort in Angriff genommen werden. Wir werden mit den Proben wahrscheinlich sehr bald beginnen und ich bitte darum, dass s o f o r t und auch während der Ferien am „Hofmeister" gearbeitet wird, damit uns die Dekoration ab Beginn der neuen Spielzeit wieder zur Verfügung steht...[18]

Obwohl sich die Weigel noch mehrmals und in aller Schärfe an Kohls wandte, wurden die *Hofmeister*-Dekorationen nicht wieder hergestellt.

Ein weiterer Reizpunkt waren die Proben- und Vorstellungstermine beider Theater. Natürlich war es blauäugig gewesen, zu glauben, man könne sie lange im Voraus auf den Tag genau festlegen. Was, wenn sich — wie so oft — ein Premierentermin verschob? Dann änderten sich auch alle nachfolgenden Termine für das BE oder DT. Was, wenn Schauspieler erkrankten, eine andere Vorstellung angesetzt oder der Termin verschoben werden musste? An solchen Problemen hätte ein Theater genug gehabt — hier waren zwei, und nicht freiwillig, voneinander abhängig. Wer glaubte, die Zeit der Gastspielreisen des BE würde diese Situation entspannen, der irrte. Permanent feilschten die Intendanten um diejenigen Schauspieler, die sowohl in BE- als auch in DT-Produktionen eingesetzt waren und immer wieder musste über Doppelbesetzungen nachgedacht werden. Nicht zuletzt mussten die Spielpläne der beiden Theater nicht nur organisatorisch, sondern auch inhaltlich aufeinander abgestimmt werden. Mehr als einmal stritten sich die Intendanten um ein und dasselbe Stück und darum, wer die Idee, es zu spielen, zuerst gehabt habe. Während das BE gegen solche konkurrierenden Parallelinszenierungen nichts einzuwenden hatte, war Langhoff dagegen.[19] Dass er nach Kräften die *Urfaust*- Inszenierung von Bertolt Brecht und Egon Monk boykottierte, während seine *Faust*-Inszenierung noch im DT lief, gehört in diesen Zusammenhang. In einem Brief vom März 1953 schrieb er an Helene Weigel:

> Da wir den Faust in nächster Zeit selbst in unseren Spielplan wieder
> aufnehmen, halte ich es nicht für richtig, den Urfaust normal in unserem
> Abendspielplan vor unseren Volksbühnenbesuchern laufen zu lassen.
> Diese Bedenken hatte ich ja von Anfang an geäussert und muß Dich da
> um Verständnis bitten. Selbstverständlich sind wir gern bereit, den Urfaust
> — so wie vorgesehen — entweder als Matinee oder. Nachmittagsvor-
> stellung oder auch als geschlossene Abendvorstellung für Institutionen,
> Schulen und dgl. aufzunehmen.[20]

Langhoffs Ablehnung des *Urfaust* weist aber darüber hinaus noch auf
ein ganz grundsätzliches Missverständnis hin. Die Fassungen des Ver-
trags, den die Weigel mit Paul Wandel von der DVV abgeschlossen
hatte, lassen durchscheinen, was die DVV und gewiss auch der Intendant Langhoff für Theaterproduktionen vom BE erwarteten. Bevor man
sich nämlich auf den endgültigen Text geeinigt hatte, stand im Vertragsentwurf der DVV, dass das BE „vorbildliche(n) Aufführungen besonders beachtlicher zeitnaher Stücke" zu produzieren habe.[21] Im Klartext hieß das, das BE solle weiterhin solche Brecht-Stücke, wie die *Courage* eines war, inszenieren. Die vertraglich vorgesehenen Stücke —
Herr Puntila und sein Knecht Matti, Wassa Schelesnowa und *Die Tage
der Kommune* schienen dieser Erwartung gerecht zu werden. Niemand
— und Langhoff, der als vorbildlicher Regisseur der deutschen Klassiker
galt, am allerwenigsten — dachte daran, dass sich das BE in Kürze an
Lenz- und Goethe-Texten vergreifen würde. Helene Weigel strich, in
Kenntnis der Differenzen zwischen Brechts Theaterauffassung und den
Erwartungen der DVV, den verfänglichen Passus vorsorglich aus dem
Vertragstext heraus. Anstatt zu „vorbildlichen Aufführungen besonders
beachtlicher zeitnaher Stücke" wurde das BE im abgeschlossenen Vertragstext nun zur „Pflege und Förderung einer fortschrittlichen Theaterkultur" verpflichtet. Langhoff muss bereits die *Hofmeister*-Inszenierung
im Frühjahr 1950 als eine gewaltige Übertretung der BE-Kompetenz
betrachtet haben. Die *Urfaust*-Inzenierung etwas später ging ihm jedoch entschieden zu weit. Er sah sich mit seiner Klassik-Auffassung
offensiv in Frage gestellt und betrachtete die *Urfaust*-Inszenierung als
eine Anmaßung, die verhindert werden müsse. Zuerst lehnte er die
Inszenierung generell ab; später ließ er sie nur als Matinee und als
geschlossene Abendveranstaltung zu und geizte mit jedem Vorstel-
lungstermin. Nach Darstellung des BEs soll es auch Langhoff gewesen
sein, der das Urteil der Staatlichen Kommission für Kunstangelegenheiten zum *Urfaust* einforderte.[22] Es handelte sich hierbei um eine grundsätzliche Aversion, die nicht der konkreten Inszenierung galt, denn
Langhoff hatte sie abgelehnt, ohne sie gesehen zu haben.[23]

III   DIE FELSENSTEIN-VARIANTE

Das BE spielte gerade ein Vierteljahr am DT, da lehnte Langhoff mit
aller Deutlichkeit eine weitere Zusammenarbeit für die nächste

33 Wolfgang Langhoff und Helene Weigel, 1960

[Foto: unbekannt]

Spielzeit — also ab Sommer 1950 — ab.[24] Wie schon vorher beim
Gründungsprozedere war es wieder einmal Kurt Bork vom Berliner
Magistrat,[25] der einen Ausweg aus dieser Misere vorschlug: Das BE
solle an die Komische Oper zu Walter Felsenstein. Der habe ohnehin
Schwierigkeiten, die Oper in der ganzen Spielzeit auszulasten, und so
wären mehrere Fliegen mit einer Klappe geschlagen: Langhoffs Forderung würde entsprochen, Felsenstein entlastet und das BE hätte — übrigens zu den selben Konditionen wie am DT — einen neuen Existenzort.
Die Nachteile dieser Variante seien behebbar. Dazu müsse die Akustik
in der Oper schauspieltheatergerecht verändert werden und dem aku-
ten Mangel an Probenmöglichkeit müsse mit dem Bau einer Probebühne für das BE begegnet werden. Helene Weigel und Walter Felsenstein
wurden von diesem Plan unterrichtet; es schlossen sich Gespräche und
Besichtigungen an. Brecht stand diesem Vorschlag skeptisch gegenüber
und war zutiefst empört über Langhoffs ablehnende Haltung. In einer
Notiz, Ende Dezember 1949 oder Anfang Januar 1950 geschrieben,
verglich er die Situation des BE verbittert mit der von nirgends willkommenen „armen Verwandten." Dabei glättete er das Bild von der
Zusammenarbeit zwischen BE und DT merklich:

> Als wir vor einem Jahr den Plan faßten, für das Theater der Reichs-
> hauptstadt künstlerischen Nachwuchs zu schaffen, sowie große Schau-
> spieler aus dem Ausland heranzuziehen, die mit den jüngeren Schau-
> spielern zusammen probieren und spielen sollten, sind wir, da ein Theater
> für derlei fehlte, zögernd den Kompromiß eingegangen, am Deutschen
> Theater einige Gastspiele zu machen und den Rest der Spielzeit außerhalb
> Berlins zu gastieren. Glücklicherweise vollzog sich die Zusammenarbeit
> am Deutschen Theater ohne jede Reibung und ohne künstlerische
> Einbußen, soweit wir das überblicken. Das Deutsche Theater hat uns zwei
> große künstlerische und finanzielle Erfolge zu verdanken, deren Widerhall
> weit über die Grenzen Berlins, ja Deutschlands gekommen ist. Es wäre
> nicht unnatürlich gewesen, zu erwarten, daß ihr nach diesem Spieljahr für
> uns ein Theater freigemacht hättet. Statt dessen scheint es, daß unsere
> Arbeitsbedingungen noch verschlechtert werden sollen. Es ist immer noch
> kein Haus für uns da, aber Langhoff steht jetzt, wie wir hören, auf dem
> Standpunkt, eine weitere Zusammenarbeit sei ihm 'nicht mehr zuzu-
> muten', wir wissen nicht, warum. Was uns betrifft, sollen wir wie arme
> Verwandte, die die Woche über zum Essen herumgereicht werden, an drei
> verschiedenen Bühnen gastieren, d.h. an den verschiedenen Tagen der
> Woche einmal hier, einmal da und einmal ganz woanders spielen, bez.
> proben. Wir sollen sozusagen *zwei* Theaterleitern zugemutet werden.[26]

Die Felsenstein-Variante zerschlug sich und im Februar 1950 erhielt
Helene Weigel zwar die definitive Zusage des Ministers für Volksbildung, dass das BE seine Arbeit auch in der nächsten Spielzeit fortsetzen
könne, „die Unterbringung" jedoch sei noch nicht geklärt. Man bemü-
he sich aber, „wenn keine befriedigende Lösung gefunden wird, die
Weiterarbeit im Deutschen Theater zu sichern."[27] In dieser verfahrenen

Situation wandte sich Helene Weigel — wie schon einmal, als sie für die Verpflichtung von Schauspielerinnen und Schauspielern aus dem Westen Valuta brauchte — an Wilhelm Pieck, der gerade Staatspräsident der DDR geworden war. Sie und Brecht hegten offenbar die Hoffnung, die Sowjetische Kontrollkommission würde ihnen das Haus der sowjetischen Kultur als Spielort zur Verfügung stellen, und Pieck könne das befördern. Auch diese Idee zerschlug sich und Wilhelm Pieck schrieb — von Privatadresse zu Privatadresse — an Helene Weigel:

> Liebe Helene!
> Ich habe Deine Wünsche im Politbüro vorgetragen, aber es wurde leider kein anderer Ausweg gefunden als der Dir schon bekannte, weiter wie bisher bei Langhoff und bei Wisten zu proben und zu spielen und mehr als bisher noch auf Gastspielreisen zu gehen. Das Theater im Haus der Sowjetkultur wird sich in seinem bisherigen Zustand nicht einmal für Proben eignen, und der Ausbau des Bühnenhauses kommt vorläufig wegen der begrenzten Finanzmittel nicht in Frage. Ich bedaure sehr, dass ich Dir keine andere Mitteilung machen kann, und wünsche nur, dass Ihr mit den Schwierigkeiten fertig werdet und Euch die Freude an Eurer Arbeit nicht verderben lasst. Mit den besten Grüßen an Dich und Bert, Dein W. Pieck[28]

Demnach blieb nichts anderes übrig, als den Intendanten Langhoff umzustimmen. Dass das gelang, war auch das Verdienst von Herbert Ihering, der zu jener Zeit Langhoffs Chefdramaturg war.[29] Langhoff und die Weigel hatten keine andere Wahl und so blieb das BE auch in der Spielzeit 1950/51 „zu Gast" auf den Bühnen des DT und der Kammerspiele. In den darauffolgenden Jahren, immer im Frühjahr, wurde die Frage nach dem Verbleib des BE aufs neue aufgeworfen. Und immer wieder gab Langhoff nach und stellte das DT notgedrungen zur Aufnahme bereit. Jahr für Jahr war man auf allen Seiten der guten Hoffnung, dass die jeweils laufende nun wirklich die letzte Spielzeit sei, die das BE am DT verbringen würde.[30] Das DT wurde seinen Gast nicht los und auf diese Weise hatten beide Theater — das BE ebenso wie das DT — kein eigenes Haus. Erst Ende 1953 war die Volksbühne am Rosa-Luxemburg-Platz wieder aufgebaut. Das Volksbühnenensemble konnte den Schiffbauerdamm verlassen und das BE durfte endlich dort einziehen.

IV SCHAUSPIELER ALS INTENDANTEN

Die Korrespondenz, die Helene Weigel und Wolfgang Langhoff in der dramatischen Zeit zwischen 1949 und 1954 führten, gibt auf faszinierende Weise Auskunft über die Intendanten, die beide Schauspieler von Beruf und Meister in der Kunst der Verstellung waren. So verschieden wie ihr Spiel auf der Bühne war auch ihre Art, aneinander zu schreiben. Diese Briefe reduplizieren ihre Spielweise. Langhoff identifizierte sich mit seiner Rolle als Intendant, Helene Weigel stellte ihre als Intendantin zur Schau. Langhoff vermied in seinen Briefen an die Weigel die offene Darstellung der existierenden Probleme und Widersprüche. Seine Mitteilungen waren gefasst und maßvoll; kein Wort entgleiste oder zeigte den Wechsel von Emotionen. Stets und unverändert begannen seine Briefe mit jenem freundlichen Namen, den auch Brecht und andere in ihren Briefen an die Weigel verwendeten: „Liebe Helli." Ebenso zuverlässig endeten Langhoffs Briefe verbindlich mit: „Herzliche Grüße, Dein Wolfgang." Angesichts der vielen Ärgernisse und Schwierigkeiten erweist sich in der Ebenmäßigkeit der Formulierungen die Konvention. Selbst das Scheitern seiner Bemühungen um den Auszug des Berliner Ensembles formulierte Langhoff leicht und freundlich. Ohne den geringsten Einbruch des Ärgers in den Text ging er zur anstehenden Spielplanung über:

> Liebe Helli!
> Es hat sich trotz heftigster Bemühungen von allen Seiten in der Angelegenheit des Berliner Ensembles noch nichts getan. Da das Deutsche Theater aber nun einen Spielplan endgültig fixieren muss, will ich Dir unsere Stücke und Daten, soweit sie die Bühne des Deutschen Theaters betreffen, mitteilen. Wir beginnen mit dem tschechoslowakischen Stück *Die Brigade des Schleifers Karhane.* Dann beginnen die Proben zu *Faust II* und *1913.* Ende November wird *1913* gegeben, und am ersten Weihnachtsfeiertag *Faust II.* Im Januar bringen wir ein sowjetrussisches Stück (voraussichtlich *Lehm und Porzellan*). Vom 15. Februar bis 15. April stünde das Deutsche Theater, falls sich inzwischen keine andere Lösung gefunden hat, dem Berliner Ensemble zu Probenzwecken und einer Premiere zur Verfügung. Nach dem 1. April beginnen die Proben zu *Troilus und Cressida.* Der Spielplan für die Kammerspiele liegt noch nicht endgültig fest, wird sich aber bei der nächsten Besprechung entscheiden. Herzliche Grüße, Dein Wolfgang.[31]

Was hier scheinbar problemlos mitgeteilt wurde, war ein harter Schlag für das BE. Im Klartext stand geschrieben, dass das BE in der gesamten Spielzeit 1950/51 nur eine Inszenierung im DT erarbeiten könne — vorher waren es zwei -; dass es in den Kammerspielen nicht anders aussehen würde und dass es sich in seiner Zeitplanung völlig nach dem DT zu richten habe. Die Doppelbödigkeit dieser Mitteilung ergab sich erst im Kontext. Langhoff verbarg das Schlechte an dieser Nachricht hinter sachlichen Worten und stellte die Weigel vor beschlossene Tatsachen. Später nannte sie dieses für Langhoff typische Verfahren eine „Kriegserklärung." Er spielte hier den souveränen Hausherrn, der über alle Widersprüche hinweg dem ungebetenen Gast den Platz zuwies.

Die Mitteilungen der Weigel waren im Vergleich zu denen Langhoffs weniger ausgeglichen und diszipliniert. Da es ihr oft um organisatorische und technische Belange ging, schrieb sie nicht nur an Langhoff, sondern auch an Verwaltungsdirektor Kohls und andere Mitarbeiter des DT. In den ersten Monaten der gemeinsamen Arbeit waren ihre

Schreiben sehr zurückhaltend; aus dieser Anfangszeit sind keine jener später so häufigen Beschwerden überliefert. In ihren Anreden war sie weitaus variabler als Langhoff. Sie reichten von „Lieber Langhoff" über „lieber Wolfgang" bis hin zu „Mein lieber Wolfgang" — wobei die letzte das gereizteste Schreiben nach sich zog. Widersprüche, Doppelbödigkeiten und Emotionen waren ihren Texten deutlich eingeschrieben und ihr Schreibgestus kannte viele Varianten. Er war entweder verärgert und autoritär, devot und unsicher oder herzlich und überschwänglich. Oft genug wechselte Helene Weigel die Masken innerhalb eines Schriftstücks und ging dabei taktisch sehr geschickt vor. So platzierte sie im folgenden Brief den voluminösen Tadel am Requisiteur des DT zu Beginn, um am Ende, als handele es sich um eine Belanglosigkeit, Aufschub bei einer wichtigen Spielplanentscheidung zu erbitten:

> Lieber Wolfgang! Ich bin da wirklich in einer schweren Lage, aber ich bin der Meinung, dass Du solche Disziplinlosigkeiten doch wissen musst und auch die Lieblosigkeit mit der von Seiten der Requisite her diese sehr schwierige Neuaufnahme nach fast 1½ Jahren Unterbrechung der *Courage* behandelt wurde. Es saßen in der Generalprobe selbstverständlich Direktor Palm, Ruppert und Gantz, aber Schülzke hielt es nicht für der Mühe wert, aufzutauchen. Nun ist der Riemann, der junge Requisiteur, den Ihr habt, ein ausgezeichneter Mann aber selbstverständlich muss die Verantwortung für nicht ausgeführte Aufträge oder für Beanstandungen, die noch während der Generalprobe geschehen können, Schülzke tragen. Der aber hielt es nicht für der Mühe wert, da zu sein, erschien auch nicht im Zuschauerraum, als ich ihn zweimal dazu auffordern ließ. Und das musst Du wissen. Ich weiß, er ist ein alter Mann, aber die Dickköpfigkeit und Überheblichkeit von Schülzke ist schwer auszuhalten. Selbstverständlich passiert es dann, dass der Faden, mit dem genäht wird, schwarz ist auf einem weißen Tuch, dass bis zum letzten Tag die aufzuhängende Wäsche falsch in den Farben ist, dass das Essen, bei dem wir bereits zweimal gebeten haben, dass es warm sein muss und außerdem nicht so viel in den Schüsseln sein soll, kalt ist und soviel in den Schüsseln, dass der arme Geschonneck trotz aller Bemühungen es nicht zu Ende essen konnte, was für die Szene eine Pointe ist. Es sind noch mehr solcher anscheinenden Kleinigkeiten in Unordnung gewesen. Aber was kann man wirklich nun mit Schülzke machen, denn er ist nicht bereit, von allein diesen Zustand zu ändern.
>
> Ich muss immer noch um Wartezeit bitten wegen des Ostrowski. Ich hab noch keine Antwort von Therese da. Wir geben Euch sofort Nachricht und auch wann Therese wieder bei uns eintrifft. Mit bestem Dank, Deine[32]

Das Auffälligste an den Briefen der Weigel ist ihr sprachlicher Gestus. Die Wörter auf dem Papier führen eine ausgesprochen phonetische Existenz; an die Konventionen des Schriftlichen halten sie sich nicht. Oft sind es kurz hingeworfene Notizen, oberflächlich in der Grammatik, versehen mit Bindestrichen, Doppelpunkten, Leerzeilen und Redundanzen. Ideen und Reflexionen, die auch nach einem halben Jahrhundert von allgemeiner Bedeutung wären, finden sich in ihren Briefen nicht. Statt dessen drehen sie sich um den Theateralltag und sind so unmittelbar und transitiv wie das Theaterspiel selbst. Die Wörter wurden von der Weigel gern verkürzt und zusammengezogen — „ich habs mir überlegt" — oder im Dialekt geschrieben. In einem Brief an Therese Giehse erzählte sie ihr davon, dass sie mit einer Freundin Geburtstag gefeiert und „z'Nacht gegessen" hatte. Alltagsprachliche Wendungen waren bei ihr keine Seltenheit. Neben dem bereits erwähnten „Matthäi am Letzten" ging ihr manchmal etwas „über die Hutschnur." Mit Erika Pelikowski sprach sie vertrauensvoll „unter uns Pfarrerstöchtern" und hatte zuguterletzt wieder nur auf „dem Tratschwege" etwas erfahren. Verbalinjurien wie den „Scheißkram" mochte sie, vor allem in ihren Mitteilungen an den Verwaltungsdirektor Kohls. Für *Puntila* hätte sie gern einen alten Kronleuchter aus einer der Logen im Deutschen Theater gehabt. In einem Schreiben an Kohls, das sich zuerst mit anderen Dingen befasste, gab sie Kohls ihren Wunsch mit der Bemerkung bekannt, dass den Kronleuchter in der Loge ohnehin „kein Schwein" sähe:

Kohls —
als letztes Vermächtnis, wo ich Dir doch die Vorstellung für heute gerettet habe; wenn es irgendwo noch in der Hinterhand bei Euch Karten zum „Puntila" gibt, ich bitte Dich, lass sie nicht zum freien Verkauf. Es könnte ein Unglück passieren und jemand kommt herein und schreibt was — und die Aufführungen werden noch fehlerhaft sein. Gib sie uns — wir werden versuchen, sie los zu werden — es ist klüger. Denn dass nur mehr 174 Karten Rest sind in drei Vorstellungen mit je einer Volksbühnenabteilung, das kannst Du deiner seligen Grossmama erzählen.
2. Ich bitte dich, für jetzt diese zwei Kronleuchter aus den Logen für den „Puntila" herzugeben. Ich verspreche Dir, im Laufe des November prächtige Untiere in der Republik zu finden und beizuschleifen. Die aus Messing gehen nicht und von Euren prächtigen aus Max Reinhardts Zeiten gibt es noch oben in Fräulein Last' Zimmer einen — soviel ich weiss — aber leider nicht zwei. Gib doch Deinem Herzen einen Stoss. Ich verstehe, dass Du nicht das Theater demontieren kannst, aber in diesen zwei Logen oben sieht sie kein Schwein und es würde das Gesamtbild nicht stören.
Ich bitte sehr darum, Deine[33]

Im Gegensatz zu Langhoffs Distanz produzierten die schriftlichen Mitteilungen der Weigel virtuos Unmittelbarkeit und Nähe. Ein untrügliches Zeichen dafür war es auch, dass sie Geschäftliches und Privates bedenkenlos miteinander vermischte. So bat sie in einem persönlichen Schreiben an Therese Giehse am Ende, „den Theater-Teil dieses Briefes für eine offizielle Mitteilung zu halten" und ihre Schreiben an das Künstlerische Betriebsbüro des BE und dessen jahrzehntelange Mitarbeiterin Elfriede Bork lesen sich wie die herzlichen oder manchmal auch verzweifelten Zeilen an eine sehr gute Freundin. Ihr hat sie zur Illustration ihrer aktuellen Gemütsverfassung auch einmal ein weinendes Gesicht aufs Blatt gemalt. „Blacky" oder „Gold-Blacky," wie die Weigel ihre Mitarbeiterin nannte, war mit Kurt Bork, dem schon erwähnten Förderer des BE verheiratet und manchmal ließ die Weigel auch ihn, den sie dann „Kuddel" nannte, herzlich grüßen. Selbst in der jahrelangen Sorge um die Gesundheit des Bühnenmeisters Karl Ruppert, den sie mit „lieber oller Freund Ruppert" oder einfach „lieber Ruppi" anschrieb, vermischten sich untrennbar Privates und Dienstliches.

Einer der größten Tricks der Intendantin war es jedoch, die Närrin oder den dummen August zu spielen. Diese Figur funktionierte bestens, weil jeder sie durchschaute. So bat die Weigel scheinbar schüchtern und unsicher „um Rat," wenn sie etwas ganz Bestimmtes durchsetzen wollte, längst einen fertigen Plan hatte und gezielt Unterstützung brauchte.[34] Sie stellte „eine ganz dumme Frage," wenn sie etwas mit Sicherheit besser wusste und sie bezeichnete sich kurzerhand als „Trottel," wenn sie etwas vergessen hatte.[35] Diese Narrenrolle spielte Helene Weigel auch bei so wichtigen kulturpolitischen Veranstaltungen wie der Formalismus-Tagung des ZK der SED 1951 und der Stanislawski-Konferenz 1953. Brecht war gerade von einem Vorredner wegen der *Mutter*-Inszenierung des BE und wegen seiner Mitarbeit an Paul Dessaus Oper *Das Verhör des Lukullus* als Formalist beschimpft worden, da begann die Weigel ihren Diskussionsbeitrag mit einem gezielt versöhnlichen Understatement:

> Liebe Genossen! Ich möchte euch als erstes gleich ein Wort zur Beruhigung sagen. Gerade weil ich beim *Lukullus* nicht unvoreingenommen bin, wollte ich darüber gar nicht sprechen. Ich hätte mich zu sehr als Partei gefühlt, um das Wort zu ergreifen. Erlaubt mir — ich bin keine Rednerin —, nur kurze Sätze zu den einzelnen Punkten zu sagen, zu denen ich mir kleine Notizen gemacht habe.[36]

Diese rhetorische Spielfigur ermöglichte es ihr, im Verlauf ihrer Rede sehr bald — „ich bitte um Entschuldigung, wenn ich in meinen Gedanken springe" — die *Mutter* energisch gegen den Formalismusvorwurf zu verteidigen. Bei der Stanislawki-Konferenz 1953, auf der Brecht und dem BE sowohl von Wolfgang Langhoff als auch dem Konferenzleiter Fritz Erpenbeck heftige Vorwürfe gemacht wurden, weil sie die Schauspielmethodik von Stanislawski ignorierten, begann Helene Weigel ihren Auftritt mit ähnlich taktischer Bescheidenheit:

> Ich bin in der traurigen Lage, sprechen zu müssen, obwohl ich nicht kann. Ich habe mir also ein paar Sachen aufnotiert nach unserem gestrigen Tag und bitte um Ihre Geduld und auch um ihr Wohlwollen; wenn mir ein Zungenschlag passiert, bitte ich, mich nicht daran aufzuhängen (das ist ja ein furchtbares Bild). Ich habe bereits in der Schule sehr schlechte Aufsätze geschrieben. Mit der Disposition hat es immer gehapert.[37]

Versöhnlich wie ihr Beginn war auch ihr ganzer Beitrag. Statt über die offensichtlichen Differenzen zwischen Brecht und Stanislawski zu reden, verwies Helene Weigel — und Brecht selbst hatte ihr diesen Teil des Manuskripts geschrieben — auf die Gemeinsamkeiten.

Die öffentlichen Auftritte der Weigel als Intendantin erinnern an das alte Verkehrungsspiel der Narren und Harlekine. Zu Beginn jedes Auftritts stellte sie ihre vermeintlichen Schwächen und Selbstzweifel dar, um später um so kräftiger ihre Position, und damit gleichzeitig diejenige Brechts und des Berliner Ensembles, zu verteidigen. Indem sie sich bloßstellte, ließ sie die Dummheiten der anderen deutlicher hervortreten, ohne sie jedoch zu brüskieren. Solche virtuosen und ambivalenten Balanceakte wie auf der Formalismus-Tagung und der Stanislawski-Konferenz erwiesen sich zudem als eine kongeniale Strategie in der unsicheren Zeit des Aufbaus des BEs und inmitten der kulturpolitischen Richtungswechsel am Anfang der fünfziger Jahre in der DDR.

V DER AUSZUG

Zu Beginn des Jahres 1954 konnte das Berliner Ensemble das Deutsche Theater samt seiner Kammerspiele verlassen und in das Theater am Schiffbauerdamm einziehen. Zurückschauend auf die gemeinsamen vier Jahre schrieb Helene Weigel an Wolfgang Langhoff am 1. April 1954 einen holprigen und erleichterten Dankesbrief:

> Lieber Wolfgang, nachdem die erste verrückte Zeit mit Umbau, Neueinrichtung, Krankheitsfällen, Proben usw. vorüber ist, möchte ich gern Dir doch für die vergangenen Jahre Dank sagen. Es bleibt unvergessen, daß Du Dich zur Verfügung gestellt hast für den Aufbau und die Arbeitsmöglichkeit des Ensembles. Daß sich daraus Schwierigkeiten und Ärger ergeben werden, darüber waren wir uns ja von vornherein klar. Aber Hauptsache ist wohl die geleistete Arbeit — und die war dank Deiner Hilfe möglich. Wir sind natürlich froh, selbständig im eigenen Haus zu arbeiten und hoffen, Dich häufig als unseren Gast zu sehen. Deine[38]

Dass die Schwierigkeiten mit dem Auszug des BEs aus dem DT Anfang 1954 noch lange nicht zu Ende waren, macht der dramatische Kampf der beiden Intendanten um die Probebühne des BEs in der Reinhardtstraße deutlich. Sie war 1951 gebaut worden, um die prekäre Bühnensituation der beiden Theater zu entlasten. Nun reklamierten sie beide Intendanten für sich. Wie schon Jahre vorher, als Langhoff dem BE dessen schmalen Inszenierungsraum in einem Brief lakonisch zugewiesen hatte, versuchte er auch diesmal, die Probebühne schriftlich zu erobern. Als gehöre sie bereits dem DT, räumte er der Weigel scheinbar großzügig die Mitbenutzung der Bühne ein, und zwar immer dann, wenn das DT die Bühne nicht brauche.[39] Mittlerweile jedoch war die Weigel selbst souveräne Hausherrin am Schiffbauerdamm. Sie war nicht mehr von Langhoff abhängig und deshalb auch nicht mehr auf Vermittlung aus. Weit offensiver als in den Jahren vorher dekuvrierte sie seinen Brief als „Kriegserklärung." So entdeckt, ging auch Langhoff in die Offensive und drohte damit — wohl nur halb im Ernst — die

Probebühne mit Polizeigewalt einzunehmen. Untereinander vermochten sie den Konflikt nicht zu lösen. Beide beschwerten sich deshalb übereinander im Berliner Magistrat, bei Kulturminister Johannes R. Becher und in der Kulturabteilung des ZK der SED, und suchten sich dort ihre Sekundanten. War zu Beginn des Streits die Probebühne schon fast dem DT zugesprochen worden, weil es nachweislich mehr Inszenierungen in einer Spielzeit produzierte als das BE, so neigte sich die Gunst der Verantwortlichen im Laufe der Zeit immer mehr auf die Seite des BEs. Helene Weigel zog am Ende noch einmal alle rhetorischen Register und schrieb, unter Verwendung einer Brecht-Paraphrase, an den Kulturminister:

> Vor allem aber betrachtet Brecht das Probenhaus, das eine ganz einmalige, in Europa nirgends vorkommende Einrichtung ist — und auch im Ausland als Beweis der Großzügigkeit der DDR gegenüber Brecht angesehen wird — als etwas durchaus Historisches. Es muß mit seinem und dem Namen des Berliner Ensembles verbunden bleiben. Sollte Langhoff die Ansicht Brechts über Brecht nicht teilen, könnte er vielleicht belehrt werden.[40]

Das Duell endete, wie die meisten Auseinandersetzungen zwischen Helene Weigel und Wolfgang Langhoff, mit dem Sieg der Weigel. Fast ein halbes Jahrhundert später, 1998, wurde die Probebühne in der Reinhardtstraße abgerissen — aber das ist eine andere Geschichte.

I

BRIEF VON HELENE WEIGEL AN HANS LAUTER
(Zentrale Kommission für Kunstangelegenheiten) AM 7.6.1952, SAPMO-
BArch, DY 30/ IV2/ 9.06/ 188

Lieber Hans Lauter,
über die Umzugsmöglichkeit unserer Schauspieler, der wichtigsten
jedenfalls, über die wir uns kurz unterhalten haben, hab ich Dir folgendes zu berichten. Ich glaube, dass bis auf ganz wenige unsere Leute
umsiedeln werden. Ich habe vorsichtig kleine Gespäche darüber geführt, aber was ich nicht glaube ist, dass sie sich jetzt und sofort entschließen werden. Dazu ist der Lohnumtausch zu wichtig, ihre altge-
wohnten Wohnungen zu wichtig. Sie täten es also meiner Ansicht nur
im letzten Moment. Es kam bereits folgender Satz „ja gern, aber dann
muß ich 1000.— mehr haben," denn ich habe Verpflichtungen — in
diesem Fall handelt es sich um die geschiedene Frau —. Kurz und gut,
ich schlage Dir etwas vor, das eine Möglichkeit bietet, wenn sie auch
etwas seltsam Dir erscheinen mag.
Wenn Du für etwa 15 Leute, von denen 6 etwa 3 Zimmer benötigen,
die anderen 1½ Zimmer bis 2½ Zimmer-Wohnungen, Wohnungen
weisst, so würde ich mich bereit erklären, diese Wohnungen vorzurich-
ten, zu möblieren — denn Möbel werden sie nicht mitnehmen können
—, sodass wir auf diese Eventualität vorbereitet sind. Diese Wohnungen
wären auf keinen Fall überflüssig. Ich weiß, welcher Mangel herrscht
und ich glaube garantieren zu können, dass ich sie nicht kostspielig
aber geschmackvoll und vernünftig einrichten könnte. Laß mich Deine
Antwort bald wissen, denn sowas braucht Vorbereitung.
Ich weiß z.B., dass in Weissensee eine grosse Siedlung jetzt von der
Besatzungsmacht freigegeben worden ist, ich weiß auch, dass in der
Friedrichstrasse in einem grossen Komplex ein ganzer Häuserblock
weniger Reparaturen bedarf, um 16 sehr schöne Wohnungen fertig-
zustellen.
Deine Helene Weigel

II
BRIEFE VON BERTOLT BRECHT,
HWA, BE-Akten, Ordner „Aktuelles"

AN HERMANN GANS, DEUTSCHES THEATER, BERLIN , 25. JANUAR 1951

Lieber Herr Gans!
Vielen herzlichen Dank für Ihre Mitarbeit bei der Inszenierung der
„Mutter." Ich weiß, daß diesmal ganz besondere Bemühungen nötig
waren und bitte Sie, meinen Dank auch Ihren Beleuchtern zu übermit-
teln.
Ihr

AN KURT PALM, BERLIN, 25. JANUAR 1951

Lieber Herr Palm!
Die Kostüme zur „Mutter" sind jetzt wirklich exemplarisch. Der so
schwierige Schritt vom Naturalismus zum Realismus und dabei zu
einem Realismus, der das sozial Wichtige herausarbeitet, scheint mir
vollkommen geglückt.
   Ich muss Ihnen auch wieder sagen, dass Ihr behutsames und pro-
duktives Eingreifen in eigentlich alle Aspekte einer solch komplizierten
Aufführung mir große Freude bereitet hat.
Danke!
Ihr

AN KARL RUPPERT, DEUTSCHES THEATER, BERLIN, 25. JANUAR 1951

Lieber Herr Ruppert!
Wir hören ganz allgemein von Seiten des Publikums, wie jedermann
überrascht ist, daß so rapide und elegante Verwandlungen möglich
sind. Das ist natürlich nur der kleinste Teil Ihrer meisterhaften Arbeit.
Tatsache ist, daß ich mir eine Inszenierung ohne Ihre Hilfe nur noch
sehr schwer vorstellen kann. Schon zu Beginn einer solchen laden
Neher und ich in Gedanken einen entscheidenden Teil der zu fordern-
den Leistungen einfach auf Sie ab: Ruppert wird es schon irgendwie
machen!
   Also wieder einmal vielen herzlichen Dank! Bitte übermitteln sie
meinen Dank auch Ihren Bühnenarbeitern.
Ihr

AN HERRN GEHRKE, DEUTSCHES THEATER, BERLIN, 24. FEBRUAR 1951

Lieber Gehrke,
ich habe gehört, dass bei der letzten „Hofmeister"-Vorstellung der Umbau so wunderbar geklappt hat. Ich danke Ihnen und Ihren Mitarbeitern vielmals.
Ihr

AN WOLFGANG LANGHOFF, DEUTSCHES THEATER, BERLIN, 3. APRIL 1951

Lieber Wolfgang Langhoff,
wir haben uns entschlossen, die „Courage" wieder aufzunehmen, die damals so unglücklich durch das Ausscheiden von Hinz und Bildt abgebrochen wurde.
Wir möchten die Aufführung zu uns übernehmen und die Proben für die Wiederaufnahme jetzt beginnen. Ich hoffe, Sie (sind) damit einverstanden.
Ihr

AN WOLFGANG LANGHOFF, DEUTSCHES THEATER, BERLIN, 15.3.1952

Lieber Langhoff!
Bois ist seinerzeit mit dem „Nasreddin"-Stück zu mir gekommen. Damals hatte ich aber keine Zeit, an eine Umarbeitung bei uns zu denken, die ja nötig wäre. Für nächstes Jahr könnten wir eine solche machen. Nun will ich nicht in Ihre Verhandlungen mit Bois eingreifen, aber vielleicht wäre es — wir müssen ihn ja unter allen Umständen halten — jedenfalls eine Rolle für ihn. Er könnte sie im „Berliner Ensemble" oder in einer Gemeinschaftsarbeit Deutsches Theater — Berliner Ensemble spielen. Was sagen Sie dazu?
Herzlich
Ihr

AN HERRN SCHNULLE, BERLIN, 16.3.1952

Lieber Herr Schnulle,
nochmals schönen Dank für Ihre ausgezeichnete Arbeit, die Sie bei unserem großen Hintergrundvorhang zu „Urfaust" gemacht haben. Ihr Beruf und Ihr Können wird leider sehr selten und desto höher ist Ihre schöne Arbeit einzuschätzen.

AN PROFESSOR LÖFFLER, BERLIN, 22. NOVEMBER 1955

Verehrter Herr Professor Löffler!
Entschuldigen Sie diesen Überfall, aber ich bin sehr in Sorge um einen
alten Freund, der Bühnenmeister des Deutschen Theaters schon unter
Max Reinhardt war. Er hat sich vor zwei Tagen den Knöchel gebrochen
und wurde nach Hohenneuendorf gebracht, wo er schlecht untergebracht ist. Er ist 65 Jahre alt, und ich bin überzeugt, dass er so schnell
als irgend möglich, das heisst noch heute, in Ihre Klinik gebracht werden muss.
Wir haben schon mit Herrn Oberarzt Dr. Rothe verhandelt, aber
anscheinend ist es sehr schwer, ein Bett zu beschaffen.
Bitte, helfen Sie mir,
mit besten Grüßen

gez. Brecht

III

BETR.: VERLAUF DER VERHANDLUNGEN ÜBER DIE AUFFÜHRUNG DES
„URFAUST," 6.5.1953,
HWA, BE-Akten, Ordner „Aktuelles" (vermutlich von Helene Weigel
verfasst)

Intendant Langhoff teilte uns noch während der Inszenierung mit, dass
er nicht bereit wäre, den „Urfaust" in den Abendspielplan zu nehmen
mit der Begründung, dass er noch in dieser Spielzeit „Faust" in einer
Neubesetzung herausbringen will und annimmt, dass das Volksbühnen-
publikum nicht bereit ist, beide Aufführungen sich anzusehen. Er sagte
uns zu, dass er sein Haus für Matinee-Aufführungen und geschlossene
Abendvorstellungen zur Verfügung stellen wird.
Am Tage der Generalprobe schrieb die BGL der Technik des Deutschen Theaters einen Brief an Brecht, worin sie ihm mitteilte, dass sie
nicht mit der Art der Inszenierung einverstanden wäre und hauptsächlich auf die Szenen in Auerbachs Keller und auf die Schülerszene hin-
wies. Brecht antwortete der Technik mit einer eingehenden Erklärung
der Inszenierung (dieser Szenen) und bat sie, uns einen Termin für eine
Diskussion mitzuteilen. Diese Mitteilung ist nicht erfolgt.
Die erste Aufführung fand nach einer Besprechung mit Brecht vor
Volksbühnen-Publikum am 13.3. statt, die zweite war eine Matinee-
Aufführung am Sonntag, den 15.3., die von Studenten und Hoch-
schulen besucht war, die 3. am 22.3. und 4. am 29.3. auch am Sonntag
Mittag für Volksbühne.
Daraufhin verhandelte die Kollegin Kilian mit der Lehrer-Gewerk-
schaft, die zwei Vorstellungen für den 30.4. und 5.5. abnahm. Mit dem

Stahlwerk Henningsdorf und der Volkspolizei wurde ebenfalls verhandelt. — Die Verhandlungen mit Dir. Kohls über die Termine waren schwierig, da Herr Kohls hauptsächlich das Haus schon Ende März bis einschl. Mai an die Volksbühne abgegeben hatte, sodass wir für die Volkspolizei erst für den 13. Juni einen Termin bekommen konnten.

Ausserdem verhandelten wir mit dem Koll. Adolf von der Volksbühne und boten einige Aufführungen des „Urfaust" an. Koll. Adolf sagte uns zu, nach einer Besprechung, dass die Volksbühne gern bereit wäre, 6 Aufführungen von „Urfaust" in dieser Spielzeit zu nehmen. Daraufhin traten wir mit dem Deutschen Theater in Verbindung und teilten diesem mit, dass 6 Aufführungen der Volksbühne gegeben werden sollten. Um den Charakter der Geschlossenheit zu wahren, sind wir bereit, die je 150 freien Karten an Organisationen, Betriebe usw. geschlossen abzugeben. Ausserdem baten wir, dass die ersten beiden Vorstellungen für die Volksbühne zwischen dem 20. und 30. April liegen sollten, damit die Möglichkeit einer Premiere gegeben wird; denn wenn eine Neuinszenierung 4 Wochen gelegen hat und eine Probenmöglichkeit auf der Bühne nicht besteht, ist es den Schauspielern nicht zuzumuten, in die Premiere zu gehen. — Herr Intendant Langhoff antwortete uns, dass er nicht bereit wäre, diese Vorstellungen noch im April zu machen, und dass er diese Aufführung nicht der Volksbühne zeigen möchte. Er teilte uns mit, dass die Kunstkommission erst entscheiden sollte, ob diese Aufführung weiterhin gespielt werden soll.

Die Kunstkommission (Herr Bagdahn) schickte uns im Februar eine Liste mit Mitgliedern, die zu Generalproben eingeladen werden sollten, sodass die Kunstkommission über die Qualität der Aufführung informiert ist. Diese Kommission hat keinen Einspruch gegen die Aufführung erhoben.

ANMERKUNGEN

[1] Kurt Bork an Stadtrat Kreuziger, Landesarchiv Berlin, Rep. 120, Nr. 1529, S. 157. Über diese Besprechung existiert ebenfalls eine Aktennotiz von Stefan Heymann in der Stiftung Archiv der Parteien und Massenorganisationen der DDR im Bundesarchiv (im Folgenden zitiert als SAPMO-BArch), DY 30/IV 2/9.06/188, S. 223.

[2] Informationen von Bork an Kreuziger vom 7.2.1949, Landesarchiv Berlin, Rep. 120, Nr. 1529, S. 152. Vgl. dazu auch den Brief Wolfgang Harichs an Anton Ackermann vom 17.1.1949, *Sinn und Form*, 6/1998 (50. Jahrgang), S. 894 ff.

[3] Bork an Kreuziger im Februar 1949, Landesarchiv Berlin, Rep. 120, Nr. 1529, S. 154.

[4] Stiftung Archiv der Akademie der Künste Berlin/Brandenburg, Helene-Weigel-Archiv (im Folgenden HWA), BE-Akten, Ordner „Aktuelles," unpag.

[5] Bork an Kreuziger, Landesarchiv Berlin, Rep. 120, Nr. 1529, S. 149.

[6] Werner Hecht, *Brecht Chronik 1898—1956*, Frankfurt/M. 1997, S. 858 ff.

[7] Um Wohnungen für Mitarbeiter und Schauspieler bemühte sich Helene Weigel auch in den folgenden Jahren. Vor allem für diejenigen, die noch im Westteil der Stadt wohnten, mussten im Osten Berlins Wohnungen besorgt werden, sonst waren sie auf Dauer nicht beim Ensemble zu halten. In dieser Angelegenheit verhandelte Helene Weigel mit Hans Lauter von der Staatlichen Kommission für Kunstangelegenheiten. In einem Brief vom 7.6.1952 offerierte sie ihm direkt und pragmatisch eine Lösung der Wohnungsfrage. Dieser Brief gibt Auskunft über die damaligen wirtschaftlichen und politischen Verhältnisse und er ist ein Beispiel für Helene Weigels unkonventionellen Umgang mit Problemen, Ämtern und Funktionären. Er ist im Anhang zu diesem Aufsatz unter der Ziffer (I) abgedruckt.

[8] SAPMO — BArch, DY 30/ IV 2/ 9.06/ 188, S. 223.

[9] Aktennotiz von Ernst Held vom 28.4.1949, SAPMO–BArch, DY 30/ IV 2/9.06/188, S. 226. Vgl. außerdem Werner Mittenzwei, *Das Leben des Bertolt Brecht oder der Umgang mit den Welträtseln*, 2 Bände, Berlin 1988, 2:356.

[10] Ausführlicher in Petra Stuber, *Spielräume und Grenzen. Studien zum DDR-Theater*, Berlin 1998, S. 61 ff.

[11] Vgl. Hecht, *Chronik*, S. 876 ff.

[12] Vertrag zwischen der DVV und Helene Weigel vom 24.9.1949. HWA, BE-Akten, Ordner „Aktuelles."

[13] In der Spielzeit 1950/51 erhielt sie bereits 4000 Mark Gage monatlich. Das war die Höchstgage, die auch Therese Giehse, Ernst Busch und Leonard Steckel bekamen. BArch, DR 1/ 5895.

[14] Von diesem Vertrag zwischen Helene Weigel und Wolfgang Langhoff liegen im HWA, BE-Akten, Ordner „Aktuelles," mehrere Überarbeitungsvarianten vor.

[15] Helene Weigel an Wolfgang Langhoff am 26.3.1952, HWA, BE-Akten, Ordner „Aktuelles." Auslassungen von mir, P.S.

[16] Brief Walter Kohls an die Weigel vom 28.1.1953, HWA, BE-Akten, Ordner „Aktuelles."

[17] Diese Briefe befinden sich im HWA, BE-Akten, Ordner „Aktuelles." Da sie weder in den Briefbänden der Großen kommentierten Berliner und Frankfurter Ausgabe, noch im Registerband erschienen sind, werden sie im Anhang zu diesem Aufsatz unter der Ziffer (II) abgedruckt. Es bleibt allerdings ungewiss, ob alle diese Briefe von Brecht sind, denn nur jener an Löffler trägt ein Zeichnungsvermerk. Für die Genehmigung zum Erstdruck dieser Briefe bin ich dem Suhrkamp Verlag zu Dank verpflichtet. Erdmut Wizisla danke ich für seine freundliche Unterstützung bei der Auswertung der Archivalien.

[18] Helene Weigel an Walter Kohls am 6.6.1952, HWA, BE-Akten, Ordner „Aktuelles." Weitere Schriftstücke in dieser Angelegenheit befinden sich ebenda.

[19] 1954 wollten beide Theater *Tolles Geld* von A. N. Ostrowski inszenieren. Gut zwei Jahrzehnte später, 1977, hatte sich die Situation geändert. Da war es das BE, das konkurrierende Parallelinszenierungen nicht riskieren wollte. Zu dieser Zeit wollten sowohl Benno Besson an der Berliner Volksbühne als auch Manfred Wekwerth am BE Brechts *Mutter Courage* inszenieren. Während Besson gegen eine Doppelinszenierung nichts einzuwenden hatte, verwahrte sich Wekwerth heftig dagegen. SAPMO-BArch, DY 30/ IV B2/ 9.06/ 94, S. 5 ff.

[20] Brief Langhoffs an die Weigel vom 10.3.1953, HWA, BE-Akten, Ordner „Aktuelles."

[21] Vertragsentwurf zwischen der DVV und Helene Weigel, HWA, BE-Akten, Ordner „Aktuelles," undatiert.

[22] In der BE-Intendanz wurde am 6.5.1953 über den Verlauf von Langhoffs *Urfaust*-Boykott eine Aktennotiz angelegt, HWA, BE-Akten, Ordner „Aktuelles." Diese Aktennotiz ist im Anhang zu diesem Aufsatz unter der Ziffer (III) abgedruckt.

[23] Brief der Weigel an Langhoff vom 11.3.1953, HWA, BE-Akten, Ordner „Aktuelles."

[24] Das geht aus einem Brief hervor, den Bork an Kreuziger am 30.12.1949 schrieb. Eine Kopie davon befindet sich in HWA, BE-Akten, Ordner „Aktuelles."

[25] Ab 1951 arbeitete Bork in der Staatlichen Kommission für Kunstangelegenheiten; nach deren Auflösung 1954 im Kulturministerium.

[26] HWA, BE-Akten, Ordner „ Aktuelles," undatiert.

[27] Schreiben des Ministeriums für Volksbildung an Helene Weigel vom 3.2.1950. HWA, Ordner „Aktuelles."

[28] Brief von Wilhelm Pieck an die Weigel vom 27.3.1950. HWA, BE-Akten, Ordner „Aktuelles."

[29] Das geht aus einem Brief Herbert Iherings vom 6.5.1950 an Langhoff hervor. Stiftung Akademie der Künste Berlin Brandenburg, Bereich Darstellende Kunst (im Folgenden AdK-D), Nachlass Herbert Ihering, Nr. 2423.

[30] Protokoll zur Regiesitzung des DT vom 23.3.1951. AdK-D, Nachlass Herbert Ihering, Nr. 0687. Vgl. außerdem ein Schreiben von Kohls an die Staatliche Kommission für Kunstangelegenheiten vom 12.7.1952.

[31] Brief Langhoffs an die Weigel vom 3.5.1950, HWA, BE-Akten, Ordner „Aktuelles."

[32] Brief vom 27.6.1951, Helene-Weigel-Archiv, BE-Akten, Mappe „Aktuelles."

[33] Helene Weigel an Walter Kohls am 30.10.1951, HWA, BE-Akten, Ordner „Aktuelles."

[34] Am 6.9.1950 bat sie beispielsweise Walter Ulbricht um einen solchen „Rat" bezüglich der BE-Gastspiele in Betrieben. Bislang war die Resonanz auf diese Gastspiele nicht optimal gewesen und die Weigel, die längst Verbesserungspläne hatte, versicherte sich Ulbrichts' Unterstützung. Den Brief benutzte sie zugleich, um Ulbricht auf die schwierige Situation des BEs am DT aufmerksam zu machen. SAPMO-BArch, DY 30/ IV2/ 9.06/188, S. 227f.

[35] Inge von Wangenheim, die Ende der vierziger Jahre ebenfalls Schauspielerin am Deutschen Theater war, hat über die „dummen Fragen" der Weigel einen kleinen Text verfasst: Dieselbe, *Die tickende Bratpfanne. Kunst und Künstler aus meinem Stundenbuch*, Rudolstadt 1982, S. 149 ff.

[36] Helene Weigels Rede auf der 5.Tagung des ZK der SED 1951 ist erschienen in: Hans Lauter, *Der Kampf gegen den Formalismus in Kunst und Literatur, für eine fortschrittliche deutsche Kultur*, Berlin 1951, S. 64 ff.

[37] Redeprotokoll des Beitrags von Helene Weigel auf der Stanislawski-Konferenz 1953. In: Stuber, *Spielräume*, S. 319. Das Redeprotokoll ist nicht identisch mit dem publizierten Beitrag von Helene Weigel in Theater der Zeit, 5 (1953).

[38] Brief vom 1.4.1954, Helene-Weigel-Archiv, BE-Akten, Mappe „Aktuelles."

[39] Brief Langhoffs an die Weigel vom 27.9.1954, HWA, BE-Akten, Ordner „Aktuelles."

[40] Brief der Weigel an Johannes R. Becher 1954, HWA, BE-Akten, Ordner „Aktuelles, indatiert."

Anecdotes about Helene Weigel
from"Anecdotes and Stories of The Great Order"

U ta Birnbaum's 1956 thesis, *The People's Actress, Helene Weigel* was written as part of her studies at the Weimar German Theatre Institute (Deutschen Theaterinstitut). It was published by *Theater der Zeit* in the same year. From 1956 to 1968 she was an assistant director and dramaturg, and later a director at the Berliner Ensemble. As an assistant she worked on productions such as Benno Besson's 1957 *The Good Person of Szechuan*, Manfred Wekwerth's 1959 *The Resistible Rise of Arturo Ui*, and Wekwerth's and Joachim Tenschert's 1962 *The Days of the Commune*. She herself directed *Frau Flinz* (1964), and *Mann ist Mann*. After leaving the Berliner Ensemble she worked as a director in various theaters and theater schools, in Canadian universities and at the Hochschule for Music and Theater in Hannover. Printed here for the first time, these anecdotes describe Birnbaum's experience of memorable events, situations and conflicts from her time at the Berliner Ensemble, especially in relation to Helene Weigel.

Weigel-Anekdoten aus „Anekdoten und Geschichten aus der Großen Ordnung"

Uta Birnbaum

Im August 1956, kurz vor seinem Tod, durfte ich Brecht in Buckow besuchen, um Fragen zur Veröffentlichung meiner Diplomarbeit „Über die Volksschauspielerin Helene Weigel" im Theater der Zeit zu besprechen. Die Weigel hatte mir nur zögernd den Termin verschafft, nicht ohne die Zeit des Gesprächs ganz knapp zu bemessen. Ich hatte der Weigel die Arbeit im Frühjahr zu ihrem 56. Geburtstag gewidmet, und sie wollte sie gern gedruckt sehen. Als ich Brecht berichtete, dass nicht alles gedruckt werden könnte (Schwierigkeiten wegen Fotos), schimpfte er ungeheuer: Dann können sie eben gar nichts abdrucken. Als ich traurig und erschreckt blickte, fragte die Weigel nach dem Warum. Ich gestand den Grund, das mir angekündigte Honorar. Ich hatte 1000 Mark noch nie zusammen gesehen. — Weigel blickte Brecht an. Nach kurzer Pause hörte ich: Sie müssen *natürlich* die Arbeit auch so gekürzt veröffentlichen lassen.

* * *

1969 als ich nicht mehr im BE war, lud mich die Weigel zu einem Gespräch. Sie wollte *Mann ist Mann* nach dem Weggang von Hilmar Thate retten und schlug eine neue, junge Besetzung vor, mit Choinsky aus der Studentenaufführung. In ihrem Büro im BE sagte ich, ich müsse es mir überlegen; aber ein dritter Aufguss schien mir nicht so gut. Wir verabschiedeten uns, und sie zeigte auf einen zarten Riss in der Wand über der Tür des KKB, ihrem Büro vorgelagert. Mit heiterer, aber erpresserischer Miene sagte sie: Das war dein Abschiedsgeschenk für mich. Ich hatte während der Auseinandersetzungen um die Endproben zu *Mann ist Mann* die Tür wohl zu hart zugeknallt. Mir war das nicht ein bisschen peinlich, ich konnte mit ihr zusammen lachen.

* * *

1966 im Frühjahr inszenierte ich eine eigene Bearbeitung des Märchens von Peter Hacks *Der Schuhu und die fliegende*

Helene Weigel 100
Maarten van Dijk et al., eds., *The Brecht Yearbook / Das Brecht-Jahrbuch*
Volume 25 (Waterloo, Canada: The International Brecht Society, 2000)

Prinzessin. Hacks wurde gerade an der Volksbühne Berlin mit *Moritz Tassow* — Inszenierung Benno Besson — verboten. Das Kulturministerium, dem natürlich jedes Projekt der Berliner Schauspielschule eingereicht wurde, hatte keine Bedenken gegen den *Schuhu*, auch mir schien unser Unternehmen eher harmlos. Ich sah eine gute Ausstellungsmöglichkeit der erworbenen Fähigkeiten der jungen Schauspieler: Spielen, Singen, Akrobatik, Fechten (Musik: Hans Dieter Hosalla). Allein, als die Premiere nahte, hatten wir im Prenzlauer Berg (BAT) schwarze Limousinen zu Besuch.

Die Weigel sah die Generalprobe und meinte: „Ich wusste gar nicht, dass du begabt bist für Kinderballett." Das beruhigte mich sehr, obgleich ich nicht wusste, ob das ein Kompliment war. In dieser Produktion waren 30 Studenten beteiligt (zwei Studienjahre). Jedoch nach der Premiere, die emphatisch beklatscht wurde, erhielten Rudi Penka, der Direktor, und Gerhard Piens, der Parteisekretär, die staatliche Weisung (so hieß das), das Stück auf der Stelle abzusetzen. Rudi Penka stellte seinen Posten zur Verfügung, auch Piens konnte nicht rückwärts, er war eng mit Hacks befreundet. Entsetzt lief ich zur Weigel. Sie versprach zu helfen, seufzend. Es war wohl das Büro Kurt Hager (Chefideologe der DDR), dem sie vom gesehenen Kinderballett berichtete.

Der wenige Tage später, früh um 8 Uhr anberaumte „Schlachttermin" wurde nicht abgesagt. Das Gespräch im Kulturministerium verlief völlig grotesk. Blöde FDGB- und Parteifunktionäre der Kreis- und Bezirksebene ließen sich unqualifiziert über Stück und Inszenierung aus. Penka, Piens und ich sahen sich verblüfft in der Runde um, als gegen 10 Uhr artig für unser Erscheinen gedankt und gehofft wurde: dass wir gute Anregungen empfangen hätten. Wir bestätigten das nicht. Als wir die hohen Treppengänge am Molkenmarkt herabstiegen, muss unser lautes Gelächter den zurückgelassenen Funktionären in den Ohren geklungen haben. Es war wirklich der klassische Fall des Hornberger Schießens. In der Intendanz des BE schüttelte sich die Weigel vor Lachen. Sie lud zu Kaffee und Cognac — das kam eher selten vor.

* * *

Als ich 1968 das Berliner Ensemble verließ, ein Aufhebungsvertrag von einem Tag auf den anderen — die Weigel zeigte sich verständig, die Trennung war längst fällig —, bekam ich am gleichen Tag eine Einladung von Wolfgang Heinz, dem Intendanten des Deutschen Theaters. Er schlug vor, sofort zu ihm überzuwechseln — gleichzeitig warnte er mich davor. Er hatte am gleichen Tag im Kulturministerium seine Demission eingereicht, weil er irgend etwas durchsetzen wollte. So gab er mir einen handschriftlichen Vertrag, falls er wirklich das DT verlassen sollte, der aber auch verwandelbar war in einen regulären Arbeitsvertrag, mit welchem Intendanten auch immer. Ich hörte, die

Weigel sei sehr erstaunt gewesen, mich am nächsten Tag schon wieder in Lohn und Brot zu wissen.

* * *

Die Weigel war unschätzbar in vielerlei Hinsicht. In der Großen Ordnung war das „Vitamin B" alles. Als ich mit dem Bühnenbildner für *Der Schuhu und die fliegende Prinzessin* von Peter Hacks alles vorbereitete für die Berliner Schauspielschule, zeigte sich, dass die Art der Kostüme und ihre Anzahl weit das Schulbudget überschreiten würde, außerdem: wer sollte sie anfertigen? Weigel sah sich die Entwürfe an, griff zum Telefonhörer. Nach kurzer Zeit hörten wir sie mit Herrn Wilkening scherzen, den sie natürlich duzte (waren alles „Buben"), und ihn für den nächsten Tag ins BE bestellen. Wilkening war der oberste Boss der DEFA in unserer Zeit (1967). So übernahm die DEFA die Material- und Arbeitskosten aller Kostüme unter der Bedingung, dass sie Eigentum der DEFA waren, in den dortigen Fundus übergingen, nachdem wir abgespielt hatten. Da hängen sie wohl heute noch, wenn der Fundus nicht zusammen mit der DEFA aufgelöst worden wäre. Die Große Ordnung konnte sehr großzügig sein, wie gesagt, bei genügend Vitamin B. Und die Weigel hatte das.

* * *

Die Kämpfe im BE um alles und jedes tobten mit fortschreitender Zeit nach dem Tode Brechts immer heftiger. Nie wusste man ganz genau, wer gerade gegen wen unterwegs war und warum. Die Kämpfe mit offenem Visier waren gar nicht beliebt. Aber das war meine Stärke. So erhielt ich nach vielerlei Versuchen der Weigel „von hinten und von vorn" von ihr ein schriftliches Verbot, zur Premiere von *Mann ist Mann* die großen Bildtafeln des Galy Gay und des Galy Gay als Kampfmaschine im Finale an die Rampe tragen zu lassen. Ich fand, sie gehörten zu meiner Konzeption (und waren von Hans Brosch sehr gut gemalt). Alle Assistenten, auch der Bühnenbildner, bewachten ab der Generalprobe diese Bildtafeln — wir fürchteten Zerstörung.

Die Weigel hatte längst ihr Visier wieder heruntergeklappt. In der folgenden Presse konnte man bis in die Formulierung hinein feststellen dass die Bilder von der obersten Spitze des BE zutiefst missbilligt wurden.

* * *

Da ich nach Brechts Tod zum Inszenierungsteam *Der gute Mensch von Sezuan* gehörte — Regie Benno Besson — und während der Arbeit das große Ränkespiel um die Macht im BE zwischen Besson,

Manfred Wekwerth, Peter Palitzsch, Erich Engel und wer weiß wem noch ausbrach, ging es mir nach der Niederlage von Besson und seinem Weggang oder Wechsel zum DT sehr schlecht. Ich wurde in die Dramaturgie verbannt zum Modellbuch-Kleben.

Wekwerth fing damals gerade mit Palitzsch zusammen an, *Ui* zu inszenieren. Als ich in den Proben saß, wurde ich von der Weigel des Zuschauerraums verwiesen — aus der Intendantenloge heraus — lautstark. Unter der Intendantenloge war im Parterre die Tonloge. Mit dem Tontechniker stand ich mich gut, also beobachtete ich die Proben von dort aus — die Sicht war nicht besonders, aber besser als gar nichts. In dieser Zeit wurde mit immer wieder neuaufgenommenen Musikbändern experimentiert. Keiner sah mehr so recht durch. Wekwerth rannte ab und zu verzweifelt in die Tonloge. Ich wusste ganz gut Bescheid, hatte ja die ganze Zeit die Tonarbeit vor Augen, auch ab und zu mit dem Tonmeister eine Sonderschicht zum Schneiden eingelegt (heimlich). Eines schönen Tages beorderte mich Wekwerth zum Regiepult. Sofort ertönte die Stimme der Weigel: „Uta..." — Wekwerth ließ sie nicht aussprechen: „Uta ist ab heute Assistentin im *Ui* und speziell für die Zusammenarbeit mit dem Ton zuständig."

Zur Premiere bekam ich ein Büchlein von der Weigel, darin stand: „Liebe Uta! Trotzdem vielen Dank. Helene Weigel."

* * *

Das nicht sehr gute Gegenwartsstück *Frau Flinz* von Helmut Baierl wurde mir angeboten, in Görlitz zu inszenieren. Ich fand eine sehr gute ältere Schauspielerin, die Baumgarten (die Weigel engagierte sie sofort im Anschluss an diese Arbeit ins BE). Also, Helli kam zu den Endproben nach Görlitz. Am Tag vor unserer Generalprobe gab es am dortigen Theater, wegen plötzlicher Krankheit, nichts zu spielen. Das Fatale war, die Zuschauer kamen aus dem Umland nach Görlitz mit Bussen, sie waren auch nicht mehr abzubestellen — eine Operette stand auf dem Spielplan. Die Weigel hörte davon, erschien wie ein Feldherr auf dem Plan: Uta, lass die Flinz aufbauen und heute Abend spielen. Ich war skeptisch — vor der Generalprobe hatten wir sowieso schon zu kurze Probenzeit gehabt. Die Intendantin, Frau Klingenberg, war begeistert, dass sie ihre Zuschauer nicht in die Busse zurückschicken musste. Also gingen wir am Abend vor der Vorstellung zu dritt auf die Bühne (das war die Bedingung): die Weigel, die K. und ich. Wir hatten gleich einen starken Lacherfolg, eine Art Riesin (ich), die kleine dünne Weigel und die kleine dicke Klingenberg. Wir nahmen die Rolle des Komikertrios an und redeten abwechselnd und auch gleichzeitig über die Theatersituation, das Stück, den Probenprozess usw. Es wurde ein rauschender Publikumserfolg, unser Vorspiel, aber auch die vorgezogene Generalprobe der *Flinz*, so etwas hat wohl das

Stück weder vorher noch nachher erlebt. Die Weigel war darüber so glücklich, wie es nur ein altes Theaterpferd sein kann.

* * *

Als Brecht gestorben war, übergab die Weigel dem alten erfahrenen Brechtregisseur Erich Engel die künstlerische Leitung des BE. Alle jungen Regisseure waren gegen ihn. Der Mann hatte einen schweren Stand, war sich aber dafür der Intendantin sicher. In irgendeiner Endprobe zur *Dreigroschenoper* hatte ihm wohl jemand gesteckt, dass die Weigel in den Garderoben herumlief, Frisuren, Schminke und Kostüme änderte — ganz mit *Helfen* beschäftigt. Der alte schmächtige Engel, den ich eigentlich nur flüstern gehört habe, schrie plötzlich laut auf, seine gute Erziehung völlig vergessend: „Jetzt nagt diese Ratte meine Inszenierung von hinten an."

* * *

Als ich 1956 zum BE kam, lebten in Berlin drei der wichtigsten Frauen und Mitarbeiterinnen Brechts: Die Weigel, die Berlau und die Hauptmann. Ich habe keine von ihnen jemals auf den Brecht schimpfen hören — gegeneinander hatten sie allerdings eine Menge vorzubringen. Ich konnte von allen Dreien sehr viel lernen.

* * *

Wolf Biermann war mal „vor 100 Jahren" von Helli mir zugeteilt — zusammen mit noch einem Youngster — damit sie keinen Blödsinn machen. Es war in der ganz frühen Zeit der *Sezuan*-Proben. Ein Schauspieler namens Kiwitt spielte den Barbier, es war keine leichte Arbeit mit ihm. Am Bühneneingang auf einer vierstufigen Treppe sah ich, wie sich Kiwitt und Biermann begegneten. Biermann klopfte von einer oberen Stufe aus Kiwitt auf die Schultern und sagte in großer Gönnermanier: „Es wird schon werden." Was kommen musste, kam. Kiwitt beschwerte sich über den überheblichen jungen Schnösel bei der Weigel, die Weigel beschimpfte mich. Alle Versuche, Biermann von solchen Auftritten abzuhalten, blieben wirkungslos — ich denke, bis heute.

* * *

Jonny Heartfield, der große Künstler der Fotomontage, wohnte wie Elisabeth Hauptmann im Hugenottenviertel an der Friedrichstraße, zusammen mit seiner Frau Tutti. Während der Wiederaufnahmeproben zu *Winterschlacht* von Johannes R. Becher (ich war Assistent) rief mich die Weigel: „Da habe ich einen etwas schwierigen Auftrag für dich. Du gehst zu Jonny und sagst ihm, wir wollen wieder sein Plakat verwenden. Er wird sich sträuben, da war so eine Geschichte... Bring ihn dazu, mit dir in die Druckerei zu gehen und die Sache anzukurbeln. Also ging ich um die Ecke zu Jonny. Seine Frau empfing mich freundlich, was willst du? — Winterschlachtplakat... hatte ich noch kaum rausgebracht, da schlug mir Tutti vor, wieder zu gehen. Ich bestand darauf, mit Jonny zu reden, obgleich ich überhaupt nicht wusste wie, da mir der Grund seines Zorns noch immer unbekannt war. Der sonst so freundliche Jonny geriet sofort ins Schreien. „Auf keinen Fall" — sag das der Weigel. Ich holte tief Luft: „Jonny, ich weiß nicht woher dein Zorn kommt, niemand hat es mir erklärt, aber ich kann mir für die Aufführung kein besseres Plakat vorstellen." Aus einem Berg von Rollen zog er eine heraus. Sein Plakat von *Winterschlacht.* „Findest du das wirklich?" — „Ja." „Dann lass uns zur Druckerei gehen." Tutti auf dem Flur war fassungslos als wir loszogen. Im BE bekam ich ein dickes Lob. Warum Jonny so wütend war, habe ich nie erfahren.

* * *

Die Weigel hatte es geschafft, dass Wolfgang Langhoff, Schauspieler und Intendant des DT, die Rolle des Langevin in der *Commune* übernahm. Ich wurde für die Umbesetzungsproben bestimmt. Vor dem sehr guten alten Schauspieler und Antifaschisten hatte ich mächtigen Respekt. Wie verwundert war ich, als er mich wieder und wieder zu sich nach Hause bat, bevor je eine Probe stattfand. Wir sprachen die Situationen und Haltungen ganz detailliert immer wieder durch. Auch den Text lernte er. Dass das nicht nötig sei und in den Proben schon ins Laufen käme, wollte er nicht hören. Als die Arbeit auf der Bühne begann, war er sehr souverän und hatte den Überblick. In jeder Pause spürte ich eine zitternde Hand auf meiner Schulter, ein leises: „Uta, ist alles richtig?" erstaunte mich jedes Mal. Zur Premiere bekam ich Rosen. Selten ist mir ein so bescheidener, dankbarer Schauspieler begegnet. Die Weigel erkannte die Arbeit an. Natürlich die von Langhoff.

* * *

Die Totenfeier für Brecht war mein erster Arbeitstag im BE. Es war mir sehr zum Heulen. Am Ende der Feierlichkeiten drückten wir alle der Weigel die Hand. Sie neigte sich zu mir und sagte tröstend: „Sei nicht traurig, du hast ihn ja noch kennengelernt."

* * *

Während des zweiten Praktikums im BE fragte ich Brecht, ob ich wohl engagiert werden könnte — ich hatte aber noch ein Jahr zu studieren: „Was willst du da in Leipzig studieren, am besten, du kommst gleich." Die Weigel mischte sich in das Gespräch: „Bist du verrückt, die braucht doch ein Papier, wir leben in Deutschland." Achselzuckend fügte sich Brecht. 30 Jahre später, nach Verlassen der Großen Ordnung, im Westen Deutschlands, brauchte ich zum ersten Mal das Papier — ohne das Papier über ein abgeschlossenes Studium keine Professur an einer Hochschule des Goldenen Westens.

* * *

Unveröffentlichtes Manuskript (1995). Diese Publikation zu Helene Weigels 100. Geburtstag gibt mir Möglichkeit, mich mit einer Handvoll Geschichten und Anekdoten bei ihr zu bedanken für ihre Bereitschaft und Offenheit, ihre große Schauspielkunst weiterzugeben. (UB)

Interview with Manfred Wekwerth

B recht hired Manfred Wekwerth in 1951 as a director's assistant at the Berliner Ensemble, where he contributed to a series of important productions. After Brecht's death, Weigel appointed him head of a directors' collective in the Berliner Ensemble, where he worked as chief director from 1960 to 1968. In 1969 Weigel and Wekwerth split following a lengthy dispute over the duties and administrative structure at the theatre. He returned to the Berliner Ensemble in 1977, serving as artistic director until 1990. Wekwerth has written numerous scholarly publications on the theatre, including several about Brecht. In this interview he talks about Brecht's and Weigel's working relationship during rehearsals, about Weigel's independence, shrewdness, and determination in the field of theatre politics, and finally about what Wekwerth sees as her increasingly obstinate handling of Brecht's legacy during her final years. Helene Weigel pursued no great theoretical or theatrical-aesthetic goals; rather, she was concerned with finding practical solutions to artistic and political problems, with organizing everyday theatrical life and achieving the possible. Wekwerth describes her specific sense of the real as "inspired normality."

Ein Gespräch mit Manfred Wekwerth

Olga Fedianina

I

Fedianina: Gibt es außer dem Brecht-Theater auch Weigel-Theater?

Wekwerth: Überhaupt nicht. Weigel hatte auch keine Ambitionen, eine eigene Theaterästhetik oder eine eigene Spielweise zu entwickeln. Sie war von Brecht geprägt, und was Sie von ihr als Schauspielerin sehen, ist von Brecht bis in die Fingerspitzen gearbeitet — natürlich mit ihr zusammen.

Helene Weigel war von den vielen Schauspielern, die ich kenne, eine der angenehmsten, man konnte mit ihr ganz einfach arbeiten, und sie hatte einen großen Sinn für Realität. Ich habe mir überlegt — wie würde ich Helli charakterisieren, wo lag ihre große Tugend, so würde ich sagen, das war ihre geniale Normalität.

Fedianina: Worin bestand die?

Wekwerth: Brecht gegenüber war es eine vernünftige Zurückhaltung, was das Privatleben betrifft, worunter sie jedoch sehr gelitten hat. Und in der Arbeit war es umgekehrt. Spielplan und die Theaterorganisation — das dominierte sie, Brecht hat sich fast nicht eingemischt. Da war sie nicht nur selbständig, sondern die führende Hand. Was man hört, diesen Blödsinn, dass sie ihn politisch beeinflusst hätte und von ihm politische Bekenntnisse verlangte — ein großer Unfug. Die Weigel war niemals etwa Aufpasser von Brecht.

Fedianina: Hätte Brecht ohne sie das Berliner Ensemble aufbauen können?

Wekwerth: Sicher nicht. Man hat Brecht hier begrüßt, so wie man auch Heinrich Mann begrüßt hätte, wenn er nicht gestorben wäre, und wie man Eisler begrüßte, als einen sagen wir mal sehr willkommenen Mitbürger, aber mehr nicht. Es gab noch von der Emigration her große Schlachten zwischen Moskauer Emigranten, die mit Ulbricht hier herkamen, und Brecht — wobei man ihn anerkennen musste, aber seine Theorie immer ablehnte.

Fedianina: Wen konnte man dazu rechnen?

Wekwerth: Zum Beispiel Rodenberg, Kurella; Becher nicht, Becher war sehr neutral, oder besser gesagt, esoterisch. Das war zwar nur eine

Helene Weigel 100
Maarten van Dijk et al., eds., *The Brecht Yearbook / Das Brecht-Jahrbuch*
Volume 25 (Waterloo, Canada: The International Brecht Society, 2000)

Gruppe. Andere hier mochten Brecht sehr, zum Beispiel war Pieck ein Freund von ihm. Aber diesen Moskauern war es von vornherein gelungen, großen Einfluss zu gewinnen. Und sie haben darauf geachtet, dass Brecht kein Theater kriegt. Sie nannten sich Stanislawski-Leute: Damals war in der Sowjetunion Stanislawski nicht nur ein Theaterbekenntnis, sondern ein Glaube, Staatsreligion. Irgendwann stellte es sich jedenfalls heraus, dass all diese Leute nur die Frühschriften Stanislawskis kannten. Später hat Brecht ein Buch von Gortschakov entdeckt — „Stanislawski auf den Proben" — dieses Buch gab zum ersten Mal Auskunft, dass sie nicht so weit voneinander entfernt waren. Aber zu dieser Zeit, als Brecht ankam, war es eine harte Konfrontation zwischen der Stanislawski-Linie und Brecht. So wäre es ohne die Weigel überhaupt nicht geglückt, hier ein Ensemble aufzubauen. Sie hat dem Langhoff — der kein Freund von Brecht war, obwohl es heute so heißt — abgeluchst, dass das Deutsche Theater dem Berliner Ensemble (damals hieß es noch Neues Berliner Ensemble) ein paar Mal die Bühne zur Verfügung stellte.

Fedianina: Bei Weigel heißt es noch, „ich bin dabei, hier ein Theaterbüro aufzubauen..."

Wekwerth: Das war in einer Etage in der Luisenstraße: das Zimmer der Weigel, dann das Betriebsbüro, dann hatte Brecht ein Zimmer, die Hauptmann wohnte im Heizraum. Es war von einer wunderbaren Improvisation und Primitivität.

Fedianina: Waren da auch Probenräume?

Wekwerth: Kaum. Es war ein Raum, wo man vorsprechen konnte, aber dann hat Brecht, das war seine Initiative, die alte Reitschule in der Reinhardtstraße zu einer schönen Probebühne ausbauen lassen. Man konnte dort bei Tageslicht probieren, was sehr angenehm war. Das war für Brecht immer sehr wichtig, er hatte Platzangst in diesen Theatern ohne Fenstern.

II

Wekwerth: Ich konnte mit der Weigel wunderbar arbeiten und ich habe mit ihr auch große Rollen gemacht, Volumnia und Frau Flinz. Aber Brecht hatte immer Schwierigkeiten mit ihr, weil er ihr gegenüber von einer großen Unduldsamkeit war und von ihr immer sehr rasche schauspielerische Lösungen verlangte.

Fedianina: Wie war diese Unduldsamkeit begründet?

Wekwerth: Die Gefahr bei Weigel war, dass sich eine Sprache fest einbrannte. Zum Beispiel die Sprache der Courage, die sie dann nicht loswurde. Und wenn sie dann die Spanierin Carrar spielte, oder die

Mutter, also eine Russin, musste die Sprache verändert werden. Da war Brecht rigoros und gnadenlos. Außerdem war die Weigel nicht frei von Sentimentalität und wie man sagt „nah am Wasser gebaut." Sie weinte sehr leicht, sowohl in Rollen als auch privat. Wenn ich zum Beispiel als Chefregisseur zu ihr ging und sagte: „Helli, ich muss die Premiere verschieben," und ich hatte meine Gründe, dann guckte sie mich mit großen Augen an, die Augen wurden feucht und sie weinte bitterlich. Ja, und was sollte man da als Mann machen? Man kapitulierte und ging raus. Das war von ihr natürlich gespielt.

Fedianina: Fanden die Auseinandersetzungen mit Brecht bei den Proben statt oder zu Hause?

Wekwerth: Nein, sie hatten ja kein gemeinsames Zuhause. Der Brecht war zu ihr so unleidlich auf den Proben, dass ich manchmal peinlich berührt wegging. Aber das war am nächsten Tag wieder vergessen — Weigel war überhaupt nicht nachtragend. Leider gab es auch immer eine gewisse Spannung, weil Brecht sie oft zu Spielplandiskussionen und Stückanalysen nicht hinzuzog, so dass sie sich sogar über uns junge Assistenten Nachrichten darüber beschaffen musste, was Brecht eigentlich vorhat.

Ich erinnere mich an eine *Carrar*-Probe. Es ging um die Schlussszene, wo sie sich in die Verdammung ihres Sohnes hineinsteigert. Weigel machte das so, dass sie kräftig anfing, dann aber immer schwächer wurde, immer mütterlicher und immer weinerlicher. Und das machte Brecht wahnsinnig. Bei einer anderen Schauspielerin, bei der Giehse, hätte er es sich nicht getraut, da hätte er versucht mit „Thesi..." und hätte ihr gut zugeredet, weil er nicht besonders mutig in solchen Auseinandersetzungen war. Aber der Weigel gegenüber war er direkt, sagte: „Das ist Kitsch, Helli!," und arbeitete mit ihr die Szene um. Helli war erschüttert und weinte darüber, aber er hatte Recht. Das wurde eine wunderbare Szene (sie ist aufgezeichnet), wie sie bei der Schlussrede sich in den Zorn gegen ihren Sohn hineinsteigert, der Zorn wird immer brutaler und kippt dann um. Das ist natürlich als ästhetische, theoretische Lösung viel schöner.

III

Fedianina: Was waren ihre starken Seiten?

Wekwerth: Sie konnte Leuten helfen und sie konnte die Leute ungeheuer an der Nase herumführen, ohne dass sie das merkten. Und wir genossen sozusagen beides. Sie konnte Stücke durchsetzen. *Frau Flinz* zum Beispiel, ein Stück, das wir für sie geschrieben hatten. Es war nicht sicher, ob das den Politikern gefällt, weil es das Lob einer Frau war, die gegen alles meckert und alles kritisiert, stört, ein Igel sozusagen. Wir glaubten, das Stück mit Gewalt durchsetzen zu müssen, mit der Pistole auf der Brust: Entweder machen wir das, oder wir hören auf mit Theater. Aber da sagte Weigel: „Um Gottes Willen, nein, es ist Unsinn, wir wollen ja das Stück *spielen*."

Da lud sie das ganze Ensemble in das Foyer ein, und die entscheidenden Politiker, das waren damals Abusch, Wandel und Rodenberg — Leute, die ihr nicht unbedingt gewogen waren, und uns auch nicht. Sie mussten sich vorne mit an den Tisch setzen, und der Autor, Helmut Baierl, las das Stück vor, obwohl die Schauspieler es schon kannten. Weigel saß in der Mitte, Baierl las einen Satz, und sie fing an höllisch zu lachen, obwohl es noch keinen Grund gab. Dann las er weiter, das war eine Komödie, sie lachte wieder ungeheuerlich. Und dann fühlten sich die Politiker, um nicht beschämt zu sein, bemüßigt, mitzulachen. Und so lachte Weigel das ganze Stück durch und wickelte sie so in die Geschichte, dass sie nie wieder rauskamen. Sie hatten zwar ihre Meinung nicht geändert, konnten aber nichts gegen die Weigel machen.

Fedianina: Das heißt, sie haben die Aufführung erlaubt?

Wekwerth: Es blieb ihnen nichts anderes übrig. Sonst hätten sie Weigel der Dummheit bezichtigen müssen, der politischen Idiotie, und das konnten sie nicht. Das waren so ihre Tricks. Helli war voll von einer wundervollen Raffinesse. Sie war eine große Frau. In einem Aufsatz von Sybille Wirsing lese ich diese Dummheit: „Eine Verkitschung im sackleinenen Gewand" sei die Weigel. Da muss man erst mal sagen, die Weigel trug exzellente Stoffe, ihre Bescheidenheit war großartig geschneidert. Sie hatte enormen Geschmack und war keineswegs schlicht.

Einmal waren wir in London Gäste von Kenneth Tynan, anlässlich eines Gastspiels. Er bereitete uns eine große Überraschung und lud uns in ein chinesisches Restaurant ein. Die Überraschung war Marlene Dietrich, die uns dort empfing. Da saßen also Marlene Dietrich und die Weigel nebeneinander, die eine war eine etwas ältere Dame, vorlaut und etwas merkwürdig, und daneben saß eine äußerst attraktive, sogar Erotik ausstrahlende junge Frau, das war Weigel.

IV

Wekwerth: Ich bin dahin gekommen mit 21 Jahren, und wenn Weigel nicht gewesen wäre, wäre ich nach einer Woche wieder heimgekehrt. Denn im BE herrschte Arroganz. Palitzsch, der danach mit mir befreundet war, war von einer unerträglichen Arroganz. Im Grunde fühlten sie sich wie in einer Highshool. Und die Weigel sorgte eben dafür, dass man Essen hatte, und eine Wohnung und so weiter. Sie hatte ein ungeheures soziales Bedürfnis, das bei ihr sehr weit ging. Als ich mich einmal scheiden ließ und keine Wohnung mehr hatte, kam ich eines Tages ins Theater, da beschimpfte sie mich: „Du bist ein widerlicher

34 Helene Weigel mit englischen und deutschen Kollegen in einem
chinesischen Restaurant (Wolf Kaiser, Kenneth Tynan, Marlene
Dietrich, Ekkehard Schall, Peter Brook u.a.), London August 1965

[Foto: Vera Tenschert]

Kerl, dass du dich scheiden lässt und mir soviel Ärger machst, warum bist du nicht anständig und bleibst bei deiner Frau." Dann legte sie einen Schlüssel hin und sagte: „Hier ist die neue Wohnung. Für dich und deine neue Frau." Ich ging in die Gormannstraße — da war eine Wohnung, total eingerichtet. Sie verlangte von mir einen symbolischen Preis, vielleicht hundert Mark. Wenn die Leute in Schwierigkeiten waren, gingen sie wie selbstverständlich zu Weigel und kriegten immer Hilfe. Heiner Müller ging hin. Wenn eine Schauspielerin vorsprach und schrecklich war, danach aber ein Gespräch mit Weigel hatte und ihr anvertraute, sie sei schwanger, der Mann sei weg, und sie hätte keine Unterkunft und keine Zukunft, dann war sie sicher engagiert. Das ging alles viel zu weit, war aber eine schöne Seite von ihr.

Fedianina: War das auch etwas von einer Rolle?

Wekwerth: Nein. Außerdem war sie eine geniale Händlerin, gefürchtet in allen Antiquitätenläden. Wenn die Weigel kam, flüchteten die Chefs, aber sie ging nicht weg. Und wir profitierten alle, denn man kriegte über sie wirklich sehr schöne antike Möbel, die es in der DDR damals für Spottpreise gab.

1953 machte ich mit 24 meine erste Regie, und zwar in Wien. Ich hatte ganz wenig Geld und kriegte da in Wien fast nichts, das war ein kommunistisches Theater, vom Wolfgang Heinz und Karl Paryla geleitet. Ich brauchte dringend einen Mantel, aber alles war mir viel zu teuer. Dann nahm mich Weigel in einen Laden in der Favoritenstraße mit. Sie ging auf den Verkäufer zu und sagte, sie will einen Mantel für mich. Ich fand einen schönen grauen Lodenmantel, er nannte den Preis, darauf Weigel: „Das zahle ich nicht!" Ob er noch nie etwas gehört hat von Künstlerrabatt? Gab's gar nicht, hat sie in dem Moment erfunden. Er: „Nein." Dann beschimpfte sie ihn, ob er nicht wisse, dass Künstler den Menschen Freude bringen, aber wenig Geld haben und so weiter. Ich habe dann nur die Hälfte zahlen müssen.

Fedianina: Als Sie Chefregisseur des BE waren und Weigel Intendantin, was war ihre Rolle?

Wekwerth: Sie verfolgte keine großen theoretischen, theatralisch-ästhetischen Ziele, sondern Praktisches. Wenn ein ernstes Stück auf dem Spielplan stand, musste als Nächstes eine Komödie sein. Sie wusste, dass wir oftmals etwas überdrehte Pläne hatten, und achtete bei uns hochfahrenden Leuten darauf, dass wir auf dem Teppich blieben. Wenn die Spielplanbesprechung fällig war, so fand sie nicht im Büro statt, sondern im Haus, im Wintergarten. Wir wollten sofort zur Sache kommen, wurden aber zuerst zu Tisch gebeten, dann gab es ein üppiges böhmisches Essen und tschechisches Bier dazu. Nachdem man ungefähr anderthalb Stunden mit Essen verbracht hatte, fing die Spielplandiskussion an. Und da man müde war und ein moralisches Bedürfnis hatte, ihr für das phantastische Essen dankbar zu sein, setzte sie sich meistens durch.

Fedianina: Konnte man sich umgekehrt auch bei ihr durchsetzen?

Wekwerth: Ich war mit einigen Regisseuren unzufrieden, die gleichzeitig ihre Lieblinge waren. Als es mir mal zuviel war, und ich war ja Chefregisseur, habe ich eine harte Kritik an dem ganzen Personal geschrieben. Und zwar: Ich bin um 5 aufgestanden, habe bis früh um 8 geschrieben und wusste, drei Viertel neun kommt sie ins Theater. Da hatte ich schon den Fahrer ausgeschickt, der hat die Exemplare verteilt an alle — und ein Exemplar auf ihren Tisch. Dann stellte ich meine Uhr — es war drei Viertel neun — und dachte: so, jetzt. Jetzt kommt sie rein, geht die Treppe hoch, findet den Text, liest drei Zeilen, greift zum Hörer, ruft mich an. In diesem Moment klingelte mein Telefon, und sie beschimpfte mich wahnsinnig: „Wie kommst du dazu, ohne mich zu fragen, so eine Analyse zu machen!?" Dann waren wir eine Woche verkracht und nach einer Woche sah sie ein, dass da etwas dran sei. Ich hatte natürlich auch übertrieben.

V

Fedianina: Das Soziale also, die Fähigkeit zu handeln...

Wekwerth: Und das Durchsetzungsvermögen. Sie hat sich vorgenommen, die Werke von Brecht, solange sie lebt, in der Gänze herauszubringen. Sie hat erreicht, dass auch die Arbeitsjournale herauskamen, obwohl dabei viele lebende Politiker sehr schlecht wegkamen. Das hat sie mit einer großen Unerbittlichkeit durchgesetzt. Für das Theater hatte das wiederum den Nachteil — das war, auch ein Grund für meine Trennung von ihr — dass sie darauf bestand, im Berliner Ensemble alle Brecht-Hauptstücke zu spielen.

In den 60-70er Jahren wurde sie sehr starrsinnig, was mit ihrer Krankheit zusammenhing, sie hatte Atherosklerose. Und hat sich der Dinge nicht mehr erinnert. Sie schickte mich nach Schweden, dort zu arbeiten, und als ich zurück kam, wurde ich zu ihr bestellt, was mir einfiele, ohne ihre Erlaubnis in Schweden aufzutreten. Und das führte unter anderem zu meiner Kündigung, obwohl ich es heute bedauere. Wir hatten damals mehr Verständnis haben müssen.

Als Brecht 70 wurde, das war 1968, wollten wir bewusst nicht Brecht spielen. Sondern Volker Braun — *Die Kipper*, dann Baierls *Johanna von Döbeln* und *Dantons Tod* von Büchner. Und das alles mit jungen Regisseuren. Aber da führte kein Weg rein. Sie wollte zum Jubiläum *Johanna der Schlachthöfe*. Mit Hanne Hiob. Die ich sehr schätzte, aber sie hatte die Rolle gerade bei Gründgens gespielt, ich sah einfach nicht ein, warum wir das wiederholen müssen. Außerdem war die Frage der Arbeitslosigkeit in der DDR nicht die brennende. Aber es war bei Weigel nicht, wie das behauptet wird, blinder Kult um Brecht, sondern eine politische und taktische Notwendigkeit, um den Brecht vollständig herauszugeben. Und zwar in Ost und West. Das hat sie geschafft.

Fedianina: Hatte sie das Gefühl, sonst wird Brecht nicht herausgegeben, nicht gespielt, vergessen?

Wekwerth: Es ging ihr hauptsächlich um die Bücher, um das Journal und die Tagebücher, und um die Briefe. Ich bin sicher, sie wären rausgekommen, aber später. Damals lebte ja noch Walter Ulbricht. Als ich meinen Vertrag im BE kündigte, fragte ich niemanden nach einer Erlaubnis, obwohl ich in der SED war. Das war eine ungeheure Disziplinlosigkeit, Anarchismus. Ulbricht verdammte das und verteidigte Weigel. Aber nicht, weil er sie sachlich unterstützte, sondern weil er selber als alter Mann alle Älteren verteidigte und alle angriff, die die älteren Menschen angriffen. Da ich die Weigel als Jüngerer angriff, war er für die Weigel und gegen mich. Wenn es darum ging, Brecht herauszugeben, war er wieder gegen Weigel. Aber gerade mit Ulbricht konnte Weigel ungeheuer geschickt umgehen. Denn er war sehr verlegen und unbeholfen im persönlichen Gespräch. Sie wickelte ihn ein, umgarnte ihn und da war er hilflos. Weil er von Erotik keine Ahnung hatte und wahrscheinlich nie von einer Frau so umgarnt wurde wie von Weigel.

Fedianina: Haben Sie ein Beispiel?

Wekwerth: Es war üblich, wie es heute auch üblich ist, dass das Staatsoberhaupt eine Silvesterparty gibt. Wir waren eingeladen: Weigel, ich, mein Mitarbeiter Tenschert und Schall. Wir wollten irgendwas durchsetzen, fragen Sie mich nicht mehr, was. Aber unsere Plätze waren etwas außerhalb. Da hat sich die Weigel vorgearbeitet. Und die Weigel konnte niemand rausschmeißen, auch kein Sicherheitsmann. Dann zog sie uns nach, und kurz vor zwölf hatte sie Ulbricht an unseren Tisch geholt. Dann packte sie ihm alle Probleme auf, das ging bis zur Schuhindustrie. In der DDR wurden Kinderschuhe gemacht ohne bewegliche Spitze, so dass sie das Wachsen behinderten. Das hat sie kritisiert, aber die Schuhfabriken haben auf sie nicht gehört, und das war zum Beispiel ein Punkt, den sie Ulbricht vortrug. Sofort, unbedingt ändern, und er konnte gar nicht anders. Oder wenn die Preise vergeben wurden, da hat sie sich auch eingemischt.

Was ihre Familie betraf, da war sie von einer mächtigen Kämpfernatur. Und ein Muttertier, was die Barbara betrifft. Als sie Deutschland verlassen hat, 1933, mit dem Brecht, mussten sie Barbara zurücklassen. Das war für sie entsetzlich, sie mussten Barbara aus Nazideutschland rausholen. Dieses Trauma produzierte dann eine unsägliche Liebe, die Barbara auch ausnutzte. So konnte es auch passieren, dass Weigel für Barbara eine Rolle verlangte. Damit fiel Weigel dem Brecht auf die

35 Intendanz des Berliner Ensembles, 1962

[Foto: Vera Tenschert]

Nerven, und Brecht gab ihr nach und fiel uns auf die Nerven, und dann kriegte ich von Brecht den ominösen Vorschlag, den Synge zu machen, *Playboy of the Western World*. Bedingung: meine Tochter spielt die Hauptrolle, Sie lassen eine neue Übersetzung machen, und fangen in vier Wochen an. Drei Turandots Rätsel. Die Tochter habe ich besetzt, den Hacks gewonnen für Übersetzung, und in vier Wochen haben wir das gemacht, eine sehr gute Aufführung, da war Barbara sogar sehr gut, weil wir ihr fast keinen Text gegeben haben, sondern wir ließen sie hauptsächlich auf der Bühne laufen.

VI

Wekwerth: Nach Brechts Tod wurde es problematisch, denn Helli glaubte, ihre Habe verteidigen zu müssen. Als Brecht starb, war sie sehr überrascht, sie hat nicht damit gerechnet. Brecht hat eigentlich ein Testament gemacht, in dem er sein Erbe sozusagen kollektivierte, was im Grunde brechtisch ist. Alle Mitarbeiter erbten Teile an den Stücken, an denen sie mitgearbeitet hatten. Die Hauptmann große Teile an *Dreigroschenoper*, die Berlau an *Kreidekreis* und *Commune*, Käthe Rülicke an *Die Mutter*, Isot Kilian erbte große Teile an Lyrik und Songs, und Jakob Walcher erbte auch etwas nach diesem Testament. Die Familie erbte Teile, aber nicht alles. Als Nachlassverwalterinnen wurden Weigel und Elisabeth Hauptmann eingesetzt. Dieses Testament wurde zunächst, als Brecht starb, anerkannt, es fand sogar eine Beratung der dort Erwähnten statt. Dann fuhren wir nach London zu einem Gastspiel. Aber als wir zurückkamen, hat Weigel das Testament angefochten. Weil Brecht es mit Schreibmaschine geschrieben hatte und nur ein Zeuge draufstand. Und das war eine Sache, die ich damals nicht verstanden habe und jetzt noch nicht verstehe, denn es war eindeutig Brechts Wille. Dieser Wille wurde einfach annulliert und zwar mit bürgerlichem Erbrecht. Weigel, Barbara und Steff wurden Universalerben. Man hat noch behauptet, der sterbende Brecht hätte noch etwas gesagt, was unsinnig war, er konnte gar nichts mehr sagen. Aber das ist der Ursprung der unsäglichen Praxis der Brecht-Erben. Das wäre alles zu vermeiden gewesen.

Aber noch nach Brechts Tod konnten wir mit dem Erbe sehr souverän umgehen. Zum Beispiel in dem Stück *Die Tage der Commune*. Brecht hatte eigentlich nur die Sachen zu Ende geschrieben, die er auch inszeniert hat, und *Die Tage der Commune* hat er nie inszeniert. Und da erlaubte uns die Weigel, es umzuschreiben. Wir fuhren nach Paris, besorgten uns die Originalprotokolle der Commune, die Sitzungsprotokolle, die Brecht nicht kannte. Auch *Arturo Ui* haben wir umgearbeitet. Die Weigel sagte immer: „Kinder, arbeitet nicht die ersten Szenen um, sonst merken es die Leute." Gut, dann ließen wir die ersten Sätze stehen. Für *Coriolan* haben wir eine ganz neue Fassung gemacht. Weigel erlaubte das, obwohl nicht gern. Aber sie sah ein, dass was Besseres rauskommt. Und sie konnte es sich nicht mit uns verderben, wollte auch nicht.

Das war ein wunderbares Verhältnis zu ihr, was dann eben später nachließ, als sie dann dachte, ich wollte ihren Intendantenstuhl. Wir waren ja alle froh, dass wir sie hatten. Ein besseres Schutzschild konnte man gar nicht haben. Aber wenn wir sie kritisierten, in späteren Jahren, führte es eben dazu, dass sie immer enger wurde und immer pedantischer. Und als sie dann Tourneen abschloss, ohne mir Bescheid zu sagen, kündigte ich.

Dann war allerdings Auge um Auge und Zahn um Zahn. In London, bei Lawrence Olivier im Old Vic, machte ich *Coriolan*. Die Szenen, die Brecht zu *Coriolan* dazugeschrieben hat, haben wir aus dem Deutschen ins Englische übersetzen lassen. Dann kam die Nachricht: Wir dürfen keine Silbe von Brecht verwenden. Es wurde ein Rechtsanwalt angesetzt, und wir hätten wahnsinnige Gelder zahlen müssen. So zwang uns Weigel, Shakespeare original zu spielen. Ein anderes Mal hatte ich eine Einladung nach Australien, Brecht zu machen, das wurde auch untersagt. Im Deutschen Theater konnte ich alles inszenieren, nur nicht Brecht. Das war ein striktes Verbot von ihr, wahrscheinlich hat sie Recht gehabt. Sie hat sich so über mich geärgert, und ich habe mich etwas flegelhaft verhalten ihr gegenüber, das tut man einfach nicht.

Eine Rache hat sie an mir dann noch geübt: Unsere Premiere im National war an dem Tag, als Helli starb. Die Premiere endete um 23 Uhr. Helli starb um 22 Uhr. Telefonisch kam die Nachricht ans Old Vic mit dem Erfolg, alles sprach über den Tod der Weigel und kein Mensch über *Coriolan*. Ich hatte ihr von England noch einen Brief geschrieben, war bereit, meine Arbeit in London sofort abzubrechen, um zu ihr zu fahren und zu sagen, wie ich sie trotz unserer Differenzen verehre. Den Brief haben ihr die Erben nicht ausgehändigt. Ich fand ihn wieder im Weigel-Archiv, nicht übergeben. Und nach der *Coriolan*-Premiere in London kam das Unglaubliche. Olivier lud mich, Tenschert und meine Frau ein, 14 Tage in Schottland zu verbringen. Für uns kam das nicht in Frage, denn wir wollten zur Trauerfeier nach Berlin, zu Weigel. Und in Berlin wurde mir von Abusch und Rodenberg mitgeteilt, ich sei unerwünscht und dürfe die Trauerfeier nicht betreten. Und wenn ich es dennoch wagen würde, werde man mich von der Ordnung entfernen lassen. So waren wir — ich, Tenschert und übrigens auch Isot Kilian — ausgeschlossen. So weit ging das.

Fedianina: Sie sagen, Sie bedauern das jetzt, den Weggang...

Wekwerth: Ich bedauere das nicht, was die Sache betrifft. Ich hatte genug Brecht inszeniert. Meine erste Arbeit am Deutschen Theater war Enzensberger, *Das Verhör von Habana*, und dann *Richard der Dritte* mit Hilmar Thate in der Hauptrolle, ihn hätte ich im Berliner Ensemble auch nicht besetzen können, weil da später immer Schall die Hauptrollen kriegte. Und mit Schauspielern, die an dem Berliner Ensemble die Rollen nicht gespielt hätten. Dann habe ich Filme gemacht, unter anderem *Happy End* von Brecht. Das hätte ich alles am Berliner Ensemble nicht machen können. Der Sache nach wurde es Zeit, dass ich da wegging. Der menschliche Aspekt ist: Ich habe ihr wehgetan, und das tut mir leid. Sie hat ein Jahr gekämpft, dass ich meine Kündigung zurücknehme, mit den Briefen: Wenn ich sie heute lese, kommen mir fast die Tränen.

Fedianina: Sie wollte es rückgängig machen?

Wekwerth: Sie wollte unbedingt. Aber ich hatte eine Konzeption geschrieben, die sie rigoros ablehnte, nach meiner Meinung schlecht beraten von Schall — sie meinten, das sei eine Kriegserklärung an die Intendantin. Dabei war es eine Kritik an uns allen und eine Konzeption für die weitere Arbeit: Abschaffung der Hierarchie, größere Breite unter der Leitung der Weigel, so dass sich die Arbeitsgruppen mit der Antike, mit den 20er Jahren und mit Revolutionsdramatik, mit Komödien, mit dem Barocktheater beschäftigen konnten. Das empfand Weigel als Kritik an ihrer Person. Sie schlussfolgerte, wir wollen sie absetzen.

VII

Fedianina: Sie sagen, sie war eine bequeme Schauspielerin.

Wekwerth: Bequem nicht... es gibt verschiedene Schauspieler. Es gibt Schauspieler, die arbeiten sehr gern und betrachten Kritik als Hilfe. Und das sind die Angenehmen. Nicht die Bequemen. Im Gegenteil, sie verlangen dem Regisseur mehr ab. Aber sie nehmen die Kritik nicht übel. Und dann gibt es welche, da muss man Kritik in umständlichste Formen kleiden, so dass die Kritik wie ein Lob aussieht. Und die dann auch gut sind, aber sehr empfindlich. Zum Beispiel der Schall ist einer der ersten, dem man alles sagen kann, der das auch verlangt, und wo die Arbeit sachlich entschieden läuft, und Hilmar Thate, der letztendlich genauso gut war, war von äußerster Empfindlichkeit. Und mit Weigel hatte man überhaupt keine Schwierigkeiten zu sagen: „Helli, die Schlussszene war heute Kitsch." Da wollte sie die Begründung und dann konnte man das ändern. Oder man sagte: „Du warst unerträglich sentimental und leise als Mutter." Das gefiel ihr überhaupt nicht, aber sie akzeptierte das, sah das ein.

Fedianina: Sie hatte dabei der Altersunterschied nicht gestört?

Wekwerth: Überhaupt nicht. Im Gegenteil. 51järige, von Brecht gedemütigt auf der *Carrar*-Probe, bestellte sie mich 22jährigen, und weinte und sagte, ob ich das verstehe, wie Brecht sie behandelt. Aber das war eine Seite. Und es gab die nächste, dass sie sagte: „Du bist ein dummer Bub, du verstehst gar nichts." Und dann kriegte man Unterricht, wie man sich kleidet, wie man ein Zimmer anstreicht und wie man vernünftig Kriminalromane liest, was sie auch machte.

Fedianina: War es schwierig für jüngere Schauspieler, mit ihr zusammenzuarbeiten?

Wekwerth: Im Gegenteil, das weiß ich von meiner Frau. Sie spielte in *Coriolan* Virginia, Weigel spielte Volumnia, und es war überhaupt keine Rangordnung auf der Bühne, sondern sie half jungen Schauspielern. Sie hatte eine große Erfahrung damit, was Stanislawski physische Handlung nennt. Was er, wie es sich später herausstellte, höher schätzte als verkitschte Gefühle. Wie man zum Beispiel auf der Bühne sitzt und Netze flickt. Oder die Suppe austeilt. Oder zu jemandem kommt und den berät. Sie hatte ein großes Beobachtungsvermögen für verschiedene Haltungen. Sie hatte, ohne das bewusst zu machen, sehr genau Leute beobachtet. So half sie zum Beispiel Gisela May, in den *Tagen der Commune* — May spielte eine Rolle, die eigentlich für Weigel gemacht war. Gisela May kam von einem anderen Theater und war immer gewohnt, in großen Bögen zu spielen und Gefühle zu haben. Da holte Weigel sie sehr schnell auf den Boden. Und sagte, bevor du Gefühle hast, setze dich hin und denk nach, wie man einen Strumpf stopft. Und beim Strümpfestopfen Ratschläge gibt. Das machte sie ihr auch vor. Es gibt Bilder von ihr, in dem sehr schönen Album von Vera Tenschert. Aber die jungen Schauspieler waren nicht von ihr gelähmt. Wenn Weigel Ratschläge gab, so waren sie einsehbar. Sie spielte sie vor, und sie waren übernehmbar. Man konnte sie auch ablehnen. Also, das war ein großes Partnerverhältnis, wie es eigentlich einmalig ist. Wie ich das bei den älteren Schauspielern sonst nie erlebt habe. Weder bei Busch noch bei Geschonneck, oder Wolfgang Heinz, bei Kortner sowieso nicht. Sie war eben klug genug, zu wissen, dass wenn die Schauspieler, die ihre Partner sind, denken: da steht die Intendantin, die große Weigel — dann kommt nichts zustande. Und das hat niemand gedacht. Also, dass sie eine Größe hatte, eine Aura, das stimmt alles nicht.

Sie war eine große Frau, aber man kam zu ihr, in ihr Büro, ohne sich anzumelden und ohne anzuklopfen. Man guckte rein und sagte: „Helli, kann ich dich mal sprechen." Wenn sie keine Zeit hatte, sagte sie: „Du bist verrückt, mach, dass du raus kommst." Und wenn sie Zeit hatte, sagte sie: „Selbstverständlich." Da hatte sie einen Tisch, den ich nachher als Intendant auch hatte, und es gibt diese Bilder, die kennen Sie sicher auch, da sitzt ein Gegenüber, sie lehnt sich über den ganzen Tisch und hört wie gebannt zu. Die große Weigel, sie hat für alle ein Ohr. Aber unter dem Tisch gab es einen Klingelknopf. Und immer wenn ihr einer auf die Nerven ging, hörte sie besonders intensiv zu und drückte auf den Knopf. Das war ein Zeichen für ihre Sekretärin, das hieß: Sofort stören! Sie ging rein und sagte. Frau Weigel, Sie müssen gleich... und so weiter.

Fedianina: Haben Sie es später auch benutzt?

Wekwerth: Nein, wenn ich jemanden rausschmeißen wollte, habe ich das selber gemacht.

Fedianina: Sie sagten, sie wollte Brecht spielen und nicht Braun. Mochte sie keine modernen Theaterstücke?

Wekwerth: Bei ihr war es eine Bedingung, ob sie es versteht oder nicht versteht. Zum Beispiel das de Sade-Stück von Peter Weiss hat sie gelesen, und dass es im Irrenhaus spielt, hat sie nicht verstanden und nicht gemocht. Aber ein Stück wie *Ermittlung* haben wir in der Akademie gespielt. Zu Kipphardt hatte sie ein sehr gutes Verhältnis, wir haben *In der Sache J. Robert Oppenheimer* gespielt, obwohl Kipphardt Tabu war. Zu O'Casey hatte sie aus einem anderen Grund ein gespaltenes Verhältnis: Als wir *Purpurstaub* machten, erschien Frau O'Casey bei uns und hat das Theater eine Weile alkoholisiert. Brecht hatte mal spontane Einfälle, die genial klangen, aber im Grunde falsch waren. Über O'Casey, den er zum Teil gar nicht kannte, hat er gesagt, das sei ein katholischer Nihilist. Und Weigel übernahm immer gerne solche Urteile. *Purpurstaub* haben wir sehr verrückt gemacht, so dass Dinge aufs Publikum zurollten und Mauern einstürzten. Da behauptete Weigel, das sei Artaud, das habe mit O'Casey nichts mehr zu tun. Es gibt Briefe, in denen sie sich beim Kulturministerium beschwert, ich hätte mit der Inszenierung von *Purpurstaub* die Brecht-Linie völlig verlassen und mich dem Theater der Grausamkeit mitangeschlossen, und solche Dinge seien doch sehr gefährlich für das Berliner Ensemble. Das war schon die Zeit, als wir gestritten haben.

VIII

Wekwerth: Eine typische Geschichte. Es war die Kuba-Krise, und Kennedy hatte die Flugzeuge schon in Alarmbereitschaft versetzt. Die sowjetischen Schiffe, die neue Raketen brachten, liefen auf diese Blockade zu, und man konnte aus dem Abstand stündlich errechnen, wann der Krieg ausbricht. Ich probierte damals gerade *Die Tage der Commune* in der Umbesetzung und hielt es nicht mehr aus. Man hatte den Eindruck, wir haben alle eine begrenzte Lebensfrist. Es war Oktober. Ich stürzte mich in mein Auto, fuhr nachts noch nach Bukow, weil ich wusste, in solchen Dingen ist Weigel ein Ratgeber, wie Pythia in Delfi. Sie lag schon im Bett, es war nicht unten, sondern in ihrem Zimmer oben, ich sagte: „Helli, ich halte es nicht mehr aus, es gibt Krieg." — „Ach du bist dumm, kein vernünftiger Mensch — und irgendwie sind die ja doch vernünftig, die Militärs — fängt im Oktober einen Krieg an." Das war das Einzige, was sie dazu sagte. Ich fuhr zurück, war beruhigt, und offensichtlich hat sie Recht behalten. Solche Ratschläge konnte man von ihr holen.

Fedianina: Das heißt, sie war überzeugend.

Wekwerth: Es kommt darauf an, in welchen Dingen. Wenn sie begründete, warum der Danton ein schmales Gesicht haben muss, weil er Spinoza-Anhänger ist, und nicht zu groß und nicht zu breitschultrig, sondern fast etwas klein, weil er ja von Büchner so gezeigt wird, dass er gegen Widerstände ankämpfen muss... Und wenn die Begründung länger dauerte, als eine Viertelstunde, dann wusste ich: das heißt, Richard Naumann soll ihn nicht spielen, Schall soll ihn spielen. Da war sie nicht überzeugend.

Aber sie hat auch großartige Sachen gemacht. Nach der Mauer hier erfuhren wir eines Tages, dass an einer Schule Comic-Hefte aufgehäuft und verbrannt wurden. Öffentlich! Und da war die Weigel von einer absoluten Unerbittlichkeit. Sie teilte dem Ulbricht mit, wenn das nicht innerhalb eines Tages aufhört, schließt sie das Berliner Ensemble, spielt nicht mehr und tritt zurück. Und das war überzeugend. Da gab es eine Grenze bei ihr, politisch war da eine Grenze. Sie hatte nach meiner Meinung Marx besser verstanden, als die, die ihn gelesen haben — was die Humanität der Sache betrifft, aber die Härte auch. Sie war eine spontane Dialektikerin mit einem riesigen Sinn für Realismus im Sozialismus, für reales Denken. Sie hat auf vernünftigen Lösungen bestanden. Wenn sie einen politischen Standpunkt hatte, dann war er, dass sie das Mögliche sah. Und sie machte das Mögliche, ohne Konzessionen, mit Geschick und mit sehr viel Verstand.

Sie hat einige Dinge gemacht, die man gar nicht so kennt. Zum Beispiel, als Brecht starb, stürzten sich wie die Geier die berühmten Leute auf das Berliner Ensemble. Ähnlich wie es nach '89 wieder war. Erich Engel, ein sehr guter Mann, wunderbarer Regisseur, wollte das Berliner Ensemble jetzt nur von großen Leuten führen lassen, die einen Namen haben und gastweise hier arbeiten sollten. Ich glaube sogar, das hätte die Regierung mitgemacht. Denn das war ja eine Sicherheit. Die Weigel lehnte das ab und übergab uns das Theater. Das heißt Besson, Palitzsch und mir. Ja, wir hatten alle schon inszeniert, aber natürlich waren wir unerfahren ohne Brecht, und das war ein großes Risiko. Weigel behielt die Organisation, aber zog sich aus der ästhetischen und theoretischen Arbeit zurück, überließ uns sozusagen das Feld. Und das war eine großartige Sache. Wenn sie auch nur die gemacht hätte, wäre sie eine ganz große Frau.

"To be of use and to make a mark":
An Interview with Wolfgang Pintzka

Wolfgang Pintzka was born in 1928 in Zwickau. In the summer of 1945, he and many of his classmates were arrested on charges of "Wehrwolf" activity and interned in a Soviet prison camp in Siberia, from which he returned in 1950 to the GDR. From 1952 to 1956 he studied theater at the German Theater Institute in Weimar and Leipzig, and beginning in 1956, after two practicums at the Berliner Ensemble, he was employed there under contract. He remained with the Berliner Ensemble until 1984, meanwhile serving as artistic director of the Städtischen Bühnen Gera from 1964 to 1968 and undertaking various foreign productions. In 1984 Wolfgang Pintzka emigrated to Norway to join his family. Since that time he has worked as an independent director, a translator, and a college professor. In this interview he recalls his meeting, friendship, and collaboration with Helene Weigel and Bertolt Brecht.

„Nützlich sein und Spuren hinterlassen"
Ein Gespräch mit Wolfgang Pintzka

Thomas Jung

Jung: Wolfgang Pintzka, fast 50 Jahre lang hast du dich Brecht und seinem Theater gewidmet. Wann und unter welchen Bedingungen begann diese Beziehung? Und war sie nicht auch stark geprägt durch den engen Kontakt zu Helene Weigel?

Pintzka: Als ich 1950 nach fünf Jahren Gefangenschaft aus einem Lager in Sibirien zurückkam, war ich neugierig auf Brecht. In unserer kleinen Antifa-Bibliothek hatte ich 1948 — und das war reiner Zufall — einen kleinen Band mit Szenen und Gedichten von einem Bertolt Brecht gefunden, der mir bis dahin nicht mal dem Namen nach bekannt war. Ich war ziemlich beeindruckt, besonders von der „Legende vom toten Soldaten."

Nach der Rückkehr wollte ich ein Studium beginnen, das irgendwie mit Theater zu tun haben sollte. Ich war damals ganz unsicher. Und da passierte etwas höchst Folgenreiches: Ich fuhr in Berlin, wo ich auf der Suche nach meinen Verwandten war, im Mai 1950 muss es gewesen sein, von Treptow aus ins Zentrum, um in ein Konzert oder in ein Theater zu kommen. Die Leute sagten mir, das sei völlig aussichtslos. Trotzdem machte ich mich auf den Weg und stieß in der Reinhardtstraße auf das Deutsche Theater. Eine ältere Dame kam auf mich zu und fragte, ob ich eine Eintrittskarte haben wolle, ihre Tochter käme wohl nicht mehr. Ich hatte an der Theaterkasse keine Karte mehr bekommen, und natürlich nahm ich das Angebot an. Ich hatte keine Ahnung, welches Stück gespielt werden würde, ich wollte einfach nur ins Theater. So saß ich neben dieser Frau, die übrigens auch kein Geld von mir haben wollte, und sah Brechts *Mutter Courage* mit der Weigel. Das war nach dem Krieg mein erstes Theatererlebnis überhaupt, und eben auch die erste Brecht-Aufführung, die ich sah. Von da ab habe ich gedacht oder den Wunschtraum gehabt: so etwas möchtest du auch mal machen — und am besten in und mit einer solchen Truppe.

Jung: Du warst damals, wenn man das zurückrechnet, 21 Jahre alt. Und du hattest bis dahin nicht sehr viele Theatererlebnisse gehabt.

Pintzka: Nein. Ich hatte *Wiener Blut* in Chemnitz gesehen, das war noch während des Krieges. Wir sind mit der Schule hingefahren. Das

Helene Weigel 100
Maarten van Dijk et al., eds., *The Brecht Yearbook / Das Brecht-Jahrbuch*
Volume 25 (Waterloo, Canada: The International Brecht Society, 2000)

hatte einen gewissen Eindruck auf mich hinterlassen, aber wohl eher, weil das so ein verrückter Klassenausflug war. Und es gab damals auch Schülerkonzerte, die ich besuchte. Mit den Eltern bin ich nicht viel ins Theater gegangen. Mit meiner Mutter jedoch oft in Konzerte.

Dann, nach dem Krieg, wie gesagt, diese *Mutter Courage* — und mein Berufswunsch wurde konkret. Aber ich musste zunächst das Abitur nachholen, um mich für ein Studium bewerben zu können. Ich schickte ein Aufnahmegesuch sowohl an die Universität in Berlin als auch an das Theaterinstitut in Weimar. Ich hatte Glück: kurz darauf bekam ich die Zusage aus Weimar, dass ich 1952 mit dem Studium beginnen könne.

Jung: Das war damals ein Theaterinstitut in Weimar, vergleichbar dem Literaturinstitut „Johannes R. Becher" in Leipzig, und war außerhalb der universitären Strukturen angesiedelt.

Pintzka: Genau, am „Deutschen Theaterinstitut," so hieß das offiziell, konnte man bis zum Diplom studieren, allerdings nicht promovieren, und sollte danach in der Theaterpraxis eingesetzt werden.

Ich hatte also 1951, nach der fünfjährigen „Unterbrechung" in Sibirien, das Abitur gemacht. Schon während dessen habe ich Kontakte mit den Theatern in der näheren Umgebung gesucht und gefunden. Gleichzeitig hatte ich begonnen, alles zu lesen, was mit dem Studium zusammenhing, musste aber, da ich kein Geld hatte, ein Jahr überbrücken. Ich hatte dabei wiederum Glück: ein Mitarbeiter der Kulturabteilung in Zwickau wurde krank und ich konnte ein Jahr dort arbeiten. Als Leiter der Kulturabteilung! Völlig wahnwitzig, wenn ich heute daran zurückdenke. Aber dabei habe ich alle möglichen Leute aus der Theaterpraxis kennengelernt und mir so auch den Start ins Studium ungemein erleichtert, glaube ich. Am Theaterinstitut traf ich dann viele später sehr erfolgreiche Leute, das heißt wir haben in Weimar gemeinsam studiert. Wir waren ein ganz guter Jahrgang, würde ich sagen. Von Anfang an habe ich damals gedacht, ich müsse alles daran setzen, zu einem Praktikum ans Berliner Ensemble zu kommen, also zu Brecht und Weigel.

Jung: Warum gerade dorthin, wo doch in Thüringen und insbesondere in Weimar selbst andere Theater viel näher lagen? Lag das noch immer an diesem Weigel-Erlebnis nach der Rückkehr?

Pintzka: Ganz klar lag das noch immer daran. Und ich habe alles, was verfügbar war, von und über Brecht gelesen — und natürlich auch das, was damals gegen Brecht geschrieben wurde. Das Institut war gegründet worden als eine Art deutsches Stanislawski-Institut. Brecht wurde nicht nur ignoriert, er wurde heftig angegriffen, „formalistisch" genannt und, zum Beispiel wegen der *Mutter Courage*, sogar als „schlimmer Pazifist" bezeichnet. Dementsprechend wurde mein Praktikumsantrag für das Berliner Ensemble zunächst einmal abgelehnt. Ich musste erst ein „normales" Praktikum machen. Das hieß, zuerst ging ich nach Erfurt, dann nach Dresden ans Staatsschauspiel. Ich muss aber sagen, all das mit guten Erinnerungen. Und doch habe ich während dieser Zeit immer weiter gebohrt — übrigens zusammen mit Uta Birnbaum, die sich auch sehr fürs Berliner Ensemble und Brecht interessierte. Erst 1954 durfte eine Gruppe von vier Studenten — um Gottes willen nicht einer allein, der würde womöglich „infiziert" von Brecht — zum ersten Mal ein Praktikum am Berliner Ensemble machen.

Wir kamen zum Glück zu einem günstigen Zeitpunkt, mitten in die Endproben zum *Kaukasischen Kreidekreis*. Da erlebten wir vom ersten Tag an viel Hektik und Spannung. Am 7. Oktober fand die Premiere statt. Und zwei Tage später hat Brecht uns nach Buckow geholt — genauer gesagt, eingeladen — und von uns Eindrücke zu dieser Aufführung wissen wollen. Dabei gab es den ersten scharfen, wenn auch eigentlich nur kleinen Angriff von Brecht auf uns, das heißt auf die, wie er meinte, offizielle Theaterinstitutshaltung. Einer von uns hatte über die, wie er meinte, „formalistischen Masken" gesprochen. Das würde Figuren determinieren und sei doch nicht realistisches Theater usw. usw. Daraufhin hat Brecht sich eine Stunde lang Zeit genommen und das mit uns diskutiert.

Er hatte uns — das muss ich hier auch noch erwähnen — gleich am zweiten oder dritten Tag, als wir in Berlin anfingen, zu sich gebeten und uns auf der Vollversammlung, zur großen Verwunderung unsererseits, als „neue Mitarbeiter" vorstellen lassen. Und auf diese Weise wurden wir von Anfang an auch in die Arbeit an dieser Aufführung mit einbezogen. Wenn auch mit kleinen Aufgaben. Aber doch!

Jung: Lass uns noch einmal zurückblicken. War gerade wegen des zurückliegenden Kriegserlebnisses und der Gefangenschaft der Eindruck der *Mutter Courage* das prägende Erlebnis, die Initialzündung für Brecht? Schließlich warst Du ja in Weimar, dem symbolischen Ort der deutschen Klassik und des Humanismus — auch dort hättest du ja am Theater arbeiten können. Warum unbedingt Brecht und Weigel?

Pintzka: Ich nehme an, dass diese Entscheidung eine sehr komplexe, umfassende und auch widersprüchliche Angelegenheit war. Ich ging zwischen den Ruinen durch Berlin, geriet an dieses Theater, das wie eine Ruine aussah, war gerade aus der Gefangenschaft zurückgekommen, mit all den Erinnerungen im Kopf wie im Körper und sah nun dieses Stück gegen den Krieg. Da liegen die Wirkungen dieser Eindrücke doch auf der Hand: diese Musik — ich erinnere mich an die schockierend hämmernde Dessau-Musik des Courage-Liedes —, das Ensemble, die Weigel. Ich habe es damals wieder und wieder angehört, nachgehört, dieses „Nehmt's mich mit," der letzte Satz der Weigel, wie sie da mit dem Wagen über die Bühne karrt, ihre Kinder waren weg, sie war allein.... Die Zuschauer im Saal, die Leute mit ähnlicher Erfahrung wie ich, verstanden das spontan: Nie wieder Krieg! Das hat mich überwältigt. Und das war sicher, von heute aus betrachtet, der entscheidende Punkt, der mich auf einen ganz geraden Weg gebracht hat: nämlich mit dem Theater — wie Brecht es meinte — etwas zu bewirken, etwas in den Köpfen der Zuschauer zu verändern. Dass dann noch neben Brecht die Weigel eine so entscheidende Rolle für mich spielte, das ist ein weiterer Glücksfall. Während Brecht für mich künstlerisch und theoretisch richtungsweisend war, war die Weigel es mit ihren praktischen Erfahrungen.

Jung: Erzähl doch bitte etwas von dieser viel beschworenen Mütterlichkeit, von dieser pragmatischen Haltung, die die Weigel euch jüngeren Mitarbeitern entgegenbrachte.

Pintzka: Sie hat generell jungen Leuten gegenüber einen unerhört direkten, sehr menschlichen Kontakt gehabt, und auch gesucht. Aus ihrer Grundhaltung heraus, glaube ich, sicher wesentlich geprägt durch die Zeit im Exil. Vielleicht greife ich jetzt ein wenig voraus: Helli hat einmal auf meine ganz unschuldige Frage, ob sie es nicht furchtbar belastet und bedrückt hat, dass sie, eine der großen Schauspielerinnen der 20er Jahre, in den Jahren des Exils eigentlich keine Rollen hat spielen können — außer den wenigen Einzelfällen in Arbeitertheatern —, geantwortet, sie habe zwei wichtige Rollen gespielt, die man nicht unterschätzen soll: Als wichtigste Rolle hat sie es angesehen, die Familie zu erhalten, für ihre Kinder zu sorgen, fürs Essen, fürs Tagtägliche, fürs Dach überm Kopf. Die zweitwichtigste Rolle war, für Brecht Arbeitsruhe und Arbeitsmöglichkeiten zu schaffen. Das war viel. Und das hat sie geschafft. Ich erinnere mich an dieses Gespräch besonders intensiv, auch wenn es noch viele weitere Gespräche über die Exilzeit gab. In den Sommermonaten 1959, als ich das erste Mal im Buckower Ferienhaus allein war mit ihr, da haben wir oft darüber geredet. Auch über ihre Familie und ihre Herkunft, über ihre jüdischen Wurzeln. Sie wollte darüber nicht viel reden, das war zu spüren. Aber rückblickend würde ich sagen, sie war eigentlich eine richtige „jüdische Mamme." So oder anders ausgedrückt — die meisten von uns jungen Leuten hatten diesen Eindruck, denke ich.

Jung: Das Attribut jüdisch spielte für euch damals keine Rolle? Wurde darüber gesprochen?

Pintzka: Nein, überhaupt nicht. Das spielte keine Rolle, war kein Thema. Viel später erst, im Zusammenhang mit meiner eigenen Entwicklung, habe ich einiges verstanden. Ich habe aber damals oft gedacht, ich müsste sie dazu genauer fragen, weil es manchmal Diskussionen gab über eine Parteimitgliedschaft — und eben auch über ihr Judentum.

36 Als Pelagea Wlassowa in *Die Mutter*. Letztes Foto von Helene
Weigel bei ihrem letzten Auftritt anläßlich des Paris-Gastspiels des
Berliner Ensembles, Théâtre des Amandiers, Nanterre, am 3. April 1971

[Foto: Vera Tenschert]

Jung: Lass uns darüber später sprechen und statt dessen jetzt noch einmal diese besondere Mütterlichkeit der Weigel ins Zentrum stellen.

Pintzka: Da habe ich zum Beispiel in Erinnerung, dass sie begann, sofort nach Utas und meiner Ankunft in Berlin über praktische Dinge zu sprechen, über Wohnungsangelegenheiten, über Kleidung und Möbel. Und dass sie uns von Anfang an vollkommen ernst nahm. Als wir mit der ersten Praktikumsgruppe zu viert in Berlin waren, da war sie noch nicht so oft mit uns zusammen oder für uns da. Aber dann, beim zweiten Mal, als ich mit Uta Birnbaum allein in Berlin war, hat sie sich zu „kümmern" begonnen und uns zwischendurch auch immer Briefe geschickt. Sie hat beispielsweise, als wir unseren letzten Winterurlaub als Studenten in Oberwiesenthal verbrachten, dorthin geschrieben, uns ein gutes neues Jahr gewünscht und wir sollten bald nach Berlin kommen, die Verträge seien vorbereitet. Und, so stand da wörtlich: „Brecht nimmt euch trotz Ehe." Wir hatten gerade geheiratet, das wusste Brecht nicht, als er uns beiden den Vorschlag machte, als Assistenten am Berliner Ensemble anzufangen. Vielleicht wäre sonst vieles anders gelaufen.

Doch zurück zu Weigels Mütterlichkeit. Die ging, was mich betrifft, bis an ihr Lebensende. In den drei Sommern in Buckow — 1959, 1960 und 1961, wo sie mich hinausgeschickt hat, damit ich in Ruhe an der Übersetzung des China-Buches von Obraszow [Sergej Obraszow war weltberühmter Leiter eines Puppentheaters in Moskau, für dessen Spielpraxis Brecht und Weigel sich interessierten] arbeiten konnte — wurde der Kontakt enger und enger. Auch in privaten Dingen. Und als die erste Anfrage aus Finnland nach einem Regisseur vom Berliner Ensemble für eine *Dreigroschenoper*-Aufführung kam, da hat sie mich regelrecht dorthin geschubst. Ich wollte eigentlich zunächst nicht dahin, auch wegen der so fremden Sprache. Aber dank ihrer Hartnäckigkeit und ihrer Überredungskunst bin ich dann gefahren und habe mein erstes Regie-Projekt in Skandinavien realisiert. Leider ohne Hellis Premieren-Besuch. Sie wollte immer nach Finnland kommen, auch wegen ihrer Exilzeit, wegen der Erinnerungen und der alten Freunde — doch es wurde nichts daraus. Entweder fühlte sie sich nicht gesund genug, oder sie hatte eigene Aufführungen.

Aber immer habe ich während dieser Zeit ihre „mütterlichen" Ratschläge zu hören bekommen. Als Beispiel zitiere ich hier aus einem Brief an mich nach Finnland: „Arbeite gut und vergiss die Vergnügungen nicht, obwohl deren dort nicht viel sein können. Oder? Somit das Beste für Dich, bekomm keine Frostbeulen, weil sie Deiner Schönheit schaden können.... Und ich will keine Klagen hören!"

Jung: Du sprichst von Hartnäckigkeit, von Überredung, von Bedrängung. Dazu ließe sich auch der Begriff der Nützlichkeit diskutieren. „Nützlich sein" hieß wohl, nicht zum Nutzen für die persönlichen Interessen von Brecht und Weigel zu arbeiten, sondern für das Theater, das Berliner Ensemble, für den Sozialismus?

Pintzka: Genau, eben die „Dritte Sache" — sie hat immer von der „Dritten Sache" gesprochen. Ich muss in diesem Zusammenhang noch einmal sagen: sie hat unsere Meinungen ernst genommen, kritische Meinungen geradezu herausgefordert, genauso wie Brecht. Und sie hat uns erzogen zu kollektivem Arbeiten. Das ist eine der allerwichtigsten Erfahrungen, geradezu eine Lebenserfahrung, die ich am Berliner Ensemble von Brecht und Weigel mitgekriegt habe: die Wichtigkeit von Kollektivierungen, von sinnvollen, vernünftigen Kollektivierungen. Die kritische Haltung zu einer produktiven Haltung zu machen und sich in diesem Sinne zu „kümmern," nicht nur theoretisch, sondern wirklich auch praktisch einzugreifen.

Dass sie eine gute Köchin war, ist bekannt. Dass sie gerne Geschenke verteilt hat, ist bekannt. Dass sie großzügig war und geholfen hat, wo es nötig war. Dieses Sich-Kümmern, haben wohl alle am Theater erlebt, die Schauspieler und Bühnenarbeiter, die Maskenbildner und die Telefondamen.

Jung: Da fällt mir die Geschichte um den „gefallenen" Thomas Brasch ein, um den sie sich auch gekümmert haben soll. Hast du davon auch etwas miterlebt?

Pintzka: Ja und nein. Ich war zwar damals gerade im Ausland, aber ich habe davon gehört, dass und wie sie ihm geholfen hat. Das war damals nach den Ereignissen in Prag 1968. Da hat sie versucht, mehreren Leuten, die sich „unbeliebt" gemacht hatten, zu helfen, und Ungerechtigkeiten zu verhindern. Ich erinnere mich an eine Sache, da hat sie selbst einigen Leuten in Moskau helfen können. Und sie hat auch sehr bewusst ihre Persönlichkeit und ihre Verbindungen, die sie schließlich hatte, zu nutzen gewusst. Sie hat dabei natürlich ihr schauspielerisches Talent eingesetzt. Wenn sie zum Beispiel im Kulturministerium etwas erreichen wollte, hat sie manchmal vorher angekündigt, jetzt müsse sie „weinen gehen" — und dann kam sie von Klaus Gysi zurück und strahlte, sie habe durchgesetzt, was sie wollte. Aber gleichzeitig konnte sie auch sehr böse und wirklich zornig sein — und sicher oft mit gutem Grund.

Jung: Kann man sagen, dass Brecht und Weigel sich auf eben diese Weise ergänzten, dass Brecht den theoretischen Part übernahm, während die Weigel sich um das Praktisch-Pragmatische kümmerte?

Pintzka: Das würde ich so nicht behaupten wollen, wenngleich man von einer unglaublich gut funktionierenden Arbeitsteilung sprechen kann. Sie bemühte sich in erster Linier darum, alle lästigen Alltagsgeschichten von Brecht fernzuhalten, damit er in Ruhe arbeiten konnte. Ich habe sie einmal gefragt, warum Brecht nicht der Chef, das heißt der Intendant des Hauses sei, so wie Langhoff oder Felsenstein. Sie hat geantwortet, das wolle und könne Brecht nicht. Er sei als Stückeschreiber und Regisseur de facto der künstlerische Leiter. Und viele praktische Kleinigkeiten des Theateralltags, die „Organisation," könne er sowieso nicht bewältigen, weil er in manchen Dingen einfach unpraktisch sei. Ich würde sagen, diese Arbeitsteilung beruhte darauf, dass Brecht der Weigel als juristischer Person, als Theaterintendantin, alle Vollmachten gegeben hat. Er hatte in künstlerischen Fragen das letzte Wort! Sicher gab es da Konflikte, wenn es um Engagements und Verträge ging, aber er hatte doch immer das letzte Wort.

Jung: War Helene Weigel, warst du selber Mitglied der SED?

Pintzka: Ich ja, sie nicht. Ich habe damals aber etwas gefunden in alten Papieren: Sie muss eine Zeit lang in den 20er Jahren in der KPD gewesen sein. Ich fand eine alte Notiz über Mitgliedsbeiträge, vielleicht war sie da Kassiererin. Brecht war nicht in der KPD, auch nicht in der SED. Ich erinnere mich an ein Gespräch mit Alexander Abusch, der meinte, sie sei nützlicher, wenn sie nicht Mitglied der Partei ist. Das war übrigens bei Erich Engel genauso, der noch als Siebzigjähriger einen Aufnahmeantrag in die SED stellte und mit uns lange seine drei Sätze diskutiert hat, die er als Begründung in das Antragsformular schreiben wollte.

Jung: Helene Weigel war als Nicht-Parteimitglied also nützlicher als Repräsentationsfigur gegenüber dem Ausland, oder?

Pintzka: Ganz sicher war das einer der Gedanken dabei. Damit beabsichtigte man, dass man sie nicht in einer böswilligen Art und Weise als Parteigängerin und Kommunistin angreifen könne, so wie man es ja mit Brecht versucht hatte. Helli hat oft gesagt, sie fühle sich absolut als parteilose Kommunistin. Und dazu gehörte für sie auch, sich immer einzumischen, auch in politischen Fragen, nicht nur in künstlerischen Belangen. Die Brechtsche Forderung von der eingreifenden Haltung wurde von ihr exemplarisch vorgeführt, vorgelebt. Sie war — durch Brecht natürlich und durch die „Gruppe Junger Schauspieler," durch Slatan Dudow, Eisler und Busch — bereits vor dem Exil politisch in ihrer Haltung geprägt worden. Durch den antifaschistischen Kampf in praxi wurde das nur noch verstärkt. Es hat sicher nicht vordergründig in jedem Gespräch eine Rolle gespielt, aber ihre Grundhaltung war ganz klar: sie war eine kritische Sozialistin, wie ich sie mir heute, da wir darüber sprechen, nicht besser denken kann.

Jung: In diesem Zusammenhang wolltest du von einer Episode aus der Probenarbeit erzählen.

Pintzka: Sehr berührt hat uns alle, die diese besondere Probe zur *Mutter*-Aufführung miterlebt haben, es war unmittelbar vor der Paris-Tournee im März 1971, folgendes Erlebnis mit Helli: Ich hatte herausgefunden, dass genau am selben Tag vor 40 Jahren die Uraufführung der *Mutter* mit Helli als Pelagea Wlassowa stattgefunden hatte. Da hab ich Sekt besorgen lassen, und als die Weigel die Probebühnentreppe hinaufstieg, haben wir gemeinsam ein Lied angestimmt, ich weiß nicht mehr genau, was es war. Als sie dann in die Dekoration ging — es war die Lehrer-Szene, standen da Sektgläser auf dem Tisch und wir haben der Weigel gratuliert. Ich habe ein paar Worte sagen wollen, sie unterbrach mich jedoch und meinte: „Jetzt trinken wir auf die 'Dritte Sache' und proben weiter."

Jung: Man sagt, dass Helene Weigel nicht viel von Feierlichkeiten hielt. War das so?

Pintzka: Unvergesslich ist mir ein „Auftritt" Hellis, der anlässlich eines Empfangs zu ihrem sechzigsten Geburtstag in der Akademie der Künste stattfand. Es war der Abend des 12. Mai 1960, eine Handvoll junger Mitarbeiter, Schauspieler und Regisseure war in die ehrwürdigen Räume am Robert-Koch-Platz auf ihren Wunsch mit eingeladen worden. Und da sagte sie nach allen Festreden und Gratulationen folgende Sätze:

„Ich habe vor einigen Tagen festgestellt, dass ich mich nun doch entschließen muss, an diesem Tag, an dem Ihr mich so gerühmt habt, meine tiefe Abneigung gegen eine solche Rede fallen zu lassen, um Euch zu danken. Mir kommt es immer ein wenig komisch vor, das Altwerden als eine rühmliche und zu preisende Angelegenheit zu feiern, und ich will dagegen protestieren. Das Altwerden kann ich ja nicht verhindern, aber ich möchte meinen Schwur erneuern, den ich mir als junger Mensch einmal gegeben habe, nämlich mit Anstand alt zu werden und eines nicht zu vergessen, dass es durchaus nicht in der Natur der Sache liegt, dass man durch Altwerden klüger wird — also die Bescheidenheit des Alters sich zu einer Tugend zu machen und nicht zu vergessen, dass auch wir unsere besten Gedanken, unsere besten Impulse und unsere klügsten und wichtigsten Entscheidungen in unserer Jugend trafen.

Ich schlage also vor, möglichst früh mit den Ehrungen zu beginnen und unsere Dreißigjährigen hoch zu rühmen. Ich hätte das ohne sie nie geschafft, was Brecht an seinem Todestag vor nun fast vier Jahren gesagt hat: 'Halte das Ensemble, solange es ein Ensemble ist.'"

Sie nannte dann die Namen von einigen jüngeren Mitarbeitern, die im Halbkreis um sie herum standen, und vergaß nicht Elisabeth Hauptmann, Erich Engel und Karl von Appen, die auch dabei waren. Ich finde, besser als mit ihren eigenen Worten kann man kaum diese ihre Grundhaltung beschreiben, ihre Freundlichkeit, ihre Mütterlichkeit.

Jung: Wie hat man denn damals auf diesen sicher ungewöhnlichen

Auftritt Weigels reagiert? Erinnerst du dich da an einzelne Repliken?

Pintzka: Ja, Arnold Zweig zum Beispiel, der im Anschluss an Siegfried Unseld sprach, kommentierte in seiner kleinen Rede auch prompt: „Eines hat unser Freund Unseld vergessen. Außer Geduld, Kraft, Zähigkeit und Tapferkeit hast du noch Humor, soviel Humor an einem Tag, wie unsereiner für einen ganzen Roman gerade zusammenbringt." Und dann natürlich die Replik von Anna Seghers, finde ich, passt auch ganz gut hierher, ich hatte mir das damals aufgeschrieben: „Liebe Helli, wie sehr ich Dich seit Jahrzehnten hasse, hasse wegen Deines Sinns fürs Praktische, wie Du damit fertig wirst. Alles schaffst. Da kann ich nun nur mit Goethe sprechen — aber der zählt ja bei Euch nicht viel — der hat dazu einmal gesagt: 'Das einzige Rettungsmittel gegen die Vorzüge Deiner Bekannten ist Liebe.'"

Jung: Das Gastspiel in Paris im März 1971 war der letzte Auftritt der Weigel. Warst du in Nanterre bei ihren drei *Mutter*-Vorstellungen dabei?

Pintzka: Ja. Aber bevor ich davon berichte, möchte ich von jenen Tagen erzählen, die wir vorher zusammen in Amsterdam verbrachten. Sie hatte mich eines Tages im Februar in eine Ecke der Kantine im Berliner Ensemble gewunken und fragte, ob ich Lust hätte, mit ihr vor der Paris-Tournee nach Amsterdam zu fahren. „Du hast mir von dieser sehenswerten holländischen TV-Produktion der *Sieben Todsünden* erzählt. Das wäre ein guter Vorwand, dorthin zu fahren. Außerdem war ich noch nie in Amsterdam." Und sie wolle noch ein paar Tage Ruhe vor der Tournee haben.

Bis heute bin ich dankbar für dieses unvergessliche Erlebnis: der Besuch in Hilversum, ihre Freude über die *Todsünden* und der anschließende Besuch bei Annemarie Prins, der Regisseurin, die Helli stolz ihre neueste „Produktion" in den Arm legte, ihre neugeborene Tochter, der sie den Namen Brecht gegeben hatte, ein nicht ungewöhnlicher Mädchenname in Holland. Helli wollte ins Rijksmuseum, wo sie — wie Brecht — vor Rembrandts „Anatomischer Vorlesung" fotografiert werden wollte. Welchen fast kindlichen Spaß hatte sie bei der obligatorischen Grachtenfahrt, in den Fischrestaurants, und natürlich in den Antiquitäten-Läden. Wenn wir am Abend im „Dolen"-Hotel zurück waren, merkte ich, wie glücklich, aber auch wie müde sie war. Und trotzdem haben wir oft noch stundenlang zusammengesessen und über Gott und die Welt geredet. Wie gesagt, es war eine wunderbare Zeit für mich. Helli hat — wie üblich im Bett — ihre Rolle repetiert und war eigentlich gut vorbereitet für Paris.

Jung: Und wie lief es dann bei den drei *Mutter*-Vorstellungen?

Pintzka: Keiner von uns hat gewusst, wie schlecht es ihr wirklich ging.

Wir merkten schon während der *Mutter*-Proben im Februar, wie schwer es ihr fiel, Treppen zu steigen und wie schnell sie müde wurde. Und dann passierte das Unglück gleich bei der zweiten *Mutter*-Aufführung in Nanterre. Piet Reinecke, der Darsteller des Pawel, sollte sie in der Szene seiner Rückkehr aus Sibirien wie immer umarmen, und — auf ausdrücklichen Wunsch Hellis — wie üblich hochheben und einmal herumwirbeln. Die Umarmung muss heftig gewesen sein, denn danach hatte sie furchtbare Schmerzen, konnte kaum noch sprechen. Die Diagnose lautete: wahrscheinlich eine oder zwei angebrochene Rippen. Eine sehr feste Bandage sollte die dritte und letzte *Mutter*-Vorstellung retten. Für Helli war es nie eine Frage, zu spielen oder nicht zu spielen. Sie bat mich, von der Beleuchterbrücke hinter den Zuschauern aus zu kontrollieren, ob ihre nun sehr schwache Stimme überhaupt zu hören war. Sie war es nicht. Allenfalls für die ersten Reihen. Sie verlangte, dass ich ihr nach jeder Szene hinter der Bühne „rapportierte." Ich wagte nicht, die Wahrheit zu sagen. Mit dem Schlusschor war ihre Kraft am Ende. Sie musste gestützt werden. Sie stand still, konnte sich nicht mehr verbeugen. Niemand wird dieses Bild vergessen können, wie sie da allein stand in einem Meer von roten Nelken, die die Zuschauer auf die Bühne warfen, jetzt gestützt auf die rote Fahne. Und das Publikum hörte nicht auf mit dem Beifall...

Zurück in Berlin wurde sie sofort in die Obhut ihres Arztes genommen, der ihr verkündete, für einige Zeit sei nicht an Arbeiten im Berliner Ensemble zu denken. Er wusste natürlich, wie es um sie stand.

Jung: Welche Erinnerungen hast du an die letzten Tage mit der Weigel, ein paar Wochen nach der Rückkehr aus Paris?

Pintzka: Es war der 1. Mai 1971, als sie zeitig frühmorgens bei mir zuhause anrief und bat, rasch in die Chausseestraße zu kommen. Als ich in ihr noch abgedunkeltes Schlafzimmer trat, sagte sie den Satz, den ich sie verständlicherweise noch bis heute sagen höre: „Hab ich mir nicht einen schönen Tag zum Sterben ausgesucht?" Und dann ging alles ganz schnell. Die Leute vom Krankenhaus trugen sie vorsichtig auf einer Bahre durch den kleinen Innenhof und sie schaute hoch zu den mächtigen Kastanien: „Die sehe ich jetzt das letzte Mal."

Sechs Tage später ist sie gestorben. Zweimal konnte ich sie in der Zwischenzeit noch besuchen, in klaren Stunden. Sie wollte, dass viel Kuchen gebacken und viel Cognac besorgt wird, „für meine Freunde und Feinde zur Totenfeier," und dann auch noch: „Ich hatte ein reiches Leben, nun ist es genug."

Sie hatte keine genaue Zeitvorstellung mehr. Am 3. Mai wollte sie unbedingt aus dem Bett: „Ich will ins Theater, ich muss doch den Leuten für die Paristournee ihre Aktivistennadeln anstecken..." Für sie war es noch der 1. Mai. Am Abend des 6. Mai rief mich der Arzt an, wenn ich mich von Helli verabschieden wolle, müsse ich sofort kommen. Ich weiß nicht, ob sie mich noch erkannt hat.

Ihre Hauptsorge in den letzten Tagen galt dem Ensemble, wie es weitergeht. Und sie war glücklich, dass sie sich ihren Wunsch hat erfüllen können: zum 100. Jahrestag die *Commune* in Paris zu erleben. Ich habe noch ihren Satz im Ohr: „Wenn Brecht das erlebt hätte."

Jung: Welche politischen Funktionen hattest du am Berliner Ensemble, und wie lief da die Zusammenarbeit mit Helene Weigel?

Pintzka: Ich war kurze Zeit in der Gewerkschaftsleitung und später in der Parteileitung, ein paar Jahre später auch Parteisekretär. Mit der Weigel hat das nie kollidiert, ganz im Gegenteil, es war für sie eine Hilfe, eine Stütze, weil sie wusste, dass da jemand war, den sie kannte, der mit ihr in grundsätzlichen Fragen übereinstimmte, was zum Beispiel Brecht anging. Es gab oft Probleme bei Auslandsgastspielen, wer reisen durfte und wer nicht. Und es gab auch kleinere Schwierigkeiten im politischen Alltag, mit dem Spielplan, und da wollte sie eben Mitarbeiter haben, die sie von Seiten der Parteigruppe und der Gewerkschaft unterstützen konnten. Wir kamen jede Woche einmal mit ihr zusammen, und da haben wir über alles, wirklich alles gesprochen. Wobei ich nicht unterschlagen will, dass sie mit ihrer politischen Erfahrung und mit ihrem praktischen Sinn oft dominierte. Das war klar — aber es war ja positiv, es war nützlich. Um Weigels Worte zu benutzen: Manches wäre viel umständlicher geworden, mit viel mehr Kleinkrämerei, auch Kleinkrieg, wenn es nicht so gewesen wäre. Der Laden lief eigentlich ziemlich geschmiert, bis dann Machtkämpfe einsetzten, in denen die Weigel beschuldigt wurde, zu starrsinnig und zu autoritär zu sein.

Jung: Ich würde jetzt gerne noch einmal zu der Frage des Judentums bei Helene Weigel zurückkehren. Gab es da eine besondere Wellenlänge zwischen euch aufgrund der vergleichbaren Herkunft?

Pintzka: Die Helli hat gewusst, dass ich jüdische Wurzeln habe. Es ist sehr seltsam, wie sich bei mir die Suche nach meiner eigenen jüdischen Herkunft ergeben hat. Unter anderem über Leute. Ich habe in Bulgarien einen Schriftstellerfreund getroffen, der Jude war. In Finnland habe ich bei meiner ersten Regie zwei Schauspieler kennengelernt, einen Ehepaar, sie waren mit in der Aufführung. Er war Sänger und gleichzeitig Kantor in der Gemeinde. Dort habe ich zum ersten Mal eine Synagoge von innen gesehen. Erich Engel hat mit mir viel über Judentum gesprochen, weil auch er jüdische Wurzeln hatte. Dann natürlich Eisler und Dessau. Ich bedaure, dass ich nie mit Dessau darüber geredet habe. Er hat ja 46 jüdische Gebete, Psalme und Lieder komponiert. Mit der Weigel aber habe ich, als wir auf der Treppe saßen vor ihrem Haus in Buckow, so erinnere ich mich, ein paar Mal über ihr Jüdischsein gesprochen. Und da hat sie mir von ihren Vorfahren in Wien erzählt, die einmal Rabbiner waren, und von ihrer Familie, von

37   Helene Weigel in Buckow, 1961

[Foto:Wolfgang Pintzka]

denen, die ermordert worden waren. Ihre Tochter Barbara hat sich meines Wissens dazu öffentlich nicht geäußert. Von Stefan Brecht weiß ich nur, dass seine Kinder jüdische Vornamen haben.

Jung: Die Weigel wies euch den Weg als künstlerisches Vorbild und mit ihrer Mutterrolle. Gab es da auch noch andere, privatere Ebenen?

Pintzka: Eine Menge. Mir hat die Weigel einmal große Schwierigkeiten bereitet, nicht ernsthafte allerdings. In Finnland gibt es diese faszinierenden Hängebirken, die Brecht so mochte. Eines Tages hat sie mich gefragt, ob ich ihr nicht eine mitbringen könne. Natürlich habe ich das gemacht. Heimlich, selbstredend, habe ich eine solche kleine Birke in einem großen Tortenkarton über die Grenze geschmuggelt. So was war ja verboten, aus dem Ausland Pflanzen einzuführen. Ich weiß nicht, ob sie heute noch existiert, sie wurde damals in die Ecke hinter Brechts Grab gepflanzt. Eine ähnliche Geschichte gab es da um eine finnische Sauna. Sie hatte mich um Vermittlung gebeten, eine richtige finnische Sauna nach Buckow in ihr Sommerdomizil zu kriegen. Es gibt viele solcher Geschichten, die man erzählen könnte.

Jung: Nach Weigels Tod warst du noch am Berliner Ensemble. Was passierte da für euch, wie habt ihr diesen Verlust verarbeitet?

Pintzka: Da passierte und veränderte sich vieles, und das galt für das gesamte Ensemble. Einiges war sicher auch richtig gut. Ruth Berghaus hatte ein ganz neues Konzept, eine neue Sicht. Es hat sich aber auch viel verändert im „Klima" am Theater. Es war etwas verlorengegangen, eben das Mütterliche, die Wärme. Und bei allem guten Willen, die Berghaus konnte das nicht ersetzen. Es war eine schwierige Zeit. Mit Misserfolgen und einigen geglückten Experimenten — nicht ohne offiziellen Widerstand. Wir versuchten, das Repertoire zu erweitern, bis dann die Sache so nicht mehr weiterlief. Wir waren in eine Sackgasse geraten. Es musste eine Veränderung geben, das war allen klar. Und nach monatelangen und schwierigen Gesprächen zwischen den Beteiligten — dem Kulturministerium, den Brecht-Erben und den Leuten am Berliner Ensemble — wurde dann eben, als ein Konsens, Manfred Wekwerth zurückgeholt, weil er derjenige mit den längsten Erfahrungen am Berliner Ensemble war.

Jung: Wie siehst du heute dein Verhältnis zum Erbe von Brecht und Weigel? Würdest du nach wie vor Brecht inszenieren wollen, siehst du darin noch eine Aufgabe für dich in der heutigen Zeit?

Pintzka: Natürlich. Und ich „verarbeite" Brecht noch immer mit Genuss und Genugtuung. Ich versuche momentan, meine Entwicklung zu reflektieren, Erfahrungen aufzuschreiben, um mich auf diese Weise nützlich zu machen und möchte, wie die Weigel formulierte, „Spuren hinterlassen." Das hat sie in uns allen irgendwie personifiziert gesehen:

Brechts Sache weiterzuführen. Ich persönlich sehe das heute bei einigen Jüngeren, mit denen ich zusammengearbeitet habe, auch verwirklicht. Aber: das Aufschreiben von Erinnerungen und Erfahrungen, das Nachdenken über Brecht und Weigel, ist für mich zur Zeit eine wichtigere Arbeit als mich mit museal-dogmatischem oder sogenannt postmodernem Brecht-Verständnis herumzuschlagen. Das, was ich in Skandinavien und besonders in Norwegen inszeniert habe, war nützlich und wichtig für beide Seiten. Jetzt aber habe mich ich dazu entschlossen, an ein Bilanzieren zu gehen.

Jung: Wolfgang Pintzka, ich danke dir für dieses Gespräch.

(Aufgezeichnet am 10. Juni 1999 in Oslo)

Abschied von ihren Zuschauern
Triumph und Ende von Helene Weigel

In ihren letzten Lebensjahren war es Helene Weigel im wesentlichen gelungen, das literarische Werk Brechts in beiden Teilen Deutschlands zu publizieren: Sie hatte den von Brecht mit dem Suhrkamp Verlag geschlossenen Generalvertrag verlängert und in der DDR nur textgleiche Ausgaben gestattet. Allen Ermahnungen, auch engerer Mitarbeiter, mit der Veröffentlichung unbekannter Brecht-Texte Maß zu halten oder in der DDR Kürzungen zuzulassen, hatte sie (wie auch später ihre Tochter Barbara) widerstanden. Während es seitens des Zentralkomitees der SED Bestrebungen gab, sie aus der Theaterleitung zu verdrängen, machte sie selbst Pläne für eine Neuorientierung des Berliner Ensembles, das sich in seiner schlimmsten Krise befand. Der Weggang mehrerer wichtiger Mitarbeiter belastete sie zutiefst; sie empfand diese desolate Personalsituation als ihre „schlimmste Sorge". Vor diesem Hintergrund erinnert sich Werner Hecht an das Gastspiel des Berliner Ensembles im März 1971 in den Banlieus von Paris, bei dem Helene Weigel zum letzten Mal und mit überwältigendem Erfolg in der Rolle der Pelagea Wlassowa und überhaupt auf dem Theater auftrat.

Farewell to Her Audience
Helene Weigel's Triumph and Final Exit

Werner Hecht

Helene Weigel engaged Werner Hecht as a directorial and dramatur-gical colleague in the Berliner Ensemble in 1959. He worked with her until her death. For her 70th birthday he co-edited In Honor of Helene Weigel *(Helene Weigel zu ehren. Frankfurt: Suhrkamp Verlag, 1971) with Siegfried Unseld and For Helene Weigel on Her 70th Birthday (Helene Weigel zum 70. Geburtstag. Berlin: Henschel-Verlag, 1971) with Joachim Tenschert. In March, Suhrkamp published his* Helene Weigel: A Great Woman of the 20th Century *(Helene Weigel. Eine große Frau des 20. Jahrhunderts), which includes a previously unpub-lished conversation, numerous letters, a comprehensive survey of her artistic development, a complete list of her roles, a documentation of press responses to her work, and a chronology of her life.*

All of us who had worked with her over the previous decade knew that she had recently felt more unwell than usual. That death had already marked her — long before we began the fifth Paris tour — was known only to her daughter, Barbara. Helene Weigel herself was laying plans for rebuilding the Berliner Ensemble.

In a November 1969 interview with me, she expressed her joy that she had succeeded in securing Brecht's collected papers — "so that nothing will vanish" — and in making these accessible as archival hold-ings. "I've done everything I can to ensure textually identical editions by Suhrkamp and Aufbau. It would be horrible if I'd not succeeded in that!"[1] At the same time there were many in the GDR, including some of Weigel's closest associates, who were against the continuing publi-cation of Brecht texts. Following the Aufbau-Verlag's prohibition of volume seven of Brecht's Poems in 1967, Elisabeth Hauptmann (likely at the request of her party, the SED), asked Weigel to permit abridged versions of some texts and thus "put the brakes on the flood of Brecht texts to the West." Weigel curtly rejected the proposal and showed no interest in fulfilling such wishes. She wrote to Hauptmann: "I am happy not to speak about the fact that printing [of Brecht's works] here has ceased and why this is. But I cannot change my position."[2] Manfred Wekwerth also admonished her several times regarding her surrender

Helene Weigel 100
Maarten van Dijk et al., eds., *The Brecht Yearbook / Das Brecht-Jahrbuch*
Volume 25 (Waterloo, Canada: The International Brecht Society, 2000)

of Brecht's texts.[3] Shortly after her death he dispatched a letter to the Central Committee of the SED, in which he expressed his vehement opposition to the publication of Brecht's *Journals*: "I consider this publication damaging. Its editing betrays the wrong politics — and from a citizen of the GDR, what is more."[4] Helene Weigel (and later her daughter, Barbara) remained faithful to her principles in the administration of the Brecht papers: Suhrkamp guaranteed contractually that their edition would involve no censorship of any kind, and all subsequent GDR editions had to match their western counterparts identically. When Weigel died in 1971, all of Brecht's literary texts, his theoretical writings, and several fragments were available in Suhrkamp and Aufbau editions. She had indeed realized her objective.

In the interview of 16 November 1969 she admitted: "My biggest concern is that I wasn't able to have a similar success in the theater."[5] At this time the Berliner Ensemble found itself in a severe crisis. Its breakdown was precipitated in part by a conflict between the Artistic Director, Manfred Wekwerth, and the Managing Director, Weigel, whom he had denied the role of "head theoretician." In addition there was significant state interest in stripping Weigel of the leadership of the Ensemble, whose fortunes had rested in her hands since 1949. On 23 October 1969, SED Cultural Chief Kurt Hager hosted a Central Committee meeting to discuss the Berlin theater situation. According to the minutes, the First Secretary, Paul Verner of the Berlin regional directorate, actually asked, "What do we need to do to get Helene Weigel to quit the leadership of the Berliner Ensemble (to drive her out)?"[6] Weigel was not a party member, and her maverick methods for administrating the Brecht papers and the Ensemble had long made her a thorn in the side of the "bigwigs," as she called the SED establishment. The party desired greater influence over the continuing development of the Berliner Ensemble. This would, of course, have been a good fit with Wekwerth's administrative model. But the state and party functionaries were ultimately unable to realize their radical solution, because of their fear that Weigel, forced out under duress, could totally block access to the Brecht papers in the GDR. Even Hager foresaw an "international scandal" snowballing out of an open conflict with Weigel. Alexander Abusch, and Klaus Gysi, at that time the Minister of Culture, were assigned to prepare Weigel for a "gradual resignation from the theater's administration."

She had of course long since prepared herself for exactly that. On 7 April 1970 she wrote to Hager, "You cannot think that leading this house on my own at the age of 70 is in my mind. It is much more my wish — and has been for some time — to create a sort of council of a few people I trust and greatly respect. They would guarantee you, your colleagues, and me, that Bertolt Brecht's theory and practice can be passed on in a reasonable fashion."[7] Her request that a team of her choosing take over the role she alone had previously played was not granted, but the authorities permitted her to retain two directorial colleagues she greatly valued for her rebuilding efforts: Wolfgang Pintzka, director of the Berlin Volksbühne, and Peter Kupke, managing director of the Potsdam Theater.

During a 1969 summer stay in Buckow, Helene Weigel developed a new administrative model for the Berliner Ensemble in collaboration with me. She revised it in 1970, after her personal wishes regarding colleagues had been fulfilled. A "directorial council" (Rat der Intendanz) was established beneath the managing director, and Pintzka, whom Weigel wished to succeed her, was to serve as council secretary. In accordance with Weigel's plans the council consisted of: the deputy (Stellvertreterin, Ruth Berghaus), the administrative director (Verwaltungsdirektor, Hans Giersch), the cadre leader (Kaderleiterin, Pilka Häntzschel), and the technical director (Technischer Direktor, Walter Braunroth). Five principal areas were established at the artistic level: direction, dramaturgy, prognosis, set design, and music. In opposition to the previous structural model, she placed great value on the "council" concept, that is, on leader-teams. A further significant innovation was the "prognosis group," in which long-term plans, programming politics, cooperative relationships with dramatists, etc. could be conceptualized and developed. She also saw within this group the possibility for fulfilling "special assignments," for which "outside" experts could be engaged (the philosopher Wolfgang Heise and a former colleague, Käthe Rülicke-Weiler, for example). For oversight of administrative decisions she wanted an "executive arm," for which Wolfgang Pintzka (who was directorial council secretary) was to assume responsibility. Her goal was to get the new administrative model green-lighted by the beginning of the 1970/71 season.

In order to guarantee good prospects for productions, we had signed contracts with a few dramatists. Karl Mickel had already been engaged as dramaturg. There were separate contracts for specific plays with Heiner Müller, Horst Salomon, and Peter Hacks. From summer 1969 to May 1971 four new productions took place: *Brecht-Evening No. 5: The Manifesto* (directors: Klaus Erforth, Alexander Stillmark), *Woyzeck* (director: Helmut Nitschke), *Kikeriki* (*Cock-a-doodle-do*, directors: Hans-Georg Voigt, Werner Hecht), and *In the Jungle of the Cities* (director: Ruth Berghaus). These productions represented anything but a new overall program. The Berliner Ensemble maintained its established renown through regularly scheduled, grand productions of well-known Brecht plays.

There were good reasons for Weigel's "biggest concern" that she would not be able to pass on the Berliner Ensemble in as intact and secure a condition as the Brecht archive. She had to build a completely new creative and administrative staff more or less from scratch. Under

38 Helene Weigel's sketch of the planned leadership structure of the Berliner Ensemble
(For a transcription, see below, p. 326)

these conditions it was clearly a bold move to undertake a major new tour project in February 1971. In celebration of the 100th anniversary of the Paris Commune, the Berliner Ensemble had been invited to perform *The Days of the Commune* at the "Red Belt" Theater in St. Denis, *The Mother* in Nanterre, and *The Bread Shop* in Aubervilliers. Even in its planning phase Weigel had considered this fifth tour to Paris as the most important in Ensemble history. Though she had already played Pelagea Wlassowa in a 1960 Paris production of *The Mother*, she insisted on a reprise. The new production, which Pintzka had directed with a predominantly new cast in 1971, was based on a script and performance that Brecht himself had overseen in 1951. Would this strongly historicized variant work in Paris? Could the *Commune* production reach its earlier level of quality despite numerous changes in acting personnel? Would the Paris public understand the fragment *The Bread Shop*?

Helene Weigel was right about one thing: the suburban public could not be compared with the audience of critics and connoisseurs that had attended the earlier guest performances in the heart of Paris. This time it was mostly workers and students who, thanks to the impressive preparations by the theater's promoters, were focused with great anticipation on the event.

As the curtains parted for the first Nanterre performance of *The Mother* on 21 March 1971, there she stood: a small working-class woman in a patchwork dress, with a soup pot in her hand. A long and indescribably emotional wave of applause greeted her. Every seat was taken. Hundreds more had somehow found their way in and sat on the steps of the aisles and in front of the first row. They all cheered this humble woman before she had even uttered a word. It is difficult to describe how different this Paris performance was. True, Weigel was also always well received in Berlin, but there it was difficult to engage too many people with the topic of politicizing an unpolitical person. Here in Paris, though, where political struggles of an altogether different kind had taken place, where the Communist party was successful, *The Mother* came across as a Lehrstück with a resolutely unheroic heroine. And this heroine reached the hearts of the public with her cunning, intelligence, and cheerfulness. The soft tones of her delivery which she had carefully prepared, made the audience breathlessly attentive. At times one could have heard a pin drop. The emotional responses were thus even stronger as Wlassowa's tactics began to produce their intended effects — during the scenes of the distribution of the flyers with the sour pickles, the learning of the ABCs at the butcher's, or of the copper collection. Here there was no "split" public, as there had been during the Paris performance of the play in 1960: this audience was completely unified regarding the creative path the little mother worker was taking. Had I not experienced it myself I could not imagine *The Mother* having such an impact.

Naturally it also had something to do with the masterful array of skills this woman commanded on the stage. It was as if another Weigel, one in full possession of her talents and legendary energy, had been substituted for the 70-year-old. We knew that this performance in particular had always been physically draining for her. But everything came so easily, was so relaxed, as if the physical effort cost her nothing. In fact the rapt audience inspired her to new heights. In the second performance she substituted an earlier variation of the scene in which Wlassowa greets Pawel after his return from Siberian captivity. Instead of just embracing her, he raised her in his arms and spun her around in circles. The way she was now performing touched everyone deeply, even those of us who already knew all the scenes. As if dazed by joy, she had to sit down before being able to speak. Only with the change to the next scene did we realize that she was not acting — the embrace had broken two of her ribs. She persevered in what must have been incredible pain for the remainder of the performance.

She received medical treatment. Barbara had arranged a telephone connection between the French and the German doctors. At that time, only her daughter knew that Weigel's cancer had metastasized to her ribs. Barbara's care and tact kept Helene Weigel and the Ensemble from becoming unsettled and allowed us to complete the tour.

The bandages could not alleviate the pain. She insisted nonetheless on appearing in the next two performances. Between shows she had to remain in bed. She could hardly move. We attempted to lift her spirits with reports from the daily production goings-on. Laughing caused her intense pain, however, so we did our best to avoid funny remarks. She couldn't participate in the numerous discussions and receptions, but she kept abreast of all developments through the phone calls she received every quarter hour. She responded to inquiries and even posed questions herself to the various important people who had come specifically on her account.

The following two performances of *The Mother* were agonizing for Weigel. During the long car trips to Nanterre from our hotels in central Paris she became ever more impatient, sensitive, and unsettled. She tried to divert her attention from the pain by incessantly complaining and allowing anything and everything to upset her. Suddenly it was a bad idea to accommodate the troupe in five small hotels in the central city, the make-up rooms weren't sufficiently heated, the technical director couldn't find a moment's peace and would lose his grip yet, etc. etc. I tried to distract her by changing the topic, and talked about the great job the promoters had done with the audience turnout.

Those two performances and the final show on 3 April became the high points of the tour, and they were also high points in Helene Weigel's acting career. She summoned a tremendously strong will that carried her through. Before the performances she could not manage to conceal her pain, and in the theater she moaned and groaned about petty things like drafts on the stage and inadequate lighting for the scene changes. As soon as the curtains parted, however, she was transformed. It appeared that she was completely pain-free during this time on the stage. An authoritative but friendly mother, almost gentle and loving, asked for understanding about her worries about her politicized son. She was playing along Benjaminian lines — a family drama in the epic theater. Her sense of family expressed itself in a deeply layered motherliness. She played the anti-hero, the anti-fighter: one had to be able to work things out with insight, with reason. This Nanterre Wlassowa projected the wisdom of all mothers — pure humanism. The many soft vocal tones, now likely also deployed because of the enormous physical demands of the lead role, made the old mother's admonitions more penetrating. Here stood a woman who wanted to pass along her life experiences. The way she relished the elements of her art, the art of speaking above all, was enchanting. Indeed, it enchanted an audience that could have had no idea what was taking place within this person on the stage. The performance was repeatedly punctuated by applause and was followed by an ovation of a magnitude we never again experienced.

Following the final Nanterre performance on 3 April 1971, Weigel presented the staff of the Théâtre des Armandiers with a Picasso "peace dove" wall-hanging signed by the members of the Berliner Ensemble. After twenty solid minutes of applause, she came onstage alone for a final bow. At this moment the French stagehands opened a net in the flies — and hundreds of rose blooms fell down upon her, next to her, all around her, Helene Weigel in a sea of roses. It was to be the last homage paid to her onstage.

What a farewell!

B ack in Berlin she still received no news of her actual medical condition. She was bedridden with a painful "old folks' cough." The triumph in Paris made her happy. She likely also hoped that the international success would endow the restructuring Ensemble with some lasting coherence and solidarity. She maintained her contacts from her sickbed, discussing new projects that included a guest performance of *The Mother* that fall at the Vienna Burgtheater. The last letter I received from her on 27 April regarded new plans for Ensemble dramaturgy and the Bertolt Brecht archive. She wrote that she wanted to have a "longer conversation," but that she did "not exactly [have] a lot of strength" at the moment.

Did she sense that her strength was reaching its end? Did she know that the Berliner Ensemble, as she had led it for 22 years, would make its final exit on the heels of hers — even though some of the great productions would continue? She was admitted to the hospital on 1 May; on 6 May she died.

She was buried on her 70th birthday, next to her residence, in the Dorotheenstädtischer cemetery. It was a warm May day, and the sun shone through the new spring leaves of the large, old trees.

Helene Weigel wanted to be buried at Brecht's feet. Her children did not fulfill this wish, and with good reason. We laid her to rest next to Brecht, where her place was and will always be.

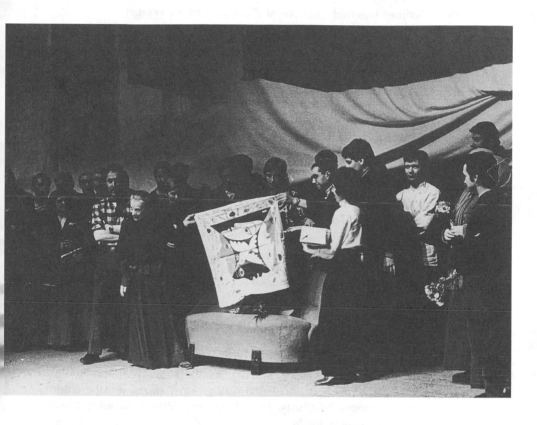

39 After the last performance of *The Mother* at the Théâtre des Amandiers,
Nanterre, 3 April 1971, Helene Weigel thanks French colleagues for their
hospitality

[Foto: Vera Tenschert]

1970 Berliner Ensemble Structural Plan, by Helene Weigel
[Parties of primary responsibility underlined, deputies marked with (d)]

Managing Director [Intendant]
Directorial Council [Rat der Intendanz]
  Secretary of the Directorial Council [Sekretär des rates der Inten-
  danz]: W.[olfgang] P.[intzka]
Deputy [Stellvertreter]
  Ruth Berghaus
Administrative Director [Verwaltungsdirektor]
  [Hans] Giersch
Cadre Leader [Kaderleitung]
  Pilka Häntzschel
Technical Director [Technischer Direktor
  W.[alter] Braunroth

I. Direction [Regie]
  Berghaus, Hecht, <u>Kupke</u>, Pintzka (d)
II. Dramaturgy
  <u>Hecht</u> leader of the dramaturgical collective [Leiter des Dram.
  Kollektivs], [Hans-Jochen] Irmer (d), [Karl] Mickel, [Klaus-Dieter]
  Winzer, 1 position
III. Prognosis [Prognose]
  Berghaus, [Wolfgang] Heise, <u>Mickel</u>, Schall, [Heiner] Müller, Hecht
  Special assignments of the Prognosis group [Spezialaufgaben der
  Prognosegruppe]: Berghaus, Hecht, Kupke, Pintzka, possibly also:
  Rülicke theory and practice of BB in the BE
IV. Set Design [Bühnenbild]
  [Karl von] <u>Appen</u>, [Ilona] Freyer, [Andreas] Reinhardt (d), [Lothar]
  Scharsich
V. Music
  [Hans-Dieter] <u>Hosalla</u>, Dessau?

Executive Arm for Carrying Out Leadership Decisions [Exekutive für
Ausführung der Leitungsbeschlüsse]
  Secretary: Wolfgang Pintzka

Artistic Collaborators [Künsteleriche Mitarbeiter]:
  [Gustav] Hoffmann etc.

[At the top left of the page, added by an unknown commentator:]
Question: Where do the BGL [Betriebsgewerkschaftsleitung], (state-run

union administrative council) and Parteigr.[uppe] (local party organization) fit into this scheme

(Translated by Theodor F. Rippey, University of Wisconsin-Madison)

NOTES

[1] Conversation recorded 16 November 1969, published as "The Key Word is: Practical" ("Das Stichwort heisst: praktisch") in my book: *Helene Weigel: A Great Woman of the 20th Century (Helene Weigel. Eine große Frau des 20. Jahrhunderts)*, (Frankfurt/M.: Suhrkamp, 2000), 56.

[2] Letter from Helene Weigel, 14 January 1967, Helene Weigel Archive.

[3] "What is breaking out among us — a sellout?" wrote Wekwerth to Helene Weigel on 2 January 1964, when Suhrkamp published the first supplementary texts and documents volumes of their Brecht edition; see Hecht, *Helene Weigel. Eine große Frau*, 94.

[4] Letter from Wekwerth to the Cultural Section of the Central Committee of the SED, 13 July 1971, copy in the Helene Weigel Archive, (ZPA, DY 30/IVA2/2024/71).

[5] Hecht, *Helene Weigel. Eine große Frau*, 56.

[6] "Supplementary Minutes of the Discussion of the Berlin Theater Situation on 23 October 1969, hosted by Comrade Hager" ("Ergänzendes Protokoll zur Beratung über die Berliner Theatersituation am 23.10.1969 beim Genossen Hager"), Helene Weigel Archive 681 85. Quotations following this one are taken from the same minutes.

[7] Letter to Kurt Hager, Helene Weigel Archive 677/1–9.

An Interview with Manfred Karge

In 1961 Manfed Karge was hired by Helene Weigel straight from the Berlin State Theater School to work at the Berliner Ensemble as an assistant director and actor. He was in the productions of *Arturo Ui*, *Optimistic Tragedy*, and *The Days of the Commune*, among others, and acted with Weigel in *Frau Flinz* and *Coriolanus*, later accompanying her on many international tours. From 1962, together with Matthias Langhoff, he developed the "Brecht Evenings" into what amounted to a kind of second program — an alternative to the major Brecht productions of the Ensemble. This program resulted in such productions as *The Little Mahagonny* (1963) and *The Breadshop* (1967). Although these intitiatives were unusual given the structure of the Ensemble, Helene Weigel lent them her support. On the one hand she fully endorsed Wekwerth's theatrical model of concentrated work for as long as a year on a single production; on the other hand she was also sympathetic to a conception of the theatre as something spontaneous and ephemeral. In this interview Karge remembers his work with Weigel from his perspective as a director, actor, and writer, especially her work as Managing Director, her attitude towards the development of Brecht's texts, and her lasting influence as an actress, including her revelation that she never suffered from stage fright.

Manfred Karge im Gespräch über Helene Weigel

Judith Wilke

Wilke: Sie kamen 1961 direkt nach der Schauspielschule ans Berliner Ensemble. Auf der Schule hatten Sie ein Stück über Nazi-Richter in der Bundesrepublik gemacht, eine Collage mit dem Titel *Zum Tode verurteilt*, und jemand vom Berliner Ensemble hat das gesehen und Sie empfohlen.

Karge: Das war Elisabeth Hauptmann. Sie hat sich immer sehr umgeschaut, auch an der Peripherie, nicht nur im Zentrum. Sie hat sich interessiert für junge Leute und nach Talenten Ausschau gehalten. Sie war ja nicht fest am Theater, sondern hatte so etwas wie einen Beraterinnen-Status. Sie hat also diese Arbeit gesehen und das der Weigel gesagt. Und die hat mich dann bestellt, da war ich noch auf der Schule, im letzten Studienjahr. Es war damals sehr unüblich, direkt von der Schule an ein Berliner Theater zu gehen. Es war fast ein ungeschriebenes Gesetz, erst in die Provinz zu gehen und sich dann hochzuarbeiten.

Wilke: War das vor oder nach dem Bau der Mauer, als Sie sich für das BE entschieden?

Karge: Das war noch davor. Im Frühjahr 1961 wurde ich plötzlich eingeladen zu ihr. Es hat mich gleich sehr erstaunt, als ich in das Zimmer kam und sie auf mich zukam, mir die Hand entgegenstreckte und sich vorstellte: „Weigel." Dann hat sie mir das Angebot gemacht, ans BE zu kommen, sie traute da der Elisabeth sehr, wenn sie ihr Leute empfahl. Sie hat mich sozusagen unbesehen engagiert als Regieassistent. Wobei es damals am BE etwas feiner hieß „Mitarbeiter für Regie und Dramaturgie," dazu kam bei mir der Passus „mit Spielverpflichtung." Dann kam der Mauerbau und unmittelbar danach begann meine Arbeit, am 1. September 1961. Es entstand die etwas kuriose Situation, dass ein Teil der Schauspieler nicht mehr da war: fünf, sechs oder sieben der westdeutschen und westberliner Schauspieler, unter anderem der Gerd Schäfer, mit dem ich eine gewisse Typähnlichkeit hatte. Und so passierte es, dass ich gleich mehrere Rollen bekam. Ich spielte dann im *Arturo Ui* und in der *Optimistischen Tragödie*, so zwei, drei Rollen. Gleichzeitig ging es in die Regieassistenten-Arbeit an der Riesenproduktion von *Die Tage der Commune*. Ich war einer von vier oder fünf Assistenten. Und dann passierte es wieder, dass eine der Hauptrollen

Helene Weigel 100
Maarten van Dijk et al., eds., *The Brecht Yearbook / Das Brecht-Jahrbuch*
Volume 25 (Waterloo, Canada: The International Brecht Society, 2000)

nach monatelanger Arbeit — wir haben ja endlos lange an dieser Produktion gearbeitet — ausfiel und ich seine Rolle bekam, so dass ich neben der Assistenten-Tätigkeit ziemlich schnell relativ viel spielte. Und dann kam ein großer Moment, als der Matthias Langhoff an das Theater kam. Das war ungefähr drei Monate nach mir, Ende 1961 oder Anfang '62. Das war einer der seltenen Fälle von Liebe auf den ersten Blick und der Beginn einer sehr, sehr langen Freundschaft, die bis heute andauert, obwohl wir jetzt nicht mehr zusammen arbeiten. Wir haben uns zusammengetan und es ist uns dann für BE-Verhältnisse unheimlich schnell gelungen, inszenieren zu dürfen.

Wilke: Wie waren denn die BE-Verhältnisse, als Sie dort hinkamen?

Karge: Wir waren ein ganzer Pool von Assistenten, sechs, sieben, acht oder neun, und die hatten erst einmal abzudienen, die hatten erst einmal sehr, sehr lange diese Tätigkeit von Assistenten auszuüben.

Wilke: War Brecht zu der Zeit schon eine Art Übervater?

Karge: Ja, sicher. Aber zu meiner Zeit hatte das Gespann Wekwerth/Tenschert die künstlerische Leitung. Palitzsch blieb ja weg 1961. Und die gesamte Arbeit richtete sich ganz darauf, was Wekwerth/Tenschert eben machten. Es gab noch Erich Engel, der damals schon sehr alt war, aber den ich noch miterlebt habe mit der Inszenierung von *Schweyk*. Ein bisschen war das ja wie im Jesuitenkolleg. Wir hatten immer früh um 9 anzutanzen, ob wir anschließend Probe hatten oder nicht. Damals haben wir das als sehr beschwerlich empfunden, heute muss ich sagen, war es auch eine sehr genussvolle Angelegenheit. Früh um 9 — um jetzt auf Helli zu kommen — Punkt 9 war Helli im Theater, und wir trafen uns in der Kantine an einem bestimmten langen Tisch, alle Mitarbeiter der Regie, Dramaturgie, Bühnenbild, auch Karl von Appen war jeden Morgen da. Und dann wurde eine Stunde diskutiert, nicht unmittelbar immer über die Probe oder die Probenvorbereitungen, sondern jemand zog irgendeinen Artikel oder eine Zeitung hervor oder brachte ein Thema auf, und dann wurde diese Stunde darüber geredet, als Einstimmung in den Tag. Es war ungeschriebenes Gesetz, es war Pflicht, da zu sein.

Wilke: Wie kamen Spielplanentscheidungen zustande?

Karge: Das wurde damals alles von Wekwerth gemacht.

Wilke: Was hat Weigel damit zu tun gehabt?

Karge: Ja, das war eben so die Geschichte — die Helli hatte in dieser Beziehung zwei Seelen in der Brust. Sie hat dieses Wekwerthsche Modell des Theaters unterstützt, also ganz konzentriert an einer Produktion möglichst ein Jahr lang zu arbeiten. Aber sie hat auch diese andere Seite in sich gehabt, Theater als etwas Spontaneres, Flüchtigeres zu sehen. Sie hat gespürt, dass man Theater auch mal schneller machen muss und schneller reagieren muss und nicht immer so endlos lange probieren darf. Und das war unser Vorteil, das war dieser Punkt, an dem uns der Zufall zur Hilfe kam. Wahrscheinlich waren wir noch nicht lange genug in diesem Trott, dass wir uns das überhaupt getraut haben, Langhoff und ich, eine Produktion vorzuschlagen. Das war schon irgendwie unglaublich, eigentlich nur zu erklären durch eine gewisse Unwissenheit.

Wilke: Vorsprung durch Naivität —

Karge: Ja, wir waren noch nicht indoktriniert durch die Gepflogenheiten des Hauses. Ich weiß noch wie heute: Der Engel, der noch so einen Sonderstatus hatte, machte *Schweyk*, und da hing der Spielplan aus, und abends guckten wir am Kasten und wunderten uns, dass eine Reihe sehr guter Schauspieler nicht besetzt war. Und gerade als junger, angehender Regisseur ist man ja unheimlich darauf aus, schnell was zu machen. Wir waren also ganz begierig und haben gesagt, wenn da so viele frei sind, kann man doch was machen. Wir konnten uns natürlich an fünf Fingern abzählen, dass es ein Brechtstück sein musste, und es konnte natürlich nicht *Galilei* sein, es musste irgendetwas Kleineres, Abseitigeres sein. Zufällig kannten wir ein Foto, das wir sehr liebten, nämlich von der Uraufführung *Mahagonny* 1927 in Baden-Baden. Ein Foto mit einem Boxring und darin die Sänger, während einer Probenpause, Brecht war zu sehen, und Weill stand auch herum. Nun muss man natürlich wissen, dass in dieser Zeit auch für uns wenig von Brecht zugänglich war. Ein paar Stückebände waren erschienen, man kannte die Hauptwerke und die *Versuche*-Hefte. Es gab auch die Oper und das Libretto von *Mahagonny*, aber dieses *Kleine Mahagonny*, das Songspiel, gab es nirgends gedruckt. Wir kannten also nur dieses wunderbare Foto. Und wir haben die Unverschämtheit besessen — so kann ich es heute nur sagen, aber es war vielleicht wirklich größte Naivität —, uns am nächsten Tag bei der Helli anzumelden. Man konnte ja bei ihr immer vorsprechen. Sie hatte so ein Schild über ihrer Tür hängen und wenn sie auf einen Knopf drückte, blinkte eine Schrift auf: „Nur eine Minute." Das war für solche Fälle, die nicht vorgesehen waren oder für die keine lange Anmeldung nötig war. Wenn diese Minute frei war, konnte man schnell mal mit irgendetwas kommen. Das beschreibt etwas von dem, was ich später kaum noch getroffen habe an der Haltung von Theaterleitung. Sie war eine Theaterleiterin, wie man sie sich besser nicht vorstellen konnte: wirklich für alles da und für alle zu sprechen. Besonders für Leute, die sie gut leiden mochte, und ich hatte das Riesenglück, dass sie mich sehr gut leiden mochte.

Wir spazierten da also hoch und sagten, wir möchten ein Stück inszenieren, da sind doch Schauspieler frei. Und jetzt kommt das, was ich meine mit den zwei Seelen in der Brust: Sie war *sofort* Feuer und

Flamme und sagte: „Ja, Buben, das ist ja schön, was wollt ihr denn machen?" Da haben wir gesagt: „Ja, *Mahagonny*." — „Ach ja, das ist doch mit der Musik vom Weill, so was würde uns doch mal gut zu Gesichte stehen. Bringt's mir a Besetzung." Es war gar nicht groß gesprochen worden, sie hat auch nicht zum Telefonhörer gegriffen und Wekwerth angerufen und gesagt, hier sind die, die wollen ein Stück machen. Sie hat nur gesagt: „Bringt mir eine Besetzung." Das hat sie wahrscheinlich einerseits überrascht, andererseits gefreut, dass Leute einfach so ankommen und nicht lange erst irgendwelche Regiekonzepte schreiben und vorlegen. Da war sie auch Theaterpferd. An dieser Geschichte habe ich gemerkt, dass sie eine große Sympathie hatte für solche merkwürdigen Regungen, die eigentlich gar nicht in das Schema dieses Hauses damals passten.

Auf der anderen Seite hatte sie diese sehr gewissenhafte Haltung, die manchmal extreme Formen annahm. Es wurde zum Teil auch viel Zeit, meine ich, unnötig verbraten. Wenn ein kleines Problem in einer Szene auftauchte, ich denke da zum Beispiel an die Proben zur *Commune*, konnte es nach nur einer halben oder einer Stunde Probe passieren, dass die Schauspieler nach Hause geschickt wurden und der Regiestab sich zurückzog und die Szene analysierte und umarbeitete. Im Vordergrund stand die analytische und dramaturgische Arbeit und nicht die Schauspielerarbeit. Die Schauspielerarbeit war letztendlich immer eine Erfüllungsarbeit des Analytischen und Dramaturgischen; nicht so, wie man das auch anders kennt, dass man bei einem Problem oder an einem Punkt, an dem man irgendetwas nicht gleich richtig versteht, über das Spiel und über das Probieren versucht, etwas Neues herauszufinden.

Um zurückzukommen auf diese *Mahagonny*-Geschichte: Wir kannten also nur das Opernlibretto, rannten sofort ins Brecht-Archiv, haben da geklingelt und gesagt: „Schönen guten Tag, wir haben mit Frau Weigel geredet und möchten gern den Text vom *Kleinen Mahagonny* haben." Daraufhin schüttelten sich alle vor Lachen, bis wir langsam mitbekamen, dass die diesen Text auch gerne haben würden. Jedenfalls bekamen wir heraus, dass er nicht erhalten ist. Wir standen also da, hatten sozusagen fast eine Inszenierung in der Tasche, aber kein Stück. Daraufhin haben wir uns beraten und uns entschlossen, nichts zu sagen, sondern uns nach Hause zu begeben, das Libretto zu nehmen und selbst eine Fassung zu machen. Wir sind zu Elisabeth Hauptmann gegangen, zu der wir sehr schnell ein freundschaftliches Verhältnis gefunden hatten, und haben sie ausgefragt, wie das denn damals in Baden-Baden war. Sie war auch nicht mehr die Jüngste und das Ganze war ja auch schon lange her. Aber sie erinnerte sich, dass es einen Ansager gab zwischen den Runden, und Tafeln mit Sprüchen... Daraufhin haben wir einfach aus dem Opernlibretto und den Erzählungen der Elisabeth eine Fassung gemacht, von der wir dachten, so ungefähr könnte das gewesen sein.

Bis zur Premiere haben wir durchgehalten. Es wurde nicht ruchbar, dass das gar kein originaler Brechttext ist. Und auf der Premierenfeier sind wir zur Helli gegangen — das ist auch wieder so eine typische Geschichte — und haben gesagt: „Helli, wir müssen beichten, wir müssen das mal sagen, das ist nicht so richtig von Brecht, zum Beispiel den ganzen Erzähler haben wir in Brechts Stil dazugeschrieben." — „Ihr Lauser, ihr Lauser, ihr habt mich reingelegt," hat sie gesagt, und so weiter. Aber im Grunde hat diese ganze Aktion sie köstlich amüsiert, sie war auch sehr glücklich, denn die Sache war ein Riesenerfolg. Es war, glaube ich, eine wirklich gute Aufführung mit exzellenten Schauspielern und auch musikalisch sehr gut. Aber was ganz wichtig war, und das wurde damals auch so vermerkt, man spürte, dass da etwas anderes stattfand als in den großen Brecht-Inszenierungen, die mit der Zeit immer hermetischer wurden. Wir haben uns dann auf dieses Feld zurückgezogen und sozusagen ein zweites Programm eröffnet mit den „Brecht-Abenden." Damit hatten wir uns ein Arbeitsfeld geschaffen, auf dem wir später auch *Brotladen* gemacht haben, und *Messingkauf.* Das war eine Chance, von diesen Hauptproduktionen, die Wekwerth gemacht hat, unabhängig zu werden.

Es passierte dann sehr schnell, dass die Weill-Erben kamen — damals lebte ja die Lenya noch — und mit Verweis auf die rekonstruierte Songspielfassung von David Drew verbieten wollten, dass unsere Fassung gespielt wird. Dieses Verbot der Weill-Foundation gilt ja bis heute, wobei ich nach wie vor finde, dass es für Theater ein tolles Stück ist. Aber das ganze Gebiet der Vererbung geistigen Eigentums ist ein Kapitel für sich, das will ich hier mal weglassen. Damals hatte Helli bei der Lenya raushandeln können, dass das Stück am BE weitergespielt werden durfte, nur nicht außerhalb des Hauses. Bei Gastspielen wurde es immer als nicht-öffentliche Sondervorstellung gezeigt. Und eines Tages nahm sie mich zur Seite, in ihrer typischen Art, wie sie einen immer so untergeärmelt hat und auf dem Hof so ein paar Schritte mit einem zur Seite gegangen ist, und sagte: „Hör mal her, Karge, ich hab mir was überlegt. Unsere Aufführung von *Mahagonny* ist ja sehr schön... Aber wenn die Aufführung nicht mehr da ist und wenn ich nicht mehr da bin, dann weiß kein Mensch mehr, was da eigentlich stattgefunden hat." Sie stand sehr zu unserer Fassung, die als Fassung des Berliner Ensembles ausgegeben wurde, mit dem Zusatz „Nach der Bühnenfassung 1927" und in Klammern „Karge/Langhoff." Helli meinte, wir müssten das irgendwie schaffen, dass das erhalten bleibt, und dann hat sie organisiert, dass eine Schallplatte gemacht wurde. Für damalige DDR-Verhältnisse sogar sehr aufwendig, mit einem umfangreichen Buch drin, wo sie darauf bestanden hat, dass die ganze Textfassung abgedruckt wurde, mit Beschreibungen und Fotos und so weiter. Sie meinte, wenn mal die ganze Geschichte mit den Rechten vorbei sein würde, sollte das einfach aufgehoben sein. Sie hat das sogar so lanciert, dass in den Produktionskosten der VEB-Schallplatte — Eterna hieß diese Firma — die Konventionalstrafe, was die Musikrechte betraf, schon mit eingearbeitet war. Das war typisch von ihr, auf diese Weise weiterzudenken.

Wilke: Es gibt von einer Probe zu *Mahagonny* ein paar Fotos mit der Weigel, auf denen sie einer Schauspielerin zeigt, wie sich eine Hure bewegt. Können Sie sich an die Situation erinnern?

Karge: Das war eine lustige Geschichte. In dem Haus gab es damals ja wirklich eine starke Zusammenarbeit. Man setzte sich auf die Probe eines anderen, schrieb was auf und drückte dem das in die Hand, wenn man irgendwelche Beobachtungen gemacht hatte. Helli hat sich natürlich auch stark eingemischt, das war ja auch ihr Recht als Intendantin, und dann konnte man mit ihr diskutieren. Sie hatte so Vorlieben, und eine der Vorlieben waren Kostüme. Sie hat zu mir mal gesagt, der Biddi — also der Brecht — hätte zu ihr gesagt, sie hätte einen besonderen, guten Geschmack für Kostüme. Und da hat sie also gern reingeredet. Wir mochten nun zum Beispiel diese Hurenromantik nicht, dieses Hurenbild, das von der *Dreigroschenoper* herkommt. Da haben wir lange überlegt und sind mit dem Karl von Appen zusammen auf diese sehr spartanische Kleidung gekommen, auf dieses Mädchenhafte, diese Butterblumenhüte und Frackjacken. Also eher zugeknöpft, wenn auch mit kurzen Röcken. Und da hat sie immer ein bisschen dran rumgemosert. Ich entsinne mich an mehrere Gespräche, konnte da aber sehr gut mit ihr umgehen. Zuerst habe ich sie ausreden lassen, wenn sie immer so sagte: „Das muss doch ganz anders sein, mit Chiffon, farbig, und durchsichtig" usw. Ich habe sie also ausreden lassen, und wenn sie fertig war, habe ich gesagt: „Ja, Helli, aber...," und dann habe ich unseren Standpunkt immer wiederholt. Und sie, dieses Luder, hat daraufhin Folgendes gemacht: Sie hat sich, ohne etwas davon zu sagen, ein wunderbares Kleid aus Amerika von irgendwelchen Verwandten oder Bekannten schicken lassen. Und das Heimtückische war, sie kam nicht mit diesem Kleid und zeigte das und sagte, hier, so stelle ich mir das vor, sondern sie zog das an. Sie erschien plötzlich während einer Probe auf der Bühne mit diesem Ding und einem Hut und bewegte sich natürlich wunderbar. Zu einem Kleid hätte man schnell sagen können: „weg mit diesem Kleid," aber man konnte nicht auch den Inhalt einfach so wegschieben und sagen: „weg mit der Person." Wir haben dann so ein bisschen gelacht und gesagt, das sei ja sehr schön, wir würden uns das vielleicht noch mal überlegen. Aber wir sind hart geblieben und haben uns, nach einem ziemlich großen Krach, durchgesetzt. Wir empfanden das als Angriff auf unsere Autorität als Regisseure. Es war typisch, dass sie sich manchmal an bestimmten Dingen festgebissen hat. Aber man konnte da auch mit ihr umgehen. Sie war sehr direkt und deutlich, das hat mir eigentlich gefallen. Rückblickend gesehen hat sie in jeder Arbeit, an der sie nicht unmittelbar als Schauspielerin beteiligt war, die sie aber als Prinzipalin begleitete, eine Reihe wirklich guter Punkte eingebracht.

Das war also der Anfang. Das nächste größere Projekt war dann *Brotladen*, was auch — als Brecht-Fragment — wieder eine gewisse Problematik in sich hatte. Langhoff und ich haben die Stück-Fassung in einer fast kriminalistischen Kleinarbeit aus den vielen verschiedenen Fassungen und Stücklinien herausgefiltert. Der Helli hat das wahnsinnig gut gefallen; ich habe noch Briefe von ihr, in denen sie uns sehr beglückwünscht zu dieser Fassung.

Wilke: Es gibt eine Probennotiz von ihr, vom 7. April 1967, darin heißt es: „Etwas, was mir zu fehlen scheint, ist: Die deutlichen Punkte, an denen man erkennen kann, so, hier ist es fragmentarisch. Da gibt es nur einen Satz. Es läuft doch sehr wie ein abgeschlossenes Stück. Das ist Euch sozusagen gelungen, aber ich würde es für wichtig halten einzubauen: fragmentarische Punkte. Ihr habt keinen Kommentator, der ist vielleicht auch überflüssig, aber ich wollte Euch schnellstens darauf hinweisen." Wie ist diese in ein Lob verpackte Kritik zu verstehen? Es scheint so, als hätte sie die Fragmente von Brecht nicht so sehr als Fragmente geschätzt, sondern als Material für ein potentielles Stück, in das dann aber im Nachhinein, sozusagen als Kunstelement, wieder fragmentarische Punkte eingebaut werden müssten.

Karge: Die Fragmente — das ist ein weites Gebiet. Da gehört ja auch ganz zentral *Fatzer* hinein, was damals ebenfalls diskutiert wurde. Damals lag das ganze *Fatzer*-Material aber überhaupt noch nicht vor, so dass wir uns für *Brotladen* entschieden haben, weil das Material ergiebiger war. Und dieses Ausgraben der Fragmente hing zusammen mit dem „zweiten Programm" der Brecht-Abende als Alternative zu den großen Produktionen am Haus. Nach dem großen Erfolg von *Brotladen* hat sie ebenfalls wieder eine ganz klare Haltung zur Frage der Urheberschaft eingenommen. Die Fassung sollte in der Regenbogenreihe bei Suhrkamp veröffentlicht werden, und da hat sie uns gebeten, ein Vorwort zu schreiben. Darin sollte klar zum Ausdruck kommen, dass das unserer Fassung ist bzw. eine mögliche Auslegung des Fragments von Brecht. Sie meinte, es müsse gezeigt werden, wie die Fassung zustande gekommen ist, ohne Brecht zu unterschieben, dies sei nun *das* Stück. Denn Brecht hätte ja wahrscheinlich, wenn er es zu Ende geschrieben hätte, ein ganz anderes Stück daraus gemacht. Diese Art von Redlichkeit, mit der sie darauf bestand, dass die Dinge beim richtigen Namen genannt werden, hat mir sehr gefallen. Selbst wenn sie in einigen Sachen manchmal auch hart war, hatte ich immer noch Verständnis dafür, weil ich dachte, die Frau hat mit diesem schwierigen Mann ihr Leben zugebracht, und wenn sie zum Beispiel im Exil oft auch nur die Suppe gekocht hat, sie hatte einen großen Anteil an seiner Arbeit. Die ganze Pervertierung mit den Rechten ist erst nach ihrem Tod durch die Erben entstanden. Ihre Tochter Barbara wollte uns die Rechte für die *Brotladen*-Fassung zuerst abkaufen und hat sie dann, als wir damit nicht einverstanden waren, streitig gemacht. Das weitete sich zu einer furchtbaren Geschichte aus, als wir nach dem Tod der Weigel, aber noch von ihr initiiert, das Stück in einer französischen Fassung in Paris machten, und sie das mit allen Mitteln zu verhindern versuchte. Dagegen war Helli für klare Verhältnisse; ihre Tochter war nicht einmal bereit, unser Vorwort zu *Brotladen* zu lesen, das ja zu Hellis Zeiten erschienen war — absurd.

Wilke: Wie haben Sie die späten 60er Jahre und die zunehmenden Machtkämpfe im Haus erlebt?

Karge: Im Laufe der Jahre sind wir immer unzufriedener geworden mit den herrschenden Verhältnissen im Theater, die von Wekwerth bestimmt waren, so dass es zu einer Spaltung innerhalb des Hauses kam. Wekwerth übte ja den Aufstand gegen die Weigel, wobei mir die genauen Hintergründe nicht bekannt sind. Ich fand es nur sehr hybrisch von ihm, natürlich musste er den Kürzeren ziehen. Und dann gab es eine dritte Partei, das waren hauptsächlich die Assistenten, die sozusagen mit diesem Hermetischen unzufrieden waren, das — ich würde sagen nach *Coriolan* — immer stärker wurde. *Coriolan* würde ich als

40 Helene Weigel mit Manfred Karge und Matthias Langhoff auf der
„Experimenta" in Frankfurt am Main, 1968

[Foto: Vera Tenschert]

eine Art Schwanengesang des „lebendigen" Berliner Ensembles nehmen. Das war 1964, eine wunderbare Aufführung mit tollen Sachen
wie dieser von Ruth Berghaus choreographierten Schlacht. Danach
wurde es ein bisschen dröge. In dieser Situation forderten wir Assistenten, wir haben uns da alle zusammen verhalten, eine Änderung im
Gesamtsystem des Theaters. So entstand sozusagen ein Dreieck. Helli
siegte in Sachen Wekwerth und warf ihn kurzerhand raus. Und genau
in der Zeit dieser Krise begannen Langhoff und ich mit *Sieben gegen
Theben* von Aischylos. Das war 1968, im Jahr des „Prager Frühlings."
Zu dieser Arbeit hatten wir einen ganz hochkarätigen, tollen No-
Spieler, den Hideo Kanze, hinzugezogen. Was die Mnouchkine vor ein
paar Jahren angeblich erfunden hat, Shakespeare mit asiatischem Theater zu verbinden, das hatten wir damals mit dem No-Theater und dem
Aischylos. Während dieser Produktion tobten noch die Kämpfe, die der
Wekwerth von seiner Seite her führte, und er — ich kann es leider
nicht anders sagen — er denunzierte uns, wie die Helli sagte, an höhe-
rer Stelle. Er hat uns bei irgendwelchen höheren Kulturpolitikern der
Konterrevolution bezichtigt und gesagt, diese Arbeit sei eine Instinktlo-
sigkeit. Man hat die Fabel von *Sieben gegen Theben*, den Bruderkrieg,
auf die Situation in Prag bezogen. Jedenfalls schaffte er es, dass das
Kulturministerium rege werden musste und der Helli eine — wie nannte sich das — eine „Weisung" erteilte. Sie bekam die „Weisung" zu
überprüfen, ob es richtig sei, so eine Produktion in dieser Zeit zu machen. Soweit ich weiß, passierte es zwei Mal, dass sie vom Kulturministerium eine „Weisung" erhielt, das zweite Mal ebenfalls 1968 für
die am Berliner Ensemble geplante Lesung von Hanns Eislers *Johann
Faustus*.

Wilke: Wie hat sie sich dazu verhalten?

Karge: Unterschiedlich. Bei *Sieben gegen Theben* hat sie es in einer
phantastischen und raffinierten Weise gemacht. Sie hat uns gebeten,
die Proben zu unterbrechen, und gesagt: „Wir spielen das, aber lasst
mich erst einmal machen." Wir haben also unterbrochen, was für uns
ein bisschen kompliziert war, weil wir das dem berühmten japanischen
No-Spieler erklären mussten (*Lachen*), und sie hat im Umfeld der Kulturpolitik Leute gesammelt, die sie sozusagen als Kenner der Materie,
als Helfer, Freunde und Beurteiler des Ganzen angesprochen hat.
Alfred Kurella zum Beispiel, der ja ein ziemlich stalinistischer Bursche
war, den hat sie angesprochen als Griechenkenner: „Kurella, du kennst
dich doch besonders gut in der Griechischen Tragödie aus, ist denn
irgendetwas zu sagen gegen Aischylos und gegen *Sieben gegen Theben*?" (*Lachen*) Solche Denunziationen waren einerseits perfide, andererseits war es so, dass der Grund der Denunziation nicht offen ausgesprochen werden durfte. Man konnte nicht sagen: „Damit ist doch
gemeint, dass die sozialistischen Bruderstaaten gegen den eigenen

Bruder Prag ungerecht vorgehen...," denn dann hätte man ja zugege-
ben, dass man in dieser Richtung überhaupt denkt. Eine ähnliche Situation entstand im selben Jahr auch bei unserer Fernsehproduktion von
Die Gesichte der Simone Machard, für die wir die Helli trotz ihrer
Abneigung gegen Fernsehen und Film für die Rolle der Madame Soupeau gewonnen hatten. Auch da konnte der Verdacht, das Stück würde
auf den Widerstand gegen das DDR-Regime anspielen, nicht explizit
ausgesprochen werden. Bei *Sieben gegen Theben* hat Helli dieses Tabu
sehr geschickt als einen Vorteil ausgenutzt. Sie hat also einen Kreis von
„Experten" zusammengebracht, die über das Stück diskutiert haben.
Diese Unterbrechung der Proben dauerte ungefähr zwei oder drei
Wochen und schließlich wurde festgestellt, dass es keinen Grund gebe,
das Stück zu verbieten. An der Diskussionsrunde war auch Wolfgang
Heise beteiligt, der auf unserer Seite stand. Gegen diesen „Verrat" von
Wekwerth, der damals schon nicht mehr am Theater war, konnte sich
Helli also mit ihren Mitteln durchsetzen.

Wilke: Nach *Sieben gegen Theben*, 1969, haben Sie und Matthias
Langhoff das Berliner Ensemble verlassen und sind an die Volksbühne
gegangen. Wie hat sich die Trennung auf Ihr Verhältnis zur Weigel
ausgewirkt?

Karge: Ich glaube, ich war einer der wenigen, die weggegangen sind
und trotzdem ein sehr gutes und freundschaftliches Verhältnis zu ihr
behalten haben. Wir haben ja, als ich schon nicht mehr am BE war,
zahlreiche Auslandstourneen mit Brecht-Abenden gemacht. Ich erinnere mich an ein Gastspiel in Dubrovnik im Sommer 1970. Helli hatte für
diesen Auftritt für uns alle eine tolle Gage rausgehandelt, so dass wir es
uns leisten konnten, mit Familie noch eine Woche Urlaub in Dubrovnik zu machen. Sie blieb auch noch da. Und dann haben wir diese
Woche zusammen verbracht — ich habe davon, übrigens auch von ihr
in Buckow am Bootssteg, noch eine Video-Aufnahme. Morgens früh
sind wir immer zusammen schwimmen gegangen, d.h. sie hatte mich
gebeten, sie zu begleiten, weil sie nicht alleine rausschwimmen wollte.
Sie mochte das nicht, nur so am Strand hin- und herzupaddeln, und sie
ist dann, ziemlich risikovoll, richtig zügig rausgeschwommen....Das
war dieses Merkwürdige, dieses Unvermittelte bei ihr, bei dem man
nicht wusste, wo das herkommt: Jedenfalls wendete sie sich einmal
mitten im Schwimmen plötzlich zu mir um und sagte: „Jetzt verstehe
ich, warum du vom Ensemble weggegangen bist, und das war richtig
so." Ich war erst mal sehr verdutzt, weil ich noch an die Tränen dachte,
die ich da sehen musste, als wir gegangen sind. Andererseits konnte sie
das Tränenspiel auch sehr gut als Verhandlungsmittel einsetzen. Damals jedenfalls hat mich dieses Weinen schockiert. Dieser Satz, den sie
da auf dem offenen Meer zu mir gesagt hat, hat mir klargemacht, wie
ambivalent sie in den letzten Jahren der Arbeit am BE gegenüberstand.

Wilke: Sie haben oft mit ihr zusammen auf der Bühne gestanden, sowohl in Stück-Produktionen als auch bei den Brecht-Abenden. Dort ist sie in erster Linie als Rezitatorin aufgetreten, wobei sie eine sehr eigene Art hatte. Sie hat sich sehr zurückgenommen hinter den Text, hat mehr gelesen als gespielt. Haben Sie auf der Bühne von ihr gelernt?

Karge: Ja, das war für mich eine sehr wichtige Schule. Das heißt, in der Aufführung selber, in den Stücken, habe ich nur unbewusst gelernt. Wie man eben lernt, wenn man etwas tut und es oft genug tut. Aber es ist mir nicht wirklich bewusst geworden, was ich da gemacht habe. Nur manchmal, einmal etwa durch eine westdeutsche Kritik zu *Die Tage der Commune*, habe ich da etwas wahrgenommen. In einem Absatz hieß es über mich: „...ein Schauspieler mit einer Spielweise, wie wir ihn in der Bundesrepublik nicht haben." Über meine Art zu spielen gab es auch einmal eine ganze Seite von Peter Iden in der *Frankfurter Rundschau*, für mich selbst war meine Art zu spielen eher unbewusst. Dagegen waren diese Abende mit der Lyrik wirklich Schule für mich. Und zwar genau dieses Stehen zwischen Weigel und Schall. Wir waren ja nun wirklich drei sehr unterschiedliche Leute, sozusagen drei Generationen, und es gab eine ständige Diskussion zwischen der Weigel und dem Schall über die Art, wie man mit Versen, mit Gedichten umgeht. Sie hat die Ansicht vertreten, der Text wäre zu lesen. Und selbst wenn man den auswendig kann, müsse man zumindest die Haltung des Lesenden einnehmen. Sie wollte deutlich zeigen, dass zwischen ihr und dem Publikum die Folie des Dichters steht. Der Ekke war ganz anderer Meinung. Er hat gesagt, lesen kann jeder auch zu Hause für sich, und wenn ich das auf der Bühne mache, muss ich dem Zuschauer irgendetwas hinzugeben. Ich muss irgendetwas tun, was mehr ist, als nur den Text zur Kenntnis zu geben — was allerdings auch bei der Helli nicht der Fall war, in ihrem Lesen war immer eine Haltung spürbar. Bei ihr war das Lesen aber eben immer verbunden mit der Grundhaltung des Lesenden, des rezitierend Lesenden, und bei Ekke mit der Haltung des Spielenden. Er spielte ja Gedichte richtig. Auch mit körperlichem Einsatz. Und dazwischen stand ich als junger Bursche mit der Gitarre in der Hand. Ich war sozusagen zuständig für den jungen Brecht, die Gitarrenlieder usw. Gleichzeitig hat mir die Helli — und da hatte sie wirklich ein sehr gutes Ohr — ein Gedicht empfohlen, das ich für mich als fast zu klassisch empfand: *Lied der Lyriker*, dieses sehr lange Gedicht mit dem Untertitel: „Als schon im ersten Drittel des 20. Jahrhunderts für Gedichte nichts mehr gezahlt wurde." Ich habe das dann auch erarbeitet und später sehr, sehr oft vorgetragen. Aber bei den Brecht-Abenden gab es eben diese ganz kräftig unterschiedlichen Pole, und davon habe ich wirklich sehr bewusst gelernt, für mich als Schauspieler und später auch als Schreibender.

Wilke: Hatte das mit dem speziellen Sprechen der Weigel zu tun?

Karge: Ja — wie sie mit der Sprache umgegangen ist, wie man mit Versen umgeht. Ich habe dadurch auch eine große Liebe zu Versen entwickelt. Es gibt ja Leute, die hassen Verse. Es gibt Schauspieler, die machen alles, damit man nur nicht merkt, dass das ein Vers ist. Dieses Bewusstsein für Sprache, das habe ich gelernt bei diesen Abenden, das war für mich sehr wichtig.

Wilke: Ist die Weigel, was die Arbeit am Text angeht, ähnlich an das Rezitieren herangegangen wie an eine Rolle? War das eine ähnliche Haltung, dieses Sichzurückstellen hinter den Text?

Karge: Ja, das kann man so sagen. — Naja, es gab diesen kaum beschreibbaren, interessanten Widerspruch bei ihr. Einerseits dieses Sichzurücknehmen, andererseits das volle Beanspruchen der Aufmerksamkeit... Das ist eben so schwer zu beschreiben. Sie hat sich zurückgenommen, ohne sich zu bescheiden. Sie hat zu mir einmal diesen schönen Satz gesagt: „Was bildest du dir ein, dass du dich so bescheiden gibst?" Ein wunderbarer Satz. (*Lachen*) Bescheidenheit aus Arroganz, sozusagen.

Wilke: An dem Filmausschnitt von *Carrar* fiel mir auf, wie unglaublich bewusst sie da spielt und wie extrem langsam. Denken und Fühlen, was ja eigentlich der körperlichen Bewegung immer ein bisschen voraus ist, scheint in diesem ganz langsamen und sehr kontrolliert wirkenden Spiel festgehalten. Diese Art des bewussten Spiels, in dem keine Geste zufällig ist, kenne ich heute kaum mehr.

Karge: Natürlich ist es eine ganz bestimmte Eigenart und ein spezielles Talent, das ist klar. Aber diese Spielweise hängt auch zusammen mit einem großen Selbstbewusstsein, was man aus Zuschauersicht als Präsenz bezeichnet und als Anwesenheit. Das hatte sie, und ich glaube, sie hat gewusst, dass sie, wenn sie auf die Bühne kam, alle Aufmerksamkeit auf sich gezogen hat. Diese Gewissheit hat ihr auch die Möglichkeit zu dieser Ruhe gegeben. Interessant in diesem Zusammenhang ist, dass sie nie Lampenfieber hatte. Ich habe auch nie Lampenfieber. Ich kenne diesen Zustand nicht. Ich bin zum Teil aufgezogen worden von Kollegen, weil ich das dummerweise irgendwann mal gesagt habe. Die haben gesagt, wer kein Lampenfieber hat, ist untalentiert. Das habe ich der Helli erzählt, die nur meinte: „Nee, kannst ganz beruhigt sein, ich hab auch nie Lampenfieber." Sie war völlig souverän, völlig souverän, sie wusste, was sie konnte. Darum war sie nie aufgeregt. Sie hat sich die Ruhe einfach genommen.

Wilke: In diesem Zusammenhang finde ich die Stellung zu Artaud interessant, von dem die Weigel sich abgegrenzt hat, den sie als eine Art Gegenpol gesehen hat. Ich denke da an die Inszenierung von O'Caseys *Purpurstaub*, bei der eine riesige Walze auf das Publikum zurollte und Mauern einstürzten. Dazu meinte sie, das sei Theater der

Grausamkeit, und das hat sie negativ gesehen. Ein Theater des Schocks, der Religiosität oder des Rauschhaften, des Unerbittlichen und Ereignishaften — das würde ich ganz grob mit Artaud assoziieren — scheint sie offenbar abgelehnt zu haben. Vielleicht hing das auch mit diesem kontrollierten Spiel zusammen, das sozusagen immer mit dem Bewusstsein gleichziehen musste. Was, glauben Sie, hat sie mit Artaud verbunden? War das mehr eine Klischeevorstellung, die sie hatte? Sie hat ja wohl auch Grotowski nicht gemocht.

Karge: ... Es kommt mir jetzt auf einmal (*Lachen*) ein ganz furchtbarer Gedanke, den wage ich mich kaum auszusprechen. (*Pause*) Ich kann natürlich immer nur von der Zeit ausgehen, in der ich sie kannte, diese zehn letzten Jahre: Ich glaube, die Helli ist fast nie ins Theater gegangen.

Wilke: Nur in ihr eigenes.

Karge: Ja. Das fällt mir jetzt auf einmal so auf. Ich kann mich nicht *entsinnen*, dass Helli eine Theatergängerin gewesen wäre. Vielleicht als junge Person...

Wilke: Das heißt, sie kannte gar nicht so viel.

Karge: In der letzten Zeit, glaube ich, nicht. Wie gesagt, ich kann das nicht beweisen. Ich bin zwar viel mit ihr zusammen gewesen, aber nicht täglich (*Lachen*). Aber ich glaube, so wenig wie sie gespielt hat — „wenig" in Anführungsstrichen —, so wenig hat sie sich geschert um das, was die anderen gemacht haben. Das hat ihr alles nicht gefallen. Vielleicht hat sie Versuche unternommen (*Lachen*), aber ich glaube nicht, dass sie der Typ einer Theatergängerin war.

Wilke: Hat sie vielleicht von Grotowski oder Artaud irgendetwas gehört, von Leuten? Vielleicht hatte sie auch noch von Brecht eine Bemerkung im Kopf, wobei ich unsicher bin, ob der überhaupt Artaud jemals zur Kenntnis genommen hat.

Karge: Es gibt ja viele, die dann einfach lügen und sagen, das hätten sie gelesen oder gesehen. Sie hatte auch in dieser Beziehung diese Souveränität zu sagen, da bin ich zu blöd dazu.

Wilke: Konnte sie eigentlich auf der Bühne komisch sein? Die Frage stellte sich mir, als ich sie in der Aufzeichnung von *Katzgraben* gesehen habe, und zwar in dieser Rolle mit größerem Vergnügen als in *Carrar* und auch in *Mutter Courage*. Ihre spezifische Langsamkeit setzt sie darin als Beschränktheit der Figur ein. Bevor sie angefangen hat mit Brecht zu arbeiten, hat sie ja ziemlich viel gespielt, da ist jetzt auch einiges wieder aufgetaucht, was sie in Frankfurt gespielt hat, sehr Verschiedenes, zum Teil auch Komödien und Possen. Hat sie eine bestimmte Ader gehabt vielleicht sogar für Rollen, die ihr nicht so entsprachen oder nicht so nahe lagen wie die Courage und die Mutter?

Karge: Naja, *Mutter* ist ja ein etwas schwieriges Kapitel, weil sie eigentlich für die Rolle zu alt war. Wir haben immer gewitzelt und gesagt: Großmutter! Der Brecht ist ja in seiner Bühnenfassung darauf eingegangen. Mir ist das erst richtig bewusst geworden, als wir in Bochum die *Mutter* machten. Ich kannte bis dahin nur die überarbeitete Fassung aus den Stückebänden, nicht die Urfassung. Da ist mir bewusst geworden, dass er die so richtig auf das Alter der Helli zugeschnitten hat. — Tja, das Komische...

Wilke: Frau Flinz soll ja eigentlich auch komisch sein, es ist aber im Unterschied zu *Katzgraben* — so mein Eindruck — eine einfältigere, weniger artistische Komik. In dieser Inszenierung scheint noch die Intendantin im Kreis ihrer Mitarbeiter durch.

Karge: Die Flinz, das muss einem natürlich auch liegen, ist ja eine Art Schweykscher Humor. (*Pause*) Sie hatte sicherlich nicht das, was man einen unbändigen Spieltrieb nennt. Was man an bestimmten Leuten so bewundert, bis hin zu unfreiwilliger Komik, durch die es sozusagen auch dem Dilettanten möglich wird, zu spielen (*Lachen*). Ich will nichts Falsches über den armen Uli Wildgruber sagen, Gott hab hin selig, aber das war so ein Typ, das war ja so einer, der nie eine Ausbildung genossen hat, ein sehr belesener und ein sehr kluger Bursche, der hatte diesen sogenannten unbändigen Spieltrieb — mit diesen rollenden Augen und so. Um kein Missverständnis aufkommen zu lassen, ich fand ihn als Othello zum Beispiel ganz großartig.

Wilke: In vielen frühen Kritiken über die Weigel heißt es: Sie ist explosiv, maßlos, fällt aus dem Rahmen. Sie hatte ja auch keine richtige Ausbildung. — Angeblich hat sie sich selbst, das hat die Barbara Brecht-Schall gesagt, wohl nie für witzig gehalten, ich meine jetzt auch privat, sie hat wohl immer gedacht, sie käme mit dem Witz der anderen nie ganz mit.

Karge: Kann ich mir vorstellen, dass das stimmt, und dass sie das von sich wusste und glaubte. Auch bei Feiern zum Beispiel war es nicht ihre Art, sich irgendwie zu exponieren. Es war zum Beispiel auch überhaupt nicht ihre Art, Theateranekdoten zu erzählen. Sie hat überhaupt außerhalb des Theaters sehr wenig über Theater geredet. Da ging es eher um Rezepte und Stricken und Pilzesuchen...

Wilke: Es heißt doch immer, sie hätte das private und das Arbeitsleben nicht getrennt.

Karge: Auf jeden Fall hat sie sich immer voll eingesetzt. So wie sie hundertprozentig da war, wenn sie im Theater war. Sie erschien wirklich jeden Tag früh um 9 und praktizierte eine Art von Intendanz, wie man es heute kaum noch kennt. Heute wird sehr viel delegiert oder es wird überhaupt nicht getan. Ich habe sie bei Sachen beobachtet, zum Beispiel ist sie im Haus durch die Toiletten gegangen und hat geguckt, ob da saubere Handtücher sind und ob Seife daliegt. Da war sie wirklich „die Mutter von's Janze."

Wilke: Hat sie denn zwischen Wichtigem und weniger Wichtigem unterschieden, oder lag das alles auf einer Ebene?

Karge: Ja, jaja... „Weniger wichtig" — das ist vielleicht genau der Punkt, dass sie das nicht als weniger wichtig empfand. Dass jemand eine anständige Wohnung hatte oder dass sie Möbel besorgte. Für meine Kinder hat sie Mützchen gestrickt und gehäkelt. Sie sprach über Theater genauso wie über's Einlegen von Pilzen. Andererseits weiß ich noch, dass sie in Sitzungen nie abgeschweift ist. Ich habe bei ihr nie dieses Zurücklehnen und auf einmal über etwas ganz anderes Reden erlebt, was ich heute sehr viel kenne: Der hat dies und der hat jenes gemacht, irgendwelche Geschichtchen über andere Leute. Bei ihr war das sehr selten, sehr selten. Ich kann mich jedenfalls kaum erinnern. Das war dann schon fast eine Auszeichnung, wenn sie mal — wie gesagt hatte ich wirklich ein sehr enges Verhältnis zu ihr — über den Brecht irgendwas erzählte, was der mal gemacht oder gesagt hatte. Aber das war sehr selten. Sie hat sich da überhaupt nicht aufgespielt. Was ich vorhin schon einmal sagte: Von bestimmten Sachen sagte sie auch, davon verstehe ich nichts. Das soll der Dings mal lesen und sagen, ob das gut ist. Davon verstehe ich nichts.

Wilke: Können Sie sich so eine Intendantin im derzeitigen Theater vorstellen?

Karge: Ich kann mir das schon vorstellen. Aber das gibt's kaum noch. (*Pause*) Aber wen gibt es denn, der einen solchen Hintergrund hat. Das macht sie natürlich besonders, ob man will oder nicht, dass sie Frau Brecht war. Die anderen Intendanten, die sind Betriebsleiter, und vielleicht haben sie mal ein Faible für das eine oder das andere, aber sie hatte natürlich eine höhere Aufgabe. Da war etwas anderes, da war dieses Werk Brechts. Natürlich war da der Theaterbetrieb, der seine bestimmten Dinge verlangte, aber das Werk Brechts war wie die dritte Sache. Das schwebte darüber. Helli ohne Brecht — man kann sich das ja gar nicht ausmalen.

Wilke: Sie waren mit ihr 1966 mit dem *Messingkauf* auch auf der „Experimenta" in Frankfurt, wo sehr kontrovers über Brecht und Beckett diskutiert wurde. In dem Weigel-Film von Christa Mühl und Werner Hecht gibt es einen Ausschnitt von dieser hitzigen Diskussion, in der Weigel kritisierte, dass an Becketts Figuren alles Realistische weggeschnitten sei, sie „jedes Grundes entkleidet" seien. Bei Beckett fehlte ihr die positive Botschaft; sie wollte nicht akzeptieren, „dass ein Mensch ersäuft im Dreck und noch zufrieden ist." Hatte sie ein blindes

Auge gegenüber dem Werk von Beckett?

Karge: Die Verteidigung Brechts gegenüber Beckett oder auch Ionesco muss man vor dem Hintergrund sehen, dass Brecht überhaupt noch nicht so durchgesetzt war. Es ging tatsächlich darum, das Werk Brechts im „Kulturkampf," und zumal im Westen, zu behaupten.

Wilke: Kann man sich umgekehrt denn Brecht ohne Helli vorstellen?

Karge: Naja, es wäre anders gelaufen ohne die Helli. Frauen wie zum Beispiel Elisabeth Hauptmann wären ja nie Theaterleiterin geworden. Brecht, der ja nie Intendant war, konnte Helli vorschieben. Und sie machte das schon gut. Bis zu dem Punkt, an dem die Strukturen am Theater erstarrten. Deswegen war das Ende auch irgendwie tragisch. Ich kann gar nicht behaupten, dass *ihr* die Leitung aus den Händen glitt. Aber die Frage interessiert mich wirklich sehr, was hinter dieser Äußerung steckte: „Ich weiß, warum ihr weggegangen seid, und das war richtig, dass ihr weggegangen seid." Sie wusste, dass der Laden nicht mehr in Ordnung war. Deswegen meine ich auch, sie hätte Schluss machen müssen.

Wilke: Das heißt, Schluss mit dem Laden als Brecht-Theater?

Karge: Ja, jaja. Sie hätte wahr machen sollen mit diesem Satz, den Brecht ihr angeblich auf dem Sterbebett gesagt hat: „Mache das BE nur so lange weiter, wie es in unserem Sinne noch das BE ist." Wir wussten gar nicht, ob er das wirklich gesagt hatte oder ob das nur ein Trick von ihr war, um in manchen Situationen zu drohen, sie würde das BE zumachen. [Die Formulierung, Weigel solle das BE so lange weiterführen, „wie sie glaubt, den Stil halten zu können," findet sich im letzten Testaments Brechts. *J.W.*] Da wäre ihr viel erspart worden. Denn in diesen letzten Jahren hat sie gespürt, dass das nicht mehr als Brecht-Theater funktionierte. Es ist ja witzig, dass dieses Gespräch am Tag der Eröffnung des „neuen" Berliner Ensembles stattfindet. Ich habe auch dem Peymann gesagt, er soll diesen Namen ablegen: „Theater am Schiffbauerdamm," das klingt doch sehr schön, und da musst du nicht diese ganze Tradition mitschleppen. „Berliner Ensemble," so sehe ich das, ist kein Ort, sondern das ist eine ganz bestimmte Zeit, in der mit einer ganz bestimmten Haltung Theater um das Werk Brechts herum gemacht wurde. Das ist die Zeit Brechts und die seiner unmittelbaren Schüler — aus. Da hätte man einen Schnitt machen sollen. Schauen Sie zum Beispiel diese peinliche Geschichte um das Dahinschleppen des Moskauer Künstlertheaters nach Stanislawski. Da wird unter einem berühmten Namen so ein Etikettenschwindel veranstaltet. Naja, der Peymann wird's schon irgendwie richten, aber besser wäre eben längst ein klarer Schnitt gewesen. Der Claus ist ein glänzender Theaterleiter, übrigens mit etlichen Tugenden, die die Helli als Leiterin hatte, aber ansonsten kommt er aus einer ganz anderen Tradition. Er hat doch mit dem Brecht überhaupt nichts am Hut. Ich glaube, er hat überhaupt noch kein Brecht-Stück inszeniert. In Bochum und Wien zum Beispiel war meistens ich für den Brecht zuständig. „Das kann ich nicht," hat er mir einmal gesagt und sich ganz anderen Sachen zugewendet, Bernhard, Handke, Turrini... Das war ja dort auch wichtig.

Nun gut, sicherlich ist es auch eine schöne Sache für's Kultur- und Touristikmanagement, denn BE ist eben auch ein gut laufendes Markenzeichen. Die Helli hatte damals vielleicht nicht die Kraft dazu, Schluss zu machen, und vielleicht hatte sie auch nicht mehr die richtigen Leute.

Wilke: Sie brauchte natürlich immer jemanden, um den künstlerischen Standpunkt zu halten. Sie brauchte ja einen Spielleiter.

Karge: Ja. Und die Schüler, die Schüler waren sehr unterschiedlich. Der ehrgeizige Wekwerth, dann der Palitzsch, den Brecht ja nie an die Regie ranlassen wollte. Den wollte er nicht als ständig bereiten Gesprächspartner verlieren. Und Besson, den haben sie ja rausgeekelt.

Wilke: Bei Hans Bunge habe ich gelesen, dass die Weigel zu Brechts Zeiten selten auf den Dramaturgiesitzungen dabei war, und wenn doch, dann hatte sie einen schweren Stand. Brecht war wohl zum Teil grob zu ihr, während sie andererseits angeblich auch nicht die Geduld aufgebracht hat, Umwege zu gehen, sondern immer sehr direkt auf bestimmte, praktische Lösungen hinwollte. Dann starb Brecht, und Weigel konnte diese Sitzungen, so Bunge, nicht weiterführen und selber leiten. Sie hat dann angefangen, einen ganz anderen Stil zu entwickeln, diese Sitzungen in der Form nicht mehr zu machen und statt dessen mehr mit den einzelnen Leuten zu reden, in kleinen Gruppen oder unter vier Augen Sachen durchzusetzen, was die Rivalität zwischen den ehemaligen Brecht-Schülern noch gefördert hat. Das widerspricht jetzt natürlich dem, was Sie eingangs sagten, dass es immer morgens um 9 diese Zusammenkünfte gab.

Karge: Das muss dem nicht widersprechen, das war vielleicht so ein Ritual, ich weiß nicht, welche Bedeutung das wirklich hatte. Ob da wirklich die wesentlichen Sachen gesagt wurden, entzieht sich meiner Kenntnis.

Wilke: Dass sie Brechts Position im Machtgefüge nicht einfach übernehmen konnte, hängt vielleicht auch damit zusammen, dass im Grunde die Dramaturgie — wie Sie sagten — immer wichtiger war als der Schauspieler. Weil es in diesen Sitzungen bei Brecht in erster Linie um dramaturgische Fragen ging, hatte die Schauspielerin nicht so viel zu sagen.

Karge: (*Pause*) Naja, aus der Perspektive der Schauspieler gesehen stimmte der Begriff „Ensemble" schon für Brechts eigene Aufführungen nicht so ganz. Die Hauptspieler waren oft Gäste. Da kam der Leonard Steckel oder da kam die Giehse, Curt Bois, und wie sie alle heißen. Das Ensemble war mehr das Fußvolk. Dann arbeiteten sich welche hoch so wie der Schall, der vom Jung-Star zum Allesspieler wurde. Der Ekke konnte ja wunderbar sein, wenn er die kleinen Leute gespielt hat. Deswegen war er als Ui ja so phantastisch. Das war genau sein Metier, der kleine Mann — aus Magdeburg ist der glaube ich, der Ekke —, der Kleinbürger aus Magdeburg, der sich so hochreckt. In der vorhin angesprochenen *Simone Machard*-Fernsehproduktion haben wir ihn besetzt als einen Bürgermeister, der mit den Deutschen kollaboriert und da so wankt und schwankt. Dass der Ekke dann durch die Macht der Familie zum Heldendarsteller wurde, hatte auch etwas Verhängnisvolles. Das ging gerade noch so im *Coriolan*. Aber danach, Ekke als *Galilei* und weiß der Teufel was alles, Ekke als Sich-selbst-Besetzer, das hat nicht mehr funktioniert.

Wilke: Während das Theater tief in der Krise steckte, fand 1968 noch der große Brecht-Dialog statt, zu dem internationale Theatergrößen kamen.

Karge: Das war schon ein großes Ereignis, bei dem ich allerdings hauptsächlich mit Organisation beschäftigt war. Natürlich wurde dieses internationale Treffen politisch sehr gefördert, weil es auch so eine Anerkennungsgeschichte der DDR durch den Westen war. Aber dieses Ereignis auf die Beine zu stellen — von Giorgio Stehler über Juri Ljubimow bis zu George Tabori und Koreya Senda waren ja alle da — war schon eine Leistung. Dass das Brecht-Theater in der Krise steckte, hatte sich noch nicht überall herumgesprochen. Es ist ja erstaunlich, wie lange das manchmal dauern kann, und Jahre später kamen noch Japaner und dachten, Brecht lebe eigentlich noch.

(Aufgezeichnet am 8. Januar 2000 in Berlin)

41   Festakt zur Eröffnung der Deutschen Akademie der
Künste am 24. März 1950. V.l.n.r.: Louise Eisler,
Jacob Walcher, Helene Weigel, Arnold Zweig

[Quelle: Stiftung Archiv der Parteien]

Briefwechsel
Bertolt Brecht, Margarete Steffin, (Isot Kilian, Käthe Rülicke) und Arnold Zweig 1934–1956

Heidrun Loeper

D er Beginn der Recherchen zu dem hier veröffentlichten Briefwechsel reicht zurück bis in den Februar des Jahres 1989, als
in der Vorbereitungsphase zu einer geplanten historisch-
kritischen Ausgabe der Briefe von und an Bertolt Brecht der damalige
Leiter des Bertolt Brecht-Archivs, Berlin, Gerhard Seidel, mich damit
beauftragte, die Beziehungen zwischen Bertolt Brecht und Arnold
Zweig zu dokumentieren. Ohne diesen Anlass gäbe es das nun hier
vorgelegte Ergebnis nicht. Weit davon entfernt, einer historisch-
kritischen Edition zu genügen — dazu hätte es weiterer Studien und
des Austauschs in einer editorischen Arbeitsgruppe bedurft — will die
Veröffentlichung doch Vorarbeiten für eine solche Edition leisten. Dies
geschieht als ein Vorschlag, eine Übung. Sie beginnt damit, den Raum
zu füllen, der sich zwischen einzelnen Teilen des Briefwechsels und
diesem als Ganzes öffnet.

Im Februar 1992 lagen das Gesamtergebnis der Recherche und
Transkription des bisher überlieferten Briefwechsels, eine Dokumenta-
tion und ein Exposé dazu vor. Zum Briefwechsel gehören — als dessen
Kern — acht Briefe Bertolt Brechts an Arnold Zweig und sechs Briefe
Arnold Zweigs an Bertolt Brecht sowie ein Brief an Helene Weigel zu
Brechts Tod (1934–1956). Dazu gehören — und sind gleichzeitig souverän — neun Briefe Margarete Steffins an Arnold Zweig und zwei
Briefe Arnold Zweigs an Margarete Steffin (1935–1938). Dazu gehören
auch — in nebengeordneter Art — zwei Briefe als Auftrag Brechts, im
„Berliner Ensemble" geschrieben von den Mitarbeiterinnen Isot Kilian
und Käthe Rülicke (1955, 1956), adressiert an Arnold Zweigs Sekretariat oder an ihn selbst. Damit ist bereits deutlich, dass sich die kollek-
tive Arbeitsweise Brechts in diesem Briefwechsel niederschlägt und in
der Publikation zum Ausdruck gebracht werden soll. Entsprechend
wurden die Briefe Margarete Steffins an Arnold Zweig sowie die Briefe
Zweigs an Steffin gleichberechtigt als Teil des gesamten Briefwechsels
aufgenommen, weil sie sich aus dem Bezugspunkt Brecht entfalten, um
dann auch allein — als Briefwechsel im Briefwechsel — Berechtigung
zu erlangen. In der chronologischen Abfolge bei fortlaufender Numme-
rierung sind sie deshalb nicht von den Briefen Brechts an Zweig und

Helene Weigel 100
Maarten van Dijk et al., eds., *The Brecht Yearbook / Das Brecht-Jahrbuch*
Volume 25 (Waterloo, Canada: The International Brecht Society, 2000)

denen Zweigs an Brecht unterschieden. Demgegenüber wurden die Briefe aus dem „Berliner Ensemble" von Isot Kilian und Käthe Rülicke im Ablauf der Chronologie — zum Zeichen der Nebenordnung — in einer kleineren Schrift gesetzt. Zu diesen Briefen gibt es keine Antworten von Arnold Zweig.

Alle Korrespondenzstücke sind in ihren Originalen oder den Durchschlägen im Arnold-Zweig-Archiv und im Bertolt-Brecht-Archiv der Akademie der Künste, Berlin, eingesehen worden. Dabei kam die Lückenhaftigkeit des Briefwechsels zum Vorschein: besonders auffällig ist sie zwischen Februar und September 1937, wo vier Briefe Arnold Zweigs an Margarete Steffin (und/oder Bertolt Brecht) bisher weder im Original noch als Durchschlag überliefert sind. Zwei weitere Briefe Zweigs fehlen aus den Jahren 1935 und 1936. Auch zwei Briefe Brechts gingen 1935/1936 verloren — einer dieser Verluste kommt jedoch zur Sprache und wird ausgeglichen. Schließlich gibt es auch den Verlust eines Briefes von Margarete Steffins an Arnold Zweig (1935/36), der als Antwort auf dem zuvor erhaltenen Brief skizziert und damit bekannt ist.

Im Februar 1992 waren vom gesamten Briefwechsel erst einige Briefe Brechts an Arnold Zweig veröffentlicht.[1] Inzwischen sind — bis auf eine Ausnahme — sämtliche Briefe Brechts an Zweig innerhalb der „Großen kommentierten Berliner und Frankfurter Ausgabe" der Werke Brechts publiziert.[2] Die Briefe Margarete Steffins an Arnold Zweig haben als Quellenedition Eingang gefunden in eine Auswahl-Ausgabe ihrer Korrespondenzen.[3] Als Erstdruck erscheinen die Briefe Arnold Zweigs an Bertolt Brecht und Margarete Steffin sowie ein Brief Brechts und die in seinem Auftrag geschriebenen zwei Briefe von Isot Kilian und Käthe Rülicke. Dennoch kann insgesamt von einer Quellenedition gesprochen werden, weil die Briefe, nach ihren Quellen recherchiert und transkribiert, in ihrer ursprünglichen Form dargeboten werden: in originaler Schreibweise und Interpunktion. Angeglichen wurde lediglich die unterschiedliche Hervorhebung von Werktiteln und anderen Textteilen: jetzt einheitlich kursiv. In den Anmerkungen zu den Briefen ist jede Abweichung vom Original mitgeteilt.

In den Jahren seit 1992 gab es verschiedene Versuche, den Briefwechsel zu veröffentlichen, aber erst in diesem Jahrbuch wurde das Interesse an seiner Gesamtheit mit dem nötigen Platz dafür in Einklang gebracht. Welcher Gewinn für die Brecht-Forschung wäre zu erwarten, wenn doch alle Briefe Brechts und die seiner Mitarbeiterin Margarete Steffin im Zusammenhang mit Arnold Zweig bereits bekannt sind? Während in der Veröffentlichung einzelner Briefen aus dem Briefwechsel die Tendenz des Monologischen, mithin die der Eindimesionalität besteht, kommt in der gesamten Überlieferung des Briefwechsels sein eigentlich dialogisches Prinzip zur Geltung. Es setzt dabei nicht nur die Dimension des Briefpartners in ihr Recht, sondern damit zugleich andere, neue Aspekte des schon Bekannten. Auf einige solcher Aspekte sei hier hingewiesen, andere werden in den Anmerkungen zu einzelnen Briefen erkennbar. Dabei wäre es wohl müßig, Margarete Steffin, geboren am 21. März 1908 in Berlin, Schriftstellerin und Übersetzerin, hier vorzustellen. Ihrem Wirken in der Lebens-, Liebes- und Arbeitsgemeinschaft mit Bertolt Brecht zwischen 1932 und bis zu ihrem frühen Tod im am 4. Juni 1941 ist in den letzten 10 Jahren ernsthafte Aufmerksamkeit zuteil geworden.[4] Was man an diesem Briefwechsel deutlicher als zuvor zu erkennen vermag — dass Margarete Steffin Mitarbeiterin Brechts und eigenständige Autorin zugleich war: Briefe an Arnold Zweig schreibt sie sowohl im Auftrag Bertolt Brechts als auch im eigenen Interesse. Dafür spricht unter anderem, dass Brecht und Steffin an ein und demselben Tag an Arnold Zweig schreiben (Briefe 2 und 3 sowie Briefe 6 und 7). Wahrscheinlich hat Steffin jeweils beide Briefe auf der Maschine geschrieben, einmal nach Diktat Brechts, einmal unabhängig davon. Ihre Eigenständigkeit war eine der Voraussetzungen für die Arbeit mit Brecht. Und diese Arbeit war es vielfach, aus der ihr Mut und Verzweiflung für Eigenes erwuchsen. Geradezu erstaunlich, was in den drei Jahren zwischen 1935 und 1938 — den Jahren des Briefwechsels der Steffin mit Arnold Zweig — entstanden ist, auch wenn kaum davon Mitteilung gemacht wird: Gedichte, die Umarbeitung eines Stückes, ein neues Stück, mindestens eine Erzählung, Übersetzungen aus dem Russischen, Dänischen und Norwegischen.[5] Dagegen ist alles, was mit Brecht zusammen entsteht, zum Gegenstand der Briefe geworden: die Überarbeitung eines Stückes, Übersetzungen aus dem Dänischen, ein neues Stück, Arbeit an neuen Szenen zu einer Szenenfolge, an einem neuen Roman, an einem neuen Stück, an einem neuen Hörspiel...

Im Unterschied zu den Briefen Margarete Steffins nehmen sich die Briefe von Isot Kilian und Käthe Rülicke als Brechts Mitarbeiterinnen innerhalb des Briefwechsels ganz anders aus: sie lassen keine persönliche Beziehung erkennen, weder zu ihrem Briefpartner noch zum Gegenstand ihres Briefes. Es sind Auftragsbriefe Bertolt Brechts aus dem Alltag der Arbeit innerhalb einer institutionalisierten Gruppe, in der sich Brechts Arbeitsweise nun, nach der Emigration, modifizierte. Isot Kilian (1924–1986), Schauspielerin, war Mitarbeiterin des Berliner Ensembles auf den Gebieten der Dramaturgie und der Regie, seit seiner Gründung und bis zum Sommer 1970.[6] Käthe Rülicke, später Rülicke-Weiler (1922–1992), als Germanistin von 1950 bis 1956 dramaturgische Mitarbeiterin Brechts am Berliner Ensemble, schied dann auf eigenen Wunsch aus.[7] Ihr ist innerhalb des vorliegenden Briefwechsels nur *ein* Schreiben an Arnold Zweig aufgegeben, das zudem am Rande zu liegen scheint, Brechts Auftrag kaum erkennen lässt — und doch betrifft es einen wesentlichen gesellschaftlichen Vorgang, der in den frühen fünfziger Jahre im Kulturleben der DDR begann: das Ringen von

Künstlern und Künstlergruppen um die Veröffentlichung ihres unversehrten Werkes, und doch ist dabei Bertolt Brecht maßgeblicher Akteur, Zweig sein Widersacher und Verbündeter zugleich.[8]

Arnold Zweig ist als gemeinsamer Partner und Mittelpunkt dieses Briefwechsels noch unbekannt: der Romancier und Erzähler, der Essayist und Publizist, der Dramatiker, geboren am 10. November 1887 in Glogau, gestorben am 26. November 1968 in Berlin. Er lernt Brecht 1922 in München kennen, wo er auch Lion Feuchtwanger begegnet. Im Juni dieses Jahres kommt es bereits mehrfach zu Begegnungen zwischen Brecht und Zweig; Feuchtwanger ist dabei das Zentrum und bleibt gemeinsamer Bezugspunkt auch, als alle drei ab Mitte der zwanziger Jahre und bis zu ihrer Emigration 1933 in Berlin leben. Daraus entwickelt sich eine lebenslange Freundschaft zu dritt. Sie scheint Zweig in Bezug auf Brecht besonders wertvoll zu sein, und so pflegt er sie ganz bewusst. In den Jahren der Emigration ist er in seinen Briefen an Brecht immer der mitteilsamere, wie er überhaupt in seiner brieflichen Hinterlassenschaft Brecht bei weitem übertrifft.[9] Was Brecht in die Debatte wirft, was Zweig aufnimmt und fortan hin und her bewegt wird, ist die Befürchtung für den jeweils anderen, er könne in diesen unsicheren Zeiten die größere Nähe zu unheilvollen persönlichen oder kriegerischen Entwicklungen haben und müsse bei ihm Zuflucht suchen. Dabei ist die gemeinsame Zeit in Frankreich zwischen Mitte und Ende des Jahres 1933 der immer wieder erinnerte Ruhepol, das Beispiel für ungestörtes Arbeiten, für Gespräche und Spaziergänge: Sanary-sur-Mer, bei Feuchtwanger, ein paar Wochen in Paris und besonders die Zeit einer Eisenbahnfahrt von Avignon nach Paris, wo Arnold Zweig auch Margarete Steffin näher in Augenschein nimmt — viele Einzelheiten davon bilden den sinnlichen Bezugspunkt zu ihrer gedanklichen Verbindung. Arnold Zweig schreibt in seinen Taschenkalender am 19. Oktober 1933:

> Ab Avignon 8.28. Herrliches Wetter. Angenehme Fahrt mit Brecht und Steffin. Brecht voller Humor, Grazie und Kraft im Denken. Rauh, volksartig, augsburgisch, sehr klug. Sehr unabhängig, mehr als Feucht[wanger]. Steffin reizend, natürlich-klug und nachgebend.[10]

Während Brecht und Margarete Steffin Paris am 18. Dezember 1933 verlassen, um nach Dänemark zu gelangen, wo Helene Weigel und die Kinder Barbara und Stefan sich bereits eingerichtet haben, befindet sich Arnold Zweig seit dem 15. Dezember von Bandol aus auf der Überfahrt nach Jaffa/Palästina. Er erreicht es am 21. 12., um nach Haifa weiterzureisen, wo seine Familie auf ihn wartet. Nachdem sie sich voneinander verabschieden mussten, sind Zweigs Briefe an Brecht und Steffin bald mit Sorge erfüllt, aber genauso besorgt zeigen die Empfänger sich über das „Pulverfass" Palästina. Steffins und in deren Gefolge auch Brechts Beschwörungen, Zweig solle die Sowjetunion erleben, mit ihnen gemeinsam, mit Frau und Söhnen reisen, Steffins emphatische Schilderungen vom Moskauer 1. Mai und anderer Details meinen vor allem die Sehnsucht nach einer anderen Gesellschaftsordnung, aus der in Zukunft keine Flucht mehr nötig ist. Zweig denkt bei seinen Einladungen nach Palästina an Näherliegendes: Steffins Lungentuberkulose hätte vielleicht dort mehr Aussicht auf Heilung. Dabei holt sie alle eine andere Realität ein: Brecht, seine Familie, die Steffin flüchten von Dänemark nach Schweden und Finnland, um dem nachrückenden Faschismus zu entkommen, bis sie schließlich im letzten Moment auch das Zukunfts-Land Sowjetunion hastig durchqueren. Margarete Steffin, von ihrer Tuberkulose und der Anspannung vieler Wochen zu Tode erschöpft, stirbt im Moskauer Sanatorium „Hohe Berge." Ihre Freundin Maria Osten, in diesem Briefwechsel nur durch eine Erwähnung anwesend, tut letzte Dinge für sie. Im letzten Moment — einer Ahnung nach — entrinnen Brecht, seine Familie und Ruth Berlau am 13. Juni 1941 nicht nur dem faschistischen Überfall auf die Sowjetunion neun Tage später, sondern auch der bedrohenden Macht stalinistischer Geheimpolizei und ihrer unberechenbaren Praxis, deren weiteres Opfer schon bald Maria Osten wird. Per Schiffsreise von Wladiwostok über Manila gelangt die Familie Brecht ins dann eher ungeliebte Amerika. Arnold Zweig bleibt aus Solidarität in Palästina, wo sich mit zunehmender jüdischer Einwanderung die blutigen Auseinandersetzungen mit den Arabern häufen. Er verlässt es erst am 14. Juli 1948, inmitten schwerer Kämpfe, zwei Monate nach der Staatsgründung Israel.

Im vorliegenden Briefwechsel sehen wir — heute deutlicher als es die Briefschreiber vermochten — die Hoffnungen und Gefährdungen menschlicher Existenz in der ersten Hälfte des 20. Jahrhunderts von einem Land ins andere überspringen oder auch in ein und demselben Land ineinander übergehen. Arnold Zweig lebt dabei in den Jahren des Hitlerfaschismus mit den Juden in Palästina, begleitet sie kritisch und bringt dies im Briefwechsel mit Brecht und Steffin in die Debatte. Leider sind gerade in diesem Zusammenhang mehrere Briefe (noch) nicht überliefert. Mit Aufmerksamkeit nimmt Zweig auch alle Versuche der Brecht-Rezeption in Palästina wahr, soweit sie ihm zu Ohren kommen, und berichtet Brecht darüber: so werden seine Briefe auch zu einer Quelle der Überlieferung.[11] Sie leben von der Erwartung eines Wiedersehens und weiterer Jahre erneuerter Freundschaft. Brecht mag für seine ästhetische und politische Selbstverständigung im Exil einflussreichere jüdische Partner gehabt haben — Walter Benjamin etwa, aber weder von ihm noch von Lion Feuchtwanger sind nennenswerte Briefe zu Fragen des Judentums oder der Judenheit an Brecht überliefert. Diese Themen bringt Arnold Zweig ein, der sie in den Jahren seines langen Lebens und Schaffens als Schriftsteller zwar nie vordergründig und isoliert, aber immer als *ein* Äquivalent in der Auseinandersetzung mit der Welt einsetzte, als Erfahrung. Damit wurde es ihm auch möglich, schon in den frühen zwanziger Jahrén öffentlich vor den Dimensionen des deutschen Antisemitismus zu warnen und aufkläererisch zu wirken. In einem Brief an Brecht kommt er darauf zurück. Von ihm gibt es in diesem Zusammenhang keine überlieferten Äußerungen dazu. Steffin unternimmt einmal den Versuch, jüdisches Leben in der Sowjetunion zu entdecken und Arnold Zweig zu schildern.[12] Nach Steffins Tod bleiben Zweigs Briefe an Brecht unbeantwortet. Es ist Lion Feuchtwanger, der Zweig über den Tod der Steffin unterrichtet und ihm auch von Brechts Ankunft am 21. Juli 1941 in Amerika Mitteilung macht.

Am 18. Oktober 1948 kehrt Zweig über Prag nach Berlin zurück, am 22. Oktober kommen auch Brecht und Helene Weigel nach den Stationen Zürich und Prag in der Trümmerstadt an. Zweig vermerkt in seinem Taschenkalender an diesem Tag: „Brecht und Frau kommen an. B[recht] gibt keine Interviews." Am 23. Oktober ist festgehalten: „Frühstück mit Brechts."[13] Ihre neue Nachbarschaft beginnt im Hotel „Adlon." Gemeinsam nehmen sie auch an der ersten „Friedenskundgebung des Kulturbundes zur demokratischen Erneuerung Deutschlands" am 24. Oktober teil. Brecht notiert an diesem Tag darüber: „Friedenskundgebung des Kulturbundes. Zweig ist da und spricht. Ich selber spreche nicht, entschlossen, mich zu orientieren und nicht aufzutreten."[14] Es dauert jedoch nicht lange, bis auch Bertolt Brecht seine Auftritte im Leben der deutschen Nachkriegsgesellschaft hat, die ihn interessiert und herausfordert und in die er mit kritischer Distanz seine Hoffnungen auf entscheidende Mitwirkung investiert. Der Briefwechsel mit Arnold Zweig spiegelt davon wenig wider. Doch ihre Zusammenarbeit beginnt schon bald, und es ist Brecht, der den Briefwechsel im Juni 1949 wieder aufnimmt, als er sich im Zusammenhang mit der Neugründung einer „Deutschen Akademie der Künste" von der Arbeit eines „Vorbereitenden Ausschusses," dessen Vorsitzender Zweig ist, ein wenig ausgeschlossen fühlt. Die Arbeit der Akademie der Künste, 1950 als Einrichtung des erst kurz bestehenden Staates DDR gegründet, ist auch weiterhin ein Bezugspunkt zwischen Brecht und Zweig, als dieser zum ersten Präsidenten gewählt wird. In dieser Eigenschaft hat er Brecht konsultiert, kulturpolitische Kämpfe, z. B. um Brecht/Weills Oper *Das Verhör des Lukullus* oder den Film *Das Beil von Wandsbek* nach Zweigs Roman aus dem Jahre 1943 mit ihm bestritten. Davon zeugen jedoch nur Notate in seinen Taschenkalendern aus den Jahren 1950 bis 1956.[15] Dort finden sich auch Beispiele für Zweigs Versuche, Brechts Prinzip der „nichtaristotelischen Dramatik" kritisch zu hinterfragen. Beginnen wollte er damit schon nach Erscheinen der „Anmerkungen" zu Brechts Stück *Die Mutter*, wie aus mehreren Briefen des Briefwechsels hervorgeht. Die „theoretischen Teile" der Texte Brechts, wie Zweig diese Anmerkungen nannte, forderten ihn heraus, aber eine große Arbeit dazu, wie er sie vorhatte, ist nicht überliefert.[16] Brechts früher Tod hat Arnold Zweig sehr getroffen. Der persönliche Kontakt, das Gespräch mit ihm waren ihm wesentlich. Der einzige Brief, den er nach seiner Rückkehr aus der Emigration an die Adresse Brechts richtete, war das Beileidschreiben an Helene Weigel, mit dem der Briefwechsel endet.

ANMERKUNGEN

[1] „'Wir vermissen unsere kleinen Spaziergänge...' Vier Briefe Arnold Zweigs an Bertolt Brecht," hrsg. Günter Glaeser, in: *Notate* 4 (Berlin, 1986): 14–15. Auch in Bertolt Brecht: *Briefe 1913–1956*, hrsg. Günter Glaeser (Frankfurt/ M., 1981; Berlin und Weimar, 1983) sind von den acht überlieferten Briefen vier enthalten. Sie sind nur zum Teil identisch mit den Drucken in *Notate*. Vgl. im folgenden auch die Anmerkungen zu den einzelnen Briefen.

[2] In den Bänden 28, 29 und 30 der Ausgabe (Frankfurt/Main; Berlin und Weimar, 1998). Bandbearbeiter ist Günter Glaeser unter Mitarbeit von Wolfgang Jeske und Paul-Gerhard Wenzlaff.

[3] Margarete Steffin, *Briefe an berühmte Männer*, hrsg., mit einem Vorwort und Anmerkungen versehen von Stefan Hauck (Hamburg, 1999).

[4] Als wesentliche Ergebnisse dieser Aufmerksamkeit seien hier die Arbeiten von Wolfgang Jeske, Inge Gellert, Simone Barck sowie das von der Internationalen Brecht-Gesellschaft herausgegebene Jahrbuch zu Margarete Steffin hervorgehoben: Wolfgang Jeske, „Wenn sie einen Engel gehabt hätte..." Das kurze Leben der Margarete Steffin. Feature. Ursendung am 10. Juni 1991 im Süddeutschen Rundfunk; Margarete Steffin, *Konfutse versteht nichts von Frauen*. Nachgelassene Texte, hrsg. Inge Gellert. Mit einem Nachwort von Simone Barck und einem dokumentarischen Anhang (Berlin, 1991); Stefan Hauck (Hrsg.), vgl. Anm. 3. In Vorbereitung ist auch die Publikation seiner Dissertation zu Leben und Werk Margarete Steffins; *Focus: Margarete Steffin. The Brecht Yearbook 19*, (Madison, 1994).
Vgl. auch Marika Ziprian, „Puzzle. Werkstattbericht über den Briefwechsel Bertolt Brecht/Margarete Steffin," in *Mitteilungen der Akademie der Künste zu Berlin* 5 (Berlin, 1990). Nicht zu vergessen ist auch John Fuegis umstrittener Versuch, den Anteil der Mitarbeiterinnen am Werk Brechts gegen ihn selbst ins Feld zu führen — er hat zu detaillierterem Forschen geführt. Vgl. John Fuegi, *The Life and Lies of Bertolt Brecht* (London, 1994) und die deutsche Ausgabe *Brecht & Co. Biographie*. Autorisierte erweiterte und berichtigte deutsche Fassung von Sebastian Wohlfeil (Hamburg, 1999). Vgl. außerdem Ursula El-Akramy, *Transit Moskau. Margarete Steffin und Maria Osten* (Hamburg, 1998), sowie Sabine Kebirs langjährige Arbeit zum Thema, zuletzt *Ich fragte nicht nach meinem Anteil. Elisabeth Hauptmanns Arbeit mit Bertolt Brecht* (Berlin, 1997) und ihre Rezension zu Stefan Haucks Ausgabe mit Briefen der Margarete Steffin: „Eine basisdemokratische Künstlersymbiose," in *Die Tageszeitung (taz)* 17./18. Juli (Berlin, 1999): 14.

⁵ Vgl. Stefan Hauck und Rudy Hassing. „Chronik Margarete Steffins. Vorläufige Forschungsergebnisse," in: *Focus Margarete Steffin,* 45–52.

⁶ Vgl. Isot Kilian „Theater und Publikum. Isot Kilian über ihre Anfangszeit des Berliner Ensembles," in *Notate* 3 (Berlin, 1986): 14–15. Vgl. Werner Hecht „Isot Kilian 11. 4. 1924–14. 3. 1986," ebd.
Vgl. „'Hier gibt es so viel Arbeit — nehmen Sie sich welche.' Isot Kilian über ihre Arbeit bei Brecht. Ein Gespräch mit Matthias Braun," in *Sonntag* 33 (Berlin, 1986): 3.

⁷ Vgl. Hartmut Reiber „Das Leben des Anderen: Gespräch mit Käthe Rülicke-Weiler," in *Focus: Margarete Steffin:* 163–86.
Vgl. auch z. B. Käthe Rülicke „Die Dramaturgie Brechts. Theater als Mittel der Veränderung," (Berlin, 1966) = [Buchveröffentlichung der Dissertation].

⁸ Vgl. dazu Brief 27 und Anm.

⁹ Im Arnold-Zweig-Archiv der Stiftung Archiv der Akademie der Künste, Berlin, sind mehr als 39 000 Blatt Briefe aufbewahrt. Einige Briefwechsel mit Arnold Zweig sind veröffentlicht worden, so u. a. der mit Sigmund Freud, hrsg. Ernst L. Freud (Frankfurt/M., 1968); mit Lion Feuchtwanger, hrsg. Harald von Hofe (Berlin, 1984); mit Helene Weyl, hrsg. Ilse Lange (Berlin, 1994).
Vgl. auch den Briefwechsel zwischen Bertolt Brecht und Lion Feuchtwanger, in: Lion Feuchtwanger *Briefwechsel mit Freunden 1933–1858,* 2 Bde., hrsg. Harald von Hofe und Sigrid Washburn (Berlin, 1991). Darin befindet sich auch der Briefwechsel mit Bertolt Brecht und Helene Weigel, 1:17–115.

¹⁰ Arnold-Zweig-Archiv (AZA 2621). An dieser Stelle danke ich der Stiftung Archiv der Akademie der Künste, Berlin, für die Zitatgenehmigung aus bisher unveröffentlichten Briefen und Notizen in Taschenkalendern Arnold Zweigs.

¹¹ Bei meinen Recherchen im Arnold-Zweig-Archiv fanden sich zwei bis dahin unbekannte Druckschriften als Beispiele der Brecht-Rezeption in Palästina und Israel: eine Veröffentlichung des Gedichts „Die Entstehung des Buches Tao-Te-King auf dem Weg des Laotse in die Emigration," in *Chug. Kreis der Bücherfreunde.* LEPAC Levant Publishing Comp. LTD (Tel Aviv, März 1944) und von Schalom Ben-Chorin „Zum Tode Bertolt Brechts," in *Jedioth Chadashot* (ohne Ort und Jahr, vermutl. 1956), vgl. AZA.

¹² Zu Brechts Verhältnis zur „Jüdischen Frage" vgl. Manfred Voigts' nicht unproblematischen Beitrag „Brecht and the Jews," in *Intersections. The Brecht Yearbook 21* (Waterloo, 1996): 100–122. Arnold Zweig wird darin nur kurz erwähnt.
In der DDR wurde das Gesamtwerk Arnold Zweigs bis 1990 in 16 Bänden einer Lese-Ausgabe *Ausgewählte Werke in Einzelausgaben* seit 1957 editorisch betreut, aber es fehlten mehr als zwei Drittel der essayistischen und publizistischen Produktion aus den Jahren 1913 bis 1948. Darunter viele Schriften, die der Geschichte der Judenheit im 20. Jahrhundert gelten, auch umfangreiche Essays, die noch nicht veröffentlicht worden waren. Erst mit der Vorbereitung einer neuen Arnold-Zweig-Ausgabe im Vorfeld seines 100. Geburtstages am 10. 11. 1987 kamen diese Teile seines Werkes stärker ins Blickfeld. Eine ent-

sprechende Edition wurde aber wieder in Frage gestellt. Der gesellschaftliche Umbruch im Herbst 1989 und die Jahre seither haben zu einer Belebung der internationalen Arnold-Zweig-Forschung, zur Gründung einer Internationalen Arnold -Zweig-Gesellschaft geführt. Nach 1989 erschienen folgende Essays wieder: *Bilanz der deutschen Judenheit 1933. Ein Versuch* (Leipzig, 1990; erstmals erschienen in Amsterdam, 1934, als Nachdruck 1961 in Köln) und *Caliban oder Politik und Leidenschaft. Versuch über die menschlichen Gruppenleidenschaften, dargetan am Antisemitismus* (Berlin, 1993; erstmals erschienen in Berlin, 1927). Außerdem wurde eine Auswahl der Publizistik herausgebracht: *Jüdischer Ausdruckswille. Publizistik aus vier Jahrzehnten* (Berlin, 1991). Seit 1996 erscheinen Titel einer auf 26 Bände angelegten neuen Edition als Studienausgabe: Arnold Zweig, *Werke. Berliner Ausgabe*, hrsg. von der Humboldt-Universität zu Berlin und der Akademie der Künste, Berlin. Wissenschaftliche Leitung: Frank Hörnigk in Zusammenarbeit mit Julia Bernhard. Bisher kamen folgende Bände heraus: *Freundschaft mit Freud. Ein Bericht*, Bandbearbeitung: Julia Bernhard (1996) = Essay/5 [aus dem Nachlass]; *De Vriendt kehrt heim. Roman*, Bandbearbeitung: Julia Bernhard (1996) = Romane/4; *Dialektik der Alpen. Fortschritt und Hemmnis. Emigrationsbericht oder Warum wir nach Palästina gingen*, Bandbearbeitung: Julia Bernhard (1997) = Essays/4 [aus dem Nachlass]; *Die Novellen um Claudia. Roman*, Bandbearbeitung: Birgit Lönne (1997) = Romane/1; *Bilanz der deutschen Judenheit 1933. Ein Versuch*, Bandbearbeitung: Thomas Taterka (1998) = Essays/3.2; *Junge Frau von 1914. Roman*, Bandbearbeitung: Eva Kaufmann (1999) = Romane/3.

[13] Vgl. AZA 2639, Eintragungen vom 22. und 23. Oktober 1948.

[14] Vgl. Bertolt Brecht, *Journale*, Eintragung vom 24. 10. 48 (GBFA 27:280)

[15] Die Taschenkalender Arnold Zweigs, seit 1925 und bis 1965 mit unterschiedlicher Regelmäßigkeit geführt, sind nicht transkribiert (AZA 2611–2682). Sie enthalten interessante Notate zu Zeitereignissen, zur Werkentstehung und zum persönlichen Leben des Schriftstellers. Wie bewusst Zweig diese Notierungen machte, geht aus einer Eintragung vom 26. Mai 1951 hervor, als die „Formalismus"-Debatte um Brecht/Weills Oper *Das Verhör des Lukullus* stattgefunden hatte: „Nachdem das Bechersche 'Tagebuch' von 1950 erschienen ist, ein Kunstprodukt, dessen erste Seite schon nach dem Internationalen Stalin-Preis von 100 000 Rubeln schielt, muss ich doch von diesem Notizbuch Gebrauch machen, um diese Zeit ein bisschen ausführlicher festzuhalten als es in den letzten Jahren meiner kleinen Notizbücher möglich und nötig war. Ich lebte und arbeitete vor mich hin und suchte Liebe, Natur, Muße und Musik; jetzt bin ich auf einem nicht ungefährlichen Terrain in einer höchst bedenklichen Zeit und man tut gut daran, das Entfliehende festzuhalten und das Lebendige zu verzeichnen" (AZA 2645). Auf einige bereits veröffentlichte Notate, im Zusammenhang mit der „Lukullus"-Debatte und anderen kulturpolitischen Auseinandersetzungen, wird in den Anmerkungen zum Brief 27 verwiesen.

[16] In der DDR hat Zweig folgende Beiträge zu diesem Thema veröffentlicht: „Notiz über 'Katzgraben' und das Dramatische," in *Sonntag* 8 (Berlin, 1953): 4; „Volksbühnen als politische Anstalten. In memoriam Bertolt Brecht," in *Komödiantisches Theater* (Berlin, 1957): 89–91; <Es tut mir leid, daß ich jetzt dieses

vortreffliche Seminar über unseren verstorbenen Freund Brecht unterbreche>,
in *Literatur im Zeitalter der Wissenschaft.* Öffentliche Diskussion des deutschen PEN-Zentrums Ost und West, geführt in der Akademie der Wissenschaften zu Berlin am 28. November 1959, hrsg. Ingeburg Kretschmar (Berlin, o. J.)
Vgl. dazu auch Heidrun Loeper, „Drei Umrisse zum Nachleben von Bertolt
Brecht und Arnold Zweig," in *Arnold Zweig. Psyche, Politik und Literatur.*
Jahrbuch für Internationale Germanistik. Reihe A. Band 32 (Bern [u. a.], 1993):
85–98.

1

ARNOLD ZWEIG AN BERTOLT BRECHT

Arnold Zweig
Haifa
Mount Carmel, Beth Moses   2. August 34

Lieber Brecht,
mit Besorgnis hörte ich durch eine kleine, in Prag erscheinende
Korrespondenz, daß Sie sich körperlich mit der Galle plagen. Das ist
nun sehr schlimm, da ja erstens A. W. Meyer mittels Jagdgewehrs ins
Jenseits gegangen ist und andererseits die deutschen Blätter die
Nachricht verbreiten, Sie hätten früher Baruch geheißen. Brecht, habe
ich gelacht! Es nutzt Ihnen also nichts, ein alpiner Kelte zu sein: Sie
werden hiermit feierlich zum Juden ernannt! Ihren Glückwunsch für
unseren Freund Feuchtwanger habe ich mit tiefem Vergnügen
geschlürft (meine Sekretärin sträubt sich, diesen kulinarischen Ausdruck
aus der Maschine zu lassen). Aber Sie haben damit die besten
Erinnerungen an unsere Sanary-Zeit und die Eisenbahnfahrt nach Paris
aufgefrischt, und es ist jammerschade, daß man von Ihnen keine Briefe
bekommt, in denen Sie Ihre Einfälle spielen lassen, außer wenn man 50
Jahre alt wird. — Daß ich mir aus Wien alle erhältlichen *Versuche*
haben beschaffen lassen können, schrieb ich Ihnen vielleicht schon.
Kann es aber sein, daß Ihre freundliche Schwägerin, die sie mir
beschaffte, inzwischen schwer erkrankt ist? Das täte mir besonders leid.
Allerdings gibt es jetzt aus Wien so viel Schauriges und Groteskes, daß
dies Operettenland nur von unserem teuren Vaterlande übertroffen
wird, welches das Land der Hintertreppendramatik größten Stils
geworden ist. Niemals haben Schurken von so schoflem Format so
grauenhaft großzügige Morde en masse produzieren können; in
früheren Zeiten mußte man wenigstens König sein, um aus einer
popligen kleinen Natur heraus welthistorische Verbrechen begehen zu
können, heutzutage machen das die Anstreicher, und die Kräfte, die
hinter ihnen stehen, sind gesichtslos und heißen Thyssen oder Krupp.
— Eigentlich sollte dieser Brief ja nur von Ihren Gedichten handeln.
Aber ich glaube, ich werde es mir aufsparen, bis ich einen großen
Aufsatz dazu in den „Neuen Deutschen Blättern" publiziere. Sie haben
hier eine kleine, aber gewichtige Anhängerschar, Brecht, und dies
Gedichtbuch, die *Versuche* würdig fortsetzend, wird von ernsthaften
Menschen mit tiefer Freude und Dankbarkeit gelesen, laut gelesen. Ich
vermißte nur die beiden kleinen Gedichte über den Empedokles darin,
an denen Sie hoffentlich weitergearbeitet haben. Gehen Sie mit Ihrer
Gesundheit sorgfältig um, Brecht; ich möchte gern mit Ihnen in den
nächsten Jahren wieder lange vergnügte Unterhaltungen haben, will
noch sehr viele Gedichte von Ihnen teils vorgelesen kriegen, teils selber

lesen, und in Summa: (was Sie ja schon wissen) Sie sind der wichtigste Mann, der nach dem Kriege angefangen hat zu schreiben. Ihr Tonfall, und was Sie in ihm vorbringen, ist so unersätzlich [sic] wie der Georg Büchners, und den haben Sie zum Glück schon überlebt und müssen zunächst einmal mich und dann Feuchtwanger einholen, ehe Sie ernsthaft an Gallensteine denken dürfen.

Mit besten Grüßen für Sie, Frau Weigel und die brave Grete, auch von Dita und den Kindern

Ihr Zweig

2

BERTOLT BRECHT AN ARNOLD ZWEIG

Lieber arnold zweig,

von feuchtwanger höre ich, dass Ihre augen schlimmer geworden sind. das tut mir sehr leid. nun werden Sie womöglich nicht so bald reisen und wir vermissen unsere kleinen spaziergänge von sanary. Ihre kurze und von Ihnen wohl schon lang vergessene erklärung des wertes *verschiedener* kulturen auf dem hügel mit den nadelbäumen bei sanary macht Sie zu einem meiner (wenigen) lehrer. wissen Sie bestimmt, ob das klima Ihren augen zuträglich ist? der gedanke, dass es Ihnen nicht geht, wie es sollte, bedrückt mich.

wann werde ich den *Verdunband* bekommen? ich schicke Ihnen ein gedicht mit, das ich in moskau gemacht habe und das Sie inhaltlich vielleicht interessiert.

mit den herzlichsten grüssen

Ihr brecht

für den grossartigen aufsatz über meine arbeiten bin ich Ihnen viel dank schuldig, das weiß ich.

Skovsbostrand, Svendborg
Juli 35

Herzlichen Gruß

Ihre Grete Steffin

(Ich schicke Ihnen heute einen kleinen gedruckten Aufsatz von Brecht als Drucksache, *Fünf Schwierigkeiten beim Schreiben der Wahrheit.* Hoffentlich erreicht er Sie.]

[Notiz der Sekretärin Arnold Zweigs:] beant[wortet] 18. 8. [1935]

3

<small>MARGARETE STEFFIN AN ARNOLD ZWEIG</small>

Thurö per Svendborg
Pension Guldborg (Danmark)   31. 7. 35

lieber herr zweig,
als ich eben einen brief von brecht an Sie in den kasten stecken will,
kommt von Ihnen über zürich der brief. vielen dank! wir haben uns
sehr darüber gefreut, und ich schreibe rasch noch einige zeilen dazu.

ich liess Ihnen damals sowohl brechts *Liederbuch* als auch den
Dreigroschenroman — altem versprechen nach — zuschicken, das ist ja
wohl so zu Ihnen gekommen?

dass es mit Ihren augen schlechter geworden ist, ist scheusslich.
wollen Sie nicht mal herkommen? wir würden alle mit vereinten
kräften Ihnen vorlesen wollen, Ihre Briefe schreiben usw.

mir geht es sehr gut. ich war ja *sehr* lange im kaukasus, bis ende
januar. dann ging ich (nach kurzem aufenthalt in tiflis) nach moskau,
wohin brecht mitte märz kam. wir waren dann 2 monate dort und
haben viel gesehen, vor allem theater. einen ungeheuren eindruck hat
der erste mai gemacht. wir bekamen — was schwer ist — karten für den
Roten Platz und sahen alles wunderbar mit an. ich habe derartige
demonstrationen auf dem Roten Platz ja öfter in der wochenschau
gesehen, aber das ist überhaupt kein vergleich mit der wirklichkeit. vor
allem die ungeheuren farben! stellen Sie sich vor, mit welcher eleganz
das gemacht wird: man hat zumeist dünne wunderbare seidenfahnen,
meist zwar in rot, aber auch hellblau sehen Sie, und das sieht grossartig
aus. die bilder und losungen sind nicht mehr auf starker pappe,
sondern einer art dünner gaze, sodass Ihnen möglich ist, durch sie
hindurch auf vorangehende und folgende plakate usw. zu sehen. es
sind gewissermaßen 2 demonstrationen: einmal die menschen und
über ihnen ein wall von fahnen, plakaten, bildern. die verschiedenen
betriebe bringen „wahrzeichen." zum beispiel trugen leute aus einer
baumwollfabrik lange stäbe mit baumwollblüten. es sah wirklich
grossartig aus. — sehr gut gefiel mir ein kinderklub, der unter dem
protektorat von pionieren stand, aber für alle kinder des bezirks und
der darin gelegenen fabrik war. Ihnen davon zu erzählen, wird
überflüssig sein, sicher hörten und sahen Sie viel darüber, vielleicht
auch den film „ der weg ins leben"? — ich habe so einigermassen
russisch gelernt, mich tatsächlich „dahinter gekniet" und konnte jetzt
einige novellen ins deutsche übersetzen. sie sind gar nicht schlecht
geworden, glaube ich, aber stellen Sie sich die gemeinheit vor: der
autor hatte mir verschwiegen, dass sie bereits in deutsch erschienen
sind! das merkte ich, als ich sie verkaufen wollte. — jetzt will ich bald
versuchen, ein stück aus dem russischen zu übersetzen. große pläne,

wenn ein wenig gelingt, bin ich froh.

im oktober ungefähr will ich wieder hinüberfahren. zwar habe ich nicht mehr viel sanatorium nötig, sagte mein kopenhagener arzt (höchstens 2 monate im jahr urlaub!) aber ich will doch gern das russisch weiter betreiben. und da man jetzt alles drüben gegen rubel (nicht mehr wie früher nur bei torgsin gegen valuta, da allerdings auch sehr billig) kaufen kann, ist es praktisch, drüben eine zeit zu wohnen. zudem erscheint der roman auf russisch, eventuell wird aus theater etwas, aber es ist immer besser, wenn man selbst drüben ein wenig dampf dahinter macht. mit der schweiz wird voraussichtlich sobald nichts werden Sie im frühjahr dort sein?

dass die metro tatsächlich ungeheuer wirkt und sehr gut aussieht, zeigt Ihnen am besten brechts gedicht.

hier in dänemark sollte ja *Die heilige Johanna der Schlachthöfe* herauskommen, aber das zieht sich so. nachdem das land selbst auch jede woche soundso viel vieh destruiert, will es vielleicht gar kein stück über destruktion von vieh sehen? wenigstens nicht mit der wahren herzensfreude.

michael, dem ich einen trick für die ziehharmonika — es gibt neue lieder bei uns!! — verdanke, lasse ich herzlich grüssen, auch Ihren adam, besonders natürlich Ihre frau. dass sich adam sehr nach sanary zurücksehnt, hat er ganz mit mir gemeinsam, das war eine wunderbare zeit, sie würde jetzt wunderbarer noch sein für mich, denn denken Sie sich: ich darf das erste mal nach langen jahren wieder schwimmen! ich gehe jeden tag ins wasser, natürlich nur kurz, weil ich sozusagen Neuling bin und das wasser sehr salzig ist, da solls wohl mächtig zehren.

mit diese[m] aufsatz von brecht, *Die Fünf Schwierigkeiten beim Schreiben der Wahrheit,* dem ich vor allen seinen arbeiten wünsche, dass er sehr bald in allen sprachen erscheint, hoffe ich Ihnen Freude zu machen. das soll Sie bewegen, bald wieder an das grüne insellland zu schreiben. es ist schön hier und mir geht es gut, was soll ich Ihnen mehr schreiben?

schreiben Sie bald, wie es Ihnen geht, ob Sie nicht doch einmal herkommen können (grosz kam mit frau und kindern aus amerika hier an) — und schicken Sie *bitte* sobald es geht den *verdunband.*

mit besten grüssen
Ihre Grete Steffin
(Ich bin übrigens direkt von der Sowjet-Union hierher u[nd] war seit 3 Jahren nicht in Zürich.)

[Notiz der Sekretärin Arnold Zweigs]: geschr[ieben] 21.8.

4

<small>ARNOLD ZWEIG AN BERTOLT BRECHT</small>

Arnold Zweig
Haifa, Mount Carmel
House Dr. Moses   18. 8. 35

Lieber Brecht,
Früher war ich immer der Meinung, und sachlicherweise bin ich es
noch heute, man brauche niemandem zu danken, der die Tugenden
und Schwächen von etwas erkennt, das ich geleistet hatte, und das
öffentlich sagt. Sie sind mir also für meinen Aufsatz keinen Dank
schuldig, denn er ist nur ein Zeugnis von vielen Freuden und inneren
Bewegungen, die ich Ihren Arbeiten verdanke. Seit wir aber
auseinandergesprengt worden sind, und zwar durch unsere Schuld,
müssen wir die Verbindung zueinander bei jeder Gelegenheit aufrecht
erhalten, auch die gefühlsmäßige, und daher freue ich mich über Ihre
Freude, und daß Sie sie mir sagen. Denn es verändern sich unter
veränderten Lagen auch die Bewertungen, ja die sachlichen
Eigenschaften aller Leistungen, und wir sollten ein Relativitätsgesetz der
geistigen Werte und der menschlichen Verhaltensweisen auszuarbeiten
beginnen, wie die Physiker behaupten, daß ein einfliegender Zeppelin
um eine winzige, aber meßbare Größe *größer* sei als derselbe Zeppelin
am Ankermast.
  Ihr schönes Gedicht habe ich mir nach mehrmaligem Vorlesen in
den Band der *Lieder* gelegt. Als mein linkes Auge noch funktionierte,
habe ich übrigens mehrmals die Gedichte aus dem *Lesebuch für
Städtebewohner* mit veränderten Überschriften vorgelesen, nämlich mit
solchen, die die Erfahrungen der Menschen in der Emigration
bezeichnen. Ich versichere Ihnen, daß der Eindruck auf die
bürgerlichen Zuhörer betäubend war. Sie hatten niemals geahnt, daß
ein Dichter die Wirklichkeit des bürgerlichen Lebens gestalten könnte,
bevor sie selber diese erfahren hatten. Sie sollten, lieber Brecht,
unseren Freund Herzfelde veranlassen, unter dem Titel „Bertolt Brecht
gestaltet die Emigration vor der Emigration" diese Gedichte in den
„N[euen] D[eutschen] B[lättern]" wieder abzudrucken; die neuen Titel
sollten Sie selber erfinden und das Erscheinungsjahr von *Heft 2* der
Versuche immer mit anführen. Die grauen Hefte werden jetzt in
Palästina von den Buchhändlern verramscht und könnten, auf diese
Weise unterstrichen, Ihnen und der Sache eine Menge Freunde
gewinnen. Ihre Abhandlung über die *fünf Schwierigkeiten* ist wohl das
Verwendbarste für die Aufklärung einfacher Leser, was ich trotz vieler
Zeitschriftenhefte mir habe vorlesen lassen. Selbst die gebildeten Leser
werden sich Ihren Argumenten nicht entziehen können, und Sie wissen
ja, um wieviel schwerer es ist, einen sogenannten Gebildeten zu

beeinflussen als einen einfachen. Für den einfachen hat das gedruckte
Wort immer noch eine Verwandtschaft mit der Bibel oder dem
Katechismus; an der Bildung des Gebildeten, an seinem Hochmut also,
läuft das meiste ab. Ich sehe mich versucht, selbst eine solche Schrift
zur Verbreitung in Deutschland zu verfassen, und zwar über die Taktik,
Bundesgenossen zu finden und die brauchbaren von den
unbrauchbaren zu unterscheiden. Da Sie sich unseres Gesprächs auf
dem Hügel von Sanary so freundschaftlich erinnern, möchte ich, daß
Sie das wichtigste dessen lesen, was ich über Politik geschrieben habe.
Es erschien zwei Jahre vor dem *Sergeant*, heißt *Caliban oder Politik
und Leidenschaft* und wurde von der gesamten Linken ignoriert, weil es
sich mit etwas so Albernem befaßte wie dem Antisemitismus. Der
Grundstock der Arbeiten war aber schon im Jahr 20 und 21 in Bubers
Zeitschrift „Der Jude" veröffentlicht worden. Das Buch war ein Erfolg,
aber ich konnte ihn nicht vorwärtstreiben, weil das Buch zu schwierig
geschrieben war und meine Augen mir schon damals eine
vereinfachende Neuauflage nicht gestatteten. Schreiben Sie mir bitte
ein paar Zeilen, ob es Ihnen Kiepenheuer damals geschickt hat und ob
Sie es mit in Svendborg haben. Wenn nicht, schicke ich es Ihnen
leihweise, denn es ist mir gelungen, hier ein Exemplar aufzutreiben.
Den *Verdunband* bekommen Sie Anfang September; heute geht eine
Liste der Erstempfänger an Landshoff. Ich möchte Ihnen gern viel mehr
von unserem Leben erzählen, aber das mache ich in der Antwort an die
Genossin Steffin. Wir denken alle oft an unsere guten Tage in Sanary;
und wenn Sie in den „Baseler Neuesten Nachrichten" zufällig einen
Aufsatz *Meine Nachbarn* finden sollten, werden Sie auch an die
Berliner Zeiten erinnert werden.

Durchaus überzeugt davon, daß die jetzige Trennung nur eine
Epoche in unserem Leben darstellt, grüßt mein Haus das Ihre und ich
Sie herzlich:

Ihr Zweig

5

ARNOLD ZWEIG AN BERTOLT BRECHT

Arnold Zweig
House Dr. Moses   15. 11. 35
Mount Carmel
Haifa

Lieber Brecht,
Ich bereite mich auf eine große Rezension Ihrer *Versuche* vor, nachdem
mir Herzfelde ein Erscheinen der Neuauflage, also der ersten
öffentlichen Auflage, für das Frühjahr als verhältnismäßig sicher
angekündigt hat. Bei meinen besonderen Arbeitsbedingungen brauche

ich, das wissen Sie, für die theoretischen Teile besonders viel Zeit. Nach der Lektüre der *Mutter* und der *Anmerkungen* dazu scheint es mir wichtig, die nichtaristotelische Dramatik besonders gründlich erwägen zu können. Sie haben in die *Anmerkungen* eine Menge Gedankenstoff hineingetan; Sie befolgen Ihren eigenen Grundsatz schlecht, der Verachtung des Lernens entgegenzutreten, wenn Sie diese theoretischen Teile durch kleineren Druck und engeren Durchschuß bagatellisieren. Falls Sie also, dies ist meine Bitte, für Herzfelde Abschriften herstellen lassen, bitte machen Sie einen Durchschlag mehr und schicken mir ihn so, daß er Deutschland nicht passiert. (Ich habe gerade wieder von meinem dänischen Übersetzer Warnungen vor dem direkten Weg erhalten.) Es liegt mir, um deutlich zu sein, an den *Anmerkungen* zur *Dreigroschenoper* und zu den *Spitzköpfen*. — Haben Sie übrigens meinen Roman bekommen und den Brief, den ich längere Zeit vorher an Sie richtete? Falls das Buch nicht eingetroffen sein sollte, obwohl ich Ihren Namen auf meiner Liste hatte: bequemen Sie sich bitte zu einer Postkarte an Landshoff.

Ich gehe jetzt an *Einsetzung eines Königs*, den Roman des Jahres 1918, mit dem Kampf um den litauischen Königsthron. Erinnern Sie sich noch eines Nachmittags, es ist fast zehn Jahre her, an dem ich Ihnen und Feuchtwanger in unserer Kellerwohnung in Schlachtensee die Fabel zu diesem Roman erzählte? Damals haben wir so wunderbar gelacht, wie man nur in jenen Jahren lachen konnte. Etwas von diesem Lachen muß in diesem Roman wieder aufblitzen, dazu aber das ganze Jahr 1918 und alles, was seither geschehen ist, mit hineinspielen, das Ganze breit untermalen und durchfärben. Daneben werde ich also nicht viel Zeit haben, und Sie müssen sich diesmal schon aufraffen und mir Ihre Durchschläge schicken, denn sonst wird die Rezension über *Versuche* erst ein Jahr nach Erscheinen diktiert werden. Und wer wird sie mir dann drucken? — — Michi ist inzwischen Lehrling in einer Autogarage geworden und sehr glücklich darüber. Seit ein paar Tagen beginnt in ihm das Verlangen deutlich zu werden, noch etwa zu lernen. Er bekommt Anschauungsunterricht, wie die Leute versagen, die bloß tüchtige Arbeiter sind, aber nicht Sprachen beherrschen. Er hat im übrigen einen prachtvoll arbeitenden ordnenden Verstand. — Im Frühling oder Frühsommer möchte ich nach Europa kommen und Sie treffen. Schreiben Sie mir also bitte Ihre Pläne, falls Sie selber sie kennen, und grüßen Sie in Ihrer Umgebung alles, was sich unserer gern erinnert.

Ihr Arnold Zweig

[Notiz von Margarete Steffin]:
Habe geschrieben:
Du habest ihm geschrieben über Buch. — [Sind] jetzt da. — Für *Rundköpfe* keine Anmerkungen.

6

<small>ARNOLD ZWEIG AN MARGARETE STEFFIN</small>

Arnold Zweig
Haifa, Mt. Carmel
House Dr. Moses   6. Januar. 1936

Liebe Grete Steffin,
dass Brechts Brief über meinen Roman verloren ist, tut mir richtig weh,
denn öffentlich habe ich fast nur Dummheiten zu hören bekommen.
Um so wohler tut mir aber, was Sie schreiben. Mittelohrentzündung
brauchen Sie zur Lektüre meiner Bücher aber nicht mehr zu haben,
liebe Grete, und wenn ich nach Dänemark komme oder in Europa bin,
lasse ich Ihnen für Ihre Freunde, die ja wohl auch die meinen sind, ein
Verleihexemplar schicken. Es ist nur immer mit den Adressen ungewiss,
und wenn Brecht seinen Brief über Deutschland hat gehen lassen, ist es
kein Wunder, wenn ich ihn nicht gekriegt habe. — Ich bin schon tief in
meinem neuen Roman *Einsetzung eines Königs,* der von Brest-Litowsk
bis zum 11. November geht, samt einem Nachspiel im Kapp-Putsch. Es
wird eine tolle Sache werden, wenn ich den Riesenstoff kompositorisch
bewältigen kann. Ich möchte gern einen Band haben, höchstens so
stark wie *Erziehung.* Die Arbeit macht mir unendlichen Spass, die
Eindrücke von Ober-Ost müssen genauso frisch werden wie die von
Verdun. — Nun zu Brechts Arbeiten. Auf die *Horatier und die Kuriatier*
freue ich mich sehr, die „Internationale Literatur" habe ich noch nie
gesehen. Aus der SU. habe ich übrigens noch nie eine Antwort auf
Briefe bekommen; ob sie verloren gehen oder nicht geschrieben
werden, weiß ich nicht. Von Brechts Arbeiten habe ich hier die
Versuche 1-3, 4-7, 11-12, 13, 14 und *15-16,* also nicht
Dreigroschenoper und *Spitzköpfe und Rundköpfe.* Von den letzteren
und von den *Anmerkungen* zu *Mann ist Mann* würde ich gern Fahnen
bekommen, auch von der *Dreigroschenoper,* der Rest ist nicht nötig.
Dass Brecht in New York ist, freut mich sehr; nachdem er Amerika
doch schon vielfältig bedichtet hat, wird ihm die persönliche
Bekanntschaft doppelten Spass machen. Ich schreibe ihm vielleicht ein
paar Zeilen, wenn ich ohnehin nach Amerika Post wegschicke. Über
den Erfolg der *Mutter* möchte ich gern Näheres hören. Vielleicht
könnte man das Stück hier hebräisch herausbringen. Aber da in diesem
Lande die vereinigten Gewerkschaften genau dieselbe Haltung
einnehmen wie einst im deutschen Reich, nämlich voller Hass gegen
alles was links ist, fürchte ich, dass das Arbeitertheater das sonst
wunderbar geeignete Stück nicht wird spielen können. In den SU. [sic]
könnte Brecht vielleicht etwas für mich erreichen. Aber ich fürchte,
man kennt dort nur den Schriftsteller Steffkusch Zweig. Jedenfalls hat
weder Herzfelde noch sonst wer erreicht, dass für *Erziehung* eine

Übersetzung zustande kam. Und nun gute Gesundheit im Neuen Jahr!
Wir erinnern uns alle gern an Sanary, besonders

Ihr Zweig

Meine Augen werden etwas besser, sonst gehts uns gesund und munter.

7

MARGARETE STEFFIN AN ARNOLD ZWEIG

[Post-Card [Poststempel 23. 3. 1936]
Leningrad. Ledokol „Krasin" na Neve.
Leningrad. The Ice-breaker „Krassin" on the Neva.
Leningrad. Der Eisbrecher „Krassin" auf der Newa.]

Lieber Herr Zweig!
Wie geht es Ihnen? Ich bin wieder einmal (nach 6 Wochen Moskau) in
Leningrad u[nd] will jetzt studienhalber in deutsche Dörfer im Kaukasus
u[nd] in der Krim fahren. Ich wollte Ihnen schon immer schreiben, aber
die Zeit rennt so. — Hoffentlich höre ich wenigstens durch meine
Freundin Maria Osten bald einmal von Ihnen, vor allem, daß es Ihnen
[gut geht].
Herzliche [Grüße]

[Ihre] Grete Steffin

8

BERTOLT BRECHT AN ARNOLD ZWEIG

London West Hampstead
148 Abbey Road   30. Mai 1936

lieber zweig,
es wäre sehr schön, wenn Sie wirklich uns einmal in dänemark
besuchen könnten. Sie werden ja auch froh sein, eine zeitlang auf
einem wirklich friedlichen kontinent zuzubringen. wir könnten dann
im herbst zusammen nach moskau fahren, was von dänemark aus sehr
angenehm ist. wir können durch skandinavien über finnland, und wir
können auch mit schiff von kopenhagen nach leningrad fahren.
es ist schade, dass Sie meinen brief, in dem ich Ihnen für Ihr buch
dankte, nicht bekamen. ich habe versucht, darin auseinanderzusetzen,
wodurch es anderen kriegsromanen so sehr überlegen ist. nämlich
einfach dadurch, daß es den krieg als einen gygantischen [sic]
klassenkampf beschreibt. der grund, warum dieser krieg für
deutschland in dieser weise begonnen und in dieser weise verloren
wurde, ist eben die niemals vollzogene bürgerliche revolution. Das
steht sehr deutlich hinter allen geschehnissen des buches. Ich freue

mich sehr, dass dieses buch von Ihnen ist.

wie geht es Ihren augen? ich hoffe, Sie können sie auch in den wilden gegenden, wo Sie sich unverständlicherweise aufhalten, einigermassen pflegen. den ausstehenden weltkrieg sollten Sie jedenfalls unter keinen umständen auf diesem pulverfass zubringen. man wird da unter den pulverfässern sehr sorgfältig wählen müssen.

in london bleibe ich nicht mehr lang, den sommer verbringe ich in dänemark, auf meinem eigenen pulverfass. und Sie sollten hinkommen!

herzlich

Ihr alter brecht

9

Margarete Steffin an Arnold Zweig

London West Hampstead
148 Abbey Road   30. Mai 1936

lieber herr zweig,
jetzt bin ich eine woche in london, das grau und unfreundlich ist, und ich habe noch nicht allzu viel gesehen. um scotland yard sind wir mal herumgeschlichen und am hyde park vorbeigefahren. brecht und eisler, denen mit jeder woche london amerika besser gefällt, erzählen mir viel von diesem wunderbaren lande, ich revanchiere mich dann und erzähle von dem wunderlande SSSR. Sie sollten recht bald einmal hinfahren! haben Sie wirklich nicht lust, im herbst mit hinüberzugehen? es wäre praktisch, ich kann Ihnen bestimmt nützlich sein, ich bin doch dort so gut wie zu hause, kann übersetzen, einkäufe machen, kaffee kochen, und tippen.

brecht will nur noch ca. 2 Wochen hier bleiben. haben Sie noch die alte adresse: Danmark, Svendborg, Skovsbostrand.

obwohl alle auf london schimpfen, bliebe ich ganz gern noch eine zeitlang hier, aber es ist teuer und man kommt nicht zum arbeiten.

gesundheitlich geht es mir gut. alle, die mich hier wiedersehen, sind erstaunt, weil ich ja damals in paris eine schlechte zeit hatte.

nochmals: fahren Sie auch im herbst hinüber! am besten auf länger. sie können doch auch Ihren söhnen die SU nicht vorenthalten!! und im frühling sind wunderschöne plätze, krim, kaukasus, wo sich ausruhen und arbeiten lässt. mindestens wie in sanary.

mit den herzlichsten grüssen

Ihre Grete Steffin

10

Margarete Steffin an Arnold Zweig

Kopenhagen, Nyelandsvej 82
c/o Per Knutzon   1. 10. 1936

lieber herr zweig,
brecht will Ihnen unbedingt in den nächsten tagen schreiben, aber Sie
wissen ja, wie schreibfaul er ist, und nun kommt auch noch hinzu, dass
er den ganzen [tag] viel arbeit hat, teils übersetzungen, teils proben
wegen der premiere ende des monats, darum schreibe ich Ihnen einige
Worte vorweg. — Sie kommen doch sicher bald wieder in die nähe?
und wie ist es mit dem schönen plan, dänemark besuchen zu wollen?
von hieraus weiter? können Sie nicht auf jeden fall so disponieren, dass
Sie wirklich zur premiere hier sind? es wäre sehr schön, Sie endlich
wieder zu sehen.

wie geht es Ihnen? schreiben Sie bald wieder einmal.

brecht hat einige sehr schöne neue sachen gemacht, die Sie
kennenlernen müssen. kommen Sie auf die grüne insel.

mir geht es gesundheitlich sehr gut. ich bin froh, dass jetzt so viel
zu tun ist, es macht grossen spass.

wahrscheinlich geht es diesen winter wieder nach drüben.

schreiben Sie bald, kommen Sie am liebsten bälder.

herzliche grüße

Ihre Grete Steffin

[Notiz der Sekretärin Arnold Zweigs:] schreibt nach: Haifa, Carmel, Haus
Moses. Teltsch Haus!
[Notiz Arnold Zweigs]: House

11

MARGARETE STEFFIN AN ARNOLD ZWEIG

Svendborg
Valdemarsgade 9 A, II   17. II. 1937

Lieber Herr Zweig!
Vielen Dank für Ihren Brief. Ich bekam ihn noch im Krankenhaus, wo
ich wegen einer unangenehmen Mittelohrgeschichte lag. Aber jetzt
bleibe ich vorläufig in Svendborg. Wie lange so eine „feste" Anschrift in
diesen Zeiten aber gilt, das weiss ja niemand.

Hoffentlich schreiben Sie bald einmal wieder, wie es Ihnen geht
vor allem und was Sie arbeiten.

Eine Reise nach hier, wenn Sie einige Zeit bleiben könnten, lohnt
sich unbedingt, weil das Leben sehr billig ist. und die dänischen Schiffe
sind ja ihrer Qualität wegen berühmt. Wie ist es mit Ihren sonstigen
Plänen? Haben Sie schon aus Moskau wegen des Stückes Bescheid?

Wir hängen immer am Radio. Ausserdem wird viel gearbeitet. Seit
einiger Zeit wohnt Eisler hier, der grade an einer *Deutschen Symphonie*
arbeitet (Texte von Brecht untergelegt).

Ich habe 1932 ca. 5 Monate nach der Gersonschen Diät gelebt,
allerdings nur so lange ich im Krankenhaus war, zu Hause schien es

mir zu mühselig und zu teuer. Bitte schreiben Sie doch bald einmal, ob Ihnen diese Kur hilft. Haben Sie dort ein gutes Klima? Wie ist sonst die Lage in P[alästina]? In London traf ich eine junge Photographin (Ellen Rosenberg), die mir viel von dort erzählte. Sie kam Juli 1936 von dort und wollte nie mehr zurück. Auch Brecht war etwas erschrocken über ihre düsteren Berichte. Es hatte unbedingt etwas Inferno-artiges, und alle Zuhörer verstanden, dass sie nie mehr zurückwollte.

Brecht arbeitet langsam an einem grossen Roman (das schreibe ich Ihnen nur, weil ich weiss, dass Sie sich dafür interessieren, es ist aber überhaupt nicht abzusehen, wann die Arbeit fertig wird, da er noch nicht ganz „drinnen" ist.) Einige wunderbare Gedichte, vor allem eine Sammlung Kriegsgedichte hat er ebenfalls fertig gemacht. Die Kriegsgedichte werden wahrscheinlich in der nächsten Zeit herauskommen.

Hier in Kopenhagen sind d 2 Leute, die wunderbare Puppenspiele machen, sie haben sich die Puppen selbst hergestellt und es sind mit die schönsten, die ich je gesehen habe. Leider haben sie, als Deutsche, es schwer mit der Arbeitserlaubnis. Trotzdem machen sie immer auf Stoffe Jagd. Wenn Sie also doch mal einen Durchschlag haben? Allerdings glaube ich, dass das Höchste, was herausspringt, einige Fotos sein würden. Die Leute haben auch „Herrn Schmitt" (kennen Sie es aus den *Versuchen*?) aufgeführt.

Wir fahren eventuell im Mai auf kurze Zeit nach Moskau. Ich habe grosse Lust, hinzufahren. — Hat Ihnen Feuchtwanger über seine Reise geschrieben? Haben Sie eine Reise nach dort ganz aufgegeben?

Ich muss Schluss machen. dieser Brief ist ganz kunterbunt, bitte verzeihen Sie das. Es ist so graues Wetter.

Herzliche Grüsse

Ihre Grete Steffin

12

BERTOLT BRECHT AN ARNOLD ZWEIG

Svendborg
Skovsbostrand
(Danmark)   18. II. 1937

Lieber Zweig,
ich hoffe sehr, dass die Diätkur, über die man ja sehr Gutes hört, Ihnen hilft; es wäre grossartig, wenn Sie uns einmal besuchen könnten.

Die Kopenhagener Aufführung der *Rundköpfe* war ein sehr interessantes Experiment, aber natürlich waren Form und Inhalt des Stückes sehr fremdartig, und ausser bei den jüngeren Architekten, die hier den fortschrittlichsten Teil der Intellektuellen ausmachen, gab es nicht viel Verständnis. Somit war im Grund die Lage nicht viel anders

als seinerzeit in Berlin. Dies sehen wir ja jetzt hinterher auch allzusehr
in rosigem Licht.

Was arbeiten Sie? Hoffentlich stört Sie Ihr Augenübel nicht allzu
sehr. Ich habe Ihre *Erziehung vor Verdun* mit grösstem Interesse
gelesen. Haben Sie wenigstens meinen zweiten Brief darüber erhalten?
In diesem wiederholte ich in grossen Zügen, was ich an dem Buch so
bemerkenswert finde. (Darstellung des Klassenkampfes im
Schützengraben usw.)

Darf ich Ihnen ein Sonett beilegen? Es gehört zu den Sachen, ich
die ich Ihnen gerne vorlesen würde.

Sehr herzlich

Ihr brecht

13

<small>MARGARETE STEFFIN AN ARNOLD ZWEIG</small>

svendborg
valdemarsgade 9 A   23. III. 1937

lieber herr Zweig,
vielen dank für Ihren brief, ich glaube, dass bei luftpost sehr wenig
verlorengeht, am meisten ging wohl (was brecht betrifft) bei
postnachsenden verloren, da er viel unterwegs war.

er bittet mich, Ihnen herzlichste grüsse zu sagen. er würde Ihnen
gern ausführlich schreiben, wenn nicht schon wieder eine terminarbeit
zuviel [sic] zeit kostete. bald ist er damit fertig.

ihr letzter brief hat brecht so eingenommen für haifa, dass er
überlegt, ob er mich nicht mal, wenn es finanziell irgendwie geht, auf
3–4 monate nach dort schicken soll. ich würde gern mal nach dort
kommen, am liebsten natürlich, wenn brecht mitginge.

vielleicht könnte man im herbst von hier in die SU fahren, dann in
rubeln (alle haben ja honorar dort liegen) die fahrkarte nach palästina
kaufen? aber wie teuer ist die rückreise? ich höre, dass es ein
einklassenschiff von dort nach london geben soll, das sehr billig sei.
wissen Sie etwa davon? und glauben Sie, dass das klima für mich gut
wäre? — mir geht es ja viel besser als damals. ich sehe völlig gesund
aus, bin es aber leider nicht. fühle mich aber so.

sind zimmer (pension oder hotel) dort teuer?

die *Versuche* sollten in moskau gedruckt werden. im vorigen mai
wurden mir die korrekturen angekündigt, im november bekam ich sie,
und jetzt hat sich herzfelde entschlossen, sie nochmals bei sich setzen
zu lassen (ursprünglich sollte gleichzeitig eine prager und eine
moskauer ausgabe kommen). da aber alle manuskripte in moskau
liegen, ist nicht abzusehen, wann herzfelde anfangen kann. er wollte
im „frühjahr" herauskommen.

im sommer sind wir alle bestimmt hier. augenblicklich (bereits seit januar) ist auch eisler hier. es wäre wirklich wunderbar, wenn Sie herkämen.

ich habe in berlin 4 monate bei sauerbruch gelegen, und zwar in der hermannsdörfer'schen spezialabteilung. ich habe ziemlich abgenommen dabei, aber da werde wohl ich schuld gewesen sein. ich empfand die diät nicht als unangenehm, solange ich bei sauerbruch lag. aber in einem schweizer sanatorium bekam ich sie weiter, und es war sofort grauenhaft. arbeit macht sie ja wohl viel?

der *Tui-Roman* sieht jetzt noch in brechts vorstellung gedruckt nach 3 dünnen bändchen aus, material hat er für 4 dicke, aber keine fabel, die ihm einfach genug ist. brieflich darüber zu diskutieren, ist bei der fülle des stoffes fast unmöglich.

augenblicklich macht er auch noch eine theoretische arbeit über den *verfremdungseffekt*. würde es Sie interessieren, wenn sie einigermaßen fertig ist, sie durchzulesen?

schicken Sie unbedingt fotos, alle würden sich sehr darüber freuen. von brecht Ihnen eins zu schicken, hat keinen zweck, er sieht genau so aus wie damals.

wie ist es mit briefmarken? brechts sohn steff ist ein eifriger sammler und will gern markenaustausch. aber für Ihren kleinen ist er wohl doch noch zu klein (ca. 11 oder 12 ist er).

ich schreibe Ihnen nicht viel neues diesmal, Sie sollten nur sehen, dass die verbindung nicht so arg ist. es wäre sehr nett von Ihnen, wenn Sie über die preise kurz schrieben.

grüssen Sie Ihre frau und die jungens, und gestehen Sie den letzteren, dass meine ziehharmonika, die inzwischen gegen eine dreireihige horner umgetauscht war, 2 jahre auf frau brechts boden lag, jetzt nach mäusen stinkt und ich kaum mehr spielen kann als damals, nämlich: und der Haifisch... und goldene abendsonne. aber das klingt schön.

sanary/avignon/paris war die schönste zeit, und ich denke sehr oft daran.
hoffentlich kommen Sie dies jahr wirklich in den rauhen norden. svendborg ist der „garten dänemarks" und wirklich lieblich und angenehm im sommer.

herzliche grüsse

Ihre grete st[effin]

14

Margarete Steffin an Arnold Zweig

Svendborg
Valdemarsgade 9 A, II   15. V. 1937

Lieber Herr Zweig,
einigeTage blieb jede Antwort auf Ihren freundlichen, langen Brief
liegen, da diesmal Brecht selbst schreiben wollte, um Ihnen zu sagen,
dass Ihre Schilderung ihm sehr velockend klingt und er ev[entuel]l
tatsächlich anschliessend an die Russlandreise im Herbst über Odessa
nach dort kommen möchte, am liebsten mit Ihnen zusammen.

Diesen Satz habe ich zu Ende gebracht, ohne zu stolpern, ich muss
aber frisch anfangen, um zu sagen, dass ich den Versprechungen
Brechts nicht länger auf den Leim gehe und mit Steff zusammen
beschlossen habe, Ihnen einen Brief ohne den „Chef," dadurch
natürlich ziemlich inhaltslos, aber immerhin eine Antwort, zu schicken!

Für Adam liegen ein paar Marken bei, die meisten wird er ja
haben, wie? Auch ich will mich jetzt mal umsehen nach „höheren
Werten" und hoffe, ihm einige schicken zu können, ich werde langsam
ein brauchbarer Einsammler für meine Sammlerfreunde.

Brecht und Weigel lassen die Grüsse an Sie und Ihre Frau
wiedergeben. Es wäre schade, wenn Ihre Frau nicht mitkäme. Jedenfalls
sind wir alle bestimmt im August hier und freuen uns sehr auf Ihr
Kommen. Dann wird auch auf dieser grünen Insel genügend Zeit zum
Diskutieren sein, und Brecht hebt lieber jede Erörterung der letzten
Ereignisse, die ihm interessant und wichtig scheint, bis dahin auf, da sie
ja brieflich unzulänglich bleiben müsste.

Der Aufsatz über den *Vefremdungseffekt* ist noch nicht fertig, Sie
bekommen die erste brauchbare Abschrift!

Bei der angekündigten Aufführung der *Dreigroschenoper* handelte
es sich um Burians Einstudierung, die einen Theater-Kongress am 8.
Mai in Prag eröffnen sollte. Brecht hatte sein Kommen zugesagt,
erkrankte aber dann und konnte nicht fahren.

Grüssen Sie Michi, ich bin ihm natürlich voraus, denn auf meine
alten Tage kriege ich jetzt endlich die Fahrlizenz, allerdings nur für
Brechts alten Ford, der aus dem Jahre 1927 stammt und danach
aussieht, aber immer noch brav seine Pflicht tut, was ihm ein Fremder
auf keinen Fall zutrauen will.

Haben Sie in „Das Wort," Nr. 4-5 Brechts *Deutsche Kriegsfibel*
gelesen? Ich fand es sehr schade, dass Brecht sie so kollossal [sic]
verkürzt an die Zeitschrift gab, aber trotzdem, glaube ich, bekommt
man einen guten Eindruck von ihr, nein? — Jetzt wird gerade ein
Lyrikband mit sehr schönen, neuen Sachen zuammengestellt. — Die
Versuche können leider, da Moskau wieder mal gebummelt hat, erst im
Herbst bei Herzfelde in Prag erscheinen. Wichtig darin ist jetzt eine
Arbeit über die Aufführung der *Rundköpfe* in Kopenhagen. Ich erinnere
mich nicht mehr, ob ich Ihnen damals einige Fotos schickte?

Der *Dreigroschenroman* hat auf Englisch eine besonders gute Kritik
bekommen, und gestern telegrafierte Brechts Agent, dass er nun auch
nach Amerika verkauft ist. Auch russisch sieht er schön aus. Das ist

immerhin etwas.

Ich habe in der Freizeit angefangen, den Roman *Die Tagelöhner* von Hans Kirk aus dem Dänischen zu übersetzen. Es ist eine Arbeit, die mir Spass macht, aber ich fürchte, dass sich die Übersetzung schwer unterbringen lassen wird, obwohl es schade wäre, denn selten ist Dänemark, richtiger dieser Teil Dänemarks, den die Tagelöhner ausmachen, so gut, allerdings auch so typisch dänisch, das heißt etwas langweilig mit Charme, geschildert worden. — Haben Sie den neuen Nexö-Band gesehen? *Unter offenem Himmel*. Ein wirklich schönes Buch, in dem Nexö, der, glaube ich, zu wenig als der sicher grösste lebende proletarische Schriftsteller geschätzt wird, seine Kindheit schildert.

Ein junger norwegischer Dramaturg, der durch 2 Jahre Moskau sich kollossal [sic] qualifizierte, Nordahl *Grieg*, hat eben ein interessantes Stück über die franz[ösische] Revolution geschrieben. Wenn ich wüsste, wie weit Sie solche Sachen interessieren, hätte ich Lust, Ihnen eine Art Rohübersetzung zu schicken. Dies Stück hatte einen unerwarteten grossen Erfolg in Oslo.

Ein junger Theatermaler aus New York, Mordicai [sic] Gorelik, der lange und ernsthaft Brecht studierte, schreibt jetzt, dass unter den jungen Fachleuten New Yorks das Interesse für das Epische Theater zu wachsen scheint. Das schiene mir ziemlich die beste Basis für eine Weiterarbeit Brechts, der ja besonders in seiner Produktion als „Stückeschreiber," wie er sich gern nennt, gehindert ist dadurch, dass er seine Stücke nicht auf der Bühne einstudieren kann. Ich habe ihn sehr bewundert, als ich sah, wie er anhand der Kopenhagener Proben die *Rundköpfe* kollossal [sic] verbesserte. Sie sind jetzt tatsächlich eines seiner abgerundetsten Stücke.

Haben Sie schon angefangen, Material zu sammeln für Ihre beabsichtigte Studie über Pal[ästina]? Wir sind sehr erwartungsvoll, man kann sich doch nur schwer ein Bild machen nach all diesen widersprechenden Berichten, die die einzelnen Leute geben. Ihre Briefe machen das Bild schon viel lebendiger und interessanter.

Habe ich Ihnen eigentlich erzählt, dass ich bei meiner letzten Russlandreise auch jüdische Kolchose in der Krim besucht habe? Es war eine sehr interessante Zeit für mich. Es begann mit dem Essen echter Matze, für deren Herstellung in Simferopol eine Fabrik gebaut wurde, und endete viel zu früh, sodass ich nicht in der Lage bin, ein einigermassen ausreichendes Bild zu geben, ich will unbedingt das nächste Mal wieder hin.

Jetzt schliesse ich, um Sie nicht vollends zu ermüden mit meinem Geschreibe, und bin mit herzlichen Grüßen

Ihre Grete St[effin]

15

MARGARETE STEFFIN AN ARNOLD ZWEIG

[Svendborg]   27. IX. 1937

lieber herr zweig,
wenn ich fürchten muss, dass wegen blasser farbbänder auf meiner
neuen schreibmaschine briefe von Ihnen sich verspäten oder gar
ausbleiben müssten, bin ich bereit, mir jedes vierteljahr ein neues zu
kaufen. verzeihen Sie wirklich, dass es so unlesbar war, aber Sie
wissen, „mir sagt keiner was."
        brecht ist noch immer in paris. die premiere ist auf letzten freitag
verschoben gewesen, aber inzwischen wird ja schon presse heraus
sein, ich habe noch keine bekommen. Sie können brecht immer noch
p[er] Adr[esse] Aufricht, Paris XVI, 25, Avenue de Lamballe erreichen.
ende dieser woche wollte er zum feuchtwanger, wenn er bis dahin in
paris fertig ist. Sie wissen sicher, dass in all den emigrationsjahren
bloch erben, obwohl sie den vertrag mit brecht gebrochen haben, ganz
unberechtigterweise (auch laut vertrag unberechtigt), die tantiemen der
Dreigroschenoper einziehen. um die pariser soll wohl nun irgendwie
gekämpft werden, soweit es brecht möglich ist.
        auch in kopenhagen war vor kurzer zeit premiere, vielleicht
schrieb ich es Ihnen sogar schon? und es wurde ein grosser,
unerwarteter erfolg, unerwartet, weil in diesem friedlichen lande brecht
lange zeit (nach den *Rundköpfen*) sehr angegriffen wurde. auch aus
oslo und stockholm kommen wieder nachfragen.
        ich würde sehr wünschen, dass etwa herausspringt, damit man
nicht den winter über in dänemark sein müßte. ich will nicht von der
langeweile sprechen, obwohl die grüne insel auf die dauer, besonders
den langen herbst und winter, schon recht trübe ist, aber ich halte das
klima so gar nicht aus. jetzt geht es mir noch immer glänzend. vielen
dank für die rezepte, ich werde versuchen, die sachen zu beschaffen.
hier ist es schwer. bedenken Sie: wir bekommen nicht mal ein mittel
gegen die seekrankheit ohne rezept! denn unsere ärzte haben ein
abkommen mit den apothekern.
        eisler ist noch hier, aber er fährt in dieser woche ab, und dann wird
es ganz still werden. ich gehe manchmal ins kino, schöne
amerikanische filme waren. ich lese viel, denn bücher sind ungeheuere
und ungeheuer viele hier. dem steff habe ich das pokern beigebracht,
finden Sie nicht, dass er, mit 13, es lernen musste?
        wenn Sie so viel zu tun haben, werden Sie wohl kaum schreiben.
aber schreiben Sie mir z. b.: wohin ich Ihnen einige gedichte von
brecht, die in den nächsten nummern der „I[nternationalen] L[iteratur]"
und des „Worts" veröffentlicht werden, schicken könnte? es sind
sachen, auf die brecht besonderen wert legt (der form und es inhalts

wegen) und ich würde es sehr schön finden, wenn Sie sie kennenlernten, bevor Sie brecht wiedersehen.

ich lese dänische, deutsche, russische, englische zeitungen und mit viel mühe die „l'humanité." oft bin ich froh, dass ich diese jahre, in denen für mich emigration durch krankheit noch sehr erschwert wurde, wenigstens fremde sprachen etwa kennen lernte. ich würde Sie so sehr gern einmal wiedersehen, um Ihnen zu erzählen, was ich aus dieser schweren zeit herausholen konnte. ich erinnere mich besonders gern an die fahrt von avignon nach paris.

dass ich ein stück von nordahl grieg übersetze, schrieb ich Ihnen sicher schon. auch einen roman habe ich angefangen zu übersetzen, aber es ist schwer, dafür einen verleger zu finden, weil es sich um einen im ausland nicht bekannten autor handelt.

hier ist mit grossem beifall feuchtwangers moskau-bericht aufgenommen worden. es war ungeheuer nützlich.

bitte schreiben Sie, bevor Sie wieder nach haifa kommen, einige zeilen Ihrer Sie herzlich grüssenden

grete steffin

[Anlage]
Steff Brecht   26. 9. 37

Ich bin der Junge, der mit ihrem Sohn Briefmarken tauscht. Da ich nicht weiss ob ihr Sohn noch in der Schweiz ist bitte ich sie ihm diese Briefmarken zu geben. Die Überstempelten von einer Fitealistenaustellung in Kopenhagen. Meine Adresse ist Skovsbostrand per Svendborg, Steff Brecht c/o Fru Anna Andersen.

Grüss, Steff.

P. S. Auch Grüsse von (Grete) Frau Jhul (oder Juul oder Jul oder Hjul, ich weiss nicht)
Grüsse an ihren Sohn

16

Margarete Steffin an Arnold Zweig

Svendborg   3. III. 1938
lieber herr zweig,
nicht das farbband ist schlecht, die maschine ist kaputt! hoffentlich können Sie trotzdem lesen, was ich schreibe, — es ist schon so lange her, seit wir von Ihnen gehört haben, dass brecht mir befahl, Ihnen wieder zu schreiben. vor allem lässt er Sie und Ihre familie herzlichst grüssen und möchte Sie bitten, ihm zu schreiben, wie es Ihnen gesundheitlich geht und was Sie arbeiten. — brecht ist sehr fleissig, er arbeitet jetzt an einem satirischen roman *Die Geschäfte des Herrn Julius Caesar*. es handelt sich um den richtigen grossen caesar, der diesmal als geschäftsmann geschildert wird. brecht hofft, mit dem

roman in einigen monaten fertig zu sein, sodass er bereits im herbst im handel erscheinen kann. — ausserdem hat er eine reihe von einaktern fertiggestellt, die unter dem gesamttitel *Deutschland — ein Greuelmärchen* erscheinen sollen. — das kleine spanienstück, das Sie in paris sahen, hatte auch in dänemark und schweden einen grossen erfolg und wird von überallher angefordert. in dänemark gelang es dadurch zum ersten mal, die sozialdemokraten zu einer zusammenarbeit mit den kommunisten zu bringen. — aus mishmar haemek meldet sich eine frau julamit batdori, die das stück dort zur aufführung bringen will. kennen Sie sie? oder haben Sie von der arbeit eines theaterkollektivs dort gehört? — auch hat brecht nun seinen gedichtband *Gedichte im Exil* fertiggemacht, der vielleicht im herbst bei herzfelde in den *Gesammelten Gedichten* erscheinen wird. vorläufig mal sind die ersten beiden bände der *Gesammelten Werke* (auch herzfelde) erschienen. d. h., wir haben sie noch nicht zu gesicht bekommen, rechnen aber jeden tag damit.

allgemeine ermüdung hier durch das furchtbare quellenstudium zum *Caesar*. brecht liest in den verschiedensten sprachen die dicksten wälzer durch, aber zu bewundern ist er, dass er die wälzer so hartnäckig und geduldig dieser miniatur-bibliothek hier zu entreissen versteht, die seinetwegen an alle welt schreibt. — die dänen glauben nicht, in dänemark zu sein: den ganzen februar durch hatten wir so strahlend blauen himmel, dass es ein wunder war.

in der deutschen aufführung des stückes hatte übrigens die weigel hier einen riesenerfolg, sie wird auch noch nach stockholm fahren und dort spielen. — und wenn Sie von einer aufführung in palästina etwas hören, wäre es sehr freundlich von Ihnen, brecht darüber zu schreiben.

gesundheitlich alles hier all right.

es wäre schön, so viel zu verdienen, dass man nach amerika fahren könnte! eisler, der seit januar dort ist, schreibt, dass alle linken leute mit nur etwas talent so riesenerfolg dort haben und alle am broadway aufgeführt werden. sind solche gerüchte auch zu Ihnen gedrungen?

ich habe die übersetzung von dem dritten band der erinnerungen nexös angefangen, eine schöne, aber mühevolle arbeit, da nexö ein so ausgesuchtes dänisch schreibt.

sonst ist hier auf der bald wieder grünen insel alles unverändert. es war sehr schade, dass Sie nicht kommen konnten!

herzliche grüsse

Ihre grete steffin

17

ARNOLD ZWEIG AN MARGARETE STEFFIN

Arnold Zweig
Haifa, Mount Carmel   den 24. April 1938

House Moses

Liebste Grete Steffin,
obwohl wir von Ihnen nichts gehört haben, bin ich überzeugt: Sie sind
an meiner Freundschaft für Sie und Brecht nicht irre geworden. Auch
hat Ihnen bestimmt oft das Ohr geklungen, und zwar immer das linke,
weil ich aufs herzlichste an Sie dachte, wann immer ich meine
Postmappe öffnete oder in einer neuen Nummer des „Wort" einen
neuen Teil Ihrer wirklich vortrefflichen Formung von Nordahl Griegs
Niederlage fand. Ich habe als alter leidenschaftlicher Freund des
aktuellen und politischen Dramas meine Augen kräftig marschieren
lassen, und ich bedaure nicht, dass ich sie ermüdete: denn obwohl das
Stück auf der Bühne eine Umformung wird erleiden müssen, ist es
doch als Lektüre schon aufregend und spannend genug, und Sie haben
Ihre Zeit nicht verschwendet, liebe G. St.
  Nun zunächst zu Brechts Stück. Ich hatte in den letzten Monaten
viel Arbeit; dazu wurden die Wege nach Mishmar Haemek jede Woche
unsicherer. Irgendwo auf dem 30 km langen, drei - acht km breiten
Carmel sitzt eine Bande politisch ökonomischer Banditen, die Ausfälle
bald nach der Meerseite, bald nach der Landseite des Gebirges
unternimmt. Am Fusse der letzteren liegt Mishmar Haemek, das
mehrere Verluste an Menschen zu beklagen hat; und die Schiesserein
selber fielen in den letzten Monaten drei-vier Mal wöchentlich vor.
Jetzt bin ich aber freier und kann am Vormittag einmal rasch nach
Mishmar fahren, das mit dem Wagen kaum weiter als eine halbe
Stunde entfernt ist. Und da sind wir schon bei den persönlichen und
privaten Nachrichten, die ich Ihnen und Brecht so lange schuldig
geblieben bin. Ich habe mir nämlich einen kleinen, sehr sparsamen
Wagen angeschafft, einen Leehill von hervorragender Qualität, auch als
Secondhan[d]wagen. Wundern Sie sich bitte nicht über die Ihnen
unbekannte Wagenmarke: es ist einfach ein Adler, der in Palästina von
einem Dr. Feldberg (englisch-dichterische Übersetzung Leehill)
vertrieben wurde. Wurde — weil ihm vor zwei Jahren eine arabische
Menge, in die er geriet, als sie gerade frisch fanatisiert aus der Moschee
kam, mit einem grossen Stein die Schläfe einschmiss. Seine Witwe,
eine prächtige Hamburgerin nichtjüdischer Herkunft, setzt das Geschäft
fort, und da sie und ihre Angestellten ausserordentlich zuverlässig sind
und mein Chauffeur, nämlich der Michi, auch etwas von Autos
versteht, haben wir einen guten Kauf getan. Ich werde Ihnen also bald
näheres über die Aussichten berichten, die *Die Gewehre der Frau
Carrar* in Palästina haben. Ich nehme aber an, dass das Stück in
hebräischer Übersetzung gespielt werden wird; anders erlaubt es der
nationale Standpunkt nicht. Ich selbst bin da Leidtragender genug. In
Heft 5 vom „Wort" werden Sie und Brecht Stücke meines Spiels *Vom
Herrn und vom Jockel* finden, der den Hafer schneiden sollte und es

378

nicht tat. Dieses Spiel und ein anderes, viel kürzeres von Ungehorsam und Bekehrung des Propheten Jona existiert hier seit Frühling 36. Und obwohl der Bedarf an Marionettenspielen für Kinder oder Erwachsene groß ist, und auch sehr hübsch geschnitzte Puppen in Jerusalem existieren, kam es doch zu keiner Aufführung, weil die Hebräische Übersetzung meiner Verse zu grosse Schwierigkeiten bereitete.

Ich gehe jetzt daran, ein wirklich aufschliessendes Buch über Palästina zu versuchen. Ich weiss zwar, dass der Versuch nur annähernd glücken kann. Aber ich wäre schon mit dieser Annäherung zufrieden. Hier schneiden sich ungefähr alle Probleme und Scheusslichkeiten unserer liebenswürdigen Epoche. Die soziale Revolution, das Judenproblem, der nationale „erwachende Orient," die Dekadenz des Bürgertums, echter und scheinhafter Sozialismus, das Problemknäuel England, die Ausstrahlungen der Faschism und der erlöschende Völkerbund. Und da Ordnung und Darstellungsfähigkeit auch nur in das Material zu bringen, ist a Aufgab, wie unsere bayrische Wirtin zu sagen pflegte. Ausserdem ist hier ein Kuriositätenkabinett lebendig. Lassen Sie sich z. B. von Brecht erklären, wer Hermann Sinsheimer ist. Dieser hat sich jetzt hier eingefunden, allerdings nicht bei mir.

Meiner Frau geht es von uns allem am besten: die wundervolle Landschaft des Landes hat ihr zu einer ebensolchen Entwicklung als Malerin verholfen, ohne dass sie sich etwa gegen das Unheil und Leid der Welt und es Landes abgeschlossen hätte. Was mich anlangt, so arbeite ich intensiv wie immer. Wer nicht lesen kann, muss leider schreiben, so verlangt es das Gesetz des Djungel. Mein Adam hat an Wachstum seine Mutter schon fast erreicht und entwickelt vielerlei Talente und Fähigkeiten. Und damit zunächst einmal Schluss für heute. Wenn Brechts gesammelte Schriften erscheinen, hört Ihr mehr von Eurem herzlich grüssenden

[Zweig]

18

ARNOLD ZWEIG AN BERTOLT BRECHT

Arnold Zweig
Beth Dr. Moses
Haifa
M[oun]t Carmel   26. März 1939

Mein lieber Brecht,
es ist entsetzlich lange her, dass Sie oder Grete Steffin von mir gehört haben. Inzwischen ist die Welt eingestürzt, die Demokratie hiess, und auf die wir so lange gerechnet hatten. Ich war dabei, als sie einstürzte, nämlich von August bis Oktober in Europa, in Paris und in London

namentlich, und ich dachte oft an Sie. Hatten Sie mich nicht gewarnt, allzu weit zu emigrieren, weil wir in fünf Jahren alle wieder in Deutschland sein würden? Und ich hatte Ihnen und meiner eigenen Neigung geglaubt, Parallelen zwischen der Dauer der Hitlerei und der Dauer des grossen Krieges zu ziehen. Jetzt ist es anders, lieber Brecht, wenn der Herr Hitler uns den Gefallen nicht tut, durch einen unüberlegten Angriff zu weit zu gehen, kann er zu denselben Jahren kommen, zu denen Bismarcks Reich gekommen ist. Seit Luther und der Reformation haben in jedem Jahrhundert deutsche herrschende Klassen die Weltkultur zurückgeworfen, und es waren immer dieselben Feudalen, Grundbesitzerinteressen, die den Ausschlag gaben. Auf Luther folgte Wallenstein, auf den Friedrich, auf den Bismarck, auf diesen der Sonnenadolf. Was kann unter solchen Verhältnissen aus der Kultur eines Erdteils und dem Aufstieg der unteren Klassen werden, von dem diese abhängt? Was mich anlangt, so sehe ich duster. Das liegt vielleicht aber auch an den Folgen eines Autounfalls, den mein Michi und ich am 15. November hatten. Wenig genug werden Sie davon gehört haben. Wir warteten in meinem kleinen Wagen die Passage zweier entgegenkommender Lastwagen ab und wurden dabei von einem Panzerwagen gerammt, der uns passieren und überholen wollte. Es war ein Rolls Royce Motor mit viel zu schwachen Zweiradbremsen; er hatte einen Bremsweg von über achtzig Metern, von denen er uns die letzten dreissig mitnahm. Sie sehen, dieser Autounfall ist nicht so lehrreich wie der, den Sie seinerzeit im „Uhu" analysierten, nachdem Sie ihn selber erlitten hatten. Ich war über siebzig Stunden bewusstlos, fünf Wochen in der Klinik, dann Rekonvaleszcent zu Haus und leide noch immer an Schwindel und Gleichgewichtsstörungen. Darum auch gehe ich am 4. April mit meinem Michi zu Schiff, nach Amerika. Wir werden drei Wochen unterwegs sein und uns hoffentlich dabei so erholen, dass der amerikanische Trubel mir nicht schaden wird. Ich muss natürlich dort nach dem Rechten sehen, Verträge sind in Unordnung, Theaterinteressen melden sich für *Ritualmord* und das *Grischa-Stück*, und ich suche natürlich Filmabschlüsse, für die ich Material genug in der Mappe mitnehme. Ob freilich während meiner Abwesenheit nicht ein Krieg losbricht, der mich von meiner Frau und Adam auf einige Zeit trennt, weiss ich nicht. Ich fürchte es aber kaum. Da man Hitler gibt, was er sich nimmt, warum sollte er uns den Gefallen tun, seine eigenen Erfolge zu ruinieren? Schreiben Sie mir an Viking Press, lieber Brecht, 18 East, 48th Street, New York, was Sie machen, um Ihr Pulverfass Dänemark nicht zur Mausefalle ausarten zu lassen. Da ich seit August nichts Rechtes mehr gearbeitet habe, bin ich dem „Wort" noch den Aufsatz über die *Versuche* schuldig, aber diese Schuld wird bestimmt beglichen. Ich muss nun erst wieder einen Überfluss an Nervenkraft haben. Gleichzeitig sende ich Ihnen heute mit der Schiffspost ein Geschenk von Mishmar Haemek, wo Mita Badtori,

wie Sie wissen, *Die Gewehre der Frau Carrar* aufgeführt hat. Das
Geschenk besteht in etwa einem Dutzend Fotos und ein paar
Rezensionen, bitte bestätigen Sie den Empfang an Frau Batdori, die
wirklich ihr Bestes geleistet hat und unter Umständen, die nicht ohne
tragische Verwicklungen waren, die Aufführung durchsetzte. Einer ihre
Spieler wurde ihr in der Probenzeit von einem Araber erschossen, der
unter dem Vorwand zu ihm kam, er wolle hebräisch bei ihm lernen.
Solche Dinge ereignen sich hier leider schrecklich häufig. Denn die
Araber sind von jahrhundertelanger Fremdherrschaft und
Großgrundbesitzersklaverei zu dem gemacht worden, was wir heute
von ihnen erfahren. Die Mishmarleute gehören aber, wie Sie sich
denken können, zu den wenigst nationalistischen Gruppen im Lande,
und ihre Haltung zu den Arabern war die ganze Zeit hindurch
vorbildlich. So, lieber Brecht, jetzt sind mal wieder Sie dran oder Grete
Steffin, wenn Sie sich dem Schreiben wieder etwas entziehen. Ich
bleibe in Amerika bestimmt mehrere Monate, ich hätte sogar nichts
dagegen, dort einen längeren Aufenthalt zu absolvieren und Dita und
Adam nachkommen zu lassen. Was Feuchtwangern inzwischen
machen wird, hoffe ich in Marseille von ihm selbst zu hören, wo wir
am 15. einen Tag anlegen. Das Schiff heisst „Excalibur" und braucht
dreiundzwanzig Tage von Haifa nach New York. Und vielleicht sehen
wir uns dort? Irgendwas veranlasst mich zu dieser Frage.
    Herzlich von Haus zu Haus

                                                    Ihr Arnold Zweig

19

ARNOLD ZWEIG AN BERTOLT BRECHT

Arnold Zweig
House Rino
M[oun]t Carmel   26th June, 1941
Haifa
My dear Brecht,
you surely will often have remembered the warning you gave me when
we left each other in France as to the pretty powder barrels both you
and I were sitting on. Well, since my barrel got fairly near to the match
during the last months now it is you to whom the slow-match is
burning. Let us hope that both you and I with wives and children will
happily escape and meet somewhere in Europe or better in Germany
during after the end this war. Meanwhile I have the pleasure to listen to
your plays in the Hebrew version which I don't understand. It is the
music of Kurt Weill to whom we owe the pleasure to listen to your
name and poetry. First it was *The Consent (Der Jasager)* which was
broadcast from Jerusalem and the day before yesterday is was *Two and
Halfpenny Opera* excerpts of which were sent to us. The broadcasting

did not come from studios but from public performances in the Histadruth Hall Jerusalem by the P. B. S. singers, soloists and orchestra which is not the renowned Palestine orchestra but the Orchestra of the Palestine Broadcasting Service, conducted by Hans Schlesinger. My dear Brecht, we listened to the applause which after each song grew stronger though is was a good success from the beginning. My wife and myself were happy to listen to such an excellent performances and were fascinated by the undisturbable freshness and strength of your songs, the German version of which we were bearing in mind and reciting accompanied by the Hebrew one. (As to my own works the P. B. S. has from the beginning joined the boycott the Hebrews are leading against myself and all my works.) Now, dear Brecht, send me some lines by intermeditation of the „I[nternationale] L[iterature]" or our friend Rokotow whether I can do something for you as the royalties from these performances. Perhaps there is no other way for a letter to Palestine, thir [their? this?] Dirt Reich has enlarged its influence and borders so as to hinder friends and civilised men to change letters. As both we know in a war always the innocents are falling but after this war we will care for finding out the right ones to be destroyed, are we not?

I was so glad to find you and Grete Steffin having translated. Andersen-Nexö and published in the „I[nternationale] L[iterature]"; and what pleasure it was to read with my own eyes your *Lukullus* and *Giordano Bruno*! Please give me news of all these persons and works around you. As to my own work was busy all these months with a book named *The Alps or Europe* being a short history of our civilisation and social achievement, from the end of the ice age to the downfall of Hitlerism. If this is finished — I am now busy with stylish refinement — I hope to bring into the plot of a novel a mixture of personal and public affairs, private and world wide life, tragedy of masses and individual fun. But this is still in the future supposed the war does not visit us nearer that it did during the days of Crete an the Syrian campaign. But this is though possible not very likely to happen. Well, dear Brecht, this letter is long enough for people who don't know how to reach each other.

Let us hope that we both with all our children, wives and friends will survive this debacle and move to some centre where we meet not only another but also our friends in California and elsewhere.
Your affectionate comrade,

Arnold Zweig

20

ARNOLD ZWEIG AN BERTOLT BRECHT

Arnold Zweig
House Rino II   Haifa, den 6. Juli [1945]
Mount Carmel

Lieber Brecht,
wenn Ihnen jedes Mal die Ohren geklungen hätten in den letzten fünf
Jahren, sobald wir von Ihnen sprachen oder aus Ihrer *Hauspostille* und
all den späteren Gedichtsammlungen etwas lasen oder vorlasen, so
hätten Sie mancherlei Belästigung in Los Angeles verzeichnen dürfen.
Heute nun bittet mich eine befreundete Graphikerin, Lea Grundig, um
ein paar einführende Worte an Sie. Nun weiß ich zwar, dass ihre
Blätter für sich selbst sprechen, aber da ich ihr gern gefällig bin und
weiss, welch ein lebendiges Kunstleben auf unserer alten Basis sich bei
Euch drüben entwickelt hat, halte ich es nicht für ausgeschlossen, dass
Sie, lieber Brecht, mit diesen Blättern etwas anfangen können.
    Inzwischen hat unser Freund Lion Feuchtwanger Sie ja auch in die
Arbeit am *Beil von Wandsbek* verstrickt, und ich hoffe nur, dass diese
Schwergeburt sich uns allen Beteiligten auszahlen wird, auf die eine
oder andre Weise. Bis dahin danke ich Ihnen, lieber Herr Nachbar von
einst und vielleicht von bald und bin mit den besten Grüßen von Haus
zu Haus
                                    Ihr [Zweig]

P. S. Wenn Sie Feuchtwanger bald sehen, sagen Sie ihm doch, dass
unser Michi inzwischen in Deutschland gelandet ist und einen höchst
interessanten Brief geschrieben hat.

21

BERTOLT BRECHT AN ARNOLD ZWEIG

[Berlin]   [Juni 1949]
Lieber Zweig,
wie mir Rudi Engel sagte, wartet Wandel darauf, dass Sie zu der
Gründungsbesprechung der Akademie der Künste einberufen. Leider
weiss ich nicht viel von der Sache, da ich gar nie zu Besprechungen
zugezogen wurde (und also eigentlich beleidigt bin), aber eine solche
Akademie wird, höre ich, Gehälter ausbezahlen und Wohnungen
beschaffen und den einzelnen Mitgliedern sogar ermöglichen, jungen
Künstlern und Schriftstellern Stipendien zukommen zu lassen, und ich
höre eben jetzt viel über wirkliche Not unter den jungen Leuten. Die
Sache hätte also schon durchaus Sinn, besonders wenn sie diesmal
nicht eine so äusserlich repressentative [sic] Körperschaft würde wie die

Weimaranische Akademie. So stehe ich also auch ganz zur Verfügung.
Herzlich
Ihr alter brecht

22

<small>BERTOLT BRECHT AN ARNOLD ZWEIG</small>

[Berlin]   [Juni, Juli 1949]

lieber zweig,
dank für das gedicht. natürlich ist es leicht zu dichten, wenn man
gesund ist! –
ich habe Wandel geschrieben, dass ich zu den sitzungen kommen
werde, sobald ich aus dem krankenhaus heraus bin. vorläufig ein paar
notizen:
1) wichtig wäre es, wenn die mitglieder sich 2-3 meisterschüler
wählen könnten. aber diese schüler müssten *stipendien* bekommen,
dass sie leben können.
2) und wichtig die *neuen* künste!
Das Plakat (+ Fotomontage) *Jonny Heartfield* (London).
Fotografie, da finde ich Ihren vorschlag *Lerski* wunderbar.
Bühnenbau, das wäre *Kaspar* [sic] *Neher.*
Film, Erich Engel.
Kurz, man müsste die modernsten leute für die modernen künste
bekommen!
herzlich
Ihr brecht

23

<small>BERTOLT BRECHT AN ARNOLD ZWEIG</small>

[Ahrenshoop]   [13. 8. 1950]

Lieber Zweig,
ich schicke Ihnen den Durchschlag eines Briefes, den die hier
sitzenden Mitglieder der Akademie an Engel schickten. Meiner
Meinung nach sollte die Akademie keineswegs bloss aussondieren, was
„Chancen hat", sondern kräftig mitreden soweit es sich um das Gebiet
der Künste handelt. Es darf neben dem Interesse der Republik auch das
deutsche Gesamtinteresse nicht ganz vergessen werden; immerhin sind
es Nationalpreisse [sic] und die Wirkung nach den restlichen Teilen
Deutschlands hin ist wichtig. Die Liste verliert sofort deutlich an
Gewicht, wenn zwei an der Spitze derselben stehende Schriftsteller
wegfallen (was nötig ist, da man nicht genug erste Preisse [sic] hat), und
dann mag das Ganze doch recht provinziell aussehen. Es wäre schön,

wenn Sie Ihr ganzes Gewicht hinter die Sache werfen könnten.
Herzlich
Ihr brecht
Gruß an Ihre Frau!
NB: Nr. 4 (für Bildende Kunst) würde ich persönlich *ganz* streichen.
Die *Aufführung* der *Sonnenbrucks* würde ich auch nicht prämiieren,
höchstens Bild.

[Anlage]
Johannes R. Becher, Bertolt Brecht, Ernst Busch, Hanns Eisler, Helene Weigel
an Rudolf Engel

Lieber Direktor Engel,
wir beantragen für die Vorschlagsliste der Akademie der Künste, den
Nationalpreis betreffend, folgende Änderungen und Ergänzungen:
Anstatt Nr. 4: Otto Nagel für seine Porträts
anstatt Nr. 11.: Rilla für seine Theaterkritiken
Ergänzend zu Nr. 6: Hanns Eisler für seine Filmmusik zu *Der Rat der
Götter*
Ferner: Semanagic für seine architektonische Gestaltung des Walter-
Ulbricht-Stadions
Ferner: Leitung des Kollektivs des Berliner Ensembles für
Nachwuchserziehung und Ensembleleistung.
Becher
Brecht
Busch
Eisler
Weigel

13. August 50
Ahrenshoop

Kopie an Arnold Zweig

24

BERTOLT BRECHT AN ARNOLD ZWEIG

Berliner Ensemble
Leitung: Helene Weigel   15. Januar 1951
Mitarbeit: Bertolt Brecht — Paul Dessau
Hanns Eisler — Erich Engel — Caspar Neher
Teo Otto — Berthold Viertel
Berlin NW 7
Luisenstraße 18

Lieber Zweig,
ich möchte gern mit Ihnen über die Vertreibung der Juden aus Prag
einmal sprechen, d.h., sobald ich wieder aus der Klinik zurück bin. Es
ist ja so betrüblich, dass wir eben kein Theater haben und daher nicht

mehr als zwei Aufführungen in dieser Saison gar nicht machen können. Und die zweite wird jetzt der *Biberpelz* mit Giehse sein wie ja schon lange ausgemacht war.
Inzwischen herzlich

Ihr brecht

25

BERTOLT BRECHT AN ARNOLD ZWEIG

Bertolt Brecht
Berlin-Weißensee
Berliner Allee 190

lieber Arnold Zweig,
wüssten Sie Rat für Ernst Schoen, Schriftsteller und Emigrant, der aus London kommt und den ich als integren Mann kenne?
herzlich

Ihr brecht
10. 10. 52

26

BERTOLT BRECHT (ISOT KILIAN) AN ARNOLD ZWEIG (SEKRETARIAT)

Bertolt Brecht
Berliner Ensemble am Schiffbauerdamm   4. 5. 1955
Berlin NW 7
Am Schiffbauerdamm 4a
Ruf: 425871

An das Sekretariat von Arnold Zweig
Berlin-Niederschönhausen
Homeyerstraße 13

Liebe Kollegin!
Frau Elga Kern, Bruxelles, 52, rue d'Arlon, schickte mir beiliegendes Material mit der grossen Bitte, um Weitergabe an Herrn Zweig, dass vielleicht dadurch möglich sein könnte, dass Herr Zweig einen kleinen Beitrag über dieses Jugendproblem für das Buch von Frau Kern zur Verfügung stellen könnte. Es wäre wirklich wichtig, dass auch eine bedeutende Persönlichkeit aus der DDR einen Beitrag zur Verfügung stellt, und Brecht ist der Meinung, dass Herr Zweig wirklich helfen könnte.
Mit vielem Dank und vielen Grüssen!
Isot Kilian
Anlagen.

27

<small>BERLINER ENSEMBLE (KÄTHE RÜLICKE) AN ARNOLD ZWEIG</small>

Berliner Ensemble am Schiffbauerdamm   Berlin, den 7. 2. 1956
Berlin NW 7   Rü/Gl.
Am Schiffbauerdamm 4a

Lieber, verehrter Herr Zweig,
es scheint, als sollte *Das Beil von Wandsbeck* [sic] doch endlich vorgeführt
werden. Anbei meine Arbeitsunterlagen. Würden Sie bitte so freundlich sein
und die 5 Szenen, die meines Erachtens nachgedreht werden sollen, vor der
Vorführung des Films durchlesen und mir ev[en]t[uel]l Ihre Meinung dazu
sagen?
    Mit den besten Grüssen   Ihre Käthe Rülicke
Anlagen

28

<small>ARNOLD ZWEIG AN HELENE WEIGEL</small>

Regenlied zu B. Brechts Begräbnis

Es weint mir das Herz
Wie es träuft auf die Stadt.
Was meint dieser Schmerz,
Der sich frißt in mein Herz?

Oh Regenlärm
Sanft auf Pflaster und Dach:
Für ein Herz, das sich härmt,
Regenlied sanft und schwach!

Es weint ohne Recht
In dem Herz, das sich sträubt,
Wie? gestorben der Brecht,
Von der Arbeit zerstäubt?

Das ist schlimmer als schlimm
Nicht zu wissen den Sinn.
Oh wie leer bleibt das Haus
Da man ihn trug hinaus!

                                 A. Z.

Nach Verlaine

                den 16. 8. 56   gez. A.

Liebste Helly, als es gestern schien, daß ich nicht würde dabei sein
können, nahm ich mir den Verlaine vor, dessen Verse mir halfen, den

schwersten Augenblick zu überkommen. Jetzt, da alles zunächst vorbei ist, schick ich Dir die Frucht meines und meiner Frau Kummer — Mitkummer. Jetzt bist Du dran, Dich zu schonen!
Immer Dein und Euer

A. Z.

Il pleure dans mon cœur
Comme il pleut sur la ville.
Quelle est cette langueur
Qui pénètre mon cœur?

O bruit doux da la pluie
Par terre et sur les toits!
Pour un cœur qui s'ennuie
O le chant de la pluie!

Il pleure sans raison
Dans ce cœur qui s'écœure.
Quoi! nulle trahison?
Ce deuil est sans raison.

C'est bien la pire peine
De ne savoir pourquoi,
Sans amour et sans haine,
Mon cœur a tant de peine.

Paul Verlaine
(Romances sans paroles)

RECHTSHINWEISE

Der Abdruck der Briefe von Margarete Steffin an Arnold Zweig erfolgt auf der Basis einer Nicht-exklusiven Abdrucksgenehmigung aus Margarete Steffin, *Briefe an berühmte Männer: Walter Benjamin, Bertolt Brecht, Arnold Zweig*, hrsg., mit einem Vorwort und mit Anmerkungen versehen von Stefan Hauck. © Europäische Verlagsanstalt / Rotbuch Verlag, Hamburg 1999.

Für den Abdruck der Briefe Bertolt Brechts erteilte der Suhrkamp Verlag, Frankfurt am Main, seine Genehmigung. Im Falle der im Auftrag Brechts geschriebenen Briefe (Isot Kilian und Käthe Rülicke) besteht das einverständnis von Bruno Carstens und der Erben Käthe Rülicke-Weiler.

Die Briefe Arnold Zweigs erscheinen im Erstdruck aufgrund einer einmaligen Abdruckgenehmigung des Aufbau-Verlages, Berlin, bei Zustimmung von Dr. Adam Zweig.

Ich danke der Stiftung Archiv der Akademie der Künste, Berlin, und allen Rechtsträgern für ihr freundliches Entgegenkommen.

Heidrun Loeper

ABKÜRZUNGEN

Anm.	Anmerkung	ms.	maschinenschriftlich
Bd./Bde.	Band/Bände	o. U.	ohne Unterschrift
Du.	Durchschlag	Nr.	Nummer
ebd.	ebenda	vermutl.	vermutlich
eigentl.	eigentlich	vgl.	vergleiche
hs.	handschriftlich	s. a.	siehe auch
m. hs. U.	mit handschriftlicher	u. a.	unter anderem
	Unterschrift	u. d. T.	unter dem Titel

SIGLEN

AZA	Arnold Zweig-Archiv der Stiftung Archiv der Akademie der Künste, Berlin
BBA	Bertolt-Brecht-Archiv der Stiftung Archiv der Akademie der Künste, Berlin
Br (A)	Brecht, Bertolt: *Briefe 1913–1956*. Herausgegeben und kommentiert von Günter Glaeser. 2 Bde., Berlin und Weimar: Aufbau-Verlag 1983.
GBFA	Brecht, Bertolt: *Werke. Große kommentierte Berliner und Frankfurter Ausgabe*. Hrsg. Werner Hecht, Jan Knopf, Werner Mittenzwei, Klaus-Detlef Müller. Bd. 1–30. Berlin und Weimar: Aufbau-Verlag; Frankfurt/Main: Suhrkamp Verlag 1988–1998. Register-Band [noch nicht erschienen].
Br(GBFA)	Band 28: *Briefe 1. 1913–1936*; Band 29: *Briefe 2. 1937–1949*; Band 30: *Briefe 3. 1950–1956*; bearbeitet von Günter Glaeser

	unter Mitarbeit von Wolfgang Jeske und Paul Gerhard Wenzlaff. Berlin und Weimar: Aufbau-Verlag; Frankfurt/Main: Suhrkamp Verlag 1998.
Br(St)	Margarete Steffin: *Briefe an berühmte Männer. Walter Benjamin, Bertolt Brecht, Arnold Zweig.* Herausgegeben, mit einem Vorwort und mit Anmerkungen versehen von Stefan Hauck. Hamburg: Europäische Verlagsanstalt 1999.
Br (S)	Brecht, Bertolt: *Briefe 1913–1956,* herausgegeben und kommentiert von Günter Glaeser. 2 Bde. Frankfurt/Main: Suhrkamp Verlag 1981.
BrW(F/Zw)	*Briefwechsel Lion Feuchtwanger — Arnold Zweig. 1933–1958.* Herausgegeben von Harald von Hofe; Band 1: 1933–1948; Band 2: 1949–1958. Berlin und Weimar: Aufbau-Verlag 1984.
D	Druck
ED	Erstdruck
H	Handschrift
H(Chronik)	Werner Hecht: *Brecht Chronik 1898–1956.* Frankfurt/Main. Suhrkamp Verlag 1997.
NB az	Nachlassbibliothek Arnold Zweig
Nb bb	Nachlassbibliothek Bertolt Brecht
Tg	Textgrundlage
Zw (BA)	Arnold Zweig: *Werke. Berliner Ausgabe.* Herausgegeben von der Humboldt-Universität zu Berlin und der Akademie der Künste, Berlin. Wissenschaftliche Leitung: Frank Hörnigk in Zusammenarbeit mit Julia Bernhard. Berlin: Aufbau-Verlag 1996 ff.

KOMMENTAR

1 *Arnold Zweig an Bertolt Brecht. Haifa, 2. August 34;* ms. Br. m. hs. U.; Tg: Typoskript, BBA 478/31-32; ED [in Auszügen zitiert und referiert: H(Chronik), 406].

eine kleine, in Prag erscheinende Korrespondenz
Der seit 1908 bestehende „Schutzverband Deutscher Schriftsteller," im Sommer 1933 in Paris von Alfred Kantorowicz, Alfred Kurella, Rudolf Leonhard, Ludwig Marcuse, Gustav Regler, Max Schröder und Anna Seghers neu gegründet, gab auch die Zeitschrift *Der Schriftsteller,* 1938 „Der deutsche Schriftsteller" heraus, die ab 1934 in verschiedenen Verlagen in Paris, Berlin und Prag erschien. Vermutl. hatte Zweig ein Heft von 1934, das nicht überliefert ist. Der einzige Standort der Zeitschrift ist die Deutsche Bücherei in Frankfurt am Main; dort sind nicht alle Ausgaben vorhanden.

daß Sie sich körperlich mit der Galle plagen
Brecht hatte einen Nierenstein und musste deshalb Mitte Juni 1934 ins Svendborger Krankenhaus.

A.W. Meyer
Konnte nicht ermittelt werden, vermutl. ein Arzt, den Arnold Zweig und Brecht kannten.

Sie hätten früher Baruch geheißen
Zuerst behauptet in Adolf Bartels, *Jüdische Herkunft und Literaturwissenschaft.*

Eine gründliche Erörterung (Leipzig, 1926), 158. Dann auch — anonym — verbreitet in einem Flugblatt „Essener Theater- und Kunstverhältnisse," vermutl. 1927. Vgl. Stephan D. Bock: „Brecht (der eigentlich Baruch heißen soll)," in *Neue Deutsche Literatur* (Berlin, 1994) = 495. Heft, 196–201. In welchen „deutschen Blättern" Arnold Zweig die Nachricht um 1933–34 gelesen hat, konnte nicht ermittelt werden. 1935 erschien das Sammelwerk *Juden im deutschen Kulturbereich*, hrsg. Siegmund Kaznelson. In einem Anhang dazu werden „Nichtjuden, die für Juden gehalten werden," namentlich aufgeführt. Darunter befinden sich auch Bertolt Brecht und Johannes R. Becher. Die Schrift wurde 1962 in Berlin West neu verlegt.

Ihren Glückwunsch für unseren Freund Feuchtwanger
u. d. T. „Lion Feuchtwanger 50 Jahre," in *Die Sammlung* (Amsterdam, 1933/34) 11, 566; (GBFA 22.1:36–37). Arnold Zweig hatte einen Aufsatz u. d. T. „Über Lion Feuchtwanger. Zu seinem Geburtstag am 7. Juli 1934" geschrieben (vgl. AZA 1384) Er war für die Zeitschrift *Haarez* in Palästina vorgesehen, wurde aber nicht veröffentlicht. Zweig schickte das Manuskript an Feuchtwanger, der sich kritisch dazu verhielt, was Zweig über das (gespaltene) Verhältnis zu seiner jüdischen Abstammung schrieb. Vermutl. war das auch der Grund für die Nichtveröffentlichung des Textes; vgl. BrW(F/Zw) Bd. 1, Nr. 23, 25, 26 und Anm. Lion Feuchtwanger veröffentlichte zusammen mit Zweig 1933 in Paris die Schrift *Die Aufgaben des Judentums*. Sie enthielt von Feuchtwanger den Beitrag „Nationalismus und Judentum" und von Zweig „Jüdischer Ausdruckswille," (wieder erschienen in: Arnold Zweig, *„Jüdischer Ausdruckswille" Publizistik aus vier Jahrzehnten*. Auswahl und Nachwort: Detlev Claussen (Berlin, 1991). Die Freundschaft zwischen Brecht und Feuchtwanger beginnt bereits 1919. In seinem Essay *Juden auf der deutschen Bühne. Mit 16 Bildtafeln* (Berlin, 1927) beschreibt Zweig im Kapitel „Lion Feuchtwanger" die Zusammenarbeit zwischen ihm und Brecht.

unsere Sanary-Zeit und die Eisenbahnfahrt nach Paris
Arnold Zweig ist seit dem 1. Juli 1933 in Sanary-sur-Mer, Bertolt Brecht und Margarete Steffin kommen am 17. September 1933 dort an. Von diesem Zeitpunkt an gibt es bis zur Abreise Brechts und Steffins aus Frankreich am 18. Dezember 1933 mehrere Begegnungen mit Arnold Zweig, in Sanary-sur-Mer und Paris. Dabei spielt die gemeinsame Eisenbahnfahrt von Avignon nach Paris am 19. Oktober 1933 in der Erinnerung der Beteiligten eine besondere Rolle. Vgl. dazu auch den Vortext. An Marta Feuchtwanger schreibt Arnold Zweig dazu: „Brecht war ein großartiger Reisegenosse, er sprüht von Einfällen. Außerdem spielten wir Karten, und ich gewann, weil ich 15 Jahre keine Karte mehr angerührt hatte," BrW (F/Zw) Bd. 1, Nr. 7. u. Nr. 8.

in Wien alle erhältlichen „Versuche" beschaffen lassen
Arnold Zweig hielt sich seit dem 14.3.33 nicht mehr in Deutschland auf. Am 12. Mai 1933 erschienen auf der „Schwarzen Liste" der Buchhändler bereits Namen von Autoren der am 10. Mai in Berlin verbrannten Bücher. Zweig konnte nur noch in Wien, wo er sich zwischen April und Mitte Mai 1933 aufhielt, Brechts Bücher kaufen. In Zweigs Nachlassbibliothek befinden sich Bertolt Brechts *Versuche* H. 1 bis 7 aus den Jahren 1930 bis 1933, s. a. NB az 2841 (1-7). Zweig ergänzte seine Sammlung zwischen 1950 und 1957 mit den *Versuchen* H. 9-11; 10, 12-15 und dem Sonderheft. Vgl. NB az 2842 (9,11); NB az 2843 (10, 12 bis 15 und Sonderheft).

Ihre freundliche Schwägerin
die Schwester Helene Weigels, Stella Weigel, verheiratet mit Richard Zweig
(nicht verwandt mit Arnold Zweig).

aus Wien so viel Schauriges und Groteskes
Vermutl. ist der nationalsozialistische Putschversuch von Engelbert Dollfuß,
dem österreichischen Bundeskanzler und Außenminister gemeint, bei dem er
am 27.7.1934 ermordet wurde.

von Ihrem Gedichtbuch
Lieder, Gedichte, Chöre. Paris: Éditions du Carrefour , April 1934.

einen großen Aufsatz in den „Neuen Deutschen Blättern"
Arnold Zweig, „Brecht-Abriß," in *Neue Deutsche Blätter* (Prag, [u. a.] 1934),
122–24. Vgl. „Aufgang Brechts. 1934. Coda 1955," in *Essays*, Bd. 1 (Berlin,
1959), 342–5 [bearbeitete Fassung].

die beiden Gedichte über den Empedokles
„Der Schuh des Empedokles," in die Versionen 1 und 2 gegliedert, GBFA
12:366. Dort wird im Zeilenkommentar die Entstehungszeit auf das Jahr 1935
datiert (366). Zweigs Brief wurde bereits am 2. August 1934 geschrieben.
Demnach kann es spätestens 1933 in Frankreich entstanden sein, wo Brecht es
Ihm gezeigt haben muss. Zuerst in der Sammlung *Svendborger Gedichte* enthalten, die im August 1938 zusammengestellt war, von Wieland Herzfelde für
die *Gesammelten Werke* im Malik-Verlag London („Londoner Satz") vorbereitet, aber im Juni 1939 in Kopenhagen („Kopenhagener Satz") durch Initiative
Ruth Berlaus als Einzelband erschienen.

Frau Weigel
Helene Weigel.

die brave Grete
Margarete Steffin.

Dita
Margarete Beatrice Zweig, geb. Zweig (1892–1971), Malerin und Zeichnerin.
Arnold Zweigs Frau seit 1916.

den Kindern
Michael Zweig, geboren am 25. Juli 1920 in Starnberg und Adam Zweig, geboren am 14. Oktober 1924 in Berlin.

2 *Bertolt Brecht an Arnold Zweig. Skovsbostrand, Svendborg, Juli 35*; ms. Br.
m. hs. U.; ED: *Notate.* Informations- und Mitteilungsblatt des Brecht-Zentrums
der DDR (Berlin.1981) 4:14; D.: Br (S), D.: Br(A), D: Br(GBFA) 1, Nr. 680; Tg:
Typoskript, AZA 6229.

dass Ihre augen schlimmer geworden sind.
Arnold Zweig hatte sich als Soldat im Ersten Weltkrieg eine Augentuberkulose
zugezogen, die seit 1925 sein Sehvermögen beeinträchtigte, als solche erst
1936 erkannt und behandelt worden war und so zur allmählichen Verschlech-
terung seines Augenzustands führte. Seit 1926 diktierte er seine Romane,
kleine Prosa, Stücke, Briefe verschiedenen Mitarbeiterinnen. Änderungen und
Korrekturen wurden nach Vorlesen der Texte gemacht. Auch fremde Bücher,
Aufsätze, Briefe musste Zweig sich meist vorlesen lassen.

unsere kleinen spaziergänge von sanary
Vgl. die sechste Anmerkung zu Br. 1 und den Vortext.

des wertes verschiedener kulturen
Arnold Zweig notierte z. B. in einem seiner Taschenkalender , am 1.11.1933, zu diesem Thema. „Kultur ist die Summe aller Möglichkeiten, die eine Gruppe systematisch verwirklicht" (AZA 2615, 5).

Verdunband
Erziehung vor Verdun, erschienen 1935 im Querido-Verlag, Amsterdam: der dritte Roman des Zyklus *Der Große Krieg der weißen Männer,* den Arnold Zweig 1927 mit dem Roman *Der Streit um den Sergeanten Grischa* begonnen hatte. Zur Genese dieses Zyklus vgl. Heidrun Loeper: „*Der Große Krieg der weißen Männer.* Zur konzeptionellen Genese des Romanzyklus-Fragments von Arnold Zweig," in *Arnold Zweig. Berlin — Haifa — Berlin* (Bern, [u. a.] 1995), 177–94.

Gedicht...das ich in moskau gemacht habe
„Inbesitznahme der großen Metro durch die Moskauer Arbeiterschaft," als Typoskript dem Brief beigelegt. Brecht war vom 14. März bis 17. Mai 1935 in Moskau, wo sich auch Margarete Steffin befand. Sie erlebten zusammen u. a. die offizielle Eröffnung der Moskauer Untergrundbahn, der Metro, s. a. Br. 3.

den grossartigen aufsatz über meine arbeiten.
Brecht-Abriß, vgl. die Anmerkung zu Br. 11.

das weiß ich
Hs. Ergänzung von Bertolt Brecht.

Skovsbostrand, Svendborg, Juli 35
Hs., Margarete Steffin.

Herzlichen Gruß...Hoffentlich erreicht er Sie
Hs. Nachschrift Margarete Steffin; runde Klammer am Schluss der Nachschrift fehlt.

kleinen gedruckten Aufsatz..."Fünf Schwierigkeiten beim Schreiben der Wahrheit"
ED: *Unsere Zeit,* (Paris, Prag, Basel, 1935) 4. Der Aufsatz ging aus einem Beitrag zur Umfrage des *Pariser Tageblatts* über die „Mission des Dichters 1934" hervor, an der sich auch Arnold Zweig beteiligt hatte. Seine Antwort: „Deutung der Welt," in *Pariser Tageblatt* (Paris, 1934) 365 (12.12.). Dort findet sich auch Brechts Beitrag „Dichter sollen die Wahrheit schreiben," aus dem „Fünf Schwierigkeiten beim Schreiben der Wahrheit" hervorging (beide Texte GBFA 22.2:71, 75).

beant[wortet] 18.8.[1935]
Hs. Notiz der seit 1929 und bis 1937 in Berlin und Haifa als Mitarbeiterin tätigen Freundin Arnold Zweigs, Lily Leuchter, geb. Offenstadt (1909–1967), auf dem Original des Briefes, vgl. Br. 4.

3 *Margarete Steffin an Arnold Zweig. Thurø per Svendborg, 31.7.35;* ms. Br. m. hs. U.; ED: Br(St.), Nr. 43; Tg: Typoskript, AZA 6238.

kommt von Ihnen über zürich der brief
dieser Brief Arnold Zweigs ist bisher nicht überliefert.

sehr lange im kaukasus
Margarete Steffin leidet seit 1927 an Lungentuberkulose. Im Mai 1932 hält sie sich auf Brechts und Hanns Eislers Initiative erstmals in Moskau und auf der Krim im Krankenhaus bzw. zu einer Kur auf; im November des gleichen Jahres

wird sie in der Berliner Charité bei Prof. Sauerbruch behandelt und operiert. Von Mitte Oktober 1934 bis Mitte Februar 1935 bekommt sie durch Vermittlung ihrer Freundin Maria Osten (vgl. Br. 7 und Anm.) eine weitere Kur: in der Grusinischen ASSR (Georgien) im Kaukasus, vgl. auch Br (St), und das Vorwort von Stefan Hauck: „Kleine Zeitungen aus dem Exil," 7–47.

liess Ihnen...brechts „liederbuch" als auch den „dreigroschenroman."...
   zuschicken
Lieder, Gedichte, Chöre, vgl. die zehnte Anmerkung zu Br. 1; Der *Dreigroschenroman* erschien im Oktober 1934 im Verlag Allert de Lange, Amsterdam. Beide Bücher sind in der NB az nur in späteren Ausgaben vorhanden, GBFA 11:197–254 (*Lieder Gedichte Chöre*) und GBFA 16:7–391 (*Dreigroschenroman*).

den film „der weg ins leben"
nach einem Roman von A. S. Makarenko, 1933 in russischer, 1935 in deutscher Sprache erschienen, schildert die Entwicklung der von Makarenko geleiteten Kommunen für minderjährige Rechtsverletzer in der Sowjetunion.

der roman auf russisch
der *Dreigroschenroman*. Margarete Steffin initiiert bei ihrem Aufenthalt in Moskau nach ihrer Kur im Kaukasus (vgl. Anm. 2 zu diesem Brief) im März 1935 eine Übersetzung. 1937 erscheint der Roman in „autorisierte[r] Übersetzung von Valentin Stenitsch" im Moskauer „Staatsverlag für schöne Literatur." Die Autorisierung kann nur Margarete Steffin vorgenommen haben, Brecht war der russischen Sprache nicht mächtig. Die Einnahmen aus dieser Übersetzung bekam Steffin für ihre Aufenthalte in Moskau.

hier in dänemark sollte ja die „Heilige Johanna der Schlachthöfe" herauskommen
Eine für 1935 geplante Aufführung am Königlichen Theater Kopenhagen kam nicht zustande.

Michael
Michael Zweig, vgl. die letzte Anm. zu Br. 1.

Grosz
George Grosz (1893–1959), Maler und Grafiker, Zusammenarbeit mit Brecht seit 1928; Briefe von Brecht an Grosz in Br (GBFA) 28, 29.

den verdunband
Arnold Zweig. *Erziehung vor Verdun*, vgl. die vierte Anm. zu Br. 2.

(ich bin übrigens direkt von Sowjet-Union hierher...)
Hs. Margarete Steffin.

geschr. 21.8.[1935]
Vermerk der Mitarbeiterin Arnold Zweigs (vgl. die letzte Anm. zu Br. 2) auf dem Original; dieser Brief ist bisher nicht überliefert.

4 *Arnold Zweig an Bertolt Brecht. Haifa, 18.8.35; ms Br. m. hs. U; Tg.:* Typoskript, BBA 478/29 — 30; ED [in H(Chronik), 456 teilweise zitiert und referiert].

Ihr schönes Gedicht habe ich mir nach mehrmaligem Vorlesen
Vgl. die fünfte Anm. zu Br. 2.

die Gedichte aus dem „Lesebuch für Städtebewohner"
Aus dem Lesebuch für Städtebewohner, GBFA 11:155–76.

unseren Freund Wieland Herzfelde
Wieland Herzfelde (1896–1988), eigentl. Herzfeld, Schriftsteller, Publizist, 1917–1939 Leiter des Malik-Verlages, emigrierte 1933 nach Prag, 1939–1948 nach London und in die USA, dort 1944 Mitbegründer des Aurora-Verlages, New York.

in den „N[euen] D[eutschen] B[lättern]"
Zeitschrift, von Wieland Herzfelde von Sommer 1933 bis zum Sommer 1935 in seinem Malik-Verlag (Prag) herausgebracht.

unseres Gesprächs auf dem Hügel in Sanary
Vgl. die sechste Anm. zu Br. 1, den Br. 2 und den Vortext.

erschien zwei Jahre vor dem „Sergeant," heißt „Caliban oder Politik und Lei-
denschaft"
der erste Roman des Zyklus *Der Große Krieg der weißen Männer* (vgl. die vierte Anm. zu Br. 2), wurde bereits Ende 1927 ausgeliefert, obwohl das Erscheinungsjahr mit 1928 ausgedruckt wurde, ein „Überhänger" der Produktion. Der Essay „Caliban oder Politik und Leidenschaft. Versuch über die menschlichen Gruppenleidenschaften, dargetan am Antisemitismus" erschien als Buchausgabe 1927 bei Kiepenheuer in Potsdam. Seit 1920 arbeitete Zweig an diesem „politisch-sozialen Essay," der zunächst als Aufatzfolge unter dem Titel *Der heutige deutsche Antisemitismus* erschien und der den Versuch unternimmt, psychoanalytische Erkenntnisse Sigmund Freuds auf die Analyse des Antisemitismus als Gruppenphänomen in der menschlichen Gesellschaft anzuwenden. Gleichzeitig versucht Zweig darin auch, seine Auffassung vom Sozialismus darzulegen. Immer wieder hatte er gehofft, diesen Essay nach der Rückkehr aus der Emigration neu herausbringen zu können. In der DDR fand sich wegen seiner dort beargwöhnten Freud-Rezeption kein Verlag dazu bereit. 1960 scheiterte ein Versuch des Verlages Joseph Melzer in Köln, das Buch in einer zweiten Auflage herauszubringen. Aus dieser Zeit stammt ein neues Vorwort, datiert auf den 20.9.1960. Es ist enthalten in der Neuausgabe des Essays von 1993 im Aufbau Taschenbuch Verlag, Berlin, vgl. Anm. 12 zum Vortext.

Bubers Zeitschrift Der Jude
Hrsg. Martin Buber, (Berlin). Die Zeitschrift erschien seit 1915; Arnold Zweigs Aufsatzfolge *Der heutige deutsche Antisemitismus* wurde in vier Folgen der Nummern 2 bis 11 des Jahrgangs 5 (1920) abgedruckt.

ob es Ihnen Kiepenheuer damals geschickt hat
In der Nb bb gibt es kein Exemplar der Ausgabe. Von Brecht ist bisher nichts zu diesem Essay überliefert.

der Verdunband
Vgl. die vierte Anm. zu Br. 2.

Landshoff
Fritz Helmut Landshoff (1901–1988), 1926–1933 Mitinhaber und Direktor des Kiepenheuer-Verlages, emigrierte 1933 nach Amsterdam, gründete und leitete dort bis 1940 die deutsche Abteilung im Querido-Verlag; 1940 in England, 1941–1945 in den USA.

in der Antwort an die Genossin Steffin
Dieser Brief ist bisher nicht überliefert.

in den „Basler Neuesten Nachrichten.".. einen Aufsatz „Meine Nachbarn"
Dieser Aufsatz ist erst innerhalb der Folge *Gestern, heute, morgen* zusammen

mit anderen Beiträgen aus der Zeit der Emigration als (bearbeitete) Druckfassung überliefert, in *Die Weltbühne* (Berlin, 1950) 38:1175–79; vgl. auch Arnold Zweig, *Essays*, Bd. 2 (Berlin, 1967). Die Erstfassung (1935), von der Zweig hier schreibt, blieb ungedruckt, vgl. AZA(N) 1337. Beide Fassungen handeln von der Nachbarschaft zwischen Feuchtwanger, Brecht und Zweig in Berlin vor 1933: in Schöneberg, wo Brecht in der Spichernstraße und in der Hardenbergstraße, Zweig Am Eichkamp, Zikadenweg und Kühler Weg wohnten, Feuchtwanger in der Mahlerstraße (heute Weißensee).

5 *Arnold Zweig an Bertolt Brecht. Haifa, 15.11.35;* hs. Br. m. hs. U; Tg: Typoskript, BBA 478/27-28; ED.

Ihrer „Versuche.".. ein Erscheinen der Neuauflage...für das Frühjahr
Wieland Herzfelde (vgl. die dritte Anm. zu Br. 4) will in seinem Verlag Sammelausgaben mit Brechts Texten herausbringen, zunächst ist an eine Neuauflage und Fortsetzung der *Versuche*-Reihe gedacht, aber dann favorisiert Herzfelde eine Ausgabe *Gesammelte Werke*. Die Bände 1 und 2 werden in Prag gedruckt und erscheinen im Mai 1938 im Malik-Verlag, London. Die Bände 3 und 4 gelangen in Korrekturfahnen noch zu Brecht, aber nicht mehr in die Öffentlichkeit. Herzfelde muss vor der Nazifizierung des Landes nach dem Münchner Abkommen im September 1938 und dem Sturz der Beneš-Regierung im Dezember nach London fliehen. Der Einmarsch deutscher Truppen im März 1939 in Prag vollendet die Okkupation des Landes.

Haben Sie übrigens meinen Roman bekommen
Erziehung vor Verdun, vgl. die vierte Anm. zu Br. 2. Brecht hat die Erstausgabe bekommen und gelesen, vgl. Br. 6. In NB bb befindet sich jedoch nur eine spätere Ausgabe: die des Aufbau-Verlages (Berlin, 1951).

und den Brief
vermutl. den vom 18.8.1935, s. Br. 4.

Landshoff
Vgl. die zehnte Anm. zu Br. 4.

Ich gehe jetzt an „Einsetzung eines Königs".
Der vierte Roman des Zyklus-Fragments *Der Große Krieg der weißen Männer* (Amsterdam, 1937).

als ich Ihnen und Feuchtwanger... die Fabel zu diesem Roman erzählte
In der Erstausgabe des Romans *Der Streit um den Sergeanten Grischa*, 1927, waren in einer Nachbemerkung Zweigs die zu einer geplanten Trilogie gehörenden Romane des Zyklus angekündigt: *Erziehung vor Verdun* und *Einsetzung eines Königs*. Vgl. auch die vierte Anm. zu Br. 2.

Michi
Michael Zweig.

Habe geschrieben: Du habest ihm geschrieben... keine Anmerkungen
Hs. Vermerk von Margarete Steffin auf dem Original. Sowohl Brechts als auch Steffins Brief, wie sie hier angekündigt werden, sind bisher nicht überliefert.

6 *Arnold Zweig an Margarete Steffin. Haifa, 6. Januar 1936;* ms Br. m. hs. U; Tg: Typoskript, BBA 478/25-26; ED [in H(Chronik), 469 teilweise zitiert und referiert].

dass Brechts Brief über meinen Roman verloren ist
Vermutl. hat Zweig in der Zwischenzeit einen Brief von Margarete Steffin erhalten, der nicht überliefert ist, vgl. die letzte Anm. zu Br. 5.

meinen Roman
Erziehung vor Verdun.

Mittelohrentzündung brauchen Sie... nicht zu haben
In Wahrheit war die Tuberkulose auch auf ein Ohr übergegangen, vgl. die zweite Anm. zu Br. 3.

tief in meinem Roman „Einsetzung eines Königs"
Vgl. die vierte und fünfte Anm. zu Br. 5.

„Erziehung"
Erziehung vor Verdun.

Ober Ost... Verdun
Arnold Zweig kannte diese Schauplätze des Ersten Weltkriegs aus eigenem Erleben: bevor er im Mai 1917 vom Kriegs-Presse-Quartier Ober-Ost in Bialystock (Russland) angefordert wurde, war er als Armierer in Ungarn, Serbien und schließlich 1916 in der Schlacht bei Verdun.

die Horatier und die Kuriatier
Brechts Lehrstück *Die Horatier und die Kuriatier*, im August 1935 begonnen, durch Vermittlung Margarete Steffins in der Zeitschrift *Internationale Literatur*, Moskau, Heft 1, 1936 als Erstdruck erschienen (GBFA 4: 279-303). Vgl. auch die nächste Anm.

Die „Internationale Literatur" habe ich noch nie gesehen
Die Zeitschrift *Internationale Literatur*, zwischen Juni 1931 und Dezember 1945 im Moskauer „Verlag für Schöne Literatur" verlegt, wurde von der Internationalen Vereinigung revolutionärer Schriftsteller herausgegeben. Sie hatte eine russische, eine französische, eine deutsche und eine englische Ausgabe, ab 1935 auch eine chinesische. Die deutschsprachige Ausgabe wurde seit 1933 von Johannes R. Becher redigiert und bekam 1937 den Untertitel *Deutsche Blätter*. Sie bot den deutschsprachigen Emigranten Veröffentlichungsmöglichkeiten. Arnold Zweig bekam die Hefte der Zeitschrift nur unregelmäßig. So schrieb er am 19.2.1940 an einen Redakteur der russischen Ausgabe, Anissimow: „Heute nun brachte mir die Post zwei Hefte der Internationalen Literatur, und zwar Nr. 12, 1939 und 1, 1940. es sind die ersten, die mich seit langer Zeit erreichten..." (AZA 17/107-109).

Dass Brecht in New York ist
Brecht reist am 7.10.1935 nach New York, dort bleibt er bis zum 16. Februar 1936.

Über den Erfolg der „Mutter"
Das New Yorker Arbeitertheater „Theatre Union" will Brechts Stück *Die Mutter* inszenieren. Während der Proben, an denen Brecht und Hanns Eisler beteiligt sind, kommt es zu ernsten Unstimmigkeiten mit der „Theatre Union," die damit enden, dass Brecht und Eisler zur Premiere am 19. November 1935 „unerwünscht" sind. Streitpunkt sind hauptsächlich die Streichung einiger Szenen und die „Einfühlung" der Schauspieler, wie sie vom Regisseur Victor Wolfson befürwortet wird und wie sie den Prinzipien des „epischen Theaters" Brechts entgegensteht. Die Inszenierung wird 36mal aufgeführt und von der sozial engagierten amerikanischen Kritik als ein Erfolg gewertet, vgl.

H(Chronik), 465.

In denSU [sic]
Verwechslung von SU für Sowjet Union und USA für Amerika; gemeint sind
die US[A].

Steffkusch Zweig
Stefan Zweig (1881–1942), österreichischer Schriftsteller; Arnold Zweig wurde
oft mit ihm verwechselt oder in eine verwandtschaftliche Beziehung gebracht,
die nicht bestand.

weder Herzfelde noch sonstwer erreicht... für „Erziehung" eine Übersetzung
Zweigs Roman *Erziehung vor Verdun* erscheint 1937 in russischer Übersetzung
im Moskauer Zeitschriften- und Zeitungsverlagverlag; in den USA gibt es keine
Publikation.

Und nun gute Gesundheit... besonders Ihr Zweig
Hs. Arnold Zweig.

7 *Margarete Steffin an Arnold Zweig. [Leningrad, 23.3.1936, Poststempel]*; hs.
Postkarte; ED: St(Br), Nr. 69; Tg: Original, AZA 6246.

Ich bin wieder einmal...in Leningrad
Margarete Steffin war am 24.12.1935 mit dem Schiff nach Leningrad gefahren
und ist vom 4. Januar 1936 an in Moskau, wo sie zeitweise bei Maria Osten
und Michail Kolzow (vgl. nächste Anm.) wohnt, sich aber bis Anfang März
1936 in Sanatorien aufhält. Danach ist sie wieder in Leningrad, nach dem 23.
3.und bis Anfang Mai im Kaukasus, reist per Schiff entlang der Schwarzmeer-
und Krimküste, dann wiederum nach Moskau und Leningrad. Am 21. Mai trifft
sie in London ein, wo Brecht sie bereits erwartet. Zweigs vorigen Brief mag sie
erst Ende Juli 1936 vorgefunden haben, als sie wieder in Kopenhagen eintrifft.
Vgl. Stefan Hauck und Rudy Hassing: „Chronik Margarete Steffins," und: *Focus:
Margarete Steffin*, vgl. Anm. 4 und 5 zum Vortext.

meine Freundin Maria Osten
Eigentl. Maria Greßhöner (1908–1942), Journalistin, Schriftstellerin, nennt sich
aus Sympathie zur Sowjetunion „Osten," lebt seit 1932 mit ihrem russischen
Gefährten, dem Journalisten, Schriftsteller, Herausgeber und Parteifunktionär,
Michail Kolzow (1898–1940), in Moskau. Dort lernt sie Margarete Steffin und
Bertolt Brecht kennen. Maria Osten arbeitet u.a. zusammen mit Kolzow für die
Emigrantenzeitschrift *Das Wort*, die 1935 auf dem ersten internationalen
Schriftstellerkongress gegründet und von Bertolt Brecht, Lion Feuchtwanger
und Willi Bredel herausgegeben wird. Im Juli 1936 erscheint im Moskauer
Jourgaz-Verlag, dessen Leiter Michail Kolzow ist, die erste Ausgabe. Mit der
Verhaftung Kolzows im Jahre 1938 ist auch Maria Osten gefährdet. Während
Kolzow 1940 der Prozess gemacht und er erschossen wird, trifft Maria Osten
dieses Schicksal 1942. Maria Osten wandte sich am 13. März 1936 das erste
Mal (sie schreibt irrtümlich „1933") mit der Bitte um Beiträge für die Zeitschrift
Das Wort an Arnold Zweig , vgl. AZA 10 (13). Zweig schickt seine Novelle
Schipper Schammes, die in Nr. 1, Juli 1936, erscheint. Vom Herbst 1936 bis
zum Frühjahr 1938 ist Maria Osten im Spanienkrieg. Am 31. Juli 1938 schreibt
sie aus Paris an Arnold Zweig: „...das 'Wort' wird ab August eine Redaktion im
Ausland und zwar in Paris haben. Bredel und ich sind zur Zeit hier und
verwirklichen diesen Plan." Zweig antwortet am 11.8.1938 im einzigen überlieferten Brief an Maria Osten u.a.: „Ich halte den Gedanken für glücklich,denn

das Nebeneinander von 'Wort' und 'Internationale[r] Literatur' in Moskau machte die eine Zeitschrift schwerfällig oder die andere überflüssig. Und Sie werden ja in Paris selbst gemerkt haben, wie nötig die S. U. Kulturpropaganda hat. Besonders bei den Engländern, soweit ich hier welche spreche, haben die Prozesse schwer geschadet," vgl. AZA 10(13); vgl. auch die 13. Anm. zu Br. 15. Zweig hielt sich zu dieser Zeit in Europa auf und wollte Maria Osten auf der Rückreise im Oktober 1938 in Paris treffen. Ob es dazu kam, ist nicht überliefert. Über Maria Osten haben u. a. geschrieben: Gunnar Müller-Waldeck: „Maria Osten zum Gedenken" und Simone Barck. „Ein schwarzes Schaf mit roten Stiefeln. Fragmentarisches über die Schriftstellerin Maria Osten," in *Notate* (Berlin, 1990)2:14–16.Vgl. auch *Die Säuberung. Stenogramm einer geschlossenen Parteiversammlung 1936*, hrsg. Reinhard Müller (Reinbek bei Hamburg, 1991), besonders Dokument Nr. 12. Eine Erkundung der Lebenswege Margarete Steffins und Maria Ostens versucht Ursula El-Akramy: *Transit Moskau. Margarete Steffin und Maria Osten* (Hamburg, 1998). Briefe von Brecht an Maria Osten in Br(GBFA) 29, darunter auch ein Telegramm nach Margarete Steffins Tod (Nr. 972).

daß es Ihnen [gut geht]. Herzliche [Grüße Ihre] Grete Steffin
Passagen in [ ] durch einen Tintenklecks verdeckt.

8 *Bertolt Brecht an Arnold Zweig.* London;30. Mai 1936; ms.Br. m. hs. U; ED: *Notate* (Berlin, 1981) 4:14; D: Br(A); D: Br(S); D: Br(GBFA) 1, Nr. 724. Tg: Typoskript, AZA 6230.

eine zeitlang auf einem wirklich friedlichen kontinent
ursprünglich: *eine zeitlang einem wirklich friedlichen land;* Brecht ergänzt hs. *auf* und ersetzt *land* hs. durch *kontinent.*

dass Sie meinen brief... nicht bekamen
Vgl. Br. 6, die erste Anm.

Ich freue mich sehr, dass dieses Buch von Ihnen ist
Den ersten Roman des Zyklus *Der Große Krieg der weißen Männer. Der Streit um den Sergeanten Grischa* (1927), der Arnold Zweigs Weltrum begründete, hatte Brecht bei Erscheinen sofort gelesen und eine kurze kritische Auseinadersetzung geschrieben, die er nicht veröffentlichte. Darin begründet er seine ablehnende Haltung gegenüber dem Roman damit, dass Zweig einen Rechtsfall im bürgerlichen Sinne als Sujet wählt, der die „Gerechtigkeit" und das "Mitgefühl" in den Mittelpunkt stelle. Beides könne den „tödlichen Apparat," den Zweig ganz im Sinne Brechts beschreibe, nicht zum Stillstand bringen. Der letzte Satz des Textes lautet: „Das Buch ist deshalb abzulehnen," vgl. GBFA 21: 249.

in den wilden gegenden, in denen Sie sich unverständlicherweise aufhalten
In Palästina, 1917–18 unter britischer Militärverwaltung, wurde mit der Balfour-Deklaration am 2.11.1917 den Juden die Errichtung einer „Heimstätte" zugesichert. 1920 bekam Großbritannien das Mandat über P. Mit der wachsenden jüdischen Einwanderung nach dem Ersten Weltkrieg hatten sich Spannungen zwischen Juden und Arabern verstärkt, seit 1929 führten sie auch zu blutigen Auseinandersetzungen. Arnold Zweig hatte sich in den Jahren seit dem Ende des Ersten Weltkrieges vielfach essayistisch und publizistisch mit der Situation von Juden und Arabern in Palästina auseinandergesetzt, er unterstützte damit den linken Flügel der zionistischen Bewegung. die in Palästina

einen „jüdischen Sozialismus" errichten wollte. Vgl. z.B. *Das neue Kanaan. Eine Untersuchung über Land und Geist zu 15 Steinzeichnungen von Hermann Struck* (Berlin, 1925), und *Herkunft und Zukunft. Zwei Essays zum Schicksal eines Volkes* (Wien, 1929). Zusammen mit seiner Frau Beatrice war Arnold Zweig zwischen Februar und April 1932 in Palästina gewesen, um es auch unter dem Aspekt einer notwendigen Emigration selbst in Augenschein zu nehmen. Danach formulierte er seine Erfahrungen u.a. so: „Nur muß man die Lektion lernen, daß es auf die Dauer hier *keine rein jüdischen Wirtschafts-Probleme und Lösungen geben kann.* Schon rein geographisch sehe ich nur den einen *palästinensischen* Wirtschaftsorganismus, von dem die vorhandenen und die kommenden Juden einen wesentlichen *Teil*, eine befeuernde Kraftquelle bilden, in dem sie jedoch außerstande sind, ohne dauernden Blick auf die gesamte palästinensische Wirtschaftslage für die Dauer schöpferisch zu arbeiten,"[Kursivpassagen im Original], vgl. „Arnold Zweigs Palästina-Eindrücke. Der Dichter über Purim in Tel-Awiw" [sic], in *Jüdische Rundschau* (Berlin, 1932) 4:130; bisher noch nicht wieder erschienen. Brecht war kritisch gegenüber Zweigs Entscheidung, Palästina als Emigrationsland zu wählen. So schrieb er z. B., vermutl. im September 1933, an Helene Weigel: „In Paris entsetzte mich Döblin, indem er einen Judenstaat proklamierte, mit eigener Scholle, von Wallstreet gekauft. In Sorge um ihre Söhne klammern sich jetzt alle (auch Zweig hier) an die Terrainspekulation Zion. So hat Hitler nicht nur die Deutschen, sondern auch die Juden faschisiert." Vgl. Br(BGFA) 28, Nr. 510. Vgl. auch den Vortext zu dieser Briefveröffentlichung. Über Arnold Zweigs Jahre in Palästina hat zuerst am ausführlichsten geschrieben: Emanuel Wisnitzer, in *Arnold Zweig: Das Leben eines deutsch-jüdischen Schriftstellers* (Frankfurt/M., 1987). Vgl. aber etzt u. a. auch die Materialien der Internationalen Arnold-Zweig-Symposien: *Arnold Zweig — Poetik, Judentum und Politik. Jahrbuch für Internationale Germanistik*. Reihe A. Band 25, hrsg. David Midgley, Hans-Harald Müller, Geoffrey Davis (Frankfurt/M. [u. a.], 1989); *Arnold Zweig. Psyche, Politik und Literatur. Jahrbuch für Internationale Germanistik*. Reihe A. Band 32, hrsg. David Midgley, Hans-Harald Müller und Luc Lambrechts (Frankfurt/M. [u.a.], 1993); *Arnold Zweig. Berlin — Haifa — Berlin. Perspektiven des Gesamtwerks.Jahrbuch für Internationale Germanistik* Reihe A. Band 39, hrsg. Tilo Alt, Julia Bernhard, Hans-Harald Müller und Deborah Victor-Englander (Frankfürt/M. [u.a.], 1995); *Arnold Zweig in der DDR. Arbeitstagung der Internationalen Arnold-Zweig-Gesellschaft e. V*, hrsg. im Auftrag der Internationalen Arnold-Zweig-Gesellschaft e. V., Red. Julia Bernhard und Hans-Harald Müller (Berlin, 1998); *Arnold Zweig. Sein Werk im Kontext der Exilliteratur. Jahrbuch der Internationalen Germanistik*. Reihe A. Band 49, hrsg. Julia Bernhard und Hans-Harald Müller (Frankfurt/M. [u.a.], 1999).

in london bleibe ich nicht mehr lang
Brecht hielt sich vom 6. März bis 28. Juli 1936 in London auf.

9 *Margarete Steffin an Arnold Zweig. London, 30. Mai 1936;* ms. Br. m. hs. U. ED: St (Br), Nr. 78; Tg: Typoskript, AZA 6239.

brecht und eisler
Hanns Eisler (1898–1962), Komponist, arbeitete mit Brecht seit 1928 zusammen; war zwischen Februar 1934 und seiner Emigration in die USA, 1938, zwischen Konzertreisen in die Sowjetunion, nach England und in die USA immer wieder für längere Zeit in Svendborg, um mit Brecht und Steffin zu

arbeiten, so im März–April 1934, August–September 1935, Februar bis September 1937. Er hielt sich 1936 gerade in London auf, als Brecht und Steffin dort waren. Er wohnte ebenfalls in der Abbey Road. 1947, nach einem Verhör vor dem „Ausschuss für unamerikanische Tätigkeit," kehrte er über Prag und Wien nach Europa zurück. Von 1950 bis 1962 lebte und arbeitete er in der DDR, vgl. Jürgen Schebera: *Hanns Eisler. Eine Biographie in Texten, Bildern und Dokumenten, mit 23 Abbildungen* (Mainz [u. a.], 1998). Briefe Brechts an Eisler in Br(GBFA) 28, 29, 30.

von dem wunderlande SSSR
Anspielung auf Maria Ostens Buch *Hubert im Wunderland*, das 1935 im Moskauer Jourgaz Verlag erschienen war und die Geschichte des Jungen Hubert L'Hoste erzählt, den Maria Osten 1934 aus dem Saarland mit nach Moskau genommen hatte. Vgl. El-Akramy, *Transit Moskau*, 125 ff.

brecht will nur noch 2 Wochen hier bleiben
Vgl. die letzte Anm. zu Br. 8.

damals in paris eine schlechte zeit:
vom 20. Juni bis 10. September 1933 war Margarete Steffin ohne Brecht in Paris, der sich in Thurø bei Helene Weigel und den Kindern befand.

mindestens wie in sanary
Vgl. die sechste Anm. zu Br. 1 und den Vortext.

10 *Margarete Steffin an Arnold Zweig. Kopenhagen, 1.10.1936;* ms. Br. m hs. U; ED: St (Br), Nr. 81; Tg: Typoskript, AZA 6240.

c/o Per Knutzon
Regisseur am Kopenhagener Theater *Riddersalen,* er inszeniert dort Brechts Stück *Die Rundköpfe und die Spitzköpfe.* Die Uraufführung findet am 4. November 1936 statt. Von Anfang September bis 10. Oktober 1936 wohnen Steffin und Brecht bei Per Knutzon.

Dass er den ganzen [tag] viel arbeit hat
Von mir ergänzt – H.L.

zur premiere
Uraufführung von *Die Rundköpfe und die Spitzköpfe,* vgl. vorige Anm.

Brecht hat einige sehr schöne neue Sachen gemacht
Vermutl. auch „Verfremdungseffekte in der chinesischen Schauspielkunst"; ED (engl.), in *Life and Letters To-Day,* (London, 1936) 6, u. d. T. "The Fourth Wall of China. An essay on the effect of disillusion in the Chinese Theatre," Übersetzter: Eric Walter White, vgl. GBFA 22.1:200.

diesen winter wieder nach drüben
In die Sowjetunion.

[Notiz der Sekretärin Arnold Zweigs:] schreibt nach: Haifa, Carmel. Haus Moses. Teltsch Haus! [Notiz Arnold Zweigs]: House.
In Br(St), Nr. 81 als „Nachtrag" [Steffins] gedeutet. Vermutl. hat Margarete Steffin auf dem Briefumschlag in der Adresse das deutsche Wort „Haus" verwendet. In Palästina war die deutsche Sprache als die Sprache Hitler-Deutschlands im öffentlichen Gebrauch (und im kulturellen Leben) nicht erwünscht.

11 *Margarete Steffin an Arnold Zweig. Svendborg, 17.2.1937;* ms. Br. m. hs. U.; ED: Br(St), Nr. 92; Tg: Typoskript, AZA 6241.

Vielen Dank für Ihren Brief
Bisher nicht überliefert.

wegen einer unangenehmen Mittelohrentzündung
von Anfang Oktober 1936 bis Mitte Januar 1937 muss Margarete Steffin im Krankenhaus in Kopenhagen behandelt werden, da die Tuberkulose auf das rechte Zwischenohr übergegangen ist.

Haben Sie schon aus Moskau wegen Ihres Sückes Bescheid?
Das Spiel vom Herrn und vom Jockel, das Zweig für Marionettentheater geschrieben hatte und in Palästina zur Aufführung bringen lassen wollte; vgl. Br. 17. Es kam in der Zeitschrift *Das Wort* 5 (Moskau, 1938) zum Abdruck.

Wir hängen immer am Radio
Wegen der Nachrichten aus Spanien, wo im Sommer 1936 der Bürgerkrieg ausgebrochen war. Steffins Freundin Maria Osten befand sich seit Herbst 1936 und bis Frühjahr 1938 als Sonderkorrespondentin der *Deutschen Zentral-Zeitung* (Moskau) in Spanien.

Eisler... an einer „Deutschen Symphonie.".. (Texte von Brecht unterlegt)
Die Texte von Brecht: „O Deutschland, bleiche Mutter" (teilweise), „An die Kämpfer in den Konzentrationslagern," „Zu Potsdam unter den Eichen," „Sonnenburg," „Begräbnis des Hetzers im Zinksarg," „Das Lied vom Klassenfeind," alle entstanden bis 1933, Bestandteil der Sammlung *Lieder, Gedichte, Chöre* (Paris, 1934). Eislers Komposition *Deutsche Symphonie* wurde erst 1958 vollendet.

nach der Gersonschen Diät gelebt
Vermutl. hat Zweig in seinem bisher nicht überlieferten Brief, auf den Steffin hier antwortet, diese Diät empfohlen und näher erläutert, da er den Arzt Gerson (mehr nicht ermittelt), der sie entwickelte, während seiner Reise nach Europa (Juli-Oktober 1936) konsultieren konnte und sie selbst wegen seiner erst von ihm diagnostizierten Augentuberkulose zur Anwendung brachte.

eine junge Photographin (Ellen Rosenberg)
Ellen Auerbach, geb. 1906 in Karlsruhe; nach Studium der Bildhauerei 1929 Beginn einer fotografischen Ausbildung in Berlin; zusammen mit Grete Stern Gründung eines Fotostudios in Berlin; Entstehung dreier 16 mm-Kurzfilme, einer davon heißt *Bertolt Brecht* (1931); Ende 1933 Emigration mit Walter Auerbach nach Tel Aviv, Palästina; Gründung eines Studios für Kinderfotografie, das bei kriegerischen Unruhen 1935 aufgelöst werden muss; 1936 Besuch bei Grete Stern in London; dort Zusammentreffen mit Bertolt Brecht und Margarete Steffin. Es entstehen Brecht-Porträts von beiden Fotografinnen; 1937 Heirat mit Walter Auerbach, Emigration nach Elkins Park bei Philadelphia, USA; 1944 Umzug nach New York; zahlreiche Ausstellungen; vgl.: *Ellen Auerbach. Berlin, Tel Aviv, London, New York, mit Beiträgen / with Contributions by Ute Eskildsen, Jean-Christophe Ammann, Renate Schubert sowie einem Interview / and a interview by Susanne Baumann* (Munich, New York, 1998).

Brecht arbeitet langsam an einem grossen Roman
Brecht sammelte in dieser Zeit Material für seinen *Tui-Roman*, vgl. die sechste Anm. zu Br. 13.

vor allem eine Sammlung Kriegsgedichte
Deutsche Kriegsfibel 1937, vgl. die achte Anm. zu Br. 14.

2 Leute, die wunderbare Puppenspiele machen
Horst Horster und seine Frau Angelina; sie wohnten in Dragør, unweit von

Svendborg. Brecht hatte ihnen u. a. die Szene über den einzig sprechenden Zirkusclown, Herrn Schmitt, aus dem *Badener Lehrstück vom Einverständnis* zur Verfügung gestellt. Vgl. auch die dritte Anm. zu diesem Brief.

im Mai nach Moskau
Die Reise fand nicht statt.

Hat Ihnen Feuchtwanger über seine Reise geschrieben?
Lion Feuchtwanger reist am 26.November 1936 in die Sowjetunion, trifft am 1. Dezember in Moskau ein und bleibt bis Anfang Februar 1937. Maria Osten ist eine seine Betreuerinnen. Er schreibt an Arnold Zweig am 13.11.1936 noch aus Paris, „endlich auf dem Weg nach Moskau," am 9., 14. und 25.12.1936 und am 15.1.1937 aus Moskau, daneben berichtet auch seine Frau Marta vom Ergehen ihres Mannes. Am 18.2.1937 ist er wieder bei ihr in Sanary-sur-Mer. Am 24.2.1937 berichtet Feuchtwanger Arnold Zweig von dort aus über seine Eindrücke: vgl. BrW(F/Zw), Bd. 1, Nr. 57 ff.

Haben Sie eine Reise dahin ganz aufgegeben?
Am 15.2.1937 schreibt Zweig an den Redakteur der *Internationalen Literatur,* S. Dinamow, nach Moskau u. a.: „Wenn meine Heilung erst so weit fortgeschritten ist, daß meine Augen vertragen, lange hintereinander geschüttelt zu werden, so hoffe ich, zu Ihnen kommen zu können und das Land zu sehen, dessen Aufbau und Auftauchen aus der Sintflut des Krieges unsere größte und beste Hoffnung darstellt" (AZA 10/5). Arnold Zweig bereiste erst vom 26. Februar bis 23. April 1952 mit seiner Frau Beatrice die Sowjetunion, wo er sich u. a. auf der Krim in einem Sanatorium aufhielt, um seine Augen behandeln zu lassen. Vgl. Arnold Zweig. „Sowjetisches Tagebuch 1952," in *Sinn und Form. Sonderheft Arnold Zweig* (Berlin, 1952), 220–26. Vgl. auch den Vortext.

12 *Bertolt Brecht an Arnold Zweig. Svendborg, 18. 2. 1937;* ms. Br. m. hs. U; ED: Br(S), Nr. 306; D: Br(A), Nr. 306; D: Br(GBFA) 2, Nr. 746; Tg: Typoskript, AZA 6231.

Die Kopenhagener Aufführung der „Rundköpfe"
Nach der Uraufführung am 4.11.1936 gibt es in der rechtsgerichteten Presse Angriffe auf das Stück und seinen Autor. Aus Mangel an Publikum wird es am 24.11.1936 bereits abgesetzt: vgl. H(Chronik), 492-93.

ein Sonett beilegen?
Ein Gedicht liegt dem Brief im AZA nicht (mehr) bei. Vermutl. handelte es sich um ein Sonett der „Studien," wie in Br(S) und Br(A) bereits angenommen, in Br(GBFA) 2, Anm. zu Nr. 746 präzisiert: „Über die Gedichte des Dante auf die Beatrice," vgl. GBFA 11:269.

13 Margarete Steffin an Arnold Zweig. Svendborg, 23.3.1937. ms. Br. m. hs. U; ED: St(Br), Nr. 94; Tg: Typoskript, AZA 6242.

vielen dank für Ihren brief
Bisher nicht überliefert.

schon wieder eine terminarbeit
Vermutl. der Beginn einer Arbeit „Über den Bühnenbau der nichtaristotelischen Dramatik," (GBFA 22.1:227), die er für die geplante Zeitschrift einer internationalen Theatergesellschaft, „Diderot-Gesellschaft," als deren Initiator und Mitbegründer schreiben will. Das Projekt wird nicht realisiert, vgl.

H(Chronik), 505. Brechts Entwürfe eines Aufrufs zur Gründung der „Diderot-Gesellschaft" vom März 1937 vgl. GBFA 22.1:273–74.

Ihr letzter brief hat brecht so eingenommen für haifa
Dieser wie der vorige Antwortbrief Steffins haben bisher nicht überlieferte Briefe von Arnold Zweig zur Grundlage, vgl. auch den Vortext.

die „Versuche" sollten in moskau gedruckt werden
Arnold Zweig hatte vermutl. noch einmal wegen der von Herzfelde angekündigten Neuauflage nachgefragt, weil er eine Besprechung dazu schreiben wollte, vgl. die erste Anm. zu Br. 5 und den Vortext.

ich habe in berlin 4 monate bei sauerbruch gelegen
Vgl. die zweite Anm. zu Br. 3.

der Tui-Roman
Der Roman ist als Fragment überliefert; vgl. GBFA 17:9–151. Brecht beschäftigte der Stoff die politischen Verhaltensweisen Intellektueller in der deutschen Gesellschaft schon seit 1931; 1953–54 hatte er aus dem Material auch ein Stück geformt: *Turandot oder der Kongreß der Weißwäscher*, vgl. GBFA 9:127–98.

theoretische arbeit über den „Verfremdungseffekt"
Es könnte sich um die Texte „Politische Theorie der Verfremdung" oder „Allgemeine Theorie der Verfremdung" handeln, die beide nicht als Typoskripte in Zweigs Nachlass vorhanden und als Fragmente überliefert sind, vgl. GBFA 22.1:217–19.

brechts sohn steff ist ein eifriger sammler
Stefan Brecht, geb. 3.11.1924, vgl. die Anlage zu Br. 15.

für Ihren kleinen
Adam Zweig, vgl. die letzte Anm. zu Brief 1. Die beiden Jungen, Stefan Brecht und Adam Zweig, waren damals 12–13 Jahre alt.

meine ziehharmonika, die inzwischen gegen eine dreireihige horner umgetauscht war
Brecht hatte Margarete Steffin im Sommer 1933 in Paris eine Ziehharmonika besorgt, eine „Hohner," wie er schreibt. Sie habe „acht Bässe und 21 Tasten rechts (zwei Reihen im ganzen). Eine größere gibt es hier nicht, obwohl es nur eine mittlere ist.," vgl. Br(GBFA)1 Nr. 502:379 Er verband damit die Vorstellung, Hanns Eisler und Margarete Steffin könnten das Instrument für seine Zwecke einsetzen: „Für die Harmonika schicke ich wieder was. Verstehst Du: diese kleinen Sachen für kleinen Kreis sind jetzt vielleicht wichtig, wo Chorgesänge und Agitprop zu Ende sein. Eisler sollte fleißig arbeiten und so komponieren, daß die Adamsorgel ausreicht"; vgl. ebenda, Nr. 501:378. Brecht schickte z. B. „Das Lied vom Klassenfeind," und Eisler komponierte nach einer Notenskizze von Brecht, vgl. Nr. 190 „Musik," in Joachim Lucchesi, Ronald K. Shull *Musik bei Brecht"* (Berlin, 1988), 591–92.

14 *Margarete Steffin an Arnold Zweig; Svendborg, 15.5.1937;* ms. Br. m. hs. U; ED: Br(St), Nr. 97; Tg: Typoskript AZA 6243 a-b.

Antwort auf Ihren freundlichen, langen Brief
Bisher nicht überliefert.

für Adam… ein paar Marken
Vgl. vorletzte Anm. zu Br. 13.

alle im August hier... freuen uns auf Ihr Kommen
Im Juli 1937 reiste Arnold Zweig mit seiner Frau Beatrice wieder nach Europa,
wo er bis nach dem 16. Oktober blieb. Die Reise-Route konnte aber aus Ar-
beitsgründen nicht nach Svendborg führen, vgl. auch den Vortext.

Dann wird auch auf dieser grünen Insel genügend Zeit zum Diskutieren sein
Im Original eigentl. „Zeit zum Einsammeln bleiben": die letzten beiden Worte
mit Schrägstrichen ungültig gemacht und ersetzt.

Aufsatz über den „Verfremdungseffekt" ist noch nicht fertig
Vgl. die siebente Anm. zum vorigen Br.

Aufführung der „Dreigroschenoper."... Burians Einstudierung
Emil František Burian (1904–1959), Intendant und Regisseur des „Divadlo 35"
(in GBFA 2:442–„D 34") in Prag, inszenierte dort Brechts *Dreigroschenoper*;
Premiere: 8. Mai 1937. Ein Ausschnitt einer Rezension unbekannter Herkunft
lautet z.B.: „Ließe sich Theaterblut übertragen, E. F. Burian könnte als Blut-
spender zahlreiche Prager Regisseure versorgen! An Vitalität, leidenschaft-
lichem Aufschwung tut es keine Prager Bühne dem Theater Burians 'D 35'
gleich. [...] Aus der Fülle der Regieeinfälle ragt die Gestaltung des Finales
hervor: dort, wo bei Brecht/Weill die witzige Umschaltung der Hinrichtung
Mackies in ein deux es machina-happy end steht, tritt einer der Darsteller vor
und verkündet: 'Hier steht im Original ein happy end; wir glauben an kein
happy end: die Hinrichtung wird vollzogen.'" (BBA 385/74). Bei einer
Gastspielreise in die Schweiz, wo die Inszenierung u. a. in Zürich, Bern und
Basel gezeigt wird, kommt es teilweise zu heftig ablehnenden Reaktionen von
Zuschauern; in der *Neuen Züricher Zeitung* vom 28.6.1935 werden Brecht
und Weill als „Juden" abgelehnt, vgl. (BBA 385/79).

Michi
Ältester Sohn Arnold Zweigs, Michael Zweig.

In "Das Wort" nr. 4-5 Brechts „Deutsche Kriegsfibel."... so kollossal [sic] ver-
kürzt
„Deutsche Kriegsfibel 1937," in *Das Wort* 4–5 (Moskau, 1937): 59–63; vgl.
GBFA 12:88–92 und Anm., 354–55. Dort ist Steffins Wertung „kollossal [sic]
verkürzt" nicht ausgewertet.

ein lyrikband mit sehr schönen, neuen Sachen zusammengestellt
Gedichte im Exil. 1937, als handgebundenes Typoskript; später nach einigen
Veränderungen *Svendborger Gedichte,* GBFA 12:7–92.

die „Versuche."... erst im Herbst bei Herzfelde in Prag erscheinen
Vgl. die erste Anm. zu Br. 5.

Arbeit über die Aufführung der"Rundköpfe"
Gemeint ist die Kopenhagener Uraufführung des Stücks am 4.11.1936. Brecht
schrieb noch im November einen Text „Anmerkung zu *Die Rundköpfe und die*
Spitzköpfe." Margarete Steffin, die auch an der Überarbeitung des Stückes
beteiligt war, bekommt ihn zur Begutachtung; vgl. als ein gut dokumentiertes
Beispiel der Zusammenarbeit zwischen Brecht und Steffin in Br(St) vor allem
Nr. 87 und Nr. 90. Die „Anmerkung" wurde zuerst veröffentlicht als „Anmer-
kung zu *Die Spitzköpfe und die Rundköpfe.* Beschreibung der Kopenhagener
Uraufführung," in *Gesammelte Werke,* Bd. 2 (London, 1938); GBFA 24:207.

der „Dreigroschenroman" hat auf Englisch eine besonders gute Kritik
bekommen
Titel der englischen Version: *A Penny for the Poor.* Translated from the Ger-

man by Desmond I. Vesey. Verses translated by Christopher Isherwood, (London, 1937; New York, 1938).

Brechts Agent
In England: James Pinker.

den Roman „Die Tagelöhner" von Hans Kirk
Hans Kirk, (1898–1962), dänischer Schriftsteller, veröffentlichte den Roman *Daglejerne* 1936. Eine Übersetzung Margarete Steffins wurde nicht vollendet, Teile davon in *Internationale Literatur. Deutsche Blätter* (Moskau, 1938)2: 80–90.

den neuen Nexö-Band... "Unter offenem Himmel"
Martin Andersen Nexø (1869–1954), dänischer Schriftsteller proletarischer Herkunft, schrieb zwischen 1932 und 1939 seine *Erindringer (Erinnerungen)*, Teile 1–4. Die Teile 1 und 2; *Die Kindheit,* übersetzte Margarete Steffin gemeinsam mit Bertolt Brecht nach einer Rohübersetzung von Alfred Ostermoor und Alfred Bertolt, die eigentl. als Buchprojekt der „Büchergilde Gutenberg" verwirklicht werden sollte; vgl. dazu Brechts Brief an Andersen-Nexø in Br(GBFA) 29, Nr. 825. Eine deutsche Übersetzung aller Teile von Ernst Harthern erschien 1953 in Berlin (DDR). Vgl. auch die zehnte Anm. zu Br. 19.

ein junger norwegischer Dramaturg... Nordahl Grieg
Nordahl Grieg (1902–1943), norwegischer Schriftsteller, Seemann, 1927 in China, 1932–1934 in der Sowjetunion, 1937 im Bürgerkrieg in Spanien, 1943 im Kampf gegen den Faschismus gefallen. Grieg schrieb vor allem Stücke. Hier ist das Stück *Nederlaget (Die Niederlage)* 1937, gemeint.

Ihnen eine Art Rohübersetzung ... schicken
In H(Chronik), 510, wird unter dem Datum dieses Briefes ein „Interesse" Arnold Zweigs „an einer Rohübersetzung" dieses Stückes in Steffins Ausführungen gesehen. Aber Steffin will Zweig, der des Norwegischen nicht mächtig ist, gern *eine* [ihre] *Art Rohübersetzung* schicken, Arnold Zweigs Interesse für *solche Sachen* [proletarische Stücke] *vorausgesetzt. Die Niederlage* erschien in der Steffinschen Übersetzung in *Das Wort* 1, 3, 4 (Moskau, 1938) sowie 1947 im Verlag Bruno Henschel, Berlin. Sie bildet später die stark überarbeitete und abgeänderte Vorlage für Brechts Stück *Die Tage der Kommune,* vgl. dazu z. B. Brechts Brief an Helene Weigel vom 25.–26.2.1949, in Br(GBFA) 29, Nr. 1367.

Ein junger Theatermaler aus New York, Mordicai[sic] Gorelik
Mordecai Gorelik, (1899–) russisch-amerikanischer Bühnenbildner, lernt Brechts Theaterauffassung bei der Inszenierung der *Mutter* (1935) in New York kennen, bei der er das Bühnenbild übernimmt. Danach beginnt er sich näher dafür zu interessieren. Er arbeitet auch an der Kopenhagener Uraufführung der *Rundköpfe* (1936) mit, indem er dem Bühnebildner Svend Johansen seine Ideen zur Verfügung stellt. Er regt Brecht 1937 an, eine „Internationale Theatergesellschaft" (Brechts Projekt einer „Diderot-Gesellschaft"), vgl. Brechts Briefe an Mordecai Gorelik, in Br(GBFA) 29.

Material zu sammeln für Ihre beabsichtigte Studie über Pal[ästina]?
Nachdem Arnold Zweig 1935 eine Serie von Beiträgen zur Emigration in Palästina geschrieben und in englischer Sprache in der Jerusalemer Zeitung *The Palestine Post* zwischen September 1935 und Januar 1936 veröffentlicht hatte (in der NB az nicht überliefert, vgl. das deutschsprachige Typoskript AZA 1037), begann er Ende Mai 1936 mit einer Folge von Aufsätzen, die er Anfang

Juni 1938 abschloss und u. d. T. „Das Skelett der Palästina-Situation" in der *Pariser Tageszeitung.* 3 (Paris, 1938) veröffentlichte. (Nr. 696, Nr. 702, Nr. 714, Nr. 718, Nr. 720, Nr. 728; vgl. NB aza 142, 143, 144/1–4). Auch in Arnold Zweig: *Jüdischer Ausdruckswille. Publizistik aus vier Jahrzehnten* (Berlin, 1991); vgl. Anm. 12 zum Vortext.

auch jüdische Kolchose besucht
im Original nicht eindeutig nur *eine* Kolchose. Margarete Steffin war 1936 das letzte Mal länger in der Sowjetunion. In der NB bb befindet sich neben Lenins Schrift *Über die Judenfrage* (Berlin, 1932), die Auszüge aus Aufsätzen und selbständigen Artikeln zur „Judenftage" aus den Jahren 1905–1913 sowie Dokumente zur Gesetzgebung nach der Oktoberrevolution 1917 enthält, Otto Hellers Buch *Der Untergang des Judentums. Die Judenfrage, ihre Kritik, ihre Lösung durch den Sozialismus* (Wien; Berlin, 1931). Darin schildert der Autor u. a. auch seine Eindrücke von einer Reise durch von Juden „kolonisierte Gebiete" in der Sowjetunion, z. B. in der Ukraine und auf der Krim. Es ist wahrscheinlich, dass sowohl Brecht als auch Steffin dieses Buch gelesen und sich darüber ausgetauscht haben. So wird Steffins Interesse für die „jüdischen Kolchosen" verständlich.

um Sie nicht vollends zu ermüden
„vollends" hs. von Margarete Steffin hinzugefügt.

15 Margarete Steffin an Arnold Zweig, [Svendborg], 27.9.1937; ms. Br. m. hs. U; ED: Br(St), Nr. 106; Tg: Typoskript, AZA 6244.

verzeihen Sie wirklich, dass es so unlesbar war
Gemeint ist der vorige Brief von Steffin. Offensichtlich hat Zweig darauf geantwortet, aber der Brief ist bisher nicht überliefert.

brecht ist noch immer in paris
vom 12.9. bis 19.10.1937 sind Brecht und Helene Weigel in Paris und Sanary-sur-Mer.

die premiere ist auf letzten freitag verschoben gewesen
Ernst Josef Aufricht inszeniert am Pariser *Théâtre de l'Étoile* Brechts *Dreigroschenoper* in der französischen Übersetzung von André Maoprey, Brecht arbeitet mit. Die Premiere findet am Dienstag, dem 28. September 1937 statt.

um die pariser [Aufführungstatiemen]soll wohl nun irgendwie gekämpft
      werden
Einfügung in [...] vom Herausgeber in Br(St) , Nr. 106:257.

auch in kopenhagen war vor kurzer zeit premiere
In der Übersetzung von Mogens Dam und der Inszenierung von Per Knutzon wird im Kopenhagener Theater *Riddersalen* eine dänische Version der *Dreigroschenoper* am 17. September 1937 zur Premiere gebracht.

vielen dank für die rezepte
für die Gersonsche Diät, vgl. die sechste Anm. zu Br. 11.

eisler ist noch hier
Hanns Eisler und Lou Jolesch (später Eisler) sind von Mitte März bis Oktober in Svendborg.

schöne amerikanische filme waren [Worteintrag fehlt].
Einfügung in [...] vom Herausgeber in Br(St), Nr. 106:257.

dem steff
Stefan Brecht.

einige gedichte von brecht,... in den nächsten nummern der „I[nternationalen]
L[iteratur] und des „Worts"
In der Zeitschrift *Internationale Literatur. Deutsche Blätter* 10.7 (Moskau.,1937): 54–59: „Deutsche Satiren. Für den Freiheitssender"; andere Gedichte der „Deutschen Satiren," in *Das Wort* 12 (Moskau, 1937), 1 (Moskau, 1938), und 5 (Moskau, 1938). In GBFA 12:61–80 in erweiterter Fassung, vgl. Anm., 355–56.

dass ich ein stück von nordahl grieg übersetze
Das Stück *Nederlaget* (*Die Niederlage*), vgl. Br. 14. Es wird am 4.12.1937 im Königlichen Theater Kopenhagen uraufgeführt.

auch einen roman habe ich angefangen zu übersetzen
Daglejerne (*Tagelöhner*) von dem dänischen Schriftsteller Hans Kirk (1898–1962), vgl. Br.14.

hier ist mit großem beifall feuchtwangers moskau-bericht aufgenommen
*   worden*
Lion Feuchtwanger war vom 26. November 1936 bis Anfang Februar 1937 in der Sowjetunion, vgl. die vorletzte Anm. zu Br. 11. Mitte April 1937 war sein Buch *Moskau 1937. Ein Reisebericht für meine Freunde* geschrieben. Es erschien im Querido-Verlag Amsterdam, 1937, und im gleichen Jahr in der englischen Version *Moscow 1937* auch in London und New York. Es wurde wegen seiner nicht unkritischen, aber eher positiven Darstellung als (bewusst geschriebenes) Gegenstück zu André Gides kritischem Bericht *Retour de l'URSS* (Paris, 1936; deutsche Übersetzung Zürich, 1937) aufgefasst. Feuchtwanger hatte u. d. Titel „Der Ästhet in der Sowjetunion" in *Das Wort.* 2 (Moskau, 1937) eine Auseinandersetzung mit Gides Buch veröffentlicht, bevor sein eigener Bericht erschien. Ob Margarete Steffin mit *hier* sich, Bertolt Brecht oder den Kreis um Brecht oder noch andere Personen oder Gruppen meint, bleibt ungewiss. Sie stellt ihre stenografischen Notizen zu Gides Buch Brecht zur Verfügung (BBA 638/11-12). Brecht schreibt unter dem Eindruck von Gides Buch die Texte: „Kraft und Schwäche der Utopie," „Die ungleichen Einkommen" und „Zweierlei Versprechungen," später entstehen auch die Texte „Über meine Stellung zur Sowjetunion" und „Sollen die Menschen unter eine neue Diktatur kommen?" die zu Lebzeiten Brechts und unveröffentlicht bleiben und erst in der neuesten Brecht-Ausgabe veröffentlicht wurden, vgl. GBFA 22.1:286–305. Zu Feuchtwangers Buch schreibt er Anfang August u. a. an ihn: „Inzwischen habe ich den [...] 'Rußlandtraktat' bekommen. [...], und ihr 'De Russia' finde ich das Beste, was von seiten der europäischen Literatur bisher in dieser Sache erschienen ist." Vgl. Br(GBFA) 2, Nr. 780:42.

Arnold Zweig hat Lion Feuchtwanger gegenüber seinen anderen Standpunkt vertreten. Er unterschied sich vor allem in der Einschätzung der Person und Position des russischen Revolutionsführers Leon Trotzki (1879–1940), den Zweig wegen seiner Friedensverhandlungen von Brest-Litowsk (Dezember 1917 bis März 1918) zur Beendigung des Ersten Weltkrieges grundsätzlich schätzte und in seinem Roman *Einsetzung eines Königs* (vgl. Briefe 5 und 6 und die Anm.) ein Denkmal setzte. Von Feuchtwanger wurde, vor Erscheinen seines Reiseberichts eine (stark gekürzte) Rückübersetzung eines Beitrags aus der sowjetischen Presse in Nr. 3 der Zeitschrift *Das Wort* unter dem redaktionellen Titel „Zum Moskauer Prozeß gegen die Trotzkisten" veröffentlicht.

Feuchtwanger hatte am 23.1.1937 an diesem Prozess als Zuschauer teilgenommen, in dem von 17 Angeklagten (u. a. Radek, Sokolnikow, Pjatkow) 13
die Todesstrafe, die anderen hohe Haftstrafen erhielten. Von Feuchtwanger ist
dazu im *Wort* u. a. zu lesen: „Erfreulich eindeutig ist das *politische* Resultat des
Prozesses. Er hat den Trotzkismus innerhalb und außerhalb der Sowjetunion
erledigt," vgl. *Das Wort* 3 (Moskau, 1937): 100f. Zu Zweigs Auseinandersetzung mit Feuchtwanger vgl. Briefe Zweigs und Feuchtwangers in BrW(Zw/F),
Bd. 1, besonders Nr. 68, 70, 74–76, 78, 80, 86, 341.

bevor Sie wieder nach haifa kommen
Zweig hatte vermutl. noch aus Paris an Margarete Steffin geschrieben seiner
letzten Station in Europa, wo er sich von Juli bis Oktober 1937 aufhielt.

[Anlage]Stefan Brecht an Arnold Zweig. [Svendborg], 26.9.37
Hs. Br. [in originaler Schreibweise]. Der Abdruck erfolgt mit freundlicher Genehmigung von Stefan S. Brecht, New York.

c/o Fru Anna Andersen
Während Helene Weigel und Bertolt Brecht in Frankreich sind, (September–
Oktober 1937), werden Barbara und Stefan Brecht bei den Nachbarn in
Svendborg, Skovsbostrand untergebracht.

Auch Grüsse von (Grete) Frau Jhul (oder Jul oder Hjul ich weiss nicht)
Margarete Steffin hatte am 29. August 1936 den Journalisten Jensen Juul geheiratet, um die dänische Staatsbürgerschaft zu bekommen.

16 *Margarete Steffin an Arnold Zweig. Svendborg, 3.III. 1938;* ms. Br. m. hs.
U; ED: Br(St), Nr. 115; Tg: Typoskript, AZA 6245.

die geschäfte des herrn julius caesar
Seit Anfang November 1937 arbeitete Brecht an diesem Stoff, der zuerst in
einem Stück bearbeitet werden sollte. Der Roman ist als Fragment überliefert,
vgl. GBFA 17:163–390.

eine reihe von einaktern
Zwischen Juli 1937 und Juli 1938 entstanden: *Deutschland ein Greuelmärchen*
später *Furcht und Elend des Dritten Reiches.* „Der Spitzel," in *Das Wort* 3
(Moskau, 1938). „Rechtsfindung 1938," ebd. 6 (1938); u. d. T. „Deutschland
ein Greuelmärchen," ebd. 7 (1938): „Arbeitsdienst," „Die Stunde des Arbei-
ters," und „Die Kiste." Vgl. GBFA 4:339–455, dort nach dem Umbruch einer
nicht erfolgten Ausgabe als Einzeldruck im Malik-Verlag (London, 1938) gedruckt, s. a. Anm., 523 in GBFA 4.

das kleine spanienstück, das Sie in paris sahen
Die Gewehre der Frau Carrar, uraufgeführt im Salle Adyar, Paris, am
16.10.1937. In der Hauptrolle: Helene Weigel. Arnold Zweig war an diesem
Tage seines Sommer-Aufenthalts in Europa mit Lion Feuchtwanger in Paris
verabredet, vermutl. sahen sie die Inszenierung gemeinsam und trafen sich
auch mit Bertolt Brecht. Vgl. BrW(Zw/F), Bd. 1, Nr. 84. Zweigs Brief, in dem er
Margarete Steffin davon berichtet haben kann, ist bisher nicht überliefert.

hatte auch in dänemark und schweden einen grossen erfolg
im Kopenhagener Theater *Borups Højskole* findet am 14. Februar 1938 die
Premiere einer weiteren Inszenierung statt. Regie führt Ruth Berlau (1906–
1974), dänische Schauspielerin und Schriftstellerin, seit 1934 Mitarbeiterin und
Freundin Bertolt Brechts. In der Hauptrolle ebenfalls Helene Weigel. Am
5.3.1938 (also erst zwei Tage nach diesem Brief Steffins mit der Erfolgsmel-

dung in Schweden an Arnold Zweig!) gibt es eine weitere Premiere: am Stockholmer *Odeonteatern*. Das Stück wird in der schwedischern Übersetzung der Schauspielerin Naima Wifstrand aufgeführt, die auch die Rolle der Carrar übernommen hat.

aus „mischmar haemek.........,"meldet sich eine frau julamit batdori
Im Original die Ergänzung bis zu den Ausführungszeichen herausgeschnitten. Mischmar Haemek kleiner Ort, in einem Tal zwischen Haifa und Nazareth gelegen. Der Brief von Julamit Batdori an Bertolt Brecht oder Margarete Steffin ist bisher nicht überliefert. Nähere Recherchen zu ihrer Person und dem von ihr geleiteten Laientheater blieben bisher ergebnislos. Ob Arnold Zweig diese Inszenierung angeregt hat, ist nicht belegbar, aber nicht unwahrscheinlich. Brecht kann ihm bei der Uraufführung in Paris ein Bühnenmanuskript des Stücks gegeben haben, das erst im März 1938 gedruckt vorlag (Malik-Verlag, London). Vgl. auch die Br. 17 und 18.

„gedichte im exil.".."gesammelten gedichte.".."gesammelten werke
Die „Gedichte im Exil" sollten als Teil der *Gesammelten Gedichte* in Band 4 der *Gesammelten Werke* im Malik-Verlag, London, erscheinen. Dazu kam es aber nicht mehr, vgl. die erste Anm. zu Br. 5. Die ersten beiden Bände mit Stücken erschienen Ende Mai 1938.

das furchtbare quellenstudium zum „caesar"
Die *Geschäfte des Herrn Julius Caesar*, vgl. die erste Anm. zu diesem Brief.

hatte übrigens die weigel hier einen riesenerfolg
In der Aufführung von *Die Gewehre der Frau Carrar* in Kopenhagen, vgl. die vierte Anm. zu diesem Brief.

sie wird auch nach stockholm fahren und dort spielen
Hier irrte Margarete Steffin, vgl. die vierte Anm. zu diesem Brief.

eisler, der seit januar dort ist
Vgl. die erste Anm. zu Br. 9.

die übersetzung von dem dritten band der erinnerungen nexös
Vgl. die 15. Anm. zu Br. 14.

17 *Arnold Zweig an Margarete Steffin. Haifa, 24. April 1938;* ms Br. (Du) o. U.; Tg: Typoskript, AZA 6237; ED [im BBA kein Hinweis darauf, dass Steffin oder Brecht diesen Brief erhalten haben].

in einer neuen Nummer des Wort einen neuen Teil Ihrer...Formung von Nordahl Griegs Niederlage
Vgl. die 17. Anm. zu Br. 14.

zu Brechts Stück
Die Gewehre der Frau Carrar.

Mischmar Haemek
Vgl. die sechste Anm. zu Br. 16.

Michi
Michael Zweig.

dass das Stück in hebräischer Übersetzung gespielt werden wird
Vgl. die letzte Anm. zu Br. 10.

In Heft 5 vom Wort...Stücke meines Stücks „Vom Herrn und vom Jockel"
Vgl. die dritte und zehnte Anm. zu Br. 11.

ein wirklich aufschliessendes Buch über Palästina
Der Aufsatzfolge „Das Skelett der Palästina-Situation," zwischen Mai und Juli in der *Pariser Tageszeitung* erschienen vgl. die drittletzte Anm. zu Br. 14, ließ Arnold Zweig in derselben Zeitung „Die Wahrheit über Palästina" folgen (zwischen Nr. 785, vom 9.9.1938 und Nr. 845, vom 5.11.1938); in der NB az mit der Signatur NB aza 139 (1-9) vorhanden. Zweigs Sammlung weiterer eigener Texte zu Palästina sind in einer „Palästina-Mappe" unter den Nummern 490-563 im AZA vorhanden. Daraus sollte vermutl. das „aufschließende Buch über Palästina" entstehen. Das Projekt wurde nicht realisiert. Geoffrey V. Davis hat eine chronologisch geordnete Aufstellung dieser Sammlung im Anhang zu seiner Dissertation veröffentlicht: vgl. Geoffrey V. Davis: *Arnold Zweig in der DDR. Entstehung und Bearbeitung der Romane* Die Feuerpause, Das Eis bricht *und* Traum ist teuer (Bonn, 1977). Der 1948 begonnene *Emigrationsbericht oder Warum wir nach Palästina gingen,* erstmals 1997 vollständig erschienen in Zw(BA), vgl. Anm. 12 zum Vortext, greift nicht auf dieses Material zurück.

Hermann Sinsheimer
Vermutl. Trivialautor, emigrierte 1938 nach Palästina, schrieb u. a. *Maria Nunnez, eine jüdische Überlieferung, frei erzählt von Hermann Sinsheimer* (Berlin, 1934) und *Sturz in die Liebe. Roman* (Berlin [u. a.], 1933); mehr nicht ermittelt.

Meiner Frau geht es von uns allen am besten
Beatrice Zweig.

wer nicht lesen kann
Vgl. die erste Anm. zu Br. 2.

mein Adam
Adam Zweig.

18 *Arnold Zweig an Bertolt Brecht. Haifa, 26. März 1939;* ms. Br. m. hs. U; Tg: Typoskript, BBA 211/04–05; ED [teilweise zitiert und referiert in H(Chronik), 567].

Inzwischen ist die Welt eingestürzt, die Demokratie hieß
Der Anschluss Österreichs an Deutschland im Mai und das Münchner Abkommen vom September 1938, das Hitler die Okkupation der Tschechoslowakei ermöglichte, die im März 1939 vollendet wurde.

Parallelen zwischen der Hitlerei und der Dauer des grossen Krieges
Der „grosse Krieg" ist der Erste Weltkrieg, 1914–1918, nach dem Zweig seinen Romanzyklus *Der Große Krieg der weißen Männer* benannte, s. a. die vierte Anm. zu Br. 2.

Sonnenadolf
Adolf Hitler. Ironische Parallele zu „Sonnenkönig."

Michi
Michael Zweig.

15. November
1938.

Autounfall den Sie seinerzeit im „Uhu" analysierten
„Ein lehrreicher Autounfall, mit Aufnahmen für den *Uhu* von A. Stöcker," in *Uhu* 2 (Berlin, 1929): 62–65. Der Text stammt nicht von Bertolt Brecht.

am 4. April mit meinem Michi zu Schiff, nach Amerika
Arnold Zweig hatte bereits nach seiner Rückkehr aus Europa im Oktober 1938

erwogen, ganz nach Amerika überzusiedeln, da ihn die blutigen Unruhen zwischen Juden und Arabern in Palästina, in die 1938 auch die britische Mandatsregierung eingriff, sehr beunruhigten. Er musste aber vor dem materiellen Aufwand kapitulieren. Er reiste am 4. April 1939 in Begleitung seines Sohnes Michael mit dem Schiff „Excalibur" zum Internationalen PEN-Kongress (8.–10. Mai 1939) nach Amerika und blieb bis Ende Mai in den Vereinigten Staaten.

„Ritualmord"
Ritualmord in Ungarn. Jüdische Tragödie (Berlin, 1914), 1918 u. d. T. *Die Sendung Semaels* als veränderte Fassung in Leipzig erschienen. Die Tragödie spielt 1882–23; Max Reinhardts Absicht, sie am Deutschen Theater Berlin zu inszenieren, verhinderte der Erste Weltkrieg. Erst nach dem Sturz der Monarchie konnte das Stück aufgeführt werden — in Wien. Elisabeth Bergner spielte die Hauptrolle: den dreizehnjährigen Helden Moritz Scharf. In den USA kam keine Inszenierung zustande.

„Grischastück"
Der Streit um den Sergeanten Grischa: Arnold Zweig hatte seinen Erfolgsroman zunächst als Stück verfasst, das im Sommer 1921 vorlag. Es fand sich aber kein Theater, das ein (Anti-) „Kriegsstück" spielen wollte. Bis dahin hatte sich Zweig vor allem der dramatischen Form verpflichtet gefühlt, jetzt begann er die epische zu erproben, um sein Thema in die Öffentlichkeit zu bringen. Nachdem der Roman ein Welterfolg geworden war und Brecht und Feuchtwanger dazu geraten hatten, wurde das Stück umgearbeit. Max Reinhardt brachte es als Gastspiel des Deutschen Theaters in der Regie von Alexander Granowsky im Theater am Nollendorfplatz 1930 zur Uraufführung. Auch dieses Stück hatte in den USA keine Aufführungen.

bin ich dem „Wort" noch den Aufsatz über Ihre „Versuche" schuldig
Zweig meint die ersten beiden Bände der *Gesammelten Werke,* erschienen in London 1938, die Stücke Brechts herausbrachten, vgl. auch die erste Anm. zu Br. 5. Der Aufsatz wurde nicht geschrieben, s. a. den Vortext.

mit der Schiffspost ein Geschenk aus Mischmar Haemek
Vgl. Br. 17 und die fünfte Anm. zu Br. 16. Die Fotos und Rezensionen zu dieser Aufführung von Brechts Stück *Die Gewehre der Frau Carrar* sind nicht überliefert.

in Amerika bestimmt mehrere Monate
Vgl. die achte Anm. zu diesem Brief. Michael Zweig blieb in Kalifornien; er absolvierte in Inglewood, Californian Flyers School, Los Angeles, eine Ausbildung als Pilot.

Feuchtwangern in Marseille am 15. einen Tag anlegen
Lion Feuchtwanger schlägt Zweig in einem Brief ein anderes Datum für das Treffen vor: „Selbstverständlich werde ich am 13. April [1939] in Marseille sein, und zwar schlage ich Ihnen vor, daß wir uns um 12 ½ Uhr am alten Hafen in der Cintra-Bar treffen, um dann zusammen zu essen." Vgl. BrW(Zw/F), Bd. I, Nr. 109:208. Dass sie sich getroffen haben, geht aus einem weiteren Brief Feuchtwangers an Zweig hervor: Nr. 110, ebd.

Und vielleicht sehen wir uns dort...Ihr Arnold Zweig
Ab „viel*leicht*" bis zum Ende des Briefes hs. Arnold Zweig. Brecht und Familie übersiedeln Anfang Mai 1939 nach Lidingø, Stockholm, vgl. auch den Vortext.

19 *Arnold Zweig an Bertolt Brecht. Haifa, 26th June, 1941;* ms. Br. m hs U; Tg: Typoskript, BBA 1298/33-34[in englischer Sprache]; ED.

now it is you to whom the slow-match is burning
Am 22. Juni 1941 hatte die Hitler-Armee die Sowjetunion überfallen; Arnold Zweig wusste zu diesem Zeitpunkt offenbar noch nichts von der Überfahrt Brechts nach Amerika, wähnte ihn noch in Schweden oder Finnland. Vom 16. Mai , der Abfahrt von Helsinki, bis 21. Juli 1941, der Ankunft in San Pedro (Kalifornien), dauerte die Reise nach den USA. Zweig erfährt davon erst durch Feuchtwanger, der ihm am 25. Juli 1941 dazu schreibt: „Die beste Nachricht, die ich Ihnen geben kann, ist, daß Brecht mit seiner Frau und seinen beiden Kindern hier eingetroffen ist." Vgl. weiter BrW(Zw/F), Bd. 1, Nr. 127:235. Von Feuchtwanger erfährt Zweig auch, dass Margarete Steffin am 4. Juni 1941 in Moskau gestorben ist. Er antwortet Feuchtwanger: „Daß Brecht inzwischen angekommen ist und die arme Grete in einem russischen Grabe von ihrer Tuberkulose ausruht, hat mich beides sehr bewegt. Ich wäre ja in Moskau geblieben, so wie ich in Palästina geblieben bin, schon aus Trotz." Vgl. ebd., Nr. 129:241.

that both you and I with wives and children will
im Original ursprünglich: *that both you and I wives and children with will*; mit Zahlen über den Wörtern in die richtige Reihenfolge gebracht.

and meet somewhere in Europe or better in Germany after the end of his war
im Original ursprünglich: *and meet somewhere in Europe or better in Germany during or after the revolution which shall end this war*; mit Schreibmaschinen-xxxx unkenntlich gemacht und geändert, im Durchschlag nicht geändert, vgl. AZA 6226 (Du).

The Consent... Two and Halfpenny Opera...in the Histadruth Hall Jerusalem
„Histadruth," die 1920 gegründete Gewerkschaft der Arbeiter in Palästina. Von dieser Aufführung fand sich bisher keine Überlieferung.

the boycott the Hebrews are leading against myself and all my works
Erst 1943 erscheint als Erstdruck in hebräischer Sprache Zweigs neuester Roman *Das Beil von Wandsbek* (*He Kardom shel Wandsbek*) bei Worker's Book-Guild, Palestine; s. a. die dritte Anm. zu Br. 20. 1931 war eine hebräische Übersetzung des Romans *Der Streit um den Sergeanten Grischa* erschienen. 1940 folgten einige Novellen und kleine Erzählungen in Tageszeitungen, 1943 die Novelle *Der Spiegel des großen Kaisers* als Einzeldruck. Vgl. Maritta Rost, *Bibliographie Arnold Zweig*, unter Mitarbeit von Jörg Armer, Rosemarie Geist und Ilse Lange, Bd. 1: *Primärliteratur*, Bd. 2: *Sekundärliteratur* (Berlin, 1987).

our friend Rokotow
Timofej A. Rokotow, Redakteur der russischen Ausgabe der *Internationalen Literatur*, Moskau.

thir[their? this?] Dirt Reich
Im Original; Wortspiel „Third [Drittes] *Reich*. *"Dirt Reich* = *Schmutz Reich*.

you and Grete Steffin having translated Andersen-Nexö and published in the „I[nternationale] L[iterature]"
Vgl. Anm. 15 zu Br. 14. Die Zeitschrift *Das Wort* brachte 1938 in ihrem 2. Heft ein Kapitel u. d. T. „Der Ochse Amor," mit dem Zusatz „Autorisierte Übertragung aus dem Dänischen von Margarete Steffin" (81–88); 1939, in Heft 3 „Unter offenem Himmel. Erinnerungen" mit dem Zusatz: „Deutsch von Margarete Steffin und Bertolt Brecht," 58–65. Eine Fortsetzung folgte in der *Interna-*

tionalen Literatur. Deutsche Blätter 2 (Moskau, 1940): 8–31. Die ersten beiden Teile erschienen dann als Buch (Moskau, 1940). Steffin hatte zu diesem Zeitpunkt auch schon die restlichen Teile der Autobiographie Andersen-Nexøs übersetzt und Brecht wollte sie ebenfalls in Moskau herausbringen, was nicht mehr gelang. Vgl. dazu Brechts Brief an Michael Apletin (Moskau), in Br(GBFA) 29, Nr. 950.

Lukullus und Giordano Bruno
Das Verhör des Lukullus, Hörspiel, aus einer Geschichte „Die Trophäe des Lukullus" unter dem Eindruck des „Blitzkrieges" gegen Polen entwickelt, im November 1939 niedergeschrieben; am 12.5.1940 im Schweizer Radio Beromünster urgesendet, in *Internationale Literatur. Deutsche Blätter* 3 (Moskau, 1940): 3–19, GBFA 6:87–113.

Giordano Bruno
„Der Mantel des Nolaners" (später „Der Mantel des Ketzers," GBFA 18:374–82), in: *Internationale Literatur. Deutsche Blätter* 8 (Moskau, 1939): 76–81. (Die Textgrundlage für den Druck in GBFA scheint unklar.)

„The Alps or Europe"
„Die Alpen oder Europa," ursprünglicher Titel eines Essays, später *Dialektik der Alpen: Fortschritt und Hemmnis*; als Nachlasstyposkript in verschiedenen Textstufen überliefert (AZA 955–61), 1997 erstmals ediert, in Zw(BA), vgl. die 12. Anm. zum Vortext. Der hier beschriebene Plan, den Essay in „eine Fabel einer Novelle" zu bringen, wurde nicht verwirklicht.

the days of Crete and the Syrian campaign
Luftstützpunkte der Engländer auf Kreta und in Syrien wegen der Angriffe Italiens auf Griechenland Ende 1940 führten zur bedrohlichen Nähe des Krieges in Palästina.

20 *Arnold Zweig an Bertolt Brecht. Haifa, den 6. Juli [1945]*; ms. Br. (Du) o. U.; Tg: Typoskript (Du), AZA 6227, ED [im BBA kein Hinweis darauf, dass Brecht den Brief erhalten hat].

in Los Angeles
Brecht lebt mit seiner Familie im amerikanischen Exil mit Unterbrechungen in Santa Monica, Los Angeles: zuerst Nr. 817, 25th Street (1.8.1941 bis 11.8.1942), dann Nr. 1063, 26th Street (12.8.1942 bis 16.10.1947).

Lea Grundig
(1906–1977), jüdischer Herkunft, in Dresden geboren, Grafikerin und Zeichnerin, nach 1933 mehrmals wegen Widerstandes inhaftiert, emigrierte 1939 nach Palästina, wo sie Zweig kennen lernte. Dort entstanden mit Tusche und Pinsel zwischen 1941 und 1943 u. a. 15 Zeichnungen zur „Antifaschistischen Fibel" und sieben Zeichnungen zum Zyklus *Das Tal des Todes*. Zu letzterem schrieb Arnold Zweig anlässlich einer Herausgabe durch den „Freien Deutschen Kulturbund" in Großbritannien (1939 in London gegründet) einen Text, datiert „Haifa, Palästina, den 8.10.45," vgl. Nb aza 514. Von Bertolt Brecht gibt es keinen Text zu Grafiken Lea Grundigs.

hat unser Freund Lion Sie ja auch in die Arbeit am „Beil von Wandsbek"
    verstrickt
1943 war der Roman *Das Beil von Wandsbek* als Erstdruck in hebräischer Sprache erschienen, vgl. auch die fünfte Anm. zu Br. 19. Für die deutschsprachige Ausgabe, 1947 in Stockholm verlegt, überarbeitete Zweig sein Urmanu-

skript. Er hatte in dieser Zeit keine feste Sekretärin und bat Lion Feuchtwanger um Hilfe. In seinem Brief vom 23. Juli 1944 kündigt er Feuchtwanger sein Manuskript an: „Es umfaßt 510 Folioseiten, wiegt über 750 Gramm und hätte als Luftpostbrief etwa £p. 28 gekostet, über $100. Dies kombiniert mit dem Verlustrisiko ließ mich warten, bis unsere Schiffsverbindung wieder einigermaßen funktionieren würde. [...] Ich gebe das Paket in den nächsten Tagen zur Post und hoffe nur, daß bald wieder ein Schiff von Ägypten aus geht." Vgl. BrW(Zw/F)Bd. 1, Nr. 154, 305. Feuchtwanger schreibt am 8. März 1945 einen Bericht über seine Arbeit am Manuskript, in dem es u. a. heißt: „Ich kann Ihnen kaum schildern, vor was für schwierige Probleme mich der äußere und innere Zustand Ihres Manuskripts gestellt hat. [...]; es wird schwerlich einen zweiten deutschen Roman geben, der so viele Anakolutha enthält. [...] Ich habe, nachdem ich über die Meinung vieler Sätze lange gegrübelt hatte, Brecht herangezogen; auch er konnte mir nicht weiterhelfen. [...] Eine Zeitlang war ich versucht, das Ganze neu zu diktieren; das hätte ungeheuer viel Arbeit erspart. Aber dann wagte ich es nicht, weil ich fürchtete, ich möchte mich hinreißen lassen, zu weit gehende Änderungen zu machen. So habe ich mich bemüht, die notwendigsten Korrekturen in dem Manuskript selber vorzunehmen, es war eine harte Arbeit." Vgl. ebd., Nr. 161, 315 ff. Als Zweig Feuchtwanger 1956 noch einmal nach dem Anteil Brechts an der Bearbeitung des Romans befragt, heißt es: „Was seine Mitarbeit anlangt an der endgültigen Redaktion des 'Beils', so muß ich Sie leider enttäuschen. Für eine solche Mitarbeit, die ja keine Bearbeitung sein durfte, sondern Ergänzung der kleinen Lücken und Verbesserungen jener Stellen, die Sie nicht hatten verbessern können, Streichungen offenbarer Wiederholungen, für eine solche Arbeit wäre Brecht seiner ganzen Art nach durchaus ungeeignet gewesen." Vgl. ebd., Bd. II, Nr. 434, 334. *Das Beil von Wandsbek. Roman 1938–1943* von Arnold Zweig wurde 1985 in Frankfurt/M. von Hans-Albert Walter in der Fassung des Erstdrucks von 1947 wieder herausgebracht und neu interpretiert: *„Im Anfang war die Tat".* Arnold Zweigs Das Beil von Wandsbek. *Roman einer Welt, Welt eines Romans.* Zu weiteren Ausgaben des Romans vgl. Anm. 12 zum Vortext. Vgl. auch Br. 27 und Anm.

dass unser Michi inzwischen in Deutschland gelandet ist
Michael Zweig war nach dem Ende des Zweiten Weltkrieges aus den USA nach Europa und Deutschland gereist, um Rückkehrmöglichkeiten für die Familie zu erkunden; am 8.[–9.] September 1945 schreibt Zweig an Feuchtwanger darüber. Danach wurde die Datierung des vorliegenden Briefes mit der Jahreszahl ergänzt; vgl. BrW(Zw/F), Bd. 1, Nr. 174:348.

21 *Bertolt Brecht an Arnold Zweig. [Berlin, Juni–Juli 1949]; ms. Br. m. hs. U.;* ED: *Notate* 4 (Berlin, 1981): 15; D: Br(A) , Nr. 607; D: Br(S), Nr. 607; D: Br(GBFA), 3, Nr. 1406; Tg: Typoskript, AZA 6232.

Rudi Engel
Rudolf Engel (1903–1993), 1947–1949 Mitarbeiter der Verwaltung für Volksbildung in der sowjetischen Besatzungszone, seit dem 19.9.1949 freigestellt für die Aufgaben des Direktors der Deutschen Akademie der Künste, bis 1962 dort im Amt.

Paul Wandel
(Geb. 1905–1995), 1949 Präsident der Deutschen Verwaltung für Volksbildung

in der sowjetischen Besatzungszone und als solcher zur Bildung eines vorbereitenden Ausschusses zur „Wiedereinrichtung einer deutschen Akademie der Künste als Nachfolgerin der ehemaligen Preußischen Akademie der Künste" befugt. Am 11. Juni 1949 stimmt Arnold Zweig schriftlich zu, den vorbereitenden Ausschuss zu leiten. Mit Schreiben vom 29. Juni 1949 beruft Paul Wandel ihn zu dessen Vorsitzenden, vgl. AZA 25 I a. Nach diesen beiden Schreiben wurde die Datierung vorliegenden Briefes vorgenommen.

Leider weiss ich nicht viel von der Sache
Brecht befindet sich seit Ende Juni wegen einer Nierenbeckenentzündung im Krankenhaus. Dort war er auch noch am 5. Juli, wie aus einem Brief Arnold Zweigs an Lion Feuchtwanger hervorgeht: „Daß Brecht im Hedwig-Spital liegt und seine Blase in Ordnung bringen lassen muß, schrieb ich Ihnen wohl schon.[...] Er langweilt sich schrecklich, berichtet Ruth Berlau, die 2 Stockwerke [im Hotel Adlon] über mir wohnt [...]." Vgl. BrW(F/Zw), Bd. 2, Nr. 266, 33. Die Verhandlungen zur konstituierenden Sitzung des vorbereitenden Ausschusses, dem neben Brecht für die Klasse Dichtkunst und Sprache noch Johannes R. Becher, Bernhard Kellermann und Anna Seghers angehörten, hatte er deshalb versäumt wie auch die Sitzung selbst: sie fand am 4. Juli 1949 statt. Brecht blieb bis zum 17. Juli im Krankenhaus.

eine so äusserlich repressentative [sic] Körperschaft... wie die Weimaranische
    [sic] Akademie
Den Begriff *representativ* hatte Brecht bereits 1920 an die Stelle von „repräsentativ" gesetzt: Vgl. B.B. [d.i. Bertolt Brecht]: „Rose Bernd von Gerhardt [sic] Hauptmann. (Zur Einführung in die Vorstellung des Gewerkschaftsvereins am Montag, 25. Oktober)." Dort heißt es: „Außerhalb jeden Zusammenhangs, ohne geistige Tendenz wirft die Theaterleitung heuer ein Stück des *repressentativen* [hervorgehoben von mir, *H. L.*] deutschen Dramatikers Gerhardt [sic] Hauptmanns heraus, von dessen gesamten Schaffensgebiet das Publikum keine Ahnung hat," in *Volkswille* (Augsburg, 1920) 226 (23.10.). Zu diesem Text existiert kein Nachlass-Typoskript. In allen folgenden Drucken des Textes kommentarlos geändert, zuletzt GBFA 21:79–80. Es scheint aber durchaus möglich, dass Brecht ein Wortspiel mit der bedrückenden *repressentativen* Last des „Repräsentativen" getrieben hat: 1920 wie 1949.

22 *Bertolt Brecht an Arnold Zweig. [Berlin, Anfang Juli 1949]; hs. Br. m. U.;* ED: Br(S), Nr. 608; D: Br(A), Nr. 608; D: Br(GBFA) 3, Nr. 1407; Tg: Manuskript [Bleistift], AZA 6234.

dank für das gedicht
Offenbar hatte Zweig durch Ruth Berlau ein Gedicht an Brecht gesandt, das sich nicht (mehr) in seinem Nachlass befindet. Es konnte nicht ermittelt werden, um welches Gedicht es sich handelte; Zweig schrieb in diesen Jahren nur gelegentlich Lyrisches, meist aus ganz persönlichem Anlass. Ein Gedicht für Brecht entstand erst nach dessen Tod, vgl. Br. 18.

natürlich ist es leicht zu dichten, wenn man gesund ist!
Am 25.12.52 schreibt Brecht in sein *Journal*: „ich habe meiner erinnerung nach niemals eine zeile geschrieben, wenn ich micht nicht wohl befand, körperlich. allein dieses wohlbefinden verleiht die souveränität, die zum schreiben nötig ist. es muß ein von oben nach unten schreiben sein, über dem thema muß man sitzen. allerdings entsteht umgekehrt ein solches wohlbefinden mehr oder

weniger, wenn ich mich an den tisch mit der maschine setze," vgl. GBFA 27:340.

ich habe Wandel geschrieben
In Br(GBFA) nicht aufgenommen; im BBA kein Durchschlag vorhanden.

Jonny Heartfield (London)
John Heartfield, eigentl. Helmut Herzfeld, Plakatkünstler und Gebrauchsgraphiker (1891–1968), entwickelte in den zwanziger Jahren besonders die Fotomontage; emigrierte zunächst nach Prag, später nach London; Heartfield kehrte 1950 nach Deutschland zurück, 1956 nach Berlin und wurde im gleichen Jahr Mitglied der „Deutschen Akademie der Künste." Briefe von Brecht an Heartfield in Br(GBFA) 30.

da finde ich Ihren Vorschlag Lerski wunderbar
Helmar Lerski (1871–1956), Schweizer Fotograf und Kameramann; Brecht lernte ihn 1947–1948 kennen, vgl. GBFA 27:274 und Anm., 532. Lerski wurde nicht Mitglied der Akademie der Künste.

Kaspar [sic] Neher
Caspar Neher (1897–1962), Bühnenbauer, mit Brecht seit seiner Augsburger Zeit befreundet, arbeitete seitdem mit ihm; Neher war erst von 1956 bis 1962 Akademie-Mitglied. Briefe Brechts an Caspar Neher, in Br(GBFA) 1, 2, 3.

Erich Engel
Erich Engel (1891–1966), Filmregisseur der DEFA von 1947–1956, danach bis 1960 Oberspielleiter des Berliner Ensembles; Engel war Gründungsmitglied der Akademie der Künste (DDR). Briefe Brechts an Engel in Br(GBFA) 30.

23 *Bertolt Brecht an Arnold Zweig. [Ahrenshoop, August 1950]*; ms. Br. m. hs. U.; ED: Br(GBFA) 30, Nr. 1499; Tg: Typoskript, AZA 6233.

die hier sitzenden Mitglieder der Akademie
Die „Deutsche Akademie der Künste" war am 24.3.1950 gegründet worden. Als Präsident war Heinrich Mann vorgesehen, der Anfang Juli 1949 auch zugesagt hatte, aber noch in Santa Monica, Kalifornien weilte und wegen Erkrankung seine Reise nach Deutschland immer wieder verschieben musste. Heinrich Mann, geb. 1871, starb am 12.3.1950 in Santa Monica. Statt seiner wurde am 25.3.1950 Arnold Zweig Präsident; die Akademie war nun eine Einrichtung der am 7.10.1949 gegründeten DDR. Vgl. *„Die Regierung ruft die Künstler". Dokumente zur Gründung der „Deutschen Akademie der Künste" (DDR) 1945–1953, ausgewählt und kommentiert von Petra Uhlmann und Sabine Wolf.* Akademie der Künste, Stiftung Archiv (Berlin, 1993). Dort sind die Positionen und Aktivitäten Brechts in diesem Zusammenhang im Vorwort dargestellt und in einigen Dokumenten belegt.

immerhin sind es Nationalpreise
Die ersten Nationalpreise der DDR; eine Vorschlagsliste dafür befindet sich im Verwaltungsarchiv der Akademie der Künste, Berlin.

gruß an Ihre frau!
Hs. Zusatz Brechts

NB:Nr. 4... höchstens Bild
Hs. Zusatz Brechts.

Nr. 4 (für bildende Kunst)
Max Lingner, vgl. nächste Anm.

Die Aufführung der Sonnenbrucks
Wolfgang Langhoffs Inszenierung am Deutschen Theater, *Die Sonnenbrucks*,
nach dem Stück des polnischen Autor Leon Kruczkowskis (1949).

[Anlage] Anstatt Nr. 4
Otto Nagel (1894–1967), Maler anstelle des Malers Max Lingner (1888–1959)

Anstatt Nr. 11
Paul Rilla (1896–1954), Essayist und Literaturkritiker anstelle von Günther
Ramin (1898–1956), seit 1939 Kantor des Thomanerchores Leipzig.

Zu Nr. 6
Hanns Eisler erhält den Nationalpreis für die Nationalhymne der DDR, zusammen mit Johannes R. Becher (Text).

Rat der Götter
DEFA-Film von Kurt Maetzig (Regie), Hanns Eisler (Musik) und Friedrich Wolf
(Drehbuch), der den Nationalpreis erhält.

Selmanacik
Selman Selmanagic (1905–1986), Architekt, geb. in Jugoslawien. Arnold Zweig
antwortete am 17.8.1950 auf den Brief und dieses Schreiben mit der Anrede
„Liebe Freunde!" richtet sich also nicht direkt an Brecht. Im BBA befindet sich
kein Original dieses Schreibens, eine Kopie des Durchschlags aus dem Arnold-
Zweig-Archiv (AZA 6228) hat die Sign. Z 15/15–16. In dem Schreiben heißt es
u. a.:

> Die kritische Leistung von Rilla ist das Beste was wir im Augenblick auf diesem
> Gebiete besitzen, scheint uns aber für die Verleihung der höchsten Auszeichnung
> noch nicht zureichend.
> Die Portraits von Otto Nagel kannte keiner von den Anwesenden und wir formu-
> lierten daher unseren Vorschlag so, dass wir uns wesentlich auf Nagels Gesamtwerk
> stützten.
> Der Architekt Semanagic [Selman Selmanagic] dagegen scheint uns alle Voraus-
> setzungen für einen Nationalpreis erfüllt zu haben.
> Dass wir an dem Vorschlag 'Max Lingner' nicht rütteln, versteht sich nach seiner
> aufopfernden, hochqualifizierten Ausschmückung Berlins von selbst.
> Hanns Eisler wurde dem Kollektiv des „Rats der Götter" selbstverständlich hinzu-
> gefügt und das Berliner Ensemble einstimmig wie gesagt, schon vor der Ankunft Ihres
> Briefes, in seiner Preiswürdigkeit bestätigt.

(Zitate nach AZA 6228)

24 *Bertolt Brecht an Arnold Zweig. [Berlin], 15. Januar 1951;* ms. Br. m. hs.
U.; ED: Br(GBFA) 3, Nr. 1537; Tg: Typoskript, AZA 6235.

die Vertreibung der Juden aus Prag
Brecht meint Arnold Zweigs Stück *Austreibung 1744 oder Das Weihnachts-
wunder,* das er 1946–1947 in Haifa, Palästina, diktierte und 1955–56 überarbeitete; zuerst veröffentlicht in: Arnold Zweig: *Soldatenspiele. Drei dramatische Historien* (Berlin, 1956); enthält außerdem *Bonaparte in Jaffa* und *Das
Spiel vom Sergeanten Grischa,* alle auch im Band in der Ausgabe *Ausgewählten Werke in Einzelausgaben* (Berlin, 1963), Bd. 13. Zweig hatte das Stück
1947 an Lion Feuchtwanger geschickt, der es Piscator geben wollte, Anfang
1949 hatte es Ihering gelesen. Am 14.2.1953 schreibt Zweig an Feuchtwanger:
„Und da ist ‚Laubheu und keine Bleibe', 'Austreibung 1745 [sic]', das
'Grischa'-Stück kurz, das Drama lockt mich heftig, während die Sektion
Darstellende Künste mich als Dramatiker radikal verleugnet... Nun haben wir

noch andere Theater, und, meinem trotzigen Gemüt folgend, möchte ich
Brecht und Langhoff zeigen, daß ich mich nicht als Romancier spezialisiert
habe." Vgl. BrW(Zw/F), Bd. 2, Nr. 360, 205. Das Stück *Austreibung 1945*
wurde in der DDR und anderswo bisher nicht inszeniert. *Bonaparte in Jaffa*
kam an der Volksbühne am Rosa-Luxemburg-Platz in der Inszenierung von
Fritz Wisten 1955 zur Aufführung. Anlässlich der Arbeit daran schrieb er an
Feuchtwanger: „Leider habe ich meine Stücke niemals so ernst genommen, wie
sie es verdienten und wie meine Romane; meine eigenen Erkenntnisse von
Wesen und Wert der Fabel wendete ich auf sie nur dilettantisch an ich hatte
immer Angst vor dem Theater als Apparat," ebd., Nr. 370, 220.

aus der Klinik zurück
Am Nachmittag des 15.1.1951 muss Brecht zu einer Nierenbehandlung ins
Berliner St. Hedwigskrankenhaus, vgl. auch die dritte Anm. zu Br. 21.

dass wir eben kein Theater haben
Das Berliner Ensemble spielte noch im Deutschen Theater, erst 1954 bekam es
das Haus am Schiffbauerdamm. Die erste Inszenierung in der Saison 1951 ist
Die Mutter, mit Helene Weigel in der Hauptrolle (Premiere: 12.1.1951); *Bi-
berpelz und roter Hahn*, nach Gerhart Hauptmann, in der Regie von Egon
Monk, hat am 24. März 1951 Premiere.

25 *Bertolt Brecht an Arnold Zweig. [Berlin], 10.10.52;* hs. Br. m U.;Tg: Manuskript, AZA 6236; ED.

Der Brief wurde in Br(GBFA) nicht aufgenommen. In der Anm. zu Brief Nr.
1724, Br(GBFA) 30, an Alfred Kantorowicz, ebenfalls vom 10.10.1952, heißt
es: „Ein ähnlich lautendes Schreiben schickt Brecht unter dem gleichen Datum
an Zweig," vgl. ebd., 537. Auch an Peter Suhrkamp schrieb Brecht in dieser
Angelegenheit, vgl. ebd., Nr. 1783.

Ernst Schoen ... der aus London kommt
Im Original *komt*, mit Querstrich („Faulheitsstrich") über dem *m*. Ernst Schoen
(1894–1960), in der Schulzeit in Berlin Freundschaft mit Alfred Cohn und
Walter Benjamin; Studium der Philosophie, Kunstgeschichte und Geschichte;
später kompositorische und musikkritische Arbeiten; 1924–1933 beim Frankfurter Rundfunk, setzte sich als Programmleiter besonders für zeitgenössische
Musik ein. Im November 1930 lud er Brecht zu einem Gespräch über „Sozio-
logie des Rundfunks" nach Frankfurt ein. Schoen floh im April 1933 nach
London und blieb dort bis 1952, als seine Stelle beim BBC abgebaut wurde. Ab
1953 arbeitete er als freier Lektor für den Verlag Rütten & Loening, Berlin
(DDR). Ob Arnold Zweig das vermittelt hat, ist nicht nachweisbar, wiewohl er
gute Verbindungen zu diesem Verlag hatte. Ab Mai 1957 hatte Schoen einen
Vertrag mit dem Henschel-Verlag, Berlin (DDR), wo er als Lektor für Fremd-
sprachen in der Abteilung Bühnenvertrieb freiberuflich arbeitete und selbst
Stücke übersetzte. Ernst Schoen schrieb zu Bertolt Brecht: *„Der Jasager, ein
Lehrstück,"* in *Blätter des Hessischen Landestheaters Darmstadt* 6 (1931–
1932). Briefe Bertolt Brechts an Ernst Schoen in Br(GBFA) 1. Zu Ernst Schoen
vgl. Sabine Schiller-Lerg/August Soppe: *Ernst Schoen (1894–1960). Eine
biographische Skizze und die Geschichte seines Nachlasses*, in *Studienkreis
Rundfunk und Geschichte. Mitteilungen* 2–3 (Stuttgart, 1994): 79–88.

26 *Bertolt Brecht (Isot Kilian) an Arnold Zweig (Sekretariat). Berlin, den 4. Mai 1955;* ms. Br.[Kopfbogen Bertolt Brecht, Berliner Ensemble] m. hs. U [Kilian]; Tg: Typoskript, AZA A (1); ED.

Sekretariat Arnold Zweig
Arnold Zweigs langjährige Sekretärin in der DDR, Ilse Lange.

Elga Kern
Brecht erwähnt eine „Kern" im Zusammenhang mit dem PEN-Club, vgl. Br(GBFA) 30, Nr. 2076, weiter bisher nichts ermittelt.

Anlagen
Exposé zu einem Buch *Menschen der Gegenwartgestaltende Kräfte der Zukunft,* in dem Autoren der älteren Generation in Selbstdarstellungen jungen Menschen ihre Erfahrungen mit dem Krieg schildern sollen, um ihnen Hoffnung und Zuversicht zu geben. Datiert: „Bruxelles, z. Zt. Karlsruhe, 3. November 1954." Arnold Zweig schrieb einen kurzen Beitrag: „Weg und Ziel," der aber wegen verspäteter Lieferung nicht mehr in das Buch aufgenommen werden konnte. Es erschien 1955 im Ernst Reinhardt Verlag, München/Basel. Der Beitrag Zweigs ist nicht überliefert.

27 *Berliner Ensemble (Käthe Rülicke) an Arnold Zweig. Berlin, den 7.2.1956;* ms Br. [Briefkopf Berliner Ensemble] m. hs. U [Käthe Rülicke; im Original ms. Namenszug in runder Klammer, daneben hs U.]; Tg: Typoskript, AZA A (1); ED.

es scheint, als solle „Das Beil von Wandsbeck" [sic] doch endlich aufgeführt werden
Nach dem gleichnamigen Roman wurde der Spielfilm *Das Beil von Wandsbek* in der Regie von Falk Harnack nach einem Drehbuch, ursprünglich von Wolfgang Staudte, dann von Hans Robert Bortfeld und Falk Harnack von der DEFA in Babelsberg im Herbst 1950 gedreht. Er entstand vor einem hochgespannten öffentlichen Erwartungshorizont. Im Film geht es, wie im Roman, um den Arnold Zweig durch eine Meldung in der *Deutschen Volkszeitung* 16 (Prag, 1937): 2, bekannt gewordenen Fall, dass ein Schlächtermeister aus Hamburg zum Henker von vier Kommunisten wird, weil der amtliche Scharfrichter verhindert ist, seines Amtes zu walten. Um sein Geschäft zu sanieren, nimmt er den geheimen Auftrag der Nazis an und köpft die vier Männer, stellvertretend. Danach geht er aber daran zugrunde, dass er von den Kunden boykottiert wird, die per Gerücht von der Sache erfahren haben. Die Hauptrollen des Films sind mit Erwin Geschonneck (als Schlächter Teetjen) und Käthe Braun (als dessen Frau Stine) besetzt. Der Film wird am 11.5.1951 mit großem Erfolg im Berliner Kino „Babylon" uraufgeführt und läuft danach in 8 weiteren Kinos von Berlin (DDR) und anderen Orten des Landes vor großem Publikum. Neben zahlreichen begeisterten Kritiken werden auch andere Stimmen laut. So schreibt ein Rudolf Senf am 29.5.1951 in einem Leserbrief der *Sächsischen Zeitung"* vom 29.5.1951, dass der Film „Mitleid" mit dem verbrecherischen Teetjen wecke, „sodaß diese Menschen in ihrer ganzen Kläglichkeit selbst als 'Opfer des Faschismus' betrachtet werden." Herr Senf fordert die Absetzung des Films vom Spielplan der Kinos. Zwei Tage danach gibt es eine Stellungnahme der Ortsgruppe des Kulturbundes Pirna (Sachsen) in derselben Zeitung, die sich mit den verurteilenden Kritiken zu diesem Film auseinandersetzt und besonders die geforderte Zurückziehung ablehnt. Als jedoch auch in der *Berliner Zeitung*

ein (anonymer) Leserbrief seine Absetzung fordert, wird der Film am 19. Juni 1951 zurückgezogen und auch nicht, wie vorgesehen, zu den Filmfestspielen in Karlovy Vary gezeigt. Danach beginnt, von Zweig initiiert, eine interne Debatte um diesen Film, die in der Sektion Darstellende Kunst der Akademie der Künste über Jahre hin stattfindet, so am 13. Februar 1952 und am 17. Mai 1954, wobei der Film vorher stets wieder gezeigt wird. Neben anderen, z. B. Erich Engel, vertritt auch Brecht den Standpunkt, dass man den Film ändern müsse, um ihn wieder zeigen zu können, weil es kein Mitleid mit Teetjen nach seiner Tat geben dürfe. Auch Helene Weigel beteiligt sich an der Diskussion und ist für eine Änderung des Films. Ihrer beider Ansatz in der Argumentation ist vor allem ästhetisch motiviert, scheint doch im Film wie im Roman das Prinzip der „Einfühlung" vorherrschend. Zweig, als Präsident der Akademie der Künste bald nicht mehr nur in eigener Sache betroffen, sondern auch mit der Debatte um Brecht/Dessaus Oper *Das Verhör des Lukullus* und anderen „Formalismus-Debatten," kämpft um seinen Roman im Film, hat aber auch Respekt vor Brechts Vorschlägen in seiner Angelegenheit. Dennoch ergibt sich einen falsche Perspektive auf den Hergang der Dinge, wenn das Bruchstück eines Textes zu Zweigs Film zum ersten Mal in GBFA 23: 153 veröffentlicht wird, dabei eine fiktive Überschrift erhält „[Bemühungen um den Film 'Das Beil von Wandsbek']," und ein ebenso fiktives Entstehungsdatum „[Ende Mai 1951]," um dann in der nach Zweigs Eintragung in seinen Taschenkalender am 31. Mai 1951 [!] ohne exakte Quellenangabe zitierten Wiedergabe eines Gesprächs mit Brecht über den Schluss des Films an diesem Tage in einen Zusammenhang zu Brechts Text zu bringen. Bei näherem Hinsehen erweist sich Brechts Text als eine Vorlage für Käthe Rülickes Arbeit am Film, der einen anderen Schluss als den von Zweig beschriebenen haben soll, vgl. nächste Anm. Die Debatten beginnen *nach* dem Zurückziehen des Filmes erst recht, und in der vom 14.2.1952 schlägt Brecht die Bildung einer kleinen Arbeitsgruppe vor, um den Film zu bearbeiten und einen neuen Schluss zu drehen. Vgl. dazu die Protokolle der Diskussionen in der Sektion Darstellende Kunst der Akademie der Künste und andere Materialien: BBA Z 38/ 4-43 und AZA 1 (A). Vgl. auch *Das Verhör in der Oper. Die Debatte um die Aufführung* Das Verhör des Lukullus *von Bertolt Brecht und Paul Dessau,* hrsg. Joachim Lucchesi (Berlin, 1993) und dort auch den von mir zusammengestellten und transkribierten, leider so nicht kenntlich gemachten Abschnitt Arnold Zweig, „Aus Taschenkalendern sowie Briefen an Lion Feuchtwanger 1951–1954," 302–17. Dort werden die Einzelheiten und Zusammenhänge dieser Debatten notiert, Zweig versteht sich dabei auch als Chronist.

die 5 Szenen, die meines Erachtens nachgedreht werden sollen
In der Anlage zum Brief findet sich ein ms. Text, datiert „Dezember 1955," ohne Unterschrift, der genauso beginnt wie das Bruchstück von Brechts Schrift: „Besonders das kleinbürgerliche Publikum kann dem Bankrott eines kleinen Geschäftes nicht ohne Anteilnahme zu sehen. Dem Schlächter wenden sich so — und durch die Liebe, die er zu seiner Frau zeigt — viele Sympathien zu," ebd., 153, vgl. vorige Anm. Im weiteren werden (Brechts) Vorschläge zur Bearbeitung des Films konkret beschrieben: „Kürzungen," Szenen, die „eingeschnitten" sowie fünf Szenen, die „nachgedreht" werden sollen. Damit ist Brechts gedanklicher Anteil an diesem Projekt belegt, sein Text entstand vermutl. nicht vor Februar 1952. Käthe Rülicke wurde mit der konkreten Arbeit und Vermittlung Arnold Zweig gegenüber beauftragt. Trotz dieser Aktivitäten

bleibt der Film im Archiv, so dass Arnold Zweig am 24.9.1956 noch einmal grundsätzlich beim Staatssekretär der Hauptabteilung Film, Anton Ackermann, insistiert: „Meine eigenen Vorschläge an Ihren Vorgänger, Herrn Rodenberg, blieben in der Schublade liegen, und auch als mein verstorbener Freund Bertold [sic] Brecht seine Mitarbeiterin Frau Rülicke mit seiner Neugestaltung des Filmschlusses beauftragte, kamen wir über eine recht gelungene Verbesserung nicht hinaus." Vgl. auch alle Zitate, AZA A (1) [ungezählte Blätter in loser Reihenfolge]. Erst am 9.11.1962, dem Vortag von Arnold Zweigs 75. Geburtstag, wird der Film wieder öffentlich gezeigt, nachdem Zweig alle Hebel in Bewegung gesetzt, den Film zuvor am 29.10. intern angesehen und am 31.10. an den neuen Kulturminister, Hans Bentzin, geschrieben hatte: „Leider ergab sich bei dieser Vorführung, daß der gesamte Schluß des Films gestrichen worden war. [...]: die heutige Gestalt des Films enthält weder die auf Veranlassung von Brecht durch Frau Rülicke vorgeschlagene Neufassung des Schlusses noch entsprechende Vorschläge von Professor Erich Engel." (Vgl. ebd.) Andere Aspekte zur Debatte um den Film bringt die Kontroverse: Erika Pick „Noch einmal zum *Beil von Wandsbek*," und Regina Breitkopf „*Das Beil von Wandsbek*," beide in *Beiträge zur Film- und Fernsehwissenschaft* 2 (Potsdam-Babelsberg, 1984). Ebenso Günter Agde „Der Fall *Beil von Wandsbek*," in *Die Weltbühne* 26 (Berlin, 1990): 820–23. Ein seltener Fall von Zweig-Rezeption in der Gegenwart ist Karl Mickels „*Das Beil von Wandsbek*. Historie nach Arnold Zweig," in *Neue Deutsche Literatur* 5 (Berlin, 1994): 21–65.

28 *Bertolt Brecht an Helene Weigel. [Berlin], den 16.8.56;* hs. Br. m. U.; [Gedicht von Arnold Zweig und Gedicht von Paul Verlaine in Maschinenschrift]; Tg: Typoskript und Manuskript, BBA 893/80–82; ED.

Liebste Helly,... Immer dein [sic] *und euer*[sic] *A. Z.*
hs. Arnold Zweig.

als es gestern schien, daß ich nicht würde dabei sein können
Zweig wollte wegen der Belastung für ihn nicht zu Brechts Beerdigung gehen, der am 14.8.1956 gestorben war. Aber er notierte am Donnerstag, dem 16. August 1956 in seinem Taschenkalender: „Eine halbe Stunde vom Deutschlandsender Brechtgedächtnis, Gedichte u[nd] einige kurze Reden — sehr eindrucksvoll. Heute früh mein Nachruf auf der Kulturseite des 'N[euen] D[eutschland]'. Muss doch noch zu Brechts Beerdigung" (AZA 2656). Am Freitag, dem 17. August 1956, dem Tag des Begräbnisses, trägt Zweig ein: „Um 9 Dorotheenstädt[ischer] Friedhof. Ganz kleine Beteiligung. Friedhof Dorotheenst[adt] würdig, alte Bäume, Gräber wie Hegel, Fichte, Hufeland. Keine Reden, keine Musik. [...]" (AZA 2656).

Regenlied zu B. Brechts Begräbnis
„Regenlied zu Bertolt Brechts Begräbnis," in Arnold Zweig: *Jahresringe. Gedichte und Spiele* (Berlin, 1964) = *Ausgewählte Werke in Einzelausgaben*, Bd. 14, 297. Dort eine Änderung in Vers 3, letzte Zeile: *zerstäubt* in *betäubt*. Nachrufe von Arnold Zweig zum Tode Brechts in *Neues Deutschland* 195. (16.8) (Berlin, 1956): 4; in *Sinn und Form* 4 (Berlin, 1956), drei ungezählte Seiten.

Book Reviews

Edmund Licher and Sjaak Onderdelinden, ed. *Het gevoel heeft verstand gekregen. Brecht in Nederland.* Rotterdam: Uitgeverij Aristos and Amsterdam: Theater Instituut Nederland. 1998. 253 pages.

Edmund Licher and Sjaak Onderdelinden have compiled a collection of essays by Dutch Brecht scholars and critics that addresses the influence of Bertolt Brecht and the development of his theater throughout this century. According to Licher in the book's foreword, the collection encompasses various perspectives on Brecht's works and the development of theater in the Netherlands between 1929 and the present day. In so doing, the collection aims to ease a dichotomy in recent secondary literature between Brecht's biography and drama theory.

The collection is not strictly a scholarly work, as its individual articles are based on autobiographical stories, interviews, journalistic writings, as well as on more traditional scholarly methodological approaches. The thirteen essays are sequenced from the general to the specific, from earlier historical context to most recent. The first four articles serve as a broad introduction to Brecht and his works in an international setting as well as in the Netherlands. In addition, Licher's initial piece sets the tone of the book, recounting Brecht's sole visit to the Netherlands and his encounter with Rembrandt's *The Anatomy Lesson of Dr. Joan Deyman* as an intersection point of theory and physical realization. The following three essays examine Brecht's influence in particular periods and on movements in Dutch and Flemish theater history, e.g., Hans van Maanen's overview of the politically engaged *vormingstheater* in the 1970s. Finally, the collection moves to studies on individual aspects of Brechtian drama and drama theory, including, for example, Xandra Knebel's comparison of four actresses' performances of the Mutter Courage character. In addition, the book includes one essay which addresses Brecht productions in Flemish theaters and another on Dutch translations of Brecht's poetry. The volume closes with a list of professional Brecht productions in the Netherlands between the years 1929 and 1997.

More than simply a description or literary history of Brecht productions in the Netherlands and Flanders, the contributions are unified by the common issue of the universality of a theater type where the playwright's ideological framework remains so important. In discussing Dutch productions from various historical periods, Sjaak Onderdelinden explores the difficulties encountered by politically engaged Brecht plays in changing political and social contexts. Xandra Knebel's article "Brecht in Nederland nu" ["Brecht in the Netherlands Now"] asks whether now, at the end of the century, after reunification and after the fall of communism, Brecht's theater is still relevant. Knebel answers with a resounding yes, arguing that, despite political and social shifts, directors, actors, and actresses may still find Brecht's dramas applicable to the contemporary context. For Onderdelinden, Knebel, and the other writers of this collection, the answer to the question of Brecht's continued relevance lies in his drama theory itself, the attributes of which provide the theater community with tools for experimentation. In arguing this point, the authors continually stress the importance of the actual production of or engagement with the plays as essential to the Brechtian theater. In a personal recollection of his work on the Brecht *Lehrstück*, for instance, Paul Binnerts argues that these texts should be called *Lernstücke*, as the meaning and understanding of the work comes only in the process of production.

The collection succeeds in its goal of presenting a sophisticated, albeit somewhat fragmented description of Brecht's dramas in the Dutch theater over the past 70 years; more importantly, it serves as a good starting point for discussions on how to approach the ideological framework of Brecht's works in a post-Cold War era. However, in my view, its strength lies in the thorough discussion of what we can recognize as essential in Brechtian drama. The variety of approaches to the subject, combined with the interpretations of specific productions found in all but the first two essays will provide those readers who may not be familiar with Brecht's works and theory a better understanding of concepts such as *Episches Theater, V-Effekt, Lehrstück*, experimental theater, etc. At the same time, the writing maintains a high degree of sophistication, never sliding into simplification or over-generalization. The volume's only drawback is its attempt to go beyond the implied parameters of Brecht's theater in the Netherlands; Ton Naaijken's article seems out of place, summarizing the reception of Brecht's poetry, as well as Marianne Van Kerkhoven's overview of Brecht's influence in the Flemish theater. These point all too obviously to the book's gaps, rather than adding significantly to the larger whole. Still, this does not seriously detract from the work's relevance.

Katie Ebel
University of Wisconsin, Madison

Alain Patrice Nganang. *Interkulturalität und Bearbeitung. Untersuchung zu Soyinka und Brecht.* München: ludicium Verlag, 1998. 250 Seiten.
Emmanuel Bationo. *Die afrikanische Rezeption von Brecht im Lichte der Literaturtheorien. Aufgezeigt am Beispiel von Wole Soyinkas " Opera Wonyosi."* Frankfurt am Main: Peter Lang, 1999. 157 Seiten.

The two books under review are doctoral dissertations written by Africans (Nganang from Cameroon, Bationo from Burkina Faso) at two German universities. Emphasizing their literary approach (Nganang, 26; Bationo 7), they attempt to convey distinctively African perspectives on African attitudes toward Brecht as epitomized in the work of Wole Soyinka. Though examining different aspects of this relationship — interculturalism and reworking literary works on the one hand and the "African reception" of Brecht with regard to literary theories on the other — they are in some respects quite similar. Both focus on Soyinka 's adaptation (or more precisely, version) of Brecht's *Threepenny Opera*, and they elaborate rather extensively current theoretical issues. Departing from Levinas, Nganang contrasts "interculturalism" as the interrelationship between entirely different ("alien") cultures, for example, European and African ones, and "intraculturalism" as the relationship between different "voices" (Bakhtin, Kristeva) or strands in a given culture, for example, "the" European culture, as he tends to put it. He deals especially with Derrida's deconstruction. With special regard to an "intercultural perspective" (10), Bationo concentrates on literary reception theory and on comparative approaches to literature. Soyinka's *Opera Wonyosi* appears to him best suited to illustrate how European and African literary theories can complement one another and thus move along intercultural lines. He claims that a better understanding of African (literary) reception can be obtained from African myths (10).

These introductory statements may already suggest what strikes me as a point of contestation in the approach to the subject. Of all Soyinka's works, *Opera Wonyosi* has the least, or actually no relationship to myth or to the mythical tradition on which he has otherwise drawn so profusely. At the same time, as far as I can see, this very tradition explains to a large extent specific African stances toward foreign cultures, thus to the reception of literatures, and in particular Soyinka's attitude. Bationo does not further elaborate the relationship between the two different phenomena. In general, his investigation presents rather limited insights into the complex, intricate relationship of African intellectuals to European cultures and contributes little to "literary reception theory" that may be distinctly African. It seems as if Bationo has not made much use of the admittedly rather scanty material available around Soyinka's reworking of Brecht and African attitudes toward Brecht in general. He mentions neither Soyinka's own significant remarks on Brecht in a talk with Lewis Nkosi in 1962 (published in the 1970s by Duerden and Pieterse) nor Nkosi's own views on Brecht. In 1965 Nkosi published an essay on the relevance to and the impact of European theater on Africa. He singled out Brecht's practice as the most interesting of all contemporary movements in European drama and theater, stressing that the artistic structure of the epic theater, not Brecht's ideology, could accommodate African performance traditions. Bationo does not know Ogunbiyi's review of Soyinka's *Opera* production (117), published in *Nigeria Magazine*, in which Soyinka took issue extensively with a contribution included in a book Bationo lists in his bibliography. It is hard to understand why he considers African works on literary theory to lack any relevance to the issues under discussion (9) and why he does not even refer to pertinent publications of outstanding Nigerian literary scholars and close friends of Soyinka like Abiola Irele and Biodun Jeyifo. (Incidently, the latter reworked Brecht's *Puntila* into a Nigerian version in the mid-1980s, staged it in Ife, but did not publish it.)

Summing up significant differences between Brecht's and Soyinka's weltanschauung, Bationo considers it a major problem that (why) Soyinka has dealt with Brecht at all. He claims that religion and gods play a central role in Soyinka's worldview, whereas Brecht derived his ideology and approach to the arts from Marxism (114). It is arguable whether one should reduce so completely Brecht's nuanced relationship to Marxism (what brand of Marxism, for example?). As for Soyinka, Bationo should have sketched out more precisely his views on religion and in what respects gods play a significant role in his worldview. For example, why and how do they function as metaphors and "symbolic forces" in his creative writing? Bashing Islam and Christianity since the 1960s as great superstitions and, thus, highly dangerous ideological forces, Soyinka appears to be even more fiercely critical of these religions than Brecht. Apart from the "open structure" of Brecht's epic theater, it is the "square, sharp look" at historical realities (Soyinka in a 1974 interview with John Agetua in *When the Man Died*, Benin City/Nigeria) that Soyinka shares with Brecht, at least one important dimension of their otherwise different approaches. Hence, Nigeria's social, political, and cultural crisis inspired Soyinka's *Opera Wonyosi*, and *The Threepenny Opera's* rather "culinary," "polite" attack on Europe's catastrophic realities of the 1920s were a perfect match for adaptation.

While scholars might ignore Bationo's book without missing much, Nganang's work is of a different caliber. It is based on a fair knowledge of relevant material, including the above mentioned publications. The author took pains to investigate the cultural environment of Nigeria, especially Yorubaland, out of which Soyinka's philosophical and aesthetic stance grew and to which his writing is geared in the first place. Sensitive to Soyinka's autobiographical hints at cultural phenomena that played a formative role in his life, Nganang looks into the Nigerian literature on oral performance ("oral literature") and attended a contemporary performance of one of its outstanding, still vibrant traditions, the hunters' *ijálá* songs (74-84). He compares *ijálá* to Brecht's epic theater, examining differences in structure, subject ("contents"), and underlying weltanschauung. *Ijálá* performances are essentially governed by music and they are basically dialogical. Constant, lively interaction between performers and spectators, including audience comments and interjections and performers' immediate responses, are integral components of the performance. The latter may be an important, even the characteristic of Brecht's (conception of) the learning play; music, however, is only one, and not the most important element of his theater in general. The examination of the *ijálá* and of Soyinka's attitude toward the Yoruba god Ogún is the most interesting and, to a certain degree, convincing part of Nganang's endeavor to argue that Soyinka represents "absolute otherness" ("absolute Andersartigkeit," 43; "Ogún als das absolut Andere im Text Soyinkas," 99), "the radically strange" in comparison to Brecht, to a European weltanschauung and aesthetics at large. Perhaps the outstanding example of a distinctly African worldview and of specific African approaches to the arts, Soyinka as the "absolute other" exercises, so claims Nganang, real "interculturalism" (*Interkulturalität*). Thus, his approach stands in contrast to, or more precisely, is entirely "strange" to those European conceptions and practices that seek the "other" and treat or assimilate elements of different cultures, which he calls "intraculturalism" (*Intrakulturalität*). The search for the "other Brecht" in Western criticism (rereading Brecht), for instance, does not differ from a received (Western) craving for the "new" (42) and remains within the boundaries of "intraculturalism."

Elaborating on Soyinka's distinctly African worldview and writing and on his difference from Brecht's, which are both quite evident and need not be argued as arduously as the book does, Nganang predicates his chief contentions on Levinas's conception of the strange / foreign (*das Fremde*) and of negativity. Those who obsessively seek the other and constantly dismiss what they are attempting to escape assert their identity by negating something else. Levinas concludes that they "still remain within the very realm they dismiss" (109). Nganang shows that Soyinka, concerned with his Nigerian realities and drawing on his African / Yoruba cultural heritage, meets the criterion Levinas sketched out for, as I would put it, being "real strange / foreign" and thus fully at home in his own world. Yet it is interesting to note that, contesting the predominance of European approaches as his prime objective, Nganang himself remains within the boundaries of European discourse on the matters under discussion. This strikes me as the root cause of the book's shortcomings. It is not the support he seeks from the European Levinas that renders self-contradictory his endeavor to establish an African point of view fundamentally different from European approaches. Soyinka always uses European views, cultural configurations etc. if this helps elucidate his own worldview and deal with his Nigerian realities, ranging from Nietzsche and Brecht to ancient Greek myth and art, especially Dionysos.

In contrast, Nganang's subject matter itself, the interculturalism syndrome, is a specific Western concern since the 1960s, since Western artists and literary scholars realized that there were other, non-Western cultures that had to be taken seriously. Nganang devotes long, often repetitive passages to coming to grips (critically) with reception theory (Jauss), Derrida's deconstruction, linguistic theories, Brook's very "European" notion of entering into dialogue with African and other non-Western cultures. He claims, one of his two major objectives, that genuine interculturalism only comes about when and if representatives from non-European cultures — as the "absolute foreigners / strangers" — deal with European phenomena. Europeans such as Brecht or Jauss move or "circle," so to speak, within their own culture, therefore practicing intraculturalism (see 59, 63, 134, 156). Only the stranger from beyond, such as Soyinka, can genuinely rework (*bearbeiten*) others' art works, so goes Nganang's second chief hypothesis, since he / she transposes them in a permanent process of "work in progress" into an entirely different sociocultural context. Significantly, Nganang construes a "mythically" uniform European culture, perhaps falling prey to Europeans' inward-looking conceptions of their very European culture. Insisting on an analytical approach ("purely" semantic or discursive text analysis, i.e., a current strand within European discourse), he does not even hint at the multitude of different, often opposing, antagonistic European cultures, let alone the drastic changes in European cultures over the centuries.

Brecht's strategic goal, for instance, was to foster a Marxist and working-class oriented European or German "counter culture" set against ruling bourgeois and middle-class ways of life, thought, and artistic practices. This led him to rework radically European dramatic literature (e.g., his *Antigone*) in a structural fashion similar to Soyinka's treatment of his own *Threepenny Opera*: to counteract the ruling strata's ideas and political rhetoric (cultural hegemony) and to model ways of liberating the oppressed subalterns and thus their different way of life (cultural outlook). Nganang points to Brecht's rebellious "Seeräuber-Jenny" song (the pirates' song), performed by Polly, but, surprisingly, he does not mention that Soyinka drastically changed the content of the song and, most importantly, the performer. It is sung by Jenny Leveller, a cleaning woman, as an explicit assault on the social cleavages in contemporary African societies, Soyinka's cautious hint at the victims of the ruling strata's oppressive "culture" who might become "objectively" the social force to shake up or even revolutionize the rotten, exploitative Nigerian (African) societal fabric. Perhaps in order not to "mar" his hypotheses of interculturalism and *Bearbeitung* as the distinct hallmarks of African (non-Western) approaches, Nganang, by the way, does not look at Brecht's, that is, at an "absolute" stranger's *Bearbeitung* of non-European drama, from Japanese Noh to *The Caucasian Chalk Circle*, and thus, if I understand Nganang's line of reasoning, representing a perfect model of interculturalism.

I am not in a position to judge what the author — a young African scholar writing a doctoral thesis in Germany — should, or more pertinently, could have done otherwise. Exposed to the overwhelming power of western-oriented, self-referential concepts and above all dictatorial master discourses (a phenomenon of "repressive tolerance" in the academy), this is an African trying to "write against" and "write back to" the still culturally colonizing Europeans. His endeavor, however, to advance an African-inspired and Africa-grounded theory of interculturalism and *Bearbeitung* demonstrates just the opposite of what Soyinka's work represents. While trying to negate European literary and philosophical "master narratives," Nganang is inscribed within them to such an extent that he projects his own efforts on to Soyinka's stance. He always claims that Soyinka escapes, distances himself ("entfernt sich") from Europe. The historic significance of Soyinka's approach, however, and Nganang's reference to Levinas points to this, rests on the contrary, on an entirely different relationship to Europe, or for that matter, to the rest of the non-Nigerian and non-African world: Soyinka simply ignores European, hegemonic (colonizing) "master discourses" as phenomena that deserve extensive coverage in order to come to grips with his Nigerian / African realities. When he sees fit to deal with them, he sarcastically scorns their fashionable tendencies (see, for example, his 1980 "Inaugural Lecture" on Barthes and the Leftocracy at Ife University).

Joachim Fiebach
University of Toronto

Miriam Dreysse Passos de Carvalho. *Szene vor dem Palast: Die Theatralisierung des Chors im Theater Einar Schleefs*. Frankfurt am Main: Peter Lang, 1999. 250 Seiten.

This first book-length study of Einar Schleef's theater offers a systematic and insightful introduction to the work of the perhaps most controversial director in contemporary German-speaking theater. Drawing on productions from 1986-1997, the author situates Schleef's revitalization of the choral form in its theater-historical context and establishes the categories that define the director's aesthetic innovation. Dreysse-Carvalho does not allow the terms of her study to be determined by the often intense *Feuilleton* debates surrounding Schleef's theater. Instead, she astutely points to a possible source of this vehemence in the heightened sensitivity to representations of collective violence in a German context, and she focuses on the aspects of Schleef's theater that provoke such strong responses: the choral form, the representation of (collective) violence, the linguistic and vocal experimentation, as well as the use of space and the presence of the performer's body. Of these the figure of the chorus provides the study with the nexus for its productive analysis of Schleef's theater.

Szene vor dem Palast presents Schleef's theatricalization of the chorus as a blend of Attic and Brechtian traditions. The community-creating identification between spectator and stage of the classical Greek chorus is linked by the director, Dreysse-Carvalho proposes, with the estrangement of epic theater to create a theater that is both affective and distancing. From our perspective today, the author argues, the function of the Attic chorus — both as representation of the populous and in its position between protagonist and auditorium — to draw the spectator into the stage events through song, dance, and declamation is itself strange and estranging. Schleef's use of the choral form comes as a shock to modern sensibilities because it reverses the trend in modern drama towards the elimination of the chorus in favor of the drama of the bourgeois subject. The chorus for Schleef thus interrupts the action, adumbrating the narrative flow of dialogue theater. "Unterbrechung," a constitutive element of Schleef's choral work, is also that element which connects Schleef's aesthetic to Brecht's.

Schleef's theater differs, however, from Brecht's through what Dreysse-Carvalho calls the "Frontalität" of the chorus: "die Chorische Front an der Rampe verschärft die Brechtsche kritische Distanz zu einer räumlich-physischen Konfrontation zwischen Bühne und Zuschauerraum" (35). The radical frontality of Schleef's theater undermines here Brecht's "Interessengemeinschaft" of spectator and stage, enabling the central characteristic of Schleef's praxis: the coexistence of "expliziter Distanzierung und lustvoller Einbeziehung, von radikaler Verfremdung und der Markierung der körperlich-sinnlichen Präsenz der Darstellenden, von Nähe und Distanz der Darstellung" (40). Not only does Schleef's doubling of himself as director and performer in the role of Puntila, a performance which Dreysse-Carvalho calls an "öffensichtliche Auseinandersetzung mit Brecht" (62), translate Brecht's demand for distance between performer and layers of reality but, as Heeg has shown (*Brecht Yearbook* 23, 1998), his creation of a chorus of Mattis also undermines Brecht's wish for the servant's intellectual superiority, collapsing the ideologically well-crafted fable of Brecht's play and rendering its subject "die diktatorische Befehligung eines hörigen Kollektivs" (66). The author concludes that, in doing so, Schleef radicalizes "das Mißtrauen Brechts der geschlossenen theatralischen Representation gegenüber; zugleich macht er deutlich, daß auch die V-Effekte nur eine andere Ebene von Darstellung — und ihrer Verbindung mit symbolischen Gewalt — eröffnen" (67).

The dialectic constructed here between affect and distance necessitates that its author refrains from problematizing either category. This means that the literature on the Attic chorus as well as that on alienation in Brecht remain largely uninterrogated, a shortcoming illustrated by the use of the 1982 Brecht edition. One would wish, on the one hand, that the study were able to take into account Brecht's alluding in the last years of his life to naivety as an aesthetic counterpoint to a concept of alienation that he perceived as having become doctrinaire and damaging to theatrical praxis. Naivety, as Schoeps (*Monatshefte* 81.2, 1989) and Schöttker (Metzler 1989) have shown, restores to alienation the quality that Brecht initially sought to give the A-effect in his theater, the potential "to generate wonder" (GBFA 22.1: 554). It is, on the other hand, precisely the concept of *Verfremdung* that is engaged so productively in this study.

Through detailed analyses of Schleef's choral work — his use of the performer's body, theatrical space and scenery, and his theatricalization of the voice — Dreysse-Carvalho shows how affect collapses distance in Brecht's model, giving rise to a community between spectator and stage based not on identification but on a principle of non-identity, of irreducible difference. Schleef, who reads the main conflict of Greek tragedy as the ejection of the individual by a "pestkrank[es]" collective, speaks for the victim(s) in this scapegoating process by making the protagonist the chorus in his adaptations of the canonical texts of German and Attic drama (*Droge Faust Parsival*, Suhrkamp 1997, 275). Two scenes are examined in depth for evidence of Schleef's choral strategies of alienation, the "Klageszene" from Schleef's 1986 *Die Mütter* and the "Kriegsszene" from his 1989 *Urgötz*. Developing a typographic notation system for indicating pauses in a performer's speech, volume, accent, tempo, pitch, and distortion, Dreysse-Carvalho argues that Schleef's voice work performs a "Semiotisierung des Klangraums" in the theater. The voice becomes an "in-between" of body and language (128), inscribing itself in the sound-space of the auditorium and producing thereby a core of subjectivity resistant to all collectivization and objectification. Texts by authors whose work fuses psychoanalysis and semiotics (e.g., Castarède, Chion, Fónagy, Kristeva, J. Martin, Rosolato and Vasse) help Dreysse-Carvalho to address the unique relationship between voice and subject arising from the techniques of alienation realized by Schleef's choruses. The theater text, reduced to its sound quality, to its ability to shock the spectator, becomes the measure, for the author, of "die markanteste Radikalisierung der Brechtschen Theorie in der szenischen Praxis Schleefs" (61).

"Theaomai," or "I see," is the title of the new series on the performing arts in which Dreysse-Carvalho's *Szene vor dem Palast* appears, and the volume is an authoritative study of a theater artist whose work is bound to stimulate further critical interest. The study is also a necessary addition to contemporary performance studies because it proposes a convincing solution to a problem faced by theorists of a non-literary, postdramatic theater (Thies Lehmann's umbrella phrase, used most recently in his book of the same title, *Postdramatisches Theater,* Verlag d.A. 1999): the role of the voice between text and image, between the verbal and non-verbal elements of performance. Critics will no doubt want to apply the author's findings when considering other forms of (post-)Brechtian theater.

Matthew Griffin
Hofstra University, New York

Wolfgang Mieder. *„Der Mensch denkt: Gott lenkt — keine Red davon!"* *Sprichwörtliche Verfremdungen im Werk Bertolt Brechts.* Bern: Peter Lang, 1998. 195 Seiten.

An sich ist das Thema ja nicht neu; im Gegenteil. Sprachliche Verfremdungen und Manipulationen der verschiedensten Art wurden von der Brecht-Forschung schon bemerkenswert früh erkannt und untersucht: etwa — ich muss mich hier selber nennen — in meinem Bändchen *Bertolt Brecht: Die Struktur seines Werkes* (1959) oder in den einschlägigen Aufsätzen von Barbara Allen Woods aus den sechziger Jahren. Trotzdem ist der vorliegende Band aufs lebhafteste zu begrüßen, weil er nämlich zum erstenmal, mit der Wolfgang Mieder eigenen Gründlichkeit und gediegenen Sachkenntnis, eine zusammenfassende und zugleich systematische Bestandsaufnahme des so reichen wie vielfältigen Materials bietet, das er überdies nicht bloß gefällig, sondern des öfteren sogar erheiternd, fast stets aber erhellend darstellt. Auch die inzwischen üppig ins Kraut geschossene sonstige Sekundärliteratur wurde dabei, wie bei Mieder nicht anders zu erwarten, erschöpfend erfasst und mit Gewinn verarbeitet.

Außer einem kurzen Vorwort, einem Literaturverzeichnis und einem (sehr willkommenen) Stichwortverzeichnis enthält der Band drei Hauptteile. Der erste, unter der Überschrift „Der Mensch ist dem Menschen ein Wolf," behandelt Brechts „Sprichwörtliche Dialektik," der zweite, unter der Überschrift „Schließlich bin ich ja auch ein Mensch," seine „Redensartliche Volkssprache"; beide zusammen nehmen fast drei Viertel des Gesamtumfangs ein. Der dritte Hauptteil, dessen Kennzeichnung und Untertitel „Sagwortartiger Humor" lautet und der ganz entsprechend „Wie du mir, so ich dir, sagte die Frau" überschrieben ist, erweist sich zwar als weit weniger umfangreich, enthüllt sich indes bereits bald als nicht minder gewichtig. Während aber die der Brechtschen Sprichwort- bzw. Redensartenverwertung gewidmeten Betrachtungen natürlich keiner begrifflichen Klärung bedürfen, empfiehlt es sich vielleicht doch, den Begriff „Sagwort," der wohl schwerlich allen Nichtfachleuten klar und geläufig ist und den vermutlich selbst Brecht nicht kannte, des näheren — wie knapp auch immer — zu erläutern. Mieder definiert und beschreibt ihn mit jeder nur wünschbaren Deutlichkeit. Denn bei dieser „besonderen...Untergattung" gehe es, wie er sagt, „in der Regel um eine aus drei Teilen bestehende traditionelle Formulierung: einer Aussage (meistens ein Sprichwort oder eine Redensart), dem Mittelteil, worin der Sprecher genannt wird, und dem Schluss, der die Situation mit einer unerwarteten Pointe angibt." Im Deutschen, fügt der Verfasser hinzu, finde sich für solche „Sagwörter" auch die Bezeichnung „Sage-Sprichwörter" und daneben „Beispielsprichwörter" oder „apologische Sprichwörter," wohingegen sich auf internationaler Ebene der englische Terminus *Wellerism* durchgesetzt habe, hergeleitet aus der typischen Redeweise einer Romangestalt namens Samuel Weller in den *Pickwick Papers* von Charles Dickens (vgl. 139f.).

Musterfälle aus Brechts frühem wie spätem Schaffen sind die zwei folgenden Sätze. In seinem Stück *Baal* heißt es: „Schäm dich, untreu sein! sagte die Frau zum Knecht, der bei der Magd lag"; in *Mutter Courage und ihre Kinder* hören wir: „Das ist eine Versuchung, sagte der Hofprediger und erlag ihr." Und eines der gängigsten allgemeinen Beispiele, das zusätzlich noch auf einem vertrauten Sprichwort fußt, hat den Wortlaut: „Aller Anfang ist schwer, sagte der Dieb, da stahl er einen Amboß" (vgl. 140f.). Damit sind Verfahren und Wirkung des sagwortartigen Humors, wie er im Volksmund oder eben dann im Werk des Augsburger Dichters begegnet, sicherlich schon zur Genüge charakterisiert. Was derlei bei Brecht zu leisten vermag, braucht darum sowenig im einzelnen „aufgelistet" und wiedergegeben zu werden wie Brechts dialektische Verfremdung von Sprichwörtern und / oder Redensarten aus dem Sprachschatz des Volkes — ein faszinierendes Doppelphänomen, das bei ihm ständig aufs neue in Erscheinung tritt und sich in seinen Texten so gut wie überall nachweisen lässt. Gleich den zahlenmäßig geringeren, doch dafür desto wirkungsvolleren Brechtschen Sagwörtern spricht es einerseits überwältigend für sich selbst und wird andererseits von Mieder ausführlich und genau, ja häufig bis in sämtliche Einzelheiten dargelegt; es sei deshalb gern und summarisch dem uneingeschränkten Leservergnügen (nebst jeweils aufschlussreicher Belehrung) überantwortet. Lediglich drei beiläufige Anmerkungen — eine nachdrücklich unterstreichende, eine fragende oder auch kritische sowie, *last but not least*, eine nicht gänzlich unergötzliche — möchte ich mir abschließend gestatten.

Wie eng Brechts Beziehung zum Englischen und insbesondere zur amerikanischen Umgangssprache von Anfang an war, ist bekannt und wird auch von Mieder gebührend berücksichtigt und hervorgehoben. Namentlich gewisse Lehnübersetzungen spielen in diesem Zusammenhang eine wichtige, doch leider noch keineswegs befriedigend untersuchte Rolle. Ein Schulbeispiel liefert die mittlerweile ins Deutsche ja vollauf eingemeindete Redensart „das Handtuch werfen," die auf dem aus dem amerikanischen Boxerjargon stammenden Ausdruck *to throw in the towel* beruht. Ich darf hierzu Mieder das Wort erteilen:

Brecht, der bekanntlich ein großes Interesse am Boxsport hatte, verwendete die Lehnübersetzung gleich zweimal in seinem frühen in Chicago spielenden Stück *Im Dickicht der Städte*, wo es auch tatsächlich ums Boxen geht: „Ich gebe aber auf. Ich streike. Ich werfe das Handtuch" [Brecht, Gesammelte Werke 1967, 1: 159] und „Chicago wirft das Handtuch für ihn" [ebd. 184]. Bisher [d.h., in den Nachschlagewerken von Heinz Küpper, Lutz Röhrich oder Keith Spalding] war man der Meinung, dass die Lehnübersetzung, „das Handtuch werfen" erst etwa 1935 im Deutschen auftritt, und nun bietet Brecht zwei um gut zehn Jahre früher liegende Belege! Ob die deutsche Übersetzung durch Brecht volksläufig geworden ist, kann heute kaum mehr bewiesen werden. Auf jeden Fall handelt es sich in seinem Stück um den bisher frühesten Beleg. (105)Dem ist zweifellos mit allem Nachdruck beizupflichten.

Dankenswerterweise verzeichnet, ja zitiert Mieder auch gelegentlich Parallelfälle aus der deutschen Literatur oder, richtiger, entsprechende Textmanipulationen jüngerer deutscher Dichter, die unverkennbar von Brechts Verfahren und dessen Wirkung zehren. (Zu erwähnen wären unter anderem Verse von Erich Fried und Volker Braun, vgl. 151f.) Um so verwunderlicher mutet es daher an, dass Mieder bei ähnlicher Gelegenheit — und nun gerade im Falle älterer und obendrein weltliterarisch bedeutsamer Autoren, die ihrerseits Brecht nachhaltig beeinflusst haben — auf das Namhaftmachen solch intertextueller Bezüge völlig verzichtet. Oder sollten ihm, so muss man beinahe folgern, die betreffenden Quellen und ihre Verwendung durch den Augsburger überhaupt verborgen geblieben sein? Im Hinblick auf „Nannas Lied" aus dem Brechtschen Stück *Die Rundköpfe und die Spitzköpfe* begnügt sich Mieder nämlich mit den ganz aufs Redensartliche fixierten Bemerkungen: „Jede Strophe endet…mit demselben vierzeiligen Refrain, der mit der Redensart 'den Schnee des vergangenen Jahres suchen' als Vergänglichkeitsmotiv und Hoffnungsleere abschließt…" Und: „Es sei darauf hingewiesen, daß der normale Wortlaut der 'Schnee'-Redensart die Bedeutung von 'sich um eine längst abgetane und vergessene Sache bekümmern' hat" (125). Wie aber lautet die entscheidende Schlusszeile des besagten Kehrreims, den Mieder unermüdlich umschreibt und zu erklären bemüht ist? Man erinnert sich gewiss; sie heißt: „Wo ist der Schnee vom vergangenen Jahr?" Und damit hat Nanna beileibe keinen „sprichwörtlichen Ausdruck" verfremdend „in eine Frage umformuliert" (ebd.), sondern einfach eine altvertraute, von Büchmann zu allem Überfluss in seine „geflügelten Worte" aufgenommene Formulierung eines französischen Dichters in ihrer deutschen Fassung wortgetreu zitiert. Denn selbstverständlich handelt es sich bei Nannas Zeile um nichts anderes als den Refrain „[Mais] où sont les neiges d'antan?" aus der „Ballade des dames du temps jadis" von François Villon, den Brecht wie selten einen außerdeutschen Dichter gekannt und geliebt, herangezogen und ausgebeutet hat.

Keine Kritik oder auch bloß Frage, sondern einzig und allein eine schlichte Ergänzung stellt meine dritte Anmerkung dar. Sie betrifft Brechts berühmt-berüchtigten *Dreigroschenoper*-Slogan „Erst kommt das Fressen, dann kommt die Moral." Dass Mieder ihn und seine verschiedenen Abwandlungen gewissenhaft aufführt und kommentiert, geschieht durchaus überzeugend und mit Fug und Recht; immerhin soll Brecht geäußert haben, er werde wohl „in die Literatur eingehen" als der Mann, der jenen Slogan „geschrieben hat" (vgl. 56). Doch was sich dem aufmerksamen Auge plötzlich zeigt, ist außerdem etwas wahrscheinlich nicht nur für Mieder Überraschendes. Worauf nämlich stößt man in Thomas Manns Roman *Joseph und seine Brüder*, und zwar in dessen letztem, zu Beginn der vierziger Jahre vollendetem Band (vgl. das Kapitel „Zanket nicht!" im Sechsten Hauptstück)? Man liest dort, so verblüfft wie erheitert, dies: „Brot kommt zuerst und dann das Hosiannah." Sieh einer an! Mann und Brecht waren einander ja, wie man weiß, nicht unbedingt grün; ihre wechselseitige Abneigung schwelte bereits seit den zwanziger Jahren. Was also mag den gefeierten Nobelpreisträger bewogen haben, den zynischen (oder nur scheinbar zynischen, eher realistisch-nüchternen) Slogan seines in Kalifornien gestrandeten, nicht sehr erfolgreichen, ja nahezu halbvergessenen Mitemigranten dermaßen deutlich aufzugreifen, obzwar *con variazioni*? War Brechts Diktum in der Zwischenzeit schon so echt volksläufig geworden, dass dessen Herkunft selbst Thomas Mann gar nicht mehr zum Bewusstsein kam? Oder setzte sich dieser um der rhetorischen Schlagkraft des Ausspruches willen über jedwedes Bedenken gegenüber dem „Scheusal" — wie er Brecht ja laut einer apokryphen Anekdote zu titulieren pflegte — kurzerhand hinweg? Doch, ich denke, wir lassen solche Fragen, die ohnehin müßig sind, besser offen. Denn dass Brechts *Dreigroschenoper*, ob sprichworthaft oder redensartlich, noch rund fünfzehn Jahre nach ihrer Uraufführung in jenem monumentalen Mannschen Bibelroman nachklang, scheint mir jedenfalls außer allem Zweifel zu stehen.

Reinhold Grimm
University of California, Riverside

Shaswati Mazumdar. *Feuchtwanger / Brecht: Der Umgang mit der indischen Kolonialgeschichte. Eine Studie zur Konstruktion des Anderen.* Würzburg: Königshausen & Neumann, 1998. 156 Seiten.

The word "post-colonial has been "normalized" to such an extent that the resistance that gave birth to these studies in the first place has now been appropriated safely into mainstream discourse and thus almost bereft of its subversive effectiveness. Fortunately, however, there are those like Partha Chatterjee, Lata Mani, Jyotsna Singh, and Aijaz Ahmad who continue the crucial discursive strategies provided by pathbreaking works such as Frantz Fanon's *The Wretched of the Earth* (1961), Aimé Césaire's *Discourse on Colonialism* (1972), and Edward Said's *Orientalism* (1979). They insert marginalized voices into mainstream intellectual thought and add new, contentious dimensions to these discourses in their attempts to resist the disquietingly normalizing strategies.

Curiously, critics in German-speaking countries have paid little attention to the palimpsestic complexities of discourses about the construction of the "other," concentrating instead more on travel and so-called minority literature. In general, they have regarded the "post" in post-colonialism as an end to colonialism, which obfuscates the conditions under which globalization works. This tendency toward a "Sonderweg" (special path) has reduced German participation in post-colonial discourse to a minimum. It may partly be due to the fact that German speakers have not examined the concept of "Germanistik" within the context of a postmodern world, whereas in the USA the term "German Studies" surfaces with increasing frequency, reflecting the emphasis on the "other," i.e., on marginalized perspectives and the paradigmatic shifts that such perspectives entail.

Shaswati Mazumdar's book is consequently a most welcome and long-awaited contribution to German Studies. The significance of her contribution is threefold: firstly, it will hopefully lead to a more active participation in post-colonial studies by literary and cultural critics from the German-speaking world. Secondly, her investigation of Brecht and Feuchtwanger, writers whose interest in India has not merited more than passing references in recent scholarship, has placed these writers squarely within a post-colonial framework and thus added a new dimension to research on them. Mazumdar's post-colonial reading of Brecht and Feuchtwanger reveals that the equation of Marxism with post-colonial resistance is too simplistic and undifferentiated. Lastly, Mazumdar establishes interesting connections between the discourse on India and anti-Semitism in nineteenth-century Germany, connections revealing the Aryan myth that drove much of the racist ideology in the past century and that led seamlessly into the fascist structures of the Third Reich.

Mazumdar begins with a brief account of the urgency that Germans in the nineteenth century felt in creating a discourse on India and recognizes its cause in Germany's inability to compete with other European powers in the effort to acquire colonies. She rightly stresses the fact that Germany's colonial presence was extremely short-lived, forcing the Germans to resort to less tangible strategies for appropriating the consciousness of the colonized peoples in Asia. She then proceeds to problematize monolithic constructions of the German self and its "other," pointing out ambivalences in the interaction between German writers and the subject matter of their texts.

Mazumdar's analysis of Feuchtwanger's 1916 play *Warren Hastings, Gouverneur von Indien* (Warren Hastings, Governor of India) reveals how the playwright inserts the historical-political situation and messianic self-understanding of the Jews as a mediating force between the polarities East / West, power / renunciation, violence / non-violence, action / meditation. As Mazumdar argues persuasively, Feuchtwanger does not recognize the monolithic nature of these constructs, since in his search for his own Jewish identity, it is of paramount importance to position the historically tragic Jewish self between the principles of Orient and Occident. Interestingly, this position lends the Jew a historical validity that remains unavailable to Europe and Asia. Feuchtwanger's choice of Warren Hastings, the most controversial, charismatic, and enigmatic colonizer of India, whose impeachment was one of the most sensational events documented in British-Indian history, becomes understandable in this context. Hastings the colonizer did not interest Feuchtwanger as much as Hastings the orientalist, under whose auspices the Royal Asiatic Society was founded. In other words, Feuchtwanger presented his Hastings as mediator between European material greed and Asian contemplation, thereby deliberately overlooking Hasting's colonial politics.

In discussing the collaboration between Bertolt Brecht and Feuchtwanger on the second version of the play, entitled *Kalkutta, 4. Mai.* (1925), Mazumdar rightly points out that the change in title indicates the shift to a concrete historical event. She stresses Brecht's fascination with a figure like Hastings, out of whose cloning he sees a whole new class of powerful proletarians arising (137). Mazumdar's reading of Brecht seems to remain rather one-dimensional in terms of a proscriptive Marxist ideology. It would have been interesting to analyze why, in this second version, Brecht and Feuchtwanger allow Hastings to keep India and his lover, Marianne, instead of having to reject the latter in favor of the former, as was the case in the first version. India as the feminized, "othered" self in the equation India = mistress might help unravel further structures of sexism / racism in the text. Notwithstanding this minor caveat, Mazumdar's text is an important contribution to German and post-colonial studies because it problematizes German exclusion from colonialist discourse.

Kamakshi P. Murti
University of Arizona

Inge Gellert, Gerd Koch, and Florian Vaßen, Hrsg. *Massnehmen. Bertolt Brechts / Hanns Eislers "Die Massnahme": Kontroverse, Perspektive, Praxis.* Berlin: Theater der Zeit, 1999. 289 Seiten.

I n a personal reminiscence, a "Tagungsecho," that closes this volume, Hans-Christian Stillmark admits to a certain discomfort upon re-reading *Die Maßnahme* (hereafter *DM*): "Es kam mit dem Text eine Vergangenheit herauf, die erschöpft und erledigt zu sein schien," a past filled with blue shirts, endless May Day marches, *Kampflieder*, and all too familiar phrases. "Bitter, enttäuschend, die ganze alte Scheiße: 'Tretet vor! Eure Arbeit war glücklich [...]' Das Pathos der marschierenden Revolution war eine abstoßende Erinnerung" (274). For those of us who grew up in the "Free World," as we still like to call it (self-satisfied with the asymmetrical implications), revolution (inflected more by Dylan and the Dead than Brecht and Eisler) may once have had its appeal as well, but that time seems to be equally done and gone. All the more astonishing, then, that 1997 witnessed the first authorized production of *DM*, complete with Eisler's music, in 66 years; that 1998 witnessed a three-day conference in Berlin dedicated solely to this single work; and that 1999 witnessed the publication of the proceedings of this conference in a 289-page, densely packed and finely (almost microscopically) printed volume. *Massnehmen* attests not only to the fact that in some corners of our universe the Gutenberg Galaxy has not succumbed to heat death, but also to the intriguing and perhaps ultimately inexplicable continued fascination with one of Brecht's most controversial creations.

The 22 essays (framed by an introduction by the editors, an introductory essay by Klaus Völker, and the above-mentioned, closing "Tagungsecho") are divided into four sections, dealing with 1) the ideological content in historical context, 2) the formal structure, 3) the music, and 4) performance and adaptation of the *Lehrstück* model by subsequent directors and authors. Of course, these sections are not hermetically sealed. Challenges and responses cross thematic lines as these essays participate in explicit and implicit debates about the nature of Brecht's and Eisler's work.

Perhaps the most striking feature of this collection centers on the recurrent suggestion to view *DM* as a tragedy, or at least as containing irreconcilable tragic elements. Though the issue is not new, in this volume it has a distinctly post-'89 flavor to it. Tragedy no longer simply involves the fate of the individual, but inheres in the fate of revolution itself. The far from dialectical dynamic that is uneasily subsumed under the term Stalinism finds its place in *Maßnahme* criticism again, not because of the piece's purported anticipation and justification of the show trials, but because of a contradictory logic that accompanies all attempts radically to transform the "real existing" world we now live in. The tone is set in

Völker's essay in which he admonishes us to view *DM* as "ein Parabel-stück, dem die Dimension einer Tragödie von durchaus antikem Ausmaß innewohnt," and not as a "Schlüsselstück über Parteidisziplin oder stalin-istische Schauprozesse" (19). We need, he says, to develop readings that withstand instrumentalization, though it is not clear that a reading which resists instrumentalization (i.e., avoids appropriation by those with whom one disagrees) is not itself an instrumentalization of a different sort. Joachim Fiebach generalizes the sense of tragedy by placing the tragic within the idea of revolution itself— and this in a variety of ways. On the one hand, humanizing the world requires a form of self-dehumanization, including eventual self-destruction. More generally, the tragedy of "real exisiting" socialism centers on the dilemma of centralization and democ-ratization (*Kaderpartei* vs. *Räterrepublik*), which Isaac Deutscher summa-rized in his characterization of Stalin as "der Führer und der Ausbeuter einer tragischen, in sich widersprüchlichen (self-contradictory), aber krea-tiven Revolution" (64; cited by Fiebach). And finally, in our present situa-tion, the tragedy of revolution exists in the fact that we need one, but no longer have any idea of what one could reasonably look like. Ralf Schnell, evoking Benjamin, equates tragedy with myth, but *Trauerspiel* with his-tory, and sets out to show that since the killing of the Young Comrade is rationally justified and intersubjectively verifiable ("intersubjectiv nach-prüfbar"), Brecht's use of the chorus more resembles the baroque, rather than the antique, form of the tragic (153). In a somewhat more orthodox move, Stefan Amzoll sees in *DM* "ein[e] passionsartig[e] proletarisch[e] Tragödie" (140) which becomes all the more visible the more one adheres to a formally rigorous performance of the play. There is no doubt that the exigencies of the situation required the Young Comrade's death, he af-firms, and it is this "no doubt" that forms the unavoidable and necessary tragic moment.

For extra-textual evidence, or rather, for evidence that comes from the other "text" of *DM*, from the music, one needs to read Gerd Rienäcker's essay. Rienäcker walks us through Eisler's music (in the conference he played the piano and sang us through it), showing us non-incidental and non-coincidental allusions to Bach's *Johannespassion* and *Matthäuspas-sion*, indeed to a whole host of religiously motivated music. "Wo von der Revolution und der illegalen Arbeit gesprochen wird, ist von den Opfern, vom Tode die Rede" (182). And "Rede" is the appropriate term, for ac-cording to Rienäcker, "[E]s muß von Musik als Sprache, vom Musizieren als präzisem sozialen (also auch kulturellen) Handeln, als präzisem Spre-chen, von Musik als handlungstreibendem Partner eines komplizierten Dialogs die Rede sein" (184). All in all, the feeling one gets from some of the above-mentioned essays is much more akin to the feeling one expects from a production of Büchner's *Dantons Tod*, a comparison explicitly made by both Fiebach and Manfred Lauermann. One can only assume that the "tragedy" of the GDR, and not just its blue-shirted tedium and bad memories, has contributed to this general sense of melancholy.

There is, however, nothing tragic about propaganda, at least that is what Helmut Kiesel tells us. Using the largely discredited (by his own admission) totalitarianism theory of the late 1940s and early 1950s as a heuristic, he first reduces DM to Brecht's summary of its ideological content (in the program notes for the 1930 premiere) and then equates the Lehrstück with the Nazi Thingspiel. Kiesel notes four points of contact between the two theater movements: 1) on the level of content, their commonality rests on the fact "daß sie Klagelieder über die Not der Zeit, genauer: über das Unterdrücktsein einer bestimmten Gruppe [sind]" (87); 2) structurally, "daß sie die Aktivitäten einer kämpferischen Avantgarde durch eine übergeordnete Instanz beobachten und bewerten lassen" (88); 3) formally, "daß sie mit Chören arbeiten, Musik einsetzen," etc. (89); and 4) with regard to their reception, "daß sie nicht oder nicht nur Spiele vor einem Publikum sein wollen, sondern ein Spiel für alle Anwesenden" (89). At this level of generality, these common points are undeniable; thus the essay stands as an implicit challenge to those who wish to place DM not only (or not at all) in the political avant-garde, but in the avant-garde of modernist (if not postmodernist) literature as well. Gerd Koch explicitly distances DM from the Thingspiel by comparing it with Wir!, a Festspiel by the ethical socialist Hendrik de Man. Not only, according to Koch, do de Man's ideological impulses bear a striking resemblance to those of the humanistically inclined Young Comrade (110), but his form of Lehrstück, as opposed to Brecht's, more closely approximates the structure attributed to DM by Kiesel. For Roland Jost, the fragment as form is the epitome of literary modernism, precisely because it resembles the modern scientific experiment. "Mit dem Siegeszug des rationalistischen Experiments ...geht einher der Verlust jeder empirisch gedachten Totalität, der Einheit von Subjekt und Objekt, der Einheit des Kosmos und begründet sich das Bewußtwerden des Fragmentarischen als der angemessenen Denkbewegung innerhalb einer reflexiven Subjektphilosophie, die ihre frühneuzeitlichen Allmachtsphantasien hegelianisch aufgehoben hat" (76). Thus, the virtue of Brecht's Maßnahme-experiment lies in the fact that the basic hypothesis — the (possibility of a) successful revolution — is nowhere confirmed empirically, so that further experiments are continually required.

The experiment of putting DM on stage at the Berliner Ensemble brings Susanne Winnacker to the startling conclusion that it is "ein unspielbares Stück," by which she means (among other things) "daß nämlich das, was den politischen Kampf erfordert und herausfordert, immer und zu jeder Zeit das ist, was ihn gleichzeitig unmöglich macht" (271). This "deconstructive," rather than tragic, evaluation of the aporias of revolution is radicalized in Nikolaus Müller-Schöll's contention that one should understand Brecht's Lehrstück as a "Spielmodell..., das die nicht realisierten und niemals vollständig realisierbaren Möglichkeiten in jeder Gegenwart erfahren lässt — als das unmögliche Theater, das jedes mögliche Theater bregründet und begrenzt" (252). "Was *Die Maßnahme* zum unmöglichen...Theater macht, ist die Verschränkung der dargestellten Fabel mit der Frage ihrer Darstellung" (253). Brecht, in Heiner Müller's words, "exploded" the theater, and what we are left with are not the tragic ruins of a twentieth century run amok, but rather the conditions of possibility for any future theater — just as Brecht is reported to have said near the end of his life.

With Winnacker and Müller-Schöll, the rescue of *DM* from friend and foe alike is complete. Kiesel views the *Lehrstück* as an anti-modern aberration in the midst of the modern norm, and someone like Amzoll essentially agrees, by reversing the terms and branding the modernity Brecht combated a dispensable abnormality. Jost reclaims Brecht for an openended, experimental modernity, while Winnacker and Müller-Schöll place the Brecht / Eisler experiment neither within nor without modernity, but as its logically necessary frame. Ironically, though Müller-Schöll rejects a specifically political reception of *DM* (as, say, permanent revolution), his readings of Brecht and Müller (*Mauser*) may be more Steinwegian than Steinweg himself. Not only do they offer the best refutation of Kiesel — for if one finds his thesis and mode of argumentation plausible, then one could only compare Brecht's *Lehrstück* with the NS-*Thingspiel* by demonstrating a comparably constitutive "impossibility" in, say, Eberhard Wolfgang Möller's *Frankenburger Würfelspiel* — but by liberating the text from any (past) political "instrumentalization," they leave it forever open for future appropriations (such as his own Derridean, if toothless, definition of revolution "als intermittierende, quasitranszendentale Gerechtigkeit" [259]).

There are other issues which can only be mentioned briefly in closing. One aim of the conference was to restore Eisler to his rightful place as cocreator of *DM*. Rienäcker's important contribution to the discussion has already been mentioned, but in addition, Dorothea Kolland reminds us that the critical reception of the initial performance was predominantly executed by music, not literary, critics, and Joachim Lucchesi emphasizes the complexity of the music, making 1970s-style "audience participation" more than a little doubtful. Further informational pieces include Günter Hartung's *Entstehungsgeschichte* and Alexander Stephan's report on America's first translators and critical readers of *DM*, namely, the FBI agents assigned to investigate Brecht and Eisler. In a long essay, rich in anecdote, information, bibliographic sources, philological corrections, and (bitingly) critical judgments, Manfred Lauermann surveys a host of contact points between the thought of Brecht and Carl Schmitt, without, however, leaving us with a clear idea of how these individual points connect up to a coherent picture. Wolfgang Fritz Haug reminds us that Brecht replaced catharsis with critique; Helmut Lethen discusses voice in Brecht, calling on Roland Barthes for support; and Anthony Tatlow uses Foucault, Nietzsche, and anthropology to re-establish a certain necessary distance from the self-explanations of those most directly responsible for a text's emergence. Both Paul Binnerts and Andrzej Wirth draw conclusions from their respective, decades-long occupation with the performance of a variety of Brecht's *Lehrstücke*; Michael Wrentschur informs us of pedagogical experiments using the *Lehrstück* to address political issues of the past decade; and Gerhard Fischer reports on an Australian Aborigine adaptation / critique of Müller's *Der Auftrag*, noting how post-colonial reception continues to reveal both the merits and the limits of Western radical theater.

Finally, the volume contains a two-page note, written in 1930 or 1931 in response to a performance of *DM*, by an otherwise unidentified Dr. Weigl, bemoaning the "five" agitators' (the four on stage and Brecht) lack of psychological knowledge. If members of political movements only knew the ABCs of the human psyche as well as they know the classics of political theory, the text explains, perhaps their revolutions would have a chance of being successful — yet another tragic, or aporetic, aspect of this history of the imaginary world called Mukden that also very much continues to be part of the history of ours.

William Rasch
Indiana University

Christoph Gellner. *Weisheit, Kunst und Lebenskunst: Fernöstliche Religion und Philosophie bei Hermann Hesse und Bertolt Brecht.* Mainz: Matthias-Grünewald-Verlag, 1997. 366 Seiten.

Albrecht Kloepfer. *Poetik der Distanz: Ostasien und ostasiatischer Gestus im lyrischen Werk Bertolt Brechts.* München: Iudicium Verlag, 1997. 249 Seiten.

Peter Yang. *Theater ist Theater: Ein Vergleich der Kreidekreisstücke Bertolt Brechts und Li Xingdaos.* New York: Peter Lang, 1998. 158 Seiten.

BRECHT UND OST ASIEN: DREI PERSPEKTIVEN.

1. Angesichts des hier prinzipiell aber auch taktisch zurückhaltenden, am Ende dann doch unmissverständlich vorgestellten glaubenstheoretischen Anliegens setzt die weit ausholende und sehr klug zusammenfassende Studie über Brecht und Hesse von Christoph Geller eine Reihe von Untersuchungen allerdings *con brio* fort, die Brechts Werk in einen breit verstandenen theologisch-philosophischen Kontext stellen. Sie ist der modernen Theologie eines Hans Küng, den theologisch orientierten literarischen Beschreibungen von Karl-Josef Kuschel und Dietmar Mieths Schriften zur Ethik besonders verpflichtet. Infolgedessen ist sie auch himmelweit ent-

fernt von den *ex cathedra* abkanzelnden, schauermärchenhaften Trakta-
ten, mit denen selbstgerechte Moralisten früher und bis in die Gegenwart
anhand einer theologisch oder moralisch maskierten politischen Ideologie
Brechts Werk regelmäßig bedacht haben, welches ich als zum Teil gerade
deswegen faszinierter irischer Student in den fünfziger Jahren erstmals
kennen und bewundern lernte, weil es die heimischen Denk- und
Schreibkategorien so radikal sprengte. Der Verfasser hat als wahrhaft be-
achtliches Pensum nicht nur die neuere Versöhnungstheologie interkonfessionell und interkulturell gründlich aufgearbeitet, sondern sich auch mit
der einschlägigen Literatur sehr genau beschäftigt, die das so ganz anders
gelagerte Engagement von Hesse und Brecht mit den ost- und südasiati-
schen Kulturen beschreibt. Diese oft auseinanderstrebenden Perspektiven
werden hier aufeinander bezogen und dadurch entstehende Problem-
komplexe und Standpunkte auf einem Niveau ausgeleuchtet und reflektiert, das die Lektüre zu einer Freude macht. Ich habe im Einzelnen und
auch im Grundsätzlichen Einwände vorzubringen, aber der große Wurf,
solche derart verschiedenen Welten gemeinsam zu fokussieren und in
Bezug aufeinander diskutierbar zu machen, ist gelungen. Der Text ist
spannend. Die Ergebnisse sind wichtig.

Worum geht es? Vielleicht um eine Theologie der Lebenskunst, der in
den verschiedenen Kulturen nachgespürt wird. Was Hesse und Brecht
nach ihren eher metaphorischen als geographisch realen Entdeckungsrei-
sen ein- und heimbringen, wird hier sorgfältig als nicht nur nachvollzieh-
bare, sondern auch notwendige Kritik an der europäischen, allein über die
Kirchen vermittelten Erlösungstheologie beschrieben. Hesses Südostasien-
erlebnisse haben ihn bekanntlich mehr enttäuscht als befriedigt. Die Folgen dieser Enttäuschung werden auf eine hier zu kommentierende Weise
analysiert. Brechts Kenntnisse kamen hauptsächlich aber nicht ausschließlich aus Büchern und hinterließen tiefe Spuren, die aus der vorgegebenen
Interpretationsperspektive ausgeleuchtet werden. Auch hier kann man
weiterdenken.

Der Bezug zu denjenigen Aspekten der jüdisch-christlichen Religions-
geschichte wird hergestellt, die durch die Hoffnung auf den Messias bzw.
durch den christlichen Glauben an die Heilsgeschichte und Auferstehung
oft in Vergessenheit gerieten aber mit der Weisheitstradition Asiens vieles
teilen. Darüber hinaus werden für ein theologisch ausgerichtetes Erkennt-
nisinteresse sowohl philosophische als auch praktische Grundhaltungen
entstehungs- und werkgeschichtlich beschrieben und verglichen, um Un-
terschiede festzustellen oder oft versteckte Gemeinsamkeiten herauszuar-
beiten und eben nicht, oder erst am Schluss und dann mit recht viel Wenn
und Aber, um auf Prioritäten oder glaubens- und erkenntnismäßige Rang-
ordnungen zu bestehen. Daher wird beispielsweise Brechts bekanntlich
ohne seine Bibelkenntnisse kaum vorstellbares Werk nicht wie so oft auf
eine heimliche *imitatio Christi* abgeklopft und entsprechend gutgeheißen,
sondern in eine theologisch viel prekärere Weisheitstradition gestellt und

in ihren „eigenständigen" Bezogenheiten respektiert. Mir scheint dies ein bedeutender Vorsprung gegenüber früheren, thematisch analogen Monographien.

Als Indikation dieses Erkenntnisinteresses deutet folgendes Zitat auf erhoffte Ergebnisse aber auch auf eine in ideologisch entweder nicht restlos klargewordenen oder eben unveräußerlichen Voraussetzungen versteckte Problematik:

> Darum also geht es: Um die Grundverbundenheit mit dem Ganzen der Wirklichkeit und die Erfahrung eines nichtegoistischen Einheitsbewußtseins als *Basis der Ethik.* Ob hier nicht die spirituellen Wege des „Ostens" und des „Westens" für einander fruchtbar werden können? Bedarf christliche Glaubensfrömmigkeit, die wie alle prophetische Frömmigkeit, stark vom Gegenüber von Gott und Welt, Mensch und Natur her denkt, nicht in der Tat der Ergänzung durch ein mehr mystisch bestimmtes Einheitsdenken? Ja, vermag die Erfahrung einer grundlegenden Einheit und Interdependenz aller Dinge und Wesen die Ethik nicht viel tiefer zu begründen als alle von außen auferlegten Gebote und Verbote? (309f.)

Das Problem mag zum Teil rein verbal sein, aber ich glaube, dass auch grundsätzliche Unverträglichkeiten hier auftauchen. Wie werden die Begriffe verstanden? Was bedeutet in diesem Text und für ihr religionsphilosophisches Verständnis die „Einheit" und inwiefern ist diese „Einheit" überhaupt und gleichzeitig kompatibel mit einer „Interdependenz"? Natürlich soll hier das noch zu kommentierende östliche Einheitsdenken die traditionelle, gewissermaßen doppelte Transzendenzhierarchie des Westens — die subjektzentrierte Himmelfahrt — relativierend unterminieren. Solche Dichotomien werden eben dadurch in Frage gestellt. Ist hier ein „Gott" überhaupt vorstellbar, dann liegt er ziemlich in Erdefesseln oder er hat sich abstrahiert und universaliert. Und da liegt auch ein Wurm im theologischen Zankapfel.

Was wird jedoch aus der Interdependenz, wenn die durch sie begrifflich zusammen- aber auch auseinandergehaltenen Teile gleichzeitig vereinheitlicht werden? Das mag freilich mit dem hier angewendeten Abstraktionsgrad der Argumentation zusammenhängen. Infolgedessen müssen sich die Begriffe nicht widersprechen oder gegenseitig ausschließen. Aber ich fürchte, in diesem Text wird die gesuchte Einheit am Ende doch „mystisch bestimmt" und daher absolut gesetzt und nicht gesellschafts- oder wissenschaftstheoretisch relativ verstanden. Dann aber würde versucht, Unvereinbares zu vereinheitlichen.

Die grundsätzliche Fragestellung lautet trotzdem nicht, wie soll man Hesses und Brechts Verwendung (ost)asiatischer Themen und Denkmethoden angesichts der christlichen Heilslehre beurteilen und eventuelle Berührungspunkte und Defizite ausfindig machen, sondern was kann eine interkonfessionell wachsame, christliche Theologie aus den literarisch verarbeiteten, existenziellen und veränderungssuchenden, interkulturellen Begegnungen lernen? Freilich steht immer dahinter die Frage nach dem

Spezifischen der christlichen Theologie. Nur wird sie eben am Ende gestellt und nicht am Anfang vorausgesetzt. Nebenbei steht hier zur Debatte, ob Hesse und Brecht angesichts der gemeinsamen Weisheitsthematik grundverschiedene Wege gingen oder nicht. In diesem Zusammenhang wird auf „die systemsprengende Unabgeschlossenheit" und „die entbanalisierende Verfremdung" (307) in den Geschichten beider Autoren hingewiesen, wenn Hesse einen „Blick ins Chaos" gewährt und Brecht eine in Widersprüchen verhedd.erte Welt darstellt. Hier erinnert der Verfasser an die Anschaulichkeit der Bibel, an eine Dialektik von Gefühl und Vernunft, wo durch Narrativität ausgelöste Betroffenheit zu einem verwandelnden Handeln verführen kann, das eine abstrakt verfasste Normativität selten herbeizuführen vermag. Er zitiert Walter Benjamin, nach dem Weisheit „die epische Seite der Wahrheit" konstituiere (306).

In den Geschichten findet man auch „Leit- und Zielbilder gelungener menschlicher Selbstwerdung" (bei Hesse) „und sozialer Praxis" (bei Brecht). Auf der „Suche nach Ganzheitlichkeit und Einheit" (308) war Hesse für Jungs Tiefenpsychologie und für östliche „Spiritualität" empfänglich, aber am Ende blieb er bei einer ohne den christlichen Hintergrund nicht erklärbaren „Liebe zu allem." Also lehnte er sowohl die buddhistische „Weltentsagung" als auch die hinduistische „Weltdurchschauung" aber auch eine „taoistische Polarität des Lebens" ab. Das Liebesgebot erfährt trotzdem eine östliche Erweiterung und Begründung, nämlich durch „tat twam asi (das bist du)." Für Hesse heißt das: „sie sind meinesgleichen. Darum kann ich sie lieben." (309) Trennung ist *maya* oder Illusion und daher soll man im Andern sich selber nicht wehtun. Die verhasste Pflichtethik des Missionarssohnes wird durch eine philosophisch quasi unwiderlegbare praktische Moral ersetzt, denn Du bist mein Nächster, weil wir alle eins sind. Man könnte freilich einwenden, dass es für Hesse eines Um- oder Rückwegs zur christlichen Botschaft nicht unbedingt bedurft hätte, denn vergleichbare Anklänge sind durchaus in der chinesischen Moralphilosophie vorhanden, z.B.: „Fan ai wan wu, tian di yi ti" (Alles gleichmäßig lieben, das Universum ist eine Substanz). Auch impliziert eine solche Moral ein weiteres, irgendwie auch moderneres Blickfeld als das traditionell christliche, das immer mit dem in den Mittelpunkt gesetzten Menschen beschäftigt ist. Hesse war auch dafür empfänglich. Aber Hesse, dem mit einschlägigen Zitaten aufwartenden Verfasser zufolge, ging am Ende „vom Individuum" aus, „wie keine einzige asiatische Lehre es tut" (312).

Wie auch Hesse stellte sich Brecht gegen den christlichen „Erbsündenpessimismus" (313), der unvereinbar erscheint mit dem „für die biblische Weisheit so fundamentalen Vertrauen in die letzte Güte der Schöpfung." Stattdessen will Brecht die institutionellen Voraussetzungen schaffen, die Freundlichkeit ermöglichen. Das deckt sich durchaus mit dem Ruf der neueren Moraltheologie nach einer Institutions- oder Strukturethik (314). Brecht setzt also eine biblische Tradition fort, die eine „*vita activa* gegenüber der *vita contemplativa*" aufwertet (315). Der Verfasser sieht eine solche Praxis als Bedingung für die Renaissancephilosophie und für die nachfolgende Aufklärung bis hin zum Marxismus. Dass Weisheit nach Marx gesellschaftspolitisch verstanden werden muss, sei „unhintergehbar" (316). Der Erbsünde wird daher die Vorstellung einer *strukturellen* Sünde entgegengehalten. Das dadurch entstehende und sehr Brechtsche Problem des moralischen Dilemmas einer notwendigen Gegengewalt wird dann diskutiert. Als Fazit wird aber festgehalten an der Divergenz zwischen einem atheistischen „Humanismus des Marxismus" und einer „Spiritualität der Befreiung" innerhalb der christlichen Theologie (319).

Wenn die „innerweltliche Autonomie" (320) des Menschen gewiss unabdingbar sei, bedarf sie offenbar eines letzten rechtfertigenden Grundes. Brechts „Rehabilitierung der eudämonistischen Frage nach dem Gelingensstrukturen authentischen Menschsein-Könnens" (320) wird der Sollensethik Kants gegenübergestellt, die im unbedingten moralischen Postulat einen Gottesbeweis sieht. Brechts „sozialutilitaristische Gegenseitigkeitsmoral" als „Gleichgewicht von privater und sozialer Nützlichkeit" sei jedoch „immer nur partiell und temporär realisierbar" (320). Es ermangelt offensichtlich an einer absoluten und universalen Begründung der Moral, die nicht rein instrumentell oder systemstabilisierend, sondern als innere Überzeugung des mit realen Widersprüchen kämpfenden Einzelnen wirken können muss. Zusammenfassend wird daher nach den dafür notwendigen Bedingungen gefragt: „Ist Moral, die Fähigkeit, eine ethische Einsicht, die ich als vernünftig und verbindlich eingesehen habe, *gegen* die schlechte Wirklichkeit und notfalls auch *gegen* meine eigenen Bedürfnisse oder Interessen durchzuhalten, letztlich ohne Religion nicht grundlos?" (320) Als „das unterscheidend Christliche" wird hier die Gnade Gottes verstanden, weil der Mensch „nicht aus sich selbst lebt," vielmehr aus Gott (323). Gnade gehe vor Selbstwerdung und Hesse habe befunden, dass Jesus weiter als Buddha gekommen sei, da er die Menschen als „Kinder des Vaters" statt als Erwachsene angesehen habe. Obwohl in der Praxis oft verdunkelt, gebe es einen „gnadentheologische(n) Grundansatz des christlichen Ethos" (323), da Gott solidarisch und mitleidend am Kreuze starb, während Buddha mit achtzig Jahren hochbetagt an einer Lebensmittelvergiftung liegend hinschied (330).

Das Ethische wurzelt also „in einer letzten religiösen Tiefendimension der Wirklichkeit" (322). Ostasien kennt zwar keinen Schöpfergott aber:

...so glauben doch auch sie an eine alles umgreifende, höchst-letzte Wirklichkeit: Brahman in der hinduistischen, Dharma in der buddhistischen, Tao oder T'ien / Himmel in der chinesischen (und hier vor allem in der mehistischen) Tradition. Nur von daher ist schließlich auch das gegenwärtige Bemühen um einen *Grundkonsens interreligiös geteilter ethischer Überzeugungen* zu verstehen, der auf dem *Humanum, dem wahrhaft Menschlichen* besteht und daher auch von Nichtglaubenden mitgetragen werden könnte. (322)

Hier ist natürlich einzuwenden, dass man in China keineswegs an das

Dao „glaubt" so wie ein Christ an Gott. Das Dao ist einfach vorhanden als Gang der Dinge, mit dem man zurechtkommen muss. Eine Gottesvorstellung westlicher Art fehlt. Im Buddhismus kennt man sie auch nicht. Auch lehnen die Buddhisten die dem Hinduismus inhärente Vorstellung einer All-Einheit ab, in die man folglich aufgehen könne.

In der für mich souveränste Form der buddhistischen Madyamika-Schule eines Nagarjuna bedeutet *Nirwana* keineswegs eine anzustrebende Ich-Auslöschung, wodurch man dem leidigen Kreislauf der Dinge endgültig entkommen könne. Stattdessen wird *Nirwana* mit dem sonst als unvereinbares Gegenpol verstandenen *Samsara*, dem täglichen „Fluss des Geschehens," gleichgesetzt, um an die begriffliche Übertragung zu erinnern, die Nietzsche und dann auf seine umdeutende aber auch rückblickende Weise auch Brecht verwendet. (Dazu mehr in „Das Schweigen des Buddha," in meinem Buch *Brechts Ost Asien*, Parthas 1998, 37-44.) Von einer Transzendenz also keine Spur. Da kann man aber schwerlich von einer Religion im westlichen Sinne sprechen. Eher von einer Philosophie. Will man hier überhaupt von „Einheit" sprechen, dann konstituiert sie sich bestimmt nicht aus einer selbstvernichtenden „Weltentsagung" und auch nicht aus einer selbstaufgebender „Weltdurchschauung," sondern in einem Verständnis für die Interdependenz aller Dinge und dafür, dass wir alle auf Gedeih und Verderb darin einverwoben sind. Heute heißt das einzig glaubhaft moralische Postulat Katastrophenverminderung. Dazu braucht man weder einen gnädigen Gott noch eine speziell auf den Menschen zugeschnittene Heilslehre. Im Gegenteil. Solche humanistischen Vorstellungen sind vermutlich eher hinderlich. Wir müssen also radikal umdenken und die alte Moralteleologie auf den Kopf stellen. Nicht: Wie werden wir glücklich? sondern: Wie können wir Unglück möglichst verhindern? Die Katastrophen suchen uns unweigerlich heim, wenn wir die im weitesten Sinne verstandene soziale Umwelt nicht in den Griff bekommen. Die Folgen eines solchen Umdenkens werden kaum wahrgenommen.

Ich finde es bezeichnend, dass Gellner dieses anregenden Buches Brechts Bibelexemplar — gegenüber der Titelseite der Lutherschen *Heiligen Schrift* klebte er bekanntlich das Bild einer lässig sitzenden, dem christlichen Text den Rücken zukehrenden Boddhisatwafigur — als verbindlichen Beleg für die abgelehnte „passiv-duldende Schicksalsergebenheit" in beiden Religionen interpretiert (213). Ich sehe hier keine abzulehnende Übereinstimmung zwischen zwei Religionen, sondern Auseinanderstrebendes. Gegen die Dogmatismen einer Schriftgelehrtenreligion und deren Absolutismus bietet diese Figur eine ästhetische Geste. Der Heilsverheißung durch einen persönlichen Gott wird hier die Absage an ein souveränes Ich entgegengehalten. Anstelle des Glaubens an einen Gottvater und an einen Vaterstaat wird hier das Bewusstsein einer transitorischen Welt der Interdependenzen figuriert. Vielleicht weniger trostreich, dafür aber um einiges realistischer. Müsste ich wetten, welche 'Religion' wohl den längeren Atem hat, würde ich doch lieber auf den Buddhismus und auf seine transzendenzlose Lebensphilosophie setzen.

2. Albrecht Kloepfer, der Verfasser einer Dissertation der Technischen Universität Berlin über Brechts lyrisches Werk, kritisiert auf der ersten Seite die „scheinphilologischen Kaufmannskategorien," die das Denken über Brechts Verhältnis zur ostasiatischen Kultur bestimmt haben. In bezug auf das „Wesen seiner Dichtung" wird diese „Buchhalterphilologie" lapidarisch charakterisiert: „viel Soll und wenig Haben" (9). Somit öffnet sich eine intellektuelle Marktlücke. Dieses Defizit soll getilgt werden, indem Brechts Dichtung erstmals in den Mittelpunkt gestellt, und nicht etwa den Grad ihrer Abhängigkeit „beckmesserisch" (13) nachgerechnet, oder eine fehlgeratene Angleichung an fremdes Kulturgut moniert, oder irgendwelche ausufernde Irrfahrten in historisch abwegiges, geistiges Gelände unternommen wird. Als anvisiertes Ergebnis steht eine neue, von Brecht weitgehend verschwiegene Poethologie der Lyrik, — Verwisch die Spuren! — die eine Beschreibung „des" (230) ostasiatischen Gestus im Werk hervorheben soll. Dieser gibt sich sowohl metaphorisch als auch buchstäblich erst am Ende des Texts und dann ziemlich überraschend als „die Position des Außenseiters" (234) zu erkennen. Hier entsteht eine wendegerechte Lesart der Brechtschen Lyrik, die sich nicht scheut, von einer „inneren Emigration" in der DDR zu sprechen (228f.; „Krypto-Emigration," 233, hat weniger Nebengeschmack und gefällt mir infolgedessen besser). Jener ostasiatische Gestus habe Brechts Produktion über viele Jahre wenn auch hauptsächlich formal auf eine bislang nicht gebührend geschilderte Weise geprägt. Die Konsequenzen dieser Annahme für theoretische und ästhetische Werturteile kann man in der Diskussion von *Resignation* (GBFA 15:111) vielleicht am schnellsten zeigen.

Im Jahre 1944 bearbeitete Brecht ein von Waley übersetztes Gedicht Po Chüyis. Zwei „Fassungen" stehen in der GBFA nebeneinander: Eine gereimte, ausnahmsweise rhythmisch regelmäßige; und eine unregelmäßig geschriebene, hier wohl auch deswegen bevorzugte, weil der Verfasser überzeugt ist, ein entscheidender Impuls für die charakteristische, reimlose, rhythmisch unregelmäßige Lyrik von der frühen Lektüre der chinesischen *Philosophie* kommt, die einen Hauptbestandteil dieses ostasiatischen Gestus bildet, welcher durch die für die späte Lyrik so einflussreichen Übersetzungen Waleys dann untermauert wurde. Ich habe gezeigt, wie das früher veröffentlichte, regelmäßige Gedicht dem Brecht unbekannten Original auf eine Weise näherkam, die ihm seine Vorlage nicht nahe legte (s. *Brechts chinesische Gedichte*, Suhrkamp 1973, 105–110). Waley hatte nämlich die zwei letzten Verse ausgelassen, wo Po Chüyi die depressive Stimmung zu überwinden versucht. Abschließend tut Brecht genau dasselbe in den zwei, der Vorlage hinzugefügten Zeilen. Jedoch beeinflusst Formales die Lesestrategie und hat somit zwangsläufig „inhaltliche" Wirkungen. Weil er hier ausnahmsweise eine traditionelle lyrische Form gebraucht, verfremdet Brecht unmissverständlich und allein durch formale Mittel eine beinahe automatische Erwartung. Die überraschende Regelmäßigkeit im Rhythmus erzeugt eine gleichmäßige, einebnende, resignative Stimmung, deren eventuelle Aufhebung am Ende angedeutet wird. Was ist aber jene hier prinzipiell vorgezogene, weil unregelmäßige zweite „Fassung"? Nichts anders als eine zuerst angefertigte, wohlweislich seinerzeit unveröffentlichte, interlinear genaue Wiedergabe der Version Waleys, deren erste Zeile lautet: „Halte deine Augen von allem was aus und basta ist" (GBFA 15:112; Kloepfer weist zurecht darauf hin, dass der Kommentar in dieser Ausgabe hier einiges durcheinanderbringt). Vom Chinesischen einmal abgesehen, welches ist hier das bessere Gedicht? Man lese sie nacheinander — Wer Ohren hat, der höre! — und entscheide, woran das wohl liegen mag, und welche Konsequenzen für die gesamte Analyse daraus zu ziehen wären.

Als Basis der „verheimlichten" Poethologie gilt Brechts Begriff der Haltung, der ohne Berücksichtigung des sich ändernden Kontexts weitgehend unkritisch akzeptiert wird. Dies bedeutet wiederum, dass ein theoretisches Soll das interpretatorische Haben am Ende stillschweigend unterminiert. Infolgedessen stellt der Verfasser aus der Fülle des Materials gerade den „Brecht" heraus, übrigens einen ziemlich „autobiographisch" konstruierten, der den zwei oder drei hier ausgearbeiteten, einem vermeintlich ostasiatischen Gestus am ehesten entsprechenden Haltungen angeblich gerecht wird. Was dagegen spricht oder das einengende und bis zum Überdruss wiederholte Programm relativiert, wird übergangen oder recht kurz gewissermaßen als nebensächliche Begleiterscheinungen erst in der abschließenden Zusammenfassung erwähnt, die deswegen vieles zusammenfasst, was dort zum ersten Mal vorkommt (216–35). Bei seinen Vorgängern stellt der Verfasser den Tatbestand der Unterschlagung fest (112, 150, 152). Dies setzt immerhin eine, wenn auch leicht kriminelle Energie voraus, während ein hypostasierter „Grundirrtum" (37, übrigens ein unsinniger Vorwurf), nämlich nichts außer direkter Verbindungen mit ostasiatischem Kulturgut gelten zu lassen, oder überhaupt „das eingeschränkte Blickfeld der bisherigen Brechtforschung" (149) eine astigmatische Gedankenverwirrung oder schlicht Denkfaulheit impliziert.

Es ist wohl nicht von ungefähr, dass diese endlich am allzu vernachlässigten Werk angeblich orientierte aber zwangsläufig auch vergleichende, das „Werk" durch die kommentierte Auswahl somit konstruierende Untersuchung mit einem ziemlich schiefen Bild eingeleitet wird, welches *ab initio* gerade das problematisiert, was als gelöstes, nicht weiter zu diskutierendes Scheinproblem gleichzeitig beiseite geschoben wird. Angesichts jener Buchhalterphilologie wird zusammenfassend festgestellt: „Zu groß scheint die Verlockung, das literarische Kapital wieder in seine unterschiedlichen Währungen zerteilen zu wollen, obwohl auf der Hand liegen müsste, dass sich dabei der Zinsertrag des Gesamtvermögens nur verringern kann" (9). Wer jedoch nach einem solchen Prinzip der Vermögens- bzw. Werkzentrierung Geld anlegen oder ein besseres Verständnis erwirtschaften will, vernachlässigt zu viele andere Faktoren, die das Gesamtfeld einer Geldwirtschaft oder der Kulturwissenschaft beeinflussen. Er läuft auch Gefahr, sein Kapital durch inflationäre Behauptungen im immer notwendig relativen Maßstab am Ende effektiv zu vermindern. Freilich schätzen die Finanz- und Staatsinstitutionen solche eindimensionalen, kostensparenden Sparschweinprojekte und machen mit den biederen Investitionen bzw. aus dem billigeren Wissen ihre Geschäfte.

Dieses Buch will sich auch ausschließlich an der Autorenintention orientieren: „Wichtig ist einzig und allein, was für Brecht erkennbar war" (91). Aber wer, oder besser, wo ist dieser Brecht? Und wieso weiß man so sicher, was für ihn erkennbar war? Was Brecht erkennbar gewesen sein soll, ist wie dieser „Brecht" und das unter jenem Namen publizierte Werk am Ende das Ergebnis einer Interpretation, und nicht einfach ein Gegenstand, der lediglich und dann mehr oder weniger genau beschrieben werden kann. Was wir tun, ist Texte lesen, d.h. sie kontextualisieren. Wer Grundirrtümer bei anderen festzustellen meint, sollte lieber zuerst an die selektive Relativität der eigenen Perspektiven denken. Wie heißt es doch in einer, hier übrigens recht überzeugend als Beispiel für die Wirkung der Wilhelmschen Konfuzius-Übersetzung auf Brechts *Lesebuch für Städtebewohner* zitierten Stelle? — „Wenn du einen Würdigen siehst, so denke darauf, ihm gleich zu werden. Wenn du einen Unwürdigen siehst, so prüfe dich selbst in deinem Innern" (50).

Der Begriff „Haltung" ist mindestens *zwei-* wenn nicht mehrdeutig. Haltung wird mit Gestus gleichgesetzt und als ziel- oder inhaltsunabhängig angesehen. Belegt wird das durch einen Hinweis auf einen Meti-Text, „Über die gestische Sprache in der Literatur": „Er brachte nur Haltungen in Sätze und ließ durch die Sätze die Haltungen immer durchscheinen. Eine solche Sprache nannte er gestisch, weil sie nur ein Ausdruck für die Gesten der Menschen war" (15; s. GBFA 18, 78f.). Eine Stelle aus „Über gestische Musik" wird auch herangezogen: „Es handelt sich um Gesamthaltungen. Gestisch ist eine Sprache, wenn sie auf dem Gestus beruht, bestimmte Haltungen des Sprechenden anzeigt, die dieser andern Menschen gegenüber einnimmt" (15; GBFA 22, 329). Hier ist also von einer reinen „Sprechhaltung" die Rede, deren Funktion ich „nicht erkannt" hätte oder „nicht zulassen" wollte (15, schon wieder etwas unterschlagen). Diese Sprechhaltung wird hier formal verstanden: Beispielsweise wie man einen anderen anredet, um dann als pures, rhetorisches Mittel Anwendung zu finden. Für Brecht wie für die chinesischen Philosophen war die Sprache jedoch ein Werkzeug des Handelns, und ein daoistisches Nicht-Handeln gehört ganz entschieden auch in diese Kategorie der praxisorientierten Lebensform, denn „Nicht-Handeln" bedeutet „nichts tun, was dem natürlichen Lauf der Dinge widerspricht." Da er sich ständig ändert, ist ein solches *wu wei* kein absolutes Gebot, sondern ein strategisches und immer kontextgebunden.

Haltung kann also lediglich unter gewissen Umständen und dann nur vorübergehend von Handeln getrennt werden. Wenn man zum Beispiel „Weise am Weisen ist die Haltung" (in den *Geschichten vom Herrn Keuner*) genau liest, wird dort, auch wenn der Philosophieprofessor beleidigt und selbstgerecht auf den Inhalt seiner Gedanken pocht, keineswegs nur ein gelassener Habitus oder eine rhetorisch-formale, den Umständen unabhängige Sprechmethode anempfohlen, sondern teils heimlich, teils nicht einmal so versteckt nach dem Ziel gefragt, das mit diesem Sprechen zu erreichen sei. Durch seine Rede verdunkelt dieser Professor das Ziel. Es wird unerkennbar und *deswegen* interessiert Herrn K. sein Ziel nicht. Auch hier geht es also um das Verhältnis zwischen Haltung und Handeln, zwischen reden und handeln können, zwischen Theorie und Praxis. Ein rhetorisches Mittel kann man nicht allzu lange von dem Zweck oder von der Folge seiner Einsetzung trennen. „Haltung" allein genügt nicht. Der Gestus ist umstandsgebunden und intendiert immer eine Wirkung.

Was lange als typischer Brecht-Ton galt, wird durchweg aus ostasiatischen Quellen hergeleitet (16f. und passim). Da Brecht weniger inhaltlich motiviert war, sei es „müßig" nach irgendwelchem ostasiatischen Inhalt zu fragen und „ergiebig" (16) sei eigentlich nur, die Verwendung von Haltungen aufzuzeigen, die er „für ostasiatisch hielt" (16). Diese „Haltung des Sprechenden" (18) wird als „die des Dichters selbst" verstanden. Die Untersuchung gilt überhaupt dem „unpolitischeren Dichter" (19), dessen „Innenwelt" erst in der Lyrik sichtbar wird. „Gegenstand der Arbeit" ist „nahezu ausschließlich" die „Entwicklung der lyrischen Formsprache Brechts" (14).

Der neue Ton im *Lesebuch für Städtebewohner* führt der Verfasser auf Brechts Lektüre der Übersetzungen von Richard Wilhelm zurück, denn Brecht habe sich „auch schon in den frühen und mittleren zwanziger Jahren kontinuierlich und intensiv mit der Philosophie des Fernen Ostens befaßt" (48). Bestimmend für diesen Ton seien sowohl der „Anredegestus" oder der in einer „Wenn-dann-Beziehung gekleidete Imperativ" (51) und der „Fragegestus" (51) als auch ein „archaisierendes Vokabular" (53) und „parallele Satzstrukturen" (55). Ein Anredegestus findet sich zwar in anderen Gedichten, beispielsweise in *Wiegenlieder* (GBFA 11, 206) aber nicht vor dem *Lesebuch* und dort hat er offensichtlich einen besonderen Ton, der sehr wohl aus der Übertragung Wilhelms entwickelt sein kann. Allerdings bezweifle ich, ob alle Formelemente in dieser Sammlung darauf zurückzuführen seien (57). Es gibt gleich im ersten Gedicht z.B. auch ein in diesen Übersetzungen undenkbares Pathos der Anrede, obwohl der Anredegestus hier explizit auf die chinesische Philosophie bezogen wird (56): „Öffne, o öffne die Tür nicht"; „Zeige, o zeige dein Gesicht nicht" (GBFA 11:157). Infolgedessen spielen auch andere Redegesten hier eine Rolle. Die Gedichte im „Anhang zum Lesebuch" haben mit den hervorgehobenen rhetorischen Formen sowieso nichts zu tun. Auch gibt es im eigentlichen *Lesebuch* welche, die meines Erachtens kaum auf einen chinesischen Hintergrund schließen lassen, z.B. Nr. 6. Es sei denn jeder Gebrauch einer Anrede oder jeder Parallelismus überall und automatisch als ostasiatischer Gestus verstanden werden muss. Aber so wird hier argumentiert. Wird die Frageform verwendet, deutet sie jedes Mal auf einen ostasiatischen Gestus konfuzianischer Herkunft. Kommen Parallelismen vor, winkt immer Laotse im Hintergrund. Zieht man unregelmäßige Rhythmen und kürzere Gedichtformen hinzu, entsteht daraus der sogenannte Brecht-Ton als ostasiatischer Gestus. So einfach ist das!

Warum ein aus so vielen Quellen gespeister Gestus am Ende „ostasiatisch" und nicht einfach „brechtisch" sein soll, ist nicht ohne weiteres einzusehen. Wenn just deswegen differenziert wurde, heißt es gleich, auf das eigentlich Ostasiatische käme es hier gerade nicht an, sondern nur darauf, was Brecht (sprich der Verfasser) darunter verstanden hat. In der Logik heißt das, einen Zirkelschluss bilden. Brechts Texte im *Lesebuch* stellen ja einen Gegenentwurf zur konfuzianischen Moral dar, was freilich im gewissen Sinne auch als *imitatio* verstanden werden kann. Was übrigbleibt, ist nicht weniger aber auch nicht mehr als ein manchmal feststellbares rhetorisches Echo. Der Verfasser hat recht, dass hier eine Verbindung denkbar erscheint.

Um diese rhetorisch-literarische Beziehung zu untermauern, wird eine Stelle zitiert, die tatsächlich zu belegen scheint, dass Brecht den konfuzianischen Gestus voll anzuwenden gedachte: „Die Haltung des Konfutse ist sehr leicht im Äußerlichen kopierbar und dann ungewöhnlich nützlich" (GBFA 21:369). Hier entsteht der Eindruck, Brecht habe eine solcherart abgekoppelte, äußerliche Haltung für empfehlenswert gehalten. Irgendwelche Ideen wären dann selbstverständlich „sekundär" (59). Es lohnt sich aber, diese exzerpierte Stelle im ursprünglichen Zusammenhang zu lesen:

> Dieser Konfutse war ein Musterknabe. Indem man sein Beispiel and die Wand zeichnet, kann man ganze Geschlechter, ja ganze Zeitalter verdammen. Sein Idealbild ist ganz an ein Temperament bestimmter und seltener Art gebunden, und während beinahe alle Taten von Menschen, die groß zu finden die Menschheit sich gestatten kann, von Leuten dieses Temperaments kaum geleistet werden können, sind eine Unmenge von Verbrechen denkbar, die ein Mann begehen könnte, ohne auf die Anerkennung mancher Tugend zu verzichten, die den Konfutse ausgezeichnet hat. Die Haltung des Konfutse ist sehr leicht im Äußerlichen kopierbar und dann ungewöhnlich nützlich. Glücklicherweise haben wir vor noch nicht zu *langer* Zeit das Beispiel eines Menschen vor Augen gehabt, der am Ende seines langen Lebens einen so großen Besitz an geistigen Erwerbungen ergattert hatte, daß der Staat sich sofort beeilte, ihn zu nationalisieren. Trotzdem wissen wir von der brutalen und im wesentlichen servilen Art dieses guten Goethe, welche die Zusammenscharrung dieses Besitzes ermöglicht, sie aber auch zu einem einzigen asozialen Akt gemacht hat. Diese Selbstausbildung ist mit zu vielem vereinbar, was wir nicht als Tugend loben dürfen, wollen wir Musterknaben sein.

Hier wird *expressis verbis* wenn auch in einem ironischen Ton die Gefahr einer Trennung von „Haltung" und „Handlung" unmissverständlich vor

Augen geführt. Sie läuft hier auf Selbstausbildung auf Kosten der Gesellschaft hinaus. Im *Lesebuch* geht es sowieso um Überlebensstrategien, die eher mit daoistischen Vorstellungen zusammenhängen. Was ist denn für das Verständnis eines Textes wichtiger: Der Nachweis einer „abstrakten" Sprechhaltung, oder eines mit rhetorischen Mitteln hervorgerufenen Gestus, der Konsequenzen hat? Erkenntnis ohne Interesse gibt es bekanntlich nicht.

Die heimliche Poethologie macht sich besonders bemerkbar bzw. unbemerkbar, wenn Brecht nicht schreiben kann, wie er es möchte oder, wenn die Erreichung des gesellschaftlichen Ziels entweder überhaupt oder in absehbarer Zeit kaum möglich erscheint. Dann entstehen Gedichte, deren widersprüchliches Thema das (verunmöglichte) eigene Werk ist. Wenn diese These nicht unbedingt originell ist, dann hat sie niemand bis jetzt so konsequent vertreten. (Früher habe ich hinsichtlich der chinesischen Lyrik auf „besonders eindeutige Poethologische Konsequenzen" und auf die fraglichen Gedichtformen hingewiesen, ohne allerdings aufgrund der eigenen Perspektivierung detailliert darauf einzugehen, s. *The Mask of Evil*, Peter Lang 1977, 130 und 141f.) Die relativ häufige Garten-Metapher lässt sich zweifelsohne auch auf die Pflege des eigenen Werkes beziehen, und der Verfasser weist zurecht darauf hin, obwohl hier sicherlich nicht ausschließlich Poethologisch gedacht wird. Gedanken zur möglichen oder verhinderten gesellschaftlichen Wirklichkeit spielen in diesen Gartenmetaphern auch eine beträchtliche Rolle.

Aber der Verfasser betont überall Anspielungen auf das eigene Schreiben und die eigene Person, auf Literarisches. Wie sinnvoll ist es, wenn z.B. vermutet wird, dass der Gouverneur Abaschwili wohl deswegen „Georgi" heißt, weil eine versteckte Anspielung auf den verpönten Stefan George intendiert ist, da der Gouverneur eine ästhetisch falsche (Garten-) Anlage plante, der mit dem Garten des Azdak konkurriert hätte? (184) Der „ostasiatische" Gestus wird auch in den Hollywood-Elegien global aber ohne wirklich überzeugende Belege hervorgehoben und genauso wie die späteren schuldbewussten Traumgedichte in der DDR auf die Wirkung der Übersetzungen Waleys zurückgeführt. Dafür liefere Waley ein schlagendes Beispiel, das ganz zitiert wird, „A Dream of Mountaineering." Dessen zwei erste Verse lauten: „At night, in my dream, I stoutly climbed a mountain, / Going out alone with my staff of holly-wood." Im Kommentar wird festgehalten, wie „dessen zweite Zeile sich wirklich verblüffend mit Brechts poetisch-biographischer Situation deckt" (206). Der ostasiatische Gestus erklärt auch den Titel der *Hundert Gedichte*. Wieso denn? Weil er selbstverständlich Waleys Band *170 Chinese Poems* „nachzubilden versuchte" (196). Da bei Brecht nicht hundert Gedichte darin stehen, zeige deutlich nur eines: „reiner Gestus" (197). Überkommen einem immer noch Zweifel über die Bedeutsamkeit dieser Liaison, wird vorgeschlagen, dass Rexroths *One Hundred Poems from the Japanese* die Beziehung zu Ostasien bestätigen, allerdings nur indirekt, weil der unter Brechts Büchern befindliche Band ja 1955 erschien.

Waleys Einfluss auf die Bildung des ostasiatischen Gestus wird stark, meines Erachtens viel zu stark betont. Als krönendes Beispiel weist Kloepfer auf eins der letzten Gedichte Brechts: „Als ich in weißem Krankenzimmer der Charité." Durch einen direkten Vergleich soll hier abschließend noch einmal vor Augen geführt werden, wie eng das Verhältnis zwischen Brechts Lyrik und den von Waley vermittelten Gedichten Po Chüyis war. Hier, wenn irgendwo, finde man jenen ostasiatischen Gestus, der für das Brechtsche Werk bestimmend war. Brechts ist in der Tat ein bewundernswertes Gedicht. Die daneben gestellte Fassung Waleys verrät jedoch unmissverständlich die penetranten Schwächen, die ich vor Jahren bemängelte. Was mir bei diesem Vergleich zuerst auffällt und zuletzt als abschließendes Urteil hängen bleibt, ist der himmelweite Unterschied zwischen Brechts ungereimtem, in unregelmäßigen Rhythmen geschriebenem, ungemein präzisem und in jeder Hinsicht souveränem Gedicht und dem lyrischen Desaster, das bei Waley so oft entsteht, wenn er als braver Übersetzer seinem ehrlichen Geschäft nachgeht. Ich verzichte lieber auf eine weitere Kommentierung, weil das Qualitätsgefälle zu arg ist. Die Verse sprechen leider für sich:

> They had put my bed beside the unpainted screen;
> They have shifted my stove in front of the blue curtain.
> I listen to my grandchildren, reading me a book;
> I watch the servants, heating up my soup.
> With rapid pencil I answer the poems of friends,
> I feel in my pockets and pull out medicine-money.
> When this superintendence of trifling affairs is done,
> I lie back on my pillows and sleep with my face to the South. (213)

Manchmal, wenn auch recht selten, sah es bei Waley anders aus. Was hätte es beispielsweise für die in diesem Buch vorgeführte, einen lyrischen Quietismus hervorhebende Beurteilung „des ostasiatischen Gestus" bei diesem angeblich so Poethologisch fixierten Brecht eventuell bewirken können, wenn stattdessen folgende Übersetzung Po Chüyis ("The Red Cockatoo," aus *170 Chinese Poems*, London 1986, 116) neben einige Brechtgedichte gestellt worden wäre?

> Sent as a present from Annam -
> A red cockatoo.
> Coloured like the peach-tree blossom,
> Speaking with the speech of men.
> And they did to it what is always done
> To the learned and eloquent.
> They took a cage with stout bars
> And shut it up inside.

Vergleichbares wird jedoch hier nicht geleistet.

3. Sich auf die Gattungstheorie beispielsweise eines Emil Staigers beru-

fend, vergleicht Peter Yang die Stücke von Brecht und Li Xingdao grundsätzlich und ausschließlich mit dadurch gewonnenen, selbständigen, formal-ästhetischen Kriterien. Er unterscheidet Dramatisches und Theatralisches und weist nach, wo, in welchem Umfang und mit welchen Konsequenzen für eine Interpretation der jeweilige Text eher der einen oder der anderen Kategorie zugesprochen werden sollte. Dabei stellt er Gemeinsames fest, das von der klassischen Form des europäischen Dramas abweicht und bei Brecht in die Theorie und Praxis des epischen Theaters einfließt. Erzähl- und Zeitperspektiven spielen in dieser Darstellung die hauptsächliche Rolle und werden gewissenhaft festgemacht und beschrieben. Ein abschließendes Kapitel sinniert mit vielen Beispielen darüber, in welchem Umfang „das Lyrisch-Musikalische" der theatralischen oder eher der dramatischen Ebene zuzuschlagen ist. Ich meine auch, dass Alfred Forkes Übersetzung dem Text von Li Xingdao am ehesten gerecht wird, aber warum verwendet der Verfasser dessen grauenhafte knittelversartige Übertragungen der „Gedichte," statt selber neu zu übersetzen? Die einschlägige Sekundärliteratur wird selektiv zur Kenntnis genommen. Allerdings geht diese Untersuchung ziemlich gradlinig seinen eigenen Weg.

Antony Tatlow
University of Dublin

Thomas Jung, Hrsg. *Zweifel — Fragen — Vorschläge: Bertolt Brecht anläßlich des Einhundertsten*. Frankfurt am Main: Peter Lang, 1999. 187 Seiten.

This contribution to the Brecht centenary celebrations presents eleven articles, originating from a conference held in Spring 1998 at the Norwegian Academy of Sciences. Like most publications of this kind, it is quite heterogeneous in its contents, and the value of the individual contributions varies. On the positive side this means disciplines and viewpoints outside of *Germanistik* are represented, so that the relentless push by that guild to take possession of Brecht and claim sole rights is held up a little. There is an unusual piece by Darko Suvin on *"Haltung* (Bearing) and emotions: Brecht's refunctioning of conservative metaphors for agency," a rather New Age attempt to re-assess Brecht's attitude to emotion in connection with the key notion of *Haltung*, an approach whose flavor and direction is captured in the following: "...when characterizing his supreme goal, the learning process, Brecht diametrically opposed an engagement of the whole body — without splitting the sensorium from the brain, and uniting redefined emotion and reason precisely under the comcept of bearing or stance — to learning through systematized ideas." And Elin Nesje Vestli contributes an analysis of Brecht's adaptation of Lenz's *Der Hofmeister*, undertaken in the context of a production of Lenz's play by the controversial Swedish director Hilda Hellwig.

Almost the full gamut of responses and attitudes to Brecht are represented here. The former Brecht pupil Wolfgang Pintzka writes a purely hagiographical piece on the master. The extreme opposite to this, the vituperative attack on Brecht, is fortunately missing from this collection, but there is a brief but telling piece by Carl Wege — "Spielplan(politik) und Inszenierungskalkül des Berliner Ensembles zwischen 1952 und 1956" — drawing attention to the lamentable degree of self-censorship which characterized Brecht's role with the Ensemble. Wege's sober account is a necessary corrective to the picture of Brecht as the political enigma drawn in Thomas Jung's brief *Vorwort*. There is, to Brecht's discredit, nothing at all enigmatic about his political views in the GDR period, and Brecht criticism had best accept this. A more serious attempt to "rescue" Brecht is made by Klaus Völker in his contribution on *Die Maßnahme*, in which he stresses precisely the humane sympathy for the victim, the young comrade, which is plainly evident in the play, and argues that the common perception of this most controversial *Lehrstück* as cold agitprop is mistaken.

Of the other pieces, two are concerned with *Baal*. Helge Jordheim undertakes an analysis of the mother figure, and Annett Clos emphasises the powerful, Nietzsche-derived attack on Christian morality. Peter Langemeyer examines an array of nautical metaphors in Brecht's work and then connects these to the *Buch der Wendungen* and Brecht's behaviorism. Although both parts of his paper are convincing, he may have two separate articles here. There are two articles on Brecht's poetry. Thomas Jung gives a very clear and thorough account of Hanns Eisler's adaptation of Brecht *Lieder* for the *Deutsche Sinfonie*. Johannes Ostbo examines a variety of "Naturbilder" in Brecht's poetry, discussing among other texts five well-known nature poems from the *Buckower Elegien*. Joining what is emerging as a trend in Brecht criticism, Ostbo argues that we need to (re)discover the lyricism of Brecht's poetry, to treat his poetry *as poetry* and avoid the compulsion to read it merely, or even mainly, as politics or ideology. This is fine, but it is rarely that simple. Ostbo finds it "wenig sinnvoll, die fünf hier besprochenen *Buckower Elegien* in dasselbe politisch-ideologisch bestimmte Deutungsmuster einzufügen, das für die anderen Gedichte der Sammlung mehr oder weniger naheliegend scheint." The trouble is, these gently contemplative, deftly simple nature poems were written at exactly the same time as those *Buckower Elegien* that overtly refer to the catastrophe of June 1953 (for such it was for Brecht). We cannot avoid the question about the function of gently lyrical nature poems in a collection that represents Brecht's reaction to the worst crisis — precisely a political and ideological crisis — to befall the GDR. Marc

Silberman provides the sole contribution to this collection that did not originate at the Oslo conference. Placed strategically at the beginning, Silberman's piece, entitled "Brecht-Ehrungen: Eine Übung zur Vorschau auf einen Rückblick" poses the question of what is really going on when we remember, commemorate, or otherwise posthumously honor Brecht (or presumably any other author). Silberman refers to "die Gefahren der Ehrung," the misuse of the "remembered" author for specific agendas, a remembering that is really a forgetting. Against this he proposes that we honor Brecht "auf Brechtsche Art," noting that this means "das Gedenken des 100. Geburtstages auf seine Funktion zu überprüfen." This is not a bad way to get us to think in a somewhat more "brechtisch" fashion about the past and its life in the present.

Philip Thomson
Monash University, Melbourne

Books Received

Emmanuel Bationo. *Die afrikanische Rezeption von Brecht im Lichte der Literaturtheorien. Aufgezeigt am Beispiel von Wole Soyinkas "Opera Wonyosi."* Frankfurt am Main: Peter Lang, 1999.

Bertolt Brecht. *Hauspostille.* Mit Anleitungen, Gesangsnoten und einem Anhange. Frankfurt am Main: Suhrkamp. 1999.

Virginia Cisotti and Paul Kroker, eds. *Poesia e Politica: Bertolt Brecht a 100 anni dalla nascita.* Melegnano: Montedit, 1999. [Proceedings of a conference held at the Università degli Studi di Milano in December 1997, with contributions — some already published elsewhere — in German by H.-T. Lehmann, E. Schumacher, H. Gier, P. Barbon, A. Wirth, K. Völker, G. Koch, P. Kroker, J. Lucchesi, in Italian by L. Forte, and in English by E. L. Thomas]

Victor Rego Diaz, Kamil Uludag und Gunter Willing, Hrsg. *Brecht — Eisler — Marcuse 1000: Fragen kritischer Theorie heute.* Berlin und Hamburg: Argument Verlag, 1999 [ausgewählte Beiträge von der Jahrestagung 1998 vom Berliner Institut für Kritische Theorie]

Miriam Dreysse Passos de Carvalho. Szene vor dem Palast: Die Theatralisierung des Chors im Theater Einer Schleefs. Frankfurt am Main: Lang, 1999.

Ursula El-Akramy. *Transit Moskau: Margarete Steffin und Maria Osten.* Hamburg: Europäische Verlagsanstalt, 1998.

Klaus Gehre, Anja Maier, Jan Böttcher, Kristin Schulz, Christian Hippe, Ute Wuttke, Hrsg. *100 Jahre Brecht.* Ringvorlesung aus Anlass des 100. Geburtstages Bertolt Brechts. Berlin: Humboldt-Universität, 1999. [13 z.T. schon anderswo veröffentlichte Vorträge, gehalten an der Humboldt-Universität Berlin im Sommersemester 1998, von B.K. Tragelehn, F. Dieckmann, S. Mahlke, E. Schumacher, U. Heukenkamp, E. Wizisla, M. Wekwerth, G. Bauer, P. Chiarini, M. Silberman, G. Rienäcker, J. Hermand und H. Lethen]

Inge Gellert, Gerd Koch und Florian Vaßen, Hrsg. *Massnehmen: Brecht / Eislers Lehrstück "Die Massnahme." Kontroverse, Perspektive, Praxis.* Berlin: Theater der Zeit, 1999. [Beiträge einer Konferenz im Literaturforum im Brecht-Haus, Berlin, Juli 1998]

Stefan Hauck, Hrsg. Margarete Steffin: Briefe an berühmte Männer — Walter Benjamin, Bertolt Brecht, Arnold Zweig. Hamburg: Europäische Verlagsanstalt, 1999.

Jost Hermand und Helen Fehervary. *Mit den Toten Reden: Fragen an Heiner Müller*. Köln, Weimar und Wien: Böhlau, 1999. Therese Hörnigk, Hrsg. *Brecht Dialog 1998*. Frankfurt am Main: Suhrkamp, 1999.

Peter Höyng, Hrsg. Verkörperte Geschichtsentwürfe: George Taboris Theaterarbeit / Embodied Projections on History: George Tabori's Theater Work. Tübingen und Basel: Francke, 1998.

Thomas Jung, Hrsg. Zweifel — Fragen — Vorschläge: Bertolt Brecht anläßlich des Einhundertsten. Frankfurt am Main: Lang, 1999.

Pia Kleber and David A. Blostein, eds. *Brecht Transformed*. Special issue of *Modern Drama*, 42.2 (Summer 1999).

Michal Kobialka, ed. *Of Borders and Thresholds: Theatre History, Practice, and Theory*. Minneapolis: University of Minnesota, 1999.

Hans van Maanen and Steve Wilmer. Theatre Worlds in Motion: Structures, Politics and Developments in the Countries of Western Europe. Amsterdam and Atanta, GA: Rodopi, 1998.

Shaswati Mazumdar. Feuchtwanger / Brecht: Der Umgang mit der indischen Kolonialgeschichte. Eine Studie zur Konstruktion des Anderen. Würzburg: Königshausen & Neumann, 1998.

Wolfgang Mieder. "Der Mensch denkt: Gott lenkt — keine Red davon!" Sprichwörtliche Verfremdungen im Werk Bertolt Brechts. Bern et al.: Peter Lang, 1998.

Alain Patrice Nganang. Interkulturalität und Bearbeitung: Untersuchung zu Soyinka und Brecht. München: Iudicium, 1998.

Albert Ostermaier. *The Making Of. Radio Noir*. Frankfurt am Main: Suhrkamp, 1999. [mit dem von Brechts *Baal* inspiriertem Stück "The Making Of. B.-Movie"]

David Robinson. Deconstructing East Germany: Christoph Hein's Literature of Dissent. Rochester: Camden House, 1999.

Petra Stuber, Hrsg. Spielräume und Grenzen: Studien zum DDR-Theater. Berlin: Ch. Links, 1998.

Harald Vogel und Roland Jost. *Bertolt Brecht lesen: Lesewege und Lesezeichen zum literarischen Werk*. Baltmannsweiler: Schneider Verlag Hohengehren, 1999.

Jürgen Werner. *Der Stückeschreiber und der Sohn der Hebamme. Brecht und das Erbe: Der Fall Sokrates*. Sächsische Akademie der Wissenschaften zu Leipzig. Stuttgart und Leipzig: Hirzel, 1998.

Bertolt Brecht
Ausgewählte Werke in sechs Bänden

Jubiläumsausgabe zum 100. Geburtstag 1998
Leinen in Kassette. 4000 Seiten. DM 128,-

Die Jubiläumsausgabe ›Ausgewählter
Werke‹ von Bertolt Brecht erschien 1998
anläßlich seines 100. Geburtstages.
Stücke, Gedichte, seine Prosa sowie die
wichtigsten Schriften zu Theater, Philosophie und Zeitgeschehen finden sich in
diesen sechs Bänden versammelt. Sie
folgen der ›Großen kommentierten
Berliner und Frankfurter Ausgabe‹ und
sind mit Anmerkungen versehen.

Werner Hecht
Brecht Chronik
1898-1956

Mit zahlreichen Abbildungen
Leinen im Schuber. 1315 Seiten. DM 148,-

Vom 10. Februar 1898, 4.30 Uhr, bis zum
14. August 1956, 23.45 Uhr, wird das
Leben Bertolt Brechts Tag für Tag nach-
gezeichnet.

»… ein in sich geschlossenes Werk, das
durch Tausende von Querverweisen die
Möglichkeit eröffnet, Brechts Leben
und Werk in Zusammenhänge zu bringen, neu zu sehen und neu zu deuten.«
Tagesspiegel

100. Geburtstag am 12. Mai

»Helene Weigel war eine bedeutende
Schauspielerin und eine geniale
Theaterleiterin des 20. Jahrhunderts,
aber vor allem – sagen wir es ruhig:
sie war eine große Frau.«

Siegfried Unseld

Werner Hecht
Helene Weigel

Eine große Frau des 20. Jahrhunderts
Mit zahlreichen Abbildungen
Gebunden. 344 Seiten. DM 58,-

Zum 100. Geburtstag von Helene Weigel
erscheint das neue Buch von Werner
Hecht, einem engen Mitarbeiter Helene
Weigels und Dramaturg des Berliner
Ensembles, mit einem Vorwort von
Siegfried Unseld.

Suhrkamp